CHARTES DE COMMUNES

ET D'AFFRANCHISSEMENTS

CHARTES
DE
COMMUNES

ET D'AFFRANCHISSEMENTS
EN BOURGOGNE

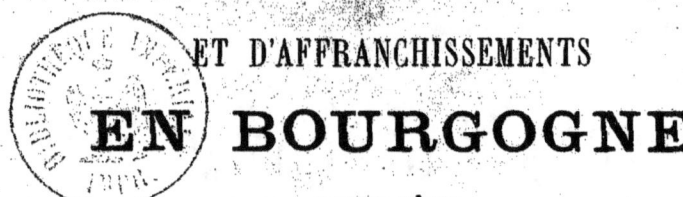

PUBLIÉES

AVEC LES ENCOURAGEMENTS DU CONSEIL GÉNÉRAL DE LA CÔTE-D'OR

ET SOUS LES AUSPICES

de l'Académie impériale des Sciences, Arts et Belles-Lettres de Dijon

PAR M. Jⁿ GARNIER

CONSERVATEUR DES ARCHIVES DU DÉPARTEMENT DE LA COTE-D'OR
CORRESPONDANT DU MINISTÈRE DE L'INSTRUCTION PUBLIQUE
MEMBRE DE L'ACADÉMIE DE DIJON

TOME PREMIER

DIJON
IMPRIMERIE J.-E. RABUTOT, PLACE SAINT-JEAN

MDCCCLXVII

CHARTES DE COMMUNES

ET D'AFFRANCHISSEMENTS

EN BOURGOGNE

VILLE DE DIJON

I

Confirmation par Philippe-Auguste, roi de France, d'une première charte de commune, octroyée par Hugues III, duc de Bourgogne, aux habitants de Dijon.

1183.

In nomine sancte et individue Trinitatis. Amen. Philippus Dei gratia Francorum rex, noverint universi presentes pariter et futuri, quam fidelis et consanguineus noster Hugo, dux Burgundie (1), suis hominibus de Divione communiam dedit ad formam communie Suessionensis (2), salva libertate quam antea habebant. Hanc autem communiam, memoratus dux Hugo, et Odo (3) filius ejus juraverunt tenendam et inviolabiliter observandam. Unde, ad petitionem et voluntatem ipsius Ducis, et filii ejus prefatam communiam manucapimus conservandam et manutenendam sub hac forma. Quod si Dux vel heredes ejus memoratam communiam vellent infringere, vel ab institutionibus communie resilire, nos ad eos posse nostrum eam teneri faciemus. Quod si Dux pro nobis facere nollet, nos et res suas in terra nostra receptaremus, salvum conductum eis prebentes.

---

(1) Hugues III, duc de Bourgogne, fils du duc Eudes II et de Marie de Champagne, succéda à son père en 1162. Il mourut à Tyr en 1192.

(2) Voir les Constitutions de cette commune, à la suite du n° V.

(3) Eudes, fils aîné du duc Hugues III et d'Alix de Lorraine, sa première femme, prit possession du duché en 1192, épousa Mahaut de Portugal, fit ensuite casser ce mariage sous prétexte de parenté et contracta une nouvelle union avec Alix, fille de Hugues, sire de Vergy. Il mourut à Lyon en 1218.

Quod ut perpetuam et inconvulsam sortiatur firmitatem, presentem cartam sigilli nostri auctoritate, et regii nominis karactere inferius annotato communiri precipimus. Actum apud Calvum Montem (1), anno ab Incarnatione Domini millesimo centesimo octogesimo tertio, regni nostri anno quinto, astantibus in palatio nostro, quorum nomina supposita sunt et signa. Signum comitis Theobaudi, dapiferi nostri (2), signum Guidonis buticularii (3), signum Mathei camerarii (4), signum Radulphi constabularii (5). Data per manum [*Monogramme*] Hugonis cancellarii (6).

Scellé en cire verte à lacs de soie verte pendants.
Original : Archives de la ville de Dijon, B 1, *Priviléges et franchises de la Commune*. — Imprimé dans : Pérard, *Recueil de pièces pour servir à l'histoire de Bourgogne*, p. 340; *Ordonnances des Rois de France*, V, 237; *Mémoire sur la franchise du territoire de la ville de Dijon*, 1786, in-4°.

II

Engagement par le duc Hugues III, à la commune de Dijon, du service militaire que lui devaient les habitants

1185.

Ego Hugo dux Burgundie, omnibus notum esse volo, quod ego pro quingentis libris (7) invadiavi hominibus communie Divionis exercitum meum (8) quem

---

(1) Chaumont en Bassigny (Haute-Marne).

(2) Thibaut II, comte de Blois et de Chartres, succéda en 1152 comme grand-sénéchal à Raoul, comte de Vermandois. Après sa mort, arrivée en 1190 au siège d'Acre en Palestine, son office fut supprimé (Anselme, II, 845).

(3) Guy de Genlis, seigneur de Chantilly, bouteiller de France, nommé en 1181, mort le 16 octobre 1221 (Anselme, VIII, 516).

(4) Mathieu III, comte de Beaumont-sur-Oise, qui mourut avant 1214 (Anselme, VIII, 403). Seulement il semblerait résulter de notre charte que Mathieu succéda à Renaud, créé chambrier en 1176, qu'il fut remplacé vers 1186 par Raoul, et qu'il reprit possession de sa charge vers 1190.

(5) Raoul, comte de Clermont en Bauvoisis, mort au siège d'Acre en juillet 1191 (Anselme, VI, 44).

(6) Hugues de Puiseaux, dit de Puiset, chancelier de France, mourut en 1185 (Anselme, VI, 270).

(7) Bien que le Duc n'eût pas expressément désigné l'espèce de monnaie avec laquelle il entendait être payé, il est permis de supposer qu'il s'agissait ici de la livre dijonnaise, qui, avant comme après 1185, suivant des témoignages authentiques, valut toujours moitié de la livre parisis. La monnaie parisis étant supérieure d'un cinquième à la livre tournois, 500 livres dijonnaises égalaient 250 livres parisis, qui valaient elles-mêmes 200 livres tournois, c'est-à-dire 40 marcs d'argent. Or le marc d'argent, qui vaut aujourd'hui 56 francs, étant × 40 = 2,240 francs. Maintenant si, à défaut de renseignements sur le prix des denrées alimentaires de cette époque, comparé avec celui actuel, on recourt aux données exprimées par Leber, dans son livre de l'*Appréciation de la fortune privée au moyen âge*, et si on multiplie par 6 les 2,240 francs, on trouve que la commune de Dijon payait une somme de 13,440 francs pour se libérer du service militaire.

(8) C'est-à-dire l'*host* et la *chevauchée*.

mihi debebant, laude et assensu filii mei Odonis. Dictam vero pecuniam in hominibus communie capient. Et si quis eos inde voluerit inquietare, ego eis super hoc auxilium bona fide prestabo. Ut autem hoc ratum et inviolabile permaneat, hanc cartam sigillo meo et sigilli filii mei memorati Odonis corroboravi. Actum est istud anno ab Incarnatione Domini M° C° octogesimo V°.

Original : Archives de la ville de Dijon, B1, *Priviléges et franchises de la Commune*.

III

Déclaration du duc Hugues III concernant le service militaire engagé par lui à la commune de Dijon.

1185?

Ego Hugo Dei gratia Burgundie dux et Albonii comes (1), universis presentibus et futuris, notum esse volo quod homines mei de communia Divionis habent a me in vadio pro quingentis libris, exercitum quem mihi communia Divionis debebat. Post modum vero illud quod in hominibus ecclesiarum et in militum communie pro retinenda gageria dicti exercitus ceperant, salvo jure communie reddiderunt. Hoc autem non nisi de pura gratia et pro amore et precibus meis fecerunt, nec aliquid in hoc adversus me, vel adversus communiam deliquerunt. Si vero id in injuriam communie vel mei factum esse aliquid probari poterit vel ostendi, exinde nichil ab eis expostulabo, sed eos exinde prorsus absolvo et quietos in perpetuum clamo. Ut autem hec actio rata et inviolabile permaneat, ego eam appositione sigilli mei corroboravi.

Original : Archives de la ville de Dijon, B1, *Priviléges et franchises de la Commune*.

(1) Hugues ayant épousé l'année précédente Béatrix, comtesse de Vienne, joignait à son titre de duc de Bourgogne, celui de comte de Vienne et d'Albon.

IV

Autre déclaration du duc Hugues III sur le service militaire engagé à la commune de Dijon.

1185?

Ego Hugo Dei gratia Burgundie dux et Albonii comes, universis ad quos littere iste pervenerunt notum esse volo, quia burgenses Divionenses in eo quod in hominibus ecclesiarum et militum ceperant pro retinenda gaigeria de exercitu quem a me titulo pignoris habent, cum illud quod ita ceperant postmodum reddiderunt, nichil in hoc fecerunt nisi de pura gratia et pro amore et precibus meis, nec aliquid in hoc adversus me vel adversus communiam deliquerunt. Et si esset quod aliquid deliquissent, ex inde nichil unquam ab eis expostulabo, sed eos exinde prorsus absolvo et quittos clamo.

Scellé en cire verte à lacs de soie rouge et verte pendants.
Original : Archives de la ville de Dijon, B1, *Privilèges et franchises de la Commune.*

V

Seconde charte de commune octroyée par Hugues III, duc de Bourgogne, à la ville de Dijon.

1187.

In nomine sancte et individue Trinitatis. Amen.

Noverint universi presentes pariterque futuri, quod ego Hugo, dux Burgundie, dedi et concessi hominibus de Divione, communiam habendam im perpetuum ad formam communie Suessionis, salva libertate quam prius habebant (1).

(1) Ce paragraphe, qu'on ne retrouve dans aucune des chartes ou des constitutions communales des villes du nord de la France, sauf pourtant celle de Saint-Quentin, atteste la préexistence à Dijon de certaines franchises dont les chartes de 1183 et 1187 ne furent que la consécration.

1. Infra banleucam (1) Divionis, alter alteri rectè secundum suam opinionem auxiliabitur, et nullatenus patietur, quod aliquis alicui eorum auferat aliquid, vel de rebus ejus aliquid capiat (2).

2. Creditio (3) de pane et vino et aliis victualibus fiet mihi Divione quindecim diebus; et si infra prescriptum terminum credita non reddidero, nihil amplius mihi creditur, donec credita persolvantur (4).

3. Si quis sacramentum alicui facere debuerit et ante adramitionem (5) sacramenti se in negotium suum iturum dixerit, propter illud faciendum de itinere suo non remanebit, nec ideo incidet; sed postquam redierit convenienter submonitus, sacramentum faciet (6).

4. Si decanus Divionis (7) aliquem implacitaverit, nisi clamor ante venerit vel forefactum apparuerit, non ei respondebit; si tamen testem habuerit contra quem accusatus se defendere non possit, emendabit (8).

(1) Banlieue, littéralement *Bannum Leugæ*, c'est-à-dire juridiction de la lieue autour de la cité. Celle de Dijon, porte une enquête dressée en 1383, « s'étendait et durait par une lieue tout à l'entour de la ville, et plus, en « plusieurs lieux. » C'est-à-dire que, outre le finage ou territoire communal (4032 hectares), elle comprenait Fontaine, ancienne baronnie des aïeux de saint Bernard, Pouilly, arrière-fief de la vicomté de Dijon, Ruffey, dotation de la Sainte-Chapelle, Ahuy, Asnières, Quetigny, domaines de l'abbaye de Saint-Etienne; Saint-Apollinaire, Longvic, Marsannay, Plombières, qui appartenaient à celle de Saint-Bénigne, et enfin Chenôve, dont cette dernière partageait la propriété avec le duc de Bourgogne et le chapitre de Saint-Lazare d'Autun. Talant, château ducal, Daix, dépendance de cette châtellenie, quoique situés à moins d'une lieue des murs de la ville, en étaient exceptés.

(2) Unusquisque jurato suo fidem, auxilium, consiliumque per omnia juste observabit. Article 1er de la charte communale d'Amiens (1113) et de la confirmation de cette charte par le roi Philippe-Auguste, en 1190. (*Ordonnances*, XI, 264; *Documents inédits de l'Hist. de France; Recueil des monuments de l'Histoire du Tiers-Etat*, I, 39, 109.)

Infra civitatis Suessionensis firmitates alter alteri rectè secundum rectam suam opinionem auxiliabitur et nullatenus patietur quod aliquis alicui eorum aliquid auferat vel ei taillatam faciat, vel quidlibet de rebus ejus capiat. (Article 1er de la confirmation de la commune de Soissons par Philippe-Auguste, en 1181. *Ord.*, XI, 219.)

Alter alteri infra firmitates ipsius ville rectè secundum opinionem suam auxiliabitur. (Art. 2 de la charte de confirmation de la commune de Beauvais par le roi Philippe-Auguste, en 1182. *Ordonnances*, VII, 621.)

(3) Droit qu'avait le seigneur de prendre à crédit chez ses vassaux, pour un temps déterminé.

(4) ..... Homines civitatis episcopo per tres menses de pane et de carnibus et de piscibus creditionem facient, et si episcopus post tres menses quod ei creditum fuerit non reddiderit, nihil ei creditur, donec illud per episcopum persolvatur. (Art. 1er de la confirmation de Soissons.)

(5) Obligation de prêter serment.

(6) Reproduction exacte de l'art. 3 de la confirmation de Soissons.

(7) On désignait ainsi le doyen de Saint-Jean, qui prenait le titre de doyen de la Chrétienté, parce que son église avait été dans le principe le baptistère unique de la contrée. Ce dignitaire, dont l'autorité comme doyen rural s'étendait bien au-delà de Dijon, avait vraisemblablement succédé au chorévêque qui figure dans les premiers siècles de la monarchie, et il en avait conservé une sorte de juridiction qui s'exerçait, sinon au criminel, tout au moins pour tout ce qui regardait l'exécution des contrats et autres actes publics qui, avant l'institution définitive du notariat, se passaient presque exclusivement devant lui et sous son scel.

(8) Si autem archidiaconus aliquem implacitaverit, nisi clamator ante venerit, vel foris factura apparuerit, non ei respondebit. Si tamen testem habuerit contra quem accusatus defendere se non potuerit, emendabit. (Art. 4 de la conf. de Soissons.)

5. Si aliquis aliquam injuriam fecerit homini qui hanc communiam juraverit, et clamor ad juratos inde venerit; si ipsum hominem qui injuriam fecerit, capere potuerint, de corpore suo vindictam capient, nisi forifactum emendaverit ipsi cui illatum fuerit, secundum judicium illorum qui communiam custodierint (1).

6. Et si ille qui forifactum fecit, ad aliquod receptaculum (2) perrexerit, et homines communie ad ipsum receptaculum transmiserint et domino receptaculi vel primatibus ipsius loci questionem fecerint, ut de eorum inimico faciant eis rectitudinem, si facere voluerint, rectitudinem accipient; quod si facere noluerint, homines communie auxiliatores erunt faciendi vindictam de corpore et de pecunia ipsius qui forifactum fecerit et hominum illius receptaculi, ubi inimicus eorum erit (3).

7. Si mercator in istam villam ad mercatum venerit, et aliquis ei aliquid fecerit injurie infra banleucam istius ville; si jurati inde clamorem audierint, et mercator in ista villa eum invenerit, homines communie ad vindictam faciendam super hoc recte secundum opinionem suam auxilium prestabunt, nisi mercator ille de hostibus dicte communie fuerit; et si ad aliquod receptaculum ille adversarius perrexerit; si mercator vel jurati ad eum miserint, et ille mercatori satisfecerit secundum judicium juratorum communie, vel probare et ostendere poterit se illud forifactum non fecisse, communie sufficiet; quod si facere noluerit, si post modum intra villam Divionis capi poterit, de eo vindictam facient jurati (4).

(1) Reproduit de l'art. 1er des constitutions primitives de Soissons et modifié à l'art. 7 de la confirmation par Philippe-Auguste. Cet article a été emprunté : 1° à l'article 4 de la charte d'Amiens, ainsi conçu : Si quis de communione alicui jurato suo res suas abstulerit, a preposito nostro submonitus justiciam prosequetur; si vero prepositus de justicia defecerit a Majore vel scabinis submonitus, in presentia communionis veniet et quantum scabini inde judicaverint salvo jure nostro ibi faciet. 2° A l'article 2 de la charte de Laon, 1128: Si quis quoquomodo alicui clerico militi, mercatori indigene vel extraneo aliquam injuriam fecerit, si de ipsa civitate sit is qui injuriam fecerit, intra quartum dum submonitus ante Majorem et juratos veniat et se vel de objecta culpa purget, vel sicut ei judicatum fuerit emendet. (Ordonn., XI, 185.) 3° A l'article 8 des coutumes de Saint-Quentin (1102), confirmées en 1195 par Philippe-Auguste, et dont voici la teneur : Si quis foris factum fecerit de quo clamor in presentia Majoris et juratorum factus sit, Major judicio juratorum super hoc emendationem accipiet talem (Ordonn., XI, 270.) 4° Et enfin à l'article 3 de la confirmation de la commune de Beauvais par Philippe-Auguste, en 1182, lequel s'en rapproche le plus : Et quicumque forisfecerit homini qui hanc communiam juraverit, Major et pares communie, si clamor ad eos inde venerit, de corpore suo vel de rebus suis justitiam facient secundum deliberationem ipsorum; nisi forisfactum secundum eorum deliberationem emendaverit. (Ord., XI, 622.)

(2) Récept, lieu de refuge.

(3) Reproduit de l'article 7 de la confirmation de Soissons, et l'article 4 de celle de Beauvais.

(4) Calqué sur l'article 8 de la confirmation de Soissons, à l'exception toutefois du mot *banleuca*, qui, dans la charte de Dijon, étend *extra muros* un droit qui, à Soissons, ne dépassait pas les fortifications de la ville. Ce paragraphe figure aussi, à peu près dans les mêmes termes, à l'article 5 de la charte de Beauvais.

8. Nemo, preter me et senescallum (1), meum poterit conducere in villam Divionis hominem qui forifactum fecerit homini qui hanc communiam juraverit, nisi forifactum emendare venerit secundum judicium eorum qui communiam servant (2).

9. Pecuniam illam quam homines hujus communie crediderunt antequam communiam jurassent, si rehabere non poterunt, postquam inde justum clamorem fecerint, querent quoquo modo poterunt quod creditam pecuniam rehabeant. Pro illa vero pecunia quam crediderunt postquam hanc communiam juraverint, nullum hominem capient, nisi sit debitor vel fidejussor (3).

10. Si extraneus homo panem aut vinum suum in villam Divionis causa securitatis adduxerit; si postea inter dominum ejus et homines communie discordia emerserit, XV dies habebit vendendum panem et vinum in ea villa, et deferendi nummos et aliam pecuniam suam, preter panem et vinum, nisi ipse forifactum fecerit vel fuerit cum illis qui forifactum fecerunt (4).

11. Nemo de villa predicta qui hanc communiam juraverit, credet pecuniam suam, vel commodabit hostibus communie, quamdiù guerra durabit; et si quis probatus fuerit aliquid credidisse hostibus communie, justitia de eo fiet ad judicium juratorum communie (5).

12. Si aliquando homines communie contra hostes suos exierint, nullus de communia loquetur cum hostibus communie, nisi licentia custodum communie (6).

13. Ad hoc homines statuti jurabunt quod neminem propter amorem seu

---

(1) Le sénéchal était alors le personnage le plus considérable de la maison des ducs de Bourgogne. Il commandait l'armée en l'absence du prince, dirigeait le service de l'hôtel et présidait à la justice. Cette charge devint héréditaire dans la maison de Vergy par le don qu'en fit en 1197 le duc Eudes III à Hugues, seigneur de Vergy, son beau-père. Des Vergy, elle passa par alliance dans la maison des Charny, puis dans celle des Chabot, etc. En sa qualité de conservateur-né des priviléges de la commune, le sénéchal possédait à Dijon, rue Chabot-Charny, un hôtel converti plus tard en couvent de Bénédictines, et qui était un lieu de franchise.

(2) Transcrit littéralement de l'article 9 de la confirmation de Soissons. L'article 6 de la confirmation de Beauvais est identique, sauf un dernier paragraphe, qui statue sur le cas où l'évêque introduirait par ignorance un ennemi de la commune. L'article 51 de la charte d'Amiens porte : Si quis bannitus in pro aliquo forifacto excepto multro, homicidio, incendio, proditione, raptu, Rex vel senescallus, vel prepositus Regis, episcopus, Major, unusquisque eorum semel in anno poterit eum conducere in villam.

(3) Emprunté en entier à l'art. 11 de la confirmation de Soissons. Celle de Saint-Quentin renferme, aux articles 32 et 33, le mode de procédure des créanciers contre leurs débiteurs.

(4) Emprunté en entier à l'article 12 de la confirmation de Soissons.

(5) Emprunté en entier à l'article 13 de la même confirmation. L'article 10 de la confirmation de Beauvais est conçu à peu près dans les mêmes termes. L'article 16 de la commune d'Amiens est ainsi rédigé : Qui hostem communie in domo suo scienter receperit, eique vendendo et emendo et edendo et bibendo vel aliquo solacium impendendo communicaverit, aut consilium aut auxilium adversus communiam dederit, reus communie efficietur, et nisi judicio communie cito satisfecerit, domum illius, si poterit, communia prosterne et catella Regis erunt.

(6) Reproduction exacte de l'article 14 de la charte de Soissons et de l'article 11 de celle de Beauvais.

propter odium deportabunt seu gravabunt, et quod rectum judicium facient secundum suam estimationem. Omnes alii jurabunt quod predictum judicium quod predicti super eos facient, et pacientur et concedent, nisi probare potuerint quod de censu proprio persolvere nequiverunt (1).

14. Universi homines infra villam Divionis et extra infra banleucam commorantes in cujuscumque territorio morentur, communiam jurent; qui vero jurare noluerit, illi qui juraverunt de domo ipsius et de pecunia ejus justitiam facient (2).

15. Si quis autem de communia aliquid forifecerit et per juratos emendare noluerit, homines communie facient exinde justitiam (3).

16. Si quis ad sonum pro congreganda communia factum non venerit, XII denariis emendabit (4).

17. Nullus infra villam Divionis, vel extra infra banleucam, aliquem potest capere nisi Major et jurati, quamdiu justitiam de eo facere voluerint (5).

18. Si quis de communia vel ipsa communia mihi aliquid forifecerit, oportebit ut ego in curia Sancti Benigni (6), per Majorem communie ad judicium

---

(1) Conforme aux articles 15 et 16 de la confirmation de Soissons, reproduits à peu près dans les mêmes termes. (Article 19 de la charte de Beauvais.)

(2) Conforme à l'article 17 de la confirmation de Soissons. C'est du reste la première et la plus importante des obligations imposées aux membres des communes. Ainsi l'article 1er de la charte de Beauvais porte : Universi homines intra murum civitatis et in suburbio commorantes in cujuscumque terra maneant, communiam jurabunt, nisi forte ex consilio Majoris et parium et eorum qui consilium juraverunt, aliqui remanserint. A Amiens, les membres de la commune sont appelés jurés.

(3) Conforme à l'article 18 de la confirmation de Soissons. Les articles 8, 9, 11, 15, 16, de la charte d'Amiens, ceux 8, 10, 12, 13 de celle de Saint-Quentin contiennent également l'obligation imposée aux gens de la commune d'exécuter dans certains cas les jugements rendus par les Maire et échevins.

(4) Reproduction de l'article 19 de la confirmation de Soissons. L'article 30 de la charte de Saint-Quentin porte également : Quando Major et jurati ad congregandos homines ville pro negociis suis campanam sonare fecerint, quicumque de communia illuc advenerit, illuc venire et ad domum suam redire poterit.
A Dijon, le signal de l'assemblée communale était donné par une cloche de l'église Notre-Dame, première paroisse de la ville, dont le clocher était à la fois la guette et le beffroi de la commune.

(5) Ce paragraphe, qui résumait en le complétant l'abandon que le Duc faisait à la commune de ses droits de totale justice, quoique emprunté à l'art. 20 de la charte de Soissons, était beaucoup plus libéral. En effet, tandis que celui-ci restreignait l'exercice de ses droits aux murs de la ville, la charte de Dijon, à l'exemple de celles d'Amiens (art. 3, 4, 48) et de Saint-Quentin (art. 3), étendait au contraire la juridiction municipale sur toute la banlieue. Les termes étaient précis : *Infra banleucam*. D'où il arriva bientôt que les magistrats se prétendant aux droits du prince, contestèrent aux seigneurs des villages de cette banlieue (voir p. 5, note 1) les droits de justice que ceux-ci, forts de la réserve insérée au 47e article de la charte, croyaient à l'abri de toute discussion. Recourir à la force contre une commune puissante, véritable personne féodale ayant bannière, soldats, et derrière laquelle on s'exposait à rencontrer le Duc ou le roi de France, c'était difficile, voire même dangereux. La querelle donc, au lieu de se vider sur le champ de bataille, fut portée devant les tribunaux; aussi dura-t-elle jusqu'à la Révolution avec des chances diverses, résultant des variations de la politique, de l'affermissement du pouvoir central et des influences parlementaires.

(6) On désignait alors ainsi un vaste emplacement situé entre les églises Saint-Jean et Saint-Bénigne, au centre duquel s'élevait l'église Saint-Philibert. C'était aussi, avant l'établissement des paroisses, le cimetière général de la ville, et nous dirons depuis 1183 le *forum* de la cité. En effet, c'est devant le portail de cette dernière église que la commune, convoquée à cor et à cri, tenait ses assemblées, élisait ou recevait ses magistrats, et qu'elle accomplit jusqu'à la Révolution tous les actes importants de sa vie politique.

juratorum, justitiam de eo vel de ea capiam, nec eos extra predictam curiam vel placitare, vel cartam monstrare compellere potero (1).

19. Bannum vindemiarum in perpetuum communie concessi (2).

20. Si autem dissentio aliqua post modum emerserit, scilicet de judicio, sive de aliquo quod non sit in hac carta prenotatum, secundum cognitionem et testimonium juratorum communie Suessionis emendabitur, nec proinde communia in me forifecisse reputabitur (3).

21. De justitia vero et forifactis meis ita statutum est : de sanguine violenter facto, si clamor inde fiat et probatio, VII solidis emendabitur, et vulneratus XV solidos habebit.

22. Si compositio de duello ante ictum vel post ictum fiat, XXXII solidos et VI denarios habebo. Si duellum victum fuerit, victus LXV solidos persolvet (4).

23. De juisio similiter fiet sicut et de duello (5).

(1) Emprunté presque en entier à l'art. 20 de la confirmation de Soissons, et en ce qui concerne le paragraphe qui a trait à la production de la charte de commune, il rappelle l'art. 21 de la confirmation de Beauvais ainsi conçu : « Et concedimus eciam quod presens carta propter nullam causam extra civitatem portabitur. »

(2) Ce ban, qui, comme toutes les autres banalités, dérivait du système féodal, avait acquis une si grande valeur dans nos pays, que les Ducs et les seigneurs hauts justiciers l'inscrivaient des premiers dans l'énumération des droits reproduits en tête des terriers ou des dénombrements de leurs domaines. « Le ban de « danges, dit le président Bouhier, s'introduisit pour plusieurs bonnes raisons : 1º afin que personne ne ven-« dangeât avant que la maturité du raisin eût été bien reconnue ; 2º afin que les forains en fussent avertis et « pussent se préparer; 3º afin que les vendangeurs travaillassent ensemble et tout de suite en un même canton, « sans quoi ils causeraient des dommages à ceux qui ne vendangeraient pas; 4º pour la commodité des « décimateurs. » A quoi on peut ajouter cette autre raison oubliée par le savant commentateur, à savoir, le privilége du seigneur de précéder d'un jour les vendanges de ses vassaux, afin d'avoir les vendangeurs à meilleur compte.

La cession par le duc Hugues III à la commune de Dijon de tous ses droits de justice, entraînait naturellement celle du ban de vendanges, qui intéressait à un si haut degré les habitants d'un pays où la culture de la vigne avait pris de toute antiquité un si grand développement. Il était difficile, en effet, d'enlever à leurs magistrats la complète règlementation d'une industrie dont les représentants formaient une des corporations de métiers les plus nombreuses. Aussi cette concession fut-elle l'objet d'un paragraphe particulier dans la charte de commune.

(3) La commune de Dijon fut souvent dans ce cas, car ses Archives renferment les réponses des nombreuses demandes qu'elle adressa aux magistrats de Soissons dans le XIIIe siècle, lors des débats qu'elle eut avec les Ducs, notamment pour la justice. (Arch. de la ville.)

(4) Il s'agit ici du duel judiciaire, qu'à défaut de preuves testimoniales, deux parties étaient admises à se livrer personnellement ou par champions, pour soutenir la justice de leur cause. Cette coutume, sanctionnée par la loi Gombette, titre XLV, bien que toujours combattue par les évêques, était trop imbue des mœurs germaniques pour pouvoir être abolie. Elle persista donc et on peut la suivre à travers les chartes jusque dans les anciens *styles* du pays et nos constitutions communales. « Si je appelle un autre de murtre, lit-on au titre XI, § 109, des *Anc. coutumes du duché* [Bouhier, *Commentaire sur la Coutume*, I, 148]; se je ne dis de quoi, gage de bataille n'y appartient. » — § 110 : « Si je appelle aucun de larrecin ou meurtre, en getant mon gaige de bataille pour le prouver et l'autre jetoit le sien pour le défendre, se je ne poursuis la gaige, je suis encheuz. Et ainsi de celui que je appelle. » — § 111 : « Se cils qui a dit l'injure veult soutenir le fait de ladite injure, et que il soit nié par l'autre partie, cils qui a dit l'injure n'est pas receu à preuver le fait par tesmoins, si l'autre partie n'y consent, mais doit le preuver par gaige de bataille. »

(5) Outre le combat singulier, les parties pouvaient encore attester leur bon droit par les épreuves du feu, de l'eau froide ou de l'eau bouillante. C'est ce qu'on appelait *Jugement de Dieu, Ordalie* et *Juise* (Juisium) eu

24. Si homo de communia in furto deprehensus et comprobatus fuerit, si antea furtum fecisse non comprobatus fuerit, LXV solidos persolvet; si vero antea comprobatus fuerit in dispositione mea, de eo erit; si vero de communia non fuerit, in voluntate mea et dispositione, de eo erit (1).

25. De multro vero in arbitrio et dispositione mea erit, et qui multrum fecerit, preposito meo tradetur, si Major in suo posse habuerit, nec de cetero in communia recipietur, nisi assensu juratorum.

26. Infractio castri LXV solidis emendabitur (2).

27. De forifacto fructorum et hortorum est in dispositione Majoris et juratorum, nisi de nocte fiat; si vero de nocte fiat et comprobatum fuerit, LXV solidis emendabitur.

28. De raptu erit in dispositione vel arbitrio meo, si mulier in tantum clamaverit quantum a legitimis hominibus audita fuerit, qui hoc probare possent (3).

29. Infractio chemini infra banleucam (4), LXV solidis emendabitur.

30. De falsa mensura VII solidos habebo, insuper jurabit quod de conscientia

---

Bourgogne. Une bulle du pape Innocent III, de l'année 1204, témoigne qu'à Dijon les deux moyens proposés dans la charte pour vider les querelles ou trancher les questions difficiles n'étaient point une lettre morte, car lors d'un débat survenu entre le chapitre de la Sainte-Chapelle et les habitants de Dijon, ceux-ci, dédaignant les preuves canoniques opposées par les chanoines, voulaient les contraindre à recourir au Jugement de Dieu par le duel ou par l'eau froide. Il fallut donc toute l'autorité du Saint-Siége pour arrêter les entreprises de la commune. Quoi qu'il en soit, le souvenir du champ-clos où se vidaient ces sortes de querelles se perpétua à Dijon longtemps après l'abolition de ces coutumes, grâce à une croix qui y était plantée et dont au XVIe siècle on changea le nom de Juise en celui de Guise, à cause des princes lorrains qui gouvernaient la Bourgogne. Le champ du Jugement était placé à 1500 mètres de la porte d'Ouche, au carrefour formé par la route de Beaune, le chemin de Marsannay et celui des Creusots. La chapelle Saint-Jacques, où pouvaient se célébrer les rites usités en pareille circonstance, en était peu distante, et, pour compléter le tableau, à 1500 mètres plus loin, en suivant la route, les grandes justices dressaient leurs fourches, pour y suspendre le vaincu.

(1) La teneur de cet article, ainsi que du suivant et du 29e, semblent indiquer que le Duc s'était réservé la connaissance des cas de vol en récidive, de meurtre et de rapt. Néanmoins, si l'on s'en réfère aux documents des XIIIe et XIVe siècles conservés aux Archives municipales, on reconnaît que, sauf les amendes et l'exécution des criminels, confiée au prévôt ducal, cette exception ne fut jamais en vigueur. Sous le règne de Philippe-le-Bon, les officiers du bailliage, commentant à leur façon le texte de la charte du duc Hugues III, essayèrent bien de revendiquer la connaissance exclusive des quatre cas, savoir : l'homicide, le vol pour la seconde fois, le rapt et le feu bouté; mais le droit de la commune était si évident que le Duc, appréhendant que le débat fût porté au Parlement de Paris, toujours peu favorable aux grands vassaux, le reconnut lui-même. (Transaction du 31 août 1443.)

(2) Une remarque singulière sur cet article, par lequel le législateur entendait toute atteinte portée à la paix publique (voir Ducange, v° *Infractio Castri, Burbrech*), c'est que les officiers du duc Philippe-le-Hardi, n'en comprenant plus la signification toute morale, traduisirent *infractio castri* par démolition des murs du *Castrum Divionense*, et exigèrent une amende de la commune. (Voir plus loin la Transaction du 14 juin 1386.)

(3) Dans toutes les chartes des communes qui ont servi de type à celle de Dijon, la connaissance du crime de rapt fait partie des cas réservés à la justice du suzerain.

(4) De même que « l'*infractio castri*, » celle de « *chemini* » ne doit point être interprétée dans le sens d'anticipation de la chaussée, mais d'attentat commis sur le grand chemin.

sua falsam mensuram non habuerit; si autem hoc jurare noluerit, LXV solidos mihi persolvet.

31. Si quis pedagium vel ventas extra villam Divionis absque assensu pedagiarii vel ventarii portaverit, LXV solidos persolvet, si inde comprobatus fuerit (1).

32. Sciendum vero quod omnia alia ab iis que in hac karta continentur in dispositione et arbitrio Majoris et juratorum sint.

33. Si ego communiam submovero pro exercitu meo, ibunt mecum, vel cum senescallo meo, vel et connestallo meo (2) infra regnum Francie, secundum posse suum rationabiliter, et mecum erunt XL diebus. Si vero aliquod castrum infra Ducatum meum obsedero, tunc mecum erunt pro voluntate mea; et sciendum quod homines communie famulos receptabiles pro se exercitum meum mittere possunt (3).

34. Quod autem apud Marcennaium (4), apud Faenai (5) habebam, sine blado communie dedi.

35. Et sciendum vero quod communia potest retinere homines, cujuscumque

---

(1) Le péage était un droit que le suzerain levait à l'entrée des villes, sur les chemins, au passage des rivières, et dont le produit devait être appliqué à l'entretien des voies de communication. Le péage frappait indistinctement les personnes et la marchandise.

On appelait vente le droit perçu sur tout objet exposé en vente sur la voie publique.

Un ancien cartulaire de la mairie de Dijon contient, à la suite des chartes concernant les priviléges de la ville, les tarifs des droits de péage et de vente qui y étaient perçus.

Voici les titres des chapitres : C'est la manière (tarif) comment l'on doit payer péages et ventes de toutes choses que l'on vent à Dijon ou qui passent par la ville.

Ce sont les villes environ Dijon qui ne doivent ni péage, ni vente, mais que (sauf) en la foire de Toussaint.

Ce sont les villes environ Dijon qui doivent péage et non vente, et non péage et demi-vente, et toute la vente.

C'est la manière (tarif) de payer la vente à la foire de Toussaint.

(2) Le connétable, qui passait après le sénéchal dans l'ordre des dignités de la cour des ducs de Bourgogne, commandait l'armée en l'absence du prince, et, quand il était présent, marchait à l'avant-garde. Cette charge disparut avec la première race de nos Ducs, et les fonctions de connétable furent remplies par le maréchal de Bourgogne.

(3) L'obligation du service militaire imposé aux hommes de commune figure au 11e article des constitutions de Soissons. L'article 31 de la charte de Saint-Quentin la rappelle en ces termes : Quotienscumque communia in exercitus et equitationes nostras veniat. Facta autem submonitione nostra, ipsi arma ferentes nulli respondebunt justitiæ infra diem submonitionis.

On retrouve dans celle de Dijon ces deux genres de service militaire, désignés sous le nom d'*host* et de *chevauchée*. Le premier, c'est la levée pour la défense du pays. Le second était le service féudal dû au suzerain lors de ses guerres privées. Mais si comme à Saint-Quentin, les Dijonnais ne jouissaient pas des immunités qui environnaient le bourgeois en armes, leurs magistrats du moins en étaient exempts et eux-mêmes avaient la faculté de se faire remplacer.

(4) Marsannay-la-Côte, canton ouest de Dijon.

(5) Fénay, canton de Gevrey, arrondissement de Dijon.

dominii sint in villa Divionis, secundum consuetudines et usagium patris mei et predecessorum meorum (1), sine hominibus domini Salii (2).

36. Monetam vero meam Divionis, non possum fortiorem facere quam ad legem V denariorum (3).

37. Preterea ad petitionem meam Philipus rex Francie hanc communiam manutenendam promisit; ita quod si ab institutis hujus communie ego resilirem emendari communie faciet, reddendo capitale secundum judicium curie sue, infra XL dies, ex quo clamor ad eum inde pervenerit.

38. Archiepiscopus quoque Lugdunensis, Eduensis, Lingonensis, Cabilonensis episcopi, ad petitionem meam hanc communiam manutenendam promiserunt; taliter quod si ego vel alius pro me de quo posse habeam, instituta communie que in presenti karta continentur infregerit, ex quo inde ad eos clamor pervenerit; ipsaque infractio per Majorem communie, vel per alium loco Majoris, si Major secure ire non poterit et per duos alios de juratis communie, quos Major juramento firmaverit esse legitimos fuerit comprobata. Archiepiscopus et episcopi, ut ipsam infractionem reddendo capitale emendem, per se vel per nuncios suos infra regnum Francie me submonebunt. Si vero post submonitionem factam, ipsam infractionem infra XIIII dies communie non emendavero, totam terram interdicto supponent, preter Divionem et usque ad determinatam satisfactionem facient observari.

39. Et sciendum quod ego Dux, vel filii mei, vel uxor mea commendatos, vel hominem talliabilem infra Divionem, vel infra banleucam habere non possumus (4).

(1) Cette faculté précieuse dont le Duc se dessaisissait en faveur de la commune, après en avoir déjà gratifié la Sainte-Chapelle, s'appelait l'attraict (*attractus*). Elle donnait aux habitants le pouvoir d'admettre et de recevoir parmi eux tout étranger qui venait chercher dans leurs murs un refuge d'autant plus assuré contre l'oppression, que le droit de poursuite du maître qu'il fuyait, s'arrêtait aux limites de la commune. Cette immunité eut une influence si considérable sur la population des communes, que la féodalité s'en alarma et contraignit le Duc, sinon à supprimer ce droit, du moins à en restreindre l'exercice dans des limites qui, si elles ralentirent l'affranchissement des campagnes, eurent néanmoins l'avantage d'améliorer la condition des hommes « de poeté » et de régulariser les conditions de leur affranchissement. Voir dans Bouhier, *Coutume de Bourgogne*, art. 9; *Comment le main-mortable se peut affranchir*, I, 17; *Anciennes coutumes du duché de Bourgogne*, titre XII; *Des hommes taillables, serfs et main-mortables*, art. 115, 116 et 140; id., p. 149, 150, 151; *Monographie du château de Talant*, par J. Garnier; tome III des *Mémoires de la Commission des Antiquités de la Côte-d'Or*.

(2) De Saulx.

(3) La monnaie de Dijon était plus faible de moitié que celle de Paris. Une charte de Guillaume, évêque de Chalon, de l'année 1167, insérée dans les preuves du *Gallia christiana*, IX, cor. 252, et une autre de 1257, publiée p. 352 du Cartulaire de l'église d'Autun, portent que deux sols dijonnais équivalaient à un sol parisis. Le duc Hugues avait fait une semblable promesse à l'abbé de Saint-Bénigne et à l'évêque de Langres.

(4) On entend par ce mot des hommes francs qui vivaient sous la protection d'un seigneur, envers lequel ils étaient tenus seulement à l'acquit d'une certaine prestation; tandis que par opposition la qualification d'homme taillable s'appliquait à tout homme engagé dans les liens de la servitude.

40. Dedi etiam eis quicquid dominus Girardus Raonum (1) apud Divionem habebat et omnes eschootes in hominibus que ad me venire debent (2).

41. Concessi similiter eis quod nundinas sancti Joannis et nundinas omnium Sanctorum et forum Sabbati et diei Mercurii non possum removere de locis in quibus erant anno quo eis hanc kartam dedi (3).

42. Concessi etiam eis quod locationem hestallorum fori (4) et nundinarum scilicet nummulariorum (5), mercatorum, sutorum, et aliorum vendentium, non possunt acrescere extra tertiam partem locationis que fuit anno illo quo karta hec communie data fuit.

43. Preter hec eis concessi quod si homo de communia pro debito meo bene et fideliter cognito captus fuerit, vel aliquid amiserit de meis redditibus Divionis, vel de censa mea, si redditus non sufficient, redimetur, vel quod amisit, et restituetur.

44. Concessi etiam eis quod si prepositus meus Divionis aliquid ceperit de rebus hominum communie, reddet sine omni placito, quantum ille homo probaverit, si legitimus a Majore communie testificatus fuerit (6).

45. Sciendum etiam quod pro permissione hujus communie reddent mihi vel preposito meo homines mei de hac communia annuatim quingentas marcas talis argenti quale cambitores in nundinis inter se dant et recipiunt (7), reddendas apud Divionem in die Martis ante Ramos Palmarum, vel in sabbato magno Pasche apud Barrum (8).

46. Sub prenotatis itaque constitutionibus omnes homines meos, quicumque in prescripta communia fuerunt, quietos et immunes a tallia in perpetuum esse concedo.

47. Ut autem hoc et ratum inviolabile permaneat, prefatam communiam juravi

---

(1) Girard, seigneur de Rahon.
(2) Echeoites, échûtes, biens vacants par déshérence.
(3) La foire de Saint-Jean, qui se tenait sur la place de ce nom, avait été érigée en 1109 par le duc Hugues II. Le marché du samedi avait également lieu au bourg de Saint-Bénigne, sur la terre des religieux.
 La foire de Toussaint et les marchés du mercredi et autres se tenaient au contraire dans les dépendances de l'abbaye de Saint-Etienne, sur les paroisses Notre-Dame, Saint-Nicolas et Saint-Michel.
(4) Etaux.
(5) Changeurs.
(6) Par suite de l'érection de la commune, le prévôt de Dijon, qui avant était le fonctionnaire civil le plus élevé de la ville, n'eut plus d'autre fonction que l'égandillage des mesures, la publication des foires, la perception des amendes réservées au Duc, et l'exécution des criminels.
(7) Le marc d'argent fin qui, sous Philippe-Auguste, valait, suivant Leblanc, 50 sols, vaut aujourd'hui 56 francs. Si donc on multiplie 56 par 500, on trouve au produit 28,000 francs, et si, comme nous l'avons énoncé plus haut (p. 2, note 7), en l'absence de documents comparatifs sur le prix des denrées à cette époque, nous empruntons encore le système de Leber, 28,000 fr. + 6 = 168,000 francs. Le marc valait 4 livres dijonnaises.
(8) Bar-sur-Seine (Aube).

tenendam et irrefragabiliter observandam ; et Odo filius meus juravit similiter, et sigilli mei impressione munivi, salvo quidem jure meo et Ecclesiarum et militum, et salvis omnibus hiis que habebant Ecclesie et milites in hominibus suis, in tempore patris mei et ante communiam, qui in predicta villa aliquid juris habent absque captione hominum (1).

Hujus vero mee concessionis testes sunt Anxericus dominus Montisregii (2), Aymo dominus Marrigneii (3), Guido dominus Tilecastri (4), Wuillermus filius Odonis Campanensis (5), Hugo dominus Roche (6), Robertus de Balloxone (7), Anxerinus de Ballox (8), Bertrandus de Saudun (9), Symon de Bracun (10), Oddo de Divione (11), Aymo de Montereyr (12), Kalo Sancti Juliani (13), Valterus dominus Sumbernonis (14), Ottho dominus Salii (15), Villermus dominus Favernii (16), Stephanus Vilanus, Yulo de Salio (17), Ottho de Safre (18), Amedeus dominus Acellis (19), qui etiam omnes predictam com-

---

(1) Outre les hommes du Duc en faveur desquels avait été érigée la commune, il y avait encore d'autres habitants vivant sous la loi directe du vicomte de Dijon, ainsi que des abbayes de Saint-Bénigne et de Saint-Etienne. Ils en étaient, sinon les justiciables, mais tout au moins soumis à leur égard à de certaines conditions que ce paragraphe avait pour objet de faire respecter.
Cette distinction apparaît surtout dans les pièces nos 2, 3, 4, qui nous montrent, en 1185, c'est-à-dire entre la 1re et la 2e charte de commune, les bourgeois du Duc obligés de rembourser aux hommes des religieux et des chevaliers, l'argent qu'ils avaient levé sur eux pour l'exonération du service militaire.
Mais quand, par une seconde charte véritablement plus explicite que celle de 1183, le Duc eut abandonné au nouveau pouvoir et ses droits de justice et la faculté de posséder à Dijon un homme plus ou moins engagé dans les liens du servage, il était difficile que les autres seigneuries y conservassent l'intégralité de leurs anciens droits. En effet, sauf les conditions des tenures et des redevances qui furent toujours respectées, la vicomté ayant été acquise par la ville, la justice monastique ne dépassa plus les murs de clôture des abbayes et le droit d'attrait confondit bientôt tous les habitants sous la même loi politique.
(2) Ansèric, seigneur de Montréal (Yonne), assista à la prise de Silvès en Portugal, par les croisés sur les Sarrasins, et mourut en 1191, au siège de Ptolémais.
(3) Aimon, seigneur de Marigny-sur-Ouche (Côte-d'Or), fut connétable de Bourgogne sous Hugues III.
(4) Gui, seigneur de Til-Châtel (Côte-d'Or). En 1184, le Duc avait autorisé ce seigneur à fortifier son château, sous la condition du service militaire.
(5) Guillaume, fils d'Eudes II de Champagne, petit-fils de Hugues, comte de Champagne. Il était seigneur de Champlitte (Haute-Saône) et devint prince d'Achaïe et de Morée après la prise de Constantinople par les Latins. Il mourut vers 1210, et eut pour successeur Geoffroy de Villehardouin, l'historien de cette croisade. (Anselme. II, 868.)
(6) Hugues, seigneur de la Roche.
(7) Robert de Bailleux ou Beaulieu. Un Robert de Bailleux, probablement son descendant, vendit, en 1298, sa terre de Longecourt au duc Robert II.
(8) Ansericus de Bailleux.
(9) Bertrand de Saudon en Châlonnais, commune de Saint-Loup de Varenne (Saône-et-Loire).
(10) Simon, seigneur de Bracon, au-dessus de Salins (Jura).
(11) Eudes de Dijon.
(12) Aymon, seigneur de Monterest, dans la Bresse chalonnaise.
(13) Kalon, seigneur de Saint-Julien, canton de Dijon.
(14) Vauthier, seigneur de Sombernon, arrondissement de Dijon.
(15) Eudes, seigneur de Saulx-le-Duc, arrondissement de Dijon.
(16) Guillaume, seigneur de Fauverney, arrondissement de Dijon.
(17) Jules de Saulx.
(18) Othe, seigneur de Saffres (Côte-d'Or).
(19) Amédée, seigneur d'Arceau (Côte-d'Or).

muniam se fideliter manutendam, et ab omni infractione conservandam juraverunt.

Actum publicè Divione anno Incarnati Verbi, M° C° octogesimo septimo.

Scellé en cire verte à lacs de soie rouge et verte pendants.
Original : Archives de la ville de Dijon, B1, *Priviléges et franchises de la Commune.*
Imprimé dans le *Recueil* de Pérard, p. 333. — *Mémoire pour les vicomte-mayeur, échevins, etc., de Dijon, contre les receveurs généraux du domaine,* 1774, in-4°. — *Mémoire sur la franchise du territoire de la ville de Dijon,* 1786, in-4°. — *Mémoires pour l'administrateur général des domaines contre les maire, échevins, etc., de la ville de Dijon,* 1786, in-fol.

Constitutions de la Commune de Soissons.

La ville de Soissons s'était, vers 1116, constituée en commune, du consentement de l'évêque et du comte, et les rois Louis VI et Louis VII avaient ratifié sa charte de franchise. Ce sont ces constitutions primitives, fortement empreintes de celles de Beauvais (1096), de Saint-Quentin (1101), de Laon (1108) et d'Amiens (1113), que les magistrats de Soissons envoyèrent aux habitants de Dijon pour leur servir de règle lorsqu'ils eurent obtenu l'érection de leur ville en commune.

Cette communauté d'origine est surtout frappante en ce qui concerne Beauvais, la plus ancienne des communes françaises. Aussi avons-nous eu constamment sous les yeux ces chartes primitives sur leurs confirmations par les rois de France pour l'explication de chacun des paragraphes de la constitution de Dijon.

Voici le texte de la charte soissonnaise d'après la copie du XII° siècle conservée aux Archives de Dijon :

Noverint universi presentes et futuri, quod hec instituta et has habet consuetudines communia Suessionis.

1. Si quis violentiam alicui de communia fecerit, cujuscumque dominii sit, et inde clamor ad Majorem et juratos pervenerit, per eos emendabit vel de eo justicia fiet (1).

2. Si clamor de debito fiat, ad dominum de cujus justicia est, clamor prius ille fiet, et si satisfecerit ei accipiet.

3. Si vero non prima justicia super debitorem nonnullam non faciet, sed quicquid per primam justiciam cognitum fuerit, vel per duos legitimos testes, Major rehabere faciet si inde clamor ad eum venerit.

4. Sciendum etiam quod communia Majorem et juratos eligit in communia sua cujuscumque dominii sit, seu miles sit an non, et oportet ut electus in Majorem et juratum sit Major vel juratus, velit, nolit (2).

5. Possunt autem jurati ad sua judicia facienda aliquos discretos quam juratos advocare, si voluerint (3).

---

(1) Cf. Charte de Beauvais, art. 3, *Rec. des Ordonn.*, VII, 622. — Charte de Saint-Quentin, art. 1 et 8, même Recueil, XI, 270. — Charte de Laon, art. 2, 34, ibid., 185. — Charte d'Amiens, art. 2-10 et 38, *Recueil des monuments de l'histoire du Tiers-Etat*, I, 109.

(2) Cf. art. 18 de la Charte de Beauvais.

(3) C'est en vertu de ce § que les maire et échevins de Dijon s'adjoignirent, dès le principe et en dehors de l'élection, deux ou quatre jurisconsultes qui prenaient le titre de conseillers de la ville.

6. Si quis communie missam vel talliam super se positam solvere noluerit, Major vadia capiet, vel corpus ejus detinebit, donec dicta missa vel taillia persolvatur, cujuscumque dominii sit (1).

7. Omnia autem regulanda sunt, preter feoda (2).

8. Nemo de communia cum bannito pro gravi culpa loquetur nisi licentia Majoris et juratorum, nec aliquod ei beneficium prebebit (3).

9. Si quis judicium in curia Majoris factum blasphemaverit et tenere noluerit, singulis Juratis qui judicio interfuerit, quinque solidos emendabit.

10. Si villa Regi aliquem emendationem fecerit, omnis de communia, cujuscumque dominii sint, excepto Majore, secundum posse suum ibi ponent.

11. Si Rex in exercitum communiam invitat, omnes de communia, cujuscumque dominii sint, per Majorem ibunt nisi Major et jurati eos detinuerint (4).

12. Ad villam claudendam et intercendam, vel ad balfridum, vel ad campanam faciendam, omnes, cujuscumque dominii sint, ponunt (5).

13. Curia Episcopi ad voluntatem nostram nobis a Rege data est, ad cartam monstrandam et ad placitandum, nec aliquis nos a dicta curia expellere potest (6).

14. Major in communi missa vel tailla nichil ponet, jurati nec excubias facient, neque emendationem duodecim denariorum que ad Majorem pertinet.

15. Si quis vadia famulo Majoris vi abstulerit, quinque solidis emendabit.

16. Major neminem juratorum per se capere potest nisi homicidio.

17. Si quis in duello victus fuerit, aut aliquis pro eo, post duellum firmare non potest, nec testimonium in causa portare, nec aliquam monstram facere.

18. Si prepositus Suessionis aliquid contra communiam fecerit, per Majorem emendabit.

19. Nemo aliquem de suis hominibus qui de communia nostra sit, infra villam nostram vel extra ob ullam causam capere poterit quandiu per Majorem se justiciare voluerit.

20. Si homo de communia nostra famulum Regis iratus percutiet vel e converso, per Majorem emendabitur (7).

21. Sciendum quod banleucam extra civitatem habemus (8).

22. Nemo aliquem vadiare potest pro debito vel pro alia causa, nisi per Majorem sua exposuerit.

23. Si quis Majorem desment, per juratos emendabit.

24. Si juratus juratum coram Majore iratus percutit, secundum judicium juratorum emendabit.

25. Si quis de communia, cujuscumque dominii sit, ad ramitionem juisii per manum Majoris fecerit, dominus ejus inde eum retrahere non potest.

---

(1) Cf. Charte de Saint-Quentin, art. 33.
(2) Cf. Charte d'Amiens, art. 19.
(3) Ibid., art. 11, 12, 39.
(4) Cf. art. 31 de la Charte de Saint-Quentin.
(5) Cf. ibid., art. 37.
(6) Cf. Charte de Beauvais, art. 20. — Charte de Saint-Quentin, art. 2. — Charte de Laon, art. 19.
(7) Cf. art. 36 de la Charte d'Amiens.
(8) Cf. art. 3 de la Charte de Saint-Quentin.

26. Custodes segetum et vinearum, assensu eorum quorum segetes et vinee sunt, singulis territoriis apponuntur, domino terre assentiente, qui numquam eos refutare posset.

27. Nemo de communia justiciabit se de possessionibus suis, per archidiaconum, nec per decanum, nisi sit vidua (1).

28. Si guerra inter Ducem et alium orta fuerit, Dux vel alius, licet in communia homines habeant, nichil de rebus hominum communie pro illa guerra capere poterit.

29. Si quis de juratis eorum revelat consilium, extra consilium fiet.

30. Si communia ad vindicandum se aliquando exierit, quocumque modo poterit se vindicabit, ita tamen quod aliis qui nichil eis forefecerunt, dampnum non inferat.

31. Et si quis de communia sine assensu Majoris et juratorum aliquid alicui forefecerit, si probatus fuerit, solus emendabit, et non communia.

32. Sciendum quod quicumque domum vel plateam infra villam Suessionis habet, communiam jurare debet, et in communibus missis secundum posse suum ponere.

33. Ut autem hoc ratum et constans habeatur, communia Suessionis hanc cartam appositione sui sigilli certificavit (2).

<small>En 1181, le roi Philippe-Auguste, suivant, comme il le déclara lui-même, l'exemple de ses pères, confirma, tout en les modifiant, les franchises de Soissons. Il y introduisit notamment plusieurs articles empruntés à la charte de Beauvais, et c'est de cette dernière confirmation que se servirent les officiers de la chancellerie du duc Hugues III, pour la rédaction de la charte qui précède, ainsi que nous l'avons fait remarquer plus haut.</small>

VI

Première confirmation par Eudes, fils du duc Hugues III, de la charte de commune, octroyée par son père aux habitants de Dijon.

1187.

In nomine sancte et individue Trinitatis. Amen. Ego Oddo filius Hugonis ducis Burgundie, omnibus notum facio Hugonem ducem Burgundie patrem meum concessisse communiam hominibus de Divione in perpetuum habendam ad formam communie Suessionis, quam eisdem hominibus in perpetuum habendam ad petitionem patris mei concessi. Est autem forma communie talis : Infra banleucam Divionis alter alteri, etc.... (*Le surplus comme dans la charte de commune, n° V.*)

<small>(1) Cf. art. 41 de la Charte de Saint-Quentin. — Art. 20 de celle de Laon.
(2) Original scellé du sceau de la commune : Archives de la ville de Dijon, B1. *Priviléges et franchises de la Commune.* — Imprimé : dans Pérard, p. 336 ; — *Mémoire pour les vicomte-maieur, échevins, etc., de la ville de Dijon contre les receveurs généraux du domaine,* 1774, in-4°.</small>

Ut autem hoc ratum et inviolabile permaneat, prefatam communiam juravi tenendam et irrefragabiliter observandam, et sigilli mei impressione munivi, salvo quidem jure meo et ecclesiarum et militum, etc. (*Le reste comme dans la charte précitée.*)

Scellé en cire verte à lacs de soie rouge et verte pendants.
Original : Archives de la ville de Dijon, B1, *Priviléges et franchises de la Commune.*

VII

Seconde confirmation de la charte de commune de Dijon par Eudes, fils de Hugues III, duc de Bourgogne.

1187.

In nomine sancte et individue Trinitatis. Amen. Noverint universi, quod ego Oddo filius Hugonis ducis Burgundie, communiam quam pater meus hominibus de Divione, ad formam communie Suessionis, imperpetuum habendam concessit, sicut in carta patris mei super hoc facta continetur, eisdem hominibus laudavi, concessi et tenendam juravi; ad petitionem quoque patris mei et meam, Philippus, rex Francie, hanc communiam manutenendam promisit. Ita quod si ab institutis hujus communie resilirem, emendari communie faciet, reddendo capitale, secundum judicium curie sue, infra quadraginta dies, ex quo clamor ad eum inde pervenerit. Archiepiscopus quoque Lugdunensis, Eduensis, Lingonensis, Cabilonensis episcopi ad petitionem patris mei et meam, hanc communiam manutenendam promiserunt; taliter, quod si ego vel alius pro me de quo posse habeam, instituta communie que in præsenti carta continentur infregerit, ex quo inde ad eos clamor pervenerit, ipsamque infractionem, per Majorem communie vel per alium loco Majoris, si Major secure ire non poterit, et per duos alios de juratis communie, quos Major juramento firmaverit esse legitimos, fuerit comprobata : præfati Archiepiscopus et episcopi, ut ipsam infractionem reddendo capitale emendent, per se vel per nuncios suos infra regnum Francie me submovebunt. Si vero post submonitionem factam, ipsam infractionem infra quatuordecim dies communie non emendavero, totam terram meam interdicto subponent preter Divionem, et usque ad determinatam satisfactionem facient observari. Ut autem hujus mee concessionis pagina perpetuis incouvulsa maneat temporibus, eam sigilli mei attestatione roboravi. Hujus rei testes sunt Anxericus, dominus Montis Regii (1), Aymo, dominus Marrigneii, Guido, dominus Tilecastri, Villermus, filius domini Odonis Campanensis, Hugo, dominus Roche, Robertus de Ballox, Anxerinus de Ballox, Bertrannus de Saudon, Symon de Bracon, Oddo de Divione, Aymo de Montereyr, Kalo de Sancto Juliano, Valterius, dominus Sumbernonis, Otho, dominus Salii, Villelmus, dominus Faverneii, Stephanus Julanus, Yvulo de Salio, Ottho de Saffres, Amedeus, dominus Acellarum, qui etiam omnes predictam communiam se fideliter manutenendam et ab omni infractione conservandam juraverunt. Actum publice Divioni, anno Incarnati Verbi M° C° octogesimo septimo.

Scellé en cire verte à lacs de soie rouge et verte pendants.
Original: Archives de la ville de Dijon, B1, *Priviléges et franchises de la Commune.* — Imprimé: dans Pérard, p. 337; — *Mémoire pour les vicomte-mayeur, échevins, etc., de la ville de Dijon, contre les receveurs généraux du domaine,* 1774, in-4°.

VIII

Confirmation par Philippe-Auguste, roi de France, de la charte de commune octroyée aux habitants de Dijon, par Hugues III, duc de Bourgogne.

1187.

In nomine sancte et individue Trinitatis. Amen. Philippus Dei gratià Francorum rex, noverint universi presentes pariter et futuri, quam Hugo, dux Burgundie, hominibus de Divione dedit et concessit communiam imperpetuum habendam, ad formam communie Suessionis. Nos vero ad petitionem ipsius Ducis et Odonis, filii ejus, eam confirmamus, et ita manutenendam promittimus; quod si vel Dux, vel dictus filius ejus ab institutis hujus communie resilierit, nos infra quadraginta dies ex quo clamor inde ad nos pervenerit, communie

(1) Voir, pour ces noms, les notes 2 à 19 de la page 14.

munie Divionis promitatis, quod si ab institutis communie resiliero, quoquomodo dediceristis, nos resultum communie regi Francorum, per vos, vel per unum monachorum vestrorum, cui solo verbo credetur, nunciabitis : similiter Archiepiscopo Lugdunensi, episcopo Lingonensi, episcopo Eduensi et Cabilonensi, eundem resultum nunciabitis, qui totam terram meam preter Divionem interdicto supponent, donec emendatum sit.

Scellé à double queue de parchemin.
Original : Archives de la ville de Dijon, B1, *Priviléges et franchises de la Commune*. — Imprimé dans Pérard, p. 341.

XII

Eudes III, duc de Bourgogne, met la commune de Dijon sous la sauvegarde des principaux seigneurs du Duché.

1193

Ego Odo dux Burgundie, presentibus et futuris notum facio, me precepisse Huoni Domino Vergei (1), Stephano de Monte Sancti Johannis (2), Poncio de Granceo (3) conestabulo meo, Odoni domino Chamlite (4), Odoni domino Grancei (5), Hugoni domino Tilecastri (6), Guidoni domino Salii (7), Galtero domino Sumber-

---

(1) Hugues, fils aîné de Guy, seigneur de Vergy, et marié à Gilles de Trainel, d'une puissante famille de Champagne, avait reçu de son père, vers 1179, la possession du château de Vergy. Mais, ayant refusé d'en faire hommage au duc Hugues III, ce prince assiégea la place et la pressa si fort que le sire de Vergy n'eut bientôt d'autre ressource que d'offrir au roi Philippe-Auguste ce qu'il déniait obstinément au duc de Bourgogne. Le Roi accourut à son secours et fit lever le siège. La querelle pacifiée, Hugues se croisa avec le Roi et le Duc, et revint en 1192 avec le premier. Hugues III étant mort cette même année, son fils Eudes III renouvela avec plus de succès ses prétentions à l'hommage du sire de Vergy qu'il contraignit à la soumission. Le mariage du Duc avec Alix, fille de Hugues, et la cession du château qu'elle lui apporta en dot, mirent fin à ces débats. Hugues mourut vers 1200. (Duchesne, *Hist. de la maison de Vergy*.)

(2) Etienne de Mont-Saint-Jean, fils aîné de Hugues de Mont-Saint-Jean et d'Elisabeth de Vergy, fille unique d'Hervé, seigneur en partie de Vergy, et tante de Hugues de Vergy qui précède. Eudes III l'ayant détaché du parti des hauts barons, sa coopération lui fut d'un très grand secours dans sa lutte avec ce dernier. Il mourut sans enfants le 23 février 1198. (Duchesne, *Hist. de la maison de Vergy*.)

(3) Ponce de Grancey, connétable de Bourgogne.

(4) Eudes II, dit le Champenois, seigneur de Champlitte, fils aîné de Eudes I, dit le Champenois, fils désavoué de Hugues de Champagne, comte de Troyes, et d'Isabelle de Bourgogne. Guillaume de Champlitte, prince de Morée, était son frère.

(5) Eudes, seigneur de Grancey.

(6) Hugues, seigneur de Tilchâtel.

(7) Guy, seigneur de Saulx.

nonis (1), Marcello domino Maillei (2), Guidoni domino Tilii (3), ut ipsi homines meos infra munitiones suas recipiant, et ipsos cum rebus suis conducant, si ab institutis communie Divionensis resiliero, quandiu inter me et meos homines Divionis discordia fuerit, nec interim de aliquo quod ab eis exigerim michi responderunt. Actum anno Incarnati Verbi M° C° tertio.

Scellé en cire verte à lacs de soie rouge et blanche pendants.
Original : Archives de la ville de Dijon, B1, *Priviléges et franchises de la Commune*. — Duchesne, *Histoire de la maison de Vergy*, p. 150. — Pérard, p. 341.

XIII

Eudes III, duc de Bourgogne, met la commune de Dijon sous la sauvegarde des principaux seigneurs du pays.

1193?

Ego Odo dux Burgundie, presentibus et futuris notum facio, quod si ego resilirem ab institutis communie Divionensis, quam concessi in perpetuum habendam hominibus ejusdem ville, dominus Grancei (4), et dominus Tricastelli (5), et dominus Virgei (6), et dominus Tilii (7), et dominus Poncius conestabulus (8), et Guillermus dominus Marrigneii (9), et dominus Malei (10), et dominus Chanlite (11), et Senescallus (12), et dominus Salii (13) et dominus Montis Regalis (14),

(1) Gauthier, seigneur de Sombernon.
(2) Marcel, seigneur de Mailly.
(3) Guy, seigneur de Thil.
(4) Eudes, seigneur de Grancey.
(5) Hugues, sire de Tilchâtel.
(6) Hugues, sire de Vergy.
(7) Guy, seigneur de Thil.
(8) Ponce de Grancey, connétable.
(9) Guillaume, seigneur de Marigny.
(10) Marcel, seigneur de Mailly.
(11) Eudes, seigneur de Champlitte.
(12) Gaucher de Châtillon, seigneur de Saint-Pol.
(13) Guy, seigneur de Saulx.
(14) Anséric, seigneur de Montréal.

reciperent burgenses Diviouenses in suas munitiones, et conducerent eos, et sua pro posse suo.

Original : Archives de la ville de Dijon, B1, *Priviléges et franchises de la Commune*. — Imprimé dans Pérard, p. 341.

XIV

Promesse de sauvegarde donnée par Eudes, seigneur de Champlitte, à la commune de Dijon.

1193.

Notum facio omnibus, quod ego Odo dominus Chanlite, ad petitionem Odonis ducis reciperem burgenses Divionenses in meas munitiones, et eos conducerem, et sua pro posse meo, si dictus Dux ab institutis communie Divionensis resiliret.

Archives de la ville de Dijon, 1er Cartulaire, fol. 20, v°. — Bibliothèque de Dijon, Cartul., n° 447, fol. 23, v° ; Cartul., n° 448, fol. 17, v°. — Imprimé dans Pérard, p. 342.

XV

Promesse semblable de Gaucher de Châtillon, sénéchal de Bourgogne.

1193.

Ego Galtherus de Castellis, senescallus ducis Burgundie (1), presentibus et futuris notum facio me bona fide jurasse communiam Divionensem pro posse meo manutenendam, nec consilium exhibebo, nec assensum quod Dux ab institutis communie resiliat, ymo homines Divionenses in munitiones meas recipiam et hominis communie cum rebus suis conducam.

Archives de la ville de Dijon, 1er Cartulaire, fol. 21. — Biblioth. de Dijon, Cartul., n° 447, fol. 23, v°, et n° 448, fol. 17, v°.

(1) Gaucher de Châtillon, comte de Saint-Pol, succéda en 1192, comme sénéchal, à Etienne de Mont-Saint-Jean.

XVI

Promesse de sauvegarde donnée par Rainard, archevêque de Lyon, à la commune de Dijon.

1194.

Noverint universi, quod ego (1) Dei gratia Lugdunensis Archiepiscopus, ad petitionem Odonis ducis Burgundie, communiam Divionis manutenendam sub hac forma recepi. Quod si dictus Dux ab institutis memorate communie resilierit, et resultus per abbatem Cistercii, vel per abbatem Clarevallis, vel per unum monachorum quibus solo verbo credam, vel per unum burgensem Divionis, cui solo juramento credam, michi nunciatum fuerit, nos totam terram dicti Ducis, preter Divionem, interdicto supponemus, et interdictum teneri faciemus, donec resultus communie emendatus fuerit, et omnes suos memorate communie, qui ad nos causa securitatis confugerunt cum suis rebus, salvum eis prebentes conductum, in terra nostra recipiemus, quos dicto Duci, vel ejus mandato de aliquo in causa respondere cogere non poterimus, quandiu discordia inter ipsum Ducem et communiam Divionensem fuerit. Actum anno ab Incarnatione Domini M° C° XC° IIII°.

Scellé en cire verte à lacs de soie blanche et verte pendants.
Original : Archives de la ville de Dijon, B1, *Priviléges et franchises de la Commune*. — Imprimé dans Pérard, p. 344.

XVII

Promesse de sauvegarde de l'Evêque d'Autun, à la commune de Dijon.

1194.

Noverint universi, quod ego Galterus Dei gratia Eduensis (2) episcopus, ad peticionem Odonis ducis Burgundie, communiam Divionis manutenendam sub

---

(1) Rainald, fils de Gui II, comte de Forez, qui succéda en 1192 à Jean II, archevêque de Lyon, et mourut en 1226. (*Call. christ.*, IV, col. 133.)
(2) Gauthier, II° du nom, évêque d'Autun, nommé en 1189, décédé en 1123. (*Gall. christ.*, IV, col. 397.)

terram dicti Ducis, que in nostro episcopatu est, preter Divionem, interdicto supponemus, et interdictum teneri firmiter faciemus, donec resultus jam dicte hac forma recepi; quod si dictus Dux ab institutis memorate communie resilierit, et resultus per abbatem Cistercii, vel per abbatem Clarevallis, vel per unum suorum monachorum, quibus suo solo verbo credam, vel per unum burgensem Divionensem, cui suo solo credam, michi nunciatus fuerit : nos totam terram dicti Ducis, que in nostro episcopatu est, interdicto supponemus, et interdicto teneri firmiter faciemus, donec resultus jam dicte communie emendatus fuerit, et homines suos memorate communie, qui ad nos causa securitatis refugerint cum suis rebus in terra nostra, salvum eis prebentes conductum, recipiemus, quos dicto Duci vel ejus mandato de aliquo respondere in causa cogere non possumus, quandiu discordia inter ipsum Ducem et communiam Divionensem fuerit. Quod ut ratum habeatur, huic carte sigillum nostrum apposuimus,

Actum anno ab Incarnatione Domini millesimo centesimo nonagesimo quarto.

Archives de la ville de Dijon, 1er Cartulaire, fol. 18. — Bibliothèque de Dijon, Cartul., n° 447, fol. 22, v° ; Cartul., n° 448, fol. 22, v°. — Imprimé dans Pérard, p. 345.

XVIII

Promesse de sauvegarde de Garnier, évêque de Langres, à la commune de Dijon.

1194.

Noverint universi, quod ego Garnerius Dei gratia Lingonensis episcopus (1), ad petitionem Odonis ducis Burgundie, communiam Divionensem manutenendam sub hac forma recepi : quod si dictus Dux ab institutis memorate communie resilierit, et resultus per abbatem Cistercii, vel per abbatem Clarevallis, vel per unum suorum monachorum, quibus solo suo verbo credam, vel per unum burgensem Divionensem, cui solo juramento credam, mi nunciatus fuerit, nos totam

(1) Garnier de Rochefort, moine à l'abbaye de Longvay, élu abbé d'Auberive, puis de Clairvaux en 1186. Il succéda en 1193 à Manassès de Bar-sur-Seine, évêque de Langres. Poursuivi devant le Saint-Siége, par son Chapitre, pour avoir dissipé les biens de son église, il abandonna son évêché pour se retirer à Clairvaux, où il mourut le 20 juillet 1200. (Anselme, II, 145 ; *Gall. christ.*, IV, col. 1591.)

terram dicti Duci que in nostro episcopatu est preter Divionem interdicto supponemus et interdictum teneri firmiter faciemus donec resultus jam dicte communie emendatus fuerit, et homines suos memorate communie, qui ad nos causa securitatis refugerint, cum rebus suis in terra nostra, salvum eis prebentes conductum, recipiemus; quos dicto Duci, vel ejus mandato de aliquo respondere in causa cogere non possumus, quandiu discordia inter ipsum Ducem et communiam Divionensem fuerit. Quod ut ratum habeatur, huic carte sigillum nostrum apposuimus.

Actum anno ab Incarnatione Domini millesimo ducentesimo nonagesimo quarto.

Archives de la ville de Dijon, 1er Cartulaire, fol. 18. — Biblioth. de Dijon, Cartul., n° 447, fol. 21, v°, et n° 448, fol. 22, v°. — Imprimé dans Pérard, p. 345.

XIX

Cession faite par le duc Eudes III, à la commune, du ban des Juifs et de l'étalage aux foires, en échange du village de Fénay.

1196.

Odo dux Burgundie, sciant universi tam presentes quam futuri, quod anno ab Incarnatione Domini millesimo centesimo nonagesimo sexto, discordia fuit inter me et communiam Divionensem, que pacificata fuit in hunc modum. Quietaverunt enim mihi villam que vocatur Faanai, quam pater meus dederat eis, assensu meo et laude mea, et ego dedi communie bannum Divionensem (1), et Judeos, et attractum libere Judeorum (2), et partem astalagii Divionis (3), que ad me pertinebat eo tempore de nundinis Sancti Johannis, et de nundinis festivitatis Omnium Sanctorum; et quia continetur in magna carta Divionensis communie,

---

(1) Le *Bannum Divionensem*, c'est-à-dire la connaissance et la juridiction de tout ce qui concernait le commerce, les arts et métiers, avait été omis dans la charte primitive. De là un désaccord avec le Duc, qui en avait profité pour l'échanger contre la terre de Fénay, dont la possession ou l'éloignement (10 kil.) n'était d'aucun avantage à la commune.

(2) Les Juifs étaient considérés comme serfs et ils ne pouvaient exercer leur industrie qu'en payant au souverain une prestation toujours considérable. C'est cette prestation et le droit de l'attirer chez elle que le Duc abandonnait à la commune.

(3) Etalage, droit perçu sur les marchands qui étalaient sur la voie publique, aux foires de Saint-Jean et de la Toussaint. L'autre portion de ce droit avait été affectée par le duc Hugues III pour la dotation de la Sainte-Chapelle.

quod pater meus et ego dederamus communie in perpetuum villam de Faanai. Si quis vellet ledere cartam propter hoc, et ire contra communiam, ego nullo modo paterer contra omnes terram testimonium et garantiam. Hujus concordie et donationis nostre in testimonium, cartam presentem sigilli nostri munimine roboravimus.

Scellé en cire blanche à double queue de parchemin.
Original: Archives de la ville de Dijon, B1, *Priviléges et franchises de la Commune.*—Imprimé: dans Pérard, p. 341; — *Mémoire pour les vicomte-mayeur, échevins, etc., de la ville de Dijon, contre les receveurs généraux du domaine*, 1774, in-4°;— *Mémoire pour l'administrateur général des domaines contre les maire, échevins, etc., de la ville de Dijon*, 1786, in-fol.

XX

Juridiction des délits non prévus par la charte de Hugues III, accordée par le duc Eudes III à la commune.

1197.

Ego Odo dux Burgundie, notum facio universis, quod Major et jurati communie Divionis, ne suorum minus discretorum excessus in dampnum universitatis nimis excrescerent, impetraverunt a me sibi donari omnes illos excessus, secundum suam considerationem pecunie ad ville deliberationem posse punire quos carta sue communie, a patre meo et a me sibi donata, nominatim non exprimit (1), ex toto meos esse, in omni pecunia et corpore rei. Donavi etiam eis, et bona fide concessi, quod si communia, quanquam, quod absit, dissolveretur, mihi vel heredibus meis non liceret dictam punitionem retinere, vel in consuetudinem protrahere, nec aliquam eos, occasione hujus punitionis, in causam trahere. Donavi etiam eis Heliam judeum cum suis heredibus, Vigerio, qui eum tunc ex meo dono habebat, ipsum quittante, et donum laudante. Actum anno' Incarnati Verbi M° C° XC° VII°, V¹° nonas julii. Quod ut ratum habeatur, huic carte sigillum nostrum fecimus apponi.

Scellé en cire blanche à lacs de fil blanc et vert pendants.
Original: Archives de la ville de Dijon, C1, *Priviléges et franchises de la Commune.* — Imprimé: dans Pérard, p. 338; — *Mémoire pour l'administrateur général des domaines contre les maire, échevins, etc., de la ville de Dijon*, 1786, in-folio.

(1) Cette déclaration, ainsi que la suivante rendue un an après, complétait les droits de totale juridiction attribués à la commune.

XXI

Déclaration du duc Eudes III, touchant la juridiction du crime de fausse monnaie.

1198.

Ego Odo dux Burgundie, notum facio universis, quod a Valtero Borgose, qui de communia Divionis erat, de falsatione monetarum accusato, pecuniam ad voluntatem meam extorsi. Quod quia secundum judicium sue communie non feci, assero me non pugniturum, neque michi licere de extero consimilem culpam pugnire in ullo hominum dicte communie, nisi secundum tenorem carte prenominate communie. Quod ut ratum habeatur, appositione mei sigilli hanc cartam munivi. Actum Incarnati Verbi anno millesimo centesimo nonagesimo octavo.

1ᵉʳ Cartulaire de la ville, fol. 5, vᵒ; — Bibliothèque de Dijon, Cartul., n° 447, fol. 12, vᵒ, et n° 448, fol. 10, vᵒ. — Pérard, p. 338.

XXII

Règlement du droit de possession dans la commune.

1216.

Ego Odo dux Burgundie, notum facio presentibus et futuris, me de assensu et voluntate Majoris communie Divionis, et omnium juratorum ejusdem communie, instituisse, quod quicumque in villa Divionis aliquam possessionem, pacifice, et absque reclamatione, per annum et diem possiderit (1), eam ex tunc

---

(1) La charte du Duc reproduit ici les principes rigoureux du droit français le plus ancien, aux termes duquel la possession d'an et jour constituait, pour le possesseur, un titre véritable, au moyen duquel il repoussait toute revendication de l'ancien propriétaire. Tel était le principe admis en Orient (Assises de Jérusalem, Jean d'Ibelin, ch. XXXVIII), et consacré, du reste, dans les chartes de commune de Beauvais (art. 17), de Laon (art. 15), de Roye (art. 3), de Saint-Quentin (art. 7).

Il est vrai que, d'après la coutume de Bourgogne, la seule prescription acquisitive de la propriété paraît avoir été celle de trente ans; mais il est vraisemblable que cette disposition protectrice du droit de propriété

in antea pacifice possideat; nisi qui reclamaverit probet se extra patriam fuisse, vel talem se ipsum fuisse, quod reclamare non potuit. Sciendum etiam, quod gageria non est tenatura (1). Quod ut ratum habeatur, presentem cartam sigillo meo confirmavi. Actum est hoc anno Domini millesimo ducentesimo sexto decimo.

Scellé en cire blanche à double queue de parchemin pendante.
Original : Archives de la ville de Dijon, B1, *Priviléges et franchises de la Commune.* — Imprimé dans Pérard, p. 344.

XXIII

Promesse faite à la commune, par la duchesse Alix, en cas de mariage.

1218 (août).

Ego Aalidis (2) ducissa Burgundie, notum facio presentibus et futuris, quod communia Divionensis ad mandatum meum juravit, quod si alicui nupsero, nisi de voluntate karissimi domini mei Philippi, regis Francorum, vel ei prout debuero non serviero, dicta communia, absque malefacto, ad dominum Regem se tenebit, et contra me ibit, donec inde domino Regi fuerit satisfactum, salvis tamen consuetudinibus et libertate dicte communie (3). Quod ut ratum et firmum habeatur, presenti pagine sigillum meum apposui. Actum anno Domini millesimo CC° octavo decimo, mense augusto.

Original : Archives de la ville de Dijon, B1, *Priviléges et franchises de la Commune.* — Imprimé dans Pérard, p. 342.

a été empruntée au droit romain. Toutefois, l'ancienne coutume (*) avait conservé des traces de cette *saisine* par an et jour; elle distingue le cas où le possesseur d'un héritage a joui de l'immeuble pendant un an et un jour; le cas où il a possédé pendant un temps moins long. Au premier cas, s'il est assigné en revendication, il garde la possession pendant le procès; dans le second cas, il n'obtiendra pas de délai et la possession paraît devoir être adjugée au revendiquant s'il prouve qu'il a été dépossédé dans l'année.

(1) Gage n'est pas tenure.
(2) Alix, fille de Hugues, sire de Vergy, épousa vers 1199 Eudes III, duc de Bourgogne. Elle fut mère du duc Hugues IV et gouverna le Duché pendant la minorité de son fils. Elle mourut le 3 mai 1251.
(3) La Duchesse, alors à Paris, avait personnellement fait la même promesse au roi Philippe-Auguste, et compris le maire de Dijon au nombre des pleiges (garants) choisis parmi les principaux seigneurs du Duché, et en tête desquels figurait son propre frère, Guillaume de Vergy. (Cette lettre, conservée au Trésor des chartes du Roi, a été publiée par Duchesne, page 155 des *Preuves de l'Histoire de la maison de Vergy.*)

(*) Publiée dans l'*Histoire du droit français* de M. Ch. Giraud, II, 327, §§ 307, 308.

XXIV

Promesse faite par la duchesse Alix à la commune, jusqu'à la majorité de son fils, de ne point emprisonner des habitants de Dijon, et au cas de nouvelles noces, de faire jurer la conservation des privilèges de la ville à son mari.

1220.

Ego Alidis ducissa Burgundie, omnibus notum facio presentibus et futuris, me jurasse communie Divionis, quod usque dum Hugo filius meus viginti et unum annos habeat, aliquem vel aliquid de hominibus ipsius communie non capiam, neque dictus Hugo filius meus capiet, nec aliquid de assensu vel mandato nostro capiet, etc. Preterea juravi sepedictis hominibus communie, quod si eam aliquo contrahere vellem matrimonium, priusquam ei me pro sponsa concederem, predictas conventiones tenendas et firmiter observandas juraret, etc. Hujus rei testes sunt, dominus Vuillermus de Vergeio frater meus (1), dominus Claranbaudus de Capis (2), Renaudus dominus de Choisueux (3), Guido dominus Saly (4), Johannes dominus Castronovi (5), dominus Lambertus de Castellione miles (6), etc. Actum anno gratie MCCXX.

Cartulaire de la ville de Dijon (7).
Imprimé dans Duchesne, *Histoire de la maison de Vergy*, p. 156.

---

(1) Guillaume de Vergy, frère de la Duchesse.
(2) Clérembaut, seigneur de Chappes, ancienne famille de Champagne, alliée aux Noyers, aux Brienne et aux comtes de Bar-sur-Seine. Au mois d'août 1222, la commune de Dijon lui remboursa sur les marcs une somme de 500 livres qu'il avait prêtée à la Duchesse.
(3) Raynard III, sire de Choiseul, marié à Alix de Dreux. Il mourut en 1239.
(4) Guy, seigneur de Saulx, était fils aîné de Odo, qui souscrivit en 1187 la charte de commune de Dijon. Il fonda en 1197 la collégiale de Saulx-le-Duc.
(5) Jean, seigneur de Châteauneuf.
(6) Lambert de Châtillon (sur-Seine).
Guillaume de Vergy, Clérembaut de Chappes, et Jean de Châteauneuf, avaient déjà figuré comme garants dans la promesse solennelle, faite par la duchesse Alix au roi Philippe-Auguste, de ne point se remarier sans son consentement.
(7) L'original de cette charte n'existe plus aux Archives municipales de Dijon, et, chose singulière! c'est la seule pièce émanée de la duchesse Alix qui ne figure point dans les cartulaires conservés tant aux Archives qu'à la Bibliothèque de la ville de Dijon.

XXV

Déclaration de la Duchesse touchant un subside pour la Terre-Sainte imposé à la commune.

1220 (août).

Ego Alaydis ducissa Burgundie, omnibus notum facio quod Odo bone memorie dux Burgundie dominus et maritus meus laborans in extremis (1) injunxit mihi coram baronibus suis, quod ego mitterem centum milites in subsidium Terre Sancte pro anima sua cum expensis meis, et quia propter hoc oportuit me gravare communiam Divionensem (2), qui ad expensas illas persolvendas efficaciter juvit me, ego assecuravi communiam Divionensem quod ego, nec per me nec per alium, aliquem illorum qui sunt in dicta communia capiam solummodo pro pecunia sua nec capi faciam, et hoc tenere et observare bona fide promisi quamdiu avoeriam Burgundie tenebo, et hoc insuper juravi manu propria in manu dicte communie et super hoc litteras meas sigillo meo sigillatas eidem communie tradidi. Actum est hoc anno Domini M° CC° vicesimo, mense augusto.

Original : Archives de la ville de Dijon, B1, *Priviléges et franchises de la Commune*.

(1) Eudes III était mort à Lyon le 6 juillet 1218, en allant s'embarquer pour la Palestine.
(2) La coutume de Bourgogne (art. 4) accordait à tout seigneur haut justicier le droit d'*indire*, c'est-à-dire de lever une taille extraordinaire dans quatre cas, savoir : le voyage en Terre-Sainte, la nouvelle chevalerie, la rançon du seigneur, et le mariage d'une fille « tant seulement. »
La charte de 1187 ayant positivement exprimé que, moyennant la prestation de 500 marcs d'argent, la commune serait quitte de toute taille, elle avait le droit, et elle en usa, de se refuser au paiement de ce nouvel impôt ; et comme les officiers de la Duchesse, pour l'y contraindre, avaient arrêté des habitants et troublé les vendanges, elle recourut aux garants de la charte du duc Hugues III, dont l'intervention mit fin au débat. La commune consentit à aider la Duchesse, qui, de son côté, s'engagea à respecter désormais la liberté des habitants aussi longtemps qu'elle aurait la tutelle de son fils. Philippe-Auguste, qu'on trouve toujours là où l'influence royale avait quelque chose à gagner, confirma la transaction, de même que les évêques de Langres, de Chalon, les seigneurs de Vergy, de Mont-Saint-Jean, de Montréal, de Thil, de la Marche, et le connétable de Bourgogne.
Néanmoins, la chose était pressante, car, au commencement du mois de décembre suivant, la Duchesse, à la réception des lettres du Pape et du Roi apportées par son chambellan Gervais Chauchart, requit la commune de payer sur-le-champ la somme de 800 marcs à Messé, juif de Sens, et promit de ne rien exiger du paiement des 1700 marcs que les Dijonnais lui devaient encore, jusqu'à la remise du traité qu'elle venait de conclure avec eux, sous la garantie des évêques du Duché.

XXVI

Ratification par le roi Philippe-Auguste de la déclaration précédente.

1220 (septembre).

Philippus Dei gratia Francorum rex, noverint universi presentes pariter et futuri quod nos cartam dilecte et fidelis nostre A(laydis) ducisse Burgundie inspeximus in hec verba :

Ego Alaydis, etc. (*Conforme au nº XXV.*)

Nos igitur conventiones supra dictas, sicut superius sunt, expresse ratas esse volumus et firmas ad petitionem predicte Ducisse. Et ut perpetuam obtineant firmitatem, presentem cartam in hujus rei testimonium fecimus scribi et sigilli nostri auctoritate muniri. Actum Meleduno (1), anno Domini M° CC° vicesimo, mense septembris.

Scellé en cire blanche à double queue de parchemin pendante.
Original : Archives de la ville de Dijon, B1, *Priviléges et franchises de la Commune.*

XXVII

Ratification de la charte d'Alix, par Hugues, évêque de Langres.

1221.

Hugo (2) Dei gratia Lingonensis episcopus, universis presentes litteras inspecturis in Domino salutem. Noverit universitas vestra quod Alaydis nobilis ducissa Burgundie postulavit et requisivit a nobis quatinus si forte contigerit quod in aliquo resiliat a pactionibus quas habet ergo communiam Divionensem usque

---

(1) Melun-sur-Seine.
(2) Hugues, fils d'Anseric, sire de Montréal, et de Sybille de Bourgogne, nièce du duc Eudes III, fut nommé évêque de Langres en 1219, et mourut en janvier 1232. (*Gall. christ.*, IV, col. 599.)

dum Hugo filius ejus pervenerit ad vicesimum primum annum etatis sue; que pactiones continentur expresse in carta ejusdem Ducisse, quam dicte communie tradidit suo sigillo sigillatam in anno Domini M° CC° vicesimo; si postquam clamorem dicte communie super resultu ejusdem Ducisse reciperimus infra quadraginta dies a nobis canonice monita ad pactiones dicte carte sue cum pleno satisfactione redire noluerit, terram ejus ubiconque sit in episcopatu nostro, preter villam Divionis, districto supponamus interdicto et faciamus observari. Nos vero sicut ipsa Ducissa postulavit et requisivit a nobis secundum formam superius comprehensam, faciemus quociens super hoc fuerimus requisiti a dicta communia, vel per Majorem, vel per aliquem juratorum vel per quemlibet alium nuntium nobis deferentem litteras de communia Divionis. In hujus rei testimonium presentis pagine sigillum nostrum apposuimus. Actum anno Domini M° CC° vicesimo primo.

Scellé en cire blanche à double queue de parchemin pendante.
Original : Archives de la ville de Dijon, B1, *Priviléges et franchises de la Commune.*

XXVIII

Autre semblable, par Durand, évêque de Chalon.

1221 (décembre).

Durannus (1) Dei gratia Cabilonensis episcopus, universis presentes litteras inspecturis... (*Même teneur que la précédente.*)
Actum anno Domini M° CC° vicesimo primo, mense decembris.

Scellé en cire blanche à double queue de parchemin pendante.
Original : Archives de la ville de Dijon, B1, *Priviléges et franchises de la Commune.*

(1) Durand fut promu à l'évêché de Chalon vers 1215 ou 1216. Il mourut en 1231. (*Gall. christ.*, IV, col. 898.)

XXIX

Autre, par Guillaume de Vergy, sénéchal de Bourgogne.

1221.

Ego Vuillermus de Vergeio (1), Burgundie senescallus, omnibus notum facio me jurasse, quod si Alaydis ducissa Burgundie, soror et domina mea, vel Hugo filius ejus, nepox et dominus meus, vel alius, caperent aliquem, vel res communie Divionensis, seu disturbarent vineas ad vindemiandum, seu gravamen aliud inferrent dicte communie, usque dum dictus Hugo dominus et nepox meus ad vicesimum primum annum etatis sui venerit, ego interim bona fide, et pro posse meo, sub juramento meo prestito, dictam Ducissam, vel filium ejus prenominatum, seu quemlibet alium ad hoc inducerem, et ad hoc laborarem, et consilium fideliter adhiberem, ut et homines seu res de communia Divionensi quas tenerent, redderent, et quod ab omni disturbatione vendemiarum, et quod ab omni gravamine inferendo dicte communie cessarent, et quod de illatis gravaminibus dicte communie satisfacerent. Quod si ad monitionem et instanciam meam facere recusarent, ego omnibus de communia Divionensi, qui vellent se alibi transferre, consilium, auxilium, et conductum, et eorum rebus, pro posse meo sub juramento meo premisso, ubicumque se transferre vellent, preberemus. In hujus rei testimonium, presentibus litteris sigillum meum apposui. Actum anno gratie M° CC° vicesimo primo.

Original : Archives de la ville de Dijon, B1, *Priviléges et franchises de la Commune*. — Imprimé dans Pérard, p. 355.

XXX

Autre semblable, par Guillaume, seigneur de Mont-Saint-Jean.

1221.

Ego Wilelmus dominus Montis Sancti Johannis (2), omnibus notum facio presentibus et futuris quod ego ad petitionem Aaladis domine mee, ducisse Bur-

---

(1) Guillaume de Vergy, fils de Hugues, sire de Vergy, et de Gille de Trainel, frère de la duchesse Alix, seigneur de Mirebeau, d'Autrey, de Fouvent et de Champlitte, marié à Clémence, héritière de la maison de Fouvent. Il succéda en 1219 à Gaucher de Saint-Pol, comme sénéchal de Bourgogne, assista à l'assemblée des barons de France convoquée en 1230 par Saint-Louis à Melun, et mourut le 18 janvier 1240.
(2) Guillaume de Mont-Saint-Jean, fils de Hugues, sire de Mont-Saint-Jean, et d'Elisabeth de Vergy.

gundie juravi, communiam Divionensem et conventiones que in carta continentur quas homines dicte communie a dicto domine pene se habent fideliter manutenendas et infragabiliter observandas; et si domino ducissa ab iis conventionibus resiliret, ego ad eas conventiones ad posse meum et bona fide eam redire inducerem et homines prefate communie con rebus suis conducens in terra mea receptarem et eisdem consilium et auxilium meum in omnibus exiberem donec resultus a domina Ducissa dictis hominibus fuerit emendatus. Quod ut ratum habeatur, huic carte sigillum meum apposui. Actum anno gratie M° CC° vigesimo primo.

Original : Archives de la ville de Dijon, B1, *Priviléges et franchises de la Commune.*

XXXI

Autre semblable, par Anséric, seigneur de Montréal.

1221.

Ego Ansericus dominus Montis Regalis (1), notum facio omnibus presentes litteras inspecturis quod si Alaydis ducissa. (*Le reste comme dans la charte de Guillaume de Vergy, n° XXIX.*)

In cujus rei testimonium presenti pagine sigillum meum apposui. Actum anno Domini M° CC° vicesimo primo.

Original : Archives de la ville de Dijon, B1, *Priviléges et franchises de la Commune.*

XXXII

Autre semblable, par Eudes Ragat, connétable de Bourgogne.

1222 (4 juillet).

Ego Odo Raget constabularius ducisse Burgundie, presentibus et futuris notum facio me jurasse quod si Aalydis ducissa Burgundie domina mea et Hugo filius

(1) Anséric était petit-fils d'Anséric, signataire de la charte de 1187, et fils de Jean, sire de Montréal. Hugues de Montréal, évêque de Langres, était son oncle. Ayant encouru la colère du roi saint Louis, pour ses méfaits envers les ecclésiastiques, Hugues IV le contraignit en 1255 à lui remettre son château de Montréal, qu'il réunit à ses domaines.

suus dominus meus. (*Le reste comme dans la charte de Guillaume de Vergy, n° XXIX.*)

Actum est hoc anno Domini M° CC° vicesimo secundo, die lune post festum apostolorum Petri et Pauli.

Scellé en cire blanche à double queue de parchemin pendante.
Original : Archives de la ville de Dijon, B1, *Priviléges et franchises de la Commune.*

XXXIII

Autre semblable, par Guillaume, sire de Thil.

1222 (4 juillet).

Ego Guillelmus dominus Tilii (1), notum facio. ((*Le reste comme dans la charte de Guillaume de Vergy, N° XXIX.*)

Actum est hoc anno Domini M° CC° vicesimo secundo, die lune post festum apostolorum Petri et Pauli.

Scellé en cire blanche à double queue de parchemin pendante.
Original : Archives de la ville de Dijon, B1, *Priviléges et franchises de la Commune.*

XXXIV

Autre semblable, par Guillaume, seigneur de La Marche.

1222 (4 juillet).

Ego Villelmus dominus Marchie (2) notum facio. (*Le reste comme dans la charte de Guillaume de Vergy, N° XXIX, jusqu'à la phrase : Ut et homines.*) Seu res de communia Divionensi quas tenerem redderent omni disturbatione vendemiarum et quod. (*Le reste suivant la même charte.*)

(1) Guillaume, sire de Thil-en-Auxois, fut, avec Guillaume de Vergy et Miles de Noyers, garant de l'hommage prêté au roi saint Louis, par le duc Hugues IV, pour la baronnie de Charollais.
(2) Guillaume, seigneur de La Marche-sur-Saône (canton de Pontailler-sur-Saône, Côte-d'Or.)

Actum est anno gratie M° CC° vicesimo secundo, die lune post festum apostolorum Petri et Pauli.

Scellé en cire blanche à double queue de parchemin pendante.
Original : Archives de la ville de Dijon, B1, *Priviléges et franchises de la Commune*.

XXXV

Confirmation de la charte de commune par le duc Hugues IV.

1228 (février).

Ego Hugo dux Burgundie (1), notum facio universis presentes litteras inspecturis, quod ego coram Deo et hominibus, juravi hominibus Divionensibus, quod communiam eorum Divionensium, libertates eorum, consuetudines, constitutiones, et omnes alias eorum immunitates, a bone memorie Hugone avo meo, et Odone patre meo, ducibus Burgundie, sibi confirmatas, sicut in eorum cartis sigillis suis sigillatis, quas Divionenses penes se habent, plenius continetur, nec non et personas ipsorum, cum rebus suis imperpetuum manutenebo, et fideliter conservabo. Juravi etiam dictis Divionensibus, quod quando ad militiam promotus fuero, eis presentes litteras innovabo, et eo sigillo, quo miles utar, sigillabo, et eis tradam sigillatas (2). In hujus rei testimonium et munimen, presenti pagine sigillum meum apposui, et dictis Divionensibus tradidi sigillatam. Actum anno Domini M° CC° XX octavo, mense februario.

Il ne reste du scel que les lacs en tresse rouge.
Original : Archives de la ville de Dijon, B1, *Priviléges et franchises de la Commune*. — Imprimé : dans Pérard, p. 341; — *Mémoire pour les vicomte-mayeur, échevins, etc., de la ville de Dijon, contre les receveurs généraux du domaine*, 1774, in-4°.

(1) Hugues IV, né le 9 mars 1212, avait atteint l'âge de seize ans, et, déclaré majeur, l'un de ses premiers actes de souverain avait été de confirmer les franchises de sa ville capitale.
(2) Ce Prince eut en effet deux sceaux parfaitement distincts, dont les Archives de Dijon conservent encore plusieurs exemplaires. Le premier, qui dût sceller cette charte et duquel le Duc usa depuis sa majorité jusqu'à sa réception dans l'ordre de la chevalerie, vers 1232 (1), le représente en simple bachelier, c'est-à-dire la tête nue, vêtu d'un haubert, l'épée dans la main droite, monté sans éperons sur un cheval lancé au galop; tandis que celui dont il se servit après cette époque, nous le montre galopant également sur un cheval, mais le heaume en tête, l'écu armorié pendu au col, brandissant son épée, et recouvert du haubert qui tombe jusque sur les éperons. Même légende dans les deux sceaux : *Sigillum Hugonis ducis Burgundie*.
Ce n'est pas tout. Le premier de ces sceaux offre de plus cette particularité, qu'il tendrait à rectifier une erreur diplomatique, ou plutôt sigillographique. On avait cru jusqu'ici, faute de témoignages positifs, et M. Natalis de Wailly lui-même avait été par cela conduit à l'admettre (2), que les grands feudataires, devenus propriétaires d'un fief par héritage ou par donation, conservaient durant toute leur vie le sceau dont on avait usé pendant leur minorité ou dès la première année de leur règne.

(1) La ville conserve une charte de 1231 encore revêtue de ce premier sceau. (L1, *Impositions*.)
(2) *Eléments de paléographie*, II, 388.

XXXVI

Règlement, fait par le duc Hugues IV, pour le paiement de la prestation des marcs.

1231 (31 octobre).

In nomine sancte et individue Trinitatis. Amen. Noverint universi presentes et futuri quod ego Hugo dux Burgundie dedi et concessi in perpetuum talem libertatem hominibus meis ville Divionis, quod dictior ejusdem ville Divionis non pagabit mihi per annum de censa quingentarum marcharum quam mihi debent annuatim, nisi unam marcham argenti. Et iidem homines sic tenentur mihi facere valere annuatim villam Divionensem dictam censam quingentarum marcharum argenti, talis argenti scilicet quale scambitores inter se dant et recipiunt, reddendas eciam apud Divionem mihi vel mandato meo die martis proxime ante ramos Palmarum vel sabbato magno Pasche apud Barrum; et si tunc non redderentur, ego possem vadiare. Si autem levando a dictiori dictam marcham argenti annuatim, predicta summa quingentarum marcharum non posset levari de predicta villa, manentes in eadem ville tenentur supplere quod deerit a summa; et si levando marcham a dictiori villa ante dicta plus quam quingentas marchas argenti valuerit, quod plus valebit meum erit. Major vero et scabini post electionem Majoris et scabinorum quolibet anno jurabunt quod facient mihi valere villam Divionis quantum poterunt bona fide ultra summam predictam quingentarum marcharum levando, unam marcham annuatim a dictiori tantum sicut predictum est et credetur eis Majori et scabinis super hoc quod ex unde fecerint per juramentum predictum, nec ultra hoc poterunt a me super hoc in aliquo molestari. Hanc autem libertatem et has pactiones juravi tenendas et inviolabiliter in perpetuum observandas, salvis nichelominus eisdem hominibus omnibus libertatibus, juribus, cartis et instrumentis a me et a predecessoribus meis, nec non et a quibuscumque aliis sibi concessis et etiam consuetudinibus suis et bonis usibus huc usque habitis et optentis. Si autem, quod absit, ab hujus modi libertatibus et pactionibus in aliquo resilirem vel alius per me, volo et concedo quod venerabiles in Christo patres dominus Archiepiscopus Lugdunensis, Eduensis, Lingonensis et Cabilonensis episcopi qui pro tempore fuerint, homines meos et terram meam, excepta villa Divionis, prout juridictioni eorum subitiuntur, supponant interdicto sine aliqua offensa mea, usque ad satisfactionem condignam, inrefragabiliter observando. In hujus autem rei testimonium presentes litteras dictis Majori et communie tradidi sigilli mei munimine roboratas. Actum publice Divioni, in Vigiliis Omnium Sanctorum, anno Domini millesimo ducentesimo tricesimo primo (1).

Scellé en cire verte à lacs de soie rouge pendants.
Original : Archives de la ville de Dijon, L1, *Impositions*.

XXXVII

Garantie de la charte des marcs par Guillaume de Vergy, sénéchal de Bourgogne.

1231 (novembre).

Ego Villermus de Vergeio senescallus Burgundie, notum facio universis presentes litteras inspecturis, quod quando Hugo dux Burgundie contulit libertatem marcharum hominibus suis ville Divionensis, quam per sacramentum suum in perpetuum tenere promisit, ego similiter juravi dictam libertatem, sicut in litteris Ducis est expressum, firmiter observare, et consilium et auxilium meum fideliter imponere de dicta libertate firmiter observanda. Si vero Dux, de his in aliquo dictis hominibus suis, per se vel per mandatum suum, vellet molestiam inferre, vel de his in aliquo resilire, ego per sacramentum meum pro posse meo fideliter

---

(1) Si la duchesse Alix, en faisant valoir son droit d'*indire*, avait tiré de la commune un argent que celle-ci prétendait ne pas lui devoir, son fils Hugues IV qui, sauf des petites guerres en Franche-Comté et la croisade d'Egypte, consacra toute sa vie à arrondir ses possessions, n'était pas homme à négliger aussi les moyens de satisfaire sa passion dominante. Cette charte nous le montre intervenant pour assurer le paiement intégral de la prestation des 500 marcs, au moyen d'une répartition dont il fixe la cote la plus élevée; puis, garanti contre une éviction, certain même d'un rendement supérieur, s'adjuger cette plus-value, baptiser ce singulier acte de charte de liberté des marcs, et la mettre sous la sauvegarde des évêques. Deux ans après, il autorise gracieusement ses bourgeois de Dijon à retenir durant trois ans les trois cinquièmes de la prestation pour les employer à fortifier la ville; mais comme, en définitive, les églises et les chevaliers devaient autant que lui bénéficier de la mesure, il accorde aux magistrats la faculté d'imposer pendant dix ans une somme de 2,400 livres sur tous les habitants, sans distinction d'origine ou de seigneurs (1). C'est là le premier exemple de la taille pour la fortification, contre laquelle les nobles, le clergé, et plus tard les membres des cours souveraines ne cessèrent jamais de protester, tout en la subissant. En 1238, devenu plus hardi, le Duc obtient de la commune, pour l'*aider* dans ses guerres, pour ses acquêts et pour la croisade, le doublement des marcs pendant quinze ans (2). Disons-le tout d'abord, l'ancienne prestation était déjà si grevée de pensions, de créances et d'assignations de toutes sortes, qu'en 1237, sur 2,000 livres qu'elle représentait, elle devait en payer 3,723. Aussi, si dévoués que se montrassent les bourgeois de Dijon envers un prince qui se montrait toujours sympathique aux libertés communales, il était difficile, en raison des besoins toujours croissants du Duc, qu'ils échappassent bien longtemps à la loi commune, c'est-à-dire à un impôt régulier, consenti ou non. C'est ce que l'on verra plus loin.

(1) Charte du mois de février 1232. (Archives de la ville, L1, *Impositions*).
(2) Charte du mois de mars 1236. (Id.,   id.,   id.   ).

laborarem, ut Dux dictam libertatem et pactiones teneret, et ego dictos homines Divionenses ubique conservarem secundum posse meum. In hujus rei testimonium, dictis hominibus presentes litteras tradidi sigilli mei munimine roboratas. Datum Divioni, anno Domini M° CC° XXX primo, mense novembris.

<small>Scellé en cire blanche à simple queue de parchemin pendante.
Original : Archives de la ville, L1, *Impositions*. — Imprimé dans Pérard, p. 342.</small>

XXXVIII

<small>Garantie de la charte des marcs, par Robert, archevêque de Lyon.</small>

1231 (14 janvier).

Rotbertus Dei gratia prime Lugdunensis ecclesie Archiepiscopus (1), universis presentes litteras inspecturis, in Domino salutem. Noveritis quod nos, ad petitionem et instanciam dilecti consanguinei (2) et fidelis nostri Hugonis ducis Burgundie, promisimus et tenemur hominibus ejusdem Ducis ville Divionensis, quod si idem Dux per se, vel per alium, resilierit a libertate marcharum argenti, quam ipse dedit et concessit eisdem hominibus Divionensibus et heredibus eorum in perpetuum, aut si resilierit a pactionibus que in carte ex inde confecta continentur plenius sigillo ejusdem Ducis sigillata, et dictis hominibus tradita in anno Domini M° CC° XXX primo : nos, usque dum ad libertatem predictam tenendam, et ad alias pactiones carte sue predicte tenendas et observandas redierit, et dampna eisdem hominibus exinde facta integraliter restituerit, terram suam et homines suos, ubicumque sint in nostra provincia, preter villam Divionensis, in defectum suffraganeorum nostrorum, quorum litteras super eisdem pactionibus penes se habent, sicut intelleximus, homines Divionenses predicti, districto supponemus interdicto, et faciemus firmiter observari competenti monitione. Et hoc faciemus quociescumque clamor dictorum hominum super resultu dicti Ducis ad nos pervenerit, aut per aliquem certum mandatum eorum nobis fuerit nunciatus. Quibus hominibus vel cui certo mandato credemus de resultu

<small>(1) Robert, fils de Robert IV, comte d'Auvergne, et de Mathilde, fille de Eudes II, duc de Bourgogne, fut d'abord doyen de l'église d'Autun ; nommé évêque de Clermont, il quitta ce siége en 1237 pour l'archevêché de Lyon. Il mourut en 1233 ou 1234. (*Gall. christ.*, IV, col. 138.)
(2) Robert était le cousin germain du duc Eudes III, père de Hugues IV.</small>

ejusdem Ducis per suum proprium sacramentum. In hujus igitur rei testimonium, presentes litteras sigillo nostro duximus roborandas. Actum Divioni, XIII Kalendas januarii, anno Domini CC° tricesimo primo.

Original : Archives de la ville, L1, *Impositions*. — Traduction imprimée dans Pérard, p. 363.

XXXIX

Autre semblable, par Guy de Vergy, évêque d'Autun.

1231.

Guido (1) Dei gratia Eduensis episcopus universis presentis litteras inspecturis in Domino salutem. Noveritis quod nos ad requisitionem nobilis viri Hugonis ducis Burgundie. (*Le reste conforme à la charte de l'Archevêque Robert, jusqu'au mot : In perpetuum.*) Aut [si resilierit] a pactionibus que continentur in carta sigilli ejusdem Ducis. (*Le reste comme au texte précédent, jusqu'au mot : In nostra.*) Diocesi, preter villam Divionis, districto supponemus interdicto. (*Le surplus comme au texte cité.*) In hujus rei testimonium, presente pagine sigillum nostrum duximus roborandas. Actum est hoc anno Domini M° CC° XXX° primo.

Scellé en cire blanche à double queue de parchemin pendante.
Original : Archives de la ville, L1, *Impositions*.

XL

Autre semblable, par Guillaume de la Tour, évêque de Chalon.

1232.

Guillelmus (2) Dei gratia Cabilonensis episcopus, universis presentes litteras inspecturis, eternam in Domino salutem. Noveritis quod, ad requisitionem Hugonis ducis Burgundie. (*Le reste comme à la charte de l'évêque d'Autun.*) In hujus rei testimonium, presenti pagine sigillum nostrum apposuimus. Actum est hoc anno Domini M° CC° XXX° secundo.

Original : Archives de la ville, L1, *Impositions*. — Imprimé dans Pérard, p. 345, avec observation que l'éditeur, au lieu de *Guillelmus*, a lu *Guido*.

(1) Guy, fils de Hugues, sire de Vergy, et de Gille de Trainel, était le frère de Guillaume de Vergy et de la duchesse Alix. Il succéda en 1224 à Gauthier, évêque d'Autun, et mourut en 1245.
(2) Guillaume de la Tour, suivant Sainte-Marthe, ou de Chevannes, selon le P. Perry, succéda le 10 des cal. d'avril 1231 à l'évêque Durand, et gouverna le diocèse de Chalon jusqu'à l'année 1245, où il fut promu à l'archevêché de Besançon. Il mourut en 1268. (*Gall. christ.*, IV, col. 901.)

XLI

Cession des Juifs, faite à la commune par le duc Hugues IV.

1232 (mai).

Ego Hugo dux Burgundie, omnibus notum facio, quod dedi et concessi Majori et scabinis Divionis, judeos meos Divionenses et volo quod sint de sua communia (1). Actum anno Domini M° CC° XXXII°, mense maio.

Original : Archives de la ville de Dijon, B1, *Priviléges et franchises de la Commune*. — Imprimé : dans Pérard, p. 341; — *Mémoire pour les vicomte-mayeur, échevins, etc., de la ville de Dijon, contre les receveurs généraux du domaine*, 1774, in-4°.

XLII

Ordonnance du duc Hugues IV, concernant la durée des fonctions du maire et des échevins.

1235 (novembre).

Hugo dux Burgundie, carissimis suis et dilectis Majori et scabinis, et toti communie Divionensi, salutem et amorem. Noveritis quod nos, petitionem quam nobis fecistis, audivimus et intelleximus diligenter, pro eo quod nobis non videtur esse dissona rationi. Que petitio talis fuit, videlicet, ut vobis concederemus, et vellemus, quod qui institueretur Major in communia Divionensi, deinceps usque post transactum triennium ille idem non posset eligi in Majorem (2);

---

(1) La commune avait déjà reçu du duc Eudes III les juifs vivant à Dijon, et leur libre attrait. (Voir charte n° XIX.) Il s'agissait donc ici de nouveaux venus, vivant jusque-là sous la loi du Prince, et qu'il voulut réunir à la commune pour augmenter à la fois le nombre de ses hommes et des contribuables à la prestation des marcs. Mais, tout en les annexant à la commune, le Duc n'entendait pas renoncer à son patronage, car l'année suivante celle-ci paya une forte amende, *pro judeo qui fuit distractus*. (Archives de la ville, B1, *Priviléges et franchises de la Commune*.)

(2) L'élection du maire et des vingt échevins qui lui étaient adjoints, se faisait chaque année la veille de la Saint-Jean-Baptiste, sur le cimetière de Saint-Bénigne, par tous les membres de la commune, convoqués à cor et à cri. En ce temps, l'administration municipale, très peu compliquée, était toute concentrée entre les mains du maire, qui, à ses triples fonctions d'administrateur, de juge et de capitaine de la cité, joignait encore celle de receveur du trésor public. Aussi la position était-elle ardemment briguée, et la faction maîtresse tendait-elle toujours à s'y perpétuer. En effet, cette charte témoigne que, dès la première moitié du XIII° siècle, la ville de Dijon avait subi la loi commune, c'est-à-dire qu'il s'y était déjà formé une oligarchie composée des familles puissantes, qui accaparaient les fonctions municipales et en défendaient l'accès aux nouveaux venus avec une violence et une obstination, dont profitait toujours le pouvoir souverain pour intervenir et reprendre petit à petit les libertés qu'il avait concédées.

similiter, qui per unum annum essent scabini, nullus eorum usque post transactum triennium ullo modo posset vocari vel eligi in scabinium. Adjunctum etiam fuit vestre petitioni, ut non possent in uno anno fieri, Major vel scabinus, pater cum filio, aut filius cum patre, neque similiter duo fratres. Quam petitionem, pro eo quod eam perpendimus nobis et nostris esse non nocuam, vobis autem et posteris vestris necessariam et honestam, de consensu consilii nostri eam vobis et vestris posteris concedimus et donamus. Veruntamen vobis liceat, Majorem qui pro tempore fuerit, quantumcumque vobis placuerit, ipsum reeligere in Majorem, dummodo inventus fuerit idoneus et fidelis, et nobis et ville utilis et ab universitate ville fuerit reelectus. Et hoc vobis concedimus et precepimus firmiter observari; salvis nichilominus omnino vobis et posteris vestris, litteris, cartis, consuetudinibus, et aliis usibus bonis usque nunc habitis et obtentis. Et ut hoc ratum et firmum in perpetuum habeatur, presentibus litteris sigillum nostrum fecimus apponi. Actum anno Domini M° CC° XXX° quinto, mense novembris.

Original : Archives de la ville de Dijon, B1, *Priviléges et franchises de la Commune*. — Imprimé dans Pérard, p. 363.

XLIII

Seconde confirmation de la charte de commune, par Hugues IV, duc de Bourgogne.

1272 (octobre).

Ego Hugo dux Burgundie, notum facio omnibus presentes litteras inspecturis, quod ego, coram Deo et hominibus, juravi hominibus Divionensibus, quod communiam eorum, Divionensium libertates, eorum consuetudines, constitutiones, et omnes alias eorum immunitates, a bone memorie Hugone avo meo, et Odone patre meo, ducibus Burgundie, sibi confirmatas, sicut in eorum cartis sigillis suis sigillatis, quas Divionenses penes se habent, plenius continetur, nec non et personas ipsorum cum rebus suis in perpetuum manutenebo, et fideliter conservabo (1). In cujus rei testimonium et munimen, presenti pagine

(1) Hugues IV, qui se sentait mourir, venait de dicter son testament, d'émanciper le jeune Robert, l'aîné de ses fils survivants, et de l'investir du duché de Bourgogne. Cette charte était donc à la fois la réalisation de la promesse qu'il avait faite en 1228 (voir n° XXXV), et comme un témoignage suprême de ses sympathies pour des institutions dont il s'était montré toute sa vie aussi zélé propagateur que son successeur leur fut indifférent, sinon hostile.

sigillum meum apposui, et dictis Divionensibus tradidi sigillatam. Actum anno Domini M° CC° septuagesimo secundo, mense octobris.

Scellé en cire blanche à double queue de parchemin pendante.
Original : Archives de la ville de Dijon, B1, *Priviléges et franchises de la Commune.* — Imprimé dans Pérard, p. 340.

XLIV

Rétablissement, par le duc Robert II, de la mairie, qu'il avait saisie.

1277 (janvier).

Nos Robertus dux Burgundie, Francie camerarius (1), notum facimus universis presentes litteras inspecturis, quod, cum propter defectum cense quingentarum marcharum nobis debite, et non solute, regimen ville Divionensis in manu nostra cepissemus, et Odonem de Salmasia Majorem Divionensem, et scabinos ad regimen dicte communie Divionensis cum dicto Odone creatos, à dicto regimine amovissemus, et Petrum de Antigniaco, nomine nostro Majorem, et novos scabinos cum ipso in regimine dicte communie instituissemus, super quibus dicti Odo et scabini cum ipso creati domino regi Francie conquesti fuerant, petentes ut sibi et communie Divionensi premissa faceret emendari, dicentes dictum dominum regem juxta tenorem litterarum predecessorum suorum dicte communie concessarum ad hoc teneri. Nos captionem, amotionem, et institutionem predictas, pro bono pacis, et de bonorum consilio penitus adnullamus, nolentes quod occasione earundem, Majori, scabinis, et communie Divionensis,

---

(1) Robert II, troisième fils du duc Hugues IV et d'Yolande de Dreux, petite-fille de Louis-le-Gros, succéda à son père en 1272, fut marié à Agnès, fille de saint Louis, marcha au secours de Charles d'Anjou après les Vêpres siciliennes, souscrivit des premiers le manifeste adressé par les Etats généraux au pape Boniface VIII, et mourut en 1305 à Vernon-sur-Seine.
Si le duc Robert II en eût été le maître, il est plus que probable que, sous prétexte que la commune de Dijon ne tenait pas ses engagements envers lui, il l'eût réduite à la condition de la plupart de celles du royaume, c'est-à-dire à n'exister que sous le bon plaisir des baillis. Heureusement pour elle, la politique des rois était intéressée à sa conservation. Aussi le Duc, ne pouvant l'abolir, prit-il le parti de la décapiter, c'est-à-dire de remplacer les magistrats élus par des officiers de sa maison. Toutefois, sur les protestations de la commune, le Roi, s'il contraignit le Duc à réparer cette infraction à la charte : soit par affection pour un parent dévoué, soit qu'il ne le crût pas nécessaire, n'en donna point de déclaration écrite. Fatal oubli, qui eut des conséquences fâcheuses pour les libertés municipales, car lorsque, dans la suite, les Ducs, pour un motif ou pour un autre, mirent la main sur la mairie, il ne resta à la commune d'autre recours que l'appel au Parlement de France ; et encore lui fallait-il, pour en user, la réunion de plusieurs circonstances favorables.

in libertatibus, juribus, et consuetudinibus suis, seu privilegiis et cartis, tam a clare memorie Philippo Francie rege, quam a nostris predecessoribus Burgundie ducibus dicte communie concessis, aliquod imposterum prejudicium generetur. Immo volumus et concedimus, quod status communie Divionensis in omnibus et per omnia in ea integritate et firmitate integer et illesus permaneat, in quibus erat ante tempus captionis, amotionis, et institutionis predictarum, et carte, et privilegia dicte communie eandem roboris firmitatem obtineant, quam habebant ante tempus captionis, amotionis et institutionis predictarum. In cujus rei testimonium et munimen, presentes litteras dedimus nostro sigillo sigillatas. Actum anno Domini M° CC° septuagesimo septimo mense januario.

Scellé en cire blanche à lacs de soie rouge tressés.
Original : Archives de la ville de Dijon, B1, *Priviléges et franchises de la Commune.* — Imprimé dans Pérard, p. 343.

XLV

Accord fait, de l'autorité de Philippe-le-Hardi, roi de France, pour la cession de la vicomté de Dijon à la commune, par le duc Robert II.

1282 (février).

Philippus Dei gratia Francorum rex, notum facimus universis tam presentibus quam futuris, quod cum discordia esset coram nobis, inter carissimum sororium (1) et fidelem nostrum Robertum ducem Burgundie ex una parte, et ejus communitatem ville Divionis ex altera, super eo quod dicta communitas dicebat dictum Ducem emisse vicecomitatum Divionis (2), quem in manu sua tenere non

---

(1) Robert II avait épousé Agnès, sœur du roi Philippe-le-Hardi.
(2) La vicomté de Dijon était un ancien bénéfice constitué par les évêques de Langres, seigneurs du comté, à l'officier qui, sous le titre de vicomte, suppléait le comte amovible, également nommé par eux, dans tout l'exercice de ses fonctions. Lors de la formation du système féodal, ces vicomtes, suivant la loi générale, devinrent propriétaires de leur bénéfice et vassaux directs des ducs de Bourgogne, quand les évêques de Langres eurent cédé à ceux-ci la souveraineté du comté de Dijon. Donc, au XIII siècle, la vicomté, accrue vraisemblable des débris de l'ancien apanage des comtés, formait une seigneurie distincte du bourg de Saint-Bénigne, qui appartenait à l'abbaye de ce nom, et du reste de la ville, placé sous la souveraineté immédiate des Ducs.
Ce fief comprenait, autant que nous avons pu le constater par les documents du temps, d'abord, au midi de l'enceinte du *castrum* (paroisse Saint-Médard), l'hôtel et la chapelle de la vicomté, qui devint plus tard la commanderie de la Madeleine (1), puis, en dehors de cette enceinte et en communication avec l'hôtel par une portelle pratiquée au bout de la rue Madeleine, tous les meix, maisons, pourpris, etc., desservis aujourd'hui

(1) C'est-à-dire le pâté de maisons qui portent aujourd'hui les n°ˢ 15 à 25 de la rue Amiral-Roussin, et 2 à 8 de la rue Madeleine.

poterat, ut dicebant, memorato Duce contrarium asserente. Tandem accordatum fuit inter dictas partes coram nobis hoc modo, videlicet, quod dictus Dux tradidit dicte communitati dictum vicecomitatum ad perpetuam firmam pro mille libris Turonensibus solvendis ad Candelosum annuatim; scilicet, quingentis libris perpetuo, et quingentis libris ad vitam ipsius Ducis et ad vitam carissime sororis nostre Agnetis consortis ejusdem Ducis vel eorum superviventis. Et post eorumdem Ducis et Ducisse decessum, dicta communitas persolvet eorum heredibus dictas quingentas libras dicto termino. Et quandiu ipsi ambo Dux et Ducissa vivent, et post eorum decessum, dicta communitas persolvet dicto Duci et ejus heredibus cum summa predicta quingentas marchas argenti, eo modo quod consueverint persolvere, quas debet quolibet anno pro censa sua in die Ramis Palmarum. Et si deficerent in pagamento mille librarum predictarum, dicto termino, in toto vel in parte dicta communitas teneretur dicto Duci vel ejus heredibus reddere decem libras Turonensium de qualibet die qua deficerent de pagamento, pro dampno quod dictus Dux haberet pro defectu dicti pagamenti. Et est sciendum quod illi de communitate antiqua et illi de vicecomitatu persolvent summas superius nominatas dictis terminis, tali modo; scilicet, quod qui habebit valorem mille librarum et plus, persolvet decem libras quolibet anno; et ille qui habebit centum libras, viginti solidos; et sic descendendo et ascendendo usque ad mille libras. Et si dicte summe argenti, prout sunt divise, non possent reperiri in jactu predicto, rejactaretur dictus defectus super quolibet, modo predicto. Et eciam sciendum est quod illi de vicecomitatu nichil debent de debitis, neque de chargiis, in quibus villa Divionis tenebatur de tempore

par la place des Cordeliers et la rue Saint-Pierre, sur lesquels le vicomte exerçait des droits semblables à ceux du Duc sur les autres parties de la ville avant l'érection de la commune.

Robert II, soit qu'il supportât avec impatience la pensée d'un seigneur laïque maître d'une partie de sa capitale, soit qu'il voulût plutôt, en acquérant la vicomté, utiliser les droits qu'elle lui conférait, pour donner à ses officiers les moyens de revendiquer les droits dont ses auteurs s'étaient dessaisis en faveur de la commune; le Duc, disons-nous, détermina Guillaume IV, sire de Pontailler et vicomte de Dijon, à lui céder ce fief en échange de la seigneurie de Magny. Ce fut pour celui-ci un marché des plus avantageux, car Robert consentit à lui laisser sans réserve l'hôtel de la vicomté, trois fiefs dans l'intérieur de la ville, ceux qu'il possédait dans la banlieue, et ses banalités. L'acte fut dressé au mois de novembre 1276.

Malheureusement pour le Duc, le maire et les échevins, qui prévoyaient le danger, s'opposèrent à l'exécution du contrat, en vertu du 39e article de la charte, lequel lui interdisait formellement d'avoir dans la ville aucun homme taillable ou recommandé. Le débat fut vif et ne fut peut-être pas sans influence sur la révocation du maire Eudes de Salmaise, et de ses collègues. Après maints pourparlers, on recourut encore au roi de France qui, cette fois, agit plutôt en bon parent qu'en souverain impartial. En effet, il proposa au Duc de bailler la vicomté à ferme à la commune, moyennant une somme de 1,000 livres tournois (la prestation annuelle des 500 n'en valait que 800), savoir: 500 à perpétuité, et 500 durant la vie du duc Robert et de sa sœur, la duchesse Agnès. De plus, une somme de 5,000 livres payables en cinq ans. Afin d'assurer davantage cette nouvelle prestation, le Roi décida que ces diverses sommes seraient réunies à celle des marcs et réparties ensemble d'après une nouvelle base. Ces propositions ayant été jugées inacceptables, l'affaire demeura suspendue et ne fut terminée que deux ans après, ainsi qu'on va le voir.

preterito usque ad accordatum modernum. Accordatum est eciam quod dicta communitas debet dare dicto Duci ratione dicti accordatus quinquies mille libras usque ad quinque annos quolibet anno mille libras ad dictum Candelosum persolvendo, et quingentas libras persolvendo modo dicte Ducisse. Et omnes libertates quas dicta communitas habebat, eidem remanet in tali puncto et in tali virtute, quibus eas habebant tempore date presentium litterarum. In cujus rei testimonium, presentibus litteris nostrum fecimus apponi sigillum, salvo tamen in omnibus jure nostro, et jure quolibet alieno. Actum Parisiis, anno Domini M° CC° octogesimo secundo, mense decembris.

Scellé du grand sceau en cire verte à lacs de soie rouge et verte pendants.
Original: Archives de la ville de Dijon, B1, *Priviléges et franchises de la Commune.*

XLVI

Accord entre le duc Robert II et la commune, au sujet de la prestation des marcs et de la cession de la vicomté.

1284 (décembre).

In nomine sancte et individue Trinitatis. Amen. Nos Robertus dux Burgundie, notum facimus universis presentes litteras inspecturis vel audituris, quod nos concedimus hominibus nostris communie Divionis, ut de quingentis marchis argenti, in quibus singulis annis nobis et ducibus Burgundie tenentur, prout in carta communie Divionis continetur, ipsi homines sint liberi et immunes, et de dictis quingentis marchis argenti ipsos homines liberamus, absolvimus, et quittamus in hunc modum : videlicet, ut quicumque sit de communia Divionis predicta, domicilium habens, morans homo noster apud Divionem, habens aut habiturus quoquomodo in bonis valorem seu extimationem sexcentarum librarum Turonensium parvorum, et plus, quantumcumque habeat, aut a quibuscumque personis acquirat vel habeat, solvet nobis vel mandato nostro, quolibet anno, duas marchas argenti tantum, et non plus. Ille autem qui non habebit in bonis valorem seu extimationem sexcentarum librarum Turonensium parvorum, descendendo de quolibet centum libris dicte monete Turonensis, solvet nobis aut mandato nostro, quolibet anno, viginti solidos Turonenses parvorum, et non plus. Qui vero minus habebit de centum libris Turonensium parvorum, secundum minus descendendo, persolvet secundum modum extimationis bonorum suorum. Quicumque vero moram faciet apud Divionem homo noster, ad minus solvet nobis vel mandato nostro, quolibet anno, XII denarios Turonensium parvorum. Qui autem solvere volet duas marchas argenti, jurare valorem seu extimationem rerum suarum vel bonorum suorum non compelletur. Sed qui duas marchas argenti solvere noluerit vel recusaverit, valorem seu extimationem bonorum suorum jurabit in presentia Majoris et scabinorum communie Divionensis, et mandati nostri, si velit mandatum nostrum interesse. Si Major et jurati intelligant jurantem esse bone fame, credetur eidem juranti ex solo suo simplici juramento, sine omni alia inquisitione vel probatione super hoc facienda. Si vero sinistra suspicio habetur de jurante, Major et scabini inquirent per quinque de vicinis fide dignis et propinquioribus hinc et inde super hoc juratis, valorem seu extimationem bonorum ejusdem cujus sinistra suspicio habetur, et si reperierint per juramentum Majoris partis dictorum vicinorum illum cujus sinistra suspicio habetur, habere in bonis majorem valorem seu extimationem quam juraverit de majori valore seu extimatione; ille qui juravit cujus sinistra suspicio habebitur, secundum formam et modum predictum usque ad dictas duas marchas solvet tantum, absque pena, vel emenda solvenda vel levanda. Quicumque de dictis marchis et pecunia nobis vel mandato nostro concordaverit, illum qui sic concordaverit, inde volumus immunem esse et liberum illa vice. Major et scabini predicti facient preconizari annuatim post festum Omnium Sanctorum, quod quicumque sit de communia Divionis, domicilium habens, morans homo noster apud Divionem, satisfaciat de marchis et pecunia predictis in festo Purificationis Beate Marie Virginis. Major et scabini volentes satisfacere de marchis et pecunia predictis, secundum formam predictam, ad requisitionem mandati nostri, compellent eos ad satisfactionem per bonorum suorum, non corporum captionem. Si sit aliquis rebellis ad jurandum vel satisfaciendum ut predictum est, si mandatum nostrum petat a Majore et scabinis eos cogi ad jurandum vel ad satisfaciendum, et Major et scabini dicant quod eos commode cogere non possunt aut nolunt; mandatum nostrum poterit eos cogere ex ista causa, absque corporis captione. Illi autem qui super hoc juraverint, et satisfacere voluerint pro illis qui jurare et satisfacere noluerint, gagiari vel cogi non possunt aut debent. Filios, filias, sive conjugati sint, aut non, morantes cum patribus aut matribus, vel aliquo ipsorum, a dictis duabus marchis et pecunia predictis volumus et concedimus esse quitos, liberos et immunes. Fratres et sorores, nepotes, neptes, et ceteri descendentes, qui partiti non fuerint aut divisi, pro una persona reputabuntur, et ut una persona de duabus marchis argenti et pecunia predictis satisfacient juxta modum predictum. Si vero predicte persone partite et divise fuerint, quamvis insimul moram faciant, tenentur ad solutionem marcharum et pecunie predictarum, secundum formam predictam. Si autem liberi, fratres, sorores, nepotes, neptes, et ceteri descendentes, in avoeria fuerint, ille qui ipsorum habuerit avoeriam, de duabus marchis argenti et pecunia predictis pro se et existentibus in avoeria solvet, secundum extimationem bonorum suorum, et bonorum illorum qui fuerint in ejus avoeria, et secundum modum predictum et formam predictam; dum tamen ultra duas marchas argenti pro se et existentibus in avoeria non solvat. Pignora aut gagia, que Major et scabini Divionis capient, vel capi facient ab illis, qui de dictis duabus marchis et pecunia non satisfecerint, postquam mandato nostro tradita fuerint, per octo dies continuos servabuntur antequam vendantur. Dolia et cuppe in extimatione bonorum computabuntur, et omnia alia utincilia hospitii, quecumque sint et vestis consuta in valore seu extimatione bonorum non computabuntur neque reputabuntur. Vestes empte ut revendantur, utincilia hospitum que habentur ad opus hospitum suscipiendorum et hospitandorum, in valore seu existimatione bonorum reputabuntur, et computabuntur. Quicumque sit Major communie Divionis, in anno vel annis sui regiminis ipsum a dictis duabus marchis et pecunia quittamus, et volumus esse liberum et exemptum. Nos vel dux Burgundie, vel quicumque successor noster, seu alii a nobis causam habentes, per nos, aut per alium petere non poterimus ab hominibus communie Divionis dictas quingentas marchas, quoniam per conventiones predictas duarum marcharum argenti et pecunie predictarum pro extimatione bonorum, juxta modum predictum, quitate sunt et remisse et contenta in dictis conventionibus ex eadem causa debentur, ex qua dicte quinginte marche debebantur. Homines communie Divionis, sive existentes de communia, sive recedentes de communia, et de communia non existentes, volumus et concedimus a satisfactione et a probatione satisfactionis super duabus marchis argenti et pecunia predictis esse quittos, liberos et immunes, nisi de anno ultimo, in quo ab eis satisfactionis probatio exigetur. Homines communie Divionis recedentes a villa Divionensi, ubicumque se transferant vel morentur, tenebunt, et habebunt bona sua omnia, et singula mobilia, et immobilia ubicumque sint sita, et ex ipsis bonis suis omnibus et singulis poterunt facere suam plenariam voluntatem tam libere, ut ante conventiones, que in presentibus litteris continentur, et ante confectionem presentium litterarum ea tenere poterant, aut debebant, ita quod per hec juri nostro nullum prejudicium afferatur, et dictis hominibus nichil novi queratur, preter id quod superius est expressum de duabus marchis argenti et aliis sommis predictis, pro quibus secundum modum predictum quinginte marche, que nobis ante presentis littere confectionem ab hominibus nostris Divionensibus debebantur, remisse sunt et quittate. Si quid juris, actionis vel rationis sit acquisitum predictis hominibus, ex facto nostro, vel predecessorum nostrorum, vel aliquo suo, aut aliqua alia ratione qualicumque, secundum tenorem privilegiorum, instrumentorum suorum, litterarumque suorum, aut alias, volumus et concedimus eisdem hominibus esse salvum in personis, et bonis, et rebus eorum mobilibus et immobilibus, litteris presentibus nonobstantibus et conventionibus prenotatis. Major et scabini, Divionenses pro negociis dicte communie Divionis poterunt imponere, aut indicere hominibus dicte communie, et levare a dictis hominibus quantamcumque summam pecunie voluerint, et quando viderint expedire : et si ad jactus missionum dictorum negociorum dicte communie faciendum mandatum nostrum interesse voluerit, intererit in hoc socius in hoc tanquam unus ex scabinis ville Divionis, et jurabit super sancta Dei euvangelia, quod in dictis jactibus dictorum missionum faciendis bene et fideliter se habebit, hoc salvo, quod si questio vel dissensio esset inter nos et dictos homines communie Divionis, Major et scabini Divionenses, presente mandato nostro, si voluerit interesse, super homines dicte communie imponere poterunt, et levare missiones competentes ad deffensionem ipsorum; quas missiones nos vel mandatum nostrum perturbare aut contradicere non possumus, aut debemus. Et sciendum est, quod virtute hujusmodi littere, vel eorum que in presenti littera continentur, super dictos homines, vel super bona sua, sive ratione possessionis, sive proprietatis, aut receptionis pecunie aut marcharum predictarum, exigere non possumus, nec dicti homines super nos, nec etiam plus reclamare juris aut rationis quam poteramus et debebamus ante presentis littere confectionem, vel perfectionem eorum que in presenti littera continentur, omnibus tamen punctis et articulis presentis littere durantibus in sui roboris firmitate. Promittimus insuper pro nobis, et nostris heredibus, et successoribus, et pro causam a nobis in hoc habentibus per stipulationem legitimam et solempnem, et per juramentum nostrum super sancta Dei euvangelia corporaliter prestitum, omnia privilegia, omnes libertates, immunitiones, cartas, instrumenta, percursus, et litteras communie Divionis sigillatas, et sigillata a regibus Francie, et quolibet eorum, et a predecessoribus nostris, et a nobis, et a quibuscumque specialiter et generaliter dictis hominibus concessas et concessa, inviolabiliter observare in personis, et rebus et bonis eorum, et per banleucam Divionensem, volentes quod usus, consuetudines, et jura communie predicte, et hominum predictorum, nullo modo possint infringi per ea que in presenti littera continentur. Ita quod per hoc juri nostro nullum prejudicium afferatur, et dictis hominibus nichil novi queratur, preter id quod superius est expressum, quod de duabus marchis argenti, et aliis summis predictis, pro quibus secundum modum predictum quingente marche, que nobis ante presentis littere confectionem ab hominibus nostris Divionis debebantur, remisse sunt et quittate. Obligantes nos, et nostros, heredes, et successores, et causam a nobis habentes per nostrum jam prestitum juramentum, ad omnia et singula supra dicta, ac si essent specialiter enumerata, proposita vel dicta, firmiter tenenda, et in perpetuum inviolabiliter observanda, et in nullo contraire promittimus per nos, vel per alium, nec contravenire volenti in aliquo consentire tacite vel expresse, aut modo alio qualicumque, volentes, et concedentes, quod si aliqua contrarietas, repugnantia, dubietas, obscuritas, duplicitas, vel simplicitas inveniatur, aut reperiatur quocumque modo, et quocumque tempore, in privilegiis, instrumentis, litteris, cartis, percursibus, libertatibus et immunitatibus eorum eaque in dictis privilegiis, cartis, instrumentis et litteris sunt, sint antiqua vel nova, intelligantur et exponantur rationabiliter secundum quod melius et utilius poterunt intelligi ac exponi ad utilitatem dicte communie, et hominum predictorum. Item cum discordia verteretur inter nos, ex una parte, et homines dicte communie, ex altera, super hoc quod petebant a nobis vicecomitatum Divionensem, quem acquisieramus, quod non poteramus facere ut dicebant; tandem concordatum est in dictis conventionibus inter nos et ipsos habitis in hunc modum : quod nos dictum vicecomitatum, cum omnibus juribus et pertinentiis ejus in hominibus, justicia, dominio, et nundinis Omnium Sanctorum, et aliis in dictam communiam transferimus eo modo, quo eidem communie predicta competunt in ceteris locis ville, et dictum vicecomitatum ipsi communie, perpetua pro nobis, et nostris heredibus concedimus et quittamus, ita tamen quod ipsi homines vicecomitatus solvent nobis de marchis et pecunia predictis secundum modum predictum, et taxatum in aliis hominibus communie supradicte, salvis ipsis hominibus vicecomitatus libertatibus quas habebant ante presentis littere confectionem, et quem vicecomitatum cum ejus juribus dictis hominibus communie Divionis bona fide garantire promittimus contra omnes perpetuo, et tenemur. Renunciantes siquidem in hoc facto ex certa scientia, et per dictum juramentum, exceptioni lesionis, vel deceptionis in factum omni actioni nobis et nostris heredibus sive successoribus, vel a nobis causam habentibus, ad revocandum predicta, vel aliquod de predictis competenti, vel in futurum competiture. Implorans officium judicis, et prelati constitutioni, presente utroque, et omni auxilio totius juris canonici et civilis, et omnibus exceptionibus, juribus, rationibus, allegationibus, deffensionibus totius juris et facti, et aliis quibuscumque que contra presens instrumentum vel factum possent obici sive dici, et juridicenti generalem renunciationem non valere. In quorum omnium testimonium et munimen perpetuum, litteris istis sigillum nostrum duximus apponendum. Actum anno Domini millesimo ducentesimo octogesimo quarto, mense decembris, Philippo rege Francorum tunc regnante (1).

Scellé en cire verte à lacs de soie rouge tressés.
Original : Archives de la ville de Dijon, B1, *Priviléges et franchises de la Commune.* — Imprimé : dans Pérard, p. 347. — *Mémoire pour les vicomte-mayeur, échevins, etc., de Dijon, contre les receveurs généraux du domaine,* 1774, in-4°.

(1) Quarante-sept ans après la charte de « liberté des marcs, » la difficulté pour les habitants d'acquitter intégralement cette cotisation déjà très lourde et qu'aggravait encore la faculté laissée au Duc de la doubler et même de la tripler dans différentes circonstances, avait produit un arriéré qui s'accroissait sans cesse, parce que, nonobstant la déclaration du duc Hugues IV, de l'an 1268 (Archives de la ville, B1, *Priviléges et franchises de la Commune*), beaucoup d'habitants, voulant échapper à ces charges, abandonnaient la ville, ou bien, fixés dans le voisinage, n'y venaient que pour leurs affaires. Aussi Robert II avait-il pris texte de ces retards pour porter aux franchises communales la plus rude atteinte qu'elles eussent encore reçues ; mais comme, en définitive, si sa prérogative y avait gagné, ses coffres ne s'en étaient pas remplis davantage; que d'ailleurs la question de la vicomté, restée tout entière, ajoutait encore aux embarras des deux partis, il fallut bien en venir à la transaction qui fait l'objet de cette charte. Le Duc, mieux conseillé, céda purement et simplement la vicomté à la commune. On convint de remplacer la prestation des marcs par une taille fixe dont la cote la plus élevée ne devait pas dépasser deux marcs, et la plus faible descendre à moins de douze deniers, et enfin le Duc reconnut aux magistrats le droit d'imposer les habitants pour les besoins de la commune, avec la faculté de s'y faire représenter par un de ses officiers. Cette transaction n'était encore qu'un expédient, car, soit que le Duc eût élevé de nouvelles prétentions, soit impuissance de la commune à s'acquitter des sommes réglées, vingt ans plus tard elle se trouvait redevable envers le Prince d'une somme de 13,000 livres, dont il exigeait impérieusement le paiement. Déjà, pour y parvenir, il avait saisi de nouveau la mairie, mis sous sa main et vendu les biens de plusieurs habitants, quand, sur l'appel de la commune à l'autorité royale, celle-ci remit l'affaire au jugement de deux arbitres. L'un d'entre eux était ce fameux Guillaume de Plasian, le conseiller intime de Philippe-le-Bel. Aussi leur jugement fut celui qu'on devait attendre d'un jurisconsulte imbu des idées de l'omnipotence royale; la commune fut condamnée à payer pour ces 13,000 livres une somme de 24,000 livres en huit ans. Elle se saigna pour y faire face, mais sans pouvoir s'acquitter, de telle sorte qu'en 1312, comme elle n'avait pu payer que 18,400 livres, Hugues V lui accorda un nouveau délai de douze ans, sous la condition de lui payer une somme de 15,000 livres, soit 1,250 livres par an. Trois ans après, le Duc, pour accélérer le versement des 10,000 livres que la ville lui devait encore, la détermina à lui accorder une maltôte de quatre deniers sur toute marchandise vendue ou achetée, puis enfin, en 1337, comme il restait encore un arriéré, Eudes IV consentit à en décharger la commune, moyennant le doublement des marcs pendant quatre ans. Ce traité fut le dernier, car, durant cette période, un grand progrès s'était accompli : la création des communes avait introduit un nouvel élément dans la société politique ; les Etats de Bourgogne s'étaient constitués, et leurs attributions, plus nettement définies, ne permettaient plus au Duc de lever aucune taxe qui ne fût librement consentie par eux. Les marcs furent donc considérés dès lors comme une redevance fixe, payable entre les mains du châtelain de Chenôve, chargé d'acquitter les rentes ou pensions dont elle était chargée, jusqu'au moment où les rois en firent la remise définitive à la ville.

XLVII

Ratification de l'accord précédent par Philippe-le-Hardi, roi de France.

1284 (décembre).

Philippus Dei gratia Francorum rex, notum facimus universis tam presentibus quam futuris, quod nos litteras dilecti et fidelis nostri Roberti ducis Burgundie vidimus in hec verba.

In nomine sancte et individue Trinitatis... (*Voir le n° précédent.*)

Nos vero Philippus Dei gratia Francorum rex, predicte omnia et singula rata et grata habentes, ea volumus et approbamus salvo in omnibus jure nostro et etiam alieno. In cujus rei testimonium, presentibus litteris nostrum fecimus apponi sigillum. Actum anno Domini M° CC° octogesimo quarto, mense decembris.

Scellé du grand sceau en cire verte à lacs de soie rouge et verte pendants.
Original : Archives de la ville de Dijon, B1, *Priviléges et franchises de la Commune.* — Imprimé dans Pérard, p. 347.

XLVIII

Déclaration du duc Robert II, touchant un jugement rendu par le bailli de Dijon, contrairement aux priviléges de la ville.

1297.

Nous Roberz dux de Borgoigne, façons savoir à touz cels qui verront et orront ces présentes lettres, que comme nostre amez Richarz de Montmorot chevaliers çai, en arriers nostre bailliz de Dijon, hahust fait adjorner pardevant lui Bartholomin l'espicier de Dijon, à ses assises de Dijon novelemant passées, suz cas de injure que lidiz bailliz proposoit contre ledit Bartholomin ; c'est à savoir, seur ce que il disoit, que lidiz Bartholomins, en nostre ville de Dijon, en maltalant et en courrouz havoit chacié, et fait chacier le coutel trait Huguenin le Rousselot nostre tabellion de Dijon, et requeroit lidiz Bartholomins seur ce la court dou Maiour de Dijon, et que il fust ajornez pardevant ledit Maiour, pour faire droit; ledit Maiour présent et requerant la court dudit Bartholomin, comme de son justisauble; ledit baillif disant encontre, que nous deviens hauoir la court doudit Bartholomin en cel cas, pour ce que il disoit, que lidiz Rousselot est, et estoit en nostre servise et sur ce lidiz Maires et Bartholomins requérient audit baillif, que lor en deist droit. Li quex bailliz dist et pronunça par sentence locutoire, que lidiz Maires ne devoit hauoir la court doudit Bartholomin en tel cas. Et lidiz Maires, et li autres prodomes de Dijon nous haient monstré et supplié, que nous ne veuillessins pas user de ladite intellocutoire, comme elle fust donée, si comme il disoient en lor grief, et ou préjudice de lor préviléges de la commune de Dijon. Nous, oye la requeste doudit Maiour et des prodomes, volons et ottroions, que ladite intellocutoire donnée par ledit nostre baillif, ne tiegne, et ne face préjudices es préuilaiges de ladite commune, ne à nous auxi, et que pour ladicte intellocutoire, droiz ne nous soit acquis contre ladicte commune, ne ladicte commune contre nous. Et volons et ottroions, que nonobstant ladite intellocutoire, li préuilciges, et les chartres de ladicte commune demorint en lor force et en lor valour, si commil estoient deuant ladicte intellocutoire. En tesmoignage de laquel chose, nos hauons fait mettre nostre seaul en ces présentes lettres. Ce fuit faiz et donnez à Beaune, le lundy après le mois de Pasques, l'an de grâce mil CC IIII^{xx} et dix-sept (1).

Cartulaire de la ville de Dijon, Bibliothèque publique, Mss. n° 448, fol. 19, v°. Imprimé: dans Pérard, p. 346. — *Mémoire pour les vicomte-mayeur, échevins, etc., de la ville de Dijon, contre les receveurs généraux du domaine*, 1774, in-4°.

XLIX

Déclaration du duc Robert II, au sujet d'une amende encourue par la commune.

1298 (septembre).

Nous Robers dux de Borgoigne, façons savoir à touz cels qui verront et orront ces presentes lettres, que comme li Maires, li escheviz (2) et li commune, et li

(1) Cette entreprise du bailli de Dijon sur la justice municipale était une conséquence inévitable de la saisie de la mairie opérée quelques années auparavant par le duc Robert, et que l'autorité royale avait, comme nous l'avons fait remarquer (n° XLIV, note 1), si mollement réprimée. Bien que le droit de la commune eût été reconnu, l'inviolabilité de ses franchises en avait été atteinte, et, sinon le Duc, tout au moins ses officiers, hostiles par position à tout pouvoir qui ne relevait pas d'eux, ne l'oublièrent jamais. Dans cette affaire-ci, comme lors de la saisie, la commune obtint encore gain de cause, mais elle en sortit amoindrie, et, comme ces attaques tendirent à se multiplier de plus en plus, chaque nouveau débat ajouta d'autant à l'omnipotence ducale.
(2) Echevins.

habitanz de la ville de Dijon hayent volu et outroyé, que de l'emande que nos demandiens a aux por raison de plusours injures que nos disiens estre faites à Gillet d'Auxois, clerc, en façent nostre servise et nostre office, nos puissons faire raison à nous et à aux, sor (1) ladite emande, et en puissions a aux condamner ou assorre (2), selonc ce que droiz et raisons sera. Nos volons et outroyons por nos, et por nos hoirs, que porce que il nos hont donée pooir de coignitre (3), et de pronuncier l'emande dessusdite, en ce fait nuns préjudices ne soit faiz à lors privileges, ni à lor chartres, en cestu cas, ou en semblauble, ou temps à avenir; ains quant es cas à asvenir, nos volons que lor privileges soient saulz et nostre droiz auxi, en la meniere, et en la forme qu'il estoient devant la confection de ces presentes lettres. En tesmoing de laquel chose nos avons mis nostre seaul en ces présentes lettres. C'est fait l'an de grâce mil dous cent quatre-vinz et dix et huyt, ou mois de septembre.

Scellé en cire blanche à double queue de parchemin pendante.
Original : Archives de la ville de Dijon, B1, *Priviléges et franchises de la Commune*. — Imprimé : dans Pérard, p. 344. — *Mémoire pour les vicomte-mayeur, échevins, etc., de la ville de Dijon, contre les receveurs généraux du domaine*, 1774, in-4°.

L

Confirmation des libertés et franchises de la commune de Dijon, par le duc Hugues V.

1313 (décembre).

Nos Hugo (4) dux Burgundie, notum facimus universis presentibus et futuris, quod nos libertates, immunitatesve scriptas, hactenus datas et concessas Majori, scabinis, communie, seu hominibus et habitantibus ville Divionensis, a bone memorie Roberto carissimo patre nostro, Hugone avo nostro, ceterisque parentibus et predecessoribus nostris quibuscumque ducibus Burgundie, confirmationesque dictarum immunitatum et libertatum hactenus a dictis hominibus

---

(1) Sor.
(2) Asseurer.
(3) Connaître.
(4) Hugues V, fils de Robert II et d'Agnès, fille de saint Louis, lui succéda en 1305, sous la tutelle de sa mère; déclaré majeur en 1313, fiancé à Jeanne, fille du roi Philippe-le-Long; il mourut en 1515, au château d'Argilly.

Divionensibus obtentas a predictis nostris parentibus et predecessoribus, prout in litteris quas Divionenses penes se habent, sigillorum predecessorum nostrorum munimine roboratas, plenius continetur; ex nostra certa sciencia scientes et spontanei, laudamus, approbamus, ac etiam per presentem paginam confirmamus. Confirmationes nichilominus illustrissimi Domini nostri Philippi Francorum regis, aliorumque regum predecessorum suorum obtentas a dictis hominibus Divionensibus, super immunitatibus, et libertatibus scriptis eorumdem, et prout scripte sunt, laudamus et approbamus expresse. Manutenebimus etiam personas dictorum habitantium, et res eorum, et cunservabimus imperpetuum fideliter in suis scriptis, libertatibus et immunitatibus memoratis. Juravimus etiam coram Deo et hominibus, predicta omnia et singula, prout superius sunt expressa, pro nobis heredibus, et successoribus nostris, quod ad hec specialiter, et ex certa scientia obligamus eisdem Majori, scabinis, communie, habitantibus, que omnibus et singulis ville Divionensis tenere, et inviolabiliter observare, et in nullo contraire. Volentes quod si in aliquo pergentes nostras libertates, predicte infracte de facto fuerint, postquam de infractione legitime constiterit, ad statum debitum reducantur. In quorum omnium, robur et munimen, sigillum nostrum presentibus litteris duximus apponendum. Datum apud Divionem die dominica post festum Nativitatis Domini, anno incarnationis ejusdem millesimo trecentesimo tertio decimo, mense decembris.

Scellé en cire blanche à double queue de parchemin pendante.
Original : Archives de la ville de Dijon, B2, *Priviléges et franchises de la Commune.* — Imprimé dans Pérard, p. 364.

LI

Ce sunt les supplications faites au duc Hugue [V] afin qu'il feist le sairement de garder et maintenir nos priviléges.

1314?

A vos très haut et excellent prince monseigneur le duc de Borgoine, lour très chier et redoté soignour. Supplient humblement li Maires et li escheviz, et la commune de Dyjon, que cum votre devantier duc de Borgoine, notre tres chier soignour cui Dex absoille, nous haient doné commune libertez et franchisses, escriptes et seelées de lour seauls, et conformées des roys de France, et vous par vostre grant bonté et leauté, hayés reconformées les choses desusdites. De laquele nostre reconformation vos nos avez outoyé à bailler lectres sus vostre seaul, si cum nos les havons de vos devantiers, que il vous plaise ledictes lettres faire seauller, et à nos délivrer, et que vos facoiz cesser vostre bailif, vostre prevot, et vos sergenz de Dyjon, de faire les grief que il font à nos de jour au jour contre lesdiz previleges : liquel grief s'enseugvent.

Premièrement, vostre bailliz de Dyjon, prevoz, et sergenz, prannent, saissisent, et arrestent en la vile, et de fueurs (1) dedanz la banleuhe de Dyjon, sens requerir ne motre (2) en déffaut li Maiour a les juriez de ladite vile : lesquels choses sunt contre le previlege de ladicte ville qu'il dit : *Nullus infra villam Dyvionis vel extra, infra banleucam, aliquem potest capere, nisi Maior et jurati quandiu de eo justiciam facere voluerint.*

Item vostre bailliz de Dyjon ajorne, et fait a ajorner de jour en jour les habitanz de la vile de Dyjon pardevant soy, à Talant et à Beaune, et autre part, sur injures, violances, et despitz faiz à Monseigneur, et à ses genz, et à ses sergenz, si comme l'on dit ; lesquelx choses sunt contre le previlege qu'il dit : *Si quis de communia, vel ipsa communia, aliquid mihi forefecerit, oportebit ut ego in curia Sancti Benigni, per Majorem communie, ad judicium juratorum, justiciam de eo vel de ea capiam, nec eos extra predictam curiam, vel placistare vel quartam monstrare compellere potero.*

Item cum uns vostre bourjois de Dyjon, que l'on appeloit : *Mathier le chandelier*, soit trespassez, et plusours autres, por le tans de hu. androit (3), liquel estoient recehu an ladicte commune, comme vostre home et vostre burjois et au vehu et au sehu de lour soignours, bien cinquante ans et plus, Jehanz Percevaux damoyseaux et autres soient venus, et disint que li biens desdiz morz lor soient escheor, por ce qu'ils avoient esté lour home, si comme il disoient et vehulint (4) avoir lour biens ; laquel chose il ne pevent faire, et se seroit ou grand préjudice de vos, et de ladite commune, et plus de vos, que de ladite commune : laquel chose ne puet estre faite, por point de chatre, qu'il dit : *Sciendum vero quod communia potest retinere homines cujuscumque dominii sint, in villa Dyvionis, secundum consuetudines et usagium patris mei, et predecessorum nostrorum, sine hominibus domini Saly.*

(1) Dehors, extra-muros.
(2) Mettre.
(3) Temps passé.
(4) Voulaient.

Item vos gens nos troblent sans cause toutes eschoietes (1), qui à vos pevent avenir, c'est à savoir, et biens de mutriers, de bestars (2), des larrons et de toutes autres choses de escheoites, et de espaves; laquel chose est contre le point de la chartre, qu'il dit : *Dedi etiam eis quicquid dominus Girardus Rationem apud Divionem habebat, et omnes hechoitas in hominibus, que ad me devenire debent.*

Item, com por vostre dobt (3) *Jheanz Marioche, Vacelins li Lombarz*, et plusours autre, tuit vostre bourjois de Dijon, soient et haient esté priz, retenus longuement en cors et an biens, lesquels choses sont contre le previlege qu'il dit : *Preter hec eis concessi, quod si homo de communia, pro debito meo bene et fideliter cognito, captus fuerit, vel aliquid amiserit de meis redditibus, vel de causa mea si redditibus non sufficient, reddimetur, vel si quid amiserit restituetur.*

Item li prevoz de Dyjon, por lui et pour ses sergenz, prant, et fait pranre des choses des homes de la commune, et ne la veut randre por le Maiour, qui est contre le previlege qu'il dit : *Concessi etiam eis, quod prepositus meus Dyvionis aliquid ceperit de rebus hominum communie, reddet sine omni placito, quantum homo ille probaverit, si legitimus a Maiore communie testificatus fuerit.*

Item li prevoz de Dyjon font mout de grief plusours fois à la commune de Dyjon, en prenant, saisissant et arrestant personnes et biens en la ville, et fueurs de la ville, en la banleuhe de Dyjon, et le refacent à amander por le Maiour de Dyjon, laquel chose est contre le point de la chartre qu'il dit : *Si prepositus Divionis aliquid contra communiam fecerit, per Maiorem emendabit.*

Item vostre chastelains de *Thalant*, ou grief et ou préjudice de nos, et en empeschant la juridiction de nos et de nos previlaiges, tient jours, et cognuit de touz faiz que li Juhi font, et que ils ont à faire à autres genz de nostre commune, et d'autres, laquel chose ne puet, ne doit faire por les points des chartres, qui dient : *Donavi etiam eis Eliam Judeum cum suis heredibus, Vigerio, qui eum tunc ex meo dono habebat, ipsumque quittante, et donum laudante.*

Item, pour autre point de chartre, qui dit : *Odo dux Burgundie, sciant universi tam presentes quam futuri, quod anno ab Incarnatione Domini millesimo centesimo nonagesimo sexto, discordia fuit inter me et communiam Divionensem, que pacificata fuit in hunc modum. Quittaverunt enim mihi villam que vocatur Faennay, quam pater meus dederat eis, assensu meo, et laude mea. Et ego dedi communie bannum Divionensem, et Judeos, et attractum libere Judeorum.*

---

(1) Epaves.
(2) Batards.
(3) Doute.

Item, par autre chartre, qui dit : *Ego Hugo dux Burgundie, omnibus notum facio, quod dedi et concessi Majori et scabinis Divionis, Judeos meos Divionenses, et volo quod sint de sua communia.*

Et cumbien, sire, que li poinz des chartres desusdictes soient sofisamment esclarcies de lour, si havons nos por point de chartres, autre que lidiz poinz et chartres soient exposey au plus grant profit que l'on porrai por la commune, et por le point de chartre, qui dit : *Promittimus insuper, pro nobis et nostris heredibus et successoribus.* (Voir, pour le surplus, la charte de 1284, n° XLVI, dont ce qui suit est la conclusion.)

Cartulaire de la ville de Dijon, à la Bibliothèque publique, n° 448, fol. 47. — Imprimé dans Pérard, p. 349.

LII

Pacification des débats entre le Duc et la commune.

1314, samedi avant l'Ascension (7 mai).

Nous Hugues, dux de Borgoigne, faceons savoir à touz, que nous havons doné et donons plain pooir, et especiaul commandement à notre amé et foiaul cosin monsieur Mathieu, seignour de Monmartin, de acorder et pacifier à la commune de notre vile de Dijon ou à singulaires persones de la dite commune de touz meffaiz, despiz, injures et forfaitures, que il hont, ou poent havoir faites contre nous, ou contre noz gens, par quelque maniere que ce soit. Et l'acort que notres diz cosins fara à la dite commune, ou à singulaires persones d'icelle, por nous, et en nom de nous, nous haurons fert et aggréable, auxi comme se nous, en notre propre persone, le haviens fait. Donné à la grange de Poiseux (1), le samedi devant l'Ascension, l'an de grace mil CCC et quatorze (2).

Original: Archives de la ville de Dijon, B2, *Priviléges et franchises de la Commune.*

(1) Poiseul-la-Grange, canton de Saint-Seine (Côte-d'Or).
(2) Cette pièce est sans nul doute la réponse des officiers du Duc au manifeste précédent. On y voit figurer pour la première fois ces accusations de lèse-juridiction, de forfaitures, d'injures, de dénis de justice, etc., à l'aide desquels ils prétenderont toujours justifier leur immixtion dans les affaires de la commune, seulement la chose s'est envenimée, l'appel au Parlement de France est imminent et on veut l'éviter. Mais comme le prince ne veut, ou ne doit jamais avoir tort, le Duc retourne la question et s'explique dans son mandement comme si les plaignants étaient ses officiers.

LIII

Déclaration du duc Eudes IV, au sujet de son immixtion dans la justice de la ville.

1332, 10 juillet, et dimanche avant la Saint-André (29 novembre).

Nos Eudes, dux de Bourgoigne, cuens d'Artois, et de Bourgoigne, palazins, et sires de Salins (1), façons savoir à tous, que comme nous haiens donnée une commission sous notre seel, à nos amez et féaux chevaliers monsieur Jehan de Ballenou, monsieur Robert d'Aubigney, et mons Jehan de Chastoillon, notre baillif de Digenois, ou es doux d'aux, contenant la forme qui s'ensuit :

Eudes, dux de Bourgoigne, contes d'Artois, et de Bourgoigne, palasins, et sires de Salins, à nos amés et féaux chevaliers mons Jehan de Ballenou, mons Robert d'Aubigney, et mons Jehan de Chatoillon, notre baillif du Digenois ou aux doux de lour, saluit. Plusours des habitans de notre ville de Dyjon, especiaulmant des marchanz ou dou menu commun, sunt venu plaintiz à nous, et y viennent de jour en jour, et nous ont montré en complainnant, que li gouverneur de notre ville de Dyjon, Maïours, escheviz, sergenz, procureurs, et plusours autres, lour hont faiz plusours grifs, extorcions, injures, et violances en personnes et en biens, et sofferts à faire à lour parens et à lour amis, et plusours de nos droiz recelez, en tel cas et en autres. Si nous ont supplié humblement en pittié, que sur ce les voussessiens pourvoir de remede covenauble. Et pource que nous desierions l'escroissement et le bon estat de notredite ville, et pour le grant cry dou pueple, ne povons ces choses passer soubs dissimulation ; nous vous mandons et commettons à vous ensemble, ou es doux de vous, que vous en vos propres personnes alez en notredite ville de Dyjon, et appellez ceux qui seront à appeller, saichiez, et enquerez diligemment, somairement, et de plain, la vérité des choses dessus dictes : et ce que vous troverez estre fait non dehuemant, et contre raison, faites remettre en estat dehu, et adrecier et amander à nous, et à partie : et ce faites par tel menière, que li marcheans et li menus communs de notredite ville puissent vivre et demorer en pais par dessoubs nous. Et ne volons que chouse que vous façiez en ces besoignes, tornoit, ou face préjudice ès libertez,

---

(1) Eudes IV, frère puîné du duc Hugues V, lui succèda en 1315. Il épousa en 1318 Jeanne de France, fille de Philippe le Long, qui lui apporta en don la Franche-Comté et l'Artois. Il mourut en 1349.

privileges, franchises, et bonnes costumes de notredite ville. De ce faire nous vous donons pouvoir, mandons et commandons à tous nos subgiez, que en ce facent, obéissent à vous. Donné à Lantanney (1) le X° jour de juyllet, l'an de grâce mil trois cent trente et doux.

Et por l'occasion de notredite commission, notredit chevalier, ou li dui d'aux, soient heuz en ladite ville de Dyjon, et aient cogneu, et cognoissient, et faiz plusours faiz toichans et appartenanz à fait de justice, de plusours faits, extorcions, et autres actions, et causes sur les Maihours qui ont esté Maihour de Dyjon ou temps passé, plusours officiers, et plusours autres habitans de ladite ville de Dyjon ; notre entancions n'est pas, et ne volons que pour commission, ou commandement que nous haiens fait, ou pour chose que notredit chevalier, facient, ou haient fait préjudices aucuns en saysine, ne en propriété soit faiz es Maihour, es escheviz, à la commune, et es habitans d'ycelle ville de Dyjon, en lour justice de Dyjon, et es appartenances, en lour privileges, droiz, immunitez, franchises, et libertez, et lour costumes, einssois (2) lour volons estre sauves, et que pour ce aucuns droiz ne nous soit acquis. Et promettons en bone foy, pour nous, et pour noz successours, garder les chouses dessusdites, et non venir en contre ; sauf et reservé à nous tous nos droiz que nous haviens en ladite ville de Dyjon, devant la confection et la datte de notredite commission, de laquelle la teneurs est dessus escripte, esquelx nous n'antendons point à renuncier par la teneur de ces présantes lettres, mas yceux retenons à nous, et reservons pour nous et pour les nostres. En tesmoignaige de laquel chose, nous havons mis le saul grant de nostre chambre en ces présantes lettres, que furent faites et données le Dyemoinge devant la feste Saint Andrer, Apostre, l'an de grâce mil trois cent trente et doux.

Scellé en cire blanche à double queue de parchemin pendante.
Original : Archives de la ville de Dijon, C1, *Juridiction de la Commune.* — Imprimé dans Pérard, p 351.

(1) Lantenay, canton ouest de Dijon ; c'était au temps des Ducs, une de leurs résidences.
(2) Mais.

LIV

Obligation imposée par le duc Eudes IV à ses successeurs de jurer, lors de leur avènement, la conservation des priviléges de la ville de Dijon.

1334 (26 août).

Nous Eudes, dux de Burgoigne, contes d'Artois, et de Burgoigne, palatins, et sires de Salins, faiçons savoir à touz ceuls qui verront, ourront, et liront ces présentes lettres, que comme de certeinne science nous aïens confermé et juré tenir, et fermemant garder les libertez, franchises, immunitez, chartres, et privileges, et confirmation d'ycelles, données et outroiés de nos devantiers, dux de Bourgoigne, au Maiour, et aux eschevins, et aus habitans de notre ville de Dyjon, si comme elles sont escriptes. Nous, pour les bons et aggreaubles servises que nous ont faitz, et que de jour en jour nous font lidit habitant de notredicte ville de Dijon, voulons et ouctroions, que notre hoir ou successeur en notre duchié de Burgoigne, jurient, et soient tenus de jurer publiemant, en l'église de Saint-Benigne de Dijon, en leur premier avénement en ladite duchié, qu'il garderont, et feront tenir et garder lesdites libertez, franchises, immunitez, chartres, et privileges et confirmations d'icelle, en tint comme elles sunt escriptes, et plux à ploin contenues es lettres, es chartres données de nos devanciers es habitans de notredicte ville de Dijon. Et de ce faire, et fermement tenir, et garder perpétuellement, nous obligeons especiaulmant et expressemant, nous, nos hoirs, nos successeurs, et à tous ceuls qui hauront cause de nous en nostre duchié de Burgoigne. Et promettons en bonne foy lesdites chouses tenir et fermement garder à tousjours mais, sens venir encontre par nous, ne par autre. En tesmoingnage de laquel chouse, nous havons fait mettre notre grant seel en ces presentes lettres, faites et données à Montbart (1), notre chasteau, le vanredi après la feste de saint Bartholomier, apostre, l'an de grâce mil trois cenz trente et quatre.

Scellé en cire blanche à double queue de parchemin pendante.
Original : Archives de la ville de Dijon, B2, *Priviléges et franchises de la Commune.* — Imprimé dans Pérard, p. 332.

(1) Montbard, ville, chef-lieu de canton de l'arrondissement de Semur (Côte-d'Or). C'était l'une des principales résidences des Ducs.

LV

Lettres du duc Eudes IV, au sujet d'une arrestation ordonnée par lui.

1334-1335 (1ᵉʳ avril).

Eudes, dux de Bourgoigne, contes d'Artois, et de Bourgoigne, palazins, et sires de Salins, à touz cels qui verront et ourront ces presentes lettres, salut. Ce que nous havons pris, ou fait panre maistre Estiene de Clarevaux en la ville de Dyjon, laquel chouse nous ne devienz pas faire, nous ne volons pas que ce tournoit à préjudice au Maire, à la commune de Dijon, en lour droiz en lour justice qu'il hont en ladite ville de Dijon, ne raclamer, n'en volons saisine, ne autre droit par ladite prise : ains volons, que lour droiz lour soit ainsi saul en saisine, en proprietey, et en toutes autres chouses, cum se ladite prise n'ahust onques estey faite. Donné à Dijon le sambadi premier jour de avril, l'an de grâce mil trois cenz trente et quatre, sous nostre petit seaul, en tesmoignage de veritey.

Scellé en cire rouge à simple queue de parchemin pendante.
Original : Archives de la ville, C1, *Juridiction*. — Imprimé dans : Pérard, p. 53. — *Mémoire pour les vicomte-mayeur, échevins, etc., de la ville de Dijon, contre les receveurs généraux du domaine*, 1774, in-4°.

LVI

Main-levée de la Mairie de Dijon par le duc Eudes IV.

1339 (3 juillet).

Eudes, dux de Bourgoigne, contes d'Artois, et de Bourgoigne, palazins, et sires de Salins, à touz nos justiciers, salut. Comme notre amez et féaulx li sires de Thil (1) a hust mist la maoerie de Dijon et le gouvernement de la dicte ville et

---

(1) Jean, seigneur de Thil et de Marigny, conseiller du roi Philippe le Bel et connétable de Bourgogne, mourut avant 1355. (Anselme, VIII, 427.)

les biens de Eude Rossigneul, Maheur de la dicte commune du dit leu, en notre main ; savoir vous façons, que nous, notre main havons levée, et levons de la dicte Maierie et biens ; et le dit Maire remettons en estat de toutes chouses empooichiés par la dicte main. Si vous mandons que vous notre dicté main tenez pour levée; et pour ceste cause ne li mettez point d'ampoichement. Donné à Beaune le secont jour de juillet, l'an de grace mil CCC trante et neuf.

Par l'abbey de Saint-Estiene, et par monseigneur de Thil.

Scellé du contrescel en cire rouge à simple queue de parchemin pendante.
Original : Archives de la ville de Dijon, B2, *Priviléges et franchises de la Commune.*

LVII

Confirmation de la charte du duc Eudes IV par Jean de France, duc de Normandie, tuteur du duc Philippe de Rouvres.

1350 (avril).

Jehan ainsné, fils du roy de France (1), duc de Normandie et de Guienne, conte de Poitou, d'Anjou, et du Mainne, faisons savoir à touz ceulz qui verront et orront ces presentes lettres : que nous avons veu les lettres de bonne mémoire nostre très chier oncle Eudes, jadiz dux de Bourgoingne (2), seellées de son grant seel, sanz aucune suspicion, contenenz la fourme qui s'ensuit :

Nous Eudes, dux de Bourgoigne, etc. (Voir le n° LIV.)

Nous, toutes les choses et singulières contenuës es lettres dessus transcriptes, aians fermes et aggréables icelles, et toutes les libertez, franchises, immunitez, chartres, previleges, et confirmacions données de notre dit oncle, et de ses prédécesseurs es dits habitanz de la dicte ville de Dijon, les quels, nous ayanz le gouvernement, et bail du duchié de Bourgoigne, et de notre très chier et bien amé cousin Phelippe, duc de Bourgoingne (3), moindre d'aage, avons juré en l'église de Saint-Bénigne de Dijon, et octroié, et promis tenir et garder fermement tout

(1) Qui succèda le 22 août suivant au roi Philippe de Valois.
(2) Jeanne de Bourgogne, sa mère était la sœur du duc Eudes IV.
(3) Jean avait épousé le 19 février 1349, Jeanne, comtesse d'Auvergne et de Boulogne, veuve de Philippe de Bourgogne, comte d'Artois, fils aîné du duc Eudes IV, dont elle avait eu Philippe de Rouvres dont il est ici question.

en la fourme et manière que nostre diz oncle, et ses predecesseurs l'ont fait ou temps passé, ainssi comme il est plus à plain contenu es chartres, libertez et franchises des dits Maieur, eschevins, et commune de Dijon, et ycelles en nom que dessus, voulons, loons, approvons, et par la teneur de ces présentes lettres, en tant comme il nous appartient, de notre certaine science, confirmons, et icelles, en nom que dessus, promettons en bonne foy tenir et garder, sans corrumpre, ne venir encontre ; sauf nostre droit, et le droit de nostre dit cousin, et le droit d'autruy. Et pour ce que ces choses soient plus fermes et plus estables, nous avons fait mettre nostre seel à ces présentes lettres. Donné à Dijon l'an de grace mil troiz cenz et cinquante, ou mois d'avril.

Par monseigneur le duc, FOUVANZ.

Scellé en cire verte à lacs de soie rouge et verte pendants.
Original : Archives de la ville de Dijon, B2, *Priviléges et franchises de la Commune*. — Imprimé dans Pérard, p. 364.

LVIII

Déclaration donnée par la reine Jeanne de Boulogne au sujet d'une infraction aux droits de justice de la commune.

1359 (13 mai).

Jehanne (1), par la grâce de Dieu, royne de France, aienz en l'absence de Monseigneur le gouvernement du duchié de Bourgoigne, faisons savoir à touz, que combien, que pour plusieurs maléfices perpetrez en la ville de Dijon, le mardi et mercredi apres Pasques charnelz nouvellement passées, comme d'avoir bouté le feu en l'église des Frères prescheurs, d'avoir mort et occis notre amé conseiller maistre Jehan Rosier, et fait plusieurs roberies, excès et déliz en la dicte ville (2), plusieurs exécucions et justices des malfaiteurs et coupables des diz maléfices dient esté faites par nos gens, tant en la dicte ville, comme dehors, notre entente n'est pas, ne voulons que les dictes exécucions et justices tournent à préjudice

---

(1) Jeanne de Boulogne, veuve de Philippe de Bourgogne, comte d'Artois, mère du duc Philippe de Rouvres, remariée en secondes noces à Jean, roi de France.
(2) Cette sédition qui se rattachait à la Jacquerie et à plusieurs autres soulèvements en Bourgogne, avait été étouffée par les troupes que le sire de Sombernon, gouverneur du Duc, rassemblait pour repousser l'invasion anglaise.

aus Maieur, eschevins et à la commune de la dicte ville de Dijon, ne à leur privileges, libertez et franchises.

Donné à Rouvre (1) le XIIIe jour de may, l'an de grace mil CCC cinquante neuf.

Par la dicte royne, à la relation du conseil, P. CUIRET.

<small>Scellé du petit sceau en cire rouge à simple queue de parchemin pendante.
Original : Archives de la ville de Dijon, B2, *Priviléges et franchises de la Commune*.</small>

LIX

<small>Confirmation des priviléges de la commune par Philippe de Rouvres, duc de Bourgogne.</small>

1359 (26 janvier).

Phelippe, duc de Bourgoingne, conte d'Artois et de Bourgoingne, palatin, et sire de Salins, savoir faisons à tous ceulx qui verront et ourront ces présentes lettres, que nous, les libertez, franchises, et immunitez, chartres, previleges, et confirmations d'icelles, données et ouctroyées par nos prédécesseurs ducz de Bourgoingne, aux Maieur, eschevinz, et commune de notre ville de Dijon, si comme elles sont escriptes, voulons, louhons, ratifions, confermons et appreuvons de certaine science, promectans pour nous, et pour nos hoirs, par nostre serement donné corporellement en la présence du corps Jésus-Christ, et des personnes cy-dessoubs escriptes, les choses dessusdites, et chacune d'icelles tenir, et fermement garder, sans jamais venir encontre par nous ne par autre, ne souffrir que autre y vienne. Et voulons que semblablement, nos hoirs et successours, quant il verront au gouvernement du dit Duchié, le jurent se ils en sont requis. Et que ce soit ferme et estable à toujours mais, nous avons, en tesmoing de ce, fait mettre notre seel à ces présentes lettres. Ce fut faict et donné en l'église Saint-Bénigne de Dijon, présens nostre très chière et très redouttée dame et mère madame la royne, de révérend père en Dieu l'arcevesque de Besançon (2), l'evesque de Châlon (3), de nos amez et féaulx cousins, le conte

<small>(1) Château situé à 14 kil. de Dijon et qui fut la résidence favorite des ducs de Bourgogne.
(2) Jean de Vienne, 1355-1361.
(3) Jean Germain, 1357-1361.</small>

de Montbéliart (1), messire Jacques de Vienne, sire de Lonvy, messire Hugues de Vienne, sire de Saint-George, messire Eudes de Grancey, sire de Pierre-Pont, le sire de Couches (2), le sire de Sonbernon (3), messire Philibert de l'Espinace, messire Hugues de Montjeu, messire Jehan de Cusance, chevaliers et pluseurs, le vingt-sisiesme jour du mois de janvier, l'an de grâce mil trois cent cinquante neuf.

Par monseigneur le Duc, présens les dessus nommés : PHILIBERT.

Vidimus donné le 8 avril 1501 sous le scel de la chancellerie de Bourgogne. Archives de la ville de Dijon, B2, *Priviléges et franchises de la Commune.* — Imprimé dans Pérard, p. 365.

LX

Confirmation des priviléges de la ville de Dijon, par Jean, roi de France.

1361 (23 décembre).

Jehan, par la grâce de Dieu, roy de France; savoir faisons à tous présens et avenir, que aujourd'huy nous avons confermé, promis et juré sur les saints évangiles, estant sur le grant autel de l'église de Saint-Bénigne de Dijon, tenir et garder fermement les libertez, franchises, immunitez, chartres, et privileges, et confirmacions d'icelles, données et octroyées de nos devanciers dux de Bourgoigne, au Maieur, et eschevins, et habitans de nostre dicte ville de Dijon, si comme elles sont escriptes; et aussi lesdiz Maieur et habitans de notre dicte ville, estans lors en nostre présence en ladicte église, jurèrent qu'ils nous seront loyaus, subgiez et vrais obéissans, et garderont nostre personne, et touz nos droits envers et contre touz : et nous leur avons octroyez et octroyons par ces présentes, que nos hoirs et successeurs en nostre dit duchié de Bourgoigne, jureront et seront tenus jurer publiquement en ladite église de Saint-Bénigne de Dijon, en leur premier advénement ou dit Duchié, qu'ils garderont et feront tenir et garder lesdites libertez, franchises, immunitez, chartres, et previleges, et confirmacions d'icelles, ainsi comme elles sont escriptes, et plus à plain contenue

---

(1) Henri, comte de Montbéliard, sire de Montfaucon.
(2) Hugues de Montagu, sire de Couches et de Sainte-Pereuse.
(3) Jean de Montagu, sire de Sombernon et de Malain, mort le 6 juin 1391.

es lettres et es chartres données de nos devanciers dux de Bourgoigne aux habitans de nostre dite ville de Dijon, et à ce faire, et fermement tenir, et garder perpétuellement, nous obligeons especiaulment et expressement, nous, nos hoirs, noz successeurs, et touz ceulz qui auront cause de nous en nostre dit Duchié, et promettons en bonne foy lesdites choses tenir, et fermement garder à tousjours mes, sanz venir encontre par nous, ne par autre. Et pour ce que ce soit ferme chose et estable à tousjours, nous avons fait mettre nostre seel à ces présentes lettres. Donné à Dijon le XXIIIe jour de décembre, l'an de grâce mil trois cent soixante et un.

Par le roy, P. BLANCHET.

Original : Archives de la ville de Dijon, B2, *Priviléges et franchises de la Commune*. — Imprimé dans : Pérard, p. 366. — *Ordonnances des Rois de France*, V, 238.

LXI

Confirmation des priviléges de Dijon, par Philippe-le-Hardi, duc de Bourgogne.

1364 (26 novembre).

In nomine Domini, amen. Ex tenore hujus publici instrumenti ad universorum noticiam deducatur, quod anno Incarnationis Domini millesimo CCC° sexagesimo quarto, XXVI^a die mensis novembris, indictione tertia, Pontificatus Sanctissimi in Christo patris, ac Domini nostri Domini Urbani divina providentie Pape quinti, anno secundo, regnante illustrissimo ac potentissimo principe domino Karolo Dei gratia Francorum rege, in mei notarii publici et testium subscriptorum presentia, illustrissimus princeps dominus Philippus, quondam filius regis Francorum, dux Burgundie (1), una cum domino duce Andegavensi

---

(1) Philippe, quatrième fils du roi Jean et de Bonne de Luxembourg, sa première femme, avait reçu le duché de Touraine en apanage. En 1363, son père l'établit son lieutenant général au duché de Bourgogne, dont il avait hérité du dernier duc, Philippe de Rouvres, et sur la demande des nobles et du peuple il l'en créa duc souverain, par lettres données à Nogent-sur-Marne le 6 septembre de cette année. Après la mort du roi Jean, Charles V, son successeur, confirma cette donation et reçut l'hommage de son frère Philippe, qui quitta alors le titre de duc de Touraine pour prendre celui de duc de Bourgogne et de premier pair de France. Il fit son entrée solennelle à Dijon le 26 novembre et prit possession du Duché ainsi que le confirme le présent acte.

fratre suo (1), domino episcopo Eduensi (2), domino Abbate Sancti Benigni (3), et aliis prelatis, nobilibus, et aliis quamplurimis, personaliter accessit ad ecclesiam Sancti Benigni Divionensis, Lingonensis diocesis, ante magnum altare dicte ecclesie, hora quasi tertia dicte diei, prima die sui adventus ad dictam villam Divionensem, tanquam Dux et dominus dicti loci. Qui quidem dominus Dux coram omni populo ibidem congregato exponi fecit per venerabilem virum et discretum magistrum Philibertum Paillardi (4) consiliarium et cancellarium suum Burgundie, quasdam litteras regias, inter cetera continentes donationem sibi factam de dicto ducatu Burgundie per bone memorie regem Johannem patrem suum noviter deffunctum, et confirmationem dicte donationis factam per dictum illustrissimum et potentissimum dominum Karolum Dei gratia Francorum regem, fratremque germanum predicti domini Ducis : quibus expositis, fuit ex parte Johannis dicti Chopillart, clerici, ibidem presentis, procuratoris, et procuratoris nomine Majoris, scabinorum, et totius communie dicte ville Divionensis requisitum habere copiam predictarum litterarum, et specialiter clausularum continentium dictas donationem et confirmationem, que quidem copia habenda eidem procuratori, et aliis patrie qui habere voluerint, liberaliter fuit concessa. Deinde ad dictum dominum Ducem accesserunt personaliter, Johannes Poisseneti (5), Maior Divionis, una cum pluribus scabinorum suorum, et plures alii de dicta communia Divionis, qui ibidem voluerunt et poterunt interesse. Qui humiliter et devote supplicando, requisierunt dictum dominum Ducem, quod cum ipsi haberent libertates et franchisias sibi datas et concessas, ac etiam confirmatas a predecessoribus suis ducibus Burgundie, quas quicumque dux Burgundie jurare, et observare tenebatur juxta formam earundem; ipse dominus Dux eas jurare et observare placeret, nec non eas laudare, ac etiam approbare et confirmare, et super his dare litteras suas, prout predecessores suis hactenus fecerunt, et facere juraverunt. Super quibus, pro parte dicti domini Ducis habita super hiis ibidem deliberatione cum dicto fratre, et venerabili consilio suo, per vocem dicti cancellarii sui gallice fuit responsum in hunc modum :

---

(1) Louis de France, second fils du roi Jean, créé duc d'Anjou en 1360, fut régent du royaume durant la minorité du roi Charles VI. Jeanne I, reine de Naples et de Sicile, l'ayant fait son héritier, il se rendit en Italie pour prendre possession du royaume, et mourut de la peste à Biselia, dans la Pouille, le 20 septembre 1384. (Anselme, I, 227.)

(2) Geoffroy David ou Panteix, 1361-1377.

(3) Jean de Vaux.

(4) Philibert Paillard était chancelier de Bourgogne du vivant du roi Jean, qui avait confié à sa garde les lettres de don du Duché à son fils Philippe. Il mourut en 1366, et fut remplacé le 7 septembre par Berthault d'Uncey, chanoine de Vergy et chantre de Dijon. (Labarre, II, 5.)

(5) Jean Poissenot.

« Seigneurs, messire li Dux qui cy est, a en ceste église fait voir diligemment
« par son conseil, vos chartres, franchises, et libertez, et en vuellant ensuigre
« les bons faiz de ses devanciers dux de Bourgoingne, il jure cy devant Dieu, et
« aux saint évangilles de Dieu, que il tiendra et gardera fermement, et fera tenir
« et garder par ses officiers, les privileges, libertez, immunitez, franchises, et
« confirmations d'icelles, données de messeigneurs les dux de Bourgoingne aux
« Maieur, eschevins et commune de Dijon, si comme elles sunt escriptes es
« lettres desdits privileges, et icelles loue et confirme, et en dourra ses lettres.
« Et parmy ce, vous Maire et eschevis, et procureur de ladite commune, jurerez
« cy semblaublement à Monseigneur garder, et faire garder et randre de vostre
« povoir, par vous et vos subjets, toutes ses droitures que il a, et doit avoir en
« la ville et banlehuë de Dijon, selon la teneur de vos dits privileges et rendre
« vraye et debeuë obeïssance à Monseigneur, et lui en dourez vos lettres soubs
« le seel de ladite commune. » Quibus dictis et expositis per dictum cancellarium, predictus dominus Dux pro se juravit ad sancta Dei evangelia, in presentia corporis Christi, et prefati Maior et plures de scabinis ibidem presentes, nec non et dictus Johannes Choppillardi procurator, et procuratoris nomine dicte communie Divionis, tendentes manus ad sanctos, juraverunt omnia et singula supradicta et exposita per dictum cancellarium, eodem et simili modo quo ipse cancellarius eisdem exposuerat, et quod supra continetur.

De et super quibus omnibus et singulis, voluerunt dicte partes, quod ego notarius publicus infra scriptus, sibi darem et conficerem publicum instrumentum et michi dictum instrumentum de predictis instantissime requisierunt dictus cancellarius pro et nomine dicti domini Ducis presentis, et dictus Johannes Chopillardi procurator et procuratoris nomine dicte communie Divionis, quod eisdem concessi.

Acta fuerunt hec, anno, die, mense, hora, et loco, indictione, et pontificatu predictis, presentibus prefato domino Duce Andegavensi, domino episcopo Eduensi, domino Abbate Sancti Benigni, domino Abbate Sancti Stephani (1), domino de Sombernone (2), domino de Couches (3), magistro Johanne Blancheti (4), secretario et consiliario dicti domini Ducis, Simone de Chailleyo (5), domicello, et pluribus aliis testibus ad premissa vocatis et rogatis.

(1) Jean de Marigny, élu en novembre 1363, mort le 8 décembre 1387.
(2) Jean de Montagu, seigneur de Sombernon et de Malain cité plus haut.
(3) Hugues de Montagu, seigneur de Couches et de Sainte-Pereux, cité plus haut.
(4) Jean Blanchet, conseiller et secrétaire du Roi et du Duc.
(5) Simon de Chailly, damoiseau.

Et ego Johannes Descutiguey, commorans apud Belnam, Eduensis diocesis publicus apostolica et imperiali auctoritate notarius, predictis accessioni, expositioni, requisitioni, responsioni, et aliis omnibus et singulis supradictis, dummodo predicta agerentur et fierent, una cum predictis testibus, et aliis presens interfui, eaque sic fieri vidi et audivi, et in hanc publicam formam redegi, signumque meum consuetum apposui huic presenti publico instrumento manu mea propria scripto, et consimili per eadem verba duplicato, ad requisitionem predictarum partium, in testimonium premissorum vocatus et rogatus.

Original : Archives de la ville de Dijon, B2, *Priviléges et franchises de la Commune*. — Imprimé dans Pérard, p. 367.

LXII

Saisie de la Mairie de Dijon, par commandement du duc Philippe-le-Hardi, pour abus commis dans la juridiction municipale.

1366 (mars).

Discrez hons et saiges sires Hugues Aubrioz à présenz bailliz du Digenois est venuz en la maison de la prison de la ville et commune de Dijon que l'a dit la Maison au Singe et ay prises les clers des huis et portes de ladite maison et s'est assis en la chaiere, en laquelle li Maieurs de Dijon ay acostume de li seoir pour tenir ses jours et ay dit en tenans unes lettres, données de monseigneur le Duc, saellées de son seel en cire roige et en queue pendent, les paroles ou semblaubles qui se ensuigvent : Par vertu de ces lettres données de monseigneur le Duc et pour certain abus que li Maieurs et eschevis de la ville de Dijon hont fait, je met la maerie, la justice et jurisdicion de céste ville en la main de monseigneur le Duc et en deffans au Maieur et escheviz de ceste ville, touz esploiz et en signe de la possession d'icelle, je baille à toy Jehan de Bourges la garde des clers et des prisons estanz céanz, et à toy Jacob de Neufchastel commande de par ledit monseigneur le Duc que en signe desdites possession et main mise, tu mectes cest pennoncel es armes dudit monseigneur le Duc sur l'entrée de ceste maison. Et aussint furent ladicte garde des clers baillés audit Jehan de Bourges et li dy pennoncels mis seu ladite porte par ledit Jaquot. Et les choses dessus ansint faites le diz messire li bailliz et baillay à mey Robert de Senevey lesdites lettres et me demanday instrument des choses dessus dites. Présenz Huguenin, Marriot,

Chapuis, maitres Jacques et Nicholas de Rovres, maçons demorans à Dijon, Nicholas de Cerilley, Symonnot la Dant, Esthiene de Clément, de Beligney, Phelippot de Valois, touz demeurenz à Dijon et plusieurs autres.

Desquelles lettres dudit monseigneur le Duc la forme s'ensuit :

Phelippe, fils du roy de France, duc de Bourgoigne, à notre baillif de Dijon ou à son lieutenant, salut. Il est venu nagaires à notre congnoissance que Cécile, femme Jehan Le Pointre, notre bourgeoise de Dijon, est et a esté souspeceonnée d'avoir emblé par lui ou par autre de son commandement, une grande quantité de cueuvrechiefs (1) et d'avoir fait prison privée chieux elle et mis ou fait mettre à gehenne (2) une jone fille demourant avec elle et avec ce, de avoir commis et perpetré plusieurs autres crimes et maléfices, pour laquelle suspeccon, les Maire, eschevins et procureur de notre dite ville de Dijon, l'on fait prendre par nuit et mettre en prison fermée, en laquelle ils l'ont détenue par environ trois jours, sanz ly vouloir ouvrir la voie, justice, ne ly exposer les causes ou cas, pour quoy ainsi la détenoient prisonniere ; mais secretement à une part, ont dit à elle et à un sien frère notre bourgeois, demourant à Dijon, que d'illec ne partiroit jusques elle eust composé pour ce à eux, et qu'ils eussient le derrenier denier de la composition. Et que pour ce quelle ne s'y voult consentir, son dit frère composa pour elle à vint florins d'or frans, pour le commung, et à deux frans pour l'un desdiz eschevins, qui y avoit esté promoteurs de la besoingne. Après laquelle composition, ledit frère retourna vers sadite seur en la prison et lui dist qu'il lui convenoit payer lesdiz vint deux frans, ou jamais ne partiroit d'illec, laquelle encommenca griefvement à plourer et toutevoie pour doubte de mort ou de perpétuel prison, elle dit que len la laissa aler en son hostel et elle les pairoit ; laquel chose l'on ne ly voult accorder, mais convint quelle baillast la cler de sarche (3) à son dit frère, pour les aler quérir et pour les païer aux dessus nommés, lequel frère le fist ainsi et parmi ce, promirent lesdiz Maire, eschevins et procureur de Dijon à ladite notre bourgeoise qu'il lui bailleroient lettres de passement et de purgation les meilleurs et les plus fors que l'en pourroient faire au dictier des saiges. Lesquelles euvres ont esté faites en grant illusion et abus de justice et au grief, dommage et préjudice de nous et évident diminucion de notre héritaige et droitures, s'il est ainsi comme à nous singulièrement en la ville et banlieue de Dijon appartiengnent et non à autre la juridiction et tout exploit de tel cas. Pourquoy nous vous mandons et commectons que au plus tost que vous pourrés,

---

(1) Coiffes.
(2) Gêne, torture.
(3) Elision des deux mots : *son arche*, c'est-à-dire son coffre.

vous vous enformés diligemment et secretement de et sur les choses dessus dites et les dèppendences d'icelles, et que se par informacion que vous en ferés, vous trouves qu'il soint ainsi : vous toute la jurisdicion de la commune de ladite ville de Dijon que tiennent et exercent à présent lesdiz Maire et eschevins prenés et tenés à notre main ryalement et de fait ; et parmi ycelle notre main la exploitiés et gouvernés ou faites exploitier et gouverner par certaines et convenables personnes que vous y deputerés de par nous, sanz en faire rendue ne recréance aucune, se sur ce vous n'avez de nous espécial mandement par lettres seellées de notre seel. Et néanmoins envoyez tantost par devers nous fiablement enclox souls votre seel ladite information ou la copie d'icelle, collationnée par ung de noz tabellions avec l'avis de vous et des gens de notre conseil estans par dela, affin que tout veu, nous vous puissions ordonner en outre si comme raison et justice requerront. Et ce ne laissiez en aucune manière ; et nous donnons en mandement, à touz nos justiciers et subgiez que à vous et à voz deputez en ce faisant obéissent et entendent diligemment et vous prestent et baillent ce à vous diz deputez aussi conseil, confort et aide, se mestier en avés et ils en sont requis. Donné à Paris le VII° jours de mars, l'an de grâce mil CCC soixante six. Et estient ainsint signés.

Par monseigneur le Duc, J. Blanchet.

Collation est faite de l'original à cest transcript par Clément de Beligny, clerc dudit monsieur le bailli, et moy R. de Senevoy : J. Clément.

Extrait du Protocole [n° 39] de Robert de Senevoy, tabellion de la cour de Langres, 1364-1367, folio 39, v°. — Archives départementales de la Côte-d'Or. — Chambre des comptes de Dijon.

LXIII

Confirmation, par le roi Charles V, des chartes octroyées à la commune de Dijon par le roi Philippe-Auguste.

1369 (novembre).

Karolus Dei gratia Francorum rex, notum facimus universis presentibus et futuris, quod cum clare memorie Rex Philippus, qui regnabat in anno Dominice Incarnationis M° centesimo octogesimo tertio, regnique sui anno quinto, hominibus ville de Divione quasdam litteras in cera viridi et filis sericis sigillatas, super facto communie dicte ville duxerit concedendum quarum quidem litterarum tenor vidimus sub hiis verbis :

In nomine sancte et individue Trinitatis. (*Voir le n° I.*)

Item alias litteras eisdem hominibus concesserit super facto predicto, regni sui octavo, formam que sequitur continentes :

In nomine sancte et individue Trinitatis. (*Voir le n° VIII.*)

Nos predecessorum nostrorum privilegiis inherentes, ad supplicationem Majoris, scabinorum, burgensium, et habitatorum ville Divionis supradicti, predictas litteras suprascriptas, ac omnia et singula que continentur in eisdem ratificantes, approbantes, et laudantes, eas et auctoritate nostra regia, et de speciali gratia, in quantum de ipsis usi fuerint, confirmamus serie presentium litterarum. Quod ut firmum et stabile permaneat in futurum, nostrum hiis presentibus fecimus apponi sigillum, nostro et alieno in omnibus jure salvo. Datum Parisius, anno Domini millesimo CCC° sexagesimo nono, et regni nostri sexto, mense novembris.

Per Regem ad relationem consilii, J. DE LUZ.

Scellé du grand scel en cire verte à lacs de soie rouge et verte pendants.
Original : Archives de la ville de Dijon, B2, *Privilèges et franchises de la Commune.* — Imprimé dans : Pérard, p. 332.— *Ordonnances des Rois de France,* V, 237.

LXIV

Confirmation de la charte du roi Jean par le roi Charles V.

1369 (novembre).

Karolus Dei gratia Francorum rex, notum facimus universis tam presentibus quam futuris, nos in infra scriptas recordationis inclite carissimi domini progenitoris nostri vidisse litteras, formam que sequitur continentes :

Jehan par la grâce de Dieu roy de France. (*Voir le n° LXI.*)

Quas quidem litteras supra transcriptas ac omnia et singula contenta in eisdem prout superius sunt expressa laudantes, approbantes, ratificantes et volentes eas et ea ex nostra auctoritate regia regiaque potestatis plenitudine et de speciali gratia quathenus ad nos spectat et in quantum de ipsis et in eorum contentis, Majores, scabini et habitatores dicte ville Divionensis usi fuerunt temporibus retroactis ad eorum supplicacionem et requestam confirmamus serie presentium litterarum nostro et alieno in omnibus jure salvo. Quod ut firmum et stabile permaneat in futurum, nostrum hiis presentibus fecimus apponi sigillum. Datum Parisius anno Domini millesimo CCC^{mo} sexagesimo nono, mense novembris, regni vero nostri anno sexto.

Per Regem ad relationem consilii, J. DE LUZ.

Original : Archives de la ville de Dijon, B2, *Priviléges et franchises de la Commune.* — Imprimé : *Ordonnances des Rois de France*, V, 238.

LXV

Commandement du duc Philippe-le-Hardi, aux commissaires réformateurs de la justice en Bourgogne, de respecter les droits de justice de la ville de Dijon.

1381 (16 novembre).

Philippe fils de roy de France, duc de Bourgoingne. A nos amez et féaulx conseillers Maistre Dreue Philipe et Jehan de Foissy, nostre bailli de La Montaigne et à chacun d'eulx, si comme à luy appartiendra, salut et dilection. Savoir vous faisons que nous avons receue la requeste civile des Mayeur, eschevins et commune de nostre ville de Dijon, contenant que comme priviléges confermez de nous et de nos prédécesseurs dux de Bourgoingne, et par usaige, ilz aient toute jurisdiction, et d'icelle aient joy et usé en nostre dicte ville et en la banlieue d'icelle, et sur les habitants de ladicte ville et banlieue, senz que autre y ait aucune jurisdiction et cognoissance, fors nous en cas de souveraineté et de ressort et nostre chancelier à cause nostre scel et des cas à nous appartenant. Néantmoins, vous qui vous dites réformateurs ordonnez de par nous, en nostre pays de Bourgoingne, vous estes efforciez et efforcez de jour en jour de cognoistre en ladicte ville et banlieue, de plusieurs cas dont la cognoissance appartient et doit appartenir aux diz supplians. Et faites, comme réformateurs, plusieurs exploiz encontre lesdiz supplians et leurs priviléges, senz ce que vous leur aiez voulu, ne voulez monstrer vostre povoir ou commission, ne faire les renvois de cas ou causes appartenant auxdiz supplians, combien que deuement en aiez ésté requis. Lesquelles choses sont ou très grant préjudice et dommaige d'iceulx supplians et de leurs priviléges et usaiges, si comme ilz dient, supplient que sur ce leur vaillons pourveoir de remède convenable. Pourquoy, nous qui voulons tousjours justice estre faite et gardée, vous mandons que doresenavant vous cessez et desistez entérinement de cognoistre et pranre cognoissance des cas desquieulx la cognoissance leur doit appartenir; et saucune chose a esté faite par vous au contraire, nous voulons qu'il soit réputé pour non fait et pour non advenu, et qu'il ne tourne à préjudice desdiz supplians ne de leurs priviléges. Et ou cas que débat seroit d'aucuns cas desquieulx vous diriez la cognoissance à vous appartenir et lesdiz Mayeur et eschevins diroient le contraire, nous voulons que nostre gouverneur de nos païs de Bourgogne cognoisse et déclare à qui la cognoissance en devra appartenir, et ad ce le commectons par ces présentes. Donné à Melun le XVIe jour de novembre, l'an de grâce mille CCC quatre vins et un.

De par Monseigneur le Duc, signé : J. LE MOL.

Scellé en cire rouge à simple queue de parchemin pendante.

Nous, les généraulx refformateurs ordonnez de Monseigneur le Duc en son pays de Bourgogne, faisons savoir que le cas dont au jour de huy Guillaume Langeolet de Talent demeurant à Dijon et Jehannotte sa femme, de l'auctorité d'icelluy son mari, avoient fait appeler et convenir par devant Nous à Dijon Oudot Bruchiole, Perrenotte, femme de feu Estevenin Gateaul et Jehan de Marandeuil de Dijon, nous renvoions ensemble les parties par devant le maire de Dijon à venredy prochain, en tel estat comme ilz devoient estre au jour de huy par devant nous. Donné à Dijon judicialement lesdites parties présentes, le juesdi après les Bordes, l'an mil CCC IIII^{xx} et ung. Signé : P. DE DOMMARTIN.

Original : Archives de la ville de Dijon, C1, *Juridiction de la Commune*. — Imprimé : dans Pérard, p. 396. — *Mémoire pour les vicomte-mayeur, échevins, etc., de la ville de Dijon, contre les receveurs généraux du domaine*, 1774, in-4°.

LXVI

Arrêt du Parlement de Paris, portant ratification d'un accord entre le duc Philippe-le-Hardi et la commune de Dijon, au sujet des priviléges et de la juridiction.

1386 (14 juillet).

Karolus Dei gratia Francorum rex, universis presentes litteras inspecturis, salutem. Notum facimus, quod de et super certis controversiis et debatis in nostra parlamenti curia, inter carissimum patruum nostrum ducem Burgundie ex una parte, et Majorem, scabinos et communitatem ville Divionensis ex altera, motis et pendentibus inter dictas partes, de licentia dicte nostre curie, tractatum, concordatum et pacificatum extitit, prout in quadam cedula ab eisdem partibus seu ipsarum procuratoribus inferius nominatis dicte curie nostre unanimiter et concorditer tradita continetur; cujus cedule tenor sequitur sub hiis verbis :

Comme certains plaiz et procès feussent meuz et pendans en la court de Parlement, entre le procureur de hault et puissant prince Monseigneur le duc de Bourgoingne, demandeur, d'une part, et les Maire, et eschevins, bourgoys et habitans, et plusieurs singuliers habitans de ladite ville de Dijon, deffendeurs d'autre part; sur ce que le procureur dudit Monseigneur le Duc disoit, que icelluy Monseigneur le duc estoit seigneur en demaine de ladite ville, et que lesdiz Maire et eschevins qui ont certains priviléges à eulx octroyez par les prédécesseurs dudit Monseigneur le Duc, ne peuvent, ne ne doibvent aulcune chose entreprendre contre les nobleces, seigneuries, et droiz dudit Monseigneur le Duc, et que se aulcune chose ont entrepris contre la seigneurie, ils en devoient estre puniz, et contrains à cessier, et que ce nonobstant, lesdiz Maire, eschevins et singuliers, en abusant de leurs privileiges, avoient entrepris contre raison et la teneur d'iceulx privileges, en plusieurs manières contre la seigneurie et droiz dudit Monseigneur le Duc, es articles qui cy après seront plus à plein éclairez; pourquoy concluoit ledit procureur, que pour raison desdits abuz et excès, lesdiz Maire et eschevins eussent forfaiz touz leurs priviléges; que la commune de ladite ville fust dissolue, et que la justice de ladite ville demeurast à plain en la main dudit Monseigneur le Duc, et fussent lesdits deffendeurs condamnez en grosses amendes envers ledit Monseigneur le Duc, et en ses dommages, et intérêtz, et despens; en faisant plusieurs autres conclusions déclairées es escriptures sur ce baillées par manière de mémoire par ledit procureur en ladite court de Parlement. Lesdiz défendeurs disans qu'ils estoient noblement fondez en corps et en commune par les prédécesseurs dudit Monseigneur le Duc, qui leur avoient donnez et ottroiez leurs privileiges, franchises, et droiz, desquel ils avoient joy et usé depuis le temps de leur fondation, de si longt-temps qu'il n'estoit memoire du contraire, et outre avoient plusieurs usaiges, coustumes, possessions, et saisines plus larges que leurs priviléges ne contiennent. Lesquelx privileiges, franchises, coustumes, usaiges, possessions, et saisines, ledit Monseigneur le Duc avoit promis tenir et garder. Disoient outre que es faiz et articles desquels ils estoient poursuis par le procureur dudit Monseigneur le Duc, ils avoient bien et deument usé, sans méffaire ne offendre contre la seigneurie, droiz et nobleces dudit Monseigneur le Duc, en proposant plusieurs autres faiz et raisons, concluans, affin que ledit procureur ne feist à recevoir, ou qu'il n'eust cause ne action de faire les demandes, requestes, et conclusions par luy faictes, et que lesdits deffendeurs en fussent absols, avec autres conclusions plus à plain déclairées es mémoires baillez par lesdits defendeurs pardevers ladite court.

Finalement, par le moyen des gens du conseil dudit Monseigneur le Duc, et pource que lesdiz Maire, eschevins, habitans, et singuliers veulent tousjours demeurer en la bonne grâce et obéïssance dudit Monseigneur le Duc, duquel et de ses prédécesseurs ils sont fondez, et d'eulx ont les privileges, franchises et libertez, desquels ils usent et ont usé. Pour bien de paix, et nourrir bonne amour entre ledit Monseigneur le Duc leur seigneur, et lesdits Maire, eschevins, habitans ses subjez, traittié est accordé entre lesdites parties, s'il plaist à ladite court de Parlement, en la manière qui s'ensuit.

Premièrement, sur ce que ledit procureur disoit, que ledit Monseigneur le Duc, qui est fils de Roy, pouvoit user de prinse de vivres, et autres choses nécessaires en son hostel, en ladite ville de Dijon, et ailleurs, et que ce nonobstant lesdiz Maires et eschevins avoient entre eux ordonné, que quiconque seroit Maire de ladite ville de Dijon, il seroit tenuz de pourchacier à ses périls et despens, que tout ce qui seroit prins de par ledit Monseigneur le Duc en ladite ville seroit rendu et payé à tous ceulx à qui il auroit esté pris, et que le Maire en feroit faire satisfaction. Disoient outre, que lesdiz Maire eschevins n'avoient pas puissance de faire ordonnances ne estaluz, sans licence et auctorité dudit Monseigneur le Duc, et que ils avoient ordonné sans sa licence; que se aulcun se faisoit partie pour estre Maire de ladite ville, et il failloit à estre esleu à Mairie, il paieroit à ladite ville cent livres tournois, et que aucun ne pourroit estre Maire de ladite ville, se il n'estoit si riche, qu'il peust rendre à ycelle ville tout le dommaige que elle encourroit, se ladite Mairie estoit mise en la main du seigneur, par quelconque cause que ce feust, et que se ladite Mairie estoit mise en la main du seigneur, tous les biens du Maire seroient mis en la main de ladite commune, jusques à tant que la main du Seigneur en feust levée. Et outre, ordonnèrent lesdiz Maire et eschevins, que aulcun advocat plaidant pardevant eulx, ne pourroit demander salaire, ne pranre prouffit, se la partie ne luy donnoit voluntairement. Et avoient fait plusieurs autres constitucions et estatuz, contre raison et le bon gouvernement de ladite ville, en préjudice dudit Monseigneur le Duc, et de ses droiz et nobleces. Lesdiz Maire, eschevins, et habitans disant, que tant de raison comme par leurs privileges, coustumes et usaiges, ils povoient faire constitucions, statuz et ordonnances raisonnables et prouffitables pour le gouvernement de ladite ville, et que ils tenoient les ordonnances, constitucions, et statuz yci recitez, et autres par eux faiz, estre prouffitables pour ladite ville et bon gouvernement d'icelle. Accordé est, que les ordonnances, constitucions et estatuz dessus recitez, seront mis au néant, et n'en useront doresnavant lesdiz Maire, eschevins et habitans, ne aucuns singuliers d'iceulx, ne autres.

Derechief, sur ce que ledit procureur disoit, que ledit Monseigneur le Duc, à cause de son héritage et domainne, prend chascun an certaine redebvance en ladite ville de Dijon, appelée les mars ; et que lesdiz Maire et eschevins ne povoient aucun afranchir de ladite redevance, ne aussi des tailles, aydes, et subvencions ayans cours en ladite ville, et que lesdiz Maire et eschevins avoient afranchy plusieurs des singuliers habitans de ladite ville, tant de ladite redevance des mars, comme des tailles et subvencions qui avoient cours en ladite ville. A quoy respondoient lesdiz Maire et eschevins, que onques n'avoient aucun afranchi de ladite redevance des mars, deuë audit Monseigneur le Duc; mais bien estoit vray, que des tailles et subvencions qui avoient eu cours en ladite ville, lesdiz Maire et eschevins avoient afranchy, ou faict tenir quittes aucuns des habitans singuliers d'icelle ville, tant pour les services par eulx faiz à ladite ville, comme pour plusieurs autres justes causes; et que ce povoient faire lesdiz Maire et eschevins licitement, par la teneur de leurs dits privileges. Accordé est, que les afranchissements dessusdits, tant des mars, se aucuns en ya, comme des tailles et subvencions de ladite ville, donnez par lesdiz Maire et eschevins, seront mis à néant, et n'en useront doresnavant lesdiz Maire et eschevins, se ce n'est par le congié dudit Monseigneur le Duc et de ses successeurs.

Item, disoit ledit procureur, que lesdiz Maire et eschevins, et singuliers habitans, avoient fait et fait faire plusieurs édifices et empeschemens en plusieurs places communes estans en ladite ville, en grant dommaige et préjudice dudit Monseigneur le Duc, et de la chose publique; lesdiz Maire et eschevins disans, qu'ils ne sçavoient pas aucuns édifices ou empeschemens, avoir esté faiz par eux, ou de leur commandement, qui ainsi feussent préjudiciables. Accordé est que mondit seigneur le Duc deputera aucunes bonnes personnes en ce congnoissans, qui visiteront lesdits édifices, places et empeschemens, se aucuns en y a qui soient en trop grant préjudice de lui, et de la chose publique; et se ils treuvent que ainsi soit, feront oster l'empechement, reparer l'euvre, et remettre en estat deu : et s'il n'y a grant dommage ou préjudice, les euvres et edifices demoureront en l'estat qu'ils ont esté et sont.

En outre, disoit ledit procureur, que lesdiz Maire, eschevins et habitans estoient tenus de mettre en bon estat, et soustenir à leurs despens la forteresse de ladite ville, en laquelle convenoit faire plusieurs grandes réparations, desquelles faire lesdiz Maire, eschevins et habitans estoient négligens; si requéroient, que par eulx feussent faites; lesdiz Maire, eschevins et habitans disans, que ladite forteresse estoit en estat convenable, et que s'il y falloit aucune réparation, les gens d'église, nobles, et autres tenans et possedans héritages en ladite ville, y devoient contribuer. Accordé est, que par l'ordonnance dudit Monseigneur le Duc, et de son conseil, lesdiz Maire, eschevins, et habitans et touz autres, qu'il appartient de raison et usaige, doivent contribuer aux réparations de ladite forteresse, la mettront en bon estat, se elle n'y est, et doresnavant contribueront aux réparations qui à ce seront nécessaires. Et aussi, lesdiz Maire, eschevins et habitans, et tous autres qu'il appartient de raison et d'usaige, selon l'ordonnance dudit Monseigneur le Duc ou de son conseil, contribueront aux frais nécessaires pour mondifier ou nestoier ladite ville, les rues et places d'icelle, et les chemins communs qui sont environ ladite ville, durant la banlieuë d'icelle, ensemble les ponts et ponciaulx estans en ladite ville et banlieuë.

Derechef, disoit ledit procureur, que lesdiz Maire, eschevins, et habitans avoient receu plusieurs grans sommes de deniers, pour tailles, aides et subvencions imposées et levées en ladite ville, tant sur les habitans d'icelle, comme sur autres personnes, pour cause de ladite forteresse, et autres faiz de ladite ville, desquel deniers, ceulx qui les avoient receuz, n'avoient pas compté, mais avoient retenu grand partie d'iceulx deniers, en préjudice dudit Monseigneur le Duc, et de ladite ville. Si requéroit ledit procureur, que les comptes en fussent renduz, et les rentes qui en seroient deues. Lesdits defendeurs disans, que à eulx en appartenoit oïr le compte, et que les receveurs en avoient compté, et se compte n'en avoient, ils en compteroient pardevant lesdiz Maire et eschevins. Accordé est, que ceulx qui ont receu les deniers dessusdits, depuis trante ans derreinerement passez, ou leurs hoirs et ayans cause, en compteront devant certains commissaires, que ledit Monseigneur le Duc y deputera, qui orra lesdiz comptes, présens deux ou trois bonnes personnes de ladite ville, telles que lesdiz Maire, eschevins esliront, s'il leur plaist : et se lesdiz receveurs, leurs hoirs, et ayans cause, sont trouvez debvoir aucunes restes, ils seront contrains de païer : et seront les deniers convertis au prouffit de ladite ville, et ainsi sera faict doresnavant, quant ceulx qui pour ladite ville recevront aucuns deniers. Et ne pourront lesdiz Maire, eschevins, et habitans imposer, ne lever doresnavant aucune taille, ayde, ou subvencion en ladite ville, sans le faire savoir premièrement au bailli de Dijon ou à son lieutenant, qui pour le temps sera en son absence, afin que l'un d'eulx y soit présent, s'il lui plaist, pour savoir tout le fait, et que aucun desdiz habitans ne soit chargié outre raison.

Item, disoit ledit procureur, que de raison et d'usage notoire, lesdiz Maire et eschevins ne povoient, ne ne devoient donner sauvegarde generaulx, et que ils en avoient donné à plusieurs notables personnes contre la teneur de leurs privilèges et en abusant d'iceulx ; a quoy respondoient lesdiz Maire et eschevins, qu'ils les povoient bien donner, veuz leursdiz privileges, et que ainsi en avoint usé. Accordé est, que doresnavant lesdiz Maire et eschevins ne donneront telles sauvegardes à quelque personne que ce soit, et celles qu'ils ont données, sont mises au néant.

Disoit oultre ledit procureur, que lesdiz Maire, eschevins ne povoient recevoir contraulx convenables, ne obligations, se n'estoient eux estant en jugement, exerçeans faiz judiciaires, et que en plusieurs cas leurs clercs et jurez y avoient fait le contraire ; si requéroit que tout ce qu'ils en avoient fait, feut mis au néant, qu'ils feusent condempnez à en cesser, et à l'amander. Lesdiz defendeurs disans, que attendu qu'ilz ont la justice haute, moyenne et basse en ladite ville et banlieuë, et qu'ils sont fondez par privileges comme dit est, ils povoient recevoir lesdites obligacions, procurations, et convenances, tant en jugement comme dehors, et que ainsi en avoient usé. Accordé est, que doresnavant lesdiz Maire, eschevins, et bourgoys de Dijon ne useront des choses dessusdites, fors eulx estans en jugement, comme dit est.

Disoit oultre ledit Procureur, que ledit Monseigneur le Duc estant pieça en son chastel de Rouvre, lesdiz Maire et eschevins avoient baillé par escript une supplication pardevers ledit Monseigneur le Duc, contre les gens de son conseil, en les chargant de le avoir esmeu contre lesdiz Maire, eschevins et habitans : yceulx Maire, eschevins et habitans disans que ils n'avoient oncques eu propos de chargier ou blasmer pour ladite supplication, ne autrement, les gens de son conseil : laquelle supplication fut veue par ledit Monseigneur le Duc, par la quelle luy est apparu qu'elle estoit injurieuse contre l'onneur de sesdites gens.

Item, disoit ledit procureur, que lesdiz Maire, eschevins, et plusieurs singuliers de ladite ville, de leur volunté, de fait, avoient abatu et desmoli ou temps passé grand partie des édifices et murs du chastel de Dijon appartenant audit Monseigneur le Duc, prins les pierres et autres matières dudit chastel, et les appliquer à leur singulier prouffit, en grand dommaige dudit Monseigneur le Duc : si requeroit ledit procureur, qu'il en fust desdommagiez et lesdiz deffendeurs condempnez à l'amender. A quoi respondoient lesdiz deffendeurs, qu'ils ne vouloient point soustenir que lesdiz édifices et murs peussent démolir; et toutefois, se aucuns desdiz habitans avoient en ce offendu, l'amende ne povoit estre pour chascune fois que de soixante et cinq sols, par les privileiges de ladite ville. Accordé est, tant sur cet article, comme pour touttes les entreprises faites par lesdits deffendeurs, ou aucuns d'eulx, ou préjudice dudit Monseigneur le Duc, de ses seignouries, droits et noblesses, comme pour ses dommaiges et interests par luy soutenus pour occasion des faiz dessusdits, comme aussi pour les fraiz et despens qu'il a fais en la poursuite desdiz procés, et autremant ; que lesdiz Maire, eschevins et habitans paieront audit Monseigneur le Duc à sa volunté, la somme de huit mile frans d'or, et parmi ce demoureront lesdiz deffendeurs quittes et delivrés de toutes les choses dessusdites. Et en tant que la main dudit Monseigneur le Duc, qui estoit mise à la Mairie de ladite ville de Dijon pour les causes dessusdites, ou autres, ladite main est levée au proufit desdiz Maire, eschevins et habitans.

Item, sur ce que lesdiz Maire, eschevins et habitans ont supplié audit Monseigneur le Duc, qu'il leur veuille confermer leurs chartres et privileiges : yceux Maire, eschevins et habitans mettront lesdites chartre et privileges es mains de messire Jehan Potier, arcediacre de Lengres, conseiller et secretaire dudit Monseigneur le Duc, à ce par ledit Monseigneur le Duc commis et député ; lesquelles chartres et privileges ledit Monseigneur le Duc confermera par ses lettres, en tant que lesdiz Maire, eschevins et habitans en ont deuement usé. Et dès maintenant les parties se partiront de court et à tenir ce présent accord seront condempnez par arrest, et veuillent et consentent lesdites parties, que par ce présent accord, tous ceulx et celles qui estoient adjournez en parlement, pour reprandre ou délaissier les procés et arremans desdites causes qui n'ont point reprins, et autres quelxconques qui estoient en ce procés, et à qui ce touche; et touttes les parties dessusdites sont hors de court et de tout procés, sans despens et sans amende.

Qua quidem cedula, sic ut predicatur, dicte curie nostre tradita, ipsa curia, consentientie ad hoc procuratore nostro generali pro nobis; ad omnia et singula superius contenta tenenda, complenda, ac firmiter et inviolabiliter observanda, partes predictas, et earum quamlibet, prout unamquamque ipsarum tangit seu tangere potest, ad requestam, et de consensu magistrorum Petri de Tornodoro, dicti patrui nostri procuratoris, ex una parte, et Hugonis Virtuosi, Majoris dicte ville Divionensis, pro se propter hoc in dicta curia nostra personaliter presentis, nec non Aymonis de Vesoul, et nomine procuratoris scabinorum et communitatis dicte ville Divionensis, virtute certorum procuratorium penes dictam curiam nostram existentium ac etiam procuratorii inferius inserti, ex altera : per arrestum condempnavit, et condempnat, eaque ut arrestum ejusdem curie teneri, compleri et observari, ac executioni demandari voluit et precepit, manumque dicti patrui nostri in Majoria dicte ville Divionensis appositam, dicta curia nostra levavit atque levat, si sit opus, secundum cedule supra dicte tenorem et formam.

Tenor vero procuratorii, de quo superius fit mentio, sequitur sub hiis verbis :

A tous ceulx qui verront et ourront ces présentes lettres; nous le Maire, les eschevins, et toute la commune de Dijon, pour ce au cor et au cry, si comme il est accoustumé, especialement assemblez au cimetiere de Saint-Benigne de Dijon, le dyemoinge après la feste de la Nativité saint Jehan Baptiste, l'an mil CCC IIII^{xx} et six, salut : Savoir faisons, que nous, tant conjointement comme divisément, sans rappeler nos autres procureurs, avons fait, constitué, ordonné et estably, et par la teneur de ces présentes lettres faisons, constituons, ordonnons, et establissons nos procureurs généreaulx, et certains messaiges espéciaulx, nos chiers et bien-amez honorables hommes, et saiges, maistre Aymé de Vesoul, maistre Pierre de Tournerre, maistre Nicole de l'Espoisse, maistre Laurent Lami, maistre Guillaume de la Bruyère, maistre Laurent Sourreaul, maistre Raoul Drobille, maistre Raoul Rahyer, maistre Guy de Villers, maistre Jehan Poupart, maistre Thomas Laurent, tous procureurs en parlement du roy nostre Sire à

Paris, et Phelippe Courtot de Dijon, et un chacun d'eulx, un seul pour le tout, porteur ou exhibeur de ces présentes lettres, en telle manière, que la condition de l'occupant ne soit meilleure du subséquent, ou preur, mais ce que par l'un d'eulx sera encommancié, par l'autre puisse estre poursui medié, terminé, et mis à fin en toutes nos causes, querelles et besoingnes meues et pendans en la court de Parlement du Roy nostre sire, contre quelconque seigneur ou personne que ce soit; ausquels nos procureurs cy-dessus nommez, et à un chacun d'eulx, en seul et par le tout, nous lesdiz constituons tant conjointement comme divisément, avons donné et donnons par ces présentes, plénière, général et libérale puissance, auctorité, avecque mandement espécial, de faire les choses cy-après narrées, escriptes et devisées. C'est à savoir, de passer, octroyer, consentir, et accorder en ladite court de Parlement du Roy nostre sire à Paris, les prononciations et rapors faits et à faire par nostre très redoubté seigneur Monseigneur le duc de Bourgoingne, et toutes les pactions, traittez, acords et convencions par nous et noz procureurs, par nous et en noz noms, tant ceulx nommez en ces présentes, comme autres faiz et à faire, parmi le bon plaisir, licence, et consentement de ladite court de Parlement du Roy nostre sire, de tous débaz, questions, querelles, procès, controverses, et descors estans meuz et pendans en ladite court de Parlement, entre le procureur, et en nom de procureur de nostredit seigneur Monseigneur le duc de Bourgoingne, adjoint avec lui le procureur du Roy nostre sire, d'une part; et nous lesdits constituans, tant conjointement comme divisément, d'autre part : entre les religieux, abbé et couvent du monastère de Saint-Bénigne de Dijon, adjoints avec eulx lesdits procureurs du roy nostre sire, et de nostredit seigneur Monseigneur le Duc de Bourgoingne, d'une part; et nous lesdits constituans, tant en commun comme en particulier, d'autre part; — et aussi entre vénérables, saiges et discrettes personnes, doyen et chapitre d'Ostum, d'une part; et nous lesdits constituans, d'autre part : de procurer dot, pourchassier la licence et consentement de ladite court de Parlement, et icelle obtenir, et de renoncer du tout en tout esdits procès et départir d'iceulx, et de ladite court, et généralement de faire, octroyer, consentir, passer, et accorder toutes autres et singulières choses, que nous lesdits constituans, tant conjointement comme divisément, et tant en particulier comme en commun, ferions, et faire pourrions et devrions es choses dessusdites, les circonstances et dependances d'icelles, se présens y estions en nos propres personnes, mesmement se auculne chose y a qui de sa nature requere mandement et commandement especial. Promettans, nous lesdits constituans, et chascun de nous, partant comme il lui touche et appartient, peut toucher et appartenir, conjointement ou divisement, par nos sermens, les mains tenduës et levées hault contre les saints, et soubs l'ypotecque et obligation des biens de notre dite commune, présens et advenir quelxconques, avoir et tenir ferme, estable, et agréable, tout ce que par nosdits procureurs, et chascun d'eulx sera faict, dit, procuré, octroyé, consenti, passé, et accordé es choses dessusdites, les circonstances et dépendances d'icelles, ester à droit, et payer l'adjugier se mestier est, et nosdits procureurs, et chacun d'eulx relever de touttes charges de satisfaction. En tesmoing de laquelle chose nous avons faict mettre à ces présentes le seel de notre dite commune. Faites et données en présence de Regnault Darvez, de Jehan Yverneaul, Jehan Pointquarrey, Mathe Malpaie, Parisot, Bourgeois, et Demoingeot Pointquarrey, demeurans à Chastillon sur Seigne. Tesmoings à ce appelés et requis l'an et le jour dessusdit.

In cujus rei testimonium, sigillum nostrum presentibus litteris duximus apponendum. Datum Parisius, in Parlamento nostro, decima quarta die julii, anno Domini millesimo CCC° octogesimo sexto. Concordatum in curia.

Signé : JOUVENCE.

Original : Archives de la ville de Dijon, B2, *Priviléges et franchises de la Commune.* — Imprimé : dans Pérard, p. 394. — *Mémoire pour les vicomte-mayeur, échevins, etc., de la ville de Dijon, contre les receveurs généraux du domaine, 1774, in-4°.* — *Mémoire pour l'administrateur général des domaines contre les maire, échevins, etc., de la ville de Dijon, 1786, in-fol.*

LXVII

Confirmation, par le roi Charles VI, des lettres des rois Philippe-Auguste, Jean et Charles V, octroyées aux habitants de Dijon.

1390 (mai).

Karolus Dei gratia Francorum rex notum facimus universis presentibus pariter et futuris nos vidisse litteras formam que sequitur continentes :

Karolus Dei gratia Francorum rex. (*Voir le n° LXIII.*)

Item quasdam alias quarum forma talis est :

Karolus Dei gratia Francorum rex. (*Voir le n° LXIV.*)

Quas quidem litteras supra scriptas ac omnia et singula que continentur in eisdem ratificantes, approbantes et laudantes eas et ex auctoritate nostra regia et de speciali gratia in quantum de ipsis Majores, scabini et habitatores dicte ville Divionensis usi fuerunt pacifice et utuntur, confirmamus serie presencium litterarum. Quod ut firmum et stabile perseveret in futurum, nostrum hiis presentibus fecimus apponi sigillum, nostro et alieno in omnibus jure salvo. Datum Parisius in mense maii, anno Domini millesimo trecentesimo nonagesimo et regni nostri decimo.

Per Regem ad relationem consilii, TUMERY.

Visa contentor Freron.

Scellé en cire verte à lacs de soie rouge et verte pendants.
Original : Archives de la ville de Dijon, B2, *Priviléges et franchises de la Commune*. — Imprimé : *Ordonnances des Rois de France*, VII, 341.

LXVIII

Concession d'armoiries faite par le duc Philippe-le-Hardi à la commune de Dijon.

1391 (septembre).

Phelippe, fils de roy de France, duc de Bourgoingne, conte de Flandres, d'Artois et de Bourgoingne, palatin, sire de Salins, conte de Rethel, et seigneur de Malines; savoir faisons à tous présens et avenir, que nous, qui avons vraye congnoissance de la bonne loyauté et parfaitte amour que noz bien-amez les habitans et commune de notre bonne ville de Dijon ont toujours eu à nous, ont pour le présent, et esperons que tous dis auront, en considération aux bons services et plaisirs que yceulx habitans et commune nous ont faiz, despuis que nous venismes premiers à la seignorie de nostre duchié de Bourgoingne, jusques à ores; voulons monstrer que nous avons congnoissance des choses dessusdites, et en donnant à eulx bonne volenté de tousjours mieulx faire, pour plus honorer ladite ville, et les habitans et commune d'icelle, à yceulx habitans et commune avons octroié, et par ces présentes octroyons, que es armes ou enseigne de ladite ville, qui est un escu de gueles tout plain, lesquelles il ont accoustumé anciennement de porter, ils puissent mettre et porter perpétuement, en bataille, et dehors, en tous les lieux où il leur plaira estre, mettre, ou porter leursdites armes ou enseigne, un chief de nos propres armes, à perpétuel honneur et decorement d'icelles (1). Si donnons en mandement à nos amez et fealx mareschal et seneschal, et à touz noz autres justiciers, officiers, présens et advenir, et à leurs lieutenans, que, de notre présente grace et octroy, laissent et souffrent user paisiblement lesdiz habitans et commune; car ainsi nous plait-il estre fait, et ausdits habitans et commune l'avons octroyé, et octroyons par ces présentes de grace espécial, et de nostre certaine science. Et que ce soit ferme chose à tousjours, nous avons fait mettre notre seel à ces lettres. Données à Rouvre le vingt deuxiesme jour du mois de septembre, l'an de grace mil trois cent quatre-vingt et unze.

Par Monseigneur le Duc, J. LE MOL.

Scellé du grand sceau en cire verte à lacs de soie rouge et verte pendants.
Original : Archives de la ville de Dijon, B2, *Priviléges et franchises de la Commune*. — Imprimé dans Pérard, p. 381.

LXIX

Main-levée de la Mairie de Dijon par le bailli de Dijon.

1396-97 (13 mars).

En nom de notre Seigneur, amen, l'an de l'incarnation d'icellui courant mil trois cens quatre vins et seze, le trezieme jour du mois de mars environ dix heures avant midi dudit jour, en l'église des Jacobins de Dijon, ou lieu où l'on a accoustumé apaller, faire et traictier les besoingnes de ladite ville par les Maire et eschevins d'icelle, ou quel lieu estoient le plus grand partie des bourgeois et habitans de ladite ville de Dijon, en la présence de moy Jehan Lebon de Dijon, clerc, coadjuteur du tabellion dudit lieu pour Monseigneur le duc de Bourgoingne et des tesmoings cy apres escrips; honorable homme Guillaume Chenilly, lors gouverneur de la Marie, justice et exercité d'icelle ville de Dijon, pour et en nom de mondit seigneur Duc estant, laquelle Marie, justice et exercité d'icelle, estoit en la main de mondit seigneur : ycellui Guillaume Chenilly par vertu de

---

(1) Les armoiries de la ville de Dijon étaient ainsi blasonnées : *De gueules au chef parti, au premier d'azur semé de fleurs de lys d'or à la bordure componnée d'argent et de gueules*, qui était Bourgogne moderne; *au second, bandé d'or et d'azur de six pièces à la bordure de gueules*, qui était Bourgogne ancienne. — L'étendard dont la milice bourgeoise se servait au temps de Philippe-le-Bon portait brodé sur le champ de gueules, *un pampre d'or feuillé de sinople, au raisin de sable*.

certaines lettres à lui adressans de discrete personne et saige messire Jehan de Verrauges, clerc licencié en lois et en decret, bailli de Dijon, fit restablissement de ladite marie, justice et exercité d'icelle aux dis habitans et bourgeois, illec présens et recevant ou nom et au prouffit d'icelle ville et commune et en leva ycellui Guillaume et osta la main de mondit seigneur, mise en ycelle marie, rendit l'esvangile dénotant la justice d'icelle ville et seel aux causes de la court de ladite marie, lesquelx seelx et esvangiles, il bailla de fait, réalment à honorable homme, maistre Odart Douhay, en soy desmetant et hostant du tout en tout, en nom de mondit seigneur dudiz gouvernement et exercité d'icelle marie. Lesquelx seelx et esvangiles, ycellui maistre Oudart prit et accepta ou nom, prouffit et honneur de ladite ville. De ce surquoy Guyenot de Marandeul, procureur et en nom de procureur de ladite ville et commune de Dijon, demanda à moy ledit Jehan à lui estre fait publique instrument, soubs le seel de la court de Monseigneur le Duc de Bourgoingne. Auquel Guenot je lui octroya. En tesmoing de laquelle chose je li dis Jehan Le Bon, ay requis et obtenu le seel de ladite court, estre mis ad ces présentes lettres, faictes et passées en ma présence, de messire Henri le Barrouhier, chevalier, maistres Hugues le Vertueux, Pierre de Jalleranges, Jehan Baudot, Nicolas de Chevigny, et Guiot de Corpssains, tesmoins ad ce appellés et requis, l'an, mois, jour, heure et lieu dessus dis.

J. Le Bon.

Original: Archives de la ville de Dijon, B2, *Priviléges et franchises de la Commune.*

LXX

Déclaration du duc Jean-sans-Peur touchant les priviléges de la ville.

1404 (13 juin)

Jehan, duc de Bourgoingne, conte de Nevers, et baron de Donzy; à tous ceulx qui ces présentes lettres verront, salut. Savoir faisons, que comme pour recevoir et recueillir plus grandement et plus honorablement les prélaz, barons, et autres gens d'église et séculiers, qui ce lundy prouchain, seront aux obsèques de feu nostre très-chier seigneur et père, cui Dieu perdoine, nous avons entention au plaisir de nostre Seigneur, d'aler, et lors entrer en notre ville de Dijon : auquel jour, tant pour ce que l'office sera long, comme pour la presse des gens qui y seront, nous ne pourrions bonnement faire le serement que noz predécesseurs ducs de Bourgoingne, ont accoustumé de faire à leur première et nouvelle entrée en notredite ville, selon les previleges et libertez d'icelle : Nous qui voulons garder et maintenir lesdits privileges de nostre dite ville, voulons, et aux Maire et eschevins d'icelle avons octroyé et accordé, octroyons et accordons par ces présentes, que l'entrée que nous ferons à iceluy jour en nostre dite ville, sans jurer leurs priviléges, comme dict est, ne leur soit, ou tourne à aulcun préjudice, ne en diminution de leurs dits privileges. En tesmoing de ce, nous avons faict mettre nostre scel à ces présentes. Donné à Chanceaulx (1) le XIIIe jour de juing, l'an de grâce mil quatre cent et quatre.

Par Monseigneur le Duc, LENGRET.

Original : Archives de la ville de Dijon, B2, *Priviléges et franchises de la Commune.* — Imprimé dans Pérard, p. 387.

LXXI

Confirmation des priviléges de la commune par le duc Jean.

1404 (17 juin).

Jehan duc de Bourgoingne, comte de Nevers, et baron de Donzy ; savoir faisons à touz présens et à venir, que aujourd'hui, en l'église de Monseigneur Saint Bénigne, devant le grand hauttel d'icelle, Nous les libertez, franchises, immunitez, chartres, previleges, et confirmations d'icelles, données et octroyées par noz prédécesseurs dux de Bourgoingne, aux Maïeur, eschevins, commune et habitans de notre ville de Dijon, si comme elles sont escriptes es lettres desdits previleges, avons juré et promis devant Dieu, et aux saints Evangiles, tenir, garder, et observer fermement, et par noz officiers faire tenir, garder et observer sans corrompre, et sans jamais par nous ne par autres souffrir, ne faire venir à l'encontre. Et avecque ce les avons loùées et confirmées, louons et confirmons par ces présentes, et voulons que nos héritiers et successeurs, et les ayans cause de nous en notredit Duchié, les jurent semblablement, quand ils venront première-

(1) Bourg du canton de Flavigny, arrondissement de Semur, Côte-d'Or.

ment au gouvernement d'icellui Duchié, se requis en sont (1). Et lesdiz Maieur, eschevins et habitans, lors estans en nostre présence en ladite église, nous ont aussi promis et juré estre noz vraiz et loyaulx subjez et obéissans, et nous garder, et faire garder, et rendre de leur povoir toutes nos droictures que nous avons en nostre dite ville et banlieuë de Dijon, et nous rendre vraye et dehuë obéissance. Et afin que ce soit ferme chose et estable à toujours nous avons fait mettre à ces présentes notre scel, duquel avant le trespas de feu notre très-redoubté seigneur et père, cui Dieu pardoint, nous usions et encore usons. Donné en ladite église de Saint-Bénigne, présent nostre très-chier et très-amé frère Phelippe de Bourgoingne (2), nostre très-chier et très-amé cousin messire Artus de Bretaigne conte de Richemont (3), Révérenz Pères Dieu l'évesque d'Ostun (4), l'évesque de Tournay (5), l'évesque de Nevers (6), l'abbé de Cisteaux (7), l'abbé dudit Saint-Bénigne (8), nos amez et féaulx cousins messire Jehan de Chalon, seigneur d'Arlay et prince d'Orange (9), messire Guillaume de Vienne, seigneur de Saint-

(1) Les maire et échevins avaient, quelques jours auparavant, adressé au Duc une longue supplique par laquelle, après avoir requis la confirmation des priviléges de la ville, ils lui demandaient :

1° Justice contre son maître d'hôtel et deux châtelains de Franche-Comté qui avaient enlevé des habitants de Dijon, et les avaient, au mépris de la juridiction municipale, fait enfermer aux châteaux de Talant et de la Perrière ;

2° De défendre aux habitants d'amener en ville d'autres vins que ceux du crû ou de leurs héritages, car autrement, disaient-ils, les vignes du finage viendraient en désert;

3° La création d'un marché aux chevaux sur la place du Morimont ;

4° La restitution de deux canons de cuivre prêtés à son père ;

5° La stricte exécution de la clause de la charte de commune qui limitait à quinze jours le crédit accordé au Duc ou à ses officiers, attendu que, faute d'observer cette règle, le feu Duc avait contracté pour plus de 10,000 francs de dettes envers des habitants;

Et enfin, de faire des représentations à l'abbé de Saint-Bénigne, qui, pour des procès de peu d'importance, « les travaillait devant des tribunaux lointains, à leur grand préjudice et à celui de ses droits, noblesse et bien commun.»

(2) Philippe de Bourgogne, comte de Nevers, baron de Donzy, chambrier de France, troisième fils du duc Philippe-le-Hardi, fut tué en 1415, à la bataille d'Azincourt.

(3) Artus de Bretagne, comte de Richemont, fils de Jean V, duc de Bretagne, et de Jeanne de Navarre, sa troisième femme, naquit le 25 août 1393. Il fut le pupille du duc Philippe-le-Hardi, et, seul de ses parents, accompagna son convoi funèbre à Dijon. C'est ce qui explique sa présence à Saint-Bénigne lors du couronnement du duc Jean-sans-Peur, dont il épousa, en 1423, la fille Marguerite, alors veuve de Louis, dauphin de France. Il porta les armes pour ou contre son beau-frère le duc Philippe-le-Bon, fut nommé connétable de France en 1425, négocia le traité de paix d'Arras qui mit fin à la guerre des Anglais, battit les Anglais à Formigny, succéda en 1457, au duché de Bretagne, à Pierre II son neveu, et mourut le 14 octobre de l'année suivante. (Anselme, 1, 459.)

(4) Milon de Grancey, qui occupa ce siége du 14 février 1401 au 27 septembre 1414.

(5) Louis de la Tremoille, 1389 au mois d'octobre 1410.

(6) Robert de Dangeuil, de 1401 au 22 juillet 1430.

(7) Jacques de Flogny, précédemment abbé de Pontigny, élu en 1389, mort le 18 avril 1405. La mairie de Dijon l'avait choisi pour présenter sa supplique au duc Jean et le requérir de jurer la conservation des priviléges de la ville.

(8) Alexandre de Montagu, descendant des anciens ducs de Bourgogne, précédemment abbé de Saint-Pierre de Flavigny, et depuis 1380 de Saint-Bénigne de Dijon, mourut le 5 septembre 1447.

(9) Jean de Chalon, prince d'Orange, seigneur d'Arlay, de Cuiseau, d'Argueil et de Vitteaux, lieutenant-général du duc Jean aux duché et comté de Bourgogne, chambrier de France, mort à Paris le 4 décembre 1418.

George et de Saincte-Croix (1), messire Jehan de Vienne, seigneur de Paigney (2), messire Jehan de Vergey, seigneur de Fouvans, nostre mareschal (3), Jehan de Nuefchastel, seigneur de Montagu (4), Thibault, seigneur de Nuefchâtel, Humbert de Villers-Sesel, seigneur d'Orbe, Bernard, seigneur de Ray, et plusieurs autres, le XVIIe jour du mois de juing, l'an de grâce mil quatre cent et quatre.

Par Monseigneur le Duc, LENGRET.

Original : Archives de la ville de Dijon, B2, *Priviléges et franchises de la Commune.* — Imprimé dans Pérard, p. 387.

LXXII

Main-levée de la saisie de la mairie de Dijon par le duc Jean-sans-Peur.

1416 (14 juillet).

Jehan duc de Bourgongne, conte de Flandres, d'Artois et de Bourgongne, palatin, seigneur de Salins et de Malines. A tous ceulx qui ces présentes lettres verront, salut. Savoir faisons que les Maïeur et eschevins de notre ville de Dijon, où estoient Demoinge Vautherin, Maïeur, Jehan Chambellan, Estienne Marriot, Guillemot Le Porteret, Monnin d'Eschenon, Guillaume Tanron, Guillaume de Vandenesse, Quantin Dami, Regnauldet de Janley, Jehannot Berthot, maistre Simon Bonpois, Alexandre de Varranges, Humbelin Langeolet, Pierre Sancenot, tous eschevins et Humbert Thierry, procureur d'icelle ville, ont aujourd'huy consenti pardevant notre amé et féal chancelier, le seigneur de Courtivron (5) et plusieurs et en grant nombre des autres gens de notre conseil et de noz comptes à Dijon, à certaine appellation pour la partie desdiz de Dijon, nagaires et derre-

---

(1) Conseiller et chambellan du Roi et des ducs Jean et Philippe-le-Bon, premier chevalier de la Toison-d'Or, mort en 1434.

(2) Jean de Vienne, chevalier, seigneur de Pagny, de Binans, de Saillenay, surnommé *A-la-Grande-Barbe*, mort en 1435, et inhumé à Pagny, où se voit encore son tombeau.

(3) Jean de Vergy, dit l'*Affre* et le *Grand*, seigneur de Fouvent, Champlitte, Port-sur-Saône, conseiller des ducs Philippe-le-Hardi et Jean-sans-Peur, sénéchal, maréchal et gouverneur des deux Bourgognes, mort le 25 mai 1418. (Duchesne, *Hist. de la maison de Vergy*, 175.)

(4) Chevalier, conseiller et chambellan, gouverneur de Bourgogne en 1415, fut employé par le duc Jean dans plusieurs négociations, notamment avec le concile de Constance ; il prit part au traité de Poilly conclu avec le Dauphin, et fut témoin du meurtre du duc Jean sur le pont de Montereau.

(5) Jean de Saulx, chevalier, seigneur de Courtivron, nommé chancelier le 9 avril 1404/5. Il mourut au mois d'octobre 1420.

nierement émise en France à l'encontre de nous et plusieurs noz officiers (1), soit renvoiée noz auditeurs des causes d'appeaulx de notre dit Duchié à Beaune : pardevant lesquelz lesdiz Maire et eschevins renonceront à icelle appellation sans despens et sans amende. Et parmi ce, par l'advis et délibération de nosdiz chancelier et autres gens de notre conseil et de noz comptes, nous avons levé et levons par ces présentes notre main qui mise estoit en la maierie de notre dite ville de Dijon, dont icelle appellation déppend. Excepté de quatre cas, cest assavoir rapt, murtre, feu bouté et larrecin, après le premier larrecin, dont pretendons la congnoissance nous devoir appartenir; lesdiz de Dijon disans au contraire. De la congnoissance desquelz quatre cas toutesvoies, lesdiz de Dijon joyront par et soubz notre main, jusques à ce qu'il en soit déterminé par telz gens qui pour ce seront advisiez par nous ou noz gens et ceulx de ladite ville, non suspectz à l'une des parties ne à l'autre, lesquelz pourront estre esleuz en notre païs de Bourgoingne, en France, où là où mieulx plaira à nous et ausdiz de Dijon. Et lequel joyssement se fera sans préjudice du droit de nous, ne d'iceulx de Dijon. Et pour ce que lesdiz de Dijon, si ont procédé à l'élection et création de leur Maire, à la Saint Jehan Baptiste derrenierement passé, ce qu'ilz ne povoient faire, comme dient noz gens, attendu notre main mise à icelle et que après lesdites élection et création, ledit Maïeur s'estoit entremis du gouvernement de la justice et autres choses appartenant à ladite maierie, sans icelle élection estre approuvée et receue par notre bailli de Dijon, comme il est acoustumé de faire en tel cas, lesdiz de Dijon disans que, sous umbre d'un joyssement qu'ils avoient obtenu de nous par noz lettres patentes et l'exécutoire dudit notre bailli de Dijon sur ycelles, qu'ilz ne cuidoient riens avoir méffait et qu'ilz avoient esleu comme l'an passé mil cccc et quinze pardessoubz notre main. En tant qu'ilz y pourroient avoir meffait, ilz s'en sont submis à notre ordonnance. Et pour réparer ce qu'ilz ont fait esdites élections et entremises, ont aujourd'huy les dessus nommez de Dijon, baillié, remis et rendu l'euvangile de ladite maierie en notre main ou la personne de notre dit chancelier, pour en ordonner à notre bon plaisir. Lequel notre chancelier en nom de nous a receu ladite euvangile ainsi à lui baillié par

---

(1) Les temps n'étaient plus, où, comme en 1386, le duc Philippe-le-Hardi pesait de toute sa puissance sur le Parlement de Paris pour lui faire consacrer ses atteintes aux libertés communales : le parti d'Armagnac avait triomphé à Paris, et la majorité des membres du Parlement était notoirement hostile au duc Jean. Aussi le conseil de ce prince, qui redoutait un échec pour ainsi dire assuré d'avance, s'était-il efforcé, par d'apparentes concessions, de détourner la commune de donner suite à son appel. On l'amusa par des promesses de transactions, qui n'empêchèrent nullement les officiers du prince de continuer leurs entreprises, et cela jusqu'en 1443, ainsi qu'on le verra plus loin.

les dessusdiz de Dijon, et icelle par lui receue, la leur a rendue, en leur octroiant de grâce especiale parmi l'appointement tel que cy devant est dit, combien que lesdites élection et entremise aient esté indeuement faites, que ledit Demoinge Vautherin, Maire esleu, demeure Maire de notre dite ville de Dijon, pour ceste année présente l'exercer et joysse des droits y appartenans, ainsi que se lesdites élection et entremise fussent faites bien et deuement, en leur pardonnant tous ce que es choses dessus dites, ils pevent avoir mespris. Si donnons en mandement à notre dit bailli de Dijon et à tous noz autres justiciers et officiers, ou à leurs lieuxtenans présens et avenir et à chacun d'eulx en droit soy et si comme à lui appartiendra, que du contenu en ces présentes, selon et par la manière que dit est, facent, seuffrent, et laissent notre dite ville et les dessuzdiz de Dijon, tant en leurs noms que de toute ladite ville plainement et paisiblement joir et user. Et cessent et mectent à néant tous empeschemens encommenciez au contraire, sans molester, travailler ou empescher doresenavant lesdiz de Dijon contre la teneur de cestes en aucune manière. En tesmoing de ce nous avons fait mectre notre scel à ces présentes. Donné audit Dijon le XII° jour de juillet, l'an de grâce mil cccc et seize.

Par Monseigneur le Duc, en son conseil auquel vous estiez : J. DE SAULS.

Scellé en cire rouge à double queue de parchemin pendante.
Original : Archives départementales de la Côte-d'Or, B. — Chambre des comptes de Dijon, Affaires relatives aux communes.

LXXIII

Confirmation des priviléges de la ville par le duc Philippe-le-Bon.

1421-22 (19 février).

Phelipe, duc de Bourgoingne, conte de Flandres, d'Artois et de Bourgoingne, palatin, seigneur de Salins et de Malines ; savoir faisons à tous présens et advenir, que aujourd'huy, en l'église de Monseigneur saint Bénigne, devant le grant aultel d'icelle, nous, les libertez, franchises, immunitez, chartres, previleges et confirmation d'icelles, données et octroyées par nos prédécesseurs ducs de Bourgoingne, aux Maieur, eschevins, commune et habitans de nostre ville de Dijon, si comme elles sont escriptes es lettres desdits previleges, avons juré et promis devant Dieu, et aux saints Evangilles, tenir, garder et observer fermement, et par nos officiers faire tenir, garder et observer, sans corrompre, et sans jamais par nous, ne par autres souffrir, ne faire venir à l'encontre, et avec ce les avons loës et confermées, louons et confermons par ces présentes, et voulons que nos héritiers et successeurs, et les ayans cause de nous en nostre dit Duchié, les jurent semblablement quand ils vendront premièrement au gouvernement d'icelluy Duchié, se requis en sont. Et lesdiz Maieur, eschevins, et habitans, lors estans en nostre présence en ladite église, nous ont aussi promis et juré estre nos vraiz et loyaulx subgez et obéissans, et nous garder, et faire garder, et rendre de leur povoir toutes nos droictures que nous avons en nostredite ville et baulieuë de Dijon, et nous rendre vraye et deuë obéissance. Et afin que ce soit chose ferme et estable à toujours, nous, en tesmoing de ce, avons faict mettre nostre scel à ces présentes. Donné en ladite église de Saint-Bénigne, présens, nostre très-chier et très-amé cousin le comte de Ligney et de Saint-Pol (1), Révérends Pères en Dieu l'évesque de Lengres (2), l'évesque de Tournay, nostre chancelier (3), l'abbé dudit Saint-Bénigne (4), nos amez et féaulx cousins, le prince d'Oranges (5), Jehan de Chalon, seigneur de Viteaulx (6), les seigneurs de Saint-George et de Sainte-Croix (7), de Thil (8) et de Jonvelle (9), messire Jehan de Vergey, seigneur de Fouvans, nostre sénéschal de Bourgoingne (10), le seigneur de Roubaiz, messire Jehan de Cothebrune, nostre mareschal de Bourgoingne (11), maistre Richart de

---

(1) Philippe de Bourgogne, second fils d'Antoine, duc de Brabant, et de Jeanne de Luxembourg, né le 25 juillet 1404, succéda en 1427 à Jean, son frère, duc de Brabant, et mourut le 4 avril 1430, sans alliance. (*Art de vérifier les dates*, II, 780.)

(2) Charles de Poitiers, d'abord prévôt de Saint-Omer, puis évêque de Châlons-sur-Marne, siège qu'il échangea en 1413 avec Louis, cardinal de Bar et évêque de Langres. Il mourut en 1433. (*Gall. christ.*, IV, col. 627.)

(3) Jean de Thoisy, évêque d'Auxerre, conseiller des ducs Philippe-le-Hardi et Jean-sans-Peur, fut promu, vers 1410, à l'évêché de Tournai. Philippe-le-Bon le choisit pour chancelier le 7 décembre 1419; il mourut le 2 juin 1433. (*Gall. christ.*, III, col. 230.)

(4) Etienne de la Feuillée, élu en 1421, mort en 1434.

(5) Louis de Chalon, prince d'Orange, fils de Jean de Chalon, mentionné plus haut, mort le 30 décembre 1463.

(6) Jean de Chalon, seigneur de Vitteaux, de l'Isle-sous-Montréal, de Chevannes et de l'Orme, frère du précédent, mourut après 1461.

(7) Mentionné à la page 92, note 1.

(8) Guillaume de Thil, seigneur de Thil, de Châteauvilain, de Grancey et de Pierre-Pont, chevalier et chambellan du Roi; il remplaça le duc de Bourbon comme chambrier de France en 1419, et mourut en 143 .

(9) Jean de la Trémoille, seigneur de Jonvelle, chevalier, conseiller, grand maître d'hôtel et premier chambellan des ducs Jean et Philippe-le-Bon, chevalier de l'ordre de la Toison-d'Or, mourut en 1449.

(10) Jean de Vergy, seigneur de Fouvent, de Saint-Dizier, de Vignory, La Fauche, Port-sur-Saône, sénéchal et gouverneur de Bourgogne, petit-fils du maréchal Jean de Vergy, fut chevalier de la Toison-d'Or en récompense de ses services militaires. Il mourut en 1460. (Duchesne, *Hist. de la maison de Vergy*, p. 204.)

(11) Jean, sire de Cottebrune et de Charrin, chevalier, conseiller, chambellan du duc Jean-sans-Peur, fut nommé maréchal de Bourgogne le 5 septembre 1418. Il mourut en 1421. (Labarre.)

Chancey, nostre bailli de Dijon (1), Nicolas Raoulin (2), Guy Gelenier (3), nos conseillers, et autres pluseurs, le jeudy dix-neufiesme jour du mois de février, l'an de grâce mil quatre cens vint et ung.

Par Monseigneur le Duc, Séguinat.

Original : Archives de la ville de Dijon, B2, *Priviléges et franchises de la Commune.* — Imprimé dans Pérard, p. 388.

LXXIV

Saisie de la justice municipale de Dijon ordonnée par le duc Philippe-le Bon.

1427 (7 juillet).

Phelippe duc de Bourgoingne, conte de Flandres, d'Artois, de Bourgoingne, Palatin, seigneur de Salins et de Malines. A notre bailli de Dijon ou à son lieutenant, salut. Notre procureur nous a souffisamment informé, que combien que en noz païs et seigneuries de Bourgoingne, à nous compete et appartient la disposition et ordonnance de la chose publique et de la police d'icelle, pour la conduire en bon estat et que chascun de noz subgez soit tenu de obéir es ordonnances que nous ou noz commis et deputez faisons ou font et mesmement les justiciers ausquels les lettres des dites ordonnances s'adressent soient tenuz d'icelles recevoir et executer selon que mandé et commis leur est par icelles, selon leur forme et teneur. Et aussi jà soit ce qu'il ne soit loisible aux Maïeur et eschevins de notre dite ville de Dijon de faire aucunes ordonnances et que de leur consentement et accort passé par l'arrest de la court de Parlement de Monseigneur le Roy, ilz aient à ce esté condempnez en certains procès qui jà pieça furent meuz en la dite court, entre le procureur de feu notre très redoubté seigneur et ayeul le duc Phelippe, cui Dieu pardoint, d'une part, et les Maïeur, eschevins et procureur d'icelle notre ville, d'autre part (4). Neantmoins en l'an mil CCCC vint et

---

(1) Richard de Chancey, licencié ès-lois, chef des conseils des ducs Jean et Philippe-le-Bon.
(2) Nicolas Rolin, conseiller des ducs Jean et Philippe-le-Bon, fut nommé chancelier de Bourgogne par lettres du 3 décembre 1422, et mourut en charge le 18 janvier 1461.
(3) Guy Gelinier, licencié ès-lois, fut successivement maitre des requêtes, conseiller et chef des conseils des ducs Jean-sans-Peur et Philippe-le-Bon.
(4) Voir la pièce n° LXVI, qui a été aussi imprimée dans la *Collection des Lois* d'Isambert, parmi les Ordonnances du règne de Charles VI.

ung, combien que feue notre très redoubtée Dame et mère, dont Dieu ait l'âme, ayant lors de par nous en notre absence, le gouvernement de nos païs de Bourgoingne eust par grant et meure délibération de conseil, advisé et fait certaines ordonnances pour le bien de la police de notre dit païs de Bourgoingne, tant pour la modération de la chiereté des vivres et autres denrées, comme des journées des laboureurs et ouvriers, en quoy, par le dit temps y avoit très grant excès. Et desdites ordonnances eust fait faire ses lettres patantes, adressans à nos bailliz et autres qu'il appartenoit, pour icelles faire publier deuement. Et entre les autres, en avoit adrecié les uns ausdiz maïeur et eschevins, pour icelles faire publier en notre dite ville de Dijon. Lesquelles, par les gens de notre Conseil et des comptes, furent baillées ausdits Maïeur et à aucuns des eschevins de notre dite ville, estans lors en sa compagnie, en la Chambre de noz comptes à Dijon, où ilz estoient pour ce mandez par nos diz gens, en la présence de notre procureur, qui instamment requiest ausditz Maïeur et eschevins, icelles publier et exécuter deheuement : lesquels Maïeur et eschevins demandèrent delay pour parler aux autres eschevins, qui estoient en notre chapelle de Dijon assemblez sur ceste matière, pour en faire responce incontinent; lequel delay leur fut octroyé gracieusement par nosdites gens du Conseil et des Comptes, qui espéroient d'en avoir bonne et briefve responce. Mais lesdits Maïeur et eschevins, faingnans que ainsi le deussent ou voulsissent faire ou Conseil avec les autres leurs coeschevins, alèrent incontinent faire crier et publier les ordonnances pareilles à celles de notre Dame et mère, comme faites et ordonnées par eulx, en marchié public de la dite ville, et les peines et amendes que notre dite Dame et mère avoit ordonnées contre les désobéissans, négligens ou transgresseurs des dis ordonnances estre appliquées à nous, déclairèrent et ordonnèrent estre appliquées à eulx, ce que faire ne povoient en désobéissant plainement à notre dite Dame et mère, ayant le gouvernement comme dit est, à nous et à nos dites gens, et que plus est, en entreprenant contre noz droiz seigneure, sans et mesmement en venant contre ledit arrest. Ainssi nous a notre dit procureur informé souffisamment, que en l'an mil CCCC et vint, Jehan de Léry, notre bourgeois de notre dite ville de Dijon, estant lors en notre especiale sauvegarde, deuement signiffiée et lui estant en bonne possession et saisine de tenir close et fermée une porte, estant en notre dite ville de Dijon, près de la porte au Lion (1), a déclairer

(1) C'était l'une des quatre portes de l'ancien *Castrum Divionense*, dont les restes disparurent lors de la construction, en 1775, du pavillon du Palais des États, qui borde les rues Condé, des Forges et Porte-aux-Lions.

plus à plain quant mestier sera, en possession et saisine qu'il n'est et n'estoit licite à aucuns de aler et troigier par la ruelle et chemin clout ladite porte, ne d'icelle porte ouvrir sans le consentement dudit Jehan de Léry, que esdites possession et saisine ledit Jean de Léry s'estoit fait maintenir et garder par vertu d'une garde donnée de vous, executée par un sergent du Maïeur dudit Dijon, et deuement signiffiée à Richard Bonne adonc maïeur de notre dite ville, qui avoit baillé ledit sergent exécuteur de la dite garde pour icelle exécuter, selon sa forme et teneur, et lequel, en signe de garde, avoit mis et apposé à ladite porte, ung pannonceaul armoyé de noz armes. Lesquelles choses nonobstant, ou contempt de notre dite garde, ledit Richard Bonne, lors maïeur de notre ville de Dijon, accompagné de Humbert Thierry, procureur de notre dite ville et de plusieurs autres tant sergens que autres, portèrent les grans croz (1) de notre dite ville et d'iceuls, par nuit abatirent ladite porte et les chaffaulx d'icelle et jectèrent lesdiz pennonceaullx armoiés de nos dites armes par terre et en la boe, en grant contempt de nous et en enfreignant notre dite garde par voye de fait et à heure honte non deue, en délaissant la voie de justice qu'ils devoient faire aux sujez de notre dite ville. En outre, nous a notre dit procureur informé, qu'en l'an mil CCCC dix neuf, ledit Humbert Thierry, procureur que dessus, accompagné de Henry Girard, sergent de ladite mairie, se transporta en l'ostel de Huguenin Quartel poisssonnier; ouquel il trouva Angnelot sa femme, lesquels s'entremirent de prendre pour gaige le lit garnis des mariez et autres gaiges à iceulx appartenans. Duquel gaige ladite Angnelot disant quelle ne avoit de quoy norrir son enfant, appela par plusieurs fois. Nonobstant lesquelles appellations et en actamptant follement à icelles, lesdiz Humbert et Henry en emportèrent lesdiz gaiges ou contempt et mesprisement de notre souveraine justice. Et pareillement nous a souffisamment informé notre dit procureur que en l'an mil CCCC XXIII, Estienne Chambellan, lors Maïeur de notre dite ville de Dijon, se entremist de arrester et tenir prisonnier ung nommé Jehan Tarienne et aussi Bertrand Grigay, peletiers de peaulx, dont iceulx Jehan et Bertrand appelèrent par plusieurs fois. Et nonobstant icelles appellations, ledit Maïeur les détint prisonniers en la Maison aux Singes (2) dix jours entiers très estroitement, sans que leurs femmes ne aultres leurs parens et amis peussent parler à eulx et tellement quilz furent contrains par force de prison de renoncier

---

(1) Ces crocs étaient, avec des échelles et des seaux en cuir, le matériel à la disposition de la ville pour combattre les incendies.
(2) Premier Hôtel de Ville de Dijon, dont l'emplacement est occupé aujourd'hui par les maisons n°˙ 38-40 de la rue Chabot-Charny.

à leurs dites appellations et avec ce les condempna chacun d'eulx à la somme de quarente sols tournois, qu'ilz ont paiés. En oultre nous a notre dit procureur informé à souffisance, que le jeudy saint mil CCCC vint et quatre, jà soit ce que Perrin Saint Rigault, corduannier, notre bourgeois de notre dite ville de Dijon ne eust en aucune chose délinqué ou mesprins, véant que ledit Estienne Chambellan, Maïeur dessusdit, accompaigné de Guillemot Chambellan, son fils, Jehan Vautherin, Jehan Bolier, clerc de ladite maierie, et de plusieurs autres sergens d'icelle maierie, le vouloit prendre en son hostel et le mener ou faire mener es prisons de notredite ville de Dijon, en faveur desordonnée de Claude Mutin, mary de la niepce dudit Maïeur, en hayne de ce que ledit Perrin avoit eu certaines paroles audit Claude, sans ce que lui eust fait aucune euvre de fait. Icellui Perrin Saint-Rigault signiffia par plusieurs foiz audit Maïeur et autres de sa compaignie, qu'il estoit en notre espéciale sauvegarde et en appela plusieurs foiz dudit Maïeur. Lesquelles choses nonobstant, ou grant contempt et mesprisement desdites gardes et appellations, icellui Maïeur et Guillemot son fils prindrent ledit Saint-Rigault par les cheveux très durement, tellement quilz en arrachèrent une grande partie; et avec ce le frappèrent plusieurs cops et traynèrent hors de son hostel et le firent mener es dites prisons de notredite ville, esquelles le fist mectre es secz (1), où il le détint VIII jours entiers, sans le vouloir relachier à caution ne autrement ; mais convint qu'il demeurast prisonnier le jour de Pasques communaulx, auquel jour il ne fut point à l'église. Avec les choses dessusdites, nous a informé notre dit procureur souffisamment, que par le commandement et ordonnance dudit Maïeur, ledit Humbert Thierry, procureur que dessus, accompaigné de Jehan Frasan, vigneron, et Huguenin Jehannenot, alias le Rousseau, sergens de ladite maierie, et de plusieurs autres leurs complices, armez et embastonnez de divers bastons et diverses armures, depuis certain temps en ça, par nuit en accumulant meaulx avec meaulx, alèrent par ladite notre ville de Dijon et en espécial en la rue de la Vannerie, mesmement devant les hostelz de nos amez et féaulx conseillers Jehan de Noident, notre trésorier, et maistre Guy Gélinier, notre advocat fiscal, lesquelz, tant à cause de leurs offices, comme autrement, sont et estoient en notre espéciale sauvegarde et illecques coppèrent à force de coignées et de marteaulx plusieurs pièces de bois et despecèrent plusieurs grosses pierres, appartenant à nosdiz conseillers. Et pour ce que, plusieurs des voisins venoient aux fenestres, leur gectoient des pierres, tellement quilz en blecèrent

---

(1) Les secs ou ceps étaient des entraves que l'on mettait aux pieds des prisonniers pour empêcher leur évasion.

jusques à effusion de sanc (1); et avec ce, depuis ung an ença, ont lesdiz Maire et eschevins de notre ditte ville de Dijon, par leurs éditz et ordonnances nouveaulx, qu'ilz ne pevent ne doivent faire comme dit est dessus, sans notre licence et consentement, ordonné et deffendu, que aucuns boulengiers d'icelle notre dite ville ne feussent si osez, ne si hardiez d'y cuire, ne boulengier pain, excepté ceulz qu'ilz vouldroient cuire et boulengier pour certains marchans particuliers de ladite ville qu'ilz avoient ordonnez pour la fournir de pain, dont grant chierté de pain et plusieurs autres dommaiges se sont ensuys en la chose publique de notre dite ville (2); et de jour en jour ont commis et commectent lesdiz Maire et eschevins plusieurs actemptas, excès et abus de justice, et a esté et est en notre dite ville de Dijon la police et chose publique très mal gouvernée en plusieurs manières, et le tout à déclairer plus à plain se mestier est. Toutes lesquelles choses ont esté et sont faites par lesdiz Maire et eschevins en grant lésion de justice ou préjudice et dommaige de notre commun peuple, diminution et destriment de ladite chose publique et ou grand contempt et mesprisement de nous et de notre seignourie et souveraine justice, si comme dit notre dit procureur, requérant estre pourveu sur ce et lesdites choses estre reparées en tant que bonnement faire se pourra. Pourquoy, nous, qui ne voulons lesdiz maléfices et habus qui sont dignes de grant pugnition passer soubs dissimulation ne iceulx demourer impugnis, sur ce, eu grant et meure délibération et advis de notre conseil, attendu que lesdiz Maïeur, eschevins et procureur de Dijon ont delinqué en faisant les choses dessusdites en leur justice qui leur a esté octroyé par nos predécesseurs et nous et en abusant folement d'icelle au grant contempt et mesprisement de nous et de notre souveraine justice, comme dit est et pour plusieurs autres justes causes et raisonnables, vous mandons et par ces présentes commectons que ladite justice de la mairie et eschevinnaige dudit Dijon, ensemble tous les prouffiz et émolumens d'icelle vous prenez, meciez et tenez en notre main réalment et de fait. Lesquelz nous y prenons, tenons et mectons par ces dites présentes. Et soubz icelle les gouvernez ou faites gouverner par personne à ce ydoine et souffisante.

(1) Jean de Noidant et Guy Gélinier, son voisin, avaient, nonobstant la défense de rien déposer sur la voie publique, encombré la rue Vannerie de matériaux de construction et refussaient de les enlever; le procureur-syndic, assisté de son guet, s'y transporta par nuit et en fit débarrasser la rue. Ces expéditions sommaires arrivaient souvent; seulement le procureur-syndic avait eu le tort irrémissible de s'attaquer à des officiers du Duc, lesquels se croyaient au-dessus de la loi commune.
(2) Au mois d'août 1426, la mairie avait ordonné qu'il serait fait un essai de pain, afin de s'assurer du gain légitime que les boulangers pouvaient exiger. L'essai ayant établi qu'un bénéfice de 4 gros par carteranche de farine employée était suffisamment rémunérateur, la mairie avait convoqué les boulangers pour leur signifier ce tarif et prendre le nom des adhérents, qui seuls devaient continuer leur service dans la ville. De là, plainte des opposants formée au conseil ducal, mais qui n'aboutit point.

En deffendant toutes entremises en ce, à tous ceulx qu'il appartiendra, ausquelz le deffendons mesmes par la teneur de cestes, sans en faire laiche rendue ne recréance se n'est par notre exprès mandement, commandement et ordonnance. Car ainsi nous plaist-il, et voulons estre fait nonobstant quelxquonques lettres subrectis, impétrées ou à impétrer à ce contraires. De ce faire vous donnons povoir. Mandons et commandons à tous nos justiciers, officiers et subjez que à vous et à vos commis en ceste partie, en ce faisant, obéissent et entendent diligemment. Donné à Lille le vii° jour de juillet, l'an de grâce mil CCCC vint et sept.

Ainsi signé par Monseigneur le Duc, A. CHRISTIAN (1).

Vidimus délivré le 10 décembre 1445 par J. Margotet et J. de la Grange, clercs de la Chambre des comptes de Dijon. Archives du département de la Côte-d'Or, B. — Chambre des comptes de Dijon. Affaires relatives aux communes.

LXXVI

Autorisation donnée par le duc Philippe le-Bon à la commune de Dijon de remplacer le cor par la trompette pour les publications.

1434 (novembre).

Phelippe par la grâce de Dieu duc de Bourgoingne, de Lothier, de Brabant et de Lembourg, conte de Flandres, d'Artois et de Bourgoingne, palatin de Hainnau, de Hollande, de Zéllande et de Namur, Marquis du Saint Empire, seigneur de Frise, de Salins et de Malines; savoir faisons, que à l'humble supplication et requeste de nos bien amez les Maieur et eschevins, bourgois, manans et habitans de notre bonne ville de Dijon, et pour pluseurs raisonnables causes et considérations, qui à ce nous ont meu et meuvent, et sur lesquelles avons eu grant et meur advis et délibération de conseil (2), nous ausdits sup-

(1) Ce mandement si impératif ne paraît point avoir été mis à exécution, et en bonne justice il ne pouvait en être autrement, puisque les principaux griefs articulés par le Duc contre la mairie, avaient été déférés par lui-même, en 1420, au Parlement de Paris, qui était demeuré saisi de la cause. Seulement, comme depuis la mort du roi Henri V d'Angleterre, l'influence du duc Philippe avait singulièrement baissé, ses conseillers, qui redoutaient un échec, gardèrent au Trésor des chartes les lettres qu'ils venaient de recevoir, et firent aux magistrats municipaux (Registre du Secret, Délibération du 26 juillet 1427) des ouvertures de conciliation que ceux-ci acceptèrent. On convint de s'en remettre au jugement d'arbitres; mais, par des causes que les documents n'indiquent point, les choses en demeurèrent là et aucune détermination ne fut prise.

(2) La mairie avait représenté au duc Philippe, venu à Dijon pour les couches de la duchesse de Bourgogne, qui allait enfanter celui qui fut Charles-le-Téméraire, « que les seigneurs et les gens estrangiers se moquaient du cor, dont elle avait coutume de se servir, disans que ce n'estoit pas une chose honneste et que ce seroit plus grand honneur à la ville d'avoir une trompette qu'un cor. »

plians, et leurs successeurs eschevins, bourgois, manans et habitans de notre dite ville de Dijon, à l'augmentation de l'onneur et décoration d'icelle, avons pour nous, et nos hoirs, successeurs, et ayans cause, ducs et duchesses de Bourgoingne, octroyé, consenti et accordé, octroyons, consentons et accordons à tousjours mais, perpétuellement, de notre certaine science et grâce espéciale, par ces présentes, que doresnavant tous criz, publications et autres exploits et exercitez, que l'en a parcydevant accoustumé de faire en notre dite ville, et en la banlieue d'icelle à son de cor, qui est de rude chose et de rude son, se fassent cy en après en perpétuité à son de trompe, pour et ou lieu dudit cor, à laquelle soit appendue et attachée se bon leur semble, affin que chascun en ait mieux congnoissance, une banniere des armes d'icelle notre ville, comme il est accoustumé de faire en autres bonnes et notables villes, sans ce toutes voies qu'il puist préjudicier, ne déroguer, ou porter préjudice aux previleges vielz ne nouveaux de notre dicte ville de Dijon, en manière quelxconques (1). Si donnons en mandement à nostre bailli, et à touz noz autres justiciers et officiers présens et à venir, qui ce, peut, et pourra regarder, ou à leurs lieuxtenans et à chascun d'eulx en droit soy, que de notre présente grâce, et octroy, et consentement, facent, seuffrent, et laissent lesdits leurs successeurs supplians, et notre dicte ville de Dijon, joïr et user pleinement, paisiblement et perpétuellement, sans leur faire, ne donner, ne souffrir estre fait ou donné ores, ne par le temps cy-après à venir, quelconque molestation, destourbier, ou empeschement au contraire. Car ainsi nous plaist-il et le voulons estre fait. Et affin que ce soit chose ferme et estable à toujours, nous avons fait mectre nostre scel à ces présentes, sauf en autres choses notre droit, et l'autruy en toutes. Donné en notre dicte ville de Dijon le XIIme jour de novembre, l'an de grâce mil quatre cent trente et quatre (2).

Par Monseigneur le Duc, T. Bouesseau.

Scellé du grand sceau en cire verte à lacs de soie rouge et verte pendants.
Original : Archives de la ville de Dijon, B2, *Priviléges et franchises de la Commune.* — Imprimé dans Pérard, p. 389.

(1) Cette trompette primitive fut fabriquée en argent. On y appendit une bannière en taffetas mi-partie bleu et rouge, avec les armes de la ville dorées et argentées. La trompette en argent dura jusqu'en 1697; on la remplaça alors par une trompette en cuivre à laquelle on adapta la poignée et l'embouchure de l'ancienne.
(2) Charles-le-Téméraire était né l'avant-veille.

LXXVI

Transaction ménagée par la duchesse Isabelle de Portugal, entre le duc Philippe-le-Bon et la ville de Dijon, au sujet des priviléges et de la juridiction communale.

1443 (31 août).

Sensuyvent les poinctz et articles touchant les privileges, franchises et libertés de la ville et commune de Dijon, sur lesquels estoit question et débat entre les procureurs de mon très redoubté seigneur, monseigneur le duc de Bourgoingne, et cellui de ladicte ville qui, par le moyen de ma très redoubtée Dame, Madame la duchesse, cessent du tout et en est faicte déclaration, en la manière qui s'en suit et dont lectres en seront faictes par mon dict très redoubté seigneur aux Mayeur et eschevins de la dicte ville, pour et au nom de la commune d'icelle (1).

Et premièrement pour ce que débat et procès estoient entre lesdicts procureurs, sur ce que ledict procureur de mondict seigneur maintenoit que lesdictz Mayeur et eschevins ne povoient faire statut ne ordonnance en ladicte ville et banlieue, touchant la police d'icelle ville, et que ce appartenoit à faire à mondict seigneur. Ledit procureur de Dijon disant au contraire et que tant par ancienne usance et joyssance comme autrement dehuement, lesdits Mayeur et eschevins avoient de toute ancienneté fait statuz et ordonnance en ladicte ville

---

(1) Cette pièce est la continuation de ce long débat sur la juridiction, qui, commencé en 1386 par le duc Philippe-le-Hardi, devait finir avec Charles-le-Téméraire sans amener aucun résultat définitif. Les propositions d'arbitrage, mentionnées dans la note 1 de la page 101 qui précède, n'ayant point abouti, l'instance s'était continuée au Parlement de Paris, lequel avait, par un arrêt du 11 août 1431, donné gain de cause à la commune. Malheureusement, les évènements politiques qui précédèrent ou suivirent le traité de paix d'Arras ne permirent point de le mettre aussitôt à exécution, de telle sorte que, dix ans plus tard, quand la ville voulut s'en appliquer le bénéfice, le Duc non seulement y forma opposition, mais il introduisit dans la cause de nouveaux chefs de plainte qui remirent tout en question. C'est alors que, dans le but de mettre fin à des discussions qui chaque jour s'envenimaient davantage, la duchesse Isabelle intervint entre les parties, et, de commun accord, dressa les conditions énoncées dans la transaction, et que le Duc sanctionna le même jour. Mais si le prince et son conseil avaient eu lieu d'être satisfaits du traité, il n'en était pas de même des officiers du bailliage qui avaient compté sur une plus large part des dépouilles de la juridiction municipale. Aussi, sans tenir aucun compte de la sentence arbitrale, continuèrent-ils leurs entreprises, si bien que la mairie, n'espérant plus justice auprès du Duc, dont l'esprit avait changé, recourut de nouveau au Parlement de Paris, tandis que le Duc renvoyait la connaissance de l'affaire à la Cour d'appeaux à Beaune. En 1458 aucune solution n'avait encore été donnée. (Archives du département, B. — Chambre des comptes de Dijon, Pièces concernant la ville de Dijon. — Archives de la ville, C, Juridiction municipale, Débats avec la justice du souverain.)

et banlieue, sur lequel différant est accordé que les dits Mayeur et eschevins de ladite ville de Dijon pourront poveoir et faire ordonnance dans ladite ville et banlieue d'icelle, touchant le bien et police de ladite ville, c'est assavoir ou regard des vivres, de la garde des portes et des murs, de tous mestiers et de toutes marchandises quelsconques, des journées des ouvriers et tout ce tant au regard de ceulx de ladite ville, comme d'autres étrangiers.

Item, que semblablement estoit procès entre les dessus dits, sur ce que ledit procureur de mondit seigneur disoit que mon dit seigneur, comme prince, devoit avoir la congnoissance, pugnicion et correpcion de tous cas, crimes et déliz commis en fait de monnoye, ledit procureur de ladite ville disant au contraire, et que par privilege et usance la cognoissance en appartenoit à ladite ville. Surquoi est accordé que la congnoissance, pugnicion et correpcion demeura à mondict seigneur le Duc en tout cas de faulse monnoye et fausseté quelconque au regart d'icelles tant de ceulx de la ville comme des étrangiers, dont la prinse des délinquens appartiendra aux ditz Mayeur et eschevins en ladicte ville et banlieue tant seulement. Et aussi appartiendra à iceulx Mayeur et eschevins, la cognoissance et pugnicion d'avoir usé de monnoie faulse ou faussée.

Item estoit aussi différent entre les devant ditz procureurs, sur ce que ledit procureur de mon dit seigneur, disoit que les sergents de mondit seigneur et aultres ses officiers, avoient en ladite ville et banlieue faculté et puissance de prendre et emprisonner tous malfaicteurs estrangiers, qui seroient trouvez en ladite ville et banlieue, et que la cognoissance des cas et déliz par eulz commis et perpétres, devoit appartenir à mon sieur le bailli de Dijon. Ledit procureur de ladite ville maintenant le contraire, et que par privilege expretz à ce et ancienne usance, aux ditz Mayeur et eschevins competoit et appartenoit de prendre, pugnir et corrigier tous estrangers trouvez en ladite ville et banlieue d'icelle, chargiez de crymes ou de délits sans ce que les gens et officiers de mondit seigneur y eussent aucune prinse ou congnoissance. Surquoy est traictié que doresnavant la pugnicion et correpcion de tous estrangiers trouvez en ladite ville et banlieue d'icelle ensemble, la prinse, demeurra auxdiz Mayeurs et eschevins et à leurs gens et officiers, excepté de ceux desditz étrangers qui seront prins par ladite ville à la requête dudit procureur de monseigneur pour quelques cas que ce soit, dont la congnoissance appartiendra auxdiz officiers de monseigneur et aussi des cas priviłegiés, ainsi qu'il a accoustumé.

Item estoit en outre question entre les dessusdits maintenant ledit procureur de mondit seigneur, que la congnoissance, pugnicion et correpcion de cinq cas criminelz et capitez appartenoit à mondit seigneur, ses gens et officiers, par le privilege mesme de ladite ville, cest assavoir de homicide, de larrecin pour la seconde foys au regart des habitans de ladite ville et aussi de larrecin pour la première foys au regart des estrangers, de crime de rapt et de feu bouté. Ledit procureur de ladicte ville maintenant au contraire et que de toutes ancienneté, usance et jouissance, la congnoissance et condampnaçion desditz cas, appartenoit esditz Mayeur et eschevins, et à mondit seigneur, ses gens et officiers l'exécucion tant seulement. Surquoy est accordé que doresenavant et à tousjours lesdits Mayeur et eschevins cognoisteront et détermineront par sentence des dits cas et d'un chascun d'iceulx, et demeurra à mondit seigneur et à ses gens et officiers l'éxécucion des condampnez par lesditz Mayeur et eschevins, ensemble la confiscation de leurs biens.

Item maintenoit en oultre le procureur de mondit seigneur, que les enfans filz ou fillez, soit qu'ilz fussent mariez ou non, demeurants avec leurs père et mère ou l'un d'eulx fils, estoient partiz ou divisez de biens; iceulx enfants devoient chacun an à mondit seigneur et à son procureur dudit Dijon les marz. Ledit procureur de ladite ville disoit au congtraire, et que par le privilege d'icelie ville et ancienne usance, lesditz enfans ne devoient riens desditz marz, s'ilz ne demeureroient séparément et à part de leurs ditz père ou mère. Surquoy est accordé que doresnavant lesditz enfans soient mariez ou non, demeurent avec leur père et mère ou avec l'un d'eulx, ne paieroient rien desditz marz, s'ilz ne ont fait partaige et devision de leurs biens.

Item estoit conséquemment question entre les devant nommez procureurs et disoit celluy de mondit seigneur, que ledit Mayeur n'avoit aucune aultorité ne aussi ladite ville privilege, pour ce pouvoir faire de soy escripre et intituler en ses lettres et actes, viconte Mayeur de Dijon et néanmoins que aussi le vouloir faire en dérogant aux droits de mondit seigneur. Ledit procureur de ladite ville maintenant au contraire et qu'il estoit vray que celle ville avoit privilege, par lequel il apparoit que Monseigneur le Duc avoit transporté par eschange et permutation ledit viconté à ladite ville et icelluy luy promettoit conduire et garantir, et oultre plus que de tous temps et ancienneté ledit Mayeur en ses cryées et proclamations se faisoit nommer viconte. Surquoy est accordé que doresenavant ledit Mayeur se pourra faire intituler et nommer en ses lectres, actes et cryées, viconte Mayeur dudit Dijon, pourveu que à ceste cause, ilz ne prétendent aultre droit ou prérogative que le nom.

Item disoit plus ledit procureur de mondit seigneur le Duc, qu'il apparoit par certain arrest jà pieça donné en la court de Parlement de France, que lesdiz Mayeur et eschevins ne pouvoient bailler à quiconque personne que ce fust, place en ladite ville, pour sur icelle édiffier, mesmement au préjudice de mondit seigneur et de la chose publique. Ledit procureur de ladite ville disoit que il ne seroit jà trouvé que ladite ville eust baillée aucune place préjudiciable à mondit seigneur, ne à la chose publique. Sur lequel différent est traictié que les places d'icelle ville seront visitées par gens ayant à ce cognoissance et y sera pourveu en tant que mestier sera, selon la forme et teneur dudit arrest.

Item faisoit doléance ledit procureur de mondit seigneur le Duc en disant que combien que à mondit seigneur comme prince appartiennent en ladite ville et banlieue tous biens vacquants, confiscations et successions de bastards; et quant les cas adviennent inventoire se fait desditz biens par lesditz Maire et eschevins, sans le appeler pour le voir faire et que mondit seigneur y estoit intéressé et dommaiger. Ledit procureur de ladite ville deffendant au contraire et que à iceulx Mayeur et eschevins appartenoit à faire lesditz inventoire et que se le procureur de mondit seigneur n'estoit présent à ce faire, il ne tenoit que à luy, car l'en ne ly empeschoit en riens. Surquoy est accordé que doresenavant quant les cas escheront, lesditz Mayeur et eschevins feront savoir audit procureur ou à son substitut qu'il soit présent à faire lesditz inventoires se bon lui semble.

Item disoit encorre ledit procureur de mondit seigneur le Duc, que mondit seigneur avoit autorité et quant bon lui sembloit, de faire veoir l'estat et oyr les comptes par ses gens et officiers de tous deniers appartenant à ladite ville et dont lesdits Mayeur et eschevins avoient la maniance par quelque moyen que ce fust. Ledit procureur de ladite ville contrarioit à ce disant, que combien que mondit seigneur par ses gens et officiers peust faire oyr lesditz comptes, ce nestoit seulement que au regart des deniers qui se levoient pour le fait de la fortiffication de ladite ville et pour les aydes de mondit seigneur tant seulement, mais que en tous aultre cas, lesdits comptes appartenoient à veoir et oyr esditz Mayeur et eschevins ou à leurs commis et deputez. Surquoy est accordé que s'il est de nécessité et que ce soit le bon plaisir de Monseigneur le Duc, il pourra quant il lui plaira faire veoir l'estat de ladite ville et comment elle se gouverne au fait des deniers qui ont esté levez le temps passé, pour les affaires d'icelle ville, par tel gens qu'il luy plaira y deputer et le tout selon la forme de certains arrests de ce faisant mention.

Item que es choses dessus dites sont reservez à mondit seigneur les ressort et souveraineté et aussi sauf et reservés son droit en aultre choses et l'autruy en toutes.

Item est traité et accordé que tous procès mehuz et pendantz en la court de parlement de France ou ailleurs à cause des articles et points devant déclairés et dépendans d'iceulx, sont et demeurent nuls et mis au néant par ce présent traité et accord, compensation faite des despens d'une part et d'autre.

Collation des articles contenuz en ces deux feuillez de parchemin a esté faite avecques le double signé de Madame la Duchesse, le derrier jour d'aoust l'an mil quatre cent XLIII, en la ville de Bar-sur-Aube, YSABEL.

F. MILET.

Original : Archives de la ville de Dijon, B2, *Priviléges et franchises de la Commune.*

LXXVII

Ratification des articles précédents par le duc Philippe.

1443 (31 août)

Phelippe, par la grâce de Dieu duc de Bourgoingne, de Lothier, de Brabant et de Lembourg, conte de Flandres, d'Artois, de Bourgoingne, palatin de Haynnau, de Hollande, de Zellande et de Namur, marquis du Saint-Empire, seigneur de Frise, de Salins et de Malines, à tous ceulx qui ces présentes lectres verront, salut. Savoir faisons que de et sur plusieurs poins et articles cy après déclairez touchans les privileges, franchises et libertez de notre ville et commune de Dijon, sur lesquels estoient meuz débaz et questions entre nostre procureur pour nous d'une part, et le procureur de nostre dicte ville d'autre part, est traictié et accordé par le moien de nostre très chière et très amée compaigne la Duchesse que tous lesdiz débaz et questions cessent du tout en là maniere qui s'ensuit.

Et premièrement pour ce que débat et procès estoient entre nous et nostre dicte ville. (*Voir le n° précédent.*)

Si donnons en mandement à nostre bailli de Dijon et à tous nos autres justiciers et officiers ou à leurs lieuxtenans présens et avenir et à chacun d'eulx si comme à lui appartendra que les traictiez et accors dessusdiz faiz sur les poins et articles cy dessus déclairiez, tiengnent, gardent et accomplissent et facent tenir, garder et accomplir de point en point selon leur forme et teneur sans faire ou venir ne souffrir faire ou venir en quelque manière que ce soit aucunement au contraire.

En tesmoing de ce nous avons fait mettre nostre seel à ces présentes. — Donné à Bar-sur-Aube le derrenier jour d'aoust l'an de grâce mil quatre cent quarante et trois.

Par Monseigneur le Duc, F. MILET.

Original : Archives de la ville de Dijon, B2, *Priviléges et franchises de la Commune.*

LXXVIII

Confirmation des priviléges de la ville par Charles, duc de Bourgogne.

1473-74 (janvier).

Charles par la grâce de Dieu duc de Bourgoingne, de Lothier, de Brabant, de Lembourg, de Luxembourg et de Ghelres, conte de Flandres, d'Artois et de Bourgoingne, palatin de Haynnault, de Hollande, de Zéllande, de Namur et de Zutphen, marquis de Saint-Empire, seigneur de Frise, de Salins et de Malines ; savoir faisons à tous présens et advenir, que aujourd'huy, en l'église et abbaye de monseigneur Saint Bénigne en ceste ville de Dijon, devant le grant autel d'icelle, Nous, les libertez d'icelles, franchises, immunitez, chartres, privileges, et confirmations d'icelles, donnez et octroyez par nos prédécesseurs ducs de Bourgoingne, que Dieu absoille, à nos bien amez les Maieur, eschevins, commune et habitans de nostre dite ville de Dijon, si comme elles sont escriptes es lettres desdits previleges, avons juré et promis devant Dieu, et aux saints Evangiles, tenir, garder, et observer fermement; et par noz officiers faire tenir, garder et observer, sans corrumpre, et sans jamais, par nous ne par autres, souffrir, ne faire venir à l'encontre. Et avec ce, les avons louhez et confermez, louhons et confermons par ces présentes, et voulons que nos héritiers et successeurs, et les ayans cause de nous, en nostre dit Duchié, les jurent semblablement, quand ils viendront premièrement au gouvernement d'iceluy Duchié, se requis en sont. Et lesdits Maieur, eschevins et habitans, lors estans en notre présence en ladite église, nous ont aussi promis et juré estre nos vraiz et loyaulx subjectz, et obéissans, et nous garder et faire garder, et rendre de tout leur povoir toutes noz droictures que nous avons en notre dite ville et banlieuë de Dijon, et nous rendre vraie et deheuë obéissance. Et affin que ce soit chose ferme et estable à tousjours, nous, en tesmoing de ce, avons fait mectre seel à ces présentes. Donné en ladite église de saint Bénigne, au mois de janvier, l'an de grâce mil quatre cent soixante et treize.

Par Monseigneur le Duc, J. GROS.

Vidimus reçu le 8 avril 1500-01 par J. Demongeu et Et. Martin, notaires de la chancellerie de Bourgogne. — Archives de la ville de Dijon, B2, *Priviléges et franchises de la Commune.* — Imprimé: dans Pérard, p. 382; — *Mémoire pour l'administrateur général des domaines contre les maire, échevins, etc., de la ville de Dijon*, 1786, in-folio.

LXXIX

Confirmation des priviléges de la commune par le roi Louis XI.

1477 (août).

Loys, par la grâce de Dieu, roy de France, savoir faisons à tous présens et avenir : Nous avoir reçeue l'humble supplication de noz bien amez les Maieur, eschevins, bourgeois, manans et habitans de notre ville de Dijon, contenant que pour raison de ce que ladicte ville est la ville capital et principalle du duchié de Bourgoingne, selon laquelle sont les autres villes dudit duchié réglées et poliées, elle a esté douée par cy devant, et d'ancienneté tant par nos très nobles progéniteurs roys de France, que par les Ducz, qui es temps passez, ont esté d'icellui duchié, de beaux, grans et notables previleiges, franchises, libertez, usaiges et immunitez ; et d'iceulx leur ont esté octroyées et donnees lectres et chartres autentiques, ainsi qu'il apartient et qu'il est requis et accoustumé de faire en tel cas, qui sont es arches et trésors de ladicte ville ; et entre autres ilz ont droit et previleiges de prendre, lever et exiger sur chacun habitant ou autre personne qui appelle du jugement du Maïeur de ladicte ville ou de son lieutenant, et il est dit mal appelé, cinq solz tournois, et les deniers appliquer au prouffit d'icelle ville ; et aussi ont droit d'ancienneté lesdits Maïeur et eschevins de povoir donner et bailler gardes particulières, soubz le scellé de ladicte mairie, à tous les manans et habitants de ladicte ville et autres, qui en requéroient, pour les faire exécuter en icelle ville, faubourgs et banlieue, desquels previleiges, franchises, libertez, droiz et usaiges lesdiz supplians ont joy paisiblement sans inquiétacion, ne interrupcion, excepté toutes voies dudit droit de lever lesdiz cinq solz sur les appelans, et de bailler lesdictes gardes, et d'aucuns autres poins mencionnez esdiz previleiges ; desquels ceulx qui ont le gouvernement des affaires de ladicte ville depuis bien longtemps en ça, par négligence ou autrement, n'ont usé ou par aventure, par la muctacion desdiz gouverneurs, qui tous n'ont pas été advertiz des droiz et previleiges dessus diz ou de la pluspart. Et doubtent que nos officiers, qui nouvellement sont de par nous en ladicte ville, les vueillent empescher en la joyssance d'iceulx previleiges, droiz, franchises et libertez, s'ils n'estoient de nous confermez et autorisez; humblement requérans sur ce notre grâce leur estre impartie. Pour quoi nous, ces choses considérées, inclinans favorablement à la supplication, et requeste desdiz Maïeur, eschevins, bourgeois, manans et habitans qui grandement et honnestement se sont conduiz et gouvernez envers nous depuis qu'ils se sont réduiz en notre obéissance (1), voulans par ce les traicter favorablement en leurs faiz et affaires, ausdiz supplians avons louez, ratiffiez, confermez et approuvez ; et par la teneur de ces présentes, de notre grâce espécial, plaine puissance et autorité royal, louons, ratifions, confermons et approuvons tous et chacuns, lesdiz previleiges, franchises, libertez, immunitez, droiz et usaiges à eulx donnez et octroyez par nosdicts prédécesseurs roys de France et par les ducs de Bourgoingne, jacoit ce qu'îlz ne soient cy dedans spéciffiez, exprimez, ne déclarez ; et voulons qu'ilz en jouissent et usent entièrement selon la forme et contenu d'iceulx previleiges, droiz, libertez et franchises et mesmement desdiz droiz de lever lesdiz cinq sols sur lesdiz appelans, de bailler lesdictes gardes, et de tous autres poins contenuz en iceulx. Si donnons en mandement par ces dictes présentes à noz amez et feaulx conseillers les gens qui tiendront notre parlement en Bourgongne, gens de notre conseil et de noz comptes audit Dijon, aux bailliz dudit lieu et à tous nos autres justiciers ou à leurs lieutenants présents et avenir, et à chacun d'eulx, si comme à lui appartiendra, et qui requis en sera : que si leur appert desdiz previleiges, droiz, franchises, libertez et immunitez, ils en facent, seuffrent et laissent lesdiz supplians joyr et user selon notre présent octroy, sans souffrir aucun destourbier ou empeschement leur estre fait, mis

---

(1) Ces lettres, de même que les deux suivantes, furent accordées à la ville en récompense du zèle que ses magistrats avaient montré en repoussant une sédition provoquée par les partisans de la princesse Marie, fille et héritière du dernier Duc. Louis XI, qui appréciait à sa valeur le service qui lui fut rendu en cette circonstance, ne marchanda point aux députés qui vinrent lui rendre compte du mouvement, aucune des demandes qu'ils formèrent. Les privilèges de la ville n'avaient encore reçu aucune sanction royale, Louis s'empressa, non seulement de les confirmer, mais il les rendit à la commune, dégagés de toutes les restrictions que la politique des ducs de Bourgogne y avait ajoutées. Le rusé monarque savait bien qu'il n'engageait pas l'avenir. L'année suivante, il y ajouta, par lettres datées d'Arras le 18 mai, le don de la moitié des confiscations et la concession des places communes.

ou donné au contraire, nonobstant l'interrupcion et discontinuacion dudit droit, ou devoir de cinq solz sur les appelans, de bailler lesdictes gardes, et que lesdiz supplians n'en aient joy ne d'aucuns autres poins et articles contenuz en leurs diz previleiges et libertez, que ne leur voulons nuire ne préjudicier, mais les en avons relevez et relevons de grâce espécial, par ces présentes. Et affin que ce soit chose ferme et estable à tousjours, nous avons fait mectre notre scel à ces dictes présentes ; sauf en autres choses notre droit et l'autruy en toutes. Donné à Thérouenne, au moys de aoust, l'an de grâce mil CCCC soixante dix sept, et de notre règne le dix septième.

Par le Roy, vous l'Arcevesque de Vienne (1), le conte de Saint-Paul (2), le sire de Cléry (3), Mre Guillaume de Cerisey (4), et autres présents.   P. PETIT.

Scellé du grand scel en cire verte à lacs de soie rouge et verte pendants.
Original : Archives de la ville de Dijon, B2, *Priviléges et franchises de la Commune.*

LXXX

Confirmation, par le roi Louis XI, du droit des magistrats de Dijon de faire inventaires et actes de justice dans la ville.

1477 (24 août).

Loys, par la grâce de Dieu, roy de France, au bailli de Dijon ou à son lieutenant, salut. De la partie de noz bien amez les Maïeur et eschevins de notre ville de Dijon, nous a esté exposé que jasoit ce que par previleiges à eulx donnez et octroyez par les ducs de Bourgongne, aucuns sergens ou autres officiers ne puyssent ou doivent faire aucun exploict de justice en ladicte ville et banlieue d'icelle, fors lesdiz Maïeur et eschevins, et leurs sergens, scribes, commis et dep-

---

(1) Angelo Cato, né à Sopino, duché de Bénévent, savant italien envoyé par les princes de la maison d'Anjou au duc de Bourgogne Charles, qui le retint à son service. Après la bataille de Morat, Cato quitta ce prince pour s'attacher à Louis XI, qui en fit son médecin, son aumônier, l'admit dans son conseil, et le nomma en 1482 archevêque de Vienne. (Comynes, édit. Dupont, I, 1.)

(2) Pierre de Luxembourg, comte de Saint-Pol, de Marle et de Soissons, fils du connétable de Saint-Pol, mourut le 25 octobre 1482. (Anselme, III, 728.)

(3) Guillaume Bische, natif de Moulins-Engilbert, seigneur de Cléry, premier maître d'hôtel du duc Charles, passa au service de Louis XI, qui le fit chevalier, conseiller, chambellan et gouverneur de Péronne.

(4) Guillaume de Cerisay, protonotaire et secrétaire du roi, greffier du Parlement de Paris, maire d'Angers en 1472.

putez; néantmoins aucuns officiers de justice, sergens et autres se sont par cydevant efforcez, et encore s'efforcent de jour en jour, de faire inventaire de biens en ladicte ville et banlieue, mectre sergens et officiers en garnison es maisons et autres lieux que bon leur semble, autres que les sergens et officiers desdictz exposans et faire exploictz réels et autres exploictz, qui à iceulx exposans ou leurs dictz commis et depputez appartiennent de faire, en entreprenant sur leurs droiz et previlleiges, iceulx corrompant et abolissant, et au très grant grief, préjudice et dommaige desdiz exposans, ainsi qu'ils dient, requérant sur ce notre provision. Pour quoi nous, ces choses considérées, voulans leurs previlleiges estre entretenuz, et gardez sans enfraindre, avons déclairé et déclairons, voulons et nous plaist par ces présentes, que en ensuyvant leurs diz previlleiges doresnavant aucuns officiers et gens de justice, de quelque povoir ou auctorité qu'ils usent, ne pourront faire inventaire de biens, mettre garnison en icelle ville, forsbourgs et banlieue, ne faire autres exploiz de justice, fors et excepté lesdiz exposans et leurs sergens, scribes, commis et depputez. Si vous mandons et commectons que notre présente déclaracion vous fetes publier, entretenir, garder et observer de point en point, selon sa forme et teneur, sans souffrir aucune chose estre faicte ou innovée au contraire. Car ainsi nous plaist il être fait, nonobstant quelxconques lettres surreptices impétrées ou à impétrer, à ce contraires. Donné à Thérouenne, le xxiii° jour d'aoust, l'an de grâce mil CCCC soixante dix sept, et de notre règne le dix septième.

Par le Roy. P. Petit.

Original : Archives de la ville de Dijon, C, *Juridiction de la Commune*. — Imprimé dans : *Mémoire pour les vicomte-mayeur, échevins, etc., de la ville de Dijon, contre les receveurs généraux du domaine*, 1774, in-4°.

LXXXI

Création, par le roi Louis XI, des six anciens échevins de la chambre de ville.

1477 (24 août).

Loys, par la grâce de Dieu roy de France, à tous ceulx qui ces présentes lettres verront, salut. Reçeu avons l'umble supplication de noz bien amez les Maïeur, eschevins, bourgeois, manans et habitans de nostre ville de Dijon, contenant que ladite ville est ville de communité, et en icelle, de tout temps et d'ancienneté a Maire et vingt eschevins, faisant en nombre vingt un personnes qui ont le gouvernement de la police de la ville, et des habitans et fréquentans en icelle; lesquels Maire et eschevins sont esleuz par chacun an, et muez à la fin d'icelui, le jour de la feste de la Nativité Saint Jehan Baptiste, ainsi qu'il est plus à plain contenu et déclaré es lettres de previleges, et création du colliege des ditz Maire et eschevins, par lequel previlege et création, les eschevins ne peuvent estre continuez d'une année en l'autre, mais doivent estre tous changez et muez en la fin de l'an. Et pour ce qu'il n'a esté par cy devant loisible à la dite communité de appeler ou retenir ou corps du dit colliege, pour être eschevins l'année en suivante, aulcuns de ceulx qui l'ont esté l'année précédente, plusieurs inconveniens, pertes et dommaiges sont advenus à la dite ville; parce que ceulx qui sont nouvellement mis en l'eschevinaige, n'ont pas eu, ne peu avoir congnoissance des fais, affaires, droiz, tiltres et previleges d'icelle ville; et souvent est advenu, que plusieurs choses encommancées par les Maire et eschevins de l'une année, ou poursuist pour le bien, prouffit et utilité de la chose publique de la ville, ont esté interrompues, discontinuées, perdues, délaissées, diverties ou changées par les Maire et eschevins de l'année subséquente; en quoy ont esté grandement diminuez et retardez les droiz de la dite ville, et le fait de la police, plus mal gouverné et administré. A ceste cause, et pour y obvier, et mectre la chose en meilleur ordre et police pour le bien de la chose publique, est besoing, et chose très nécessaire, mectre en eslection de l'eschevinaige et retenir ou nombre des vingt un eschevins, qui se debvront eslire chacune année, aulcuns d'eux qui l'auront esté l'année précédente. Mais ils ne l'oseroient faire, pour ce que pour la création du dit colliege est contenu le contraire; c'est assavoir que on ne pourra eslire les eschevins d'une année, pour estre eschevins en l'autre, s'ils n'avoient congié et licence pour ce faire. En nous humblement requérant, attendu l'évident dommaige et inconvénient qui est advenu et peut advenir à la dite ville, à la cause dessusdite, nous plaise leur impartir sur ce nostre grâce et provision convenable. Pour quoy nous, ces choses considérées, inclinans à la supplication et requeste desdits supplians, en faveur et pour considération des bons et loüables services qu'ils nous ont faiz, tant à la reddition de la dicte ville, que du duchié de Bourgoingne en nostre obéissance, voulant par ce les traicter favorablement, ausdiz supplians, avons octroyé et octroyons de grâce especial, par ces présentes, que doresnavant et à toujours en faisant l'eslection des futurs eschevins, le Maire qui lors sera, puisse, et luy loise, par l'advis et opinion des eschevins de l'année précédente, prendre, choisir et eslire jusques au nombre de six personnes et au dessoubs, telz que bon luy semblera, desdiz eschevins enciens, plus experimentez es besoingnes et affaires de la dicte ville, et iceulx mectre en et du nombre des diz vingt ung nouveaulx eschevins et du corps du dict colliege, affin de plus seurement savoir parler, et informer les diz nouveaulx eschevins, des besoingnes, affaires, et aussi des matières expédiées, conclutes et délibérées es années précédentes; nonobstant que par les lectres de previlege, et création du dit colliege, soit expressément contenu que les eschevins de l'une année ne pourront chévir en l'eslection, ne estre eschevins en l'autre année; que ne voulons deroguer, nuyre, ne préjudicier à leur création et previleges en autres choses; mais iceulx demeurer en leur force et vertu. Si donnons en mandement par ces dictes présentes à nos amez et féaulx conseillers, les gens qui tiendront nostre Parlement en Bourgoingne, gens de nostre grant conseil et de noz comptes à Dijon, bailly du dit lieu, et à tous nos autres justiciers et officiers, ou à leurs lieuxtenants présents et advenir, et à chacun d'eulx, si comme à lui appartiendra, que de nostre présente grâce et octroy ils fassent et seuffrent et laissent lesdiz suppliants joïr et user plainement et paisiblement, car ainsi nous plaist il estre fait. En tesmoing de ce, nous avons faict mettre nostre scel à ces dites présentes. Donné à Thérouenne le XXIV° jour d'aoust l'an de grâce mil CCCC soixante dix sept et de nostre règne le dix septième.

Par le Roy, vous l'Arcevesque de Vienne, le conte de Saint Pol, le seigneur de Cléry, maistre Guillaume de Cerisay et autres présens.

P. Petit.

Scellé en cire blanche à double queue de parchemin pendante.
Original: Archives de la ville de Dijon, B2, *Priviléges et franchises de la Commune*. — Imprimé dans Pérard, p. 390.

LXXXII

Seconde confirmation des priviléges de la ville par Louis XI, roi de France.

1479 (31 juillet).

Loys, par la grâce de Dieu roy de France; savoir faisons à tous présens et advenir, que aujourd'hui nous avons confermé, promis et juré sur les sains Evangiles, estans sur le grant autel de l'église de Sainct Bénigne de Dijon, tenir et garder fermement les libertez, franchises, immunitez, chartres, previleges, et confirmations d'icelles, donnéez et octroyées de noz devanciers ducz de Bourgoingne, au Maïeur, et aux eschevins et habitans de nostre dite ville de Dijon, si comme elles sont escriptes. Et aussi les diz Maïeur, eschevins et habitans de nostre dite ville, estans lors en notre présence, en la dite église, jurèrent qu'ils nous seront loyaulx subgez, et vrais obéissans, et garderont nostre personne, et touts noz droits, envers tous et contre tous. Et nous leur avons octroyé et octroyons par ces présentes, que noz hoirs et successeurs en nostre dit duchié de Bourgoingne, jureront et seront tenus jurer publiquement en ladite église de Sainct Bénigne de Dijon, en leur premier advénement oudit Duchié, qu'ilz garderont, et feront tenir et garder lesdites libertez, franchises, immunitez, chartres et previleges, et confirmations d'icelles, ainsi comme elles sont escriptes, et plus à plain contenues es lettres et chartres données de nos diz devanciers ducz de Bourgoingne, aux habitans de notre dite ville de Dijon. Et à ce faire et fermement tenir, et garder perpétuellement, nous obligeons espécialement et expressément, nous, nos hoirs, nos successeurs et tous ceulx qui auront cause de nous en nostre dit Duchié : Et promectons en bonne foy, lesdites choses tenir et fermement garder à tousjours mais, sans venir encontre par nous, ne par autres. Et affin que ce soit chose ferme et estable à tousjours, nous avons faict mectre nostre scel à ces présentes lettres. Donné en nostre dicte ville de Dijon, ou mois de juillet le dernier jour, l'an de grâce mil CCCC soixante dix neuf, et de nostre règne le dixneufviesme.

Par le Roy, le prince de Tharante (1), Vous l'evesque d'Alby (2), le prothonotaire de Clugny (3), les sires du Foux (4), du Bouchage (5), maistre Jehan Jacquelin, président de Bourgoingne (6), et plusieurs autres présens. J. DE CHAULMONT.

Visa contentor : J. TEXIER.

Original : Archives de la ville de Dijon, B2, *Priviléges et franchises de la Commune*. — Imprimé dans : *Ordonnances des Rois de France*, XVIII, 492 ; —*Mémoire pour les vicomte-mayeur, échevins, etc., de la ville de Dijon, contre les receveurs généraux du domaine*, 1774, in-4°.

(1) Frédéric d'Aragon, prince de Tarente, second fils de Ferdinand Ier, roi de Naples, succéda en 1496 à Ferdinand II, fils de son frère Alphonse II. En 1501, il fut dépouillé de ses Etats par Louis XII et Ferdinand-le-Catholique, roi de Castille, et mourut en France le 9 novembre 1504.
(2) Louis d'Amboise, évêque d'Alby, lieutenant-général du roi en Bourgogne, puis en Languedoc et en Roussillon, mourut en 1505.
(3) Guillaume de Clugny, conseiller, maître des requêtes des ducs Philippe-le-Bon et Charles-le-Téméraire, protonotaire du Saint-Siége apostolique, conseiller du roi, nommé évêque de Poitiers en 1479, mort vers 1480.
(4) Ivon du Foux, sénéchal du Poitou.
(5) Imbert de Batarnay, comte du Bouchage, seigneur d'Ornacey, conseiller et chambellan de Louis XI, mourut le 12 mai 1523.
(6) Jean Jacquelin, licencié ès-lois, conseiller des ducs Philippe-le-Bon et Charles-le-Téméraire, maître des

LXXXIII

Confirmation des priviléges de la ville de Dijon par Charles VIII, roi de France.

1491 (octobre).

Charles, par la grace de Dieu roy de France, savoir faisons à tous présens et avenir. Nous avons reçeu l'umble supplicacion de nos chiers et bien amez les Mayeur, eschevins, bourgeois, manans et habitans de nostre ville de Dijon, contenant que tant par nostre très chier seigneur et père que Dieu absoille, que autres nos prédécesseurs, roys de France et ducz de Bourgoingne, ont esté donnez, octroyez et confermez ausdiz supplians, plusieurs beaulx, droits, previleges, chartres, franchises, libertez, dons, concessions, octroys et immunitez, tant en justice haute, moyenne et basse en la dicte ville et banlieue que autrement, des quelz ensemble et plusieurs usances, coustumes et autres concessions et octroys à eulx pareillement octroyez et confermez, les diz supplians et leurs prédécesseurs ont joy et usé par cy devant. Toutesfois ilz doubtent que nos officiers et autres les voulsissent en la joyssance d'iceulx, ou d'aucuns d'eulx cy après, empescher et troubler, se par nous ilz n'estoient approuvez et confermez, en nous humblement requérant sur ce nostre grâce et libéralité. Pour ce est il que nous, considérant la bonne et grande loyauté, fidélité et obéyssance, que liz diz supplians ont tousjours eu à nostre dit feu seigneur et père et à nous depuis nostre advénement à la couronne de France, et qu'ilz démonstrent par effect de vouloir avoir plus que jamais. Pour ces causes, inclinans favorablement à la requeste à nous sur ce faicte par nostre amé et féal conseillier en notre grant conseil, maistre Phelippe Baudot, gouverneur de nostre chancellerie de Bourgoingne, pour et en nom des diz Mayeur, eschevins, bourgeois, manans et habitans de nostre dicte ville de Dijon, suppliant, et voulant et désirant les traicter bénignement en tout leurs affaires, nous, tous les diz droits, previleges, chartres, franchises, libertez, justice haute, moyenne et basse, dons, concessions, octroys et immunitez; ensembles, toutes usances et coustumes, dont les diz supplians et leurs prédécesseurs ont acoustumé de joyr et user par cy devant, jaçoit ce que autrement ilz ne

---

requêtes de l'hôtel de ce dernier, gouverneur de la chancellerie du duché de Bourgogne, désigné comme membre du Parlement de Bourgogne lors de la création de cette cour; il succéda en 1477 au premier président Jouard, et mourut en 1483.

soient cy spécifiez et déclarez, avons louhez, approuvez, confermez, aggréez et consentues; et par la teneur de ces présentes, de grâce espécial, pleine puissance et autorité royale, louhons, approuvons, confermons, aggréons et consentons, selon que les diz suppliants les ont par devers eulx, en leurs chartres et trésor. Et en tant que mestier seroit, de nostre plus ample grâce, en ensuivant les louables faits de nostre dict feu seigneur et père, et de nos diz autres prédécesseurs, les leur avons donnez, octroyez et concédez, donnons, octroyons et concédons de nouvel. Et voulons, et nous plaist que iceulx suppliants et leurs successeurs en joyssent doresnavant et à perpétuité suivant que par cy devant ilz en ont deuement joy et usé. Se aucuns exploits avoient et ont esté faits au contraire par nos gens et officiers ou autres personnes quelzconques, nous déclairons et n'avons entendu et entendons, qu'ilz puissent nuyre ne préjudicier aux diz Mayeur, eschevins, bourgeois, manans et habitans, ne à leur diz previleges, franchises, libertez, chartres, droits, coustumes, octroys, immunitez et usances dessusdiz, et joyssance d'iceulx. Mais voulons qu'ilz soient repputez pour non faiz et non avenuz, et les en avons relevez et relevons de grâce espécial par ces présentes. Si donnons en mandement par ces dictes présentes, à nos amez et féaulx conseillers gouverneur de nostre dicte chancellerie de Bourgoingne, le lieutenant de nostre très cher et bien amé chancellier, au bailly du dit Dijon, et à tous nos autres justiciers et officiers, ou à leurs lieutenants présents et advenir et à chacun d'eulx, que de nos présentes grâces, ratiffcacions, confirmacions, déclaracions, vouloir et don nouvel de à tout le contenu en ces présentes, facent, souffrent, et laissent les diz supplians et leurs successeurs joyr et user plainement et paisiblement sans destourbier ou empeschement. Et tout ce qui auroit esté ou seroit fait au contraire, le reparent et mectent ou facent reparer et mectre sans délay au premier estat et déhu. Et afin que ce soit ferme à tousjours, nous avons fait mectre nostre scel à ces présentes, sauf en autres choses nostre droit et l'autruy en toutes.

Donné à Laval au mois d'octobre, l'an de grâce mil quatre cent quatre vingt unze, et de nostre règne le neuviesme.

Original: Archives de la ville de Dijon, B2, *Privilèges et franchises de la Commune*. — Imprimé dans: *Mémoire pour les vicomte-mayeur, échevins, etc., de Dijon, contre les receveurs généraux du domaine*, 1774, in-4°.

LXXXIV

Vidimus et confirmation, par le roi Charles VIII, des priviléges accordés par ses prédécesseurs aux habitants de Dijon.

1491 (octobre).

Charles, par la grâce de Dieu, roy de France, savoir faisons à tous présens et avenir, nous avoir reçeu l'umble supplication de noz chiers et bien amez les Maïeur, eschevins, bourgeois, manans et habitans de nostre ville de Dijon, contenant que, tant par feu nostre tres chier seigneur et père que Dieu absoille, que autres noz prédécesseurs roys de France et ducz de Bourgoingne, ont esté donnez, octroiez et confermez ausdiz supplians, plusieurs beaulx, droiz, privileges, chartres, franchises, libertez, dons, concessions, octroiz et immunitez, tant en justice haute, moyenne et basse en ladicte ville et banlieue que autrement dont on dit la teneur estre telle.

[I.] Noverunt universi presentes et futuri. (*Voir Constitutions de la commune de Soissons à la suite du n° V, page* 15.)

[II.] In nomine sancte et individue Trinitatis. Amen. (*Voir n° V. page* 4.)

[III.] Odo, dux Burgundie, sciant universi tam presentes quam futuri. (*Voir n° XIX, page* 27.)

[IV.] Ego Odo, dux Burgundie, notum facio universis. (*Voir n° XX, page* 28.)

[V.] Ego Odo, dux Burgundie, notum facio universis quod a Waltero. (*Voir n° XXI, page* 29.)

[VI.] In nomine sancte et individue Trinitatis. Amen. Nos Robertus dux Burgundie. (*Voir n° XLVI, page* 48.)

[VII.] Loys, par la grâce de Dieu, roy de France, au bailly de Dijon ou à son lieutenant, salut. (*Voir n° LXXX, page* 109.)

[VIII.] Loys, par la grâce de Dieu, roy de France, savoir faisons à tous presens et avenir. (*Voir n° LXXXII, page* 114.)

Desquelz droiz, privileiges, chartres, franchises, libertez, justice haulte, moyenne et basse, dons, concessions, octroiz, immunitez dessus déclairez, ensemble de plusieurs usances, coustumes et autres concessions et octroiz à eulx pareillement octroiez et confermez, lesdiz supplians et leurs prédécesseurs ont joy et usé par ci-devant ; touteffois ilz doubtent que noz officiers et autres les voulsissent eu la joyssance d'iceulx ou d'aucuns d'eulx empescher et troubler, se par nous il n'estoient approuvez et confermez, en nous humblement requérant sur ce nostre grâce et liberalité. Pour ce est il, que nous considérans la bonne et grande loiaulté, fidelité et obéissance que lesdiz supplians ont tousjours eu a nostre dit feu seigneur et père et à nous depuis nostre advenement à la couronne de France et qu'ilz demonstrent par effect de vouloir avoir plus que jamais. Pour ces causes, inclinans favorablement à la requeste à nous sur ce faicte, par nostre amé et féal conseiller en nostre grant conseil, maistre Philippe Baudot, gouverneur de nostre chancellerie de Bourgoingne, pour et ou nom desdiz supplians et voulans et désirans les traicter bénignement en tous leurs affaires. Nous, tous lesdiz droiz, privileiges, chartres, franchises, libertez, justice haulte, moyenne et basse, dons, concessions, octroiz et immunitez dessus déclairez. Ensemble toutes usances et coustumes et autres droictures, privileiges, libertez, dons, octroiz et franchises que lesdiz supplians ont par devers eulx en leurs chartres et trésor, et dont ilz et leurs prédécesseurs ont accoustumé de joyr et user, jacoit ce quilz ne soient cy autrement spéciffiez et declairez, avons louez, approuvez, confermez, agréez et consentiz. Et par la teneur de ces présentes, de grace espécial, plaine puissance et auctorité royal, louons, approuvons, confermons, aggréons et consentons, et en tant que mestier seroit de nostre plus ample grâce et en suivant les louables faiz de nostre dit feu seigneur et père et de noz diz autres prédécesseurs, les leur avons donnez, octroiez et concédez, donnons, octroions et concedons de nouvel, et voulons et nous plaist que iceulx supplians et leurs successeurs en joyssent doresnavant et à perpetuité si avant que par cy devant, ilz en ont deuement joy et usé. Et s'aucuns exploiz avoient et ont esté faiz au contraire par noz gens et officiers ou autres personnes quelzconques, nous déclairons et n'avons entendu et n'entendons quilz puissent nuyre, ne préjudicier ausdiz supplians, ne à leurs diz privileiges, franchises, libertez, justice, chartres, droiz, coustumes, dons, octroiz, immunitez et usances dessus diz, ne à la joyssance d'iceulx. Mais voulons quilz soient réputez pour non faiz et non avenuz, et les en avons relevez et relevons de grâce espécial par ces présentes. Si donnons en mandement par ces dictes présentes, à noz amez et féaulx conseillers, le gouverneur de nostre dicte chancellerie de Bourgoingne, au bailly dudit Dijon et à touz nos autres justiciers et officiers ou à leurs lieuxtenans présents et avenir et à chacun d'eulx, que de nos présens grâce, ratiffication, confirmation, déclairacion, vouloir et don nouvel et de tout le contenu en ces présentes, facent, seuffrent et laissent lesdiz supplians et leurs successeurs joyr et user plainement et paisiblement, sans destourbier ou empeschement et de tout ce qui a esté ou seroit fait au contraire, le reparent et mectent ou facent réparer et mectre sans délay au premier estat et deu. Et afin que ce soit chose ferme et estable à tous jours, nous avons fait mectre notre scel à ces présentes, sauf, en autres choses nostre droict et l'autruy en toutes. Donné à Laval ou mois d'octobre l'an de grâce mil CCCC quatre vingt et unze, et de nostre regne le neufviesme.

Par le Roy, le conte de Ligney (1), le seigneur de Grimault, sénéchal de Beaucair (2), M° Philippe Baudot, gouverneur de la chancellerie en Bourgoingne (3), Guillaume Briçonnet, général des finances (4), et autres présens. BOHIER.

Scellé en cire verte à lacs de soie rouge et verte pendants.
Original : Archives de la ville de Dijon, B2, *Priviléges et franchises de la Commune*.

LXXXV

Lettres patentes du roi Charles VIII portant anoblissement des maires de Dijon.

1491 (octobre).

Charles, par la grâce de Dieu Roy de France, savoir faisons à tous présens et avenir, comme nous, considérans que noz chers et bien amez les bourgeois, manans et habitans en nostre ville de Dijon, qui est ville capitale de nostre pays et duché de Bourgoingne, en desmontrant la bonne et grande fidélité et loïaulté qu'ils avoient à feu nostre très chier seigneur et père, que Dieu absoille et à la couronne de France, furent ceulx qui au temps des divisions et guerres, estant au dit pays de Bourgoingne, premier se réduisirent en son obéissance, au moien de quoy les autres villes et lieux du dit pays plus aisiement et facilement se y réduisirent. Considérant aussi que depuis en ça, ilz se sont toujours demonstrez et de-

---

(1) Louis de Luxembourg, comte de Ligny, prince d'Andrie, grand chambellan de France, mort le 31 décembre 1503.
(2) Etienne de Vesc, chevalier, né en Dauphiné, valet de chambre de Charles VIII, puis chambellan, sénéchal de Beaucaire et de Nîmes en 1490, président à la chambre des comptes, duc de Nola, créé baron de Grimault, mort en 1501. (Comynes, édit. Dupont, II, 256.)
(3) Philippe Baudot, licencié en lois et en décrets, conseiller du duc Charles. Les services qu'il rendit au roi Louis XI, lors de la réduction de la Bourgogne, lui valurent l'office de gouverneur de la chancellerie du Duché et son admission au Conseil d'Etat.
(4) Guillaume Briçonnet; en 1493, il fut nommé cardinal-évêque de Saint-Malo, et mourut le 18 août 1513.

monstrent par effect nos bons et loiaulx obeyssans subgectz, sans jamais avoir varier. Voulant par ce aucunement remunérer nostre dite ville et les habitans d'icelle de la bonne affection qu'ilz eurent, en eulx réduisant à la dite obéissance de nostre dit feu seigneur et père et de nous, et les décorer d'aucune prérogative espéciale ainsi que aucuns nos prédécesseurs de bonne mémoire, ont autreffoiz fait à aucunes bonnes villes de nostre royaume; savoir faisons que nous à ces causes et autres justes considérations meuz, avons octroié et octroions ausdiz manans et habitans de ladite ville par prérogative, dignité et previllege espécial; que le Mayeur d'icelle ville, qui est à présent et ceulx qui seront pour le temps à venir à tousjours mais perpétuellement, soient et se puissent dès qu'ilz seront faiz et créez Mayeurs, eulx dire et porter nobles, et lequel Mayeur qui est à présent et ceulx qui seront cy après et chacun d'eulx avec leur famille, postérité née et à naistre en loial mariage. Nous de nostre certaine science, plaine puissance et autorité royal, avons dès maintenant pour lors perpétuellement anobly et anoblissons et voulons et octroions que le dit Mayeur qui est à présent et ceulx qui sont cy après, joyssent dès ci en avant de tous tels et semblables previleiges, franchises et libertez dont joyssent les autres nobles d'origine de nostre royaume, et les Mayeurs de noz bonnes villes de la Rochelle et Poictiers, et en oultre voulons et octroions que iceulx Mayeurs et chacuns d'eulx en leur dite postérité, soient en tous leurs actes en jugement et dehors à perpétuité, censez diz et reputez nobles et qu'ilz puissent prendre et recevoir de nous ou d'autres ayant puissance de leur donner l'ordre de chevalerie, acquérir et posséder fiefz et héritaiges nobles de quelques préeminance, dignité et aultre qu'ilz soient, tout ainsi qu'ilz pourroient faire, s'ilz estoient originairement nobles, nez et extraiz de noble lignée. Et aussi qu'ilz puissent acquérir et tenir pour et au nom et au prouffit de la dite ville choses nobles et de fied, sans ce qu'ilz soient, ne puissent estre contrains en vuyder leurs mains, ne pour ce payer à nous et à noz successeurs roys de France et ducs de Bourgoingne, aucune finance. Et laquelle finance, à quelque somme que elle peust monter, nous, en faveur et contemplation des choses dessus dictes et afin que iceulx habitans soient de plus en plus enclinés et curieux [de] nous servir et obeyr, leur avons et à tous leurs successeurs donné et quicté, donnons et quittons par ces présentes signées de nostre main. Et sans ce aussi qu'ilz soient tenuz aller ne envoyer en noz armées, bans et arrière bans, dont les avons exemptez et exemptons par ces ditz présentes, pourvu qu'ilz seront tenuz eulx emploiér à la garde et deffense de nostre dite ville en nostre obeyssance et à la seurté de nous et de nos successeurs roys de France. Si donnons en mandement par ces mesmes présentes à noz amez et féaulx gens de noz comptes à Dijon et général sur le fait de nos finances en Bourgoingne, au gouverneur de la chancellerie du dit Duché, bailly de Dijon et à tous magistrats, justiciers et officiers ou à leurs lieuxtenans présens et avenir, que de nos présentes, grâce, previlege, anoblissement, don, concession, octroy et de tout le contenu en ces présentes facent et seuffrent les diz habitans et leurs ditz Mayeurs et chacun d'eulx et leurs dictz postéritéz, perpétuellement et à tousjours joyr et user plainement et paisiblement sans destourbier ou empeschement, nonobstant quelsconques ordonnances, mandemens ou deffenses à ce contraires. Et affin que ce soit chose ferme et estable à tousjours, nous avons faict mectre nostre scel aux ditez présentes, sauf en autres choses nostre droit et l'autruy en toutes. Donné à Laval au mois d'octobre l'an de grâce mil CCCC quatre vingt unze et de nostre règne le neufiesme. — CHARLES.

Par le Roy, le comte de Ligney, le seigneur de Grimault, seneschal de Beaucaire, maistre Phelippe Baudot, gouverneur de la chancellerie en Bourgogne, Guillaume Briçonnet, général des finances, et autres présens. — BOHIER.

Visa contentor.

Scellé en cire verte, dont il ne reste que les lacs de soie rouge et verte pendants.
Original : Archives de la ville de Dijon, B2, *Priviléges et franchises de la Commune.*

LXXXVI

Lettres de surannation des lettres précédentes, accordées par le roi Louis XII.

1514 (18 décembre).

Loys, par la grâce de Dieu, roy de France, à nos amez et feaulx gens de noz comptes à Dijon, général ayant la charge et administration de noz finances en noz pays et duché de Bourgoingne, au gouverneur de la chancellerie de Bourgoingne, bailli de Dijon et à tous nos autres justiciers et officiers ou à leurs lieutenans, salut et dilection. Receue avons l'umble supplication de nos chers et bien amez lez manans et habitants de nostre ville de Dijon, contenant que dès le moys d'octobre l'an mil quatre cent quatrevings et unze, feu nostre très cher seigneur et cousin le roy Charles dernièrement trespassé, octroya ses lettres patentes cy attachez, soubz le contre scel de notre chancellerie, et combien que ces dites lectres fussent octroyées pour bonnes, justes et grans causes, et pour toujours tenir notre dite ville de Dijon qui est principalle de nostre pays et duché de Bourgoingne en bonne et grande auctorité de personnages, au bien et auctorité de nous et de noz successeurs, prouffit et utilité de la chose publique de nostre royaume : touteffois parceque lesdictes lectres ne vous ont encore esté présentées, ne d'icelles requis l'intérinement et qu'elles sont surannées, aussy qu'elles ne sont de nous obtenues, ains de nostre dit feu seigneur et cousin le roy Charles dernièrement trespassé; lesditz supplians doubtent que fissiez difficulté les recevoir à icelles vous présenter et de procéder à la veriffication et intérinement d'icelles, se par nous ne leur estoit sur ce pourvu de nostre grâce, provision et remede convenable, humblement requérant icelle. Pour quoy nous, ces choses considérées, inclinans à la supplication et requeste desdits supplians, desirans aussi ensuivyr le bon plaisir et vouloir de nostre dit feu seigneur et cousin, vous mandons, commandons et enjoingnons et à chacun de vous sur ce requis et si comme à luy appartiendra, que vous recevez lesditz supplians et lesquels nous voulons par vous estre receuz de grâce espécial par ces présentes à vous présenter lesdites lectres et à requérir la vériffication et entérinement d'icelle, tout ainsi que si elles estoient de nous obtenues et quelles fussent deans l'an et jour d'icelles, car ainsi nous plaist il estre faict, nonoshtant que, comme dit est, lesdites lectres soient surannées et qu'elles ne soient de nous obtenues. Donc, en tant que besoing seroit, nous avons lesdiz supplians relevez et relevons de grâce espécial par ces présentes et quelzconques lectres subreptices, impetrées ou à impétrer à ce contraires. Donné à Paris le xviii° jour de décembre l'an de grâce mil cinq cent et quatorze, et de nostre règne le dixseptiesme.

Par le Roy, ROBERTET.

Original : Archives de la ville de Dijon, B2, *Priviléges et franchises de la Commune*.

LXXXVII

Confirmation par le roi Charles VIII, de la qualité de vicomte, prise par le Maire de Dijon.

1491 (14 octobre).

Charles, par la grâce de Dieu, roy de France, à nos amez et feaulx gens de noz comptes à Dijon, au bailli de Dijon, et à tous noz autres justiciers et officiers ou à leurs lieutenans, salut. Noz chers et bien amez les Mayeur, eschevins, manans et habitans de nostre ville de Dijon, nous ont humblement fait exposer que pieça feu Robert, jadiz duc de Bourgoingne, nostre prédécesseur, transporta ausdits Mayeur, eschevins, manans et habitans pour bonnes et justes considérations, et par certaines conventions faictes entre eulx, confermés par notre prédécesseur roy de France, qui lors estoit, la viconté de Dijon, au moien de quoy, depuis les Mayeurs qui ont esté en ladite ville, ou les aucuns d'eulx se sont par bien longtemps ditz, portez et nommez vicontes Maïeurs dudit Dijon, en leurs actes, tiltres et criz, et encores es mesmes cris et publications qui se font en ladicte ville, se portent et nomment telz. Toutesfoiz les anciens d'iceulx Mayeurs ont délaissé et discontinué de eulx nommer et intituler vicontes par leurs lectres et actes, et doubtent lesdiz exposans que si le Maïeur qui est à présent et autres qui seront ci-après en icelle ville vouloient eulx dire et nommer viconte en leurs lectres et actes, on les voulsist en ce troubler et empescher, jaçoit ce que tant nous, que feu nostre tres cher seigneur et père, que Dieu absoille, et autres noz prédécesseurs ayons confermé, loué et approuvé tous les priviléges, libertez, droits et franchises ausdits suppliants ci-devant octroiez, et que de nouvel leur ayons donné ; et par ce moien les frustrer dudit tiltre de viconte qui seroit leur grant intérest. En nous humblement requérant nostre grâce leur estre sur ce impartie. Pour ce est il que nous, considérant que ladite ville de Dijon est la capitale de nostre dit duché de Bourgoingne, et qui premier se tourna à vraie obéissance envers notre dit seigneur et père, et se sont tousjours démonstrez noz bons et loiaulx subjetz, voulant par ce qu'ils joyssent entièrement de tous les privileges et dons à eulx faiz et octroyés. Pour ces causes, eu sur ce advis et délibération, vous mandons, commandons et expressement enjoignons, et à chacun de vous, que se sommairement et de plain, il vous est apparu ou appert dudit octroy et don, et dudit transport fait aux dis exposans, et que autreffois ilz en aient joy et se soient portez et nommez viconte et encore facent en leurs criz ensemble de la confirmacion par nous faicte ausdits exposants de tous leurs dits privileiges, vous audit cas les faictes joyr dudit don, octroy et transport plainement et paisiblement. Et en ce faisant souffrez et permettez audit Mayeur de Dijon, présent et avenir, soy dire, nommer et intituler en ses lectres, actes et tiltres, viconte Mayeur de Dijon, ainsi que lesdits Mayeurs faisoient d'ancienneté. Le tout en ensuivant l'octroy et transport des susdites. Lequel voulons et déclarons sortir effect, sans soubz umbre de ladite discontinuacion, leur faire ou donner, ne souffrir estre fait ou donné aucun destourbier ou empeschement, car ainsi nous plaist il être fait, nonobstant que par cidevant aucuns Mayeurs ayant discontinuez d'eulx intituler vicontes en leurs dites lettres, actes et tiltres, comme dit est, que ne voulons nuyre ausdits exposans, mais les en avons relevez et relevons de grâce espécial par ces présentes et quelzconques ordonnances, restrinctions, mandemens ou deffences à ce contraires. Donné à Laval le xiii° jour d'octobre l'an de grâce mil CCCC quatrevingt et unze, et de notre règne le neufviesme.

Par le Roy, le conte de Ligney, le sieur de Grimault, sénéschal de Beaucaire, maistre Philippe Baudot, gouverneur de la chancellerie en Bourgoingne, Guillaume Briçonnet, général des finances et autres présents.   Bohier.

Scellé du grand sceau en cire blanche à simple queue de parchemin pendante.
Original : Archives de la ville de Dijon, B2, *Priviléges et franchises de la Commune.*

LXXXVIII

Confirmation des priviléges de la ville, par le roi Louis XII.

1498 (juin).

Loys, par la grâce de Dieu, roy de France, savoir faisons, nous avoir reçeu l'umble supplication de noz chiers et bien amez les vicomte Mayeur, eschevins, bourgeois, manans et habitans et commune de nostre bonne ville de Dijon, contenant que par noz prédécesseurs roys de France et ducs de Bourgoingne leur ont esté donnez et octroyez plusieurs baulx, droiz, previleiges, franchises, libertez, avec la justice haulte, moyenne et basse, mère, mixte et impère en ladite ville, faulbourgs et banlieue d'icelle et leurs appartenencez, ensemble la confection des inventaires, prinses de personnes de biens et faire touz autres exploits reelz, ensemble la congnoissance, décision, détermination et judication de touz cas, crymes et delitz qui se y commectent et adviennent par quelque personne que ce soit, ensemble de tous autres choses qui déppendent, touchent et concernent fait et matière de justice haulte, moyenne et basse, et plusieurs autres previleiges, coustumes, libertez, frainchises, exempcions et droictures, qui leur furent et ont esté confirmez par feu nostre très chier seigneur et frère le roy Charles que Dieu pardoint, et d'iceulx, ont tousjours joy et usé et encoires font de présent paisiblement. Lesquels supplians qui tantost après le trespas de nostre dit feu seigneur et frere, ont envoyé devers nous leurs depputés et ambassadeurs, pour nous rendre l'obéissance et subjection qui nous doivent et sont tenuz faire, nous ont supplié et requis que nostre plaisir soit leur confermer iceulx privileiges, justice, usaiges, coustumes, libertez, frainchises, exemptions et droictures et sur ce leur impartir noz grâce et liberalité. Pour ce est il que nous, considérant la bonne, grande et ferme loyaulté que lesditz supplians ont depuis leur réduction eue et demonstré par effect à nos ditz prédécesseurs Roys et à la coronne de France, sans y avoir espargner corps ne biens, voulant par ce les favorablement traicter et iceulx entretenir en leurs privileiges, justices, libertez, frainchises, coustumes, usaiges et droictures et pour autres considérations à ce nous mouvanz, à iceulx supplians avons confirmé, louhé, ratiffié et approuvé. Et par ces présentes de nostre certainne science, grâce especial, plaine puissance et autorité royal, confermons, louons, ratiffions et approuvons tout et chascuns lesdiz privileiges, justices, coustumes, usaiges, frainchises, libertez, exempcions et droictures à eulx octroyez et concedez par nos dis predecesseurs et dont ilz pourront faire et feront apparoir quant besoing sera, et desquels ils ont par cy devant et d'ancienneté deuement et justement joy et usé. Si donnons en mandement par ces mesmes présentes au bailli dudit Dijon et à tous noz autres justiciers ou à leurs lieuxtenans présens et advenir, et à chascun d'eulx si comme à lui appartiendra, que de nos présentes grâce, ratification, approbation et confirmation, ilz fassent, souffrent et laissent lesdis supplians et leurs successeurs joyr et user plainement et paisiblement sans leur faire, mettre ou donner ne souffrir estre frait, mis ou donné oires ne pour le temps advenir, aucun arrest, destourbier ou empeschement au contraire en quelques manière que ce soit. Lequel se fait, mis ou donné leur estoit, l'ostent et mectent ou facent oster et mectre incontinant et sans délay à plaine délivrance et premier estat et deu. Et pour ce que de ces présentes, l'on pourra avoir à besoingner en plusieurs et divers lieux, nous voulons que au vidimus d'icelles fait soubz seel royal, foy soit adjoustée comme au présent original. Et afin que ce soit chose ferme et estable à toujours, nous avons fait mettre nostre seel à ces dites présentes, saulf en autres choses nostre droit et l'autruy en toutes. Donné à Crespy en Valois au mois de jung l'an de grâce mil quatre cent quatre vingt et dix huit, et de nostre règne le premier.

Par le Roy, vous, l'arcevesque de Rouen (1), le seigneur de Baudricourt, mareschal de France (2) et autres présens.   COTEREAUL.

(1) Georges d'Amboise, évêque de Montauban en 1484, archevêque de Narbonne et de Rouen en 1493, créé cardinal en 1498. Il devint le premier ministre de Louis XII. Mort le 25 mai 1510.

(2) Jean, seigneur de Baudricourt, conseiller, chambellan du Roi, chevalier de son Ordre, gouverneur de Bourgogne, fut nommé maréchal de France en 1488. Il mourut le 11 mai 1499.

Vidimus reçu Freminet Michelin et J. Demongeu, notaires royaux en la chancellerie de Dijon, le 26 février 1499-1500. — Archives de la ville de Dijon, B2, *Priviléges et franchises de la Commune.* — Imprimé dans : *Ordonnances des Rois de France*, XXI, 46 ; — *Mémoire pour les vicomte-mayeur, échevins, etc., de la ville de Dijon, contre les receveurs généraux du domaine*, 1774, in-4°.

LXXXIX

Exemption du logement militaire, accordée par le roi Louis XII aux officiers municipaux de Dijon.

1498 (6 juin).

Loys, par la grâce de Dieu, roy de France, à tous ceulx qui ces présentes lectres verront, salut, savoir faisons à tous présens et avenir. Nous avons reçeu l'umble supplicacion de noz chiers et bien amez les vicomte Mayeur et eschevins, conseilliers, procureur, contreroleur, et scribe de nostre bonne ville de Dijon, contenant que journellement ilz sont occupez à nostre service et à l'excercice de la justice pour le bien de la chose publicque, de la dite ville et des manans et habitans d'icelle, sans en avoir ne soubstenir aucun prouffit, fors toutes peines et travail. Néanmoins, ilz doubtent que si par guerres ou autrement il nous plaisoit mectre en la dite ville en garnisons gens d'armes ou autres gens de guerre soient de noz ordonnances ou autres, on les en veuille charger et faire contribuer et fournir qui leurs soit charge et surcharge, et leur donner occasion de habandonner ledit service au grand dommage de nostre dite ville, de la dite justice et de la chose publicque d'icelle, si sur ce ilz ne sont pourveus de nostre grâce et remede convenable, si comme ils dient humblement requérans icellui. Pourquoy nous ces choses considérées et les bons et aggréables services que lesdits supplians ont fait du temps de nos prédécesseurs et la bonne fidélité et obéissance, laquelle ilz ont démonstrée avoir envers nos diz prédécesseurs, et espérons que le semblable feront et continueront envers nous. Pour ces causes et autres justes et raisonnables à ce nous mouvans de nostre certaine science, grâce espécial, plaine puissance et auctorité royal, avons exemptez et affranchis et par ces présentes exemptons et affranchissons iceulx supplians et leurs hostelz, maisons, demourances et manoirs, pour eulx et leurs successeurs, vicomte Mayeur et eschevins, conseilliers et procureur, contreroleur et scribe, présents et à venir durant le temps qu'ilz seront esdits offices et non autrement, de tous loigis et garnison de gens d'armes, contribucion et fournissement d'iceulx. Et voulons et nous plaist que doresnavant, ils en soient tenus francs, quittes et exempts, sans qu'ilz soient tenus d'en rien supporter, contribuer, fournir ne soubstenir, ne avoir aucuns des dites gens de guerre, soient de noz dites ordonnances ou d'autres en leurs dis hostelz, maisons, demourances et manoirs. Si donnons en mandement à nostre amé et féal conseillier et chambellan le sir de Baudricourt, chevalier de nostre ordre, mareschal de France, gouverneur, et nostre lieutenant général en noz pays de Bourgongne, au bailly de Dijon et à tous cappitaines et conducteurs de gens d'armes et de guerre, tant de noz ordonnances que ban, arrière ban, et de nostre artillerie, leurs lieuxtenants ou commis, et à chacun d'eulx, se comme à lui appartiendra, que de ces présentes grâces, exempcion et affranchissement, ilz facent, souffrent, laissent joyr et user plainnement et paisiblement les dits vicomte Mayeur, eschevins, conseillers, procureur, contreroleur et scribe, présens et à venir, durant le temps qu'ilz seront, desserviront esdits offices, sans leurs mettre ne souffrir mectre ne estre fait mis ou donné ores, ne pour le temps avenir aucun destourbier ou empeschement au contraire. Car tel est nostre plaisir. Et afin que ce soit chose ferme et estable à tousjours, nous avons fait mectre à ces dites présentes nostre seel.

Donné à Crespy en Valloys, le sixième jour de juing, l'an de grâce mil quatre cent quatre vingt et dix huit, et de nostre règne le premier.

Par le Roy, nous l'Arcevesque de Rouen, le sieur de Baudricourt, mareschal de France et autres présents. — D. Cotereau.

Visa contentor : Budé.

Scellé du grand sceau en cire blanche à double queue de parchemin pendante.
Original : Archives de la ville de Dijon, B2, *Juridiction de la Commune.* — Imprimé dans : *Ordonnances des Rois de France*, XXI, 44.

XC

Confirmation des priviléges de la ville de Dijon, jurée sur l'autel de Saint-Bénigne, par le roi Louis XII.

1501 (avril).

Loys, par la grâce de Dieu roy de France, savoir faisons, à tous présens et avenir, que, à nostre première, nouvelle et joyeuse venue et entrée en ceste nostre bonne ville de Dijon, en laquelle noz très chers et bien amez les Majeur, eschevins, bourgeois, manans et habitans de la dite ville, nous ont très honorablement et à grant joye et lyesse reçeus, comme leur souverain et naturel seigneur; nous avons confermé, promis et juré sur les saints Evangilles de Dieu, estant sur l'autel de Saint-Bénigne de Dijon, tenir et garder fermement les libertez, franchises, immunitez, chartres, previlleges et confirmacions d'icelles, données et octroiées de noz devanciers ducs de Bourgoigne, ausdits Mayeur, eschevins et habitans de nostre dite ville de Dijon, ainsi qu'elles sont escriptes esdites lettres et previlleges. Et aussi iceulx Mayeur et habitans de nostre dite ville, estans lors en nostre présence en la dite église, ont juré qu'ilz nous seront bons et loyaux subjets et vrais obéissans, et garderont nostre personne et tous noz droitz envers et contre tous, et en oultre, leur avons octroyé et octroyons par ces présentes que noz hoirs et successeurs en nostre dit duchié de Bourgoigne, après leur advenement ausdit Duchié, jureront et seront tenuz jurer publiquement en la dite église de Saint Benigne de Dijon leur garder et observer semblablement les dites libertez, franchises, immunités, chartres, previlleges et confirmacion d'icelles, à eulx données de noz devanciers ducs de Bourgoigne, en la forme et manière dessus déclarée. Et à ce faire et fermement tenir et garder, nous obligeons espécialement et expressément, nous, nos hoirs et successeurs, et ceulx qui auront cause de nous en nostre dit Duchié. Et promettons en bonne foy et parolle de Roy, l'entretenir à toujours, sans venir à l'encontre par nous, ne par autres en quelque manière que ce soit. Et affin que ce soit chose ferme et estable à tousjours, nous avons fait mectre nostre seel à ces dites présentes, sauf en autres choses nostre droit et l'aultruy en toutes.

Donné à Dijon, au mois d'avril, l'an de grâce mil huit cent et ung, et de nostre règne le quatrième.

Par le Roy, vous et autres présens. — GEDOYN.

Visa contentor : BUDÉ.

Scellé du grand sceau en cire verte dont il ne reste que les lacs de soie rouge et verte pendants.
Original : Archives de la ville de Dijon, B3, *Priviléges et franchises de la Commune.*

XCI

Concession du privilége et de l'exemption du droit de franc-fief (1), faite par le roi Louis XII aux habitants de Dijon.

1509 (octobre).

Loys, par la grâce de Dieu roy de France, savoir faisons à tous présens et avenir, nous avoir reçeu l'umble suplication de nos très chers et bien amez les viconte Mayeur, eschevins, bourgeoys et habitans de nostre bonne ville de Dijon, contenant que plusieurs villes de nostre païs et duché de Bourgongne, comme Ostun, Chaalon et Lengres, ont privilege, par lequel leur est permis d'acquérir et tenir en fied, choses féodales, censes et rentes sur icelles, en nous faisans par eulx le devoir de fied, et sans pour ce payer aucune finance. En nous humblement requérant par les dictz suplians, attendu que icelle ville de Dijon est ville capital et chef de nostre dict pays et Duché, que nostre plaisir soit leur octroyer semblable previlege et noz lectres patentes à ceste fin. Pourquoy nous considéré, inclinans libéralement à la suplication et requeste des dictz suplians, voulans et désirans leur subvenir en ceste partie, en faveur de la bonne loyauté qu'ilz ont toujours maintenue envers nous, et afin que la dicte ville soit toujours entretenue en bonne seureté et fortification soubz nostre obéissance, à iceulx et à chacun d'eulx pour ces causes et autres à ce nous mouvans, avons permis et octroyé, permettons et octroyons, et leur avons donné et donnons congié et licence d'acquérir, tenir et posséder en fied toutes telles terres, seigneuries et choses féodales, tout ainsi que personnes nobles ont acoustumé de faire, sans ce qu'ilz soient tenuz demander sur ce licence de nous, ne de noz successeurs ou d'autres quelz quelz soient, ne contrainctz à en vuyder leurs mains, ne pour raison de ce payer ou composer à aucune finance, et laquelle finance à quelque somme quelle se pourroit monter, nous leur avons, en faveur que dessus donnée, quittée et remise, donnons, quittons et remettons le tout de nostre certaine science, grâce espécial, plaine puissance et auctorité royal, par ces présentes signées de nostre main, pourveu qu'ilz seront tenuz de comparoir à noz ban et arrière ban, toutesfois et quantes qu'il sera crié et mandé, et nous servir ou fait

---

(1) Le franc-fief était un droit que payait le roturier pour acquérir ou conserver un fief.

d'iceulx selon la nature et valeur de leurs terres et aquisitions. Si donnons en mandement par ces mesmes présentes à noz amez et féaulx, les gens de noz comptes à Dijon, au bailli du dict lieu et à tous noz autres justiciers et officiers ou à leurs lieuxtenans présens et avenir, et à chacun d'eulx si comme à luy appartiendra, que du contenu en icelles ilz facent, souffrent et laissent les dictz supplians et chacun d'eulx joir et user plainement, paisiblement et à toujours perpétuellement, cessans et faisans cesser tous troubles et empeschemens au contraire. Car tel est nostre plaisir, nonobstant quelzconques ordonnances, restrinctions, mandemens ou déffenses à ce contraires. Et afin que ce soit chose ferme et establie à toujours, nous avons fait mectre nostre scel aux dictez présentes, sauf en autres choses nostre droict et l'autruy en toutes. Donné à Bloys au mois d'octobre, l'an de grâce mil cinq cent et neuf, et de nostre règne le douziesme.

Loys.

Par le Roy, le sieur de La Trémoille, gouverneur de Bourgongne et autres preseus. — Robertet.

Visa contentor : R. Guiot.

Scellé du grand sceau en cire verte à lacs de soie rouge et verte pendants.
Registrata in camera compotorem domini nostri Regis, Divione, libro chartarum, folio XXXVIe, et ibidem expedita secundum ipsius formam et tenorem, prout placet dicto domino nostro Regi. Actum XIII marcii ante Pascha, anno Domini millesimo quingentesimo nono nobis præsentibus. — Tabourot et Fremiot.
Original : Archives de la ville de Dijon, B3, *Privilèges et franchises de la Commune*.

XCII

Confirmation, par le roi Louis XII, du droit exclusif des magistrats municipaux de Dijon de faire exploits réels dans la ville et la banlieue.

1510 (29 novembre).

Loys, par la grâce de Dieu roy de France, à nos amez et féaulx les gens de nostre court de Parlement de nostre pays de Bourgongne séant à Dijon et à tous noz autres justiciers et officiers, ou à leurs lieuxtenants, et à chacun d'eulx, salut et dilection. De la partie de noz très chers et bien amez les vicomte Mayeur et eschevins de nostre bonne ville de Dijon, nous a esté humblement exposé que jaçoit ce que par privileges à eulx donnez et octroyez par noz prédécesseurs et par nous confermez, aucuns officiers et sergens de justice ne puissent ou doivent faire aucun exploiz réelz en la dite ville et banlieue fors les diz vicomte Mayeur et eschevins, leurs sergens et officiers, et que de ce ilz ayent tousjours joy et usé par cy devant en ensuivant leurs dits priviléges. Neantmoins aucuns officiers de justice, sergens et autres se sont parcidevant efforcez et encorres s'efforcent de jour en jour de faire plusieurs exploiz réelz en icelle ville et banlieue et autres exploiz qui appartienent d'estre faiz par iceulx exposants ou leurs dits sergents, commis et depputez, en entreprenant sur leurs droiz et privileges, iceulx corrompant et abolissant ou très grant grief, préjudice et dommage des dits exposans, ainsi qu'ilz dient, requérant sur ce provision. Pourquoy, nous ces choses considérées, voulant les dits privilleges d'iceulx exposans estre entretenuz et gardez sans infraindre, avons déclairé et déclairons vouloir et nous plaist de nostre certaine science et auctorité royal, par ces présentes, que doresenavant aucuns officiers de justice, de quelque povoir ou auctorité qu'ilz usent, soient sergens ou autres, ne pourront faire aucun exploiz réels dedans nostre dite ville et banlieue de Dijon, fors et excepté les dits exposans et leurs sergens, commis et depputez, ainsi qu'ilz ont fait parcidevant et font encores de présent en ensuivant leurs dits privileges, lesquels demoureront en leur force et vertu. Sy vous mandons et enjoignons, et à chacun de vous, que nostre présente déclaracion et volunté, vous faites publier et enregistrer en nostre dite court de Parlement et ailleurs que besoing sera, et le contenu garder et observer, et d'iceluy joyr et user les dis exposans de point en point, selon la forme et teneur de leurs dits priviléges et joyssance d'iceulx, et sans en ce leur faire mectre ou donner, ne souffrir estre fait, mis ou donné aucun destourbier ou empeschement au contraire. Lequel si fait mis ou donné leur estoit, mectez ou faictes mectre sans delay au premier estat et deu. Car ainsi nous plaist il estre faict, et aus dits exposans en faveur de la bonne loyauté et obeyssance qu'ilz ont tousjours maintenue et maintiennent encores, nous l'avons octroyé et octroyons de grâce espécial par ces dites présentes, non obstant quelzconques ordonnances et lecttres subreptices, impétrées ou à impétrer à ce contraires.

Donné à Bloys, le vingt neuvième jour de novembre, l'an de grâce mil cinq cens et dix, et de notre règne le treziesme.

Par le Roy, maistre Jehan Salat, maistre des requestes de l'ostel et autres présens. — ROBERTET.

Scellé du grand sceau en cire blanche à simple queue de parchemin pendante.
Original : Archives de la ville, C1, *Juridiction*. — Imprimé dans : *Mémoire pour les vicomte-mayeur, échevins, etc., de Dijon, contre les receveurs généraux du domaine*, 1774, in-4°.

XCIII

Ordonnance du roi François Ier, qui astreint tous les habitants de Dijon, sans distinction aucune, au guet et garde, et à l'impôt pour la fortification.

1514-15 (2 mars).

François, par la grâce de Dieu roy de France. A nostre très cher et très amé cousin et premier chambellan le seigneur de La Trémoille, nostre lieutenant général et gouverneur en noz pays et duché de Bourgongne, au bailly de Dijon et à tous noz autres justiciers ou à leurs lieuxtenans, salut et délection. L'umble supplication de noz chers et bien amez les vicomte Mayeur et eschevins de nostre ville de Dijon avons receue, contenant que par privillege et octroiz par noz prédécesseurs à la dicte ville octroyez, nulz des habitans d'icelle, fors le dict maire, ne sont exempts de faire guet et garde en la dicte ville et de contribuer aux fraiz et mises qui se font pour la fortiffication d'icelle, attendu quelle est en lieu limitrophe et par ce subjecte à grande garde et fortiffication, pour obvier aux surprinses et entreprinses des ennemis, et tellement que avec les plébeiens ont de toute ancienneté contribué aux dictz fraiz et mises, les gens d'église et nobles, habitans de la dicte ville. Ce néantmoins noz officiers estans et demeurans en la dicte ville et en grant nombre, qui sont ceulx qui ont les grands maisonnemens et biens en icelle ville, semblablement aucuns huissiers et autres officiers de nostre court de Parlement, gens de guerre, mortes payes et autres qui sont habitans tenant bouticles, ouvreurs et exerçans marchandises en la dicte ville soubz couleur de leurs dictz offices et estatz, se voulant exempter de faire les ditz guect et garde, et de contribuer aux dictz fraiz et mises qui se font pour la fortiffication de la dicte ville, qui est à la grande charge et foulle des autres habitans d'icelle ville, et plus seroit si par nous n'y estoit donné provision. En nous humblement requérant icelle, et sur ce vouloir faire déclaration de noz bon vouloir et plaisir. Pour ce est il que nous ce considéré, désirant la dicte ville estre maintenue en bonne sureté, et les réparacions et fortiffications pour ce nécessaires y estre faictes et entretenues, et en ce equalité estre gardée entre les habitans d'icelle selon raison et équité, en manière que les ungs ne soient plus foulez que les autres. Pour ces causes et autres considérations à ce nous mouvans, avons de nostre certaine science, grâce espécial, plaine puissance et auctorité royale, dit, déclaré et ordonné, disons, déclarons et ordonnons, voulons et nous plaise par ces présentes, que doresenavant tous les manans et habitans de la dicte ville, de quelque estat, qualité, condition et office qu'ilz soient, seront contribuables aux dictz guet, garde et fraiz qui se font et feront pour la garde, sureté et fortiffication de la dicte ville, tout ainsi que les gens d'église et nobles habitans de la dicte ville font et ont acoustumé d'estre, sans ce que soubs couleur de leurs offices, estatz, qualitez et conditions quelles quelles soient ne autrement, ilz s'en puissent dire ne prétendre exempts. Si voulons, vous mandons et très expressément enjoignons et à chacun de vous sur ce requis, que noz présentes déclaration et ordonnance vous entretenez et faictes doresenavant entretenir, garder et observer de point en point selon sa forme et teneur et qu'il est cy dessus déclaré, et à ce faire et souffrir contraignez et faictes contraindre tous ceulx qu'il appartiendra, et qui pour ce feront à contraindre par toutes voyes et manières douces et raisonnables et comme il est acoustumé de faire pour noz propres deniers et affaires, nonobstant quelzconques previlleiges qu'ils pourroient alléguer ou prétendre au contraire, oppositions ou appellations faictes ou à faire et lettres subretices impetrées ou à impetrer à ce contraires.

Donné à Paris, le deuxième jour de mars, l'an de grâce mil cinq cent et quatorze, et de nostre règne le premier.

Par le Roy, ROBERTET.

Scellé du grand sceau en cire blanche à simple queue de parchemin pendante.
Original : Archives de la ville, L, *Impositions*.

XCIV

Confirmation des priviléges de la commune par le roi François Ier.

1516 (mars).

François, par la grâce de Dieu roy de France, savoir faisons à tous présens et advenir, nous, avoir receu l'umble supplicacion de nos chiers et bien amez les viconte Mayeur et eschevins, bourgeois, manans, habitans et commune de nostre ville de Dijon, contenant que pour raison de la justice haulte, moyenne, basse, mère, mixte et impère en la dite ville, feurbourgs et banlieue d'icelle et leurs appertenances, ensemble de la confection des inventaires, prinses de personnes et biens, et de faire tous autres exploitz réelz, ensemble la congnoissance, décision, déterminacion et indicacion de tous cas, crimes et delictz qui se y commettent et adviennent par quelque personne que ce soit, ensemble de toutes autres choses qui déppendent, touchent et concernent, fait et matière de justice haute, moyenne et basse, et plusieurs autres droictures, usaiges, permissions, franchises, exemptions, octroiz, coustumes et libertez à eulx d'encienneté octroiez par noz prédécesseurs, leur furent par feu nostre très cher seigneur et beau père le roy Loys, dernier trespassé, que Dieu absoille, octroiées, ses lectres de confirmation, ensemble déclaracion, tant de leurs dictz droiz que sur la garde et contribucion des frais de la dicte ville, comme aussi sur la confection des inventaires et exploitz réelz qui se font en la dicte ville, ainsi qu'il est contenu es dictes lectres de nostre dict feu seigneur et beau père et de nous, desquelles la teneur s'ensuit.

Loys, par la grâce de Dieu roy de France, scavoir faisons à tous présens et advenir, etc. (*Voir le n° LXXIX, page* 109.)

Loys, par la grâce de Dieu roy de France, à noz amez et feaulx, les gens de nostre court de Parlement de nostre pays de Bourgongne, séant à Dijon, et à tous noz autres justiciers et officiers ou à leurs lieuxtenans, et à chacun d'eux, salut et dilection. De la partie de noz très chers et bien amez les vicomte Mayeur et eschevins de nostre bonne ville de Dijon, nous a esté humbement exposé, etc. (*Voir n° XCII, page* 131).

François, par la grâce de Dieu roy de France, à nostre très cher et très amé cousin et premier chambellan le seigneur de la Trémoille, nostre lieutenant général et gouverneur en noz pays et duché de Bourgongne, etc. (*Voir n° XCIII, page* 133).

Nous humblemement requérant à nostre advenement à la couronne, iceulx leur confermer et sur ce impertir nostre grâce. Pourquoy, nous ces choses considérées, mesmement la bonne et grande loyauté et vraye obéissance que les dictz supplians ont tousjours monstrée envers nous et noz prédécesseurs, inclinant libéralement à leur supplication et requeste, désirant iceulx favorablement traicter, les confermer en leurs droiz et en ensuyvir le plaisir et vouloir de noz prédécesseurs, les dictes lectres dessus transcriptes, et tout le contenu en icelles, ensemble tout et chacun leurs autres previlleges, exemptions, franchises, coustumes, usages, droictures, permissions et libertez à eulx octroiez par noz prédécesseurs, leur avons confirmez, louez, ratiffiez et approuvez, et par la teneur de ces présentes de nostre certaine science, grâce especiale, plaine puissance et auctorité royale, louons, confirmons, ratiffions et appreuvons pour en joyr et user par les dictz supplians et leurs successeurs à tousjours mes perpétuellement, plainement et paisiblement, tant et si avant qu'ilz en ont par cy devant deument et justement joy et usé, et qu'ilz en joyssent et usent de présent. Si donnons en mandement par ces dictez présentes à noz amez et féaulx conseillers, les gens tenant nostre court de Parlement et de noz comptes à Dijon, bailly de Dijon, et à tous noz autres justiciers et officiers ou à leurs lieuxtenants présens et advenir, et à chacun d'eulx si comme à luy appartiendra, que de noz présentes grâces, confirmation, ratification et approbation, ilz facent, souffrent et laissent les dictz supplians et leurs successeurs joyr et user plainement et paisiblement, sans leur mectre ou donner ne souffrir estre fait, mis ou donné ores ne pour le temps advenir, aucun destourbier ou empeschemens au contraire; lequel si faict, mis ou donné, leur avoit esté ou estoit, le leur mectent ou facent mectre incontinant et sans delay à plaine délivrance et au premier estat et deu. Et afin que ce soit chose ferme et estable à tousjours, nous avons faict mectre nostre scel à ces dictez présentes, saulf en autres choses nostre droit et l'autruy en toutes. Donné à Paris au mois de mars, l'an de grâce mil cinq cens et seize, et de nostre règne le troysiesme.

Par le Roy, à la relacion du conseil, DESLANDES.

Visa contentor, DESLANDES.

Scellé du grand scel en cire verte à lacs de soie rouge et verte pendants.
Original : Archives de la ville de Dijon, B3, *Priviléges et franchises de la Commune.* — Imprimé dans : *Mémoire pour les vicomte-mayeur, échevins, etc., de Dijon, contre les receveurs généraux du domaine,* 1774, in-4°.

XCV

Confirmation des priviléges de la commune par le roi François Ier.

1521 (août).

Francoys, par la grâce de Dieu roy de France, savoir faisons à tous présens et advenir, que à nostre première nouvelle et joyeuse venue et entrée en ceste nostre bonne ville de Dijon, en laquelle noz très chers et bien amez les vicomte Mayeur, eschevins, bourgeoys, manans et habitans de la dicte ville, nous ont très honorablement et à grant joye et liesse receuz comme leur souverain et naturel seigneur, nous avons confermé, promis et juré sur les saintes Evangilles de Dieu, estant sur l'autel de Saint Bénigne de Dijon, tenir, entretenir, garder et observer aux dictz vicomte Mayeur, eschevins et habitans de nostre dicte ville de Dijon, toutes et chacunes les chartres, privilleges, exemptions, franchises et libertez, par nos prédécesseurs roys et ducs de Bourgongne à eulx octroyés, et tout ainsi que depuis nostre advénement à la couronne leur ont esté par nous confirmez, et aussi icelluy vicomte et Mayeur estant lors en nostre présence en la dicte église pour luy et pour tous les autres manans et habitans de la dicte ville, a juré qu'ils nous seront bons et loyaulx, vrays et obéissans subjetz, et garderont nostre personne et tous noz droiz, envers et contre tous, et en oultre leur avons octroyé et octroyons par ces présentes, que nos hoirs et successeurs en notre dict duchié de Bourgongne, après leur advénement audit Duchié, jureront et seront tenuz jurer semblablement en la dicte église de Saint-Benigne de Dijon, leur garder et observer les dictes libertez, franchises, immunitez, chartes, privileges et confirmations d'icelles à eulx données de nos devanciers Roys et ducs de Bourgongne, en la forme et manière dessus déclarée, et à ce faire et fermement tenir et garder. Nous obligeons especiallement et expressement, nous, nos hoirs et successeurs, et ceulx qui auront cause de nous en nostre dict Duché, promettons en bonne foy et parolle de Roy l'entretenir à tousjours, sans venir à l'encontre par nous ne par autres, en quelque manière que ce soit. Et affin que ce soit chose ferme et estable à toujours, nous avons faict mectre nostre scel à ces dictes présentes, sauf en autres choses nostre droict et l'autruy en toutes. Donné à Dijon, au moys de avril, l'an de grâce mil cinq cent vingt et ung, et de nostre règne le septiesme.

Par le Roy, vous et autres présent : Robertet.

Visa contentor : Deslandes.

Scellé du grand sceau en cire verte à lacs de soie rouge et verte pendants.
Original : Archives de la ville de Dijon, B2, *Priviléges et franchises de la Commune.*

XCVI

Confirmation, par le roi François Ier, du droit de franc-fief accordé aux habitants de Dijon.

1521 (juin).

François, par la grâce de Dieu roy de France, à tons ceulx qui ces présentes lectres verront, salut. Reçeu avons l'umble supplicacion de noz très chiers et bien amez les viconte Mayeur, eschevins, bourgeoys et habitans de nostre bonne ville de Dijon, contenant que feu nostre très chier seigneur et beau père le roy Loys, derrenier trespassé que Dieu absoille, dès le moys d'octobre, l'an mil cinq cens et neuf, par ses lectres patentes en forme de chartre, permist, donna et octroya à iceulx supplians, et à chacun d'eulx, congé, licence et permission de acquérir, tenir et posséder en fief toutes terres, seigneuries et choses féodalles, tout ainsi que personnes nobles ont acoustumé de faire, sans ce qu'ilz fussent tenuz demander sur ce licence de nous ne de noz successeurs ou d'aultres, quelz qu'ilz fussent, ne contrains à en vuider leurs mains, ne pour raison de ce payer ou composer à aucune finance, laquelle, à quelque somme quelle se feust peu monter, nostre dict feu seigneur et beau père leur eust données, ceddées, quictées, transportées et délaissées pour les cause et ainsi qu'il est plus à plain contenu et déclairé en ses dictes lectres, lesquelles ont esté bien et deuement, leues publiées, enregistrées et vériffiées en nostre Chambre des Comptes, à Dijon, et aussi tous et chacuns leurs previlleges, exempcions, permissions et libertez, leur aient esté par nous bien et deuement confirmez, ratiffiez et approuvez depuis nostre advénement à la couronne, et combien que es fiefz, arrière fiefz et choses nobles et féodalles qu'ilz tiennent et possèdent, pourront tenir et posséder, ilz ne puissent estre troublez, molestez, ne empeschez, ne contrains à en vuider leurs mains, bailler par déclaration ne autrement, sinon en faisant les foy et hommages, droitz et devoirs, quand les cas y escherrent. Touteffoys au moyen de ce que certains commandemens ont esté puis naguères faiz de par nous, en vertu de certaines noz lectres de commission et mandemens à tous gens d'église, de main morte, non nobles, communaultez et autres tenant fiefz, arrière fiefz, de bailler par déclairation et de payer finance ou indemnité, et en vuider leurs mains, les dictz supplians doubtent que l'on les voulsit molester soubz couleur de noz dicte lectre, commission et mandemens qui seroit contrevenir au dict octroy et permission de nostre dict feu seigneur et beau père, deuement vériffié et enteriné comme dit est, nous humblement requérans sur ce nostre provision et remede convenable. Pourquoy nous ces choses considérées, mesmement la bonne, grande loyaulté et vraye obéissance que les dictz viconte Mayeur, eschevins, bourgeois et habitans de nostre dicte bonne ville de Dijon ont démonstrés envers nous et noz prédécesseurs, et mesmement depuis le dict octroy et permission à eulx faictes par nostre dict feu seigneur et beau père, de pouvoir tenir fiefz et choses nobles et féodalles comme personnes nobles, que les dictz supplians ont enduré; supporté et vertueusement soustenu le siége qui fut mis devant nostre dicte ville par les seigneurs des Ligues de Suisse et autres, lors ennemys de nostre dict feu seigneur et beau père, où ilz employèrent leurs corps et biens, tellement que leurs vertus et loyaultez au dict acte doyvent céder à perpétuelle mémoire. Nous ne voulans souffrir qu'ilz soient aucunement molestes, troublez ne empeschez, es dictz previlléges, octroy, permission et biensfaictz à eulx octroyez par nostre dict feu seigneur et beau père, mays en iceulx les entretenir, garder et observer à ce qu'ilz soient de plus tenuz, enclins et obligez tousjours continuer envers nous en grande loyaulté et vraye obéissance, pour ces causes et autres à ce nous mouvans et après ce que avons faict veoir par les gens de nostre conseil les dictes permission et octroy, faiz aux dictz visconte Mayeur, eschevins, bourgeois et habitans de nostre dict bonne ville de Dijon, de acquérir, tenir et posséder toutes terres, seigneuries et choses féodalles, tout ainsi que personnes nobles ont acoustumé de faire. Avons dict, déclaré, statué et ordonné, disons, déclarons, statuons et ordonnons que es dictes lectres, mandemens et commission par nous octroyées sur le faict des franz fiefz et nouveaux acquests ne admortissement, nous n'avons entendu et n'entendons les dictz viconte Mayeur, eschevins, bourgeois et habitans de la dicte ville de Dijon, en aucuns d'eulx, estre en icelle ne aucunes d'icelles compris, ne entenduz ores, ne pour le temps advenir, ains voulons et nous plaist de nostre certaine science, grâce espécial, plaine puissance et auctorité royal, que de la dicte permission et octroy, veriffication, et enterinement d'icelles, ilz et leurs successeurs, joyssent et usent à tousjours mais perpétuellement, plainement et paisiblement, selon leur forme et teneur. Si donnons en mandement par ces dictez présentes au bailly de Dijon ou à son lieutenant aux dictz commissaires qui ont esté ou seront de par nous establiz et ordonnez sur le faict des dictz admortissements, francs fiefz et nouveaulx acquestz, et à tous nos autres justiciers et officiers ou à leurs lieuxtenans présens et advenir, et à chacun d'eulx sur ce requis, et si comme à luy appartiendra, que nostre dicte présente déclaracion, statut et ordonnance ilz entretiennent, gardent et observent, facent entretenir, garder et observer, et du contenu en icelles ensemble es dict octroy et permission de nostre dict feu seigneur et beau père, facent les dicts visconte Mayeur, eschevins, bourgeois et habitans, et chacun d'eux joyr et user plainement et paisiblement à tousjours mais perpétuellement, sans leur mectre ou donner ne souffrir estre faict, mis ou donné ores, ne pour le temps advenir aucun arrest, destourbier, ne empeschement, lequel si faict, mis ou donné leur avoit esté ou estoit leur mectent ou facent mectre incontinant et sans delay à plaine délivrance. Car tel est nostre plaisir, nonobstant nos dictes lectres, commission et mandemens, et quelzconques ordonnances, mandemens, restrinctions ou déffences à ce contraires. En tesmoing de ce nous avons faict mectre nostre seel à ces dictes présentes. Donné à Dijon, le cinquiesme jour de jung, l'an de grâce mil cinq cens vingt et ung, et de nostre règne le septiesme.

Par le Roy, vous et autres présens. ROBERTET.

Original : Archives de la ville de Dijon, B3, *Priviléges et franchises de la Commune.*

XCVII

Confirmation des priviléges de la ville, par le roi Henri II.

1547 (décembre).

Henry, par la grâce de Dieu roy de France, savoir faisons à tous présens et advenir. Nous, avoir receu l'humble supplication de noz bien amez les visconte Mayeur, eschevins, bourgeois, manans et habitans de nostre ville de Dijon, contenant que par noz prédécesseurs Roys et ducs de Bourgoingne leurs ont esté donnez et confirmez certains beaulx previlléges, exemptions, franchises et libertez, desquelz ilz ont tousjours paisiblement joy et usé jusque à présent. Toutesfoiz ilz doublent que au moïen de trespas de feu de bonne mémoire, le Roy nostre très honorez seigneur et père, que Dieu absolve, et de nostre joieulx et nouvel advenement à la couronne, on les voulsist empescher en la jouissance des dictz previlleiges, franchises, libertez et exemptions, si par nous ne leur estoit sur ce pourveue de nostre grâce humblement requérant icelle. Pour ce est il que nous, inclinans à la supplicacion et requeste des dictz supplians, tous et chacuns les previlléges, exemptions, franchises et libertez, donnez, concedez et confirmez par noz prédécesseurs Roys et ducs de Bourgoingne aux dictz supplians, avons confirmez et approuvez, et par ces présentes de nostre grâce spécial, pleine puissance et auctoritez royal, confirmons et approuvons pour en joyr et user par eulx, tant et si avant et par la forme et manière qu'ilz en ont cidevant deuement et justement joy et usé et joissent encores de présent. Sy donnons en mandement par ces présentes à noz amez et féaulx conseillers les gens tenant nostre cour de Parlement et de nos Comptes à Dijon, au bailly du dict Dijon, et à tous noz autres justiciers et officiers ou à leurs lieuxtenans présens et advenir, et à chacun d'eux, si comme à luy appartiendra, que de noz présentes confirmation et approbation ilz facent, souffrent et laissent les dictz supplians joïr et user plainement et paisiblement, sans en ce leur faire mectre ou donner, ne souffrir estre faict, mis ou donner aulcuns destourbier ou empeschement au contraire, et lequel si faict, mis ou donné, leur avoit esté ou estoit, ilz le mectent ou facent mectre à plaine délivrance. Car tel est nostre plaisir, et afin que ce soit chose ferme et estable à tousjours, nous avons faict mectre notre seel à ces dictes présentes, sauf en autres choses nostre droict et l'autruy en toutes. — Donné à Fontaines-Bleaux, au mois de décembre, l'an de grâce mil cinq cent quarante sept, et de nostre règne le premier.

Par le Roy, MAHIEU.

Visa contentor : LEPICART.

Scellé du grand sceau en cire verte à lacs de soie rouge et verte pendants.
Original : Archives de la ville de Dijon, B3, *Priviléges et franchises de la Commune.* — Imprimé dans : *Mémoire pour les vicomte-mayeur, échevins, etc., de la ville de Dijon, contre les receveurs généraux du domaine,* 1774, in-4°.

XCVIII

Confirmation des priviléges de la ville, jurée à l'église Saint-Bénigne, par le roi Henri II.

1548 (juillet).

Henry, par la grâce de Dieu roy de France, sçavoir faisons à tous présens et advenir, que à nostre première nouvelle et joyeuse venue et entrée en cestre nostre bonne ville de Dijon, en laquelle noz très chiers et bien amez les vicomte Mayeur, eschevins, bourgeois, manans et habitans de la dicte ville, nous ont très honorablement et à grand joye et liesse receuz comme leur souverain et naturel seigneur, nous avons confirmé, promis et juré sur les saintes évangilles de Dieu, estant sur l'autel de Sainct-Benigne du dict Dijon, tenir, entretenir, garder et observer au dict vicomte Mayeur, eschevins et habitans de nostre dicte ville de Dijon, toutes et chacunes, les chartres, previlléges, exemptions, franchises et libertez par noz prédécesseurs Roys et ducs de Bourgoingne à eulx octroyez, et tout ainsi que depuis notre advénement à la couronne leur ont estez par nous confirmez, et aussi nostre chier et bien amé maistre Jehan Jaquot, seigneur de Couchey, maistre ordinaire en la Chambre de noz Comptes au dict Dijon et vicomte Mayeur de nostre dicte ville du dict Dijon, estant lors en nostre présence en la dicte église de Sainct-Benigne, pour luy et pour tous les aultres manans et habitans d'icelle ville, a juré qu'ilz nous seront bons et loyaulx, vrays et obéissans subjects, et garderont nostre personne et tous noz droicts envers et contre tous, et en outre leur avons octroyé et octroyons par ces présentes, que nos hoirs successeurs en nostre dict Duché, jureront et seront tenus jurer semblablement en la dicte église de Sainct-Bénigne du dict Dijon, leur garder et observer les dictes libertez, franchises, immunitez, chartres, privileges et confirmations d'icelles à eulx donnez de noz devanciers roys et ducs de Bourgoingne, en la forme et manière dessuz déclairée, et à ce faire et fermement tenir et garder, nous obligeons espécialement et expressément, nous, nos hoirs et successeurs, et ceulx qui auront cause de nous en nostre dict Duché, et promectons en bonne foy et parole de Roy l'entretenir à tousjours, sans venir à l'encontre par nous ne par aultres, en quelques manières que ce soit. Et afin que ce soit chose ferme et estable à tousjours, nous avons faict mectre nostre seel à ces dictes présentes, saulf en aultres choses nostre droict et l'autruy en toutes. — Donné à Dijon, au mois de juillet, l'an de grâce mil cinq cent quarante huict, et de nostre règne le deuxième.

Par le Roy, vous et autres présens. DUTHIER.

Visa contentor : LECHANDELIER.

Scellé du grand sceau en cire verte à lacs de soie rouge et verte pendants.
Original : Archives de la ville de Dijon, B3, *Priviléges et franchises de la Commune.* — Imprimé dans : *Mémoire pour les vicomte-mayeur, échevins, etc., de la ville de Dijon, contre les receveurs généraux du domaine,* 1774, in-4°.

XCIX

Confirmation, par le roi Henri II, du droit de la commune de Dijon d'élire ses magistrats.

1551-52 (4 avril).

Henry, par la grâce de Dieu roy de France, à tous ceulx qui ces présentes lettres verront, salut. Nos très chers et bien amez les manans et habitans de nostre ville de Dijon, nous ont faict exposer, que par contract anciennement faict avec noz prédécesseurs ducs de Bourgongne, leur compete le droit d'eslire chacun an et nommer à la police, régime et gouvernement de la dite ville, ung Maire qu'ilz appellent leur vicomte Mayeur, par l'authorité duquel toute justice, tant haute, moyenne que basse, leur est administrée en première instance, soubz nostre ressort du bailliaige du dit lieu et souveraineté de la cour de Parlement, establie par nous au dit pays de Bourgongne. Lequel Maire de toute ancienneté a le pouvoir de subdéléguer à l'exercice de la dite justice tel personnaige de qualité que bon luy semble, qui après estre approuvé par les eschevins de la dite ville, y faict toutes functions et exercices de justice, et jusques à présent a esté ce que dessus coutume en la dite ville, sans empeschement ny aucune contradiction. S'estans les dits exposans comportez en l'élection du dit Maire tousjours si prudemment, que n'est jusque à présent rien mesadvenu au gouvernement et régime de la dite ville qui puisse les rendre indignes de telle liberté. Attendu mesmement que par nous icelle liberté leur a esté confermée, solennellement stipulée et jurée à nostre joyeuse entrée d'icelle ville, et nonobstant, puy peu de temps en ça, il est advenu que aucuns particuliers du dit pays de Bourgongne se sont efforcez par surprinse faire entre eux taxes des officiers par nous de nouvel érigez, les ditz estatz de maire de Dijon et lieutenant d'icelluy, pour en iceulx estre par nous pourveuz et instituez, la quelle poursuicte, comme ont entendu les dits exposans, les dits particuliers continuent, au très grand préjudice des droits d'icelle ville, qui tient pour principale prérogative la dite élection, luy estant patrimoniale et par propriété adquise, et que l'abolition d'icelle feroit entrée de spolier icelle ville des facultez et biens dont elle est dotée, chose que nous ne vouldrions permecre advenir en la fœlicité des années de nostre règne, la vigueur duquel nous voulons employer à la deffense et tuition de noz fidèles subjetz, entre lesquelz les ditz exposans ne tiegnent pas petit lieu, pour la fidelité qu'ilz ont de tout temps demonstré en nostre endroit, comme ilz font, nous gardans et conservant à leurs propres coustz, labeurs et frais, nostre dite ville qu'est la capitale de nostre pays de Bourgongne, important à l'amplitude de nostre couronne, autant que chacun sçait. Pour ce est il que nous, inclinans à la supplication et requeste des dis exposans, leur voulans pourveoir de remède convenable, avons par ces présentes declairé et declairons que n'entendons aulcunement empescher ny diminuer la faculté desdites élections de Maire et nomination du lieutenant d'icelluy, ny rien faire pourquoy icelles élections et nomination ne soient continuées deuement et selon que est coutume, voulans que de ce ilz joyssent tant et si avant que leur est concedé par leurs dicts privileges et facultez, et qu'ilz ont bien et paisiblement fait jusques icy. Inhibant par ces présentes et déffendant à tous qu'il appartiendra, qu'ilz ne troublent, ne molestent lesdits exposans en la dite continuation de liberté et faculté, selon qu'ilz ont acoustumé d'estre, et les quelles inhibitions et deffenses voulons, si besoing est, par nostre premier huissier ou sergent sur ce requis, estre notiffiez, auquel mandons ainsi le faire particulièrement à touz que bon semblera ausdits exposans, si donnons en mandement par ces présentes à noz amez et féaulx les gens tenanz nostre cour de Parlement de Dijon, et à tous nos autres justiciers et officiers qu'il appartiendra, que de noz présentes déclaration, vouloir, et intention, et de tout le contenu cy dessus, ilz facent, souffrent et laissent les dits exposans et leurs successeurs joyr et user plainement et paisiblement, cessans et faisans cesser tous troubles et empeschements contraires. Car tel est nostre plaisir. En tesmoing de ce, nous avons faict mectre nostre seel à ces dites présentes. — Donné à Joynville, le quatrième jour d'avril, l'an de grâce mil cinq cens cinquante et ung, avant Pasques, et de nostre règne le sixiesme.

DE LAUBESPINE.

Original : Archives de la ville de Dijon, B3, *Priviléges et franchises de la Commune*.

C

Confirmation des priviléges de la ville, par le roi François II.

1559-60 (17 mars).

François, par la gràce de Dieu roy de France, scavoir faisons à tous présens et advenir, Nous, avoir receue l'humble supplication de noz chers et bien amez les viconte Mayeur, eschevins, bourgeois, manans et habitans de nostre ville de Dijon, contenant que par noz prédécesseurs roys de France et par les ducs de Bourgongne, leur ont esté donnez et octroiez plusieurs beaulx droictz, previleiges, exemptions, franchises, libertez, lectres de déclaration sur le faict du mesnaigement des deniers d'octroiz et communs de la dicte ville, pour estre employez aux fortifications, réparations, pavement, embellissemens, bien, utilité et proffict de la dicte ville, selon qu'ilz ont faict du passé, dont ils sont en ancienne possession et paisible joissance; toutesfois ilz doubtent que s'ils n'avoient noz lectres de ratiffication et confirmation pour nostre nouvel advénement à la Couronne, l'on leur voulsist donner empeschement, nous humblement requérant sur ce leur pourveoir et impartir nostre grâce. Parquoy inclinans à la supplication et requeste des dictz supplians, désirant iceulx favorablement traicter, les conserver en leurs droictz et ensuivre le plaisir et voulloir de noz prédécesseurs roys et ducs de Bourgongne, avons ratiffiez, confirmez et approuvez, et par ces présentes de nostre grâce espéciale, plaine puissance et auctorité royal, confirmons, ratiffions et approuvons iceulx privileiges et lectres de déclaration de poinct en poinct, selon qu'il est porté et contenu par iceulx ou coppye cy attachié soubz nostre contre seel, pour en joir et user par eulx et leurs successeurs tant et si avant, et par la mesme forme et manière qu'ilz en ont cy devant joy et usé et joissent encore de présent. Si donnons en mandement par ces présentes, à nos amez et féaulx conseillers les gens tenant nostre court de Parlement et de noz Comptes à Dijon, au bailly du dict Dijon, et à tous nos autres justiciers et officiers, ou à leurs lieutenans présens et advenir, et à chacun d'eulx, si comme à luy appartiendra, que de noz présentes confirmations, ratifications et approbations, ilz facent, souffrent et laissent joyr et user les dictz supplians et leurs successeurs plainement et paisiblement, sans en ce leur faire mectre ou donner, ne souffrir estre faict ou donné aucun destourbier ou empeschement au contraire; lequel si faict, mis ou donné leur avoit esté ou estoit, ilz les mectent ou facent mectre incontinant à plaine et entière délivrance. Car tel est nostre plaisir. Et affin que ce soit chose ferme et stable à tousjours, nous avons faict mectre nostre scel à ces dictes présentes, sauf en autres choses nostre droict, et l'autruy en toutes.

Donné à Amboise, le dix septiesme jour de mars, l'an de grâce mil cinq cens cinquante neuf, et de nostre règne le premier. — Dumesnil.

Par le Roy, Burgensis.

Visa contentor : Robillart.

Scellé du grand sceau en cire verte à lacs de soie rouge et verte pendants.
Original : Archives de la ville de Dijon, B3, *Priviléges et franchises de la Commune*. — Imprimé dans : *Mémoire pour les vicomte-mayeur, échevins, etc., de la ville de Dijon, contre les receveurs généraux du domaine*, 1774, in-4°.

CI

Confirmation des priviléges de la ville, jurée par le roi Charles IX sur l'autel de Saint-Bénigne de Dijon.

1564 (mai).

Charles, par la grâce de Dieu roy de France, à tous présens et advenir, salut. Scavoir faisons que à nostre première nouvelle et joyeuse venue et entrée en ceste nostre bonne ville de Dijon, en laquelle noz très chers et bien amez les vicomte Mayeur, eschevins, manans et habitans de la dicte ville, nous ont très honnorablement et à grande joye et liesse receuz comme leur souverain et naturel seigneur; Nous avons confermé, promis et juré sur les sainctz Evangilles de Dieu, estant sur l'hostel de Sainct-Bénigne du dict Dijon, tenir, entretenir, garder et observer aux dictz viconte Mayeur, eschevins, manans et habitans de nostre dicte ville de Dijon, toutes et chacunes les chartres, previlleiges, exemptions, franchises et libertez par noz prédécesseurs Roys et ducz de Bourgongne à eulx octroyez, et tout ainsi que depuis nostre advénement à la couronne leur ont esté par nous confirmez; et aussi nostre cher et bien amé M° Bénigne Martin, docteur en droictz, advocat en nostre court de Parlement et viconte Mayeur de nostre dicte ville de Dijon, estant lors en nostre présence en la dicte église Sainct-Bénigne, pour luy et pour tous les autres manans et habitans d'icelle ville, a juré qu'ilz nous seront bons et loyaulx, vrays et obéissans subgectz, et garderont nostre personne et tous noz droictz envers et contre tous, et en oultre leur avons octroyé et octroyons que noz hoirs et successeurs en nostre Duché jureront et seront tenuz jurer semblablement, en la dicte église de Sainct-Bénigne du dict Dijon, leur garder et observer les dictez libertez, franchises, immunitez, chartres, previlleiges et confermations d'icelles, à eulx donnez de noz devanciers Roys et ducs de Bourgongne, en la forme et manyère dessus declairé, et à ce faire et fermement tenir et garder, nous obligeons spécialement et expressément, nous, nos hoirs et successeurs, et ceulx qui auront cause de nous en nostre dict Duché, et promectons en bonne foy et parolles de Roy, l'entretenir à tousjours, sans venir allencontre par nous ne par aultres, en quelque manyère que ce soit. Et afin que ce soit chose ferme et stable à tousjours, nous avons faict mectre nostre scel à ces dictez présentes, sauf en autres choses nostre droict, et l'autruy en toutes.

Donné à Dijon, au moys de may, l'an de grâce mil cinq cens soixante quatre, et de nostre règne le quatriesme.

CHARLES.

Par le Roy, vous et autres présens. — DE L'AUBESPINE.

Visa. Contentor.

Scellé du grand scel en cire verte à lacs de soie rouge et verte pendants.
Original : Archives de la ville de Dijon, B3, *Priviléges et franchises de la Commune.* — Imprimé dans : *Mémoire pour les vicomte-mayeur, échevins, etc., de Dijon, contre les receveurs généraux du domaine,* 1774, in-4°.

CII

Confirmation, par le roi Charles IX, du privilége de franc-fief octroyé aux habitants de Dijon.

1573 (10 novembre).

Charles, par la grâce de Dieu roy de France. A nos amez et féaux les commissaires députez sur le fait des francs fiefz et nouveaux acquetz en noz pays et duché de Bourgongne, et à tous noz baillis, seneschaux, juges, ou leurs lieuxtenans, et chacun d'eux comme il appartiendra. Noz chers et bien amez les vicomte Mayeur et eschevins de nostre ville de Dijon, nous ont en nostre conseil remonstré combien que par les ordonnances et lectres des feuz Roys noz prédécesseurs, par eux et nous successivement confirmez, les bourgeois et habitans de nostre dicte ville aient toujours eu pouvoir d'acquérir, tenir et posséder en fiefz toutes telles terres, seigneuries et choses feudales que bon leur semble, ainsi que personnes nobles ont acoustumé faire, sans sur ce demander licence de nous ou noz successeurs, n'y estre contraints en vuyder leurs mains ou pour raison d'iceulx paier et composer à aucune finance et bailler déclaracion de leur terres ou acquisitions, et que nostre dicte ville ayt tousjours joy du dict privilege, et tous les bourgeois de temps immémorial. Touteffois, depuis l'expédition de noz lectres et commissions naguèrres à vous envoiées pour le faict des dictz francs fiefz et nouveaux acquetz, plusieurs noz officiers ont fait proceder par voye de saisie sur les seigneuries et terres nobles d'aucuns particulliers bourgeois de nostre dicte ville, à faute d'apporter devers eux les déclarations d'iceulx, suivant noz dictes lectres, et les injonctions à eulx faites par icelles, et ce au préjudice de leurs privileges et exemptions, en la jouissance desquelz ilz ont tousjours esté maintenuz et conservez, qui les a contraintz recourir vers nous et très humblement supplier, afin de ne demeurer privez de la grâce et immunité octroyée à nostre dicte ville, comme chef et capitale de nostre dict païs et duché de Bourgongne, leur impetrer noz lectres. Pour ces causes et en faveur de la loiauté que les dictz habitans on tousjours démonstré pour maintenir la dicte ville soubz nostre obéissance. Veu en nostre conseil, le vidimus cy attaché des lectres faisans mention du dict privilege donné à Blois, l'an mil cinq cens et neuf. Vous mandons et ordonnons, s'il vous appert que les dictz exposans aient bien et deuement joy de la dicte exemption et immunité jusques à présent, et qu'ilz y aient estés continuez et confirmez de règne en règne par noz prédécesseurs et nous, ou tant que suffire doive, en ce cas conservez les et maintenez en la dicte franchise et exemption, en laquelle nous les avons entretenuz et conservons par ces présentes, pour par eux en joïr à l'advenir, ainsi qu'ilz ont fait par le passé, sans enfraindre ny permettre que aucun empeschement leur soit mis ou donné au contraire, en vertu des lectres cy devant expédiées, et que nous ou noz successeurs pourront cy après faire expédier pour raison des dictz franz fiefz et nouveaux acquetz; lequel empeschement nous avons levé et ostons, et du contenu es dictez lectres excepté, et réservons les dictz habitans de nostre dicte ville de Dijon de nostre grâce spéciale, nonobstant toutes lectres, mandemens et déffenses à ce contraires. Car tel est nostre plaisir de ce faire, vous donnons pouvoir et mandement spécial.

Donné à Vitry-le-Français, le dixiesme jour de novembre, l'an de grâce mil cinq cens soixante-treize, et de nostre regne le treiziesme.

Par le Roy, en son conseil.
BRULART.

Scellé du grand sceau en cire blanche à simple queue de parchemin pendante.
Original : Archives de la ville, B4, *Francs-fiefs*.

CIII

Incorporation de la prévôté de Dijon à la Commune, ordonnée par le roi Henri III.

1579 (9 décembre).

Henry, par la grâce de Dieu roy de France et de Pologne, à tous ceulx que ces présentes verront. Suivant l'édit du mois de juillet mil cinq cent cinquante trois, fait par le feu Roy nostre très honoré seigneur et père, pour vendre et aliéner aucuns membres, partz ou portions de son domaine, vérifié en noz court de Parlement et Chambre des Comptes en Bourgongne, et par vertu des lectres patentes du vingt-deuxiesme septembre en suivant, portant le pouvoir des commissaires députez à l'exécution du dict édit; les dictz commissaires auroyent engagé, vendu et aliéné le vingt cinquiesme octobre au dict an, à maistre Guillaume Berbisey, lieutenant particulier du bailliage de Dijon et viconte Mayeur, Estienne Jacotot, Claude Berbisey, et maistre Laurent Tricaudet, eschevins de nostre dicte ville, pour eulx, leurs hoirs et aïans cause, à faculté de réachapt perpétuel, après les proclamations et solennités accoustumées, et sur l'estimation faite des trois années précédentes, la Prevosté de nostre dicte ville, la clergie d'icelle, et les trois francs marchiez qui y sont tenus chacun an, tant avant que après la Toussaint, en tout tel droit que noz prédécesseurs en ont joy et qu'ils nous competent et apartiennent (1). La dicte Prevosté et aultres choses dépendans

---

(1) La prévôté de Dijon, cette charge si importante avant l'institution de la commune et du bailliage, avait fini sous les derniers Ducs à n'être plus qu'un office subalterne, dont le titulaire avait pour mission le soin d'assurer l'exécution des sentences capitales, la juridiction des délits commis sur les chemins, la police des foires et marchés, encore lui était-elle disputée par les officiers municipaux, et enfin la vérification des poids et mesures.

de nostre recepte ordinaire du dict bailliage de Dijon, et qui estoient chacun an baillez à ferme, avec les austres fermes de nostre dict baillage, et ce moiennant la somme de cinq cent quarante six livres tournois, pour en joïr et percevoir les fruictz aux charges acoustumées, et à ladite faculté de réachapt, en leur rendant ou à leurs héritiers et aïant cause la dicte somme à une fois; depuis laquelle acquisition les dictz Berbisey et consorts ou ayant cause ont joy des dictes choses engagées, comme encores ilz en joissent sans aucun empeschement. Touteffois, nostre procureur au dict bailliage, le procureur sindic de nostre dicte ville et autres, nos officiers des juges inférieurs du dict bailliage ayans reçeu plusieurs plaintes des exactions, abus et malversations que chaque jour se commettent par les fermiers de la dicte prevosté, en ce qui est de la cognoissance des grands chemins, réparations et entretenement d'iceulx, pois et aunages de la dicte ville et de ce qui en dépend, en auroient naguères faict remonstrances au dict bailly de Dijon ou son lieutenant, et esté d'advis qu'ils seroient expédient et nécessaire pour nostre proffit et obvier aux dicts abus réunir la dicte juridiction suivant nos édits, sçavoir ce qui est de la cognoissance des grands chemins pour l'étendue du dict bailliage, à celle de nostre dict bailliage, et ce qui est de la banlieue de nostre dicte ville, à la juridiction de la mairie d'icelle avec les dicts marchez qui en dépendent, et pour ce faire rembourser les dictz acquéreurs de leur fort principal, suivant le consentement sur ce par eulx presté cy attaché soubz nostre contresel: offrant ledict sindic pour ce qui est de la dicte banlieue, tenir la dicte prevosté à mesme condition s'il nous plaisoit trouver bon faire imposer et lever, tant sur la dicte ville que villaiges du dict bailliage, ce que monte le dict engagement, à quoy les particuliers sont prestz à contribuer. Pour poursuivre laquelle union et les lectres nécessaires pour la dicte imposition, le dict bailly ou son lieutenant estimant la dicte union très utile et nécessaire, tant pour la conservation de noz droitz que à l'utilité publique à la dicte charge de réachapt auroit délégué vers nous. Pour ces causes, veu le contract de vente de la dicte prevosté, clergie et des marchez à nous apartenans en nostre dicte ville, ensemble le dict consentement et la requisition, tant de nostre dict procureur que du dict sindic

En un mot, la prévôté convertie en ferme et mise comme telle en délivrance, avait fini par être non seulement un rouage inutile, mais un obstacle gênant pour l'administration générale, qui tendait à chaque règne à se simplifier davantage. C'est alors que, de commun accord, la mairie et le bailliage demandèrent à s'en partager les attributions. Celui-ci se réserva seulement la juridiction sur les grands chemins, hors la banlieue de la commune, qui, elle, annexa le surplus aux droits de justice qu'elle possédait déjà. Toutefois, comme la prévôté était du domaine royal, et par consequent inaliénable, la ville, nonobstant le présent édit de réunion, fut obligée dans la suite de rétrocéder ses droits, qu'elle racheta aussitôt, et qu'elle finit par s'incorporer tout à fait sous Louis XIV, au moyen d'une taxe supplémentaire.

et autres noz officiers, de l'advis de nostre conseil, avons suivant noz éditz et ordonnance, uny et incorporé, incorporons et unissons par ces présentes de nostre plaine puissance et auctorité royal, la jurisdiction de nostre dicte prevosté de Dijon et clergie d'icelle, ensemble les marchez à nous apartenans en nostre dicte ville, engagez ainsi que dict est, pour estre et demeurer inséparablement à nostre dict domaine, comme ilz estoient avant la dicte aliénation. Et la dicte prevosté pour ce qui est de la cognoissance des grands chemins, pois et aunages, avons attribué et commis au siége du dict bailliage, pour l'estendue du dict bailliage, et ce qui est de la banlieue de nostre dicte ville à la jurisdiction de la mairie d'icelle, à la charge et non autrement du remboursement actuel aux dictz acquéreurs de la dicte somme de cinq cens quarante six livres par eulx paiée pour le fort principal de la dicte acquisition et des frais et loyaux coustz raisonnables qu'ilz monstreront avoir faict, liquidation d'iceulx préalablement faite par le dict bailly, laquelle somme de v^c xlvi livres et loyaulx coustz, ordonnons estre imposée sur tous les habitans de nostre dicte ville et villaiges du dict bailliage de Dijon, le fort portant le faible le plus justement que faire se pourra, et après paiés aux dictz acquéreurs, moiennant lequel remboursement avons les dictz viconte Mayeur et eschevins de nostre dicte ville de Dijon, subrogez et subrogeons en nostre lieu pour joyr de la dicte prevosté en ce qui sera de la banlieue de nostre dicte ville seulement, jusques au remboursement de ce qui aura esté paié de la dicte somme et frais pour la part des habitans de nostre dicte ville. Si donnons en mandement, à nos amez et féaux les gens tenans nostre Chambre des Comptes et au dict bailly de Dijon ou son lieutenant, que ces présentes, noz lectres d'union, ilz vérifient, facent lire et enregistrer, garder et observer, sans permettre qu'il soit contrevenu, contraignant tous ceux qu'il appartiendra à ce obéir par toutes voies de justice acoustumées, nonobstant opposition ou appellations quelzconques, pour lesquelles ne voulons estre différé. Mandons en outre, à noz amez et féaux conseillers, les trésoriers de France, généraux de nos finances en Bourgongne, que la dicte somme de cinq cens quarante six livres et frais sus dictz, ensemble ceulx qu'il a convenu faire pour l'impétration des présentes, que nous avons modéré à la somme de vingt cinq livres, ilz facent asseoir, imposer et lever sur tous les contribuables de nostre dicte ville et des villaiges ressortissans à la dicte prevosté, le fort portant le foible, et contraindre tous les cotisez au paiement de leurs taxes es mains de nostre receveur ordinaire du dict Dijon, lequel nous avons commis à la recepte et despence des dictz deniers, à la charge d'en tenir compte par chapitre à part et séparé, comme des autres deniers de sa charge, et ce par les voies et ainsi qu'il est acoustumé pour nos deniers et affaires, et ce qui proviendra de la dicte imposition facent employer au remboursement des dictz acquéreurs ou aiant cause par leurs simples quittances, rapportant lesquelles voulons ce que aura esté payé à ceste cause estre passé et alloué en la despence des comptes et rabatu de la recepte du dict receveur ou autre à qui se touchera, par les dictz gens de nos comptes à Dijon, auxquels ordonnons semblablement aussi le faire sans difficulté. Car tel est nostre plaisir, nonobstant aussi quelzconques ordonnances, mandemens, déffenses et lectres à ce contraires, pourveu toutesfois que la plus grande partie des dictz ressortissans aye à ce consenty ou consente, et que noz deniers n'en soient retardez. En tesmoin de ce nous avons fait mettre nostre scel à ces dictes présentes.

Donné à Paris, le neuviesme jour de novembre, l'an de grâce mil cinq cens soixante et dix neuf, et de nostre règne le sixiesme.

Par le Roy en son conseil.

CHAUDET.

Scellé du grand sceau en cire blanche à double queue de parchemin pendante.
Original : Archives de la ville, B5, *Prévôté*.

CIV

Articles de la capitulation arrêtée entre les députés de Dijon et le maréchal de Biron, pour la réduction de la ville sous l'obéissance du roi Henri IV, et ratification de ces articles par ce prince.

1595 (26, 27 mai et 23 juin).

AU ROI.

SIRE,

Les habitans de vostre ville de Dijon, vos très humbles et obéissans subjetz et serviteurs, assemblés par les depputés de tous les ordres et colleges d'icelle ville, suyvant les délibérations sur ce prinses, ont arresté et résolu recongnoistre vostre Majesté pour leur légitime Roy et souverain seigneur, estant bien marris que plustost ilz n'en ont peu faire démonstration et en rendre tesmoignage pour les raisons que vostre dite Majesté scayt trop mieulx, la suplient doncq les voulloir retenir et recongnoistre comme bons, fidelz et naturelz subjetz, et telz les maintenir en tous leurs droictz, franchises, libertés, dons, octroys et previleges, comme ont faict vos prédécesseurs, et particulièrement leur accorder les articles suyvanz, qu'ilz estiment estre nécessaires pour le bien de vostre service, conservation et manutantion de la dicte ville.

Le Roy n'ayant jamais rien tant désiré après son salut, que la réduction de ses sujectz à leur debvoir et tousjours eu les braz ouvertz pour les y recevoir avecques toutes les démonstrations qu'il a peu faire de sa bonté et clémence pour les y convier, oublye toutes choses passées et reçoyt les suplians en ses bonnes grâces, à la charge du serment de fidélité qu'ilz doibvent à Sa Majesté, et des submissions portées par ses éedictz telles que tous les bons et fidelles serviteurs et subjects les doibvent à leur Roy légitime et naturel.

1°

Premièrement, qu'il plaise à vostre Majesté déclarer que l'éedit de l'année mil cinq cens soyxante et dix sept, déclaration et ampliation d'icelluy en ce qui concerne l'exercice de la prétendue religion réformée n'aura lieu au ressort de vostre Parlement de Dijon, ains seulement la catholique, apostolique et romaine; attendu que difficilement il se trouvera en tout le dict ressort, aulcung qui veulle demander icelluy exercice, du moings le nombre en est sy petit qu'il n'est raisonnable le repost du publiq en estre troublé et alteré.

Il ne se fera aucun devoir que de la religion catholicque, apostolicque et romayne secrettement ou en publicque dans la ville, fauxbourgs et banlieue de Dijon, et pour le surplus il est remis à l'esdit de l'année mil cinq cens soixante dix sept, auquel le Roy ne peult déroger.

2°

Les eclésiastiques seront remis en la possession et jouissance de tous leurs biens, droitz et privileges, en ordonnant que tous ceulx qui les tiennent et occupent s'en départiront incontinant et leurs en délaisseront la libre possession et jouissance, et par ce que les dictz eclesiastiques, pendant les troubles, ont esté contrainctz, nonobstant le ravage faict de leurs biens, payer les décimes aux deux partis, dont toutefois ilz n'ont peu tirer quittance. Qu'il plaise à vostre Majesté les descharger des dictz décimes du passé, et pour l'advenir avoir esgard à leur soulagement et les exempter de la prestation d'iceulx pour le temps qu'il plaira à vostre Majesté.

Accordé pour les previlleges et la possession et jouyssance de tous les biens des suplians en quelque lieu qu'ilz soyent scituez ou assis, dont les lectres de main-levée nécessaires leur seront expédiées à commencer du jour de leur serment de fidélité et pour le regard des décymes, le Roy les leur accorde aussi pour tout le temps passé depuis l'année M V^e quatre vingts neuf jusques au jour de leur réduction en son obéissance, seullement pour ce qu'estant les deniers des décymes affectés au payement des rentes de la ville de Paris, Sa Majesté, par serment solennel qu'elle en a faicte, n'en peult disposer au préjudice des dictes rentes.

3°

Qu'il plaise à vostre dicte Majesté permettre que le college de la société des Jésuites, fondé par le feu sieur président Goudran en la dite ville de Dijon y sera conservé. Attendu qu'il est très nécessaire à toute la province, laquelle, par le moyen d'icelluy, reçoit en l'institution de la jeunesse une infinité de soulagement pour les fraictz qu'il conviendroit faire à l'envoyer ailleurs pour la dite institution, n'ayant le moïen de ce faire.

<small>L'arrest donné à Paris sur le faict des Jésuistes, avecq beaucoup de justice, considération et meurre délibération, tiendra; mais pour monstrer aux suplians combien Sa Majesté désire les grattifier, elle veult que le revenu confisqué sur les dictz Jésuistes soyt employé à l'entretennement d'un bon collége pour l'institution de la jeunesse à plus de piété et de debvoir à l'endroit de son Roy qu'elle n'estoyt par les dictz Jésuistes.</small>

4°

Que la mémoire de tout ce qui s'est dit, escript, faict et passé durant les troubles et par voie d'hostilité par les habitans de la dite ville et à l'occasion d'iceulx, soit à la prise des armes, entreprises faictes par les chasteaux, bourgs et places circonvoisines, forcement d'iceux, desmolitions, ruynes de maisons, fabrications de monnoyes, d'artillerye, boulletz, composition et achapt de poudres, prises et levés de deniers, imposition sur le vin, emprisonnement et detemption d'aulcungs, amendes jugées, prises et levées, ventes de meubles et aultres choses généralement quelconques, soit de l'ordonnance du Conseil d'Estat, de l'Union des catholique cy devant establi en la dite ville, Maire, eschevins que aultres commissaires particulièrement deputtés, tant sur les habitans d'icelle ville que au dehors, pour quelques causes et occasions que ce soit, encoire que le tout ne soit cy par le menu spécifié, sera entièrement extaincte et abolie, sans que l'on en puisse faire aulcune recherche à l'advenir, ains en demeurent tous les ditz habitans de la dite ville, tant en général que particulier, quittes et deschargés, et n'en pourront eulx, leurs vesves et héritiers, successeurs et ayant causes, en estre poursuivis, inquietés ny recherchés et touttes poursuites estans au contraire, soient declarées nulles et sans effect.

<small>Tout ce qui s'est faict et passé depuis le commencement de ces troubles à la prise des armes pour la Ligue en ceste ville, de tout ce qui se y est commis par acte d'hostilité et faict de guerre, soyt de l'ordonnance du Conseil d'Estat et l'Union des catholicques, cy devant estably en ladite ville, Maire, Eschevins ou aultres commissaires particulièrement députez, tant sur les habitants d'icelle ville que au dehors, demeurera ensepvely et comme non advenu, sans que cy après il s'en puisse faire aucune recherche pour quelque cause et occasion que ce soyt, fors et excepté pour l'assassinat commis en la personne du feu Roy et attemptat en celle du Roy à présent régnant.</small>

5°

Que tous arrestz donnés en la Cour du Parlement de Dijon, decretz, sentences et jugemens, contractz et aultres actes de justice donnés entre personnes de mesme party et entre tous ceulx qui auront volontairement contesté, tant à la dite Cour, Chambre des Comptes, que aultres juridictions de la dite ville durant les ditz troubles, sortiront effect, et qu'il ne sera faict aulcune recherches des exécutions de mort qui ont estés faictes, aussy durant le dict temps par aucthorité de justice, droit de guerre ou commandement des chefz.

Accordé.

6°

Seront restablis, remis et conservés, tous les habitans de la dicte ville, tant eclesiastiques, officiers, que aultres, de quelques qualités qu'ilz soient en tous leurs biens, dignités, offices et bénéfices, rentes, debtz, revenus quelzconques, en quelque part ou ressort qu'ilz soient assis ou dehus, nonobstant tous editz, dons, saisies, ventes, confiscations et déclarations qui en pourroient avoir estés faictes, soit en général ou en particulier, leurs en faisant plaine et entière mainlevée.

Accordé comme il est dict cy devant, depuis le jour de leur serment de fidélité et réduction en l'obéissance de Sa Majesté (1).

7°

Que les provisions d'offices obtenues du duc de Mayenne par mort ou résignation seront confirmées en prenant nouvelle provision de vostre Majesté sans payer finances.

Accordé pour les offices desquels l'exercice est nécessaire dans la dicte ville et dont les titulaires sont morts et les résignataires demeurans dans les villes en parti de la Ligue seullement et qui sont desjà receuz.

8°

Que les comptes rendus durant les dictz troubles pardevant vos officiers en la Chambre des Comptes au dict Dijon, qui y ont résidé, ne seront subjetz à révision, sinon en cas de l'ordonnance, comme aussy le semblable sera faict de tous les comptes rendus en la Chambre du Conseil de la dicte ville de tous deniers, tant ordinaire que extraordinaire.

Accordé (2).

(1) Un arrêt du Conseil d'Etat, rendu le 18 juillet en interprétation de cet article, déclara que les habitants jouiraient de la main-levée à eux accordée de leurs biens, rentes et revenus, dont les dons faits par le Roi, n'avaient été acquittés ni sorti effet, avant la réduction de la ville en son obéissance.
(2) Un autre arrêt du Conseil d'Etat, rendu le même jour en interprétation de cet article, décida que ceux

9°

Que les juges de la Cour de Parlement, Chambre des Comptes, Esleus du pays des trois Estats et aultres officiers, tant des judicatures que des finances, demeureront en la dicte ville de Dijon pour y faire leurs charges, comme ilz soulloient avant les troubles.

Accordé.

10°

Que tous debtz créés par obligations, constitutions de rentes par les colleges ou particuliers pour les affaires du pays concernant l'Union ou promesses des dictz Estats ou esleuz, tant pour payement de gens de guerre, levées d'iceulx, que pour fortifications et compositions de places fortes et personnes, munitions, et généralement pour toultes aultres choses concernant la dite Union des catholiques, ensemble pour les fraictz des depputtés, tant à la dicte Cour de Parlement que du bailliage du dict Dijon, ayant assisté à l'assemblée des Estats tenus à Paris en l'année mil cinq cens quatre vingtz et treize, seront pris, levés et acquittés par le dit pays, à la descharge des obligés, et oultre remboursés des fraiz, intérestz et arrérages par eulx payés et suportés, qui seront jettés sur le dit pays le plus dilligemment que faire se pourra, et au plus tard deans trois ans.

Accordé pour les debtes créés et obligations passives pour les affaires du pays tenu par les officiers et serviteurs de Sa Majesté que par ceux du party de l'Unyon, et quant aux fraiz des députez pour se trouver en l'assemblée de Paris, le Roy en a remis la décision aux prochains Estatz généraulx qui se tiendront pour les charges et affaires de son pays et duché de Bourgongne.

11°

Qu'il plaise à vostre Majesté quitter et exempter la dite ville de Dijon de toultes charges et impositions desquelles elle peut estre subjète et contribuable pour le temps et terme de neuf ans, luy quitter et remectre aussy ce quelle peult debvoir du passé de touttes cothes et impositions, depuis le commancement de l'année mil cinq cens quatre vingtz neufz, en considération de la nécessité et pauvreté où les diz habitans sont constitués.

Accordé pour tout le temps passé depuis l'anné M V° quatre vingtz neuf jusques au jour du dict serment de fidélité, et pour l'advenir Sa Majesté traitera les suplians le plus favorablement qu'il luy sera possible, et aultant que leur propre conservation et la nécessité des dictes affaires le pourra permectre.

---

des habitants qui avaient été pourvus, par le duc de Mayenne, d'offices vacants par mort ou résignation, les conserveraient sous la condition de prendre de nouvelles lettres de provision. (Archives de la ville, B9, Affaires de la Ligue.)

12°

Que les deniers d'octroy que la dite ville a obtenu des feuz Roys vos prédécesseurs, que Dieu absolve, seront pris et levés par la dicte ville pour le mesme temps et terme que celluy mentionné par les lettres en expédiées, sans qu'il soit besoing obtenir aultres provisions de vostre Majesté, que l'édit quelle luy plaira faire sur les presentz articles.

Seront expédiées lectres de confirmation d'octroy pour le temps et en la forme accoustumée, pour en jouyr par les supliants comme ilz en ont bien et deuement jouy par le passé, jusques au commancement de ces derniers troubles.

13°

Et pour ce que, par feu de bonne mémoire le roy Henry troiziesme, que Dieu absolve, avoit esté accordé à la dicte ville trois foires franches pendant la séance des derniers Estatz tenuz à Bloys, dont les expéditions et provisions n'ont estés levées, ny l'effect d'icelles poursuivy à l'occasion des dictz troubles ; plaira à vostre dite Majesté accorder à icelle ville les dictes trois foires franches l'année, qui dureront chacune ung mois, la première commancant au premier de febvrier, la seconde au premier de juing, et la dernière au huictième d'octobre, avec les pareils et semblables previleges et immunitez que ceulx attribués aux foires de la ville de Lion, et ce affin d'aulcunement réstablir le commerce à la dicte ville et réparer les pertes dommages qu'elle a souffert depuis les ditz troubles.

Le Roy ne peut à son grand regret accorder cet article, parce que se seroit ruyner sa ville de Lyon et contrevenir à ce que Sa Majesté lui a promis.

Faict et arresté par les deputés soubzsignés et les ditz articles veus, releus et approuvés en l'assemblée générale de tous les deputés des ditz corps et colleges de la dicte ville ce jourd'huy vendredy vingt sixiesme du mois de may mil cinq cens quatre vingtz et quinze.

Ainsi signé Desbarres, Nicolas de Montholon, Fremyot, Harviset et Fleutelot. Par ordonnance.

Signé, Martin.

Monsieur le maréchal de Biron, gouverneur du pays et duché de Bourgonne et lieutenant général pour le Roy en son armée, ayant veu les articles, promet à Messieurs de la ville de Dijon de les faire tous accorder à sa Majesté hors mis ceulx ou Messieurs de la Cour de Parlement de Paris ont donné arrest, asscavoir touchant l'édit de l'an mil cinq cens soixante et dix sept, et celluy des Jésuites, pour raison desquelz lorsque Messieurs de la Cour du Parlement de Bourgonne seront tous assemblés, le dict sieur Mareschal s'employera envers sa Majesté pour l'exécution de leur résolution. Bien leur promet le dict sieur Mareschal, qu'en la dicte ville de Dijon, n'y à quatre lieues à l'entour du dict lieu, il ne se fera aulcung exercice de la religion prétendue réformée. Les dictes promesses leur sont faictes à la charge que déans demain à midy ilz feront publier les edictz de sa Majesté, prendront l'escharpe blanche, marque ancienne des François, feront crier vive le Roy, recongnoistront et recepvront le dict sieur Mareschal comme gouverneur et lieutenant général au pays et duché de Bourgonne et en l'armée; ce faisant le dict sieur Mareschal leur offre toute ayde et assistance.

Faict à Chammaillot, le vingt septiesme jour de may mil cinq cens quatre vingt quinze.

BIRON.

Faict au camp de Dijon, le XXIII° jour de juing 1595. HENRY.

Original : Archives de la ville, B9, *Affaires de la Ligue*.

CV

Edit du roi Henri IV, portant ratification des articles de la capitulation pour la réduction de la ville de Dijon sous son obéissance.

1595 (juin).

Henry, par la grâce de Dieu roy de France et de Navarre, à tous présents et à venir, salut. Nous, estans toujours disposez depuis nostre advénement à cette couronne, de faire cognoistre à noz sujectz qui s'estoyent departiz de l'obeïssance du feu Roy décédé, nostre très honoré seigneur et frère, et la nostre, par le moyen des artifices et fauces persuasions de noz ennemys, combien leurs desseings estoyent eslongnez de la vérité et contraires à icelle; Dieu nous a tellement assisté en l'advancement de l'establissement de nostre auctorité en ce royaume, que les principales villes recongnoissans leurs erreurs et renonçans à leurs faulces impressions se seroyent remises en nostre obéissance, ayant secoué le joug soubz lequel elles avoyent esté asservies, pour jouyr du repos et bénédiction que sa divine bonté a accoustumé de départir à tous bons fidelles et obéissans sujectz, et dont nous avons faict jouyr tous ceux qui se sont ainsy recongneuz. Du nombre desquelz ont esté noz sujectz, habitans de nostre ville de Dijon, lesquels en intention, non seulement d'oublier toutes choses passées, mais aussy leur faire sentir les effets de nostre clémence et bonté, nous avons receuz et recevons en noz bonnes grâces, à la charge touteffoys du serment de fidelité qu'ils nous doibvent et des soubzmissions portées par noz édictz et déclarations, telz que tous bons et fidelles sujetz doivent à leur Roy naturel et légitime, et afin qu'ilz ayent d'aultant plus d'occasion cy après de se maintenir en nostre obéissance, inclinans libérallement à leur très humble suplicacion, avons dict, statué et ordonné, disons, statuons et ordonnons ce qui s'ensuyt, asscavoir qu'il ne se fera aucun exercice que de la religion catholicque, apostolicque et romayne, secrettement ou en publicq dans la ville, faulxbourgs et banlieue du dict Dijon ; que tous eclésiastiques seront remis en la possession et jouissance de leurs priviléges et de leurs biens, comme aussy les dictz habitans, en quelques lieux que iceux biens soyent scituez et assiz, et desquelz nous leur avons faict et faisons plaine et entière main"levée, pour par eux en jouyr à commencer du jour de leur serment de fidélité. Et en outre avons deschargé et exempté, deschargeons et exemptons ledit clergé de tout ce qu'il pourroyt debvoir des décimes, depuis l'année mil cinq cens quatre vingt neuf, jusques au jour de la réduction de la dite ville en nostre obéissance. Ordonnons que l'arrest donné en nostre court de Parlement de Paris, pour bonnes et justes considérations contre les Jésuistes tiendra et sortira son plain effect, et néantmoings désirans gratiffier en tout ce qu'il nous sera possible lesdis habitans, voulons et nous plaist que le revenu des biens confisqués par le dit arrest, soyt employé à l'entretenement d'ung college pour l'instruction de la jeunesse, à plus de piété et de debvoir à l'endroit de son Roy qu'elle n'estoit par les dits Jésuistes. Que tout ce qu'il s'est faict et passé depuis le commencement de ces troubles et la prise des armes pour la Ligue en la dite ville, et tout ce qui se y est commis par acte d'hostilité et faict de guerre soyt de l'ordonnance du Conseil d'Estat de la prétendue Unyon des catholicques, cy devant estably en la dicte ville, ou par les Maire et eschevins et aultres commissaires, particullièrement deputez, tant sur les habitans d'icelle ville que au dehors, demeurera ensevely et comme non advenu, sans que cy après il s'en puisse faire aucune recherche pour quelque cause et occasion que ce soyt, fors et excepté pour l'assassinat commis en la personne du feu Roy nostre dict seigneur et frère et attemptat commis en nostre personne. Voulons et nous plaist que tous arrestz donnez en la Cour du Parlement du dit Dijon, decrez, sentences et jugemens, contractz et aultres actes de justice faictz et donnez entre personnes de même party et entre tous ceux qui auront volontairement contesté, tant en la dite Court, Chambre des Comptes que aultres juridictions de la dite ville durant les dits troubles, sortiront leur effet, sans qu'il puisse estre faict aucune recherche des exécutions de mort qui ont esté faictes durant le dit temps par auctorité de justice, droict de guerre ou commandement des chefs. Remectons aussy tous les dits habitans en l'exercice de leurs estatz, charges et dignitez, offices et bénéfices, rentes et revenus quelzconques, en quelque part qu'ilz puissent estre assis, pour en jouyr par chacun d'eux, à commencer du jour de leurs dits serment de fidelité et réduction de la dite ville en nostre obéissance, nonobstant tous esdictz, déclarations et dons qui en pourroyent avoir esté faictz, tant en général qu'en particulier, que nous avons cassez et revoquez, cassons et révoquons par celluy, nostre présent édict, par lequel nous avons pareillement cassé et révoqué, cassons et révoquons toutes provisions d'offices expédiées par le duc de Mayenne, soit par mort, résignation ou autrement, et néantmoings accordé aus dits habitans pourveus d'offices dont l'exercice est nécessaire en la dite ville, et les titulaires et résignataires mortz et demeurans en icelle et aultres villes de leur party, les conserver et maintenir en la jouyssance des dits offices, en prenant nouvelles provisions de nous. Ordonnons, voulons et nous plaist que tous comptes rendus durant les dits troubles en nostre Chambre des Comptes du dit Dijon, ne seront sujetz à révision, si non au cas de l'ordonnance, comme ne seront aussy ceux qui ont esté renduz en la dite chambre du conseil de la dite ville, soyt des ordinaires ou extraordinaires. Voulons que tous officiers, tant de judicature que de finances, soyt de nostre Court de Parlement, Chambre des Comptes, esleuz des trois Estatz du pays, demeurent en ladite ville de Dijon pour y faire leurs charges, comme ilz faisoyent auparavant les troubles. Et pour ce, que tant noz officiers et serviteurs qui se sont maintenuz en nostre obéissance, que ceux qui ont suivy le parti de noz dits ennemys, ont esté contrainctz de s'obliger et créer plusieurs debtes pour les affaires du pays, des quelles il est bien raisonnable qu'ilz soyent deschargés, ordonnons que les sommes auxquelles se trouveront revenir les dites obligations et deptes faites pour le payement des gens de guerre, levée d'iceux, fortiffications et compositions de places fortes, munition de guerre, et généralement pour toutes aultres choses, soyent prises et levées sur le dit pays, à la descharge de ceux qui sont obligez, tant en principal, fraiz, intérestz, que arréraiges, et ce dedans trois ans au plus tard, et sans que en la dite assiete et levée qui sera ainsy faicte en vertu de noz lectres patentes que nous ferons expédier aus ditz habitans, on y puisse comprendre les fraiz qui ont esté faictz par les prétendus députez du dit party de l'Union, pour se trouver en l'assemblée de Paris, en ayant remis la décision aux prochains Estats Généraux qui se tiendront pour les charges et affaires de nostre dit pays et duché de Bourgongne. Et ayant esgard aux grandes pertes et ruynes souffertes par les dits habitans durant les dits troubles, désirans leur donner moyen de se pouvoir remectre, nous les avons quictez, deschargez et exemptez, quictons, deschargeons et exemptons de tout ce qu'ilz nous pourroyent debvoir de touts deniers, tant ordinaires qu'extraordinaires et impositions quelzconques, depuis le commencement de l'année mil cinq cens quatre vingt neuf, jusques au jour du serment de leur fidelité. Ne voulans qu'ilz soyent contraintz à aucuns payemens par noz receveurs ny aultres en aucune sorte et manière que ce soyt, ce que nous leur deffendons très expressément. Et pour leur donner tousjours d'aultant plus de moyen de pouvoir supporter les fraiz et despences qu'ilz sont contrainctz de faire chacun jour, leurs seront expédiées lectres de confirmation et continuation des octroys à eulx accordez de tous temps par noz prédécesseurs, pour en jouyr par les ditz habitans pour tel temps, et tout ainsy qu'ilz en ont bien et deuement jouy par le passé, jusques au commencement des derniers troubles. Si donnons en mandement à noz amez et féaulx conseillers, les gens tenant nostre Court de Parlement et Chambre des Comptes à Dijon, bailly et gouverneur du dit lieu ou son lieutenant, et à chacun d'eulx en droict soy, si comme à lui appartiendra, que cettuy nostre présent édict, ilz facent lire, publier et enrégistrer, et le contenu en icelluy, garder et observer de point en point selon sa forme et teneur, sans souffrir ny permectre qu'il y soit contrevenu en aucune sorte et manière que ce soyt. Car tel est nostre plaisir. Et afin que ce soit chose ferme et stable à tousjours, nous avons faict mectre nostre scel à ces présentes, sauf en aultres choses nostre droict et l'aultruy en toutes.

Donné à Dijon, au moys de juing, l'an de grâce mil cinq cents quatre vingtz quinze, et de nostre règne le sixiesme.

Henry.

Par le Roy,

Buzé. — Visa.

Scellé du grand sceau en cire verte à lacs de soie rouge et verte pendants.
Original: Archives de la ville de Dijon, B9, *Affaires de la Ligue*.

CVI

Confirmation des priviléges de la ville, par le roi Henri IV.

1595 (4 novembre).

Henry, par la grâce de Dieu, roy de France et de Navarre, à tous présents et à venir, salut. Noz chers et bien amez les vicomte majeur, eschevins, scindics, bourgeois, manans et habitans de nostre ville et commune de Dijon, nous ont faict entendre que suivant les priviléges à eulx conceddez par les feuz Ducs de Bourgongne, confirmez par nos prédécesseurs Roys, appartient à la dite ville, la haute justice, moyenne et basse, mère, mixte et impère, civille, criminelle et politique en icelle ville, faulxbourgs, banlieue et leurs appartenances, qui y est exercée par lesdicts Viconte Majeur et eschevins, esleuz chacun an par ladite communauté. Aussi la confection des inventaires, prinses de personnes et biens, et de faire tous exploits réelz; ont la congnoissance, décision et jugement en première instance de tous cas, crimes et délitz qui se commettent et adviennent par quelque personne que ce soit; comme aussi de ce qui deppend de la garde des portes, guet de la nuit, sûrté et services de la dicte ville, et de tous différendz qui en proceddent, soubz nostre auctorité, privativement à tous autres en l'absence du gouverneur et noz lieutenans généraulx en noz pays et duché de Bourgongue, dont les appellations desdites gardes et faicts d'armes ressortissent pardevant les dits gouverneurs et lieutenants généraulx et non ailleurs, et encore ont les dits exposans, droict et coustume que advenant le décès du Vicomte Majeur de la dite ville pendant l'année de son magistrac' les eschevins de la chambre d'icelle eslisent en son lieu et place ung homme digne et capable pour la continuation de la dite charge pour le reste de la dite année, et plusieurs autres franchises, exemptions, octroys, coustumes et libertez à eulx d'ancienneté comme dit est octroyez et confirmez, ainsi qu'il est contenu et déclaré par les coppies cy attachées soubz nostre scel. Nous suppliant très humblement leur vouloir aussi iceux priviléges confirmer, et sur ce leur impartir nos lectres à ce nécessaires. Sçavoir faisons que nous désirons leur subvenir en ceste endroict, en considération de la grande loyauté et vraye obéissance que les dits supplians ont monstrée envers nous à la réduction de la dite ville; désirant iceux favorablement traicter, les maintenir et conserver en leurs droictz, en en suivant la volunté de noz dits prédécesseurs Roys, leur avons tous et chacun ez dits priviléges, exemptions, franchises, coustumes, usaiges, droictures, permissions et libertez, confirmez, louez, ratiffié et approuvé; et par ces présentes, de nostre certaine science, grâce spéciale, plaine puissance et auctorité royal, confirmons, louons, ratiffions et approuvons, pour en jouyr et user par les dits supliaus et leurs successeurs à tousjours, perpétuellement, plainement et paisiblement, ainsi qu'ilz en ont bien et deuement jouy et font encore à présent. Si donnons en mandement par ces présentes à nos amez et féaulx conseillers les gens tenaut nostre cour de Parlement et de noz comptes au dit Dijon, bailly du dit lieu ou son lieutenant, et à tous noz autres justiciers et officiers qu'il appartiendra, que de nos présentes grâce, confirmation, ratification et approbation, ilz facent, souffrent et laissent les dits supliaus et leurs successeurs, jouyr et user plainement, paisiblement et perpétuellement, sans leur mectre ou donner ores ne pour l'advenir aucun destourbier ou empeschement au contraire. Lequel si faict, mis ou donné leur avoit esté ou estoit, les mectent ou facent mectre incontinant et sans délay à plaine et entière délivrance et au premier estat et deu. Car tel est nostre plaisir. Et afin que ce soit chose ferme et stable à tousjours, nous avons faict mectre nostre scel à ces dites présentes, sauf en autres choses nostre droit et l'autruy en toutes. Donné à Paris, le quatriesme jour de novembre, l'an de grâce mil cinq cent quatre vingt quinze, et de nostre règne le septiesme.

Par le Roy, DE BAIGNEAULX.

Scellé du grand sceau en cire verte à lacs de soie rouge et verte pendants.
Original : Archives de la ville de Dijon, B3, *Priviléges et franchises de la Commune.*

CVII

Edit de Montceau, rendu par le roi Henri IV, pour la pacification et la réduction de la ville de Dijon en son obéissance.

1596 (août).

Henry, par la grâce de Dieu, roy de France et de Navarre, à tous présens et à venir, salut. Depuis la mort du feu Roy, nostre très honoré seigneur et frère, dernier-décédé, et qu'il a pleu à Dieu nous appeler au gouvernement de cest Estat et couronne, noz actions ont assez faict congnoistre à ung chacun le désir que nous avons tousjours eu d'y restablir ung bon et assuré repos et faire cesser les troubles et divisions que le malheur des guerres passées avoit apporté avec soy. Et comme, pour y parvenir, nous avons non seulement employé toutes noz forces et l'assistance de noz bons et loyaulx subjects et serviteurs, mais aussi par toutes espèces de bontés et clémence, tasché d'attirer noz subjets à la recongnoissance que naturellement ilz nous doibvent et dont ilz avoient été distraictz. En vain nous nous fussions mis en peine d'en venir à bout, s'il n'eust pleu à sa divine bonté prendre en sa spécialle protection la deffense de nostre juste cause et mettre au cœur d'infiny nombre de noz bons vassaulx et subjetz de recongnoistre le debvoir auquel ilz nous sont naturellement obligez comme à leur Roy et Prince légitime, ainsi qu'il est apparu en la réduction qui a esté faicte de la pluspart des villes de notre royaume soubs notre obéissance; lesquelles n'estant assubjecties à aucuns fortz, châteaux et garnison, se sont soy mesme portées à nostre recongnoissance; mais où la force a eu plus de lieu, il ne s'y est pas moings remarqué d'affection et résolution, lorsque l'occasion s'est offerte de faire parroistre l'intérieure fidélité qu'ilz avoient tousjours réservée en leur cœur, laquelle ilz n'ont laissé perdre; ains l'aprenant à propos, ilz n'ont manqué de secouer le joug, soubz la rigueur duquel ilz estoient asservis. Ce qui est d'aultant plus à louer et remarquer en noz subjetz des villes de nostre pays et duché de Bourgongne, entre austres en noz chers et bien amez les habitans de nostre ville de Dijon, lesquels combien qu'ilz se vissent enfermez parmi un bon nombre de chasteaux et fortes garnisons, mesme celuy de nostre dite ville, bandé contre eux, cela ne les ayant peu destourner de la recongnoissance de leur Roy, prirent enfin l'occasion de se mettre en liberté par l'approchement de nostre armée, lors conduite par nostre cher et bien amé cousin le maréchal de Byron, et à la faveur d'icelle et l'assistance d'icelluy nostre dit cousin, donnèrent par sa valeur et sage conduite establissement à nostre aucthorité et entrée à noz serviteurs en nostre dite ville. Mais comme la seulle espérance qu'ilz ont eu que nostre bonté et clémence les garantiroit et leur feroit oublier en peu de temps la mémoire des incommoditez passées, les a poussez à les rechercher; ne leur voulant icelle desnier, ains embrasser avec toutte la bienveillance possible, leur repos et conservation; nous avons voulu par cestuy nostre esdict perpétuel et irrévocable, ordonner ce que sur les articles des très humbles requestes et remonstrances qu'ilz nous ont par leurs depputez faict présenter, nous avons estimé estre à propos pour leur bien, soullagement et contentement. A ceste cause, de l'advis des princes de nostre sang et autres seigneurs et notables personnes de nostre Conseil estant à présent près de nous, avons dict, statué et ordonné, disons, statuons et ordonnons ce qui s'ensuit :

Premièrement, voulons, ordonnons et nous plaist par ces présentes qu'il ne se face aulcun exercice de relligion que de la catholique, apostolique et romaine en nostre dite ville, chasteaux et faulxbourgs de Dijon, ni en autres lieux circonvoisins deffenduz par l'éedit de l'an mil cinq cent soixante et dix sept et déclarations ansiennes pour l'exercice d'icelluy, deffendant très expressément à toutes personnes, sur les peines de nos ordonnances, de ne molester ny inquiéter les ecclésiastiques en la célébration des services divins, jouissance et perception des fruitz et revenus de leurs bénéffices, et de tous autres droitz et debvoirs à qui leur appartiennent, desquelz à ceste fin, nous leur avons faict et faisons plaine et entière main levée; par ces présentes, voulons et entendons que tous ceulx qui, depuis les présents troubles, se sont emparez des églises, maisons, biens et revenus appartenant aulx dits ecclésiastiques, et qui les détiennent et occupent, leur en laissent l'entière possession et jouissance. Et pour aulcunement récompenser les dits ecclésiastiques des pertes qu'ilz ont souffertes durant les guerres, nous leur avons faict don et remise de ce qu'ilz nous peuvent debvoir à cause des décymes, pour le passé seullement.

Aussi, pour plus ample déclaration de nostre bonne volonté à l'endroit de nostre dite ville de Dijon, l'avons remise, réintégrée et restituée, remettons, réintégrons et restituons et tous les anciens previlléges, droictz, concessions, octroiz, franchises, libertez et immunitez que cy devant luy ont esté accordez par les feuz Roys nos prédécesseurs, que nous luy octroyons de nouveau, continuons et confirmons, pour en jouir et user à l'advenir, ainsi qu'elle en a bien et deuement jouy par le passé, auparavant les présents troubles. Et pour oster toutes occasions de rechercher procès et querelles à l'advenir, à cause de ce qui est advenu durant les troubles, nous avons du tout à tousjours estainct, supprimé et aboly, estaignons, supprimons et abolissons par ces même présentes la mémoire de tout ce que, par le corps et communauté de ladite ville, en général et en particulier par tous et chacun les habitans d'icelle, de quelque qualité et conditions qu'ilz soient, a esté faict, dict, géré et négocié durant et à l'occasion des présents troubles, et le tout leur remettons et pardonnons comme s'il estoit cy pareillement exprimé. Faisant deffenses très expresses à tous nos justiciers, officiers et subjetz de les en rechercher, ny ceux qui par leur commandement se sont entremys, leurs successeurs et ayant cause des choses passées; imposant sur ce silence perpétuel à nos dits procureurs généraux, leurs substitutz présents et avenir, et autres noz ditz subjets. Et par ce moyen advouant et recongnoissant les ditz habitans, pour noz bons, fidelles et affectionnés subjetz, nous les avons prins et mis, prenons et mettons en nostre protection et sauvegarde spéciale, avec leurs femmes et familles, biens, moyens et facultez, et quand nous les avons remys et restablys, remettons et restablissous en la libre, paisible et entière jouissance d'iceulx, soient bénéffices, offices, charges, dignitez, dont ilz sont bien et deuement par nous ou noz prédécesseurs et autres, auxquelz il peut appartenir, pourveuz; héritages, rentes, revenus, debtes et arrérages deubz tant du passé que de l'avenir, noms, raisons et actions qui leur appartiennent. Révocquant pour cest effet tous dons, commissions, arrestz, sentances, jugements et tous autres actes et exploitz de justice qui peuvent avoir esté donnez au contraire. Voulant qu'ilz soient comme nous les déclarons nulz et de nul effet et valeur, les cassant et révocquant. Voulons en outre et ordonnons que tous arrestz, commissions et exécution d'icelles, décretz, sentances, jugements, contractz et autres actes de justice donnés entre personnes de mesme party, et entre tous ceulx qui auront volontairement contesté, tant en la court de Parlement, Chambre des Comptes, qu'autres juridictions de ladite ville, durant les dits troubles sortent effect et ne sera faict aulcune recherche des exécutions de mort, qui ont esté faictes aussi durant les dits temps par auctorité de justice, droictz de la guerre ou commandement des chefs.

Toutes provisions d'offices faictes par le duc de Mayenne demeureront nulles et de nul effet. Et néantmoings, ceux qui ont obtenu les dites provisions, par mort ou résignation de ceulx du mesme party, seront conservez esdits offices, par nos lectres de provision, qui sur ce leur seront expédiées sans payer finance.

Que les comptes renduz durant lesditz troubles, par devant les officiers de nostre Chambre des Comptes audit Dijon, qui y ont résidé, ne seront subjetz à révision, sinon en cas de l'ordonnance. Sera aussi faict le semblable pour les comptes rendus en la Chambre du Conseil, establiy en la dite ville pendant les dits troubles.

Et, pour remestre et restablir nostre dite ville en sa première dignité et splendeur, nous voulons et entendons que les siéges de nostre court de Parlement, Chambre de noz Comptes, Esleuz des trois Estatz de nostre dit pays de Bourgongne et autres officiers, tant de judicature que de finances, demeurent en ladite ville, pour y exercer leurs charges, comme ilz souloient avant les troubles.

Nous voulons aussi que toutes debtes crééez par obligations, constitutions de rentes par les colléges ou particuliers, pour les affaires du pays concernant l'Union ou promesse des dits Estatz ou Eleus, tant pour le payement des gens de guerre levées d'iceulx, que pour fortifications et compositions de places, munitions et générallement pour toutes autres choses concernant les affaires du Pays; ensemble les fraiz des depputez tant de ladite cour de Parlement que du bailliage dudit Dijon, ayant assisté à l'assemblée des Estatz tenuz à Paris en quatre vingt treize, seront preslevez et acquitez par le dit Pays, à la décharge des obligez et oultre remboursez des fraiz, intéretz et arrérages par eulx paiez, qui seront jettez sur le Pays le plus dilligemment que faire se pourra, et dans trois ans au plus tard.

Aussi pour donner moien auz dits habitans de se relever des grandes pertes et ruynes qu'ilz ont souffertes durant les guerres, nous avons à iceulx quicté et remys tout ce qu'ilz nous peuvent debvoir du passé, de toutes tailles, rentes et impositions depuis l'année mil cinq cent quatre vingt neuf, jusqu'au jour de leur réduction. Et pour l'advenir, durant neuf années prochaines ensuivant et consécutives, excepté toutesfois du taillon et la solde du prévost de noz chers et bien amez cousins les mareschaux de France.

Et afin de laisser quelques remarques à la postérité du contantement que nous avons de la pure et franche volonté, dont les habitans ont usé à nous recongnoistre, et pour d'aultant plus la décrier comme la capitalle de nostre dit pays et duché de Bourgongne, et affin d'aulcunnement restablir le commerce en nostre dite ville et adoucir les pertes et dommaiges qu'elle a souffertes pendant les troubles passés, nous avons ausdits habitans accordé trois foires, qui tiendront en icelle doresnavant par chacun an, scavoir la première commençant le premier jour de febvrier, la seconde le premier jour de juing, et la dernière le huitiesme octobre, avec pareilz et semblables privilleges et immunitez que ceux attribuez aux foyres de nostre ville de Troyes.

N'entendons toutesfois estre cy compris, ce qui a esté faict par forme de volleries et sans adveu, pour raison de quoy, nous avons permis et permettons à toutes personnes de se pourvoir par les voyes de justice, ainsi que bon leur semblera. Comme aussi sont exceptez tous ceulx qui se trouveront coupables de l'exécrable assassinat commis en la personne du deffunct Roy dernier décédé, notre très honoré seigneur et frère, que Dieu absolve, et de conspiration sur notre vye, et pareillement touts crimes et délitz punissables entre gens de mesme party.

Si donnons en mandement à nos amez et féaulx conseillers, les gens tenant nostre court de Parlement, Chambre de noz Comptes, Court de noz aydes, président et trésoriers généraulx de France establis audit lieu, Esleuz des Estatz dudit pays, baillyz ou leurs lieutenants, et à autres noz justiciers, officiers et subjetz qu'il appartiendra, que ces présentes ilz ayent chacun endroict soy à faire lire, publier et enregistrer icelles, anthériner, vériffier, exécuter, garder et observer inviolablement, selon leurs ferme et teneur, contraignant à ce faire souffrir et y obéir tous ceulx qu'il appartiendra, et qui pour ce seront à contraindre par toutes voyes deues et raisonnables, nonobstant opposition ou appellation quelconques, pour lesquelles et sans préjudice d'icelles ne voulons être différé et quelconques ordonnances, mandements, deffance et lettres à ce contraire, jugements, arrêtz, sentance et autres choses auxquelles et à la dérogation des dérogatoires y contenues, nous avons dérogé et dérogeons par ces présentes de noz grâces spéciales, plaine puissance et auctorité royal. Car tel est notre plaisir. Et affin que ce soit chose ferme et stable à tousjours, nous avons faict mettre nostre scel à ces dites présentes, sauf en autres choses nostre droict et l'aultruy en toutes.

Donné à Montceaulx au mois d'aoust, l'an de grâce mil cinq cent quatre vingt et seize, et de nostre règne le huictiesme.

HENRY.

Par le Roy, POTIER.   Visa. Contentor. POUSSEPIN.

Scellé du grand scel en cire verte à lacs de soie rouge et verte pendants.
Original : Archives de la ville de Dijon, B9, *Affaires de la Ligue.*

(1) Quelque explicite que fût cet édit à l'endroit de la rentrée des habitants en possession des biens saisis ou confisqués sur eux à l'occasion des troubles, la Chambre du domaine élevait chaque jour des difficultés nouvelles. Force fut donc aux magistrats d'adresser de nouvelles remontrances, auxquelles le Roi fit aussitôt droit, en renvoyant la connaissance de ces revendications au Parlement lui-même. Les lettres-patentes du 20 août 1597 recommandaient à cette Cour souveraine de se conformer à l'édit de 1596, nonobstant toute décision contraire. (Archives de la ville, B9, *Affaires de la Ligue.*)

CVIII

Lettres-patentes du roi Henri IV, qui interdit les cabales pour l'élection du maire de Dijon.

1599 (6 septembre).

Henry, par la grâce de Dieu roy de France et de Navarre, à tous ceulx qui ces présentes lettres verront, salut. Sur les advis qui nous ont esté cy devant donnez des brigues et pratiques ordinaires, qui se font en l'eslection et création des viscontes Mayeurs de nostre ville de Dijon, et des inconvéniens qui en pouvoient arriver avec beaucoup de préjudice en l'establissement de nos affaires, non moins qu'au repos et conservation de nostre dite ville, s'il n'y estoit pourveu; nous avons désiré d'essayer quelle autre voye et forme se pourroyent ordonner plus utile et proffitable et moins subjette ausdites brigues pour la création du dict Majeur, et pour cest effect, par noz lettres patentes du vingt huictiesme jour juing dernier, ordonné estre convoquez et assemblez généralement en mesme temps et lieu, tous les corps, tant de nostre court de Parlement, Chambre de noz Comptes et autres compaignies, tant de noz officiers que des habitans de nostre dite ville de Dijon, pour adviser ensemblement et d'un mutuel consentement ce qui se trouveroit de plus convenable à ladite eslection et création, et nous faire entendre leur advis, affin d'en ordonner après ce que pour le bien de nostre service et le repos et conservation de nostre ville de Dijon verrions estre à faire. Surquoy, après avoir eu ledit advis et icelluy meurement considéré, recognoissant n'estre à propos de rien innover en la forme cy devant et dèz longtemps suivye et observée au faict de la dicte élection, ains seullement en réprimer et rejetter les abeuz qui s'y peuvent commettre; nous, pour ces causes, avons dict, déclaré et ordonné, et de nostre pleine puissance et auctorité royal, disons, déclarons et ordonnons, voullons et nous plaist que pour l'advenir, la dicte élection du viconte Majeur de nostre ville de Dijon, soit faicte pour la présente année, le vingt cinquiesme jour du présent mois de septembre, et pour les suivantes lorsque le renouvellement en escherra, en la forme antienne, aux jours, lieux et temps accoustumez, sans y rien changer, altérer ou innover, deffendant toutesfois très expressement, pour oster les moïens d'abus et malversations au faict de la dicte élection, création à toutes personnes de quelque qualité et condition quelles soient, de corrompre, briguer ne pratiquer directement ou indirectement par argent ou autres moïens illicites quelconques, les voix et suffrages du peuple; déclarant comme nous déclarons tous ceux qui seront prévenuz, atteints et convaincus des dictes brigues, pratiques et *menées*, à jamais incapables de tous offices, dignitez et charges, tant nostres que de la dite ville. Ordonnons aussy et nous plaist que tous les autheurs des dites brigues, que ceux qui seront corrompus par icelles, soient punis et chastiez, et l'élection de ceux qui seront nommez et créez par telles voyes illicites de leurs parens ou autres, déclarées, comme nous les déclarons nulles et de nulle force et valleur. Si donnons en mandement à noz amez et féaux conseillers, les gens tenant nostre court de Parlement à Dijon, que ces présentes ilz facent lyre, publier et registrer, et le contenu d'icelles garder, suivre et observer de point en point, selon leur forme et teneur, cessant et fesant cesser tous troubles et empeschement au contraire. Mandons en outre, à nostre très cher cousin le duc de Biron, pair et maréchal de France, gouverneur, et nostre lieutenant général en noz pays et duché de Bourgongne, et en son absence au sieur de Lux, l'ung de noz lieutenans généraux au gouvernement de nostre dit pays, de tenir la main à l'exécution de nostre présente volonté et intention, sans souffrir qu'il y soit contrevenu par quelque personne que ce soit, nonobstant les arrestz de nostre dite court cy devant intervenuz sur le faict de la dite élection que nous entendons demeurer nulz et de nul effet, mandements, deffences et lettres à ce contraires (1). Car tel est nostre plaisir. En tesmoing de quoy, nous avons faict mettre nostre scel à ces dites présentes.

Donné à Bloys, le sixiesme jour de septembre, l'an de grâce mil cinq cent quatre vingt dix neuf, et de nostre règne le onziesme.

HENRY.

Par le Roy, POTIER.

Original : Archives de la ville, B12, *Vicomtes-Mayeurs*.

(1) Au mois de juin 1598, les cabales pour la nomination du garde des Evangiles avaient été si flagrantes qu'il en était résulté un procès des plus scandaleux entre les partisans de Bernard Coussin, le nouvel élu, et ses adversaires, en tête desquels figurait l'avocat-général Millotet. Des deux côtés on s'était signalé par des violences excessives, par des abus d'autorité. Bref, le repos public en avait été profondément troublé.

Le Parlement, qui nourrissait depuis longtemps le projet de modifier la constitution communale, jugea le moment opportun pour arriver à ses fins. Au mois de mai 1599, sur le rapport du président des Barres (ancien vicomte-mayeur), la Cour rendit un arrêt portant que, sans toucher au mode de l'élection du maire, les habitants, au lieu de nommer un seul candidat, en nommeraient trois, et que celui des trois qui aurait obtenu le plus grand nombre de suffrages serait proclamé maire.

La chambre de ville, informée de cette décision, n'attendit pas que l'arrêt lui fût signifié, elle convoqua l'assemblée générale des habitants, dans laquelle on décida l'envoi immédiat d'une députation au roi pour se plaindre de cette atteinte aux priviléges de la ville. — De son côté, le Parlement, voulant défendre son œuvre, commit à cet effet un des syndics et le chargea de lettres pour le duc de Biron et le chancelier. Les deux députés se retrouvèrent à Fontainebleau, et ils furent admis en même temps en présence du roi. Henri IV,

CIX

Edit du roi Henri IV, portant règlement pour l'élection du Maire.

1608 (juin).

Henry, par la grâce de Dieu roy de France et de Navarre, à tous présens et advenir, salut. Nous avons cy devant reçeu plusieurs plaintes de divers endroits de nostre royaulme, des brigues et monopolles qui se commettoient en l'eslection des magistratz de noz villes, et particulièrement de grandes corruptions et pratiques qui se faisoient par argent aux principalles villes de nostre pays et duché de Bourgongne pour parvenir ès charges des mairyes des dictes villes, mesme en celles de Dijon, en laquelle, comme estant la capitale du dict pays, et à la veue du Parlement qui y est establi, au lieu que les choses se debvroient passer avec plus de sincérité et moings de corruption. Touttefois, nous sommes deheuement informés qu'en l'eslection du vicomte Maieur de la dicte ville, sy commettent plusieurs grands abuz, jusques à acquérir par argent et aultres voyes indignes les suffrages du peuple qui a le droict d'eslire le dict magistrat, car ce nonobstant les arrests de nostre dite cour de Parlement, plusieurs fois réitérés, portant déffense sur grande peine de faire telles brigues, tant contre ceux qui vouldroient par moïens illicites parvenir audit magistrat, que ceux qui se laisseroient corrom-

---

déjà instruit de l'affaire par le maréchal de Biron, et dont cette querelle servait on ne peut mieux la politique, leur fit à tous deux cette réponse passablement ambiguë : « Je veux, dit-il en regardant le conseiller, que l'autorité de mon Parlement soit conservée ; mais, en se tournant vers le député de la ville, je veux aussi que ma ville de Dijon soit maintenue et conservée en ses priviléges, sans y rien altérer. » Et il les renvoya tous deux au chancelier. L'affaire fut portée au Conseil. Il fut arrêté que la ville serait maintenue dans ses priviléges, mais que, néanmoins et sans tirer à conséquence, il serait fait un choix de trois personnes parmi lesquelles le roi choisirait le maire ; qu'en outre, une assemblée des cours souveraines et de la mairie réunie sous la présidence du maréchal de Biron, délibérerait sur un projet de règlement dans le but d'empêcher le retour de ces scandales.

Cet arrêt, dont le chancelier n'avait pas voulu remettre les expéditions aux parties, mais annoncé le très prochain envoi au maréchal de Biron, n'étant point encore parvenu à la fin du mois de juin, la mairie se considéra comme dégagée, et convoqua les habitants pour l'élection du maire, suivant la forme accoutumée. Le Parlement lui ayant enjoint de faire publier son arrêt, elle en référa au maréchal, qui, en prévision de la prochaine arrivée de celui du Conseil, et, il faut le dire, pour flatter les passions populaires (il avait renoué avec le duc de Savoie), défendit au contraire et la publication de l'arrêt et la réunion des électeurs. Cette attitude hostile du maréchal envers la Cour donna lieu à des scènes des plus violentes. Aucun des partis ne voulut céder, et comme, en définitive, le maréchal était le plus fort, il fit pencher la balance de son côté, c'est-à-dire qu'au lieu de l'arrêt annoncé arrivèrent les lettres du 6 septembre qui, sans rien innover, se bornaient à défendre les brigues, sous peine d'être déclaré indigne de remplir désormais des charges municipales.

pre pour donner leurs suffrages, de quoy ayans esté adverty, nous aurions cydevant mandé aux gouverneur, lieutenants généraux du dict pays, et à nostre dite cour de Parlement, que appellés aulcuns depputtés, tant de nostre dite Cour, Chambre des Comptes, Trésoriers généraux de France, que de la Chambre de la dicte ville, et aulcungs principaux bourgeois et habitans d'icelle, ilz eussent à proposer les moïens qu'ils jugeoient les plus propres pour empescher les brigues, sans touttefois oster aux habitans de la dicte ville le droit d'eslire leur magistrat, pour du tout nous en estant donné advis, y apporter les remèdes que nous estimerions les plus convenables pour retrancher telles ambitieuses poursuittes trop préjudiciables, tant au bien de nostre service qu'au publicq et salut commun de tout le pays. Suyvant quoy quelques assemblées ayant esté faictes, auxquelles n'a esté prinse aulcune résolution, du moings qui soyt venue à nostre congnoissance; désirant y donner ordre et obvier au mal qui pourroit arriver de la continuation de telles brigues et monnopolles. A ces causes, de l'advis de nostre Conseil, auquel ceste affaire a esté mise en délibération, de nostre plaine puissance et auctorité royal, attendant que, sur l'advis que nous sera donné par les dépputés des dites compaignies du Parlement, Chambre des Comptes, trésoriers, corps de ville et aucungs notables bourgeois et habitans d'icelle, il y soit aultrement pourveu. Avons dict et ordonné, disons et ordonnons, voulons et nous plaist que les noms, surnoms et qualités des trois qui se trouveront avoir plus de suffrages en l'eslection qui se fera chacun an du vicomte Maieur de la dicte ville de Dijon, en la forme et manière cy devant accoustumée, nous soyent envoyés chacun an, incontinant après la dicte eslection et en toutte diligence, pour par nous aussy tost estre faict choix de l'ung des trois ainsi nommés, dont nous donnerons advis au corps de la dicte ville, à ce que celluy des dictz trois qui sera par nous choisy et retenu, soit receu à faire et exercer la dicte charge de vicomte Mayeur de la dicte ville, après touttefois qu'il aura presté le serment en tel cas requis et selon la forme accoustumée, et cependant, affin que nostre dicte ville ne demeure sans magistrat, ou sans personne qui en face la charge, voulons, ordonnons et nous plaist que sans tirer à conséquence, ceulx de la Chambre de la dicte ville puissent eslire d'entr'eux, pour garde des évangilles, celuy qui est à présent vicomte Mayeur, ou l'un des eschevins, ainsy qu'ilz trouveront pour le mieux; le quel continuera l'exercice de la dicte charge jusqu'à ce que celluy des trois qui sera par nous choisy pour vicomte Mayeur ayt presté le serment accoustumé, nonobstant tous arretz, usances, lettres et règlementz à ce contraires, ausquelz nous avons desrogé et desrogeons par ces présentes, cassant et déclarant nul tout ce qui sera faict esdites eslections de viconte Mayeur et garde des evangilles, contre l'ordre et la forme cy dessus, le tout attendant que sur le conseil qui sera prins en l'assemblée générale qui se fera, dont nous entendons octroyer commission particulière, et sur l'advis qui vous en sera donné aultrement par nous, en soit ordonné. Sy donnons en mandement, à noz amez et féaulx conseillers, les gens tenant nostre court de Parlement de Dijon, que ces présentes ilz fassent lire, publier, enrégistrer, entretenir et observer selon leur forme et teneur, levant et ostant tous empeschemens qui pourroient estre mis au contraire. Et ce nonobstant toutes oppositions ou appellations quelconques, desquelles nous nous sommes réservés et réservons la congnoissance et à nostre dit Conseil, et icelles interdisons et deffendons, tant à nostre dite cour de Parlement qu'à touts autres juges, nonobstant aussy toutes lois, coustumes, previlleges, libertés, prérogatives de la dicte ville que nous tenons cy pour suffisamment exprimés, auxquelles nous avons comme dessus-desrogé et desrogeons par ces dictes présentes, et aux desrogatoires des desrogatoires y contenues, de nos mesmes grâce spécialle, plaine puissance et auctorité, mandons en oultre à noz très chers et bien améz cousin le sieur de Bellegarde, grand escuyer de France, et nostre lieutenant général audit pays de Bourgongne, et en son absence à nostre très cher et bien amé le sieur de Lux, chevalier de noz ordres et nostre lieutenant général au gouvernement du bailliage du dict Dijon, de tenir la main à l'exécution de ces présentes. Car tel est nostre plaisir. Et affin que ce soit chose ferme et stable à tousjours, nous y avons faict mettre nostre scel, sauf en aultre chose nostre droict et l'autruy.

Donné à Paris, au mois de juing, l'an de grâce mil six cent huit, et de nostre règne le dixneuvième.

Signé : HENRY.

Et sur le reply, par le Roy : A POTHIER.

Et scellé du grand seau de cire verte (1).

Copie du temps. Archives de la ville, B12, *Vicomtes-Mayeurs*.

(1) Le Parlement ayant refusé d'enregistrer cet édit, sous prétexte que les moyens indiqués pour empêcher les brigues lui paraissaient insuffisants, et persisté dans son refus, nonobstant les lettres de jussion des 31 mai 1609 et 6 mars 1610, le roi Louis XIII, ou plutôt la régente Marie de Médicis, après un premier essai tout aussi infructueux, convia, par lettres des 7 juillet et 17 août 1610, les Cours souveraines, le Bureau des finances, les officiers du bailliage, la mairie et les principaux bourgeois, à lui proposer les moyens d'arriver à une bonne élection, sans préjudicier aux droits des habitants; les procès-verbaux, tant de l'assemblée générale que de celles que les corps tinrent en particulier, furent envoyés au roi, qui, après examen des uns et des autres et l'avis du duc de Bellegarde, gouverneur de la province, rendit l'arrêt inscrit sous le n° CXI.

CX

Confirmation des privilèges de la ville de Dijon par le roi Louis XIII.

1610 (août).

Louis, par la grâce de Dieu roy de France et de Navarre, à tous présens et à venir, salut. Les feuz Roys noz prédécesseurs ne pouvoient nous laisser des tesmoinages plus exprès de loyaulté et des signallés services qui leur ont esté faictz et à l'Estat, que par la concession des previlleiges dont ilz ont recompencés ceux ausquelz l'affection a esté sy entière et la vertu tant particulière; et nous pareillement n'avons moyens plus légitimes, afin d'assurer noz subjectz du ressentiment que nous avons de telle fidellité et obéissance, qu'en confirmant ce qu'ilz ont obtenu sur ces considérations; car en ce faisant, nous les rendons certains des libéralités et gratiffications qu'ilz doivent attendre de nous, en nous continuant ce mesme devoir, et conséquemment les obligeront à y persévérer pour mériter nostre intention. Ce que nous voullons effectuer à l'endroict de noz chers et bien amez les viconte Mayeur, eschevins et habitans de nostre ville de Dijon, capitalle de nostre province de Bourgongne, en qui ces qualitez dès tousjours se sont sy heureusement rencontrés, qu'il ne reste rien à désirer d'eux qu'une suytte de leur zelle et bonne volonté conforme au passé et aux protestations qui nous en ont esté faictes par leurs députez; lesquelz nous ont très humblement supplié et requis leur octroyer à cest effect noz lectres nécesseres. Scavoir faisons, que par ces previlleges et lectres patentes accordées aus dictz habitans cy attachées soubz le contrescel de nostre chancellerye, nous estant apparu que toute justice haulte, moyenne et basse, mère, mixte, impère, civille, criminelle et politique, tant à la dicte ville qu'aux fauxbourgs, banlieux et déppendances appartient à icelle ville, laquelle s'exerce par les dictz vicomte Mayeur et eschevins, ensemble toutes places communes, espaves, confiscations, *dations* de tutelles et curatelles, la confection des inventaires de ceux qui décéddent en la dite ville, faulxbourgs et banlieue, de quelque quallité et condition qu'ils soient, sans exception, la prinse des personnes, biens et expédition de tous exploicts reelz, à l'exclusion des aultres officiers. La congnoissance, décision et jugement en première instance des crimes et délitz qui s'y commettent par toutes personnes génerallement, comme aussy de ce qui déppend des crimes, garde des portes, guet de jour et de nuit pour la seureté de la dite ville et des différends qui en procèddent privativement, à tous noz juges en l'absence des gouverneur et lieutenants généraux en nostre dicte province de Bourgongne, pardevant lesquels ressortissent immédiatement les appellations qui en proviennent (1). Les pouvoirs d'ailleurs des dits habitans d'eslire par chacun an le dit viconte Mayeur, qui de mesme peut nommer dix aultres eschevins, lesquels sont réelluz à la plurallitées des suffrages, et tous ensemble eslisent jusques au nombre de vingt eschevins pour l'administration des affaires de la dite ville, et arrivant le decedz du dit viconte Mayeur font choix d'une personne capable pour exercer le reste de l'année la dite charge en son lieu. La liberté des ditz habitans pour les jeuz d'arcs, harballetes et harquebuse. Le droict de tirer au papegault chacun an à certain jour avec les franchises et immunitez y appartenans, et la permission de la pesche et chasse, ainsi que les aultres villes capitales de nostre royaume, outre plusieurs exemptions, coustumes et previlleiges contenuz auxdites lectres patentes. A ces causes, nous avons auxdits viconte Mayeur, eschevins et habitans de nostre ville de Dijon, pour leur donner occasion de continuer en leur loyauté et obéissance avec le mesme soing qu'ilz ont faict cy devant, confermé et ratiffié, confermons et ratiffions tous et chacuns les previlleges, jurisdiction, exemptions, franchises, libertés, coustumes, droicts, usaiges, octroiz, permissions et immunitez ci dessus mentionnés et specifiiez aux lectres patentes de noz ditz prédécesseurs, et ainsy qu'ilz en ont bien et deuement jouy et usé, jouissent et usent encore de présent, iceux leur accordant et conceddant de nouveau par ces présentes, et en tant que besoing seroit, de noz grâce speciale, plaine puissance et autorité royal, revocquant tous edictz, ordonnances, lectres et arrêts au contraire. Sy donnons en mandement à noz amez et féaulx conseillers, les gens tenant nostre cour de Parlement et Chambre de noz Comptes au dict Dijon, bailly du dit lieu ou son lieutenant et autres noz justiciers et officiers qu'il appartiendra, que ces présentes, ilz ayent à faire enregistrer, et du contenu en icelle jouyr et user plainement, paisiblement et perpétuellement les dictz habitans et leurs successeurs, sans permettre qu'ilz y soient troublez ni empeschez en aucune manière que ce soit, ains les y conserver inviolablement, sans inovation. Car tel

---

(1) Cette clause des lettres patentes motiva l'opposition des officiers du bailliage à son enregistrement par le Parlement. Cette Cour souveraine, toujours jalouse des priviléges municipaux, favorisa cette entreprise des gens du bailliage et suspendit durant dix ans l'exécution de ces lettres. Il fallut plusieurs lettres de jussion pour l'y contraindre.

est nostre plaisir, nonobstant comme dict est quelconque edictz et choses à ce contraires, à quoy nous avons desrogé et desrogeons.

Donné à Paris, au mois d'aoust, l'an de grâce mil six cens dix, et de nostre règne le premier.

LOUIS.

Par le Roy, la Royne régente, sa mère, présente.

POTIER.

Scellé du grand sceau en cire verte dont il ne reste que les lacs de soie rouge et verte pendants.
Original : Archives de la ville de Dijon, B3, *Priviléges et franchises de la Commune*. — Imprimé dans : *Mémoire pour les vicomte-mayeur, échevins, etc., de la ville de Dijon, contre les receveurs généraux du domaine*, 1774, in-4°.

CXI

Arrêt du Conseil d'Etat qui rétablit l'ancienne forme des élections municipales de Dijon, mais en substituant le suffrage restreint au suffrage universel.

1611 (21 juillet).

Le Roy ayant cy devant fait veoir en son conseil les procès-verbaux des députez du Parlement, Chambre des Comptes, trésoriers, officiers du bailliage et corps de la ville de Dijon, assemblés en la dite ville, en vertu de commissions du feu Roy du sept juillet mil six cent dix, contenant leur advis pour restablir l'ancienne forme de l'eslection du vicomte Mayeur de la dicte ville, au lieu de la nomination des trois, pour en choisir un, suivant les lettres patentes du [mois de juin 1608], et ordonné par arrest du conseil du vingt huit de may dernier que les dits procès verbaux seroient communiquez au sieur de Bellegarde, gouverneur et lieutenant général pour le Roy es pays de Bourgongne et Bresse, pour en avoir son advis, et après y estre pourveu. Veu leur advis, par lequel le dit sieur de Bellegarde, après avoir représenté à sa dite Majesté que la nomination des trois, selon que le feu Roy l'avoit ordonné, estoit le plus asseuré moyen et remède pour faire cesser les brigues et monopoles commis du passé en l'eslection du dit viconte Mayeur ; est néantmoins d'advis qu'il plaise à sa Majesté mettre en considération le contentement des dis officiers et habitans, qui désirent tous avec grande ardeur que l'ancienne forme de l'eslection soit restablie suivant leurs privilleges. Attendu qu'estant tous très affectionnés au service de sa dite Majesté, personne ne peut estre esleu et nommé à la dite charge par le suffrage de ses concitoïens, qui n'y apporte la mesme affection et fidellité. Sa Majesté estant en son Conseil, après avoir de rechef fait voir et considérer ce que contiennent les dicts advis, a ordonné et ordonne en y ayant esgard, et pour gratiffier et favorablement traicter les dits habitants, que doresnavant l'eslection du dit viconte Mayeur se fera selon qu'il estoit accoustumé, avant que la forme de la dicte eslection aist esté changée par les lettres patentes du feu Roy. Et néantmoins, qu'il n'y sera procédé qu'au jour de saint Jehan de l'année prochaine, jusques auquel temps, elle veult pour aucunes bonnes causes et considérations, et sans tirer à conséquence, que le dit viconte Majeur, les eschevins et procureur de ville qui sont à présent en charge y continuent et soient obeys et recogneuz, tout ainsi que s'ils avoient esté esleuz et nommez en l'année présente. Et pour éviter les abbus et corruptions qui ont esté commises trop fréquemment du passé, à l'occasion de ce que les habitants de la plus abjecte et moindre condition du peuple, ont esté ceulx qui ont presque toujours esleu le dit viconte Majeur, veult qu'es eslections qui se feront ci-après, nul habitant soit receu à y donner suffrages, s'il n'a payé chacun an, les trois années précédentes, les deux tailles qui se levent par an sur le pié de huit mil livres pour chacune d'icelles, la somme de quarante solz au moins pour sa quotte, qui est quatre livres pour les deux ensemble. Veult et ordonne aussi que toutes personnes ayant la pluralité des suffrages soient admises et receues indifféremment à tenir et exercer la dite charge de viconte Majeur, pourveue qu'ilz soient habitans et capables, et la première année de son exercice finie, il puisse encore estre esleu en l'année suivante, mais après les dits deux ans finiz, qu'il n'y soit receu, sinon qu'il y ayt trois ans entre le dernier jour de son magistrat et le premier du nouveau, affin que tous les citoyens qui soient capables ayent plus de moïen d'y entrer à leur tour. Faict sa Majesté inhibition et déffense ausdits habitans et tous autres de briguer pour eulx ou pour autruy, et si aucun estoit convaincu de l'avoir fait, veult qu'il soit puny exemplairement et déclaré indigne de jamais entrer en la dite charge ny de tenir aulcun office royal. Enjoinct à cet effet à son procureur général au Parlement de Dijon de se rendre partie pour les faire punir, et au dict Parlement d'y apporter le soing et sévérité requise pour faire cesser les dites brigues et abbus. Estant l'intention de sa dite Majesté, au cas que les dits habitans ne puissent estre contenuz en debvoir par ce moyen, d'y procéder par toutes autres voyes qu'il jugera les plus propres et convenables pour oster la dite corruption.

Fait à Paris, le Roy estant en son Conseil, la Reyne régente sa mère présente, le vingt sixième jour de juillet mil six cent onze.

POTIER.

Suivent les lettres de commission, scellées du grand sceau en cire blanche à simple queue de parchemin pendante, et l'arrêt d'enregistrement par le Parlement de Dijon, à la date du 15 juin 1612.
Original : Archives de la ville, B12, *Vicomtes-Mayeurs*.

CXII

Seconde confirmation des priviléges de Dijon, par le roi Louis XIII.

1629 (mai).

Louis, par la grâce de Dieu roy de France et de Navarre, à tous présents et à venir, salut. Nous avons par noz lettres patentes du mois d'aoust 1610, lors de nostre advénement à la couronne, confirmé et ratiffié tous et chacuns les priviléges et juridiction, exemptions, franchises, libertez, coustumes, droictz, usages, octroys, permission et immunitées accordées par nos prédécesseurs Roys et ducs de Bourgongne, à noz chers et bien amés les vicomte Majeur, eschevins et habitans de nostre ville de Dijon, selon qu'ilz sont particulièrement exprimés, et comme naguère et le dernier du mois de janvier dernier, faisans nostre entrée en la dicte ville, en laquelle nous avons esté receu avec tout le contentement que nous pouvons désirer, Estienne Humbart, vicomte Majeur d'icelle, assisté des eschevins, nous ayt requis suivant l'ancienne forme de tout temps accoustumée, de jurer et promettre sur les Saints Evangiles, estant sur l'auctel Saint Benigne du dit Dijon, d'entretenir les dits priviléges et exemptions ; comme de sa part, il nous a juré pour luy et tous les autres manans et habitans de la dite ville, qu'ilz nous seront bons, loyaux, vrays et obéissantz subjetz, et garderont touts noz droictz et nostre personne envers et contre tous. A ces causes désirans tésmoigner le ressentiment que nous avons de la fidelité et affection des dits vicomte Majeur, eschevins et habitans de nostre dite ville de Dijon, leur avons derechef, en tant que besoin seroit, confirmé et confirmons tous et chacuns, les priviléges, exemptions, franchises et libertez susdites, à eux accordées par noz dits prédécesseurs Roys et ducs de Bourgogne, suyvant et conformément aus dites lettres du mois d'aoust mil six cent dix. Et promettons en foy et parole de Roy les entretenir, garder et observer à tousjours, sans qu'en quelque manière que ce soit il y puisse estre contrevenu. Et afin que ce soit chose ferme et stable à toujours, nous avons fait mettre nostre scel à ces dites présentes, sauf nostre droict en aultres choses et l'aultruy en toutes.

Donné à Vallence, au mois de mai, l'an de grâce mil six cent vingt neuf, et de nostre règne le dixneuvième.

LOUIS.

Par le Roy : BOUTHILLIER.

Visa contentor : DE CUIGY (1).

Scellé du grand sceau en cire verte dont il ne reste que les lacs de soie rouge et verte pendants.
Original : Archives de la ville de Dijon, B3, *Priviléges et franchises de la Commune.*

CXIII

Ordonnance du prince de Condé, commandant pour le Roi en Bourgogne, qui rétablit la ville de Dijon dans l'exercice des priviléges dont elle avait été déchue à l'occasion de la sédition du *Lanturelu.*

1631 (10 mai).

De par le Roy, et de l'ordonnance de Monseigneur le Prince, premier prince du sang, premier pair de France, duc d'Anguyen et Chateauroux, commandant pour le Roy en ses provinces et armées de Bourgongne et Bresse.

Ayants, en vertu du pouvoir à nous donné par sa Majesté des XXIXe et dernier

---

(1) La mairie, ayant négligé de présenter les lettres de confirmation du mois d'août 1610 et celles-ci à la sanction du Parlement et de la Chambre, elle pouvait en être déclarée forclose et déchue. C'est pourquoi elle sollicita et obtint du roi, à la date du 26 mai 1642, des lettres de relief et de surannation qui la maintenaient dans tous les priviléges spécifiés dans ces lettres, et enjoignaient à ces deux Cours souveraines de procéder à leur enregistrement.

apvril 1631, consenty en son nom la révocation de l'edict des eslections créés en cette province de Bourgongne soubz les conditions des articles presentés par les trois Ordres des Estats de la dite province, arrestés par nous, en continuant l'exécution du mesme pouvoir, nous avons ordonné et ordonnons que l'arrest du conseil, donné à Dijon le vingt huitiesme apvril mil six cens trente, et déclaration en suitte d'iceluy, donnée à Lyon le vingt ungiesme juin, verifiée au Parlement du dit Dijon, le cinquiesme juillet ensuivant, demeurent revocqués, et ce faisant avons remis et estably, remettons et restablissons la mairie, Chambre de ville, eslection des vicomte Mayeur, eschevins, scindicq et autres officiers de la dite Chambre, en la mesme forme quelle estoit avant le susdit arrest et déclaration, et sera procédé à la prochaine eslection de tous les sus dits magistrats et officiers, selon ladite forme ancienne et au temps ordinaire et acoustumé.

Les cappitaines, lieutenants, enseigne et autres officiers de la dicte ville establis de nouveau, despuis et en conséquence des dicts arrest et déclaration, cesseront dès à present de s'entremettre en l'exercice de leurs charges, et en leur lieu exerceront ceux qui ont esté destitués des dictes charges, et en cas qu'aucun des des dicts destitués soient décédés, sera procédé à l'eslection d'autres en leurs place, suivant la dite forme ancienne.

Comme aussy l'un des procureurs scindicqs du païs, qui avoit esté cy devant destitué, sera restably en la dicte charge pour l'exercer dès à present, comme il faisoit auparavant les dictz arrest et declaration.

L'infanterie dijonnoise, tollerée de tout temps dans la dicte ville par forme d'honneste et publicque resjouissance, sera restablie et pourra s'assembler en la manière acoustumée, nonobstant la sus dicte déclaration, en demandant néantmoings la permission de ce faire au gouverneur, ou lieutenant de Roy, ou en leur absence, au vicomte Mayeur de la dite ville, et non autrement.

La tour de la porte de Saint Nicolas demeurera au mesme estat qu'elle est de present, et seront restitués à la dicte ville tous les canons qui en ont esté tirés estant au dessoubs de coulleuvrine, le tout par provision et jusques à ce qu'il ayt plut à sa Majesté en faire expédier ses lettres de déclaration nécessaires, et sans préjudice des interests des particuliers, dont les maisons ont esté brusiées ou endommagées. Pour le regard desquels le dict arrest demeurera en sa force et vigueur. Et affin que personne n'en prétende cause d'ignorance, sera la présente ordonnance leue en la dicte Chambre de ville, enregistrée aux registres d'icelle, et publiée quand besoing sera, pour estre exécutée selon la forme et teneur. En tesmoing de quoy nous avons signé ces présentes et icelles faict contresigner par nostre conseiller et secrétaire ordinaire de nos commandements, et apposez le cachet de nos armes.

À Dijon, le dixième jour de may mil six cens trente un.

HENRI DE BOURBON.

Par Monseigneur : PERRAULT.

Original : Archives de la ville de Dijon, B3, *Privilèges et franchises de la Commune.*

CXLV

Ratification de l'ordonnance précédente, par le roi Louis XIII.

1631 (14 juin).

Louis, par la grâce de Dieu roy de France et de Navarre, à tous ceux qui ces présentes lettres verront, salut. Nostre très cher et très amé cousin le prince de Condé, pair de France, gouverneur, et nostre lieutenant général en noz pays et duchez de Berry et Bourbonnais, et commandant pour nostre service en nostre province de Bourgongne, ayant par son ordonnance du dix de may dernier restably la mairie, Chambre de ville, eslection des vicomte Majeur, eschevins, sendicqs et autres officiers de la dite Chambre, en la mesme forme et manière qu'elle estoit avant l'arrest par nous donné le vingt huit avril seize cent trente, et lettres de déclaration ensuitte d'iceluy, du vingt un juing de la dite année, et ordonné en ce faisant qu'il seroit procédé à la prochaine élection de tous les susdits magistrats et officiers, selon la dite forme antienne et au temps ordinaire et accoustumé. À quoy ayant esgard, et désirant, autant qu'il nous est possible, favorablement traicter les habitans de la dite ville, sur les asseurances que nous appprenons de leur fidélité et obéissance, de laquelle ilz nous ont mesme depuis nagueres rendu des preuves très particulières et tesmoigné le regret extrême qu'ilz avoient eu des désordres et actions violentes qui s'estoient passés en la dite ville au mois de febvrier de l'année dernière, au préjudice de nostre hauc-thorité et du bien de nostre service. Sçavoir faisons que nous, pour ces causes et autres bonnes considérations, à ce nous mouvans, memoratifz du pouvoir que nous avons cy devant donné à nostre dit cousin, pour le restablissement de la dite Mairie, avons confirmé et confirmons par ces présentes, signées de nostre main, l'ordonnance de nostre dit cousin, pour de tout le conteneu en icelle jouir et user par les dis habitans, tout ainsy et en la mesme forme et manière qu'ilz faisoient auparavant nostre dit arrest et lettres de déclaration, et ce par provision seullement, et jusques à ce que qu'il ayt esté par nous pourveu sur ce faict de la dite Mairie, Chambre de ville et autres choses susdites par quelque bon reglement, selon que nous jugerons qu'il sera nécessaire pour le bien de nostre service et le repos et la tranquillité de la dite ville. Sy donnons en mandement, à noz amez et féaulx, les gens tenant nostre Cour de Parlement de Dijon, que ces présentes ilz facent enregistrer et publier où besoing sera, et de tout le contenu en icelles jouyr et user les dits habitans, ainsy qu'il est dit cy dessus. Car tel est nostre plaisir. En temoing de quoy nous avons faict mettre et apposer nostre scel à ces dites présentes.

Donné à Saint Germain en Laye, le quatorziesme jour de jung, l'an de grâce mil six cent trente ung, et de nostre règne le vingt deuxième.

LOUIS.

Par le Roy : PHELYPEAUX.

Sur le repli : Arrêt d'enregistrement par le Parlement, à la date du 6 août 1631.
Scellé du grand sceau en cire blanche à double queue de parchemin pendante.
Original : Archives de la ville de Dijon, B3, *Priviléges et franchises de la Commune*.

CXV

Confirmation des priviléges de la ville de Dijon, par le roi Louis XIV.

1643 (août).

Louis, par la grâce de Dieu Roy de France et de Navarre, à tous ceux qui ces présentes lettres verront, salut. Noz chers et bien amés les vicomte Mayeur, eschevins et habitans de notre ville de Dijon, capitalle de nostre province de Bourgogne, nous ont fait remontrer que par les priviléges à eux concédés par les ducs de Bourgogne, confirmez par les Roys nos prédécesseurs, même par le feu Roy notre très honoré seigneur et père, que Dieu absolve, par ses lettres patentes des mois d'aoust 1610 et may 1629, outre la justice haulte, moyenne et basse, civile, criminelle et politique dans la dite ville, fauxbourg et banlieüe, laquelle ils possèdent à tiltre onéreux à eux appartenant, toutes places communes, espaves, confiscations, dations de tuteiles et curatelles, et confection d'inventaires de ceux qui décèdent en la dite ville, fauxbourgs et banlieüe, de quelque qualité et condition qu'ils soient, sans exception ; la prise des personnes, biens et expeditions de tous exploits réels, à l'exclusion des autres officiers ; le pouvoir de condamner et faire exécuter jusqu'à la somme de soixante-cinq sols, sans qu'il soit loisible d'en appeler ; la cognoissance, décision et jugement en première instance des crimes et delicts qui s'y commettent par toutes personnes, comme aussy ce qui despend des armes, garde des portes, guets de jour et de nuit, et des différents qui en procèdent, privativement à tous nos juges, en l'absence des gouverneur et lieutenants généraux au dit pays, par devant lesquels ressortissent immédiatement les appellations qui en proviennent ; le pouvoir d'ailleurs ausdits habitans d'élire chacun an le vicomte Majeur, qui peut aussy nommer six anciens eschevins, les quels sont retenus à la pluralité des suffrages, et tous ensemble eslisent jusques au nombre de vingt eschevins, pour l'administration des affaires de la dite ville ; et arrivant le décès du dit vicomte Maieur, font choix d'une personne capable pour exercer le reste de l'année la dite charge, pareillement le pouvoir de tenir et posséder francs fiefs, nouveaux acquets, sans pour ce payer aucunes finances, ny être tenus au ban et arrière ban, et outre, les dits habitans ont la liberté de tirer aux jeux d'arc, arbaleste et arquebuze, le droit de tirer au papegault, chacun an à certain jour, avec les franchises et immunités y appartenantes, la permission de chasse et pesche, ainsy que les autres villes capitalles de notre royaume, le droit de foire franche, les premier de fevrier et juillet, et plusieurs autres franchises et exemptions, droits, coutumes et libertés à eux comme dit est octroyés, tant par les ducs de Bourgogne que par les Roys noz prédécesseurs, dont ils ont paisiblement jouy. Mais parce que depuis notre advénement à la couronne, les exposants n'ont obtenu nos lettres de confirmation des dits priviléges, et craignant que sous ce prétexte ont les voulu troubler en la perception et jouissance d'iceux, c'est pourquoy ils ont recours à nous, et très humblement fait supplier leur pourvoir sur ce. A ces causes, mettant en considérations l'affection, fidélité et obéissance de tout temps rendue à noz prédécesseurs Roys par les exposants, et afin de leur donner occasion de la continuer, nous avons ausdits vicomte Maieur, eschevins et habitans de notre dite ville de Dijon, de l'advis de la Reyne régente, notre très honorée dame et mère, et de notre grâce spéciale, pleine puissance et authorité royale, continué et confirmé, continuons et confirmons par ces présentes, signées de notre main, tous et uns chacun, les priviléges, jurisdictions, exemptions, franchises, libertés, coustumes, droits, usages, octroys, permissions et immunités à eux concedées et accordées par les lettres patentes tant des furent ducs de Bourgogne que des Roys nos prédécesseurs ; voulons et nous plait, que les dits habitans de Dijon en jouissent et usent tout et ainsi qu'ils en ont bien et dûment joui, jouissent et usent encores de présent. Si donnons en mandement, à nos amés et féaux conseillers, les gens tenant notre Cour de Parlement et Chambre des Comptes à Dijon, bailli du dit lieu, ou son lieutenant et autres officiers qu'il appartiendra, que ces présentes ils ayent à faire enregistrer, et de l'effet et contenu en icelles jouir et user pleinement, paisiblement et perpétuellement, les dits exposans et leurs successeurs, sans permettre qu'ils y puissent estre troublés ny empeschés en quelque sorte et manière que ce soit. Car tel est nostre plaisir. Et afin que ce soit chose ferme et stable à toujours, nous avons fait mettre notre scel à ces dites présentes, sauf en autre chose notre droit et l'autruy en toutes.

Donné à Paris, au mois d'aoust, l'an de grâce mil six cent quarante trois, et de notre règne le premier.

LOUIS.

Par le Roy, la Reyne régente, sa mère, présente.

PHILIPEAUX.

Expédition authentique : Archives de la ville de Dijon, B3, *Priviléges et franchises de la Commune.* — Imprimé dans : *Mémoire pour les vicomte-mayeur, échevins, etc., de la ville de Dijon, contre les receveurs généraux du domaine,* 1774, in-4°.

CXVI

Lettres de surannation des lettres précédentes, dont l'original avait été perdu.

1667 (6 avril).

Louis, par la grâce de Dieu roy de France et de Navarre, à nos amés et féaux conseillers, les gents tenant la Chambre de nos Comptes à Dijon, bailli du dit lieu, ou son lieutenant et autres nos justiciers et officiers qu'il appartiendra, salut. Nos chers et bien amés les vicomte Maieur, eschevins et habitans de notre ville de Dijon, capitale de notre pays et duché de Bourgogne, nous ont très humblement fait remontrer que par nos lettres patentes du mois d'aoust mil six cent quarante trois, à vous adressées en considération de leur affection, fidelité et obéissance par eux rendus de tout temps à nos prédécesseurs Roys, et pour autres considérations au long y contenues, nous avons à iceux vicomte Maieur, eschevins et habitans de la dite ville de Dijon, continué et confirmé, tous et chacuns les priviléges, juridictions, exemptions, franchises, libertés, coutumes, droits et usages, octroys, permissions et immunités à eux accordées et concédées par les dites lettres patentes, tant des défunts ducs de Bourgogne que des Roys nos prédécesseurs, pour en jouir à l'avenir et tout ainsy qu'ils en ont bien et deuement jouy. Depuis le quel temps les dits exposans n'ont pu en poursuivre l'entérinement par devant vous, pour n'avoir pu en recouvrer l'original que depuis peu de temps de nos lettres, qui s'étoit trouvé *adhiré* par la négligence de ceux qui en ont poursuivy l'expédition, et d'autant qu'elles sont surannées, ils doutent que fassiés difficulté de procéder à l'entérinement d'icelles, s'il ne leur estoit par nous pourveu. A ces causes, voulant faire jouir les exposans de l'effect de nos dites lettres de confirmation cy attachées sous le contre scel de nostre chancellerie, nous vous mandons et ordonnons par ces présentes, que vous ayés à proceder à l'enrégistrement d'icelles, et de tout leur contenu faire jouir et user les dits exposants, suivant et conformément, et ainsy qu'il vous est mandé par nos lettres de confirmation, faisant cesser tout trouble et empeschement au contraire, nonobstant la surannation d'icelles, que ne voulons leur nuire, ni préjudicier, et dont nous les avons relevé et relevons par ces présentes. Car tel est notre plaisir.

Donné à Paris, le sixiesme jour du mois d'avril, l'an de grâce mil six cent soixante et sept, et de notre règne le vingt quatriesme.

Signé par le Roy, en son conseil.

BRUNET.

Arrêt d'enregistrement par le Parlement à la date du 28 avril 1667.
Copie authentique : Archives de la ville de Dijon, B3, *Priviléges et franchises de la Commune*. — Imprimé dans : *Mémoire pour les vicomte-mayeur, échevins, etc., de la ville de Dijon, contre les receveurs généraux du domaine*, 1774, in-4°.

CXVII

Arrêt du Conseil d'Etat qui maintient la juridiction municipale contre les entreprises du Parlement.

1653 (16 septembre).

Extrait des Régistres du Conseil d'Estat.

Le Roy estant en son Conseil, deuement informé de tout ce qui s'est passé en la Chambre de ville de Dijon depuis l'année 1650 jusques à présent, et des bonnes intentions des magistrats et officiers d'icelle, dont ils ont donnés des preuves en touttes les occasions importantes, au service de sa Majesté, et des contestations meues entre le Parlement de Bourgongne et les dits officiers, concernant la juridiction de la dite Chambre de ville de Dijon, auquel Parlement déffances ont estés faictes de prendre cognoissance des affaires de la dite ville par plusieurs arrests, rendus au Conseil, nonobstant lesquelz, il a continué d'en rendre plusieurs contraires aux priviléges de la dite ville, confirmés par lettres patentes, et notamment par ceux des iiii° et v° aoust dernier. Lequel Parlement, en plusieurs rencontres, a faict effort d'anéantir les délibérations de la dite Chambre de ville, et poursuivy contre l'ordre les magistrats, officiers et autres bourgeois qui la composent, prétendant le dit Parlement avoir droict de cognoistre de touttes les délibérations de la dite Chambre, comme des affaires des particulliers, mesmes d'avoir pouvoir de faire contraindre quand il luy plairra les dits officiers d'apporter au greffe du dit Parlement les registres de la dite Chambre contre les privileges d'icelle, ce qui auroit apporté beaucoup de retardement aux affaires de sa Majesté dans la province, s'il n'y avoit esté promptement remédié par son autorité, par les ordres des seigneurs ducs de Vendosme et d'Espernon, commandants et gouverneurs pour sa dite Majesté en la dite province, qui ont esté fidellement exécutez par les dits Maire, eschevins et autres officiers de la dite Chambre de ville, et en apporteroit encore davantage s'il n'y estoit pourveu. Veu par sa Majesté les lettres patentes données à Paris le xxv° febvrier 1578, contenant attribution de la juridiction du faict des armes et guet et garde des portes de Dijon aux Maire et eschevins de la dite ville, et par appel aux gouverneurs et lieutenans généraux en la dite province, et interdiction au Parlement de Dijon d'en cognoistre; arrests du Conseil des ix décembre 1581, xxviii avril 1583;

autres lettres du xvi avril 1586; autre arrest du Conseil du x décembre 1588, commission sur iceluy du dit jour; arrest du dit Parlement de Dijon, donné au préjudice des dites lettres et arrests du Conseil du xiii aoust 1651, par lequel il a pris cognoissance des déffauts donnez à la garde, et ordonné aux Maire et eschevins de deffendre, nonobstant leurs remonstrances; autre arrest du dit Parlement du xiii juillet 1652, par lequel il appert qu'il a pris cognoissance du faict des ustancils des gens de guerre; autre du iii aoust suivant, par lesquels il a pris cognoissance du scellé appartenant aux dits Maire et eschevins; autres des iii juillet, vii, xii aoust, xii septembre et xxviii novembre suivant, par les quels, au préjudice de l'évocation proposée par M. Julien Chevallier, nommé scindic, pour laquelle il avoit ordonné que les parties se pourvoiroient, il auroit nommé un autre scindic; plusieurs délibérations de la dite Chambre de ville des jeudy après la feste Saint Martin d'hivert 1586, xviii aoust 1595, xxii du dit mois, xi janvier 1600, x, xii febvrier 1632, xxi janvier 1636 et iiii juillet dernier, par lesquelles il paroist quelle ne peult estre obligée de se déssaisir de ses dits papiers et registres; autre délibération du xii janvier dernier, contenant le departement de M. Jean Bouchard, de l'effect d'un arrest du dit Parlement y énoncé, au faict du commis à la magistrature, qu'il auroit advoué estre eslectif pour l'absence du vicomte Mayeur, contre le contenu du dict arrest, qui faisoit par ce moyen bresche aux privileges de la Chambre de ville; plusieurs arrests de deffances donnés par le dict Parlement, sur simples requestes, de contraindre pour les tailles, qui faict quelles ne peuvent estre levées ny paiées par le receveur; tous les dicts arrest de l'année dernière et de la présente; autres deliberations de la dicte Chambre de ville de Dijon des xix mars 1631, ii septembre 1636, xxvi juillet 1645, xiiii janvier et vi aoust dernier, par lesquelles il paroist que le dict vicomte Mayeur a tousjours esté mandé au dict Parlement par un greffier; arrests du Conseil des xxviii juin 1650, iiii juillet et vi aoust dernier, contenant cassation de ceux du dict Parlement y énoncés, concernant les sieurs Millotet, Chevallier procureur, et M. Pierre Monin, ez charges du Maire, scindic et eschevin, et deffance au dict Parlement de prendre cognoissance des différends ny affaires des dicts officiers, ny de la ville; assignations données en consequence du dernier des dicts arrests et de la commission y attachée, tant aux parties intéressées qu'au procureur général; arrests du Parlement de Dijon des iiii et vi aoust dernier, contenant prise de corps contre le secrétaire de la dicte Chambre de ville pour remettre le registre d'icelle au greffier du dict Parlement, cassation des délibérations de la dicte Chambre, interdiction du dict sieur Millotet, Maire, de sa charge d'advocat général au dict Parlement, et des nommez Galloche, Colin, Marc, Guillaume, David, Godran, Chesne, Chevalier et Desvarenne, advocats et procureur en icelluy de la plaidoirie et postulation en icelluy, que leurs noms seroient tirés de la matricule, portez au dernier ordre, et affichez à la porte du palais; extraict de la dicte affiche du dict jour, exploicts d'emprisonnement des nommés Gallimard et Boyvault, sergents en la dicte Mairie; délibération du XIIII octobre 1650, comme le dict advocat Guillaume a declaré n'avoir esté partie dans l'arrest de cassation de délibération qui le concerne de la dicte année; sommation du dict Gallimard du XXVII aoust dernier, comme il s'est acheminé en ceste ville pour y esviter l'exécution d'une seconde prise de corps décernée contre luy par le dict Parlement; arrest d'icelluy des VII et XVII juillet dernier, contenant ordonnance aus dictz Maire, eschevins et sindic de Dijon, de plaider par un de leur conseil revoqué, pour quoy ilz sont en procès avec eux, et refus d'ouïr M⁰ Jean Chesne, advocat, l'un d'eux, qu'ils avoient chargé de leur cause; cassation des délibérations de la dicte Chambre concernant la nomination du dict Monin en la charge d'eschevin, et prise de corps contre les sergens, par lesquels arrests des IIII et VI aoust dernier le dict Parlement ne s'est pas contenté de casser la delibération de la dicte Chambre, rendue en consequence de l'ordonnance du dict sieur duc d'Espernon, concernant la fonction du scindic pour le faict des armes dont le dict Parlement n'a peu prendre cognoissance, mais a decreté prise de corps contre M. Jean Thibert, secrétaire d'icelle, faulte de représenter les dictz registres de la maison de ville où est la dicte délibération, quoyqu'il ayt ordonné que le vicomte Maieur et eschevins de la dicte ville représenteront le dict registre où est la dicte deliberation par devant le conseiller à ce commis, pour estre icelle biffée et rayée, et l'arrest inceré en marge, et jusque au prononcé les dictes interdictions, a déclaré descheus les dits advocats et procureurs, eschevins, scindic, du rang de leur matricule, ce que tesmoigne une particuliere affectation pour renverser les privileges des dicts magistracts et officiers de ville que le dict arrest semble voulloir tacher d'infamie, et a soubmettre absolument à son authorité tous les conseils et délibérations de la dicte Chambre de ville, mesmes pour les affaires qui concernent le service et les ordres de sa Majesté et du dict sieur gouverneur, mais encore au mépris des déffences portés par les arrests de son Conseil et contre tous les ordres pratiquez. A quoy estant nécessaire de promptement pourveoir en attendant qu'il ayt esté faict droit par sa Majesté sur tous les différends particulliers concernant les dictz officiers, qui sont pendans au dict Conseil, et lesquels à cause d'iceulx ne peuvent espérer justice du dict Parlement, ainsy qu'ils ont desjà remonstré par les requestes qu'ils ont à cet effect présentées au Conseil, et aussy à cause des dicts emprisonnemens des dits Boyvault et Gallimard, sergens en la dicte Mairie, tout consideré :

Sa Majesté, estant en son Conseil, sans s'arrester aux arrests du dict Parlement de Dijon des IIII et VI aoust dernier, quelle a cassé et annullé, et tout ce qui s'en est ensuivy, ensemble les decretz et emprisonnemens faits des personnes des dictz Galimard et Boyvault, et Thibert, sécretaire, a ordonné et ordonne que les noms des dictz Galoche, Colin, Marc, Guillaume, David, Chesne, Godran, Chevalier et de Varenne seront restablis en l'ordre de leur matricule en vertu du présent arrest, faisant sa Majesté deffance au dict Parlement de Dijon, et à touttes personnes de les troubler en l'exercice et fonction de leurs dictes charges d'advocats et procureurs, et de plus donner de pareils arrests, et pour des considérations importantes au service de sa Majesté, elle a évoquée et évoque du dict Parlement de Dijon, à soy et à son Conseil, la cognoissance de tous les procès et différents civils et criminels, meuz et à mouvoir, des dictz sieurs Millotet, maire, officiers de ville, eschevins, scindic, substituds, secretaire, receveur et sergens de la dicte Mairie, tant concernant les affaires de la ville que celles des dictz officiers en particulier, et ce pendant le temps de trois ans, sauf à proroger, s'il y eschet, et iceux avec leurs circonstances et déppendances, a renvoyé et renvoie en son Parlement de Grenoble, auquel sa Majesté en a attribué toutte cour, juridiction et cognoissance, qu'elle a interdit au dict Parlement de Dijon et à tous autres juges, et faict déffenses aux parties de s'y pourvoir à peine de nullité, cassation de procédure, dix mil livres d'amande, despens, dommages et interests. Faict sa Majesté iteratives déffenses au dict Parlement de Dijon de plus troubler le dict sieur Millotet en l'exercice de sa dicte charge d'advocat général, et enjoint au procureur général du dict Parlement de tenir la main à l'exécution du présent arrest et d'en certiffier le Conseil au mois, et au sieur duc d'Espernon, gouverneur de la dicte province, lieutenans généraux en icelle, et à tous ses autres officiers, de prester main forte pour l'entière exécution d'icelluy, et à tous huissiers, archiers et sergens, de faire toutes significations du présent arrest et tous actes nécessaires, et à leur refus aux sergens de la dicte Mairie de la dicte ville de Dijon.

Faict au Conseil d'Estat du Roy, sa Majesté y estant.

Donné à Paris, le XVI septembre mil six cent cinquante trois.

PHELYPEAUX.

Cet arrêt est accompagné des lettres de jussion signées Louis, contresignées Phelypeaux, et scellées du grand scel en cire jaune.

Original: Archives de la ville, C, *Juridiction municipale.*

CXVIII

Arrêt du Conseil d'Etat portant réduction du nombre des magistrats municipaux de Dijon.

1668 (20 avril).

Extrait des Régistres du Conseil d'Estat.

Sur ce qui a esté remonstré au Roy estant en son Conseil, qu'ayant esté cy devant porté plusieurs plainctes à sa Majesté et en différends temps, que le corps de la Chambre de ville de Dijon, estant composé d'un Maire, vingt eschevins, un procureur scindic, un secrétaire, un receveur et quatre prudhommes, ce grand nombre d'officiers n'estoit pas seulement à charge à la dite ville par l'exemption des tailles dont ils jouissoient pendant qu'ils estoient en charge, mais aussi que les dits eschevins, ayant seuls le pouvoir d'imposer les tailles chacun dans les paroisses, ils le faisoient le plus souvent avec une si grande inégalité, que la plus grande partie des habitans de la dite ville en recevoient un préjudice très considérable, et que pour l'eslection des dits eschevins, il arrivoit beaucoup de difficultez, par les grandes brigues et monopoles qui se faisoient, en sorte qu'ils estoient nommés sans considération du mérite des personnes ny de leur expérience aux affaires publiques, mais seulement par intérest, en se substituant les uns aux autres, suivant qu'ils se trouvoient amis ou parents, et par ce moyen la police, qui est la principale fonction des dits eschevins, estoit mal faite; ce que sa Majesté ayant considéré, elle auroit, par arrest de son Conseil d'Etat du huit juing 1656, réduict le dit nombre d'eschevins, de vingt à celui de six, qui auroient pendant six années exercé leurs fonctions avec intégrité, honneur et satisfaction du public. Néanmoins, à la poursuitte de quelques personnes qui désiroient entrer dans les dites charges, sa Majesté auroit, par arrest de son dit Conseil du six juin 1650, restably le dit nombre d'eschevins à vingt; mais d'autant que ce changement auroit causé beaucoup de confusion dans l'hostel de ville et donné du trouble au repos des habitans, sa Majesté auroit résolu d'y pourvoir par un règlement certain, et en attendant ordonné, par autre arrest de son dit Conseil, du seize juing 1659, que les dits eschevins seroient nommez, esleuz et choisiz par le vicomte Mayeur de la dite ville, en chacune paroisse, ainsy qu'il s'estoit pratiqué par le passé, et ce par manière de provision, et ce jusques à ce qu'il en eust esté autrement ordonné par sa Majesté, laquelle ayant estimé estre nécessaire et advantageuse à la dite ville de faire maintenant le dit règlement. Veu les dits arrests et tout considéré, *sa Majesté estant en son Conseil*, a ordonné et ordonne ce qui s'ensuit :

Premièrement qu'a l'advenir la Chambre de ville du dit Dijon sera composée du Maire, six eschevins, un procureur sindic, un secrétaire, un receveur et deux prudhommes. Qu'il sera procédé à l'eslection des dits Maire, eschevins et procureur sindic, de deux en deux ans seulement, scavoir, celle du dit Maire par tout le peuple, dans l'église des pères Jacobins, trois jours francs, nonobstant qu'il soit férié devant le jour de la saint Jean Baptiste ; et pour celle des eschevins, la veille du dit jour saint Jean Baptiste, dans la dite Chambre de ville, par les eschevins lors en charge, et en présence de celluy qui aura esté esleu vicomte Mayeur; lequel en nommera deux des anciens pour estre retenus, et les autres quatre seront esleus par la pluralité des suffrages. Et à l'esgard de l'eslection du dit sindic, elle se fera le vingt huit juin, en la dite Chambre de ville, pour le mesme temps de deux ans, et prestera le serment le jour de la saint Pierre, au lieu et en la manière qui s'est pratiquée jusques à présent, sans que les dits Maire, eschevins et scindic puissent estre continuez après les dites deux années, ny entrer ausdites charges que quatre années après en estre sortis.

Que le dit Maire sera obligé, l'année qu'il sortira de charge, de remettre le douze du mois de juin, en la dite Chambre de ville, les marques de la magistrature, et icelles déposer entre les mains du plus ancien eschevin, icelluy prestera serment de les remettre le dit jour saint Jean Baptiste, entre les mains du dit Maire esleu, au devant du portail saint Phelybert, où il prestera le serment en la forme accoustumée, et seront ensuite les cérémonies ordinaires observées.

Que les dits eschevins seront choisis indifféremment par toute la ville, sans qu'ils puissent estre nommez par paroisses, et seront pris du corps des officiers de la chancellerie du Parlement de Dijon, correcteurs et auditeurs de la Chambre des Comptes et du bailliage, advocats, procureurs, bourgeois et marchands, en sorte qu'ilz ayt tousjours deux bons bourgeois ou marchands, lesquels, nonobstant leurs qualitez et conditions, n'auront autre rang dans la dite Chambre de ville, que suyvant l'ordre estably et observé jusques à présent; les deux anciens eschevins retenus précéderoient néantmoins les nouveaux esleuz, tous lesquels jouiront, pendant le temps qu'ils seront en charge, des privileges et advantages que les précédens ont jouy jusqu'à présent, comme pareillement le procureur scindic, secrétaire et receveur.

Et pour remplir les dites charges d'eschevins, sa Majesté, ayant toute satisfaction de la conduite des sieurs Chesne et Malpoix, advocats, des présents eschevins, elle les a retenuz et confirmez dans les dites charges pour les deux années prochaines, et pour les quatre nouveaux à eslire, a fait choix pour ceste fois seulement, et sans tirer à conséquence ny préjudicier au droict de nomination, qui appartient ausdits Maire et eschevins anciens, des personnes des sieurs Buretier, conseiller, secrétaire de sa Majesté en la chancellerie du dit Parlement de Dijon, de la Chaume, conseiller aux Eaux-Forêts, Derequelaine, bourgeois marchant, et Petit fils, aussy bourgeois marchand, pour les dits Maire, eschevins et scindic qui sera esleu, exercer les dites charges, à commencer à la saint Jean Baptiste prochaine, jusques à la première eslection qui sera à pareil jour de l'année seize cent soixante dix, et ainsy continuer de deux en deux ans.

Que les dits Maire et eschevins pourront choisir dans toutes les paroisses de la dite ville une ou deux personnes capables pour leur ayder à faire la police, les quels pourront dresser des procès-verbaux des contraventions à icelle, et les rapporter à la dite Chambre de ville pour les juger, et auront voix déliberative au jugement d'iceux seulement, sans pour ce prétendre aucune exemption de taille, et en cas de partage audit jugement et de toutes affaires qui se traiteront en la dite Chambre de ville, la voix du dit Maire prevaudra sur les autres.

Que les tailles qui se faisoient par les dits eschevins, soulz chacun en leurs paroisses, se feront doresnavant au grand bureau de la dite Chambre de ville, en présence des dits Maire et eschevins, et pour le faire plus justement et au soulagement du peuple, il se fera un pied nouveau pour toute la ville. Cependant sa Majesté a cassé et casse tous les anciens piedz de la dite taille faicts par paroisses, ordonne que le dit nouveau pied sera faict comme les tailles annuellement, en présence de deux prudhommes de chaque paroisse, choisis par les autres habitans convoquez au son de la cloche, après néantmoins que l'assemblée aura esté indiquée au prosne des paroisses, par ordre des magistrats, huict jours auparavant la confection des tailles et à son de trompe par la ville.

Enjoinct sa Majesté à Monseigneur le prince de Condé, gouverneur, et son lieutenant général en Bourgogne et Bresse, au sieur Bouchu, intendant de justice, et à tous autres ses officiers qu'il appartiendra, de tenir la main à l'exécution et observation du présent arrest. Et pour cet effect, le dit sieur Bouchu se transportera dans la dite Chambre de ville la veille du jour de la sainct Jean prochain, pour le faire lire, publier et enregistrer en sa présence, et mettre en possession les dits Maire et eschevins ci devant nommés, qui presteront le serment en la forme accoustumée, nonobstant oppositions ou appellations quelconques, pour les quelles ne sera différé, dont si aucuns interviennent, sa Majesté s'en estre reservé la connoissance et à son dit Conseil, et icelle interdit à tous autres juges quelconques.

Faict au Conseil d'Estat du Roy, sa Majesté y estant, tenu à Saint Germain en l'Aye, le vingtième jour d'avril mil six cent soixante huict (1).

PHELYPEAUX.

Original : Archives de la ville de Dijon, B3, *Priviléges et franchises de la Commune.*

CXIX

Déclaration du roi Louis XIV, touchant l'arrêt du Conseil qui réduit le nombre des magistrats municipaux de Dijon.

1668 (décembre).

Louis, par la grâce de Dieu roy de France et de Navarre, à tous présens et à venir, salut. Après que les grandes victoires qu'il a pleû à Dieu de nous donner sur nos ennemis ont esté suivies d'une paix glorieuse et avantageuse à nos peuples, et que nous avons restably dans nostre royaume l'auctorité des loix, si affaiblies

---

(1) Le sieur Calon, avocat, fondé de procuration de quarante habitants, s'étant porté opposant à l'exécution de cet arrêt comme contraire aux anciens priviléges de la ville, un autre arrêt du Conseil, rendu le 15 novembre de la même année, ordonna qu'il sortirait son plein et entier effet, et, statuant sur la réclamation du sieur Chevrot, contrôleur de la ville, dont l'office avait été omis dans l'énumération des offices conservés, le maintint dans l'exercice de sa charge.

Néanmoins, le sieur Calon, toujours comme délégué de quarante habitants, et l'avocat Siredey, fondé de procuration de cent cinquante autres, ayant formé une nouvelle opposition à l'exécution de ces deux arrêts, le Roi, par un arrêt du 4 janvier 1669, mit cette opposition à néant, leur fit défense expresse de se pourvoir pour lui faire des remontrances, sous peine de 2,000 livres d'amende, défendit aux habitants de s'opposer à la collecte des tailles, enjoignit à ces avocats de remettre leurs procurations entre les mains de l'Intendant, et prescrivit la continuation des enquêtes. (Originaux . Archives de la ville, B3, Priviléges et franchises de la commune.)

par le long-temps que les guerres ont duré, nous avons creû qu'il n'estoit pas moins de nostre devoir qu'avantageux à nos sujets de porter nos soins aux choses qui concernent la police, et de commancer par le retranchement des magistratz, qui, pour estre en grand nombre en plusieurs villes, n'en estoit pas mieux gouvernées. Au contraire, la multitude estoit un obstacle à la police, chacun se remettant sur son collegue pour l'éxécution des délibérations qui demeuroient par ce moyen le plus souvent sans effect, ceux qui recherchoient ces charges ne le faisoient que pour se procurer l'exemption des tailles, favoriser leurs parents et amis dans les impositions, et que pour y arriver et s'y maintenir, ilz faisoient des brigues et monopoles pour ce subroger les uns aux autres.

Nous aurions estimé ne pouvoir mieux réformer ces désordres et faciliter l'exercice de la police, qu'en réduisant les magistractz au nombre proportionné et nécéssaire à chaque ville. Ce que nous aurions déjà faict en divers lieux, et notamment en nostre ville d'Auxerre, en laquelle nous aurions réduit les douze eschevins qui composoient le corps de la dite ville à quatre, et ayant jugé à propos d'apporter un ordre pareil en quelque façon à celuy de Paris, Lyon et autres bonnes villes de nostre royaume, en nostre ville de Dijon, capitale de nostre duché de Bourgongne, qui estoit cy devant gouvernée par un Maire appelé vicomte Mayeur, vingt eschevins, un procureur sindic, un secrétaire, receveur et quatre prudhommes, nous aurions par arrest de nostre Conseil d'Etat du vingtième avril dernier, et pour les causes y contenues, ordonné qu'à l'avenir la Chambre du Conseil de la dite ville seroit composée du Maire, six eschevins, un procureur sindic, un secrétaire, un receveur, et deux prudhommes, à l'exécution duquel arrest, faict le vingt troisieme juin aussy dernier par le sieur Bouchu, conseiller en nostre Conseilz, maître des requestes ordinaires de nostre hostel et intendant de justice en nostre province de Bourgongne et Bresse, en conséquance de l'ordre particulier que nous luy en aurions donné, ayant esté formé opposition par quelques particuliers habitans, nous les en aurions déboutez par autre arrest de nostre Conseil d'Etat du quinziesme du mois passé. Et voulant rendre les choses stables par un règlement certain, que nous voulons estre exécuté à l'advenir, à commencer à la prochaine eslection des magistratz, qui se fera en l'année mil six cent soixante et dix.

A ces causes et autres à ce nous mouvans, après avoir mis cette affaire en deslibération en nostre Conseil, de l'avis d'iceluy et de nostre certaine science, plaine puissance et auctorité royale, nous, conformément ausdit arrest, avons, par ces présentes signées de nostre main, dit, statué et ordonné, disons, statuons et ordonnons, voulons et nous plaist que la magistrature de nostre dite ville de Dijon, capitale de nostre province de Bourgongne, soit à l'advenir et demeure réduite pour toujours au Maire appelé vicomte Mayeur, six eschevins, un procureur sindic, un secrétaire, un receveur, un controlleur, et deux prudhommes.

Qu'il sera procédé à l'eslection des dits Maire, eschevins et procureur sindic de deux ans en deux ans, à commencer en l'année 1670, scavoir celle du Maire, par tout le peuple, dans l'église des Pères Jacobins, le vingtième juin, nonobstant qu'il soit férié, et celle des eschevins la veille de Saint Jean Baptiste, dans la Chambre du Conseil de la dite ville, par les eschevins lors en charge, et en la présence de celuy qui aura esté esleu vicomte Mayeur, lequel en nommera deux des anciens pour estre retenus, et les quatre autres seront esleus à la pluralité des suffrages, lesquelz retenus ne pourront estre que de ceux qui auront esté deux ans en charges pour en sortir au bout de quatre ans. Et à l'égard de l'eslection du procureur sindic, elle se fera le vingt huit juin, en la mesme Chambre de ville, pour le mesme temps de deux ans, et presteront les dits Maire, eschevins et scindic le serment, scavoir : ledit Maire en l'églize Nostre Dame, le dit jour de feste de Saint Jean Baptiste, en la présence de nostre procureur ou advocat en nostre bailliage de Dijon ; après avoir reçeu les marques de la magistrature, et avoir esté presenté au devant du portail de l'églize Saint Philibert, et le dit sindic, le jour de feste saint Pierre, au lieu et à la manière qu'il s'est pratiqué jusques à présent, sans que les dits Maire et procureur syndic puissent estre continuez après les dites deux années, ny les dits eschevins après quatre années ny rentrer aux dites charges que quatre années après en estre sortis.

Que le dit Maire sera obligé, l'année qu'il sortira de charge, de le faire le dixième de juin, dans la dite Chambre de ville, et de remettre les marques de la magistrature le dimanche suivant, entre les mains du plus ancien eschevin, qu'on appellera *garde des évangilles*, au devant du portail de l'église Saint Philibert, qui remettra les dites marques, le jour de feste saint Jean Baptiste, au Maire esleu, à la forme accoutumée.

Que les dits eschevins seront choisis indifferemment par toute la ville, en sorte néantmoins qu'il y ayt tousjours deux bons bourgeois ou marchands. Tous les quelz esleuz auront leur rang et scéances suivant l'ordre estably et observé jusques à présent en la dite Chambre de ville, lesdits deux anciens eschevins retenus précéderont néantmoins les nouveaux et jouiront pendant le temps qu'ilz seront en charge des priviléges, honneurs et exemptions dont les précédents ont jouys jusques à présent, comme pareillement le procureur scindic, secrétaire, receveur et controolleur, le quel receveur rendra compte annuellement des deniers communs et d'octroys de la dite ville, par devant les dits Maire, eschevins et procureur scindic, en la forme et manière accoustumées.

Que les dits Maire et eschevins pourront choisir dans toutes les paroisses de la dite ville quatre personnes capables pour les ayder à faire la police, les quelles dresseront des procès verbaux des contraventions à icelle et les rapporteront à la dite Chambre de ville pour les juger et auront voix délibérative au jugement d'iceux seulement, sans pour ce prétendre aucune exemption de taille, et en cas de partage au dit jugement et de toutes affaires qui se traicteront en la dite Chambre de ville, la voix du Maire prévaudra sur les autres.

Que les tailles qui se faisoient par les eschevins seulz, chacun en leurs paroisses, seront faictes au grand bureau de la Chambre du Conseil de la dite ville par les dits Maire et eschevins, après qu'ilz auront faict la reconnoissance du nombre et des facultez des habitans de la dite ville.

Voulons que le dit arrest du vingtième avril dernier et ce qui a esté faict en exécution d'icelluy et de noz ordres particuliers subsistent jusques à l'eslection prochaine des dits magistratz, qui se fera en l'année 1670, au quel temps et à l'advenir ces dites présentes seront suivies sans aucune difficulté ny modification quelconque.

Sy donnons en mandement, à nos amez et féaulx conseillers, les gens tenant nostre Cour de Parlement au dit Dijon, que ces présentes ilz ayent à enrégistrer purement et simplement, nonobstant toutes oppositions; pour le contenu estre doresnavant exécuté, gardé et observé, selon sa forme et teneur, cessant et faisant cesser tous troubles et empeschements au contraire. Car tel est nostre plaisir. Et afin que ce soit chose ferme et stable à tousjours, nous avons faict mettre nostre scel à ces dites présentes, sauf en autre chose nostre droit et l'autruy en touttes.

Donné à Paris, au mois de décembre, l'an de grâce mil six cent soixante huict, et de nostre règne le vingt sixième.

LOUIS.

Par le Roy,

PHELYPEAUX.

Régistré au greffe des expéditions de la chancellerie de France, par moy, conseiller, secrétaire du Roy, greffier, des dites expéditions, à Paris, le trentième décembre 1668. JONCHET.

Scellé du grand sceau en cire verte dont il ne reste que les lacs de soie rouge et verte pendants.

Arrêt du Parlement de Dijon, rendu le 20 février 1669, par lequel la Cour ordonne l'enregistrement de ces lettres patentes, et ordonne que les médecins et chirurgiens pourront être nommés échevins.

Original : Archives de la ville, B 83, *Chambre de ville.*

CXX

Autorisation donnée par le roi Louis XIV, aux magistrats municipaux de Dijon, de porter des robes d'honneur dans les cérémonies publiques.

1668 (avril).

Louis, par la grâce de Dieu, Roy de France et de Navarre, à tous présens et à venir, salut. Comme il n'y a rien qui excite davantage la submission et déférence et particulièrement en ce qui est de la police et administration des villes, que de voir les personnes d'auctorité et commandement élevées audessus des autres par quelque marque et ornement extérieur convenable à leur dignité, qui ne faict pas seulement cesser la confusion et le mépris qui pourroit naître de l'égalité, mais inspire même une inclination plus ardente des peuples à suivre leurs ordres avec autant de respect qu'ils ont d'ordinaire d'affection pour les choses qui les attirent. Nos chers et bien amez les vicomte Mayeurs, eschevins, secretaire, receveur et procureur sindic des bourgeois et habitans de notre ville de Dijon, capitale de notre païs et duché de Bourgongne, nous ayant faict remontrer qu'ils jouissent de très beaux droitz et privileges qui leur ont esté accordez par les anciens ducz de Bourgongne et esquelz ils ont esté maintenus et conservez par les Roys nos prédécesseurs, et par nous à nostre advénement à la couronne, par noz lectres pattentes du mois d'aoust 1643, et notamment la jurisdiction et police sur tous les bourgeois et habitans de la dicte ville, fauxbourgz et banlieue, tant en matière civile que criminelle, en quoy les dictz Mayeur et eschevins ont si bien faict leur devoir en touttes les occasions qui s'en sont presentés pour le bien et le soulagement des ditz habitants, que chacun en est satisfaict, ainsy qu'ilz continueront de faire en tous rencontres. Comme la dite ville de Dijon ayant esté la première qui, après le décèdz du dernier Duc, s'est réduite en l'obéissance du Roy Louis unzième et qui, par son affection et son zelle a procuré la réunion à notre couronne de toutte la province et dont les magistrats ont toujours continué de donner des marques de leur fidélité à nottre service, et pour le bien de notre Estat. Néantmoins, comme les ditz vicomte Mayeur, eschevins, procureur, sindic, secrétaire et receveur de la dite ville n'ont esté jusques à présent distinguez des autres bourgeois et habitans par aucune marque ny ornement particulier de leur dignité, auctorité et préeminence sur tous les autres, soit ès assemblées publiques où ils sont obligés de se trouver avec les autres corps de notre dicte ville: scavoir, noz cours de Parlement, Chambre des comptes, trésoriers de France et officiers du bailliage establis en icelle qui ont chacun leurs habitz d'honneur, soit ez actions de police et tout autre acte et exercice de leur dignité et magistrature. Ilz nous ont très humblement suplié à l'exemple des magistrats des autres bonnes villes de nostre royaume leur permettre de porter des habitz d'honneur en touttes les assemblées et actions publiques et particulières et faisant l'exercice et fonctions de leurs charges. A quoi désirant leur pourvoir et inclinant favorablement en considération de leur zele, fidelité et affection à nostre service et pour d'autant plus les obliger à les continuer avec estime et respect de ceux qui sont soubmis à leur jurisdiction et les distinguer des autres bourgeois et habitans de la dite ville par quelque habit d'honneur et autre marque extérieure qui leur soit particulière et convenable à leur dignité et magistrature. Nous, de nostre grâce spécialle, plaine puissance et auctorité royale, avons concédé, permis et accordé, conceddons, permettons et accordons par ces présentes signées de notre main, aus dictz vicomte Mayeur, eschevins, secrétaire, receveur et procureur-sindic de la dicte ville de Dijon, présents et à venir, de porter dans l'exercice et fonctions de leurs charges, et en tous actes et assemblées publiques les marques de magistratures, scavoir : le dict vicomte Mayeur, une robbe longue de satin plain de couleur violet, doublée de satin rouge cramoisy, ainsy que la porte le prevost des marchands de notre ville de Lyon, avec le chaperon de même étoffe et couleur bordé d'hermine, et les échevins, secrétaire, procureur sindic et receveur porteront aussy même robbe de gros de Naples ou camelot d'Hollande de même couleur viollet avec le chaperon aussy bordé d'hermine, lesquelles robbes et chaperons, nous voulons que les dicts eschevins, secrétaire, procureur sindic et receveurs portent en touttes assemblées publiques où le dict corps de ville sera obligé de se trouver, et aux actions de police et autres. Les dictz Maire et eschevins porteront le dict chaperon et se feront assister d'un sergent portant la livrée de la dicte ville sans touttefois qu'ilz puissent prétendre aucune autre juridition que celle qui leur a esté conceddée et en laquelle ilz ont esté conservez et confirmez par nos lettres pattentes et par celles de nos prédécesseurs Roys, bien et deuement vériffiées. Sy donnons en mandement, à nos amez et feaux conseillers, les gens tenant notre cour de Parlement, aydes et finances en la dicte ville de Dijon et officiers qu'il appartiendra, que du contenu en ces dictes présentes nos lettres de concession et octroy, ilz fassent jouir et user les dictz vicomte Mayeur, eschevins, secrétaire, receveur et procureur sindic de notre dicte ville de Dijon présens et à venir, plainement et paisiblement à toujours, à ce faire et obéir tous ceux qu'il appartiendra, et cesser tous troubles et empêchement au contraire, car tel est notre plaisir, et affin que ce soit chose ferme et stable à toûjours, nous avons faict mettre notre scel à ces dictez présentes. Donné à Saint Germain en Laye au mois d'avril, l'an de grâce mil six cens soixante huit, et de nostre règne le vingt cinquième.

LOUIS.

Par le Roy, PHELYPEAUX.

Scellé du grand sceau en cire verte à lacs de soie rouge et verte pendants.
Enregistrement de ces lettres par le Parlement, à la date du 15 février 1669.
Original : Archives municipales, B 83, *Chambre de ville.*

CXXI

Confirmation des priviléges de la ville par le roi Louis XIV, moyennant finance.

1706 (3 août).

Extrait des Registres du Conseil d'Etat.

Veu au conseil d'Etat du Roy, la requeste des vicomte Majeur, eschevins et procureur sindic de la ville de Dijon, pour, et au nom des habitans de la dicte ville, contenant que pour donner à sa Majesté de nouvelles marques de leur zèle, fidélité et affection à son service, et contribuer de tout leur pouvoir aux besoins de l'Etat en ce temps de guerre, ils offroient de luy payer et le suplioient d'agréer la somme de quatre vingt mille livres, au moyen de laquelle il luy plairoit les maintenir et confirmer à perpétuité dans tous les droits, immunitez, prérogatives, préeminences, franchises, libertés, pouvoirs, priviléges et exemptions accordez à la dite ville, tant par elle que par les Roys ses prédécesseurs et ducs de Bourgogne, et pour parvenir au payement de la dite somme par eux offerte, ils auroient encore suplié sa Majesté de leur permettre de l'emprunter au denier dix huit, ou tel autre qu'ils jugeroient à propos, et lever par continuation les nouveaux octrois pareils aux anciens et les droits sur l'entrée des bois à brusler, fagots et charbon accordés et establis en la dite ville, en conséquence des arrests du conseil des douze octobre mil six cens quatre vingt quatorze, vingt neuf may, seize juin, quatorze et vingt un aoust mil six cens quatre vingt seize et vingt un janvier mil six cens quatre vingt dix huit, et continuer avec pouvoir de les augmenter ou diminuer par autre arrest du vingt six may mil sept cens cinq pour le paiement et acquitement des sommes y enoncées, et ce en la manière et pendant le nombre d'années qui sera avisé et réglé par les sieurs commissaires députez par sa Majesté pour la vériffication des debtes en Bourgogne, pour estre les ditz nouveaux octrois et droits sur les bois, fagots et charbons adjugez par les ditz sieurs commissaires en la manière accoutumée suivant et conformément au dit arrest du vingt six may mil sept cent cinq, et le produit employé au remboursement des ditz quatre vingt mil livres, arrérages et frais, après toutes fois les sommes actuellement assignées et affectées sur les ditz octrois et droits entièrement acquittées aux créanciers, et en attendant que la continuation ait lieu, ordonner que le payement des arrérages qui escheront des ditz quatre vingt mil livres sera fait annuellement, soit sur les ditz nouveaux octrois et sur les droits qui se levent actuellement, soit sur les anciens octrois, soit sur les autres fonds de la dite ville, ou de telle autre manière qu'il sera reglé et ordonné par les ditz sieurs commissaires, sauf à en faire le remplacement sur les premiers deniers de la dite continuation. Ouy le rapport du sieur de Chamillart, conseiller ordinaire au Conseil royal, contrôlleur général des finances, le Roy en son Conseil a accepté et accepte les offres des vicomte Majeur, eschevins et procureur sindic de la ville de Dijon, pour, et au nom des habitants de la dite ville, ce faisant ordonne qu'ils payeront suivant leurs offres au trésor royal la somme de quatre vingt mil livres en trois termes égaux, et par tiers, le premier payement au premier jour du mois de septembre prochain, le second au premier novembre et le troisième au premier janvier suivant, et en conséquence sa Majesté les a maintenus et confirmez, maintient et confirme à perpétuité dans tous les droits, immunitez, prérogatives, préeminences, franchises, libertés, pouvoirs, priviléges et exemptions qu'elle a accordez à la dite ville et les Roys ses prédécesseurs et ducs de Bourgogne, et pour faciliter aus ditz habitans les moyens de payer la dite somme de quatre vingt mil livres, sa Majesté leur a permis et permet de l'emprunter à constitution de rentes au denier dix huit, ou tel autre qu'ils jugeront à propos, et pour le remboursement d'icelle, des arrérages et autres frais, de lever par continuation les nouveaux octrois et les droits sur les bois, fagots et charbons establis en la dite ville en mil six cens quatre vingt quatorze, mil six cens quatre vingt seize, et mil six cens quatre vingt dix huit et mil sept cens cinq, les augmenter ou diminuer en la manière et pendant tel nombre d'années qui sera avisé et réglé par les sieurs commissaires députez par sa Majesté pour la liquidation des debtes des communautez de la dite province, lesquels en feront les adjudications en la manière accoutumée et suivant le dit arrest du vingt six may mil sept cens cinq à commencer du jour de l'expiration des adjudications cy devant faites des ditz droits, et d'affecter au dit remboursement le produit des ditz octrois et droitz, sans que les deniers qui en proviendront puissent estre saisis, arrestés, divertis ny employez à d'autres usages qu'au payement des créanciers qui auront prestés les dites sommes; ordonne sa Majesté que le payement des arrérages qui escheront annuellement des dits quatre vingt mil livres jusques au temps que devra commencer la continuation des octrois et droits destinez pour le remboursement de la dite somme principalle fait, sera soit sur le produit des dits nouveaux octrois et droits qui se levent actuellement, soit sur les anciens octrois ou sur les autres fonds de la dite ville ou telle autre manière qu'il sera réglé et ordonné par les dits sieurs commissaires, sauf le remplacement, s'il est besoin, sur les premiers deniers de la dite continuation; enjoint sa Majesté aux dits sieurs commissaires de tenir la main à l'exécution du présent arrest et seront leurs ordonnances et jugements exécutés nonobstant oppositions, appellations ou autres empechemens quelconques dont sy aucuns interviennent, sa Majesté s'en réserve la connoissance et à son Conseil, et icelle interdit à ses autres cours et juges, en vertu du présent arrest pour l'exécution duquel toutes lettres nécessaires seront expédiées.

Fait au conseil d'Etat du Roy, tenu à Versailles, le troisième jour d'aoust mil sept cens six.

Ranchin.

Original : Archives de la ville de Dijon, B3, *Priviléges et franchises de la Commune.*

CXXII

Confirmation des priviléges de la ville de Dijon, par le roi Louis XV.

1719 (juillet).

Louis, par la grâce de Dieu, Roy de France et de Navarre, à tous présens et à venir, salut. Nos chers et bien amez les vicomte Mayeur, eschevins et habitans de nostre ville de Dijon, capitale de nostre province du duché de Bourgogne, nous ont très humblement fait exposer que les privileges qui leur ont esté accordez par les ducs de Bourgogne, leurs premiers souverains, confirmez ensuite par les Roys nos prédécesseurs, depuis que le duché de Bourgogne a esté réuny à nostre couronne, et en dernier lieu par défunt nostre très honoré seigneur et bizayeul, le roy Louis quatorze de glorieuse mémoire, suivant ses lettres patentes du six avril mil six cens soixante sept, outre la justice haute, moyenne et basse, civille, criminelle et politique dans la dite ville, fauxbourgs et banlieue qui leur est patrimonialle, il leur appartient toutes places communes, épaves, confiscations, dations de tutelle et curatelle, et confections d'inventaires de ceux qui décèdent en la dite ville, fauxbourgs et banlieue, de quelques qualitez et conditions qu'ils soient sans exception ; la prise des personnes, biens et expéditions de tous exploits réels à l'exclusion des autres officiers, le pouvoir de condamner et faire exécuter jusqu'à la somme de soixante cinq sols sans qu'il soit loisible d'en appeler, la connoissance, décizion et jugement en première instance des crimes et délitz qui se commettent par toutes personnes, comme aussy ce qui dépend des armes, garde des portes, guet de jour et de nuit, et différends qui en procèdent privativement à tous nos juges en l'absence des gouverneurs et lieutenants généraux au dit pays, pardevant lesquels ressortissent immédiatement les appellations qui en proviennent. Les dits habitans ont d'ailleurs le pouvoir d'élire chacun an le vicomte Mayeur, qui peut aussy nommer six échevins, les quels sont retenus à la pluralité des suffrages pour l'administration des affaires de la dite ville, et arrivant le décèz du dit vicomte Mayeur, font choix d'une personne capable pour exercer la dite charge le reste de l'année. Les exposants ont pareillement le pouvoir de tenir et posséder francs-fiefs et nouveaux acquets sans pour ce payer aucune finance, ny estre assujettis au ban et arrière ban. Ils ont en outre la liberté de tirer aux jeux d'arc, arbaleste et arquebuse, le droit de tirer au papegaut, chacun an, à certain jour, avec les franchises et immunitez y appartenans; la permission de chasse et pesche, ainsy que les autres villes capitales de nostre royaume. Le droit de foire franche les premier febvrier et de juillet de chacune année et plusieurs autres franchises et exemptions, droits, coutumes et libertez qui leur ont estés accordés et octroyés, tant par les ducs de Bourgogne que par les Roys nos prédécesseurs, dont ils ont toujours paisiblement jouy. Mais comme depuis nostre avénement à la couronne, les exposans ne nous ont point encore supplié de leur accorder nos lettres de confirmation, et que sur ce prétexte ils pourroient être inquiétés dans la jouissance de leurs droits et priviléges, c'est ce qui les oblige d'avoir recours à nostre justice, pour leur estre sur ce pourveu. A ces causes ayant la mesme considération que nos prédécesseurs, pour la fidélité, le zèle, l'obéissance et l'affection au service de l'Estat dont les exposants ont donné des preuves dans tous les tems, et voulant leur donner occasion de les continuer, nous avons au dit vicomte Mayeur, eschevins et habitans de notre ville de Dijon, de l'avis de nostre très cher et très amé oncle, le duc d'Orléans, petit fils de France, Régent; de nostre très cher et très amé oncle, le duc de Chartres, premier prince de nostre sang; de nostre très cher et très amé cousin le duc de Bourbon; de nostre très cher et très amé cousin le prince de Conty, prince de nostre sang; de nostre très cher et très amé oncle le comte de Toulouze, prince légitimé, et autres pairs de France, grands et notables personnages de nostre royaume, et de nostre grâce spécialle, plaine puissance et autorité royale, continué et confirmé, continuons et confirmons par ces présentes signées de nostre main, tous et un chacun, les priviléges, jurisdictions, exemptions, franchises, libertez, coutumes, droits, usages, octroys, permissions et immunitez tels qu'ils ont esté cy dessus expliquez, à eux accordez et concédez par les lettres patentes, tant des ducs de Bourgogne que des Roys nos prédécesseurs. Voulons et nous plaist qu'ils en jouissent et usent tout ainsy qu'ils en ont bien et deuement jouy, jouissent et usent encore à présent, pourveu que les dits priviléges n'ayent été révoqués par les Roys nos prédécesseurs, et par nous depuis nostre avénement à la couronne, par aucuns édits, déclarations et arrests. Si donnons en mandement à nos amez et féaux conseillers, les gens tenant nostre cour de Parlement et Chambre de nos Comptes à Dijon, que ces présentes ils aient à faire enregistrer et du contenu en ycelles jouir et user plainement, paisiblement et perpétuellement, les exposans et leurs successeurs, sans permettre qu'ils y puissent estre troublés, empeschés ny inquiétés. Car tel est nostre plaisir; et afin que ce soit chose ferme et stable à toujours, nous avons fait mettre notre scel à ces présentes.

Donné à Paris au mois de juillet, l'an de grâce mil sept cens dix neuf, et de nostre règne le quatrième.

Par le Roy, LOUIS.

Le duc d'Orléans, Régent, présent. PHELYPEAUX.

Scellées du grand sceau en cire verte à lacs de soie rouge et verte pendants.

Enregistrées au contrôle général des finances, par nous, écuyer, conseiller du Roi, garde des registres du contrôle général des finances. A Paris, le 24 juillet 1719. PERROTTIN.

1720, 19 juillet. Arrêt d'enregistrement par le Parlement de Dijon.

Original : Archives de la ville de Dijon, B3, *Priviléges et franchises de la Commune*. — Imprimé dans : *Mémoire pour les vicomte-mayeur, échevins, etc., de la ville de Dijon, contre les receveurs généraux du domaine*, 1774, in-4°.

CXXIII

Confirmation des priviléges de la ville, par le roi Louis XVI.

1781 (décembre).

Louis, par la grâce de Dieu, roi de France et de Navarre, à tous présents et à venir, salut. Nos chers et bien amés les vicomte Mayeur, eschevins et habitans de notre ville de Dijon, capitale de notre province et duché de Bourgogne, nous ont très humblement fait exposer que les priviléges qui leur ont été accordés par les ducs de Bourgogne, leurs premiers souverains, confirmés en suite par les rois nos prédécesseurs, depuis que le duché de Bourgogne a été réuni à notre couronne, et en dernier lieu par le feu Roi, notre très honoré seigneur et ayeul, suivant ses lettres patentes du mois de juillet mil sept cent dix neuf, outre la justice haute, moyenne et basse, civille, criminelle et politique, dans ladite ville, fauxbourg et banlieue, qui leur est patrimoniale, il leur appartient toutes places communes, épaves, confiscations, dations de tutelles et curatelles, et confections d'inventaires de ceux qui décèdent dans ladite ville, fauxbourgs et banlieue, de quelque qualité et condition qu'ils soient, sans exception, la prise des personnes, biens, et expéditions de tous exploits réels à l'exclusion des autres officiers, le pouvoir de condamner et faire exécuter jusqu'à la somme de soixante cinq sols, sans qu'il soit possible d'en appeller. La connaissance, décision et jugement en première instance des crimes et délits qui se commettent par toutes personnes, comme aussi ce qui dépend des armes, gardes des portes, guet de jour et de nuit, et différends qui en procèdent, privativement à tous nos juges en l'absence des gouverneur et lieutenants généraux du dit pays, pardevant lesquels ressortissent immédiatement les appellations qui en proviennent. Que les dits habitans ont d'ailleurs le pouvoir d'élire chacun an le vicomte Mayeur, qui peut aussi nommer six échevins à la pluralité des suffrages, pour l'administration des affaires de la dite ville, et qu'arrivant le décès du dit vicomte Mayeur, ils font choix d'une personne capable pour exercer la dite charge le reste de l'année. Que les exposants ont pareillement le pouvoir de tenir et posséder francs fiefs et nouveaux acquets, sans pour ce payer aucune finance, ni être assujettis au ban et arrière ban. Qu'ils ont en outre la liberté de tirer aux jeux d'arc, arbalète et arquebuse, le droit de tirer au papegaut, chacun an, à certain jour, avec les franchises et immunités y appartenant, la permission de chasse et pêche, ainsi que les autres villes capitales de notre royaume. Le droit de foire franche, les premier de février et de juillet de chaque année, et plusieurs autres franchises et exemptions, droits, coutumes et libertés qui leur ont été accordés et octroyés, tant par les ducs de Bourgogne que par les rois nos prédécesseurs, dont ils ont toujours paisiblement joui. Mais comme depuis notre avènement à la couronne, les exposants ne nous ont pas encore suppliés de leur accorder nos lettres de confirmation, et que sous ce prétexte ils pourroient être inquiétés dans la jouissance de leurs droits et priviléges, c'est ce qui les oblige à avoir recours à notre justice pour leur être sur ce pourvû. A ces causes, ayant la même considération que nos prédécesseurs pour la fidélité, le zèle, l'obéissance et l'affection au service de l'Etat dont les exposants ont donné des preuves dans tous les temps, et voulant leur donner occasion de les continuer: de l'avis de notre Conseil, et de notre certaine science, plaine puissance et autorité royale, nous avons aus dits vicomte Mayeur, échevins et habitans de notre ville de Dijon, continué et confirmé, et par ces présentes signées de notre main, continuons et confirmons tous et chacun les priviléges, juridictions, exemptions, franchises, libertés, coutumes, droits, usages, octrois, permissions et immunités, tels qu'ils ont été ci dessus expliqués, à eux accordés et concédés par les lettres patentes tant des ducs de Bourgogne que des rois nos prédécesseurs. Voulons et nous plaît qu'ils en jouissent et usent tout ainsi qu'ils ont bien et duement joui, jouissent et usent encore à présent, pourvû que les dits priviléges n'ayent été révoqués par les rois nos prédécesseurs et par nous, depuis notre avénement à la couronne, par aucuns édits, déclarations et arrêts. Si donnons en mandement à nos amés et féaulx conseillers, les gens tenant notre cour de Parlement et Chambre des comptes à Dijon, que ces présentes ils ayent à faire enregistrer, et du contenu en icelles, jouir et user, les exposants et leurs successeurs, pleinement, paisiblement et perpétuellement, sans permettre qu'ils y puissent être troublés, empêchés ni inquiétés. Car tel est notre plaisir. Et afin que ce soit chose ferme et stable à toujours, nous avons fait mettre notre scel à ces dites présentes.

Donné à Versailles, au mois de décembre, l'an de grâce mil sept cent quatre vingt un, et de notre règne le huitième.

LOUIS.

Visa : HUE DE MIROMENIL.

Par le Roy, AMELOT.

Enregistrées sur la requête des vicomte Mayeur, échevins, sindic et habitans de la ville et commune de Dijon. Les conclusions du procureur général du Roy, pour jouir et user par les impétrans et leurs successeurs du contenu aux présentes, selon leur forme et teneur. Fait en la Chambre des comptes à Dijon, le quatorzième décembre mil sept cent quatre vingt deux.

CINQFONDS.

Enrégistré au greffe de la Cour, conformément à l'arrêt du deux décembre mil sept cent quatre vingt deux.

LAURENT.

Scellé du grand sceau en cire verte à lacs de soie rouge et verte pendants.
Original : Archives de la ville de Dijon, B3, *Priviléges et franchises de la Commune.*

VILLE D'AVALLON (YONNE)

Eudes III, duc de Bourgogne, affranchit ses hommes d'Avallon en 1200 ou 1214, au témoignage de Garreau et de Courtépée, et il leur donna une commune sur le modèle de celle de Vézelay. Cette charte fut confirmée par son fils Hugues IV. Ces deux documents n'existent plus dans nos archives locales.

JUILLY-LES-BAR-SUR-SEINE (AUBE)

En 1202, Guillaume, seigneur de Juilly, étant sur le point de se rendre en Terre-Sainte, affranchit de la mainmorte tous ses hommes de Juilly, et étendit ce privilége non seulement à ses hommes, demeurant audit lieu, mais à tous ceux qui habitaient ailleurs, de sa volonté. (Archives de la Côte-d'Or, Chambre des comptes de Dijon, B 502.)

VILLE DE BEAUNE

CXXIV

Charte de commune octroyée par Eudes III, duc de Bourgogne, aux habitants de Beaune.

1203.

In nomine sancte et individue Trinitatis.

Noverint universi presentes et futuri, quod ego Oddo dux Burgundie, dedi et concessi hominibus de Belna, communiam habendam in perpetuum ad formam communie Divionis, salva libertate quam prius habebant.

1. Infra villam Belne, alter alteri secundum opinionem suam auxiliabitur, et

nullatenus patietur, quod aliquis alicui eorum aufferat aliquid, vel de rebus suis aliquid capiat (1).

2. Creditio de pane et de vino et aliis victualibus fiet mihi Belne xv diebus, et si infra predictum terminum credita non reddidero, nichil amplius michi credent, donec credita persolventur (2).

3. Si quis sacramentum alicui facere debuerit et ante arramitionem sacramenti se in negocium suum iturum esse dixerit, propter illud faciendum de itinere suo non remanebit, nec ideo incidet; sed postquam convenienter submonitus fuerit, sacramentum faciet (3).

4. Si archipresbyter Belne aliquem implacitaverit, nisi clamor ante venerit vel forefactum apparuerit, non ei respondebit. Si tamen testem, contra quem accusatus se deffendere non possit, habuerit, emendabit (4).

5. Si aliquis aliquam injuriam fecerit homini qui hanc communiam juraverit, et clamor ad juratos inde venerit; si ipsum hominum qui injuriam fecit capere potuerint, de corpore suo vindictam capient, nisi forefactum emendaverit, illi cui illatum fuerit, secundum judicium illorum qui communiam custodierint (5).

6. Et si ille qui forefactum fecit, ad aliquod receptaculum perrexerit, et homines communie, ad receptaculum transmiserint et domino receptaculi, vel primatibus ipsius loci questionem fecerint, ut de eorum inimico faciant eis rectitudinem. Et si facere voluerint, rectitudinem accipient; quod si facere noluerint homines communie auxiliatores erunt faciendi vindictam de corpore et de pecunia ipsius qui forefactum fecit et hominum illius receptaculi, ubi inimicus eorum erit (6).

7. Si merchator in istam villam ad merchandum venerit et aliquis ei aliquid fecerit injurie infra villam : Si jurati inde clamorem audierint et merchator in ista villa eum invenerit homines communie ad vindictam faciendam, super hoc recte secundum opinionem suam, auxilium prestabunt; nisi merchator ille de hostibus dicte communie fuerit; et si aliquod receptaculum, ille adversarius perrexerit, si merchator vel jurati ad eum miserint et illi satisfacerit merchatori secundum judicium juratorum communie, vel probare et offendere poterit se illud forefactum non fecisse, communie sufficiet; quod si facere nolue-

---

(1) Cf. la Charte de commune de Dijon, § I, page 5.
(2) Id., § II, même page.
(3) Id., § III, id.
(4) Id., § IV, id.
(5) Id., § V, page 6.
(6) Id., § VI, id.

rit; si postmodum infra villam Belne capi poterit, de eo vindictam faciant jurati (1).

8. Nemo, preter me et senescallum meum, poterit conducere in villam Belne hominem qui forefactum fecit homini qui hanc communiam juravit, nisi forefactum emendare venerit secundum judicium illorum qui communiam servant (2).

9. Pecuniam illam quam homines crediderunt, qui sunt de communia antequam communiam jurassent, se rehabere non poterunt postquam inde justum clamorem fecerint, querant quoquomodo possint quod creditam pecuniam rehabeant. Pro illa vero pecunia quam crediderunt postquam hanc communiam juraverunt, nullum hominem capient nisi sit debitor, vel fideijussor (3).

10. Si extraneus homo panem suum vel vinum in villam Belne causa securitatis adduxerit; si postea inter dominum ejus et homines communie discordia emerserit, quindecim dies habebit vendendi panem et vinum in ea villa et defferendi nummos et aliam pecuniam suam preter panem et vinum, nisi ipse forefactum fecerit vel fuerit cum illis qui forefactum fecerunt (4).

11. Nemo de villa predicta qui hanc communiam juraverit, credet pecuniam suam vel commodabit hostibus communie, quamdiu guerra durabit et si quis probatus fuerit aliquid credidisse hostibus communie, justicia de eo fiet ad judicium juratorum communie (5).

12. Si aliquando homines communie contra hostes suos exierint, nullus de communia loquetur cum hostibus communie nisi licentia custodum communie (4).

13. Adhuc homines statuti jurabunt quod neminem propter amorem, seu propter odium deportabunt vel gravabunt et quod rectum judicium facient secundum suam existimationem. Omnes alii jurabunt quod idem judicium quod predicti super eos facient et pacientur et concedent nisi probare poterunt quod de censu proprio persolvere nequeunt (6).

14. Universi homines Belne in cujuscumque territorio morentur communiam jurent. Qui vero jurare noluerit, illi qui juraverunt, de domo ipsius et de pecunia ejus justitiam facient (7).

---

(1) Cf. la charte de commune de Dijon, § VII, p. 6.
(2) Id., p. VIII, p. 7.
(3) Id., § IX, id.
(4) Id , § X, id.
(5) Id., § XI, id.
(6) Id., § XII, id.
(7) Id., § XIII, id.
(8) Id., § XIV, page 8.

15. Si quis autem de communia aliquid forefecerit et per juratos emendare noluerit, homines communie ex inde facient justiciam (1).

16. Si quis ad sonum factum pro congreganda communia non venerit, XII denaria emendabit (2).

17. Nullus infra villam Belne aliquem potest capere, nisi Maior et jurati quamdiu justitiam de eo facere voluerint (3).

18. Si quis de communia, vel ipsa communia michi aliquid forefecerit, oportebit ut in curia sancte Marie (4) veniat, et ego per Majorem communie ad judicium juratorum, justiciam de eo vel de ea capiam; nec eos extra predictam curiam vel placitare vel cartam monstrare compellere potero (5).

19. Si aliquis fregerit bannum vendemiarum, emendatio erit super Majorem et super juratos et emendatos illa erit mea.

20. Si autem dissentio aliqua postmodum emerserit, scilicet de judicio faciendo sive de aliquo quod non sit in hac carta provocatum, secundum cognitionem et testimonium juratorum communie Divionis emendabitur, nec proinde in me forefecisse reputabitur (6).

21. De justicia vero et forefactis meis ita statutum est. De sanguine violenter facto, si clamor inde fiat et probatio, VII solidos emendabitur et vulneratus habebit XV solidos (7).

22. Si compositio de duello ante ictum, vel post ictum fiat, LXV solidos et VI denarios habebo. Si duellum victum fuerit, in dispositione mea erit (8).

23. De juisio fiet sicut et de duello (9).

24. Si homo de communia deprehensus in furto et comprobatus fuerit, in dispositione mea erit de eo (10).

25. De multro etiam erit in dispositione mea et arbitrio meo, et qui multrum fecerit Preposito meo traditur, si Maior inde posse habuerit nec de cetero recipietur in communia nisi assensu juratorum (11).

---

(1) Cf. la charte de commune de Dijon, § XV, p. 8.
(2) Id., § XVI, p. 8.
(3) Id., § XVII, id.
(4) Dans la charte de Dijon, le mot de cour de Saint-Bénigne signifiait à la fois la justice de l'abbaye, que le Duc avait choisie pour prononcer sur les différends avec la commune, et l'endroit où les débats devaient avoir lieu. A Beaune, le chapitre de l'église Notre-Dame étant l'établissement religieux le plus important de la cité, c'est celui que le duc Eudes III choisit pour le même objet. La cour de Notre-Dame était donc la justice du chapitre et l'emplacement qui s'étendait entre cette église et le palais ducal qui la dominait au midi.
(5) Cf. la charte de commune de Dijon, § XVIII, p. 8.
(6) Id., § XX, p. 9.
(7) Id., § XXI, id.
(8) Id., § XXII, id.
(9) Id., § XXIII, id.
(10) Id., § XXIV, p. 10.
(11) Id., § XXV, id.

26. Infractio Castri LXV solidos emendabitur (1).

27. De forefacto fructuum in dispositione Majoris et juratorum erit, nisi de nocte fiat, et comprobatus LXV solidos emendabitur (2).

28. De raptu erit in dispositione et arbitrio meo si mulier tamen tantum clamaverit, quod a legitimis hominibus audita fuerit, qui hoc probare possint (3).

29. Infractio chemini, LXV solidos emendabitur (4).

30. De falsa mensura VII solidos habebo, insuper jurabit quod de consciencia sua falsam mensuram non habuerit. Si autem jurare noluerit, LXV michi persolvet (5).

31. Si quis pedagium vel ventas extra villam Belne absque assensu pedagiarii vel ventarii portaverit, LXV solidos persolvet, si inde comprobatus fuerit (6).

32. Sciendum vero, quod omnia ab hiis que in hac carta continentur, in dispositione Majoris et juratorum sunt (7).

33. Si ego communiam pro exercitu meo submovero, mecum ibunt, vel cum senescallo meo vel conestallo meo, infra regnum Francie, secundum posse suum, rationabiliter, et mecum erunt XL diebus. Si vero aliquod castrum infra Ducatum meum obsedero, tunc erunt mecum per voluntatem meam. Sciendum quod homines communie famulos receptabiles in exercitum meum mittere possunt (8).

34. Communia potest retinere homines, cujuscumque territorii fuerint in villa, secundum consuetudines et usagium patris mei et predecessorum (9).

35. Monetam vero meam Divionis non possum fortiorem facere, quam ad legem quinque denariorum (10).

36. Archiepiscopus vero Lugduni, Eduensis, Lingonis et Cabilonis episcopi, hanc communiam ad petitionem meam manutenendam promiserunt, taliter quod si ego, vel alius de quo posse habeam, instituta communie, que in presenti carta continentur, infregerit, ex quo inde ad eos clamor pervenerit; ipsa quoque infractio per Majorem communie, vel per alium loco Majoris, si Major ire secure

---

(1) Cf. la charte de commune de Dijon, § XXVI, p. 10.
(2) Id., § XXVII, p. 10.
(3) Id., § XXVIII, id.
(4) Id., § XXIX, id.
(5) Id., § XXX, id.
(6) Id., § XXXI, p. 11.
(7) Id., § XXXII, id.
(8) Id., § XXXIII, id.
(9) Id., § XXXV, id.
(10) Id., § XXXVI, p. 12.

non poterit, per duos alios de juratis communie, quos Major juramento firmaverit esse legitimos, fuerit comprobata. Archiepiscopus, et Episcopi, ut ipsam infractionem emendant reddendo capitale, per se vel per suos nuntios infra regnum Francie me submonebunt : si vero post submonitionem factam, ipsam infractionem infra xiiii dies non emendavero, totam terram meam interdicto supponent, preter Belnam et usque ad satisfactionem facient emendari (1).

37. Sciendum, quod filii mei, vel uxor mea commendatos, vel homines tailliabiles infra Belnam habere non possunt (2).

38. Preterea si homo de communia, pro debito meo bene et fideliter cognito, captus fuerit, vel aliquid amiserit de meis redditibus Belne, vel de censa, si redditus non sufficiet, redimetur, vel quod amiserit restituetur (3).

39. Concessi etiam eis, quod si prepositus Belne aliquid acceperit de rebus hominum communie, reddet sine omni placito, quantum ille homo probaverit, si legitimis a Majore communie testificatur fuerit (4).

40. Sciendum etiam, quod pro promissione hujus communie reddent michi vel preposito meo homines mei de hac communia, annuatim, cc marchas talis argenti, quale cambitores in nundinis dant et recipiunt, reddendas apud Belnam, ad octavas Omnium Sanctorum c marchas, et ad octavas Pasche c (5).

41. Sub prenominatis itaque constitutionibus, omnes homines meos, quicumque in scripta communia fuerint, quietos et immunes a tailla in perpetuum esse concedo (6).

42. Si vero contingerit quod hoc frangerem, homines de communia possunt ire libere ubicumque voluerint, et tenere quicquid tenebant (7).

43. Concessi etiam ville totum attractum et aschaaites quas habui in villa Belne, ex quo H. de Reion obiit, et quod acquiram, preter hoc quod ipse H. tenebat (7).

44. Ut autem hoc ratum et inviolabile permaneat, prefatam communiam juravi tenendam, et irrefragabiliter observandam, et sigilli mei impressione munivi, salvo quidem jure meo, et Ecclesiarum, et militum, et salvis omnibus hiis que habebant Ecclesie et milites in hominibus suis in tempore patris mei, et

---

(1) Cf. la charte de commune de Dijon, § XXXVIII, p. 12.
(2) Id., § XXXIX, p. 12.
(3) Id., § XLIII, p. 13.
(4) Id., § XLIV, id.
(5) Id., § XLV, id.
(6) Id., § XLVI, id.
(7) Id., § XL, id.

ante communiam quam in predicta villa aliquid juris habent absque captione hominum (1).

Actum anno Verbi millesimo ducentesimo tertio, Philippo rege Francorum regnante.

Original : Archives de la ville de Beaune, *Priviléges et franchises de la Commune.* — Imprimé dans Pérard, *Recueil de pièces pour servir à l'histoire de Bourgogne*, p. 274.

CXXV

Concession du ban de vendanges, faite par le duc Eudes III, à la commune de Beaune.

1210.

Ego Odo, dux Burgundie, notum facio presentibus et futuris, me dedisse et in perpetuum concessisse hominibus meis Belnensibus, bannum, quem tempore vindemiarum in vineis Belnensibus habebam (2). Quod ut ratum habeatur, presens scriptum sigillo meo confirmavi. Actum anno Domini millesimo, cc° decimo in Decembri.

Original : Archives de la ville de Beaune, *Priviléges et franchises de la Commune.* — Imprimé dans Pérard, p. 281.

CXXVI

Confirmation de la charte de commune, par le duc Hugues IV.

1228.

Ego Hugo, Dux Burgundie, notum facio presentibus et futuris, quod ego juravi bona fide servare communiam Belnensem in franchesia et bonis consue-

(1) Cf. la charte de commune de Dijon, § XLVII, p. 13.
(2) Id., § XIX, p. 9.

tudinibus, sicut in carta bone memorie Odonis ducis Burgundie patris mei plenius continentur, et quando sigillum militis habebo, illud predicte carte apponam. Actum anno Domini M° CC° vicesimo VIII.

Original : Archives de la ville de Beaune, *Priviléges et franchises de la Commune.*

CXXVII

Lettre de Hugues IV au pape Grégoire, pour soumettre à sa sanction la règle de la prestation des marcs qu'il venait de donner à la commune de Beaune.

1232.

Sanctissimo patri ac Domino Gregorio summo pontifici (1), Hugo dux Burgundie, suus humilis filius, devota pedum oscula beatorum sanctitatem vestram, humiliter exoro patre sancte, quatenus confirmare dignemini hominibus meis ville Belne, libertatem illam quam eisdem hominibus et eorum heredibus contuli et concessi et sacramento meo prestito in perpetuum tenendam firmam, sicut in litteris meis super hoc confectis, quibus eisdem hominibus tradidi plenarie continetur, quarum tenorem feci inferius annotari. Rogo etiam et exoro ut venerabili in Christo patri domino archiespiscopo Lugduno, datis, vel mandatis, ut potestatem habeat supponendi terram meam et homines meos interdicto preter villam Belne, si contra hanc libertatem aliquando per me vel alium vellem ire, aut in aliquo resilire. Tenor autem litterarum mearum et dicte libertatis quam eisdem meis hominibus tradidi est talis :

In nomine sancti et individue Trinitatis. Amen.

Noverint universi presentes et futuri quod ego Hugo dux Burgundie dedi et concessi in perpetuum, talem libertatem hominibus meis ville Belne (2) quod dictior ejusdem ville Belne non pagabit michi per annum de censa ducentarum marcharum argenti quam debent michi, annuatim, nisi unam marcham argenti et iidem homines sic tenentur michi facere valere annuatim villam Belne dictam censam ducentarum marcharum argenti, talis argenti scilicet quale scambitores

---

(1) Grégoire IX élu le 19 mars 1227, mort le 21 août 1241.
(2) Cf. le règlement sur la prestation des marcs fait par le même prince pour la commune de Dijon, n° XXXVI, p. 39.

inter se dant et recipiant, reddendarum etiam apud Belnam mihi vel mandato meo die martis proxima ante ramos Palmarum, vel in sabbato magno Pasche apud Barrum. Et si tunc dicta censa non redderetur, ego possem vadiare. Si autem levando a dictiore dictam marcham argenti annuatim, predicta summa ducentarum marcharum non posset levari de predicta villa, manentes in villa eidem tenentur supplere quod deerit a predicta summa. Et si levando marcham a dictiore de villa antedicta plus quam ducentas marchas argenti valuent, quod plus valebit meum erit. Major vero et scabini prius electionem Majoris et scabinorum quolibet anno jurabunt quod facient michi valuere villam Belne quantum poterunt bona fide ultra summam predictam ducentarum marcharum; levando unam marcham annuatim a dictiore tantum modo sicut predictum est; tradetur eisdem majori et scabinis super hoc quod ex inde fecerint per juramentum predictum, nec ultra hoc poterunt a me super hoc in aliquo molestari; hanc autem libertatem et has pactiones juravi tenendas et inviolabiliter in perpetuum observandas, salvis nichilominus eisdem hominibus omnibus libertatibus, juribus cartis et instrumentis a me et a predecessoribus meis nec non et a quibuscumque aliis sibi concessis et etiam consuetudinibus suis et bonis usibus hucusque habitis et obtentis. Si autem, quod absit, ab hujus modi libertatibus et pactionibus in aliquo resilirem, vel alius per me, volo et concedo quod venerabiles in Christo Patres Dominus Archiespiscopus Lugdunensis, Eduensis, Lingonensis, Cabilonensis Episcopi qui pro tempore fuerint, homines meos et terram meam excepta villa Belne, prout juridictioni eorum subjiciuntur, supponent interdicto sine aliqua offensa mea usque ad satisfactionem condignam, irrefragabiliter observando. In hujus autem rei testimonium presentes litteras dictis Majori et communie tradidi sigilli mei munimine roboratas. Actum publice anno Domini M° ducentesimo tricesimo secundo.

Original: Archives de la ville de Beaune, *Priviléges et franchises de la Commune.*

CXXVIII

Garantie de la charte des marcs, par Robert, archevêque de Lyon.

1232.

Robertus Dei gratia prime Lugdunensis ecclesie Archiepiscopus (1) universis presentes litteras inspecturis eternam in Domino salutem. Noveritis quod nos ad petitionem et instantiam dilecti consanguinei et fidelis nostri Hugonis ducis Burgundie promisimus et tenemur hominibus ejusdem ducis ville Belne, quod si idem dux per se vel per alium resilierit a libertate marcharum argenti quam ipse dedit et concessit eisdem hominibus Belne et heredibus eorum in perpetuum, aut si resilierit a pactionibus que in carta ex inde confecta continentur plenius sigillo ejusdem ducis sigillata et dictis hominibus tradita in anno domini millesimo ducentesimo tricesimo secundo. Nos usque dum ad libertatem predictam tenendam et ad alias pactiones carte sue predicte tenendas et observandas redierit et dampna eisdem hominibus ex inde facta integraliter restituerit terram suam et homines suos ubicumque sint in nostra provincia preter villam Belne in delectum suffraganeorum nostrorum quorum litteras super eisdem pactionibus penes se habent sicut intelleximus homines Belne predicti districto supponemus interdicto et faciemus firmiter observari premissa tamen competenti monitione, et hoc faciemus quocienscumque clamor dictorum hominum super resultum dicti ducis ad nos pervenerit aut per certum mandatum ipsorum nobis fuerit nuntiatus. Quibus hominibus vel cui certo mandato credemus de resultu ejusdem ducis per suum proprium sacramentum. In hujus rei testimonium presentes litteras sigillo nostro duximus roborandas. Actum anno domini millesimo ducentesimo tricesimo secundo.

Original : Archives de la ville de Beaune, *Priviléges et franchises de la Commune.*

(1) Cf. charte de garantie des marcs de la ville de Dijon, n° XXVIII, p. 47.

CXXIX

Garantie semblable, donnée par Guy, évêque d'Autun.

1232.

Guido Dei gratia Eduensis Episcopus, universis presentes litteras inspecturis, eternam in Domino salutem. Noveritis quod ad requisitionem Hugonis ducis Burgundie promisimus et tenemur hominibus ejusdem ducis ville Belne, quod si idem dux per se vel per alium resilierit a libertate marcarum argenti, quam ipse dedit et concessit eisdem hominibus Belne et eorum heredibus in perpetuum; aut si resilierit a pactionibus que in carta super hoc confecta continentur plenius, quam idem dux dictis hominibus sigillo suo sigillatam tradidit in anno Domini M° CC° tricesimo secundo. Nos usque dum ad libertatem predictam tenendam et ad alias pactiones carte sue predicte tenendas et observandas redierit et dampna eisdem hominibus ex inde facta integraliter restituerit terram suam et suos ubicumque sint in nostra diocesi preter villam Belne, homines districto sub ponemus interdicto et faciemus firmiter observari competenti monitione premissa, et hoc faciemus quocienscumque clamor dictorum hominum super resultu dicti ducis ad nos pervenerit aut per certum mandatum ipsorum nobis fuerit nuntiatus, quibus hominibus vel cui certo mandato credemus de resultu ejusdem ducis per suum proprium sacramentum. In hujus rei testimonium presenti pagine sigillum nostrum apposuimus. Actum est hoc anno domini millesimo ducentesimo tricesimo secundo.

Original : Archives de la ville de Beaune, *Priviléges et franchises de la Commune.*

(1) Cf. la charte semblable accordée aux habitants de Dijon, n° XXXIX, p. 42.

CXXX

Garantie semblable, donnée par Guillaume, évêque de Chalon.

1232.

Willelmus Dei gratia Cabilonensis episcopus (1) universis presentes litteras inspecturis, eternam in Domino salutem. Noverit quod ad requisitionem Hugonis ducis Burgundie...... *Le reste identique à la charte précédente.*

CXXXI

Confirmation de la charte de commune de Beaune, par le duc Robert II.

1275 (octobre).

Nos Robertus dux Burgundie notum facio universis presentes litteras inspecturis quod nos juravimus bona fide servare communiam Belnensem in franchisia et bonis consuetudinibus sicut in carta bone memorie Odonis ducis Burgundie avi nostri plenius continetur. In cujus rei testimonium et munimen perpetuum litteris istis sigillum nostrum duximus apponendum. Actum anno domini millesimo ducentesimo septuagesimo quinto, mense octobris.

Original : Archives de la ville de Beaune, *Privilèges et franchises de la Commune.* — Imprimé dans Pérard, p. 281.

(1) Cf. la charte semblable accordée aux habitants de Dijon, n° XL, p. 42.

CXXXII

Charte du duc Robert, qui supprime la prestation des marcs, la remplace par une taille annuelle, et autorise les magistrats à lever des impôts pour les besoins de la commune.

1283 (décembre).

In nomine sancte et individue Trinitatis, Amen. Nos Robertus dux Burgundie, notum facimus universis presentes litteras inspecturis, vel audituris, quod nos concedimus hominibus nostris communie Belne, ut de ducentis marchis argenti (1), in quibus singulis annis nobis ducibus Burgundie tenentur, prout in carta communie Belne continetur, ipsi homines sint liberi et immunes, et de dictis etiam ducentis marchis argenti ipsos homines liberamus, absolvimus, et quittamus, in hunc modum. Quicumque sit de communia predicte Belne, domicilium habens, morans homo noster apud Belnam, habens aut habiturus quoquomodo in bonis valorem seu extimationem sexcentarum librarum monete Turonensis parve et plus, quantumcumque habeat, aut a quibuscumque personis aquirat, solvet nobis, vel mandato nostro, quolibet anno, duas marchas argenti tantum et non plus. Ille autem qui non habebit in bonis valorem seu extimationem sexcentarum librarum Turonensium monete predicte, descendendo de quibuslibet centum libris dicte monete Turonensis, solvet nobis, vel mandato nostro, quolibet anno, viginti solidos dicte monete Turonensis et non plus. Qui vero minus habebit de centum libris dicte monete, secundum minus descendendo, persolvet secundum modum extimationis bonorum suorum. Ille vero qui habebit in bonis valorem seu extimationem decem librarum tantum dicte monete Turonensis, vel minus, si sit persona que possit ex artificio suo victum et vestitum sibi acquirere, solvet nobis, vel mandato nostro, duodecim denarios dicte monete Turonensis et non plus. Qui solvere volet duas marchas argenti jurare valorem seu extimationem rerum suarum vel bonorum suorum non compelletur; sed qui duas marchas argenti solvere noluerit, vel recusaverit, valorem seu ex-

---

(1) Cf. l'accord conclu en décembre 1284 entre le même prince et la commune de Dijon, charte n° XLVI, page 48. La même cause produisit des résultats identiques dans les deux communes, avec cette circonstance aggravante pour Beaune, que l'incendie qui avait dévoré la ville le 30 juillet 1273 avait encore accru la misère des habitants.

timationem bonorum suorum jurabit in presentia Majoris et scabinorum communie Belne, et mandati nostri, si velit mandatum nostrum interesse. Si Major et jurati intelligerint jurantem esse bone fame credetur eidem juranti, ex suo simplici solo juramento sine alia omni inquisitione vel probatione super hoc facienda. Si vero sinistra suspicio habeatur de jurante, Major et scabini inquirent per quinque de vicinis fide dignis et propinquioribus hinc et inde super hoc juratis, valorem seu extimationem bonorum ejusdem cujus sinistra suspicio habetur : et si repererint per juramentum majoris partis dictorum vicinorum, illum cujus sinistra suspicio habeter, habere in bonis majorem valorem seu extimationem quam juraverit, de majori valore seu extimatione, ille qui juraverit, cujus sinistra suspicio habebitur, secundum formam et modum supradictum, usque ad dictas duas marchas solvet tantum, absque pena vel emenda solvenda vel levanda. Quicumque motu proprio voluntatis, mandato nostro concordaverit alias etiam quam predictum est satisfaciendo, volumus et concedimus eos esse quittos, et liberos, et immunes. Major et scabini facient preconizari post festum Omnium Sanctorum, quod quicumque sit de communia Belne, domicilium habens, morans homo noster apud Belnam, satisfaciat de marchis et pecunia predictis in terminis statutis, secundum valorem et extimationem bonorum suorum, ad modum supradictum terminorum, quibus satisfaciet de marchis et pecunia predictis. Primus erit in octavis festi beati Andree Apostoli, in quo satisfiet de medietate; secundus terminus in quindena Pasche, in quo de alia medietate satisfiet. Major et scabini, nolentes satisfacere de pecunia et marchis predictis secundum formam et modum predictum, ad requisitionem mandati nostri, compellent ad satisfaciendum, per bonorum suorum, non corporum, captionem. Si sint aliqui rebelles ad jurandum vel satisfaciendum, ut predictum est, si mandatum nostrum petat a Majore et scabinis eos cogi ad jurandum vel ad satisfaciendum, et Major et jurati dicant quod eos commode cogere non possint, mandatum nostrum poterit eos cogere ex ista causa, absque corporis captione. Ab illis autem qui de pecunia et marchis predictis, juxta modum predictum, satisfecerint, vel satisfacere voluerint, neque nos, neque mandatum nostrum possumus, neque Major, nec scabini predicti, possunt vel debent pro illis qui de marchis et pecunia predictis satisfacere noluerint, aliquid petere, nec cogere pignorare, gaigiare, ad solvendum vel satisfaciendum pro illis qui satisfacere noluerint : tamen ipsi satisfacientes vel satisfacere volentes pro extimatione bonorum suorum, juxta modum pro aliis satisfacere nolentibus minime teneantur. Filios aut filias, conjugati sint, aut non morantes cum patribus vel matribus vel aliquo ipsorum, a duabus marchis argenti et pecunia predictis volumus et concedimus esse quittos, liberos, et immunes, fratres, sorores, nepotes, neptes, et ceteri descendentes, qui partiti non fuerint vel divisi, pro una persona reputabuntur, et ut una persona duabus marchis argenti et pecunia predictis satisfacient, juxta modum predictum. Si vero predicte persone partite et divise fuerint, quamvis in simul moram facient, tenentur ad solutionem marcharum et pecuniarum predictarum, secundum formam supradictam. Liberi, fratres, sorores, nepotes, neptes, et ceteri descendentes, existentes in avoëria (1), a duabus marchis argenti et pecunia predictis erunt quitti, et quitte liberi, et libere immunes, donec sint majores annis, secundum patrie consuetudinem. Guidonem Balduini dominum Cherreij (2), et semper unum ex heredibus suis et heredum suorum perpetuo descendentem, pro una marcha argenti, quolibet anno nobis vel mandato nostro solvenda et Girardum Fleichart pro nichilo solvendo, et suos heredes perpetuo. Parisetum Bolerant, quamdiu vivet, pro nichilo solvendo. Relictam Magistro Jacobi apothecarii quamdiu vivet, solummodo pro quinque solidis quolibet anno per cursum vite sue persolvendum. Et Remigium revenditorem, quamdiu vivet solummodo, pro nichilo solvendo. Pro carreriis (3) Belne reparandis, a duabus marchis argenti et pecunia predictis volumus et concedimus esse liberos et immunes. Pignora vel gaigia que Major et scabini Belne capient, seu capi facient ab illis qui de duabus marchis argenti vel de pecunia predictis non satisfecerint, postquam mandato nostro tradita fuerint, per octo dies continuos servabuntur, antequam vendantur. Dolia et cupe in extimationem bonorum computabuntur, et omnia utensilia hospitij, quecumque sint, et vestes consute, in valore seu extimatione bonorum non computabuntur, neque reputabuntur. Vestes empte ut revendantur, et utensilia hospitiorum, que habentur ad opus hospitum suscipiendorum, in valore seu extimatione bonorum reputabuntur. Quicumque sit Major communie Belne, in anno seu annis sui regiminis ipsum a duabus marchis argenti et pecunia predictis quittamus, volumus et concedimus esse exceptum, liberum et immunem. Nos, vel dux Burgundie, vel quicumque successor, nostri seu alij causam habentes, per nos vel per alium petere non poterimus ab hominibus communie Belne predictas ducentas marchas argenti, que per conventiones predictas duarum marcharum argenti et pecunie predictarum per extimationem bonorum juxta modum predictum quitte sint et remisse, et contenta predictis conventionibus ex eadem causa debentur, exque predicte ducente marche

(1) Avoeria, tutelle.
(2) Chorey, près Beaune.
(3) Rues de la ville.

debentur. Homines communie Belne huc extantes de communia, seu recedentes a communia, et de communia non existentes, volumus et concedimus a satisfactione et a probatione satisfactionis super duabus marchis argenti et pecunia predictis esse quittos, liberos et immunes, nisi de anno ultimo in quo ab eis satisfactionis probatum exigetur. Homines communie Belne recedentes a Belna, ubicumque se transferant vel morentur, tenebunt et habebunt bona sua omnia et singula, ubicumque sint sita, et de dictis bonis suis omnibus suam poterunt facere plenariam voluntatem, tam libere quam ante conventiones que in istis litteris continentur, et ante confectionem presentium litterarum ea tenere poterunt vel debebunt; ita quod per hoc juri nostro nullum prejudicium auferatur, et dictis hominibus nihil conqueratur, preter id quod supra est expressum de duabus marchis argenti et aliis summis predictis, pro quibus secundum modum predictum ducente marche que nobis ante presentis littere confectionem ab hominibus nostris Belnensibus debebantur, remisse sunt et quittate. Si quid juris, rationis vel actionis sit acquisitum predictis hominibus ex facto nostro vel predecessorum nostrorum, vel aliquis ipsorum, vel aliqua alia ratione qualitercumque, secundum tenorem instrumentorum suorum litterarumque suarum, aut alias, volumus et concedimus eisdem hominibus esse salvum, litteris presentibus nonobstantibus et conventionibus prenotatis. Major et scabini communie Belne, pro negotiis dicte communie ville Belne poterunt imponere aut inducere hominibus predictis communie ville Belne, et levare a dictis hominibus quantamcumque summam pecunie voluerint, et quamcumque viderint expedire; et si ad jactus dictorum negotiorum dicte communie ville Belne faciendos mandatum nostrum interesse voluerint, intererit in hoc socius, tanquam unus de scabinis ville Belne, et jurabit super sancta Dei Evangelia, quod in dictis jactibus dictarum missionum faciendis bene et fideliter se habebit. Et sciendum est, quod virtute hujusmodi littere, vel eorum qui in presenti littera continentur, super homines predictos vel super bona sua, sive ratione possessionis, sive proprietatis vel receptionis pecunie, aut marcharum predictarum, exigere non possumus, nec dicti homines super nos, nec reclamare plus juris aut rationis, quam poteramus et debebamus ante presentem littere confectionem, vel perfectionem eorum que in presenti littera continentur; omnibus tamen punctis et articulis presentis littere durantibus in sui roboris firmitate. Promittimus insuper, pro nobis et nostris heredibus et successoribus nostris, et causam a nobis habentibus, per stipulationem legitimam et solemnem, et per juramentum nostrum super Sancta Dei Evangelia corporaliter prestitum, omnia privilegia et omnes libertates generaliter aut specialiter, a predecessoribus nostris, aut a nobis, vel a quibuscumque, dictis hominibus concessis, et concessa inviolabiter observare. Volumus quod usus et consuetudines rationabiles predicte communie, ac hominum predictorum, nullo modo refringi per ea que in presenti littera continentur; ita quod per hoc juri nostro nullum prejudicium auferatur, et dictis hominibus nichil novi queratur, preter id quod super est expressum, quod de duabus marchis argenti et aliis summis predictis, pro quibus, secundum modum predictum, ducente marche, que nobis ante confectionem presentis littere ab hominibus nostris Belne debebantur, remisse scilicet et quittate. Obligantes nos, et nostros heredes, et successores, et causam a nobis habentes, per nostrum jam prestitum juramentum, ad omnia singula supradicta, ac si specialiter essent innumerata proposita, et ita firmiter tenenda, et in perpetuum inviolabiliter observanda, et in nullo contravenire promittimus, per nos vel per alium, ut nec contravenire volenti in aliquo consentire verbo, signo, vel facto, seu consensu, tacite, vel expresse, aut modo alio qualicumque vel quocumque. Volentes et concedentes, quod si aliqua contrarietas, repugnantia, dubietas, obscuritas, aut duplicitas inveniatur aut reperiatur, quocumque modo et quocumque tempore, in privilegiis, instrumentis, litteris, et cartis dicte communie Belne, ex qua in dictis privilegiis, instrumentis, litteris et cartis, sive antica vel nova sunt, et continentur et exponentur, secundum quod melius et utilius poterunt intelligi, rationabiliter ad utilitatem dicte communie et hominum predictorum, ac exponi. Renunciamus siquidem in hoc facto, ex certa scientia, per juramentum predictum, exceptioni doli mali, lesionis, vel deceptionis. In factum, omni actioni nobis et nostris heredibus sive successoribus vel a nobis causam habentibus, quantum ad revocandum predicta vel aliquid de predictis competenti vel in futurum competiture; implorationi judicis officij et prelati constitutioni presente utroque, et omni auxilio totius juris canonici et civilis, et omnibus exceptionibus, juribus, rationibus, allegationibus, deffensionibus totius juris et facti, et aliis quibuscumque, que contra presens instrumentum vel factum possent obiici vel opponi, et juri dicenti generalem renunciationem non valere. In quorum omnium testimonium et munimen perpetuum, litteris istis sigillum nostrum duximus apponendum. Actum anno Domini m° cc° octogesimo tertio, mense decembris, Philippo Rege Francorum nunc regnante.

Original : Archives de la ville de Beaune, *Contributions*. — Copie du temps : Archives de la Côte-d'Or, Chambre des comptes de Dijon. Cartulaire, B 10423, folio 109, verso. — Imprimé dans Pérard; p. 276.

CXXXIII

Ratification de la charte précédente par la commune de Beaune, et traité avec le même prince pour l'acquittement des dettes de la ville.

1283 (décembre).

In nomine Domini, Amen. Anno incarnationis ejusdem millesimo ducentesimo octogesimo tertio, mense decembris, nos Hugo de Pomarco, Major, Guido Jomers, Guido Balduini juvenis, Hugo Scambitor, Perrellus Ynglote, Renaudus Porcherii, Johannes Cambellani, scabini et communia Belnensis notum facimus omnibus presentes litteras inspecturis vel audituris, quod cum dominus noster karissimus Robertus dux Burgundie, ex sua mera et liberali gratia nobis concesserit, quod de ducentis marchis argenti, in quibus singulis annis tenebamur, ipsi Domino duci Burgundie, prout in quarta nostra continentur, nos et nostri successores perpetuo sumus quitti, liberi et immunes in hunc modum : quod quicumque sit de communia Belnensi domicilium habens, morans homo dicti domini Ducis apud Belnam habens aut habiturus quoquomodo, in bonis valorem seu extimationem sexcentarum librarum Turonensium monete parve, vel plus, quantumcumque habeat, aut a quibuscumque personis acquirat, solvet ipsi domino Duci, vel mandato suo, duas marchas argenti tantum, et non plus. Et ille qui non habebit valorem seu extimationem sexcentarum librarum Turonensium monete parve, descendendo de quolibet centum dicte monete Turonensis, solvet sibi, vel mandato suo, quolibet anno, viginti solidos dicte monete Turonensis, et non plus. Si vero minus de centum libris Turonensibus descendendo minus solvet, secundum modum quod in quadam littera que a dicto domino Duce habemus, plenius continetur. Nos videntes nostram communiam ex pluribus et arduis debitis oneratam, que, prout debentur ad presens, non possunt sine maximo damno dicte communie persolvi neque reddi, unanimiter et concorditer agimus et tractamus cum domino Duce predicto, in hunc modum : quod dictus Dominus Dux tenetur solvere pro nobis Petro Nicon burgensi Clugniacensi nonagintas et sexaginta libras Turonenses et Danieli Ysuardi civi Astensi octies viginti et tresdecim libras Turonenses, per terminos supra hoc statutos et prefixos, et quamdiu vivet Magister Johannes de Lugduno clericus ipsius domini Ducis, eidem Magistro Johanni, singulis annis quamdiu vivet idem Magister Johannes, centum libras Turonenses, et nos et nostros successores de eisdem acquittare et idempnes modis omnibus observare. Nos eidem domino Duci concedimus ratione dicte gratie et debitorum quorum persolvet supradicta, quod istud abonamentum usque ad annos septem proximo et continue venturos, qui incipient in octabis festi beati Andree Apostoli, quod erit anno Domini millesimo ducentesimo octogesimo quarto, dicto domino Duci duplicetur, et duplum eidem persolvatur ab omnibus suis morantibus apud Belnam, salvo nobis et supervenientibus in villa Belnense, quod supervenientes de dupplo istius abonamenti nihil solvent, immo sint quitti et liberi pro simplici persolvendo, videlicet pro quolibet centum libris Turonensibus pro viginti solidis Turonensibus, et de plus ascendendo usque ad duas marchas que non possunt excedi et diminuendo de minori numero minus, secundum quod in quarta quam habemus a domino Duce supradicta continetur, exceptis illis qui convenerunt nobiscum de re certa solvenda et illis cum quibus convenimus de nichilo solvendo qui super abonamento isto se transibunt, secundum quod in litteris quas a dicto domino Duce habemus continetur, et salvo nobis et nostris successoribus et heredibus quod dictis septem annis elapsis quod nos et nostri heredes et successores de dicto dupplo perpetuo sumus quitti, liberi penitus et immunes et quod presens instrumentum nostri neque successoribus nostris non possit prejudicium generare, et quod propter hoc instrumentum dominus Dux neque sui heredes sive causam ab ipso habentes super nos neque super nostris heredes neque successores neque super bona nostra aliquid juris sive proprietatis, possessionis aut saissine sive receptionis marcharum et pecunie predictarum, non possunt reclamare, et quod omnes alie littere nostre libertatis et franchisie in sui roboris perpetuo permaneant firmitate. In quorum omnium testimonium et munimen litteris istis sigillum dicte communie duximus apponendum. Datum anno et mense predictis.

Scellé du sceau et du contre-sceau de la commune en cire brune à double queue de parchemin pendante.

Originaux : Archives de la ville, *Contributions*. — Archives de la Côte-d'Or, B 524, *Châtellenie de Beaune, Pommard et Vollenay*. — Imprimé dans Pérard, p. 280.

CXXXIV

Déclaration du duc Robert II, au sujet d'un service militaire rendu par les habitants de Beaune.

1300 (27 juin).

Nous Robertz duc de Borgoigne faisons savoir à touz que comme li homes de la commune de Beaune haient esté en nostre chevauchie dou siège devant Authume (1) à les despanz et missions ; nostre intantions n'est pas, ne ne volons que cils servises deorandroit qu'il nous hont fait en la dicte chevauchie, tourt à préjudice à aux, ne es privileges de la dite ville, les quex ils hont de nos devantex et de nous, hains lor soient saul en l'estat devant.

Donné à Argilley (2) souz nostre seaul, an tesmoin de ce, le lundi après la feste Saint Jehan Baptistre, l'an de grace mil trois cens.

Original : Archives de la ville de Beaune, *Priviléges et franchises de la Commune.*

CXXXV

Déclaration du bailli de Dijon touchant les droits de justice de la commune de Beaune.

1304 (25 mai).

A tous cels qui verront ces presentes lettres, Nos Jehan des Granges, Baylliz de Dygon, facons savoir que com li Maires et li eschainz de Beaune à nostre requeste nos haient fait et laissier parler à une femme que il tiennent en lor prison. Nos lor promettons en bone foy por nos et por nos successours, que il n'est de nostre entancion, ne ne volons que il leur tornoit ne face préjudice à aux, ne à lor commune quant à enffreindre ne corrompre aucun des pointz de lor priviléges ou de lor franchisses, ne ne povons reclamer possession ne saisinee pour ce

---

(1) Authume (Jura).
(2) Argilly, canton de Nuits (Côte-d'Or). Les ducs de Bourgogne y possédaient un château, démoli durant les troubles de la Ligue.

fait de parler dois or en avant à prasonier que il haient ne tiennent ou tamps à avenir se n'estoit de lor grey et de lor velunté. En tesmoingnage de la quelle chouse, nous avons mis nostre seal à ces présentes lettres. Donné le lundi après l'octave de la Penthecoste l'an de grâce m ccc et quatre.

Original : Archives de la ville de Beaune, *Priviléges et franchises de la Commune.*

CXXXVI

Confirmation de la charte de commune, par le duc Eudes IV.

1317 (30 décembre).

In nomine Domini, Amen. Ex tenore hujus presentis publici instrumenti ad universorum noticiam deducatur, quod anno incarnationis Domini millesimo ccc° decimo septimo, videlicet ultima die mensis novembris, indictione prima, pontificatus sanctissimi patris ac domini nostri Domini Johannis digna Dei providentia pape vicesimi secundi, regnante illustrissimo ac potentissimo principe domino Philippo Dei gratia Francorum et Navarre rege. In mei notarii et testium subscriptorum presentia, in ecclesia beate Marie Belne, hora quasi prima ipsius diei, ad illustrissimum ac potentissimum baronem dominum Odonem ducem Burgundie in eadem ecclesia presentem, ejus venerabili consilio, Major, scabini, ceterique homines de communia ville Belne cornu preconizato ut moris est ibidem congregati, et qui ibidem interesse voluerunt et commode potuerunt ipsum dominum ducem humiliter et devote supplicando requisierunt, quod quum ipsi haberent libertatem et franchisias a predecessoribus ipsius domini Ducis et concessas et etiam confirmatas, quas quicumque dux Burgundie jurare et conservare teneatur juxta formam seriem earumdem que eas observare, jurare placeret. Nec non litteras confirmatorias eisdem a quibuscumque concessas laudare ac etiam approbare prout predecessores sui hactenus hoc facere juraverunt. Super quibus pro parte dicti domini Ducis ab ejus venerabili consilio gallice fuit responsum per vocem magistri Petri de Sinemuro ejus consiliarii clerici que et cancellarii in modum qui sequitur et in formam :

« Seignours, Messires li dux Eudes vous donna commune et franchise, Messires li Dux y ci présenz est bien enformez que ses pères la jura ausi. Messires li Dux vuet enseigre les bons fais de ses devantiers espéciaulmant de Monseignour le duc Robert cuy Deux absoille, son père et de ses prédecessours le jure auxi. Encour vuet ét octroye à la dite commune de Beaune, li diz Messires li Dux, que se en aucuns cas les dites libertés et franchises aucunes de ses gens sanforcoient de enfraindre de fait la quelle chouse ne soit, tantost après ce que il sera enformez dehuemant de la dite enfraction, que il fera ladite infraction remettre en estat dehu, saul son droit et l'autruy. »

Omnibus dictis, idem dominus Dux de libertatibus et franchisiis dicte communie datis et concessis firmiter tenendis et inviolabiliter observandis, secundum formam, tenorem et naturam dicte responsive in presentia corporis Christi, tactis sanctis Dei Evangeliis solitum prestitit juramentum. Super quibus idem dominus Dux et ejus consilium voluerunt quod ego notarius publicus infra scriptus de omnibus et singulis supra scriptis darem et conficerem dictis Maiori, scabinis et communie ville Belne ad requisitionem, instantiam ipsorum tales litteras, quas maluerint sub quovis sigillo placuerit eisdem ac tale instrumentum et forcius quod eisdem placuerit; et quod et quas dictari poterunt ad dictamen sapientium. Acta sunt hec anno die, mense, hora, indictione et pontificatu predictis. Presentibus nobilibus viris dominis Guillelmo domino de Chaudenayo (1), Alixandro de Blaiseyo (2), Ponceo de Nuxeyo (3), militibus, domino Symone Joberti, Guidone de Sancto Romano, canonicis dicte ecclesie beate Marie Belne, Therrieto Robellier dicti domini Ducis valleto, et pluribus aliis ad premissa testibus et rogatis.

Et ego Thiericus de Albomonte clericus, habitator Belne, auctoritate regia publicus notarius dictorum domini Ducis et ejus venerabili consilii presentie requisitioni dictorum Majoris, scabinorum et habitantium ville Belnensis eidem Duci per ipsos facte responsum juramenti corporalis prestatione litterarum que instrumentorum concessiori, et omnibus aliis et singulis suprascriptis modo premisso expositis una cum dictis testibus presens interfui. Inde hoc presens publicum instrumentum et signo meo solito signavi rogatus.

Et ego Thiericus predictus auctoritate sacri romani imperii publicus notarius in premissis omnibus et singulis suprascriptis prout superius de verbo ad verbum exprimatur, una cum dictis testibus presens interfui. Inde hoc presens instrumentum iterum publicari et signo meo solito signavi rogatus.

TH. DE ALBOMONTE.

Original : Archives de la ville de Beaune, *Priviléges et franchises de la Commune.*

(1) Guillaume, seigneur de Chaudenay.
(2) Alexandre de Blaisy.
(3) Ponce de Noyers.

CXXXVII

Déclaration de Hugues de Montperroux et de Guillaume de Chaudenay, chevaliers, conseillers du Duc, au sujet de leur présence aux élections municipales de Beaune.

1320 (28 juin).

In nomine Domini, amen, anno incarnationis ejusdem millesimo ccc° vicesimo, die martis in festo nativitatis beati Johannis Baptiste, vicesima octava die mensis junii, indicione tertia, pontificatus sanctissimi patris ac domini Johannis digna Dei providentia Pape XXII anno quarto. In presentia mei notarii publici et testium subscriptorum. In vergeyo seu viridario Prioratus sancti Stephani Belnensis (1), homines communie ville Belne ibidem more solito congregati, scilicet illi qui intercessi, voluerunt et commode potuerunt ad electionem Majoris et scabinorum celebrandam videntes et perpendentes, Dominos Hugonem dominum de Montrepetroso (2) et Guillelmum dominum de Chaudenayo milites et consiliarios nobilissimi et potentissimi principis domini ducis Burgundie, in eadem celebratione personaliter interesse, cum interesse non deberent nec sua intere et, ne in posterum aliquo quovis colore quesito dampnum seu prejudicium dicte communie in celebrationem Majoris et scabinorum futurorum possit generari, ipsos requisiere unanimiter nemine discrepante ut de celebratione predicta recederent. Qui milites et consiliarii respondentes, dixerunt : « Domini, non ad huc venimus, sed pro bono pacis et ad vos consulendos
« si vobis videatur expediens atque bonum, non ad derogandum libertatibus seu
« franchisiis vestris, sed eas in omni parte vobis volumus esse salvas, nec est in-
« tentionis nostri qui per nostram presentiam vobis nec predecessoribus vestris
« dampnum, prejudicium, seu aliqua dubietas vel oscuritas generare valeat in
« futurum. Et de hoc vobis volumus dari et confici publicum instrumentum
« unum et que plura. » Super quibus dicti homines pecierunt a me notario pu-

---

(1) Le prieuré de Saint-Etienne était le plus ancien sanctuaire de Beaune. Il dépendit longtemps de l'abbaye de Saint-Bénigne de Dijon, qui céda tous ses droits aux carmélites, qui s'y établirent en 1619. C'est dans son verger qu'avaient lieu les élections municipales et les assemblées de la commune avant la construction de l'hôtel de ville.

(2) Hugues, seigneur de Montperroux, chevalier, conseiller du duc Eudes IV, fut l'un des témoins de son contrat de mariage, en 1316, avec Jeanne de France, fille de Philippe le Long.

blico infra scripto sibi dari et fieri publicum instrumentum. Acta sunt hec presentibus Euvrardo Clementi publico notario, Perronet de Chaynex, clericis et pluribus aliis ad hoc vocatis testibus et rogatis, anno, die, mense, loco, indictione et pontificatus predictis. Et ego Thierricus de Albomonte, Tullensis diocesis clericus, sacro sancte Romane ac universalis ecclesie imperiali et regia auctoritate publicus notarius, premissis requisitioni responsionibus, inde subhactis et omnibus aliis et singulis dum dicerentur et proponerentur et agerentur una cum dictis testibus presens interfui, inde hoc presens publicum quod conscribi feci in formam publicam redegi, tunc que me subscripsi et signo meo solito signavi vocatus et rogatus.

Original : Archives de la ville de Beaune, *Priviléges et franchises de la Commune.*

CXXXVIII

Cession faite par le chapitre de l'église Notre-Dame de Beaune, au duc de Bourgogne Eudes IV, de tous les hommes qu'il avait audit Beaune et à Montceau, en échange du droit d'avoir quatre sergents et de la propriété du moulin Monneau.

1320 (19 août).

A touz ceulx qui verront et orront ces présentes lettres. Nous Eudes dux de Bourgoingne, façons savoir que nous considerant et attendant sur ceu les grant profiz et utilitez de noz et de noz successeurs ou de ceulz que auront cause de nous, tant pour le temps présent quant pour le temps à avenir. Façons permutation et echange perpétuel ensamble honoraubles et discretes personnes Monseigneur Guillaume de Aix, Symon Jobert et Pierre de Sanligny, chagnoines de l'eglise Notre Dame de Beaune, procureurs et en nom de procureur dou chapitre de la dite eglise, de la quelle procurature la tenour est telx, en la forme et en la manière qui sensuigvent, etc............ C'est assavoir pour ceu que li diz procureur pour celx et en nom comme dessus nous hont baillié, quittié et delivré pour eaux et pour leurs successeurs en la dite eglise touz les hommes et femmes que ilz havient, tenient et possedient en toute la ville de Beaune (1). C'est assa-

(1) Quand, en 1203, le duc Eudes III érigea la commune de Beaune, il ne possédait qu'une partie du domaine de la ville. L'autre portion, connue sous le nom de Bourg-Neuf, de Champagne, *Campania*, appar-

voir Hambelot de la Doix (1), Belot femme Piereaul de Aceaux (2), Jehannot le Rohyer, Humbert Teste, lez hoirz Arnoul Beverant, Perreault le tonnelier, Oudot le Agnelot femme Jeannin Domino (3) et son fil, Bonnote femme Tevenot Beroing, Perrenot de Ternant (4), Constantin Teste, Guillemot de Lonvi, la femme Loret au Blainchot, Barthelemet le Perrier, André le Parvier, Bon amy fil Gaucher le Parvier, André Teste, Robert le Mostre, Comtasse femme Quiénot de Baumes (5), Tomas Comtasse, Guilliez Comtasse, Guillemot Comtasse, Constantin de Buncey (6), Guillome de Crepet (7), Chastellain fil Perreaul Augeyne, Guillemele femme Constantin du Pelletier, Guillemot de Barnardot, Perreaul Tourteaul, Colas le Bruandet, Guillemete femme Perrenot, Marye Margueron femme Perrenot Belin, Guillaume Quarrey, les enffens à la Meriguilliere, Comtasse femme Jacot de la Doix, Jehan le Motot, Oudenot de Serrigny, Gelot d'Ostun, Gelot Brouher, Michelot le Chapusot, Guiot Beroing, Monin de Grosbois (8), Juhanne la Gaite et ses enffans, Garin Oiseaul et sa famme, Guyart le Goyn, Dado Symonot le Perrier, Perrin le Perruo, Robert fil Maillot de Buncey, Juhannotte Doterain, Guillaume Lorance, Regnault le Fireton, Guillemette, femme Odot au Potier, Martin Chouart, Guillaume Bocilon, Thevenette et Jacoti filles à la Beguine, Robin de Dijon, fil Philibert Landry, Sengnors le Verrier, Humbelot le borsier, Henriot gendre Garnier de Dijon, Thiebault le boursier, Gelot le boursier, Marguerite femme Andrié le maçon, Rocelin le maiselier, Moiraul Tarperaul, le fil Lorent le chapuix, la femme Regnaudin le serrurier, Regnault le pourpointier, Hugues le boursier, la femme Colot et son filz, Estevenot le chaucier, Perrenon femme Constantin Loute, Margueron la tissiere, Hugueote femme maitre Michel, Regnault Chaucheterre, Monnin le potier, Nicolas Gaudirot, Hugues Melene, Jehanne femme Hugues Guyard, Belin Quarrey, Neber

---

tenait en toute propriété au chapitre de Notre-Dame. Elle comprenait tout l'espace au nord des murs du *Castrum*, entre les portes actuelles de Saint-Martin et de Saint-Jean, en remontant à droite et à gauche, de manière à envelopper tout le faubourg Saint-Nicolas. C'était donc une seigneurie identique à celle de la vicomté de Dijon (voir plus haut, page 46), sur laquelle le Duc ne pouvait exercer aucune action directe, d'où il s'ensuit que les hommes demeurant dans ces quartiers ne purent participer en aucune façon aux avantages créés par la charte et qu'ils demeurèrent dans la complète dépendance des chanoines, jusqu'au moment où le duc Eudes IV, aussi bien dans un but politique que financier, les réunit par un échange au corps de commune de la ville.

(1) La Douée, commune de Serrigny, canton de Beaune.
(2) Arceau, canton de Dijon.
(3) Famille dont il existe encore des représentants à Beaune.
(4) Ternant, canton de Gevrey.
(5) Baumes, commune de Créancey, canton de Pouilly.
(6) Buncey, canton de Châtillon-sur-Seine.
(7) Crépey, commune d'Aubaine, canton de Bligny-sur-Ouche.
(8) Grosbois, commune de Corgengoux, canton de Seurre.

dessus Roins (1), Jeanne femme Lequifer Jacot Loichotte, li Dame et ses filz, Regnaude femme Colas au vivier, Perrenot Groyn, Alixan, femme Nicolas au chaucier, Clemence femme Robert Otheneaul, Michiel le Normeault de Sissy (2), la femme Martin au Muneret, la femme Jeanette Mathelier, le filz Lorant Dun de Folot, Jacot de Fontaines, Richard le chapuix, Arnoul fil Durant le Moniet, André le Moniet, Gotherot filz à la Vanne, Guillemin le masson, les hoirs Martin le Mugnie, Amant de Tailley (3), Lorent son filz, Martene du Bourc, Bienvenue la coffiere, Guilemin le Maitrot, Guienot le mareschault, Loiale la Montenate, Dame Agneaul dou Chasteaul, Thevenot le tonelier, Raoul de Curtilz, Gilot de Ostun, Jehan Mofflet, Guyonot Bocelon, Guenot Lespieur, Baquelon Mary à la feme Arnoul Saivot, Etiene de Bezançon, Jean de Salins, Legier filz Peuçot mauarcier, Gauthier Briaudet, les enffans Judas, la femme Guillaume Aufranc, Gerard Meline, Robert de Aceaulx, Robert de la Molle aigue, Guillemotte femme Hugues le Suhurre, le Augé Comtasse, femme Guiénot de Baumes, la femme Perrenot au Charton, Joceran le Maon Jehan filz au Porteret, les hoirs Aubriot, Sibille de Mont St. Jehan (4), Guillaume le boursier, le filz Jehan de la Court, les hoirs au Charreton, Guillemette fille Adeleine la mauvaise, la femme Hugues au munier, la fille Regnaut Lauvillié, la femme au Goyn, Gillete de Courcelles (5), Regnaude femme Symonet Pellerin de Nouvalle (6), le mary Margueron de Chaudenay (7), la femme Chevrot, Perrenot Loiale, Thomas Chouart et Perrenot, le Moniot et généralement tous leurs autres hommes et fammes, qui sont et pourront estre trovez en la dite ville de Beaune, hommes et femmes de la dite église quex que y soyent et de quelque condition que ilz soyent, ensemble tous le droit et toute la action que la dite eglise puet et doit havoir es dites personnes et en leurs biens. Item pour ceu que il nous hont baillié, quitté et delivré pour cause d'oudit eschange, en nom comme dessus tous l'atrait, et toute retenue que la dite eglise ha, puet et doit havoir en la dite ville de Beaune, tant de hommes quant de femmes par quelque manière que ceu soit, sans riens retenir à la dite eglise, sauf et retenu au dit chapitre et à la dite eglise que pour maintenant et ou temps à avenir lidiz chapitres pour havoir et retenir perpetuellement quatre hommes,

---

(1) Cours d'eau qui prend sa source à Bouilland, passe à Saviguy, et se jette dans la Lauve, affluent de la Bouzaize, à Ruffey-les-Beaune.
(2) Cissey, commune de Merceuil, canton de Beaune.
(3) Tailly, canton de Beaune.
(4) Canton de Pouilly.
(5) Corcelles-les-Arts, canton de Beaune.
(6) Neuvelle, hameau de Serrigny, canton de Beaune.
(7) Canton de Bligny-sur-Ouche.

hommes autres que de noz hommes de la dite ville de Beaune, de noz hoirs ou de noz successeurs ou de ceaux que haront cause de nous, pour servir au dit chapitre et à la dite eglise, et seront hommes de la dite eglise frans et quittes de toutes servitutes en la dite ville de Beaune pour tout le cours de leur vie, et ces quatre hommes, ou l'un de eaux mort ou s'absentoit ou forfaçoit, ledit chapitre porra en lieu d'iceaux quittié ou de l'un de eaux continuement et perpetuement retenir et havoir à metre un autre en lieu des mors, absent, ou forfaçant, tel com plaira au dit chapitre, autres que de noz hommes franc et quitte, si com dessus est dit, sauf et retenu à noz et à ceaux que hauront cause de nous à touz jours mais la justice et la seugnorie tele comme il nous devra appartenir es quatre hommes dessus dit. Item et pour ceu que il nous hont baillié, quitté et delivré, pour cause dou dit eschange et en nom comme dessus les personnes que s'ensuigvent et leurs hoirs demoranz en la ville de Montceaux (1), ensamble leur mex, c'est assavoir Perreaul Perpenas, Huguote la Pepine sa niece, Jehan Perpenat, Perrenot son neveul aboniez, desquelx il havient acostumé à havoir chacun an les sommes cy desoubz escriptes, c'est assavoir des dessus nomez vint et deux soubz Digenois; item Mathelie la Pepine, aboniée pour deux soubz quatre deniers digenoiz, com Jordain le Pepenaz, aboniez pour deux soubz quatre deniers digenoiz; item Isabel la Pepine, aboniez pour deux soubz quatre deniers digenoiz; item Jehannin la Pepine, aboniée pour deux soubz quatre deniers digenoiz; item Huguette femme Guillemin de la Forêt, abonée pour deux soubz quatre deniers digenoiz; item Simon le Perpenaz, aboniez pour deux soubz quatre deniers digenoiz; item Oudot Varoitte et ses deux enfans, Bonate, femme Guillemine Varoitte et deux petiz enffans, aboniez pour vint et huit soubz digenois; item et Jehan Bureaul aboniez pour saze soubz digenoix, les quelz sommes les dites personnes davient pour raison de leur mes. Ensamble tele justice et tel droit com la dite eglise ha et puet havoir es personnes dessus dites en leur hoirs et en leurs biens pour quelque cause que ceu soit. Nous en recompensation de la dite permutation et pour cause du dit eschange, baillons, quittons et délivrons dois maintenant, pour nous, noz hoirs ou successeurs ou de ceaux qui hauront cause de nous et de nos hoirs au doyen et au dit chapitre en nom de la dite eglise pour eux et pour leurs successeurs en y celle à tous journais le melin de Mooneaul assis sur Bosoise, entre le melin de la Doix que est dessus le dit melin et le melin du Pont que est desouz, franc et amorti de nous et de noz hoirs et de ceaulx que

---

(1) Montceau, canton de Bligny-sur-Ouche.

hauront cause de noz. Ensamble le fons, le décours de l'Aigue et tous les droiz et profiz appartenant au dit melin, sauf et retenu à nous et es nostres es dites chouses, la justice, la seugnorie, la baronie, le ressort, souveraineté et la guarde. Encour quictons pour cause du dit eschange, pour nous, pour noz hoirs, pour noz successeurs, et pour ceaux que hairont cause de nous ou de aux les diz doyen et chapitre et leurs successeurs en la dite eglise à tous jours mais tous le droit et toute l'action que nous havons, povons et devons havoir envers aux pour cause de une charote ou de somier ou de banniere que nous havons et demander povons et devons en devant diz doyen et chapitre pour cause de la dite eglise toutes fois, que nous faciens la guerre, mandement ou chevalchée. Des quelz charrote, somier, banniere nous, nos hoirs et successeurs et cil que hauront cause de nous ou de aux de cy en avant ne porront riens demander ne requerir ou temps à avenir es diz doyen et chapitre, ne à leurs successeurs pour la cause dessus dite. Pourquoy, nous Eudes Dux dessus diz, pour nous, pour nous hoirs ou successeurs ou de ceaulx qui hauront cause de nous ou de aux des dites chouses nous devestons et les diz procureurs en nom de procuration du dit chapitre et pour la dite eglise, c'est assavoir de toutes les chouses dessus dites, baillées, quittées et delivrées pour nous en la manière et pour la cause dessus dite es devant diz procureurs: nous devestons et les en en revêtons en nom comme dessus, et metons en veraie, vuede et corporée possession ou auxy perpetuellement et en iceaulx transportons tous droiz, toutes actions reaux, personnex, mixtes, utiles et directes, les quelx nous havons, povons et devons havoir pour quelque cause que ceu soit en toutes les chouses dites, sauf et retenu à nous et à ceaux qui hauront cause de nous la baronie, la souveraineté, notre ressort et la guarde en icelles, et promettons en bonne foy, en nom comme dessus et sur l'obligation de nous, de noz hoirs ou souccesseurs, et de ceaulx qui hauront cause de nous et caulx et de tous nos biens mobles et non mobles présens et à avenir les chouses dessus dites, toutes de noz baillées, quittes et délivrées es diz procureurs en nom comme dessus au doyen et au chapitre de la dite eglise perpétuellement garantir, deffendre et en paix tenir quietement et franchement de toutes servitutes et toute la teneur de ces lettres tenir et garder et accomplir et non venir au contre par nous ne par autrui en jugement, ne fuer jugement, consentir que autres y vienne tasiblement ne expressement, et renonceons de certaine science en ce fait à toutes deceptions de force, de barat, de déception en aucune chouse, de déceptions oultre la moitié du juste prex à tous droiz civilz et de canon, à touz droiz entroduit et à entroduir et à tous privileges auxy de Pape et de Roy, empetrez et à empetrer.

Et generalement à toutes autres exceptions, allégations et deffense de droit et de fait qui pourrient estre dites ne obissiées contre la teneur de ces presentes lettres, et specialement au droit qui dit que generaulx renunciation ne vaul se le especiaulx ne devancie. En tesmoin de la quel chouse nous havons fait à mettre le sceau de nostre chaintre en ces présentes lettres, faites et données à Monbart, l'an de grâce mil trois cenz et vingt, le mardi après la me host.

Vidimus donné en 1409, par J. Brindillet, G. Paniot, prêtres, R. Gombaut et P. Bourgeois, tous notaires publics. Archives de la Côte-d'Or : Chambre des comptes de Dijon. Communes. Ville de Beaune.

CXXXIX

Déclaration de Jean, sire de Thil, touchant le contingent de sergents d'armes envoyés au Duc par la commune de Beaune, lors de la guerre de Franche-Comté.

1340 (2 juillet).

Nous Johans sires de Thil et de Marigners (1) facons savoir à tous que pour ce que nous emenons avec nous pour Monseigneur lou Duc en la contey de Bourgoigne (2), un quantitey de sergens en armes que nous hay anvoiez li Maire de Beaulne, nous ne voulons que point de droit noveaulx en soit acquis à Mons. le duc contre les poinz des privileges de la ville de Beaunne, ne que préjudice en soit en rien faite es diz priviléges. En tesmoing de la quelle chouse, nous avons mis notre seaul en ces présentes lettres, faictes et données le dyemoinge après la feste des appostres saint Pierre et saint Paul l'an de grâce milz trois cenz et quarente.

Original : Archives de la ville de Beaune, *Priviléges et franchises de la Commune.*

(1) Voir page 64, en note.
(2) Eudes IV avait déclaré la guerre à Jean de Chalon, sire d'Arlay, et aux nobles confédérés du comté de Bourgogne, qui s'étaient révoltés contre son autorité.

CXL

Confirmation des priviléges de la ville par le duc Philippe de Rouvres.

1359 (2 février).

Phelippes duc de Bourgoigne, conte d'Artoys et de Bourgoigne, palatin et sire de Salins, savoir faisons à tous ceuls qui verront et orront ces présentes lettres, que nous les libertés, franchises, immunités, chartres, priviléges et confirmacions d'icelles donnéz et ottroyés pas nos predecesseurs dux de Bourgoigne aus Maieur, eschevins et commune de notre ville de Beaune, si comme elles sont escriptes, voulons, louons, ratiffions, confermons et approuvons de certaine science. Promettans pour nous et nos hoirs par notre sarrement donné corporelment sur sains evangiles de Dieu, présens les personnes cy dessoubs escriptes, les choses dessus dictes et chascune d'icelles tenir et fermement garder sens jamais venir encontre par nous ou nos gens, et voulons que semblablement nos hoirs et successeurs quant ils venrons au gouvernement dudit Duchié le jurent s'ils en sont requis et que ce soit ferme et estable à tous jours. Nous avons ou tesmoin de ce, fait mettre notre grant seel en ces lettres. Ce fu fait et donné en l'eglise Notre Dame de Beaune. Présens Monseigneur l'évêque de Chalon (1), notre très chèr oncle, le Conte de Montfort (2), noz amés et feaulx cousins Messire Hugue de Vienne, sire de saint George et de sainte Croix (3), Messire Eude de Grancey, sire de Pierrepont, Messire Eudes de Montagu, sire de Coiches (4), Messire Jean de Montagu, sire de Sombernon (5), Messire Jehan de Froulois, sire de Molinet (6) et plusieurs autres, le second jour du mois de fevrier l'an de grâce mil trois cent cinquante neuf.

Par Monseigneur le Duc présens les dessus nommés et plusieurs autres.

Scellé du grand sceau à lacs de soie pendants.
Original : Archives de la ville de Beaune, *Priviléges et franchises de la Commune.*

---

(1) Jean Germain, 1357-1361.
(2) Jean, fils de Jean IV, duc de Bretagne, lui succéda en 1364, après la bataille d'Auray. Il mourut à Nantes en 1399.
(3) Second fils de Guillaume de Vienne, seigneur de Longvy et de Saint-Georges, mort vers 1362.
(4) Eudes, lisez Hugues de Montagu, de la maison de Bourgogne, sire de Couches.
(5) Jean de Montagu, de la même maison mais d'une autre branche, fut, ainsi que son parent, plége du duc Philippe de Rouvres envers Edouard III, roi d'Angleterre, après le traité de Guillon.
(6) Jean de Frolois, sire de Molinot.

CXLI

Confirmation des priviléges de la ville de Beaune par le roi Jean.

1361-62 (20 janvier).

Jehan, par la grâce de Dieu, roy de France, savoir faisons à tous présens et à venir que nous, les libertez, franchises, immunitez, chartres, privileges et confirmations d'icelles donnés et octroiés par noz predecesseurs Dux de Bourgogne aux Majeur, eschevins et commune de nostre ville de Beaune, si comme elles sont escriptes, volons, louons et confirmons de certaine science par ces presentes; promettons pour nous et nos hoirs, par nostre serment donné corporelment sur saints Euvangiles de Dieu, les choses dessus dites et chascuns d'icelles tenir et fermement garder senz jamais venir encontre par nous ou noz gens. Et volons que semblablement noz hoirs et successeurs, quant ils venront au gouvernement dudit Duchié, le jurent s'il en sont requis. Et que ce soit chose ferme et stable à tousjours nous avons fait mettre nostre scel à ces lettres. Che fut fait et donné en l'esglise Nostre-Dame de Beaune le vingtiesme jour de janvier, l'an de grâce mil trois cent soixante et un.

Par le Roy, presens les Doyens de Troyes et de Noyons, maistre Jehan Chalemart, maistre Aubry Rousel et plusieurs autres.

P. Blanchet.

Original : Archives de la ville de Beaune, *Priviléges et franchises de la Commune.* — Imprimé dans *Ordonnances des Rois de France*, III, 540.

CXLII

Coutumes anciennes de la ville de Beaune.

1370.

1. Les habitanz de la ville de Beaune, ni ceulx qui ont maisons en la ditte ville qui vaille plus de dix livres, ne doivent en la ditte ville ny vente, ne péage.

ne portage (1), ne amenages en quelque mainière qui vendoient, ne achetoient, ne charoient.

2. Si li Maires ou li echevins font missions pour la cloison de la ville, ou pour les chaucies ou pour les pons affaitiés (2), les forains qui ont maisons en la ditte ville de Beaune paieront les dites missions selon que raison sera, car pour ce sont ils quictes des servitutes dessus dittes et puent attraire (3) les leurs choses, franchement en la ville franche.

3. Les habitans de la ville de Beaune ne doivent ne ventes, ne péages, des choses qu'ils vendent ou achatent es villes environ Beaune, ou il y a marché, se elles sont si près que les dits habitans y puissent aler le jour et revenir le soir.

4. Les bestes de la ville de Beaune puent aler pour pasturer es vaines pastures si longuement comme ils puent environ Beaune, en telle mainiere qui puissent revenir le soir au gicte, et, se nuls en ce faisent destorbe (4) ne gaige, le Maieur et les echevins les doivent contraindre à rendre la gaige, les domages et l'amende.

5. Nulx ne puet mettre vin en ville de Beaune, si ce n'est en reisins ou qu'il soit des rantes, et cilz qui dira qui soit de rantes, le juroit et accerteroit (5) pardevant le Maieur et pardevant les echevins, et le doit faire crier chacun an le Maieur et echevins, et qui après lui mettra le vin, qui y sera mis sera commis à la voulenté du Maieur pour effondrer (6) ou pour vendre, pour mettre au proffit de la ville.

6. Li Maires et les echevins recevront les deniers du portage qui appartient à la ville et en paieront les missions et en feront le proffit de la ville et rendront compte avec les autres choses qui apartiennent à la dite ville.

7. Le porc, la truye, le mouton, la oille (7), chacune de ces bestes doit de portage une maille, et toutes les autres bestes doivent du portage un denier, excepté les veaulx et les aigneaulx qui vont après leurs mères, et qui ont moings d'un an, et excepté les petiz pourceaulx qui toçent (8) et qui sont après leurs mères.

8. Li chevaulx, li asnes, li mulot que l'on chevauche à selle, à estrier, ne doivent rien de portage.

---

(1) Portage ou rouage, droit qu'on levait aux portes de la ville sur tous les charrois ou bêtes de somme.
(2) Rompus.
(3) Mettre en sûreté.
(4) Empêchement.
(5) Attestait.
(6) Confisquer.
(7) Chèvre.
(8) Tètent.

9. Li chevaulx, li eqnées (1) et le mulot ou li asne que l'on amoine à Beaune pour ferrer, ou pour porter viande que l'on achate pour noces ou pour charité, ne doivent point de portage.

10. Li bestes appartenant aux habitans de Beaune, ne à ceulx qui ont maison en la ditte ville ne doivent rien de portage.

11. Li Maires et echevins sont tenus de garder les habitans que nul forfait ne leur soient faits en la ville, ne defeur (2) ; et se nul forfait estoit fait à aucun, ils doivent pourchachier (es) despens de la ville qui soit amendez.

12. Des personnes qui se clament (3) au Maieur ou aux echevins, li Maire doit avoir XIII deniers sur celui qui sera trouvé en tort et un denier pour le sergent qui fera l'ajournement.

13. Des contrauz (4) fais en la ville de Beaune, les Maires et echevins doivent avoir la congnoissance et de ceux de la ville et de fors.

14. La rivière de Bozaise et la poischerie tant comme elle s'étant jusques oultre le Vernoy (5), la rivière de Roins qui vient devers Savigney, et la poischerie de la fontaine à l'Aiguez, et tout le cors de la ditte fontaine, tant comme elle s'étant, et la pescherie, appartiennent à la ville et es habitans de la ville de Beaune.

15. Les habitans de la ville de Beaune, puent et devent chacier fors de garennes es lieux et es communs en la justice et au finage de Beaune et es villes voisines.

16. Le sergent de la ville de Beaune, en la manière que li Maires et li echevins l'ordonneront, garderont la fermeté des portes et des meurs, de tours et des bares (6), en telle maniers quelles ne soient dissipées ne perdues pour lour négligence, car si pour lour negligence estoient perdues ne dissipées, l'on sen tourneroit à eulx, cest assavoir es lieux sur un chascun sergent ou l'on auroit commandé à garder.

17. Li Maires et echevins doivent ordonner et commander à un sergent ce qu'il devra garder des dittes fermetés.

18. Si les sergens de la ville de Beaune font office de adjournier ou de gaigier (7) la ville de Beaune, ils ne doivent avoir de leur salaire que un denier qui ne leur doneray pour grace ou pour volenté.

19. Le prevost de Beaune ou nom de M. le Duc doit prendre, chascun an, en

(1) Haquenées.
(2) Dehors.
(3) Font plainte.
(4) Contrats.
(5) Le Vernois, commune du canton de Beaune.
(6) Barrières.
(7) Faire saisie.

la ville de Beaune, les 11 foires accoutumées; c'est la foire que l'on appelle la foire de Beaune et la foire des Faucilles.

20. La foire de Beaune commence le jour de la Saint-Luc evangeliste, après venoinges (1) et dure quatre jours; tant comme la foire dure, ceux qui ont accoutume à lever les ventes et amenaige cessent et le prevost prend des dites ventes et amenaiges à double. C'est assavoir de vantes que l'on a coustume de recevoir entier an le double, et de autres choses ne doit recevoir fors que des estaulx ou l'on vend gresses qui doivent chacun an deux deniers, excepté les lieux privilegiez qui sont diz cy après.

21. Item, prent com la foire dure, le rouage des charrottes, et non pas à aultre temps, c'est assevoir des charrottes qui amenent vin et merrien esquairé (2), laine, draps, fer, acier, métaille, toilles, de chacune charrotte ferrée qui menera les choses dessus dictes, 6 deniers tournois, et de la charrotte qui sera defferrée 3 deniers, et d'autre chose ne doit on rien prendre ni des charrottes qui rien ne moinent.

22. Item, les charrottes qui amoinent blef à Beaune pour vendre sont quittes de tout temps pour son portage et pour l'amenage.

23. Item, tant com la foire dure, pranra de chacune taverne un sextier de vin tant seulement, excepté les maisons et les rues qui ne sont exceptées, c'est assavoir le chasteau Nostre-Dame (3), les rues ou l'on moine chacun an la prouscession Saint-Floceaul, la maison que l'on appelle la maison à la Viex-Mairesse en la rue Digenoise (4), la maison Dame-Abbausse, la maison Palleaul (5) et toutes les rues environ le cingle Saint-Estienne (6) et ceulx de Saint-Estienne recoivent s'il y a taverne.

24. La foire des Faucilles comence le samedi devant la Magdelaine et doit estre receu en la maniere que celle de devant, excepté les sextiers qui ne doivent pas estre recehus à ceste foire.

25. Après que li Maires et li echevins sont establis par la commune en la maniere qu'il est accoustumée, prochains jours seront esleus, que les messiex et les vigniex seront establis, presents les prudhommes de la ville et ne doivent pas estre vendues, mes données à bonnes gens qui aient povoir de vendre et deman-

---

(1) Vendanges.
(2) Merrain équarri.
(3) L'ancien *Castrum Belnense*.
(4) Aujourd'hui la Grande-Rue.
(5) Maison du refuge du prieuré de Palleau.
(6) Le pourpris du prieuré de Saint-Etienne.

der ce qui sera meffait pour leur courpe, et garderont tous les biens qu'ils auront à garder de jour et de nuit, se mestier est, et nuls homes de jour, tant que bien tard ne doit estre, en dementiers (1) que les fruicts soient es champs et es vignes qui soient sanz garde, en telle manière que (se) li un des messex ou des vignex va à la ville pour faire aucune chose, les autres demouroient pour garder.

26. Ceulx qui ont vigneries dedans les bans de la ville de Beaune, présenteront leurs vignes au Maïeur et aux echevins, les recoivent si ils sont de recevoir et jureront et ploigeront en la main du Maïeur.

27. Quand le fruit de vignes approchera de cuillir, proudhommes seront esleus qui seront envoyés par les vignes avec les vignex, et selon ce qu'ils rapporteront les prudommes, li Maires et les echevins ordonneront les bans de venoinges, et doivent li dits Maires et echevins garder les dits bans par leur serment qu'ils ne soient brisés ne enfraints.

28. Les vignex jureront en la main du Maïeur, qu'ils ne soffriront homme ne femme à venoinger en leur vignerie, si ce n'est pour ban rendu, et qu'ils ne demanderont raisins ne ne feront amas de raisins pour eulx ou pour autres, si ce n'est de leurs propres vignes, et s'ils estoient trouvés que faisant amas de raisins, se n'estoient de leurs proppres, les dits raisins seroient à la voulenté et au jugement du Maïeur et des echevins, et le corps et l'avoir en la mercy du Maïeur et des echevins.

29. En dementiers que le fruit est es champs et es vignes, li Maires doit au moins une fois la sepmaine visiter les messiex et les vignierx par les champs et par les vignes, et doibt en serchier de leurs affaires et s'ils font bien leur office loialement, et les doit amonester de bien garder et de boicher es lieux ou il suffira boicher. L'on doit es dits vignex une maille de l'ouvrée.

30. Quand li Maires et les echevins auront établi les bans de venoinges, ils le doivent faire noncer et publier par trois jours devant ou moins, pour ce que l'on puisse avoir meilleur marché de charrottes et des venoingeurs.

31. Les justiciers des villes environ Beaune ordonneront le ban de venoinges par le conseil du Maïeur et des echevins de Beaune et ne doivent prendre des habitans de Beaune riens que raison de ban, fors tant seulement de l'ouvrée un denier pour raison de garde; pour ce sont tenuz de garder les vignes es dicts habitans de Beaune, et se domages leur estoit fait en raisins ne en passeaux (2) ne en autres choses, le vigniex qui auroit receu la garde le rendroit s'il ne savoit

---

(1) Cependant, durant.
(2) Paisseaux, échalas.

dire qui l'auroit; et si en estoit negligent, li sires du lieu, li Maires et les echevins y doivent mettre conseil, comme li domages soit rendu au bourgeois qui l'on aura fait.

32. Item, les dits habitans peuvent venoinger sans paier ban et sans achoisons (1), tantost que li sires abandonne autre de venoinger ou un jour après ce que li sires aura venoingé.

33. Quand les fruits des vignes seront cuilliz, les vignex et messex garderont tout l'an, tant que la Saint-Jehan, les passeaux, le serment et toutes les autres choses qui affièrent (2) à garder et l'office des autres cessera.

L'ÉLECTION DU MAIRE DE BEAUNE.

34. Quiconques soit maires de Beaune, il doit faire corner et crier au criot de la ville le samedi avant la Nativité de Saint-Jehan-Baptiste, environ vespres, que celx qui sont de la commune, soient à Saint-Estienne au saint sonnant du dit Prioré, le dimenche en suigvant pour veoir la désignation de l'avangille (3) et de la mairie, lors doibt il bailler l'avangille à l'un des echevins, de la voulenté du commun adonc auqui assemblé; et ce jour et en ce lieu doivent-ils prendre journée qui soit avant l'élection du Maïeur, ouir les comptes du gouvernement du Maïeur de l'année passée; et la voille de la Saint-Jehan, li echevins qui tient la mairie doit faire crier et corner autour, entour vespres que ceulx qui sont de la commune de Beaune soient le jour de la Saint-Jehan à Saint-Estienne au semetiere, pour eslire le Maïeur et puet le commun d'en qui (4) prandre autres journées si leur plaist et il n'aient eslit en partie et adonc puent nommer d'une voix celly qui veullent qui soit maire et auxi les vi echevins et appelle on cestes, ellection du Saint-Esprit (5). Aulcunes fois eslit le commun quatre hommes des sages (6), pour eslire III echevins, et jurent les quatre auxy eslus, qu'ils esliront les III plus suffisants à leur povoir pour gouverner, et les III echevins en nomment IIII auxy; les VII echevins esleus, les VII se tirent a part et font de l'un d'eulx Maïeur et le nomment en commun au dit semetiere; et fait li Maires serment sur saints Evangilles

(1) Empèchement.
(2) Doivent être.
(3) L'Evangile étant, avec les sceaux de la commune, les insignes, les marques comme on disait alors, de la magistrature municipale; le Maire dont les pouvoirs expiraient, les remettait solennellement, devant tous les habitants, au premier échevin, qui les remettait au nouvel élu, après que celui-ci avait été reçu par la commune et prêté serment devant le lieutenant du bailli de Dijon.
(4) Présent à l'assemblée.
(5) Anciens, prudhommes, notables.
(6) Ou par acclamation.

qu'il gardera le droit de la ville, le droit de M. le Duc et l'aultruy et les six echevins jureront que loyaument gouverneront.

AUTRES COUTUMES GARDÉES A BEAUNE.

35. Le dimanche après l'eslection du Maïeur, doit estre appellé le commun à Saint-Estienne et le doit on crier le sabmedi au soir, pour eslire des vignex, et doit prendre li Maires (1) ploige des dits vignex d'amender les domages pour eulx ou pour aultres frais des vignes, durant le temps de leur gouvernement.

36. Quand les bans de venoinges sont ordonnés et criés tels qu'ils sont d'antien temps ou tels comme li Maires ou ses compagnons du conseil du commun ordonneront, li Maires les doit tellement garder que ceulx qui les enfraindront ou briseront, paient l'amende et la doit lever le dit Maire et est la dite amende à la ville.

37. Item, ceux qui sont pris en domages es vignes et es bles, soit personnes ou bestes, la personne ou la beste doit d'amende trois sols digenois, dont les xii deniers sont au vignex qui l'a pris ou gaigié et les deux sols sont à la ville et le receoit le Maïeur ; et doit le dit Maïeur paier au dit vignex ses xii deniers sur le gaige qu'il aura pris s'il vaut les trois sols.

38. Item, doit on crier après venoinges que nuls ne mette beste es vignes jusques à la Saint-Martin d'iver, que le bois des vignes est deur.

39. Quand les vignes gettent, on doit crier que chaquun cloue (2) sa vigne et que nuls n'y mette beste, et que nuls ny aille cuillir herbes et auxi que chasquun cloue son courtil, que dommage ne viegne à son voisin et que n'obeist il doit l'amende, et est à la ville la dite amende.

40. Item, li Maire a pour le clam (3) treize deniers digenois ; si le sergent fait l'ajournement, il a un denier, et li Maires xii deniers sur cellui qui a tourt.

41. Et qui fait le clam et gaiges de la treizaine (4) jusques il soit cogneu qui a tort et celui qui a tort la doit.

42. Item, cil qui fait ny (5) doit faire serment de verité si son adversaire le requiert, aultrement non.

43. Qui fiert (6) un homme sans faire sanc et le clam en vient au Maire, celui

(1) Caution.
(2) Close.
(3) Plainte.
(4) Cautionne ou fait l'avance.
(5) Qui nie une chose.
(6) Frappe.

qui a batu doit xiii deniers au Maïeur, s'ils acordent, et s'ils n'acordent, il doit sept sols au batu. Du sanc est contenu en chartre (1), qu'il amende et d'autres plusieurs cas.

44. Item, des contraux faits en la ville ou en la juridiction de la ville, soit des habitans ou des forains, li Maires ou les echevins en auront la cognoissance.

45. Item, li Maires et les echevins doivent avoir sergens, qui ne soient diffamé et haient du cour (2) et soient puissants de bien ploiger, d'amender (3) s'ils se meffont en leurs offices.

46. Item, doivent visiter plusieurs fois en l'an le Maïeur et les echevins, les murs, les portes et les tours et doivent avoir les clevfs des portes et des tours, et doit estre mis en escript devers le Maieur; tel sergent a les clevfs de telles portes et de telles tours; et doit visitter une fois du moins chascune sepmaine chacun sergent qu'il faille riens es portes, ne es tours; en ce qu'il fault (4) il doit faire à faire et le doit païer le Maïeur sur les amendes de la ville, et les depens auxi des pouvres prisonniers.

47. Item, doit visiter chacun sergent avec les portes et les tours, les murs de la ville, que nou (5) n'y face ordure et que mal faiseurs n'abattent les carneaulx et dure la visitation dès la tour que il gouverne, jusques à celle que l'autre gouverne et aussi d'un à autre se doivent partir.

48. Li Maires et les echevins doivent savoir la garnison de la ville et faire mettre en escript le trait, la baniere au Maïeur, les crochets pour porter à essoine de feu (6), les garnisons des prisons, des chaines des portes et des barrieres.

49. Item, le Maïeur et les echevins esleuz de commun, doivent avoir chacun une clevf de l'arche (7) où sont les privileges et doivent une fois l'an du moins veoir que ils gardent appeller avec eulx bonnes gens ou personnes pour veoir qui feront. Et en doivent avoir coppie de leurs chartres et aussy doivent estre une fois la sepmaine ensemble appellés ceulx de la ville qui sont à apeller pour conseiller s'ils ont nuls cas doutteux, ou s'ils ont pointz en leurs chartres qui soient obscurs, pour desclairer par le conseil des sages, au point des chartres dont ils n'aient point usé au temps passé par ignorance, ou pour decharge que M. le Duc ou ses gens ou aultres aient enfraints, et aussi des coutumes de la ville enciennes

---

(1) Voir les paragraphes 21 à 25 de la charte de commune, n° CXXIV, p. 210.
(2) Courage.
(3) De répondre à leurs frais.
(4) Manque.
(5) Nuls.
(6) Incendie.
(7) Cette arche était déposée sur les voûtes de l'église Notre-Dame.

mal gardées, pour avoir conseil du redressement de user des choses dessus dites devant estre laissées.

50. Item, celui qui est sergent crie (1) de Beaune, ou celui qui la moisonne (2) de lui, doit presenter le criot au Maïeur et es echevins et s'il fait à recevoir, il fait le serment qu'il gardera l'onneur de la ville et fera léaulement le service de la ville et ne doit faire l'office de sergent, s'il n'en a especial mandement du Maïeur ou des echevins.

51. Si le temps est haleux ou orageux, il doit aller par dessus les murs, criant : Gardez les feux, et aussy pour la ville, il doit dire que on se garnisse es hotels d'aigue et es hebergeries enspeciaulement ; il ha de chacune taverne un denier et de la rabaissie (3) un denier et doit crier trois fois la sepmaine le vin et la rabaissie auxy pour ce a le denier à luy donner ; le Maire s'il luy plait y cosent.

52. Item, les adjournements devant le Maire, qui fait deffault puet estre gaigés pour la contumasse, mais l'on n'en lieve point d'amende ; car s'ils fiet trois deffaultz et le quart qui doit d'escorper (4) les trois dessuz diz et au commis pour ouir droit pour les deffaux, se ses adversaires les ha scelés du scel du Maïeur, et il soit contenu en chacune journée, adjourné par tel sergent qu'il soit tesmoingne et il fait sa demande en absence de l'autre si comme il fust présent, l'on doit tenir la chose pour congneue et mettre en exécution s'il le requiert.

53. Selon coustume et stille, le mari peut intanter et demander en jugement tous actions personnelles pour sa femme, les perdre et gaigner.

Original : Cartulaire des Priviléges. Archives de la ville, *Priviléges et franchises de la commune.* — Imprimé dans l'*Histoire du droit français au moyen âge*, par M. Ch. Giraud, t. II, p. 329. Paris, Videcoq, 1846, 2 vol. in-8°.

(1) Crieur.
(2) Affermé.
(3) Vente du vin au détail.
(4) Annuler.

CXLIII

Arrêt du Conseil ducal portant main-levée de la mairie de Beaune, saisie par le bailli de Dijon pour un cas de justice.

1372 (11 juin).

Du venredi xi° de juing mil cccLxxii, en la Chambre des comptes de Monseigneur le Duc où estoient Monsieur l'abbé de Saint-Estienne de Dijon, messire Pierre de Tinteville, chancellier de Bourgoigne, maistre Richard Bonot, Dimenche de Vitel, Guillaume de Marcilli, bailli de Chalon.

Jehan de Courbeton, maire de la ville et commune de Beaune, s'est consenti aujourdui que de certain descort ou débat qui estoit entre Pierre de Baugys, escuier, bailli de Dijon, d'une part, et ledit Jehan de Courbeton, d'autre part, à cause de certain prisonnier appellé Guillaume de Beroing, lequel ledit bailli avoit pris et arresté, si comme il disoit en la ville de Beaune pour certaine cause, et après ce ledit bailli voult envoier ledit prisonnier en certaine prison par ses commis, lesquels ne le peurent avoir, pour ce que ledit Maire disoit qu'il estoit prisonnier de la ville. Et pour ce ledit bailli fist commandement audit Maire que ledit prisonnier illi rendit; duquel commandement ledit Maire appela. Pour laquelle chose ledit bailli mist verbaument ladite Mairie à la main de Monseigneur, dont ledit Maire appela encores. Les gens du Conseil dudit Monseigneur le Duc en ordenent selon ce que ils verront estre à faire de raison et en leur conscience. Et a promis, etc., à tenir ce qui par lesdites gens du Conseil en sera dit et ordené et avec ce a renoncié aux dites appellations. Et outre ledit Maire a fait audit bailli rendue dudit prisonnier par signe qu'il li a baillé. Et ce fait ycellui bailli li a fait recréance de ladite Mairie mise verbaument comme dit est à ladite main.

Original : Registre des causes du Conseil ducal (1367-1398). Archives de la Côte-d'Or, *Conseil ducal*.

CXLIV

Déclaration de Marguerite de Flandres, duchesse de Bourgogne, au sujet des droits de justice des Maire et échevins de Beaune.

1384 (16 juillet).

Marguerite, duchesse de Bourgogne, comtesse de Flandres, d'Artois et de Bourgoingne, palatine, dame de Salins, comtesse de Rethel et dame de Malines, ayant en l'absence de Monseigneur le gouvernement de ses dits duchié et conté de Bourgoingne, à tous ceulx qui ces lettres verront, salut. Comme nos amés les Maire et eschevins de la ville de Beaune à nostre requeste ayent envoyé et mis ou chastel de Talant, Jacote, femme de Jehan le Geliet de Dijon, prisonnière desdits Maire et eschevins, pour parler à ladite Jacote sur aucunes choses que nous entendons savoir à elle : savoir faisons que nous ne volons que ce tourne à préjudice à la dicte ville, ne aux previléges d'icelle et n'est pas nostre entente de faire proceder à la condempnacion ou absolution ne austrement contre ladite Jacote, au préjudice des privileges d'icelle ville. En tesmoing de ce, nous avons fait mettre le petit scel de la court de mondit seigneur à ces présentes.

Escript à Dijon le xvie jour de juillet l'an de grâce mil cccc iiii^{xx} et quatre.

Original : Archives de la ville, *Justice municipale.*

CXLV

Confirmation des priviléges de la ville de Beaune par le duc Jean-sans-Peur.

1404 (11 décembre).

Sancte et individue Trinitatis nomine premitus invocato, Patris, Filii et Spiritus Sancti. Amen. Hujus presentis publici serie tenore que instrumenti sciunt que et cognoscunt, cuncti presentes pariter et futuri ; quod, Domini nostri Jhesu Christi, anno ab Incarnatione currente et existente millesimo quater centesimo quarto, mense decembris, die undecima dicteque diei post merediem hora quarta vel circa indicione secunda, pontificatus sanctissimi in Christo patris ac Domini Benedicti divina Providentia Pape tercii decimi, anno decimo. In villa Belne, Eduensis diocesis, ac in mei Odonis Chardini delicto publici auctoribus, apostolica, imperiali ac regia notarii, preillustris que principis sui ejusdem tabellionis in dicta coadjutor Belna, domini tunc temporis ducis Burgundie, testiumque infrascriptorum, propter hoc vocatorum specialiter et rogatorum, presentia preillustri domino Johanne dicte Burgundie duce nunc temporis personaliter existente, et specialiter ad et propter infrascripta constituto, in dicta Belne ecclesia collegiata Beatissime Virginis Marie juxta et ante videlicet dicte ecclesie majus altare cum ejusdem domini prenobilis comictiva, cui domino Duci pro reverendi in Christo patris ac domini domini tunc abbatis de Cistercio, ordinis Beate Benedicti (1), verbum seu loquelam ex parte honorabilium discretorumque virorum Milonis, Cambitoris, tunc Maioris ville et communitatis predicte Belne scabinorumque, Symonis Humberti tunc dicte ville et communitatis procuratorum pro et nomine ipsius communitatis et ville et ad ipsius communitatis et ville opus et commodum humilis fuit facta petitio cum requista quatinus dicto domino tunc Duci, libertates, franchisias, exemptiones, usancias, et consuetudines, privilegia que antiquitus datas seu donatas, data et donata dictis ville et communitati, per illustrissime memorie suos predecessores duces dicte Burgundie, confirmatas et confirmata per dicte illustrissime memorie quondam dominum Philippum dicte ducem tunc Burgundie, ipsius presentis domini Ducis prenobilem patrem ut per predictarum quartas legitime constabat placeret et dignaretur benigne confirmare, roborare et inviolabiliter manu tenere et observare juramentum que super et de predictis solitum et sacramentum favorabiliter et prestare. Cui quidem domino abbati a dicto presenti domino Duce per verbum seu loquelam nobilis sapientis qui viri domini et magistri Johannis de Salione (2), juris periti ipsius domini Ducis consiliarii fuit dictum, datum ut supra sub meo dicto parvo signo manuali approbando, quod dicta villa debebat et tenebatur illo tunc dictas libertates, franchisias, usancias, exemptiones et privilegia perscripta edoceret demonstrare et que et qualia petebat et postulabat dicte villa. Quibus vero verbis ex parte dicte ville fuit statim et illicô responsum, quod jam copiam de predictis eidem domino dicta tradiderat villa et ista confirmando fuit inhibitum et presen-

---

(1) Jacques de Flogny, élu en 1380, mort le 18 avril 1405.
(2) Jean de Saulx, seigneur de Courtivron, conseiller du Duc, fut nommé chancelier le 5 avril suivant, et conserva cette dignité jusqu'à sa mort, arrivée au mois d'octobre 1429.

tatum tunc coram prefato presenti domino Duce quoddam publicum instrumentum, super et de omnibus predictis confectum et sollempniter vallatum et de et super confirmatione predictorum dicti quondam domini Ducis patris presenti domini Ducis. Quo quidem instrumento lecto, viso et diligenter inspecto, illicô dictus presens dominus Dux ad missale super dictum altare repositum et appertum manu tacto, dictas libertates, franchisias, usancias, exemptiones et privilegia, modo et forma quibus erant confirmate et confirmata per dictum dominum quondam patrem suum, confirmavit, roboravit, et observare inviolabiliter per se, heredesque suos, juravit et manutenere super et de quibus omnibus et singulis supra dictis. Dicti Maior et scabini et procurator dicte ville et communitatis a me notario predicto prout ad opus et commodum dicte ville et dicte communitatis, instanter, instancius et instantissime rogaverint dicte ville fieri et dari unum vel plura instrumentum vel instrumenta, hic et alibi predicta observata scripta corrigendi et corrigenda signo manuali apostolico imperiali et regio mei dicti notarii signatum et signata appensionibus que sigillorum domini nostri Regis si opus esset, et dicta requireret villa et maxime dicti Ducis munita quot quod instrumentum vel instrumenta.

Ego prefatus notarius, predictis concessi modis dicto domino presenti Duce volente et consenciente, testes invocans hic astantes. Presentibus reverendis et nobilibus personis dompno Helie abbate Macerarium prope Belnam (1) predictam, domino de Rupe forte milite (2), domino Philiberto de Sancto Leodegardio milite (3), pluribusque aliis nobilibus religiosis tam de Cistercio quam de dictis Macerariis et pluribus aliis personis et burgensibus testibus vocatis specialiter et rogatis. Anno, die, hora, indicione, pontificatu et loco predictis.

Suit la clôture par Odo Chardin, notaire apostolique.

Original : Archives de la ville de Beaune, *Priviléges et franchises de la Commune.*

(1) L'abbaye de Maizières, ordre de Cîteaux, avait une maison de refuge à Beaune, et des biens considérables à l'entour de son territoire; c'est ce qui explique sa présence à cette confirmation.
(2) Jean de Rochefort, conseiller du Duc, puis bailli d'Auxois et maître de l'artillerie.
(3) Philibert de Saint-Léger, conseiller et maître d'hôtel du Duc.

CXLVI

Arrêt du Conseil ducal qui commet des officiers du bailliage, pour faire une enquête au sujet des débats survenus à Beaune lors des élections municipales, et qui avaient amené la saisie de la Mairie.

1408 (27 juin).

Les gens du Conseil de Monseigneur le Duc de Bourgogne estant à Dijon, à maistres Jehan Péluchot et Jehan Bousseaul, licenciez en loys, et Huguenin Thibrand, clerc du bailliage de Dijon, salut et delection. Savoir vous faisons que nous estans aujourd'huy assemblés en l'ostel de notre dit seigneur en la presence de notre très redoubté seigneur Monsieur de Charrolois, fils de notre dit seigneur, qui pour ce nous y avoit mandé venir pardevers lui, sont venus et se sont comparuz personelment pardevant notre dit seigneur de Charrolois, Milot le Changeur, Perrenot Quinot et plusieurs autres bourgeois et habitans en grant nombre de la ville et commune de Beaune, pour cause de certaines requestes qui avoient esté baillées au dit Monsieur de Charrolois par aucuns des dits habitans de Beaune, touchant et faisant mention de certain débat qui avoit esté le jour de la Saint Jehan Baptiste darrenièrement passée, en faisant ou voulant faire l'eslection du Maire du dit Beaune par les habitans d'icelle, qui pour ce s'estoient assemblés au lieu et en la manière accoustumée; auquel jour et lieu certaine partie des dits habitans eslisoient et nommoient pour estre Maire le dit Milot le Changeur, et une certaine autre partie d'iceulx habitans eslisoient et nommoient le dit Perrenot Quinot, en ne se povoient accorder ensemble, et pour aucunes causes qui pour ce avoient meu le bailli de Dijon qui y avoit esté présent, il avoit declaré l'esvangille et le gouvernement de la mairie de la ditte ville estre baillié au dit Milot, dont le dit Perrenot Quinot avoit appellé et relevé pardevant les auditeurs des causes d'appeaulx à Beaune. Pour occasion desquels débat et appellation la dite mairie estoit demeurée en la main de notre dit seigneur le Duc. Et les dictes requestes receues par le dit Monsieur de Charrolois estoit venu par devers lui le dit Perrenot Quinot et plusieurs autres des dits bourgeois et habitans pour repondre en tant que un chacun povoit toucher au contenu d'icelles requestes. Lesquelz Milot le Changeur et ses suigvans, d'une part; et Perrenot Quinot et ses suigvans, d'autre part, pour ce présens et comparans pardevant le dit Monsieur de Charrolois et nous estans avec lui, après aulcunes altercacions et allégations qu'ils ont eues et alléguées, ont finablement voulu et expressément consenti et accordé à chacun d'eulx d'un commun assentiment s'il plaist à notre dit seigneur que celui des diz Milot le Changeur et Perrenot Quinot soit Maire du dit Beaune pour ceste présente année. Duquel la partie de ceulx des habitans et commune du dit Beaune capables et habiles à faire la dicte election qui seront tenus et vouldroient tenir à son eslection aura esté imposé et payé en somme toute de giez et imposts darrièrement faictz sur tous les habitans et commune du dit Beaune, tant pour les frais communs et charges de la ditte ville comme pour les marcs et pour dons fouages et aides faiz à notre dit sieur et autrement, c'est assavoir que se ceulx d'iceulx habitans capaulx et habiles à faire ycelle eslection qui se teinront de la partie du dit Milot et le nommoient pour estre Maire ont tous ensemble plus paié en somme toute des dictz giez et imposts, marcs, missions et charges que n'ont ceulx qui se tiendront de la part du dit Perrenot Quinot et le nommeront pour estre Maire ycellui Milot y demouré Maire, et semblablement si ceulx de la partie du dit Perrenot en ont plus ensemble paié plus grant somme que ceulx de la partie d'icelluy Milot, le dit Perrenot soit Maire. Et que sur ce soit sceue et rapportée au dit Monsieur de Charrolois la vérité par ceulx qu'il lui plaira y connoitre pour en ordonner à son bon plaisir, selon l'appointement et par la manière que dessus est dit, auquel Monsieur de Charrolois pour ce qui de son très grand honeur et pour la contemplation du bien publique de la dite ville, il lui en a pleu prendre la charge comme amiable apaisement, ils se sont submis sur ce du tout en tout. Et parmi ce le dit Perrenot Quinot a renoncé à son dit appel, et s'est départi du tout en tout du dit appel et de la poursuite d'icellui et pour ce a esté et est ycelle appellation et tout ce dont avoit esté appellé, regetté et mis du tout à néant du consentement des dictes parties. Et ont requis au dit Monsieur de Charrolois qu'il vous voulsist commetre à enquérir et à luy sur ce rapporter la vérité pour en ordonner comme dessus. Pourquoy nous, par le commandement et ordonnance dudit Monsieur de Charrolois que sur ce délibération en sa présence, vous mandons et commettons se mestier est par ces présentes, que tantost ces lettres veues, vous vous transportez au dit Beaune et prenez par escript tous les noms d'un chacun des dits habitans et pour eschever les tumulte, débat et escande qui se pourroient ensuivre, de les assembler tous ensemble. Faictes venir chacun des dits habitans particulièrement par devers vous, seulement en absence des diz Milot et Perrenot et autres des dits habitans et les interrogez l'un après l'autre par serment lequel des dits Milot et Perrenot ils tenront estre le plus souffisant qu'ils vouldront eslire pour estre Maire, et tellement que l'un ne saiche ce que l'autre vous aura dit et l'eslection d'un chacun d'eulx mectez par escript, et ce fait veez au juste les papiers, livres et escripts des dicts giez et imposts, marcs, missions et charges, pour savoir combien un chacun d'iceulx habitans en aura paié et en faites et escripvez le compte sur chacune partie, et ce faites le mieux et plus diligemment que vous pourrez ; toutes faveurs regettées et tout ce que fait et trouvé aurez sur ces choses et les circonstances et appartenances d'icelles rapportez par escript en bonne déclaration et ordonnance signée de vos saings manuels avec ces présentes tout enclox soubz vos scelz par devers le dit Monsieur de Charrolois, pour y estre au surplus ordonné ce qu'il appartiendra, selon le bon plaisir du dit Monsieur de Charrolois. En la présence duquel Monsieur de Charrolois, le dit bailli de Dijon a déffendu et déffend sur peine d'amende arbitraire à appliquer à notre dit seigneur que aucuns des dits Millot et Perrenot Quinot ou autres de leurs suigvans ne s'entremette de induire par promesses, menaces ou autrement à faire la dite eslection. De ce faire, vous donnons pouvoir et mandement especial par ces présentes mandons et commandons à tous les justiciers, officiers et subjects de notre dit seigneur, à qui il appartient requérir autres que à vous en ce faisant obéissent et entendent diligemment. Donné à Dijon, du commandement et ordonnance du dit Monsieur de Charrolois et du consentement des dites parties le mercredi xxvii° jour de juing l'an mil quatre cens et huit.

J. Bonost.

Scellé des neuf signets des gens du Conseil, dont il ne reste que la trace.
Original : Archives de la Côte-d'Or, Chambre des comptes de Dijon, *Affaires des communes. Ville de Beaune.*

CXLVII

Main-levée de la Mairie de Beaune, ordonnée par le duc Jean sans Peur.

1408-09 (10 janvier).

Jehan, duc de Bourgoingne, conte de Flandres, d'Artois et de Bourgoingne, palatin, seigneur de Salins et de Malines. A notre bailli de Dijon ou son lieutenant, salut. Savoir faisons que, comme pour certain débat meu nouvellement entre Perrenot Quinot l'aisné et Milot le Changeur, bourgeois de notre ville de Beaune, et les autres bourgeois et habitans de notre dicte ville, sur le fait et pour ocasion de l'eslection de la Mayerie d'icelle ville qu'il fut faicte le jour de la feste de la Nativité de Saint Jehan Baptiste darnierrement passée, la dicte Mayerie ayt esté et soit par vous mise à notre main et encore y teigne et au gouvernement d'icelle, ait esté comme parmi et soubs notre dicte main par nos amés et féaulx les gens de notre Conseil, à Dijon, notre bien amé conseiller maistre Jehan Peluchout, clerc licencié en lois, que dès lors jusques à présent a gouvernée la dicte Mayerie, et il soit ainsi que les dicts Perrenot, Milot et les autres bourgois et habitans de la dicte ville soyent en bon acort du fait de la dite election, et pour ce requis notre dite main mise en ycelle estre levée et ostée. Nous, à la requeste d'iceulx, ycelle nostre main avons levée et ostée, levons et ostons par ces présentes de la dite Mayerie, deschargent du tout le dit maistre Jehan du dit gouvernement d'icelle, lequel par ces mesmes présentes nous en deschargeons et voulons qu'il s'en départe et faicte départir se mestier est, lui satisffait de ses gages raisonnables. Si vous mandons que notre dicte main ayés et tenez pour levée et ostée de la dicte Mayerie et que contre la teneur de cestes, ne mectez, faictes ou souffrés estre mis aucun empeschement ou destorbier. Car ainsy nous plait il et voulons estre fait et aus diz expousans l'avons octroyé et octroyons par ces présentes, nonobstant lettres, mandements, ordonnances ou deffenses à ce contrayres.

Donné en notre dicte ville de Beaune, le xe jour de janvier l'an de grace mil cccc et huit.

Par Monseigneur le Duc, à votre relation.   DE SAULS.

Original : Archives de la ville de Beaune, *Priviléges et franchises de la Commune*.

CXLVIII

Ordonnance du duc Jean sans Peur, qui, pour faire cesser la compétition de Perrenot Quinot et Milot le Changeur, élus Maires par deux fractions des habitants, nomme à leur place Philibert de Courbeton, châtelain de Beaune, Pommard et Volnay.

1408-09 (10 janvier).

Jehan, duc de Bourgoingne, conte de Flandres, d'Artois et de Bourgoingne, palatin, seigneur de Salins et de Malines, à tous ceulx qui ces présentes lettres verront, salut. Comme de et sur le débat meu entre Perrenot Quinot l'aynné, d'une part, et Milot le Changeur, d'autre part. De et sur ce que le jour de la feste de la Nativité Saint Jehan Baptiste darrenièrement passée, une grande partie des habitans de notre ville de Beaune eussent esleuz à Mayeur de notre dite ville pour l'année le dit Perrenot Quinot, et les autres le dit Milot. Pour quoy un chascun d'eulx prétendoit estre Mayeur pour la dite année commencant à la dite feste, et que de et sur ce les dites parties se fussent condescenduees ou dit et ordonnance de notre très chier et amé fils le conte de Charrolois, et sur ce eussent prins certain appointement sur lequel les dites parties ayent procédé devant notre dit fils par certainnes journées et jusques ad ce que notre dit filz a remises les dites parties pardevant notre amé et féal chancellier le seigneur de Courtivron, pour ordonner sur le dit débat et mectre les parties à accord par voye amiable, se faire le peult. Et pour ce aient comparu les dites parties pardevant notre dict chancellier. C'est assavoir le dit Perrenot pour lui et ses adhérens en cette partie, d'une part. Et le dit Milot pour lui et ses adhérens, d'autre. La cause et matière ouverte pardevant notre dit chancellier, oyes les dites parties à tout ce que sur le dit fait de la dite élection ont voulu dire et proposer, ycelles parties se soient du tout mises ou dit, ordonnance et bonne voulenté de notre dit chancellier, et ayant promis et juré les dites parties et chacune d'icelles par leurs sermens pour ce donnez aux sains Evangiles de Dieu, croire icellui notre chancellier de et sur le dit débat et despendant de son dit et ordonnance avoir et tenir pour agréable, à peine de cinq cens livres tournois à appliquer à celle des dictes parties que tendroit le dit et ordonnance de notre dit chancellier à lever sur la partie contredisant. Et après ces choses notre dit chancellier ait dit et prononcé [son] dit et ordonnance de et sur les dites choses en ceste manière, c'est assavoir que les diz Perrenot et Milot se désisteroient du tout de la poursuite de la dicte Mayerie pour l'an dessus dit et au droit que chacune des dites y prétendoit. Renonceroyent et seroient compensez tout dépens et interretz faiz pour occasion des diz procès, sans ce que l'une des dites parties en relieve ou doye demander aucune chose à l'autre. Savoir faisons que, pour avoir et norrir paix en notre dite ville entre les habitans d'icelle et éviter les périls, esclandres et inconvénients qu'ilz pourroient vraysemblablement sordre s'il convenoit faire éleccion nouvelle de Mayeur pour le temps présent, ou de Mayeur et eschevins es festes de la Nativité Saint Jehan Baptiste et de Saint Pierre prochain venant, nous, sans préjudice des privileges et usances de notre dicte ville de Beaune, et sanz le vouloir traire autrement à conséquence, avons institué et instituons par ces présentes Mayeur de notre dite ville de Beaune et commune d'icelle notre amé Philibert de Courbeton, nostre chastelain de Beaune et de Pommart, pour estre Mayeur de notre dite ville et commune dès la date de ces présentes jusques à la feste de la Nativité Saint Jehan Baptiste prochain venant, et dès icelle feste qu'il sera l'an mil quatre cens et neuf jusques à la dicte feste de la Nativité Saint Jehan Baptiste suivant. Et avec ce, avons voulu et ordonné, voulons et ordonnons par ces mesmes présentes que les eschevins qui sont pour le présent eschevins de la dicte ville demourent eschevins jusques à la dite feste de la Nativité Saint Jehan Baptiste mil quatre cens et dix, pour la cause que dessus. Et que se les diz Mayeur et eschevins et commune se vouloyent assembler es dites festes et à chacune d'icelles pour faire Mayeur et eschevins en la manière accoustumée, nous avons ordonné de rechief et ordonnons qu'ilz facent leurs dictes eslections des personnes dessus dictes, c'est assavoir du dit Philibert pour Mayeur et des diz eschevins, et sans ce qu'ilz puisse estre et soit trait à conséquence ou temps advenir. Sy donnons en mandement à notre bailli de Dijon et à tous nos autres justiciers et officiers que notre présente ordonnance face tenir, garder, entériner et accomplir sanz enfraindre : car ainsi nous plaist-il et voulons estre fait, nonobstant previleges, usances, coustumes locaulx, ordonnances ou défenses et lettres subrebtices empetrées ou à empetrer à ce contraires. En tesmoing de ce, nous avons fait mettre notre scel pendant à ces présentes.

Donné en notre dite ville de Beaune, le dixième jour de janvier l'an de grace mil quatre cens et huit.

Par Monseigneur le Duc, à votre relacion.

De Sauls.

Original : Archives de la ville de Beaune, *Priviléges et franchises de la Commune*.

CXLIX

Mandement du duc Jean, qui maintient la justice municipale de Beaune contre les entreprises de son prévôt.

1409-10 (22 février).

Jehan, duc de Bourgoingne, conte de Flandres, d'Artois et de Bourgoingne, palatin, seigneur de Salins et de Malines, à notre bailli de Dijon ou à son lieutenant, salut. Receus avons l'umble supplicacion de nos bien amez les Maieur, eschevins et habitans de notre ville de Beaune, contenant que, comme de toute ancienneté ycelle notre ville soit privilégiée selon la commune de Dijon et aient accoustumé d'avoir justice haulte, moienne et basse, et la exercer en ladite ville et finaige sans se que par les priviléges d'icelle ville et de celle de Dijon, dedans les mectes de la mairie nul doye prendre, arrester ou faire aucun exploit de justice senon le Maire et les eschevins ou sergens d'icelle ville par leur commandement, et aient accoustumé dedans ladicte ville et ou finaige de chacun an y faire messiers ou autres menistres qui gaigent et font autres exploits de justice dedans ladicte ville et le finaige d'icelle, ainsi comme il s'estant chacun an paisiblement, et avec ce le Maieur d'icelle ville ait accoustumé chacun an es mectes et confins dudit finaige en plusieurs lieux, en signe de la limitacion de ladite ville, de y tenir ses jours, prendre, arrester et faire tous cas de justice es limites dudit finaige. Néantmoins notre prevost de Beaune et autres sergens, ainsi que prévosts, fermiers, s'efforcent souventes fois de entreprendre et grever plusieurs nos hommes, subgiez et autres, et pour faire leurs fermes bonnes, ont fait au temps passé plusieurs entreprises dedans le finaige de notre dite ville en y faisant des exploits à leur prouffit et composant mains de nos diz subgiez et autres contre raison et sous umbre de leur ferme, si qu'ils dient, requérans notre provision gracieuse sur ce. Pourquoy, nous, ces choses considérées, vous mandons et par ces présentes commettons que se appelez nos procureur et prévost audit lieu de Beaune et autres que pour ce seront appelés et oïr, il vous appert de ce que dit est, les dictes entreprises faictes comme dit est, vous mectez et faictes mettre réalment et de fait du tout au néant, lesquelles audit cas, par ces mêmes présentes y mectons. En faisant et laissant joïr et user les dis supplians à plain d'icelle leur justice en notre dite ville et les mectes et finaiges d'icelle, tout ainsy et par la manière que se les dictes entreprises n'eussent onques esté faictes. Car ainsi nous plaist il estre fait, et ausdis supplians l'avons octroyé et octroyons de grace espécial par ces présentes. Nonobstant ordonnances, mandemens ou deffenses à ce contraires.

Donné à Paris, le xxii° jour de fevrier, l'an de grace mil cccc et neuf.

Par Monseigneur le Duc, à vostre relation.

De Sauls.

Scellé du grand sceau en cire rouge.
Original : Archives de la ville de Beaune, *Justice*.

CL

Déclaration du duc Jean sur les priviléges, au sujet du service militaire rendu par les Beaunois lors du siége de Vellexon, au comté de Bourgogne.

1409-10 (22 février).

Jehan, duc de Bourgoingne, conte de Flandres, d'Artois et de Bourgoingne, palatin, seigneur de Salins et de Malines, à notre bailly et à tous nos autres justiciers et officiers, ou à leurs lieutenants, salut. Oye l'umble supplicacion de nos bien amez les Maire, eschevins et habitans de notre ville de Beaune, contenant que combien que par leurs previléges, libertez et franchises, ils ne soient tenuz d'aler hors de ce royaume en quelque armée qu'ils les mandrons, que ce ne soit de leur bon grey et consentement (1). Toutes voyes soubs umbre et pour ce que à notre requeste et prière, les diz supplians nous envoièrent nagguères vint hommes armez et dix huit arbalestriers au siége qui adonc estoit devant Valexon (2), hors dudit royaume, ils se doubtent que ou temps à venir et à eulx ou à leurs diz previléges, libertés et franchises ne leur peust tourner à aucune conséquence, se ils n'en avoient noz lettres de non préjudice, si comme dient. Desquelles ilz nous en ont très humblement fait supplier. Pourquoy, nous, ces choses considérées, inclinant à la dite supplicacion aux dessus nomméz, Maire, eschevins et habitans d'icelle notre ville de Beaune, avons octroyé et consenti par ces présentes, de grâce espécial, octroyé, consentons que ce qu'ils ont envoiés les dis xx hommes d'armes et dix huit arbalestriers audit siége de Valexon, qui est hors de ce dit royaume, comme dit est, ne leur tourne ou peut tourner à eulx ne à leurs devant diz previléges, franchises et libertez à aucune conséquence ou préjudice ores ne pour le temps à venir. Si vous mandons et à chacun de vous si comme à lui appartient que de notre présente grâce et octroy les diz supplians et chacun d'eulx, faites, souffrez et laissez plainement et paisiblement joïr et user, sans leur donner ou souffrir estre fait ou donné aucun destourbier ou empeschement au contraire.

Donné à Paris le xx de fevrier, l'an de grâce mil cccc et neuf.

Par Monseigneur le Duc, à votre relation.

De Sauls.

Original : Archives de la ville de Beaune, *Priviléges et franchises de la Commune.*

(1) Cf. la charte de commune, § 33, p. 211.
(2) Vellexon (Haute-Saône).

CLI

Lettres de Jean sans Peur, duc de Bourgogne, portant main-levée de la saisie de la Mairie de Beaune, ordonnée par les généraulx commissaires pour abus de justice.

1415 (8 octobre).

Jehan, duc de Bourgoingne, conte de Flandres, d'Artois, de Bourgoingne, palatin, seigneur de Salins et de Malines, à tous ceulx qui ces présentes lettres verront, salut. Comme, à la requeste de notre procureur, eussent été traiz en cause Guillaume Ranvial, maire de notre ville de Beaune, Roubin Bauduin, maistre Pierre Mignoteaul, Perrenot Quinot, Oudot Leblanc, Jehan Bonvarlot, et Henry Mairet, eschevins de la dicte ville, et Germain de la Risée, procureur, et Huguenin Moureaul, sergent d'icelle ville, par devant les généraulx commissaires nouvelment par nous ordonnez en noz duchié et conté de Bourgoigne ou conté de Charollois, de et sur ce que notre dit procureur maintenoit qu'ilz avoient fait certains abus de justice au gouvernement de la dicte Mairie et eschevinaige et en leurs dis offices. C'est assavoir en ce que nonobstant que Guillaume de Luzey, Thevenot Eschinans et certains autres leurs complices, avoient voulu efforcier une nommée communément Marguerite la Moichecte, et venus de nuit à son huis frapper pour y vouloir entrer, et disoient que la voienté devoit estre réputée pour le fait. — Item, disoit ledit notre procureur que de rechief ung appellé Tappereaul et ung appellé Huguenin Grasprete estoient venus à certain jour de nuit en l'ostel de une appellée la femme Pierre Girardin, ouquel estoit la dicte Moichete et rompirent les huis et en avoient menée la dicte Moichete et cognue charnelement, violentement et contre sa voulenté, combien qu'elle feust femme mariée, en comectant crime de rapt, dont pugnition cappitalle se devoit ensuir; laquelle les diz Maire, eschevins, procureur et sergent n'avoient point faite en abusant de justice, mais avoient fait de cas criminel, civil. — Item, disoit notre dit procureur, que combien que ung appellé Jehan Chandelier eust bastu puis ung an en ça, ung appellé Jehan Bernard, si énormément que de la dite bature s'estoit mort ensuye, et combien que ledit Chandelier eust esté prins et mis es prisons de la ville pour ceste cause, desquelles l'on l'avoit mis dehors, sans faire pugnition, en abusant de la justice. — Item, disoit en outre notre dit procureur que les diz Maire, eschevins, procureur et sergent avoient prins sans cause puis ung an en ça, ung appellé Martinet, serviteur de nos enffans, et l'avoient détenu longuement en vil prison, sans le vouloir rendre à Bartholomay d'Escutigney, nostre maistre d'ostel, ne délivrer ledit prisonnier contre nos lettres closes dont ils en avoient eu plusieurs, en abusant aussi de justice. — Item, disoit en oultre notre dit procureur qu'à certain jour duquel les diz Maire, eschevins, procureur et sergent avoient esté adjournez par devant nos diz commissaires chascun à peine de mil livres, ils avoient fait deffault, dont ils estoient encheuz es dites peines, lesquelles notre dit procureur demandoit contre eulx et aussi pour les abus dessus diz demandoit à chascun particulierment amende arbitraire et en la ville en général. — Les diz Maire, eschevins, procureur et sergent respondant au contraire. Et premier, quant au cas devers ledit Luzey, que le cas n'avoit point esté tel, comme le maintenoit notre dit procureur ; mais estoit vray que les diz compagnons le soir des nopces de la dite Moichete, par manière d'esbatement, estoient venus devant l'ostel d'icelle en demandant des gasteaulx, comme l'on a accoustumé de faire aux nouveaulx mariez, par manière de joyeuseté et en frappant à l'huys de l'espousée, sans vouloir faire aucune violence, et n'avoient procédé plus avant, sinon que ils s'estoient courroucés cette nuit près du dit ostel à deux frères appellés les Pasquiers de Gigney et les avoient batus et fait sanc de nuit et contre les ordonnances de la ville, et pour ce avoient esté condampnez en amende civile, selon leurs facultés, et que en ce ils n'avoient en rien abusé; car il n'y avoit ne rapt ne intencion de rapt et aussi n'avoyent ils point procédé de attempter au corps de ladite Moichete et n'estoient point entrez devers son hostel et pour ce n'estoit point le cas capital, selon droit et mesmement par la costume de Bourgoingne par laquelle supposé que ce soit eu crimes énormes, la volenté n'est point reputée pour le fait pour pugnir capitelment ; mais il y a seulement amende civile à l'arbitraige du juge. Et quant au second cas devers ledit Tappereal, le cas n'estoit pas tel comme posoit notre dit procureur; mais estoit bien vérité qu'ils estoient bien venuz en l'ostel de la dite femme Pierre Girardin et avoient telement hurté à l'uys de la chambre ou estoit la dite Moichete, que la serrure de la dite chambre estoit cheute et la avoient trouvé la dite Moichete qui de son consentement s'en estoit alée avec eulx. Et supposé que li ung d'eulx l'eust congneue, en ce n'avoit point de rapt, mesmement veu qu'elle ne s'en estoit point plainte en présent délit, comme le veut la coustume (1) ; mais que plus est en l'ung et en l'autre desdiz deux cas, avoit esté envoyée querre de la dite Moichete par la justice, ainçois qu'ils eussent procédé à la délivrance

---

(1) Cf. le § 28 de la charte de commune, p. 211.

d'iceulx, ne à les condempner pour le tumulte civillement, laquelle avoit rapporté que onques mal ne vilonie ne li avoient fait à sa personne et ne se plaignoit d'eulx aucunement. Et pour ce que notre dit procureur n'avoit cause de maintenir qu'ils les deussent condempner fors que civilement, ains eussent abusé s'ils eussent fait autrement. Et quant au tiers cas du relaichement du dit Chandelier, ils l'avoient fait pour ce que la plaie que avoit en la teste le dit Bernard, estoit si petite que nuls ne jugeast que home en deust mourir. Et mesmement le dit Bernard aloit aval la ville et faisoit sa besoigne en son hostel comme paravant et encore l'espace de huit jours après la bateure, et que néantmoins lesdiz Maire et eschevins pour plus seurement procéder, y avoient envoyé un barbier juré de la dite ville appellé Gilles Maistre, qui estoit mesme le barbier qui le garissoit, liquel avoit rapporté que la dicte plaie n'estoit aucunement mortele, mais évidemment curable sans péril de mort. Auquel juré, pour raison de son office publique, l'on devoit adjouster foy et valoit son tesmoignage pour deux par raison et la coustume du païs; et encore pour plus grant seurté, ils avoient envoyé veoir l'estat dudit Bernart et en quel point il estoit par ledit procureur de la ville, ensemble ung sergent, qui le treuvèrent en bon point et faisant sa besoigne, et dist luy-mesme ausdiz procureur et sergent qu'il n'avoit garde de mort et qu'il vouloit bien et consentoit que ledit Chandelier fut relaichié et mis hors de prison. Et pour ce que en ce, n'avoit aucunement abusé, et que partout le royaulme de France, ainsi avoit l'on accoustumé de relachier les prisonniers détenus pour batures, et tenoit l'on communément audit lieu de Beaune qu'il n'estoit point mort de la dite bature, mais estoit mort pour la mortalité courant au pays et pour son encienneté et mauvais gouvernement. Et quant au quart cas, ils avoient prins à bonne cause ledit Martinet et en délit présent, pour ce qu'il avoit batu gens en la ville et fait tumulte, et mesmement batu les sergens de la ville en faisant leurs offices, et trouvé aval la ville portant armes et soy ventant de pis faire, qui n'eust obvié à sa malice; et que on ne refusa onques à notre dit maistre d'ostel de le ly baillier et en faire remessure pour icelluy pugnir; ains estoit l'on prist de le li baillier si il le vouloit requérir, et que onques ils n'en eurent lettres de nous. Bien estoit vray que en le menant en prison, notre dit maistre d'ostel vint et le vouloit recourre de fait audit Maire, qui respondit à notre dit maistre d'ostel que ce n'estoit pas la manière de l'avoir et que par les chartres et priviléges de la ville ils en doivent avoir la prinse et incarcération (1), et que sur la

---

(1) Cf. la charte de commune, § 17, p. 210.

rémission luy feroit ce qu'il appartenoit, et en ce n'avoit rien abusé lesdits Maire. Et quant au dernier cas advenu, pour le deffaut, disoit ledit Maire, etc., qu'ils n'avoient fait aucun deffault, car la journée à eux assignée avoit esté continuée par notre amé et féal chancelier, le seigneur de Courtivron, de Dijon à Beaune, pour cause de la mortalité, par ses lettres closes, lequel représentoit notre personne pour raison de son office et avoit puissance sur tous nos autres officiers, et là ou il s'entremectoit d'aucune chose et fait de justice, toute puissance d'aucuns nos officiers ou commissaires cessent comme par dessus qu'il est ; et aussi estoit il l'ung et le plus principal des généraux commissaires sur ce par nous ordonnez, et avec ce maistre Guy Gélinier et Jacques Lombart, nos commissaires en ce fait, avoient bien sceu la dite continuacion et l'avoient eu expressément ou à tout le moins taisiblement pour agréable en faisant droit sur ycelle continuacion et adhérent plusieurs appointements à la dicte cause. Et pour ce nous eussent très humblement requis, les diz Maire, eschevins, procureur et sergent, que considéré que l'on les travailloit et faisoit l'on despendre le leur sans juste cause et qu'il vailloit mieux que aigrement en notre service ils l'emploiassent; que nous les voulsissions mectre dehors des diz procès et en mectre sillence à notre dit procureur et le leur lever la main de la dicte mairie et eschevinaige pour ce empesché. Savoir faisons que, nous, oyes les dites choses, par l'advis et délibération de notre grant conseil, et oye les dits nos commissaires et leurs rappors sur ce et aussi pour considération de ce que nos diz habitans de notre ville de Beaune ont en touz nos affaires esté nos bons et loyaulx subgets et volontiers obéissans sur tous autres choses, nous les avons en notre grâce, avons mis et mettons par ces présentes au néant ledit procès, et voulons que les diz Maire, eschevins, procureur et sergent soient mis hors du dit procès, et que pour le cas et choses dessus dites ils ne soient doresenavant plus poursuis. Et en oultre avons ordonné et ordonnons que les diz Maire et eschevins joyssent soubs notre main des dites mairie et eschevinaige ainsi et par la manière qu'ils faisoient par avant notre dite main mise, et les dits empeschements, lesquels nous levons et ostons par ces présentes. Si donnons en mandement à nos diz commissaires et à touz autres nos justiciers et officiers qu'il appartiendra, ou à leurs lieuxtenans et à chascun d'eulx, que les diz Maire, eschevins, procureur et sergent ils facent, seuffrent et laissent joïr et user de notre présent octroy et ne les en tiengnent en procès, et aussi au gouverneur de la dite mairie et eschevinaige commis de par nos diz commissaires ou par leur auctorité, au dit gouverneur qu'il se départe du dit gouvernement, et que d'icelle et des exploits d'icellui les laissent et seuffrent paisiblement joyr et user parmi luy payant ses peines et salaires raisonnables. Nonobstant quelxconques ordonnances, mandemens et deffenses à ce contraires et aus dits habitans l'avons ainsi octroyé et octroyons de grâce espécial par ces présentes. En tesmoing de ce nous avons fait mettre notre scel à ces présentes.

Donné en notre ville de Chalon, le vIII° jour d'octobre l'an de grâce mil quatre cens et quinze.

Par Monseigneur le Duc et son Conseil.

BORDOT (1).

Original : Archives de la ville de Beaune, *Mairie.*

CLII

Confirmation des priviléges de la ville de Beaune, par le duc Philippe le Bon.

1422 (24 avril).

Phelippe, duc de Bourgoingne, conte de Flandres, d'Artoys et de Bourgoingne, palatin, seigneur de Salins et de Malines. Savoir faisons à tous présens et avenir que, nous, à la prière de nos bien amez les Maire et eschevins de notre ville de Beaune, avons leurs libertez, franchises, usaiges, immunités, chartres, priviléges et confirmacions d'icelles, à eulx donnez et octroyez par noz prédécesseurs ducs de Bourgoingne, louez, rattiffiez, confermez et approuvez, louons, ratiffions, confermons et approuvons par ces présentes, et avons sur serement sur les sains Euvangiles, en l'église Nostre Dame d'icelle notre ville de Beaune, [juré] les tenir et garder sans enfraindre, ainsi que par noz prédécesseurs ducs de Bourgoingne a esté fait. Et affin que ce soit ferme chose et estable à touzjours, nous, en tes-

---

(1) Vingt-un après, en 1436, la Mairie fut encore saisie par ordre du duc Philippe le Bon (mandement du 12 mai), pour la punir du refus du lieutenant du Maire d'assister le prévôt de la châtellenie de La Perrière-sur-Saône, appartenant à sa femme, la duchesse Isabelle, dans l'arrestation d'un habitant de Saint-Aubin, en Franche-Comté, qu'il poursuivait pour assassinat commis sur la personne d'un prêtre. Cet individu s'était réfugié à Beaune, où il avait des parents; mais bientôt, relancé par le prévôt, il n'avait pu éviter de tomber entre ses mains qu'en se réfugiant en franchise au cimetière de Saint-Martin. Or, pour garder les abords du cimetière et empêcher la fuite du coupable, le concours et le consentement de la justice municipale étaient indispensables, et quand le prévôt y avait recouru, les parents du meurtrier avaient gagné le lieutenant du Maire, qui traîna tellement les choses en longueur que ceux-ci eurent le temps de rassembler leurs amis à la tête desquels ils culbutèrent les sergents et les gardiens du cimetière et soustrairent le coupable au châtiment qui l'attendait. Cependant, deux mois après (10 juillet), sur les énergiques remontrances du Conseil de ville, qui déniait toute participation à cette affaire, un arrêt du Conseil ducal le rétablit dans tous ses droits.

moing de ce, avons fait mettre nostre scel à ces présentes, sauf en autre chose notre droit et l'autruy en toutes. Ce fut fait et donné en icelle église de Nostre Dame de Beaune. Présens notre très chier et très amé cousin le conte de Saint Pol (1), Révérends Pères en Dieu les évesques de Tournay (2), notre chancellier, de Lengres (3) et de Chalon (4), les abbez de Citeaulx (5) et de Mazières, messires Pierre de Bauffremont, grand prieur de France, les sires de Robays (6) et de Maummes (7), chevaliers, et plusieurs autres, le vingt quatriesme jour d'avril l'an de grâce mil quatre cent vingt et deux.

Par Monseigneur le Duc,

Séguinat.

Scellé du grand sceau en cire verte dont il ne reste que les lacs de soie pendants.
Original : Archives de la ville de Beaune, *Priviléges et franchises de la Commune*.

CLIII

Autorisation donnée par le duc Philippe le Bon, aux Maire et échevins de Beaune, de remplacer le cor par une trompe, pour leurs publications.

1458-59 (13 février).

Phelippe, par la grâce de Dieu, duc de Bourgoingne, de Lothier, de Brabant et de Lembourg, comte de Flandres, d'Artois, de Bourgoingne, palatin de Haynnau, de Hollande, de Zellande et de Namur, marquis du Saint Empire, seigneur de Frise, de Salins et de Malines, à tous ceulx qui ces présentes lettres verront, salut. Commé noz bien amez les Mayeur, eschevins, bourgois et habitans de notre ville de Beaulne nous ayant exposé que icelle notre ville est notable ville et de grande renommée, et que combien que es autres bonnes villes de notre duchié de Bourgoingne, on ait accoustumé de faire les criz et publications qui se font en icelle à son de trompe, néantmoins en notre dite ville de Beaune, on a accous-

---

(1) Voir page 95, note 1.
(2) Id., note 3.
(3) Id., note 2.
(4) Hugues d'Orges, conseiller du Duc. Il gouverna le diocèse de Chalon du 3 septembre 1413 à l'année 1431.
(5) Jean de Martigny, précédemment abbé de Morimond et de Clairvaux, élu en 1405, mort le 21 novembre 1438.
(6) Jean de Roubaix, seigneur de Herzelles, chevalier, conseiller, était à cette époque premier chambellan du Duc.
(7) Pierre, seigneur de Maumes, chevalier, chambellan.

tumé par cy devant de faire les cris et proclamations qui se font en icelle ville de par nous et les diz Mayeur et eschevins à son d'un cor de cuyvre, qui n'est pas si honnorable chose comme se ils se faisaient à son de trompe (1). Si comme dient les diz exposans, en suppliant que comme chose bien raisonnable et honnorable soit pour notre dite ville que les diz cris, publications et proclamations se facent à son de trompe, laquelle chose faire ne vouldroient ne oseroient, sans savoir sur ce notre bon plaisir et avoir pour ce faire noz congié et licence, requérant humblement iceulx. Savoir faisons que, nous, oye la supplication sur ce des diz exposans, ayant considération ad ce que dit est et eu sur ce la délibération de notre grant Conseil estant lez nous : ausdiz exposans avons consenti et octroyé, consentons et octroions par ces présentes que doresnavant et à tousjours les cris, proclamations et publications qui se feront de par nous et de par les diz Mayeur et eschevins en notre dicte ville de Beaulne se facent à son de trompe et non pas au son dudit cor de cuyvre, lequel en tant que touche les cris, proclamations et publications qui se feront doresnavant de par nous et les diz Mayeur et eschevins en notre dite ville, nous avons aboli et mis, abolissons et mettons au néant. Si donnons en mandement à notre bailli de Dijon, ou à son lieutenant audit lieu de Beaulne, que ces présentes il publie ou face publier en notre dite ville, et de nos diz octroy et consentement face, seuffre et laisse les diz exposans joir et user doresnavant, perpétuellement et à tousjours, plainement et paisiblement, et sans empeschement aucun, nonobstant l'usage accoustumé dudit cor de cuyvre, lequel nous avons aboli et abolissons comme dit est, et quelxconques mandemens ou deffenses à ce contraires. En tesmoing de ce nous avons fait mettre notre scel secret en l'absence du grant à ces présentes. Données en notre ville de Bruxelles le xiii° jour de fevrier l'an de grâce mil quatre cens cinquante huit.

    Par Monseigneur le Duc,

           MILET.

Original : Archives de la ville de Beaune, *Mairie*.

(1) Cf. la charte semblable accordée à la ville de Dijon, n° LXXXI, p. 101.

CLIV

Arrêt du grand Conseil de Bourgogne, qui règle les débats survenus entre le procureur au bailliage de Beaune et les Maire et échevins, au sujet des droits respectifs du Duc et de la commune.

1459-60 (7 février).

Phelippe, par la grâce de Dieu, duc de Bourgoingne, de Lothier, de Brabant et de Lembourg, comte de Flandres, d'Artois, de Bourgoingne, palatin de Haynnau, de Hollande, de Zéllande et de Namur, marquis du Saint-Empire, seigneur de Frise, de Salins, de Malines, à tous ceux qui ces présentes lettres verront, salut. Comme certaine cause et procès se fussent naguère meuz par devant noz amez et féaulx les commissaires par nous ordonnez à la reformation de noz pays de Bourgoingne, entre nostre procureur, demandeur et complaingnant, d'une part; et les Mayeur, eschevins, clercs mariez, manans et habitans de nostre ville de Beaune, deffendeurs et opposans, d'autre part; sur ce que notre dit procureur disoit que, à cause de nostre duchié de Bourgoingne, à nous compétoit et appartenoit de toute ancienneté plusieurs grans haulteurs, noblesses, seigneuries, prééminences et prérogatives, mesmement plusieurs bonnes villes estans en iceluy duchié, entre lesquelles nous appartient ladite ville de Beaune et ses appartenances, laquelle est de nostre domaine; et en icelle avons noz droiz, haulteur, justice et prérogatives, comme noz prédécesseurs ont tousjours par cy devant de toute ancienneté. Et à cette cause, et en ensuivant ce, chacun an après ce que le Mayeur du dit Beaune estoit esleu par les habitans d'icelle ville, le jour de la Nativité Saint Jehan Baptiste, iceulx habitans le devoient et estoient tenus de le présenter à nostre bailli de Dijon ou à son lieutenant audit Beaune. Lequel Mayeur, après ce qu'il estoit ainsi receu par le dit bailli ou son lieutenant, juroit et avoit accoustumé de jurer et faire serement, entre autres choses, de bien et loyaument garder et entretenir noz drois, haulteur et seigneurie, prééminences et prérogatives; et semblablement juroient et avoient accoustumé jurer, les eschevins du dit Beaune, et aussi de garder et observer les priviléges d'icelle ville. Avions avec ce, en nostre dicte ville de Beaune et en la barlieue d'icelle, toute justice et juridiction, haute, moyenne et basse, mère et mixte, impère, ensemble l'exercité, et aussi les espaves et confiscations. Dist en oultre que les habitans du dit lieu de Beaune donnoient chacun an à nos prédécesseurs ducs de Bourgoingne deux cent marcs d'argent, de tel argent et de la valeur que les changeurs es foires et marchiez prenoient et bailloient l'un à l'autre, à payer la moitié aux octaves de la feste de Toussains, et l'autre moitié aux octaves de Pasques. Et depuis feu de bonne mémoire le duc Robert, notre prédécesseur, que Dieu absoille, à la supplication des dits habitans de Beaune, leur aboli la dite charge de deux marcs d'argent, parmy ce qu'il fut convenu et accordé entre luy et iceulx habitans de Beaune, que quiconques seroit de la commune du dit Beaune, y ayant domicile et demourant, et auroit en biens la valeur et estimation de six cent livres tournois, ou plus, payeroit et seroit tenu de payer chascun an, audit feu duc Robert et à ses successeurs, ou à leur certain commandement, deux marcs d'argent; et les autres de moindre chevance, et en descendant, paieroient pour chacun cent livres tournois qu'ils auroient vaillant, vint solz tournois, et ainsi en descendant payeroient, selon le contenu de certaine chartre et des lettres d'iceluy feu duc Robert, sur ce faictes et passées. Avoient aussi, les dits Mayeur et eschevins de Beaune, accoustumé, devoient et estoient tenus chacun an, mesmement quand nostre chastellain illec les requéroit, de imposer sur eux et sur les habitans du dit Beaune, et nous faire payer les dits marcs, de imposer, selon la chartre dessus dite, en regard à leurs biens et chevance. Et jaçoit ce que iceulx habitans fussent tenus de nous payer les dits marcs d'argent, non pas seulement à cause de leurs biens et chevance qu'ils avoient en nostre dite ville et banlieue de Beaune, mais aussi de ceulx qu'ils avoient ailleurs, que part ou lieu que ce feust, et que ainsi l'eussent accoustumé de faire selon la teuxte d'icelle chartre; néantmoins les dits Mayeur et eschevins ne imposoient, et aussi les dits habitans ne nous vouloient paier iceux marcs, selon la dite chartre, ains disoient qu'ils nous paieroient seulement les dits marcs selon leur chevance, qu'ils avoient en dedans nostre dite ville de Beaune, et non mie au regart des biens et chevance qu'ils avoient hors d'icelle ville et banlieue; et encore ne vouloient payer selon les biens qu'ils avoient au dit lieu de Beaune, à nostre très grand intérest et domaige, et qui plus estoient, vouloient dire et maintenir que les maisons esquelles ils faisoient leurs demourances au dit Beaune, ne debvoient pas estre prisées ne comptées en l'extimation de leurs dits biens, ne les valeurs d'icelles maisons, en allant directement contre la teneur de la dite chartre. Et avoient fait tellement que les dits marcs, qui par cy-devant souloient valoir et revenir à nostre prouffit de sept à huit cent francs, ne revenoient pas à trois cent francs. En oultre vouloient dire et maintenir, les dits défendeurs, que les clercs mariez demourans en nostre dite ville de Beaune, tenans feux et lieux, et y ayans maisons et héritages, vivans clerjamment, comme notaires et autres praticiens, estoient et devoient estre exempts des dits marcs, et de fait les en avoient exemptez par cy devant à nostre grand domaige, et aussi par telles voyes et auctoritez indeuës et desraisonnables s'estoient les dits Mayeur et eschevins de Beaune efforcez de usurper nostre vray domaine, et de entreprendre sur noz droiz, haulteur et seigneurie, et non mie seulement en ce que dit est, mais de fait en plusieurs autres points, choses et matières, en allant contre leur serement.

Mesmement que jaçoit ce que les rues et places communes estant audit Beaune nous appartiennent, comme prince et seigneur de la dite ville et du territoire d'illec, et que les dits Mayeur et eschevins et habitans ne peussent applicquer ne bailler, ou laisser à leur singulier prouffit aucunes des dites rues et places communes d'icelle ville, en tout, ne en partie, ne aussi donner congié et licence à aucune personne de édiffier ou construire aucun édiffice es dites places communes, sans le sceu, consentement, authorité et licence de nous : néantmoins, iceux Mayeur et eschevins avoient donné congié et licence à plusieurs de édiffier en icelles places communes, et aussi avoient baillié plusieurs d'icelles places à cense à leur singulier prouffit, sans en avoir nos dits congié, licence, ou consentement, ne de noz officiers, en voulant à eulx applicquer ce qui de droit nous compétoit et appartenoit.

En outre, les dits deffendeurs en entreprenant tousjours sur noz droits et haultesse, avoient imposé et levé plusieurs tailles, guetz et imposts, sans licence de nous, ne de nos dits officiers, et sans le consentement de ceulx qui ad ce devoient estre appellez. Avoient aussi ouy et fait ouyr les comptes des receveurs des dites tailles, sans y avoir, ne requérir, ou demander aucun commis de par nous. En quoy faisant, iceulx demandeurs avoient grandement entreprins sur nous et nos dits droiz, dont ils devoient estre amendables envers nous.

Combien aussi que à nous et non à autre compétoit et appartenoit de donner et bailler gardes et protections, et aussi tous cas de nouvelleté; lesquelles gardes et cas de nouvelleté, les dits de Beaune, comme nos hommes et subgietz ne pouvoient ou devoient selon raison refuser d'exécuter. Toutes voyes iceulx Mayeur et eschevins, eux monstrans à nous désobéissans, n'avoient voulu souffrir mettre à exécucion en la dite ville et banlieue de Beaune, les dites gardes et cas de nouvelleté obtenues de nous ou de nos gens et officiers, dont lesdits deffendeurs faisoient grandement à punir.

D'autre part, disoit le dit demandeur, que à nous seul, et pour le tout, compétoit et appartenoit de statuer, et faire par nous ou noz officiers tous statuz qui semblent estre raisonnables et prouffitables à nostre dite ville de Beaune, et n'estoit loisible ausdits Mayeur et eschevins de faire aucuns statuz, constitutions ou ordonnances en icelle ville, sans l'auctorité, licence ou consentement de nous ou de noz officiers au dit lieu; mais ce nonobstant les dits Mayeur et eschevins, sans nos dits sceu ou consentement, ne de noz officiers, avoient fait statuz, ordonnances ou deffenses de non mectre ou bouter aucun vin dedans nostre dite ville, fors es raisins, sur peine d'iceulx vins estre acquis et confisquez à eulx et appliquez à leur voulenté : qui estoit chose très dommageable pour le poure peuple d'icelle ville, car de tant le vin y estoit plus cher. Par laquelle ordonnance ou deffense ils avoient grandement entreprins contre nos droiz et prérogatives, en ce que par icelle, ils vouloient ledit vin estre confisqué et appliqué à eulx et à leur voulenté, car se la dite deffense estoit raisonnable, le dit vin ainsi mis et bouté dedans nostre dite ville de Beaune, contre la dite défense, devoit estre confisqué et acquis à nous, à cui appartenoient toutes confiscations et espaves en la dite ville de Beaune et banlieuë, comme dessus est dit.

Pareillement jaçoit ce que comme dit est, iceulx Mayeur et eschevins fussent noz hommes et subgietz et que la justice et juridiction qu'ils povoient avoir, fust subalterne et subjecte de la nostre, et qu'ils la tenissent de nous; néantmoins, iceulx Mayeur et eschevins avoient reffusé et reffusoient plusieurs fois de crier et faire crier au dit lieu de Beaune, les jours de nostre gruyerie, comme l'on avoit accoustumé faire de toute ancienneté. En quoy et és poins et matières cy dessus déclairez, et plusieurs autres, nostre dit procureur disoit que les dits Mayeur et eschevins avoient grandement entreprins et s'estoient efforciez de entreprendre sur et contre noz droiz, domaines, seigneuries, justice et haultesse, et fait plusieurs grans abus et désobéissance envers nous et noz officiers, et pour ce avoit nostre dit procureur fait adjourner les dits Mayeur, eschevins, manans et habitans de nostre dite ville de Beaune, et aussi certain nombre de clercs mariez demourans en nostre dite ville, par devant nos dits commissaires, à certain jours pieça passé.

Auquel jour, ou autre entretenu et déppendant d'iceluy comparans, les dites parties pardevant iceulx noz commissaires, le dit demandeur fist et forma sa demande par la manière dessus dite, concluant et requérant par ces raisons, et autres plusieurs, de par icelui nostre procureur alléguées, que les dits deffendeurs feussent par sentence de nos dits commissaires, dés lors en avant privez de imposer les dits marcs, veuë la fraude par eulx commise, et que nos gens et officiers les imposassent, et asciscent sur chacun des diz habitans de Beaune, fussent clercs mariez vivant clerjamment, ou autres, selon leurs facultés et chevances, et le contenu de la dite chartre; en condamnant iceulx deffendeurs, et chacun d'eulx, à les nous payer chacun an, selon sa part et portion. Et pour le abus par eulx y commis, iceulx deffendeurs fussent condampnez envers nous en l'amande de deux mil escus, au autre, telle que par iceulx noz commissaires seroient sur ce avisé. Que les bailz et accensissemens faiz par iceulx deffendeurs des dites rues et places communes de Beaune, dont cy dessus est touchié, fussent déclairez nuls, ou à tout le moins mis et appliquez à nostre prouffit et à nostre domaine ; en deffendant ausdits deffendeurs de non dès lors en avant cy eux entremectre, et pour la dite entreprinse fussent condamnez envers nous en la somme de mil écus. En oultre, que deffenses fussent faites à iceulx deffendeurs que dès lors en avant, ils ne missent ne imposassent aucuns guets, tailles ou imposts, ne oyssent les comptes des receveurs, sans licence, congié ou consentement d'aucuns de noz officiers, mesmement de nostre bailli de Dijon ou de son lieutenant au dit Beaune, et luy présent, si estre y vouloit. Et que pour l'entreprinse et abuz par les dits deffendeurs commis en ceste partie, ils fussent condempnez envers nous en amende arbitraire, jusques à la somme de mil escus, sauf la loyale tauxation de nos dits commissaires. Et avec ce que iceulx deffendeurs fussent condempnez et contraints à souffrir doresnavant mectre à exécution en nostre ville de Beaune et banlieuë d'icelle, les gardes et cas de nouvelleté dont dessus est touchié, et que pour le indeheu reffus par eulx fait cy-devant de les mectre à exécution, fussent condemnez en une amende envers nous jusques à la somme de deux mil escus. Et au regard de la deffense ou ordonnance faicte par les dits deffendeurs de non mectre on bouter aucun vin dedans nostre dite ville, fors en raisins, à la peine dessus dite, que il fust dit et déclaré les dites ordonnances et deffenses non devoir sortir aucun effet, comme déraisonnables et faites par ceulx qui n'avoient aucun pouvoir ou auctorité de le faire ; en condempnant iceulx deffendeurs, pour la dite entreprinse et abus fais à ceste cause, en une amende arbitraire envers nous, jusques à la somme de mil escus d'or. Et avec ce, que veuës les dites entreprinses et abus fais par iceulx deffendeurs, il feust par nos dits commissaires dit et déclaré les dits deffendeurs avoir forfait et devoir perdre entièrement tous previléges, franchises et libertez qu'ils avoient et pouvoient avoir de nous et de nos dits prédécesseurs, et mesmement leur Mairie et eschevinaige, et que le corps et commune de la dite ville debvoit estre dissolu, et ne devoient jamais avoir corps ne communauté de ville. Et pour ce que la matière estoit grande et de hault poids, jour fut assigné ausdits deffendeurs, à comparoir pardevant iceulx noz commissaires au dix huictième jour de janvier, l'an mil cccc lviii, pour venir dire ce que bon leur sembleroit à l'encontre des demandes et conclusions dessus dites, prinses par notre dit procureur.

Auquel jour, comparans icelles parties pardevant nos diz commissaires, iceulx deffendeurs, après plusieurs protestations de leur part faites, firent dire et proposer entre autres choses que eulx et leurs prédécesseurs avoient toujours été noz bons et loyaulx subgietz et vraiz obéissans envers nous et noz prédécesseurs, et que oncques n'avoient fait ne voudroient faire chose qui fust au préjudice de nous, et à nostre desplaisance, ne derroguer à noz droiz, haulteur et seigneurie. Et aussi qu'ils avoient plusieurs beaulx previleiges octroiez à la commune et habitans d'icelle ville par feu de bonne mémoire le duc Eude, cui Dieu absoille, et depuis confirmez et approuvez tant par nous, comme par noz prédécesseurs ; par lesquels previleiges, entre autres poins et articles y contenuz, iceulx deffendeurs n'estoient tenuz de respondre pour aucun forfait et abuz qu'ils pourroient avoir commis envers nous et envers nos prédécesseurs, pardevant nos officiers, mais seulement en la court ou portail de l'église Nostre Dame du dit lieu de Beaune, pardevant le Mayeur de la dite ville, selon le jugement des jurez et eschevins d'icelle ; et que, par vertu du dit previleige, nous ne les povoyons contraindre à plaidoier d'autre part. Desquels previleiges et exempcion les diz deffendeurs, tant par eulx comme par leurs prédécesseurs, avoient joüy et usé le temps passé, toutes et quanteffois que bon leur avoit semblé. Veue laquelle chose, les diz deffendeurs maintenoient devoir estre renvoyez comme dit est, et qu'ils ne debvoient procéder pardevant nos diz commissaires sur les cas dessus dits ; et se ils ne obtenoient la dite fin de renvoy, préalablement sur icelle, disoient et respondoient iceulx deffendeurs, soubs les protestations dessus dites, pour eulx excuser des dites charges et abuz à eulx imposez par nostre dit procureur, et non pas en entention de procéder par manière d'interdicion contentieuse. Premièrement, que sauve la révérence des disans, on ne pouvoit bailler charge ausdits Mayeur et eschevins, ne à aucun habitans de la dite ville, des cas proposez pour la partie de nostre dit procureur, ne aucun d'iceulx ; car les dits deffendeurs, ne aucun des dits habitans, n'avoient oncques fait mutation ou nouvelleté sur les cas dessus dits, mais s'estoient toujours gouvernez selon la forme ancienne de procéder de leurs prédécesseurs, Mayeur et eschevins de nostre dite ville. Et quant au fait des marcs à nous deus audit Beaune, iceulx Mayeur et eschevins, en la présence de nostre chastellain ou autre nostre officier, les avoient chacun an imposez sur les habitans de nostre dite ville, contribuables es dits marcs, selon la forme ancienne, et ainsi que l'on avoit accoustumé faire de toute ancienneté, et de tel et si longtemps que mémoire n'estoit du commencement ne du contraire. Et du temps mesmement desdits deffendeurs, iceulx marcs avoient esté imposez aussi hault ou plus qu'ils avoient esté le temps passé, et du temps des prédécesseurs d'iceulx deffendeurs, et ne seroit jà trouvé, sauf la révérence des disans, que d'ancienneté les dits marcs eussent été plus hault imposez, qu'ils avoient depuis vingt ou trente ans en ça; depuis lequel temps ils avoient autant valu à nostre prouffit, comme ils avoient fait es années précédentes, et d'ancienneté, et devoit-l'on entendre et présumer que au temps de l'octroy des dits marcs fait à nos dits prédécesseurs, le marc de petiz tournois estans de petite valeur et ne povoient valoir plus d'un franc, ou de quinze gros de la monnoye courant présentement, et par ainsi le plus riche des habitans ne devoit pas, à cause des dits marcs, que quarante ou cinquante sols, et les autres habitans du dit Beaune au dessoubs. Et ainsi avoit-on accoustumé de le faire, et non point autrement depuis le temps du dit octroy d'iceulx marcs. Et aussi oncques n'avoit esté veu ne sceu, que aulcuns d'iceulx habitans qui eussent vaillant six cent francs payassent deux marcs d'argent pour les dits marcs, revenans à la somme de six francs, monnoye courant, mais avoient toujours esté quittes, les plus riches de la dite ville, pour quarante ou cinquante sols tournois, ou par la somme de soixante sols au plus, et à plus n'avoient esté imposez au veu et sceu de nostre dit chastellain et de noz autres officiers, sans aucune contradiction qui eust point sorti d'effet. Pourquoy l'on devoit présumer que le dit marc d'argent estoit de très petite valeur au temps de l'octroy d'iceulx marcs, comme estoit la monnoye en France et en Bourgoingne es ans mil quatre cent dix huit et dix neuf; par lequel temps dix francs ne valoient pas un franc de bonne monnoye, et avoient iceulx marcs de toute ancienneté esté imposez chacun an en la présence de noz officiers, en la forme et manière qu'ils avoient esté imposez du temps des dits deffendeurs, sans faire aucune mutation ou nouvelleté de par iceulx déffendeurs en l'impost des dits marcs. Pourquoy veuë la longue usance de la forme et manière que l'on avoit tenue et gardée à imposer iceulx marcs de si longtemps, que mémoire n'estoit du contraire, au veu et sceu de nos diz officiers, et en leur présence, et sans contredit qui eust point sorty d'effet, l'on devoit dire et interpréter selon droit et raison, que les dits marcs avoient esté bien et deuement imposez, et que l'on ne devoit rien changer ne innover, et que droit avoit esté acquiz ausdiz deffendeurs et à leurs dits prédécesseurs, de ainsi le faire. Et supposé, sans préjudice, que les diz deux marcs d'argent eussent valu six francs; néantmoins, puisque les diz habitans n'avoient accoustumé de payer, c'est à sçavoir le plus riche quarante ou cinquante sols, l'on ne pouvoit contraindre iceulx habitans à plus payer pour la valeur d'iceulx deux marcs. Mesmement que les imposts des diz marcs avoient tousjours esté faiz en la présence et du consentement de nos diz officiers, et avoient peu, les diz de Beaune, acquérir droit de payer iceulx marcs en la forme dessus dite, ainsi comme l'on faisoit en matière de dime, et avoient les gens de noz comptes à Dijon, ou les aucuns d'eulx, assisté plusieurs fois es imposts des dits marcs, et en leur présence, iceulx marcs avoient esté imposez en la forme et manière dessus dite, et ainsi que l'on avoit accoustumé, tant du consentement d'iceulx gens de nos comptes, comme de nostre chastellain de Beaune, qui estoit receveur et collecteur des diz marcs. Et combien que nos diz officiers se fussent parforchiez de faire imposer iceulx marcs plus hault que l'on n'avoit accoustumé, toutes voyes de leur consentement, rien n'avoit esté changé : pourquoy la dite forme de imposer iceulx marcs devoit estre vallable et observée, sans la changer ne muer. Lesquelz marcs n'estoient pas reputez estre deuz pour le droit de haulteur, mais estoient de nostre patrimoine ; et par ainsi, les dits deffendeurs et leurs dits prédécesseurs, avoient peu prescrire selon droit et raison et la coustume du pays, la forme de imposer les dits marcs, en usant d'icelle forme ; puisque nous et noz prédécesseurs et officiers avions souffert et toléré la dite forme et usance de imposer iceulx marcs. Et pour monstrer que l'on ne debvoit rien chargier sur l'impost des dits marcs, et que iceulx deffendeurs n'avoient en ce riens mesprins ne abusé ; l'on povoit considérer que eulx et leurs prédécesseurs avoient esté et estoient povres gens, tous fondez en vignoble qui n'estoit pas souvent de grand revenu. Mesmement que plusieurs d'iceulx de Beaune, que l'on réputoit du temps passé estre des plus riches de la dite ville, estoient trespassez povres gens, et tellement que leurs parents ne s'estoient point faiz leurs héritiers, fors par bénéfice d'inventaire ; et par ainsi n'estoit pas de merveilles, se l'on avoit observé et gardé la forme dessus dite, en imposant les diz marcs du temps passé. Et aussi, en consentant l'octroy d'iceulx marcs au dit feu duc Robert, nostre prédécesseur, que Dieu pardoint, il promit de non lever ne cuillir autre taille ne autre somme de deniers sur les habitans du dit Beaune, ainsi qu'il apparoit par une clause contenue es lettres du dit octroy. Mais, néantmoins, l'on levoit chacun an sur les dits habitans, à nostre prouffit, plusieurs autres sommes de deniers, tant pour les impositions, gabelles, huictiesme, et pour autres imposts et subsides que l'on y faisoit souventeffois pour noz affaires. Et pour vérité, qui eust imposé ou qui imposeroit les diz marcs selon l'entendement du dit demandeur, et que ceulx qui auroient vaillant six cens frans payassent chacun an, c'est assavoir chacun d'eulx six frans pour les diz marcs, ladite ville eust été et seroit très fort despeuplée et diminuée de peuple, et ne vauldroient pas tant les diz marcs à nostre prouffit, comme ils avoient fait le temps passé et encore faisoient de présent, pour les grans charges qui seroient en la dite ville. Et demourroit icelle ville inhabitée, qui le voudroit ainsi faire. Et se les prédécesseurs des diz deffendeurs avoient aucunement erré ou failly en imposant iceulx marcs, qui pas n'estoit à présumer; toutes voyes iceulx deffendeurs non estoient en rien coulpables, ne aucunement à punir.

Et quant au second point de la demande du dit demandeur, touchant les clercs mariez en nostre dite ville de Beaune, les diz deffendeurs disoient que les clercs mariez, mesmement ceulx qui point ne s'estoient meslez des œuvres mécaniques, ne de marchandises publiques, n'avoient oncques estez contribuables, ne compris ou imposez es diz marcs, en avoient tousjours esté quittes, francs et exempts, au veu et sceu de nous et de noz prédécesseurs, de leurs officiers et des nôtres, sans aucun contredict qui eust sorti effect; estoient avec ce, iceulx clercs mariez, en bonne possession et saisine de la dite exemption et franchise de non contribuer es diz marcs, et en avoient joy et usé paisiblement, par tel et si longtemps, que mesmoire n'estoit du contraire, au veu et sceu comme dessus est dit, et mesmement des gens de noz Comptes à Dijon, sans aucun empeschement ou contredict, tant par appellation comme autrement, et tellement que tousjours estoient demourez en leur franchise et exemption. Et par ainsi, les diz clercs mariez n'avoient oncques esté comprins en l'octroy d'iceulx mars, et ne seroit pas chose raisonnable de les imposer ne faire contribuer es diz marcs ; considéré aussi que en plusieurs lieux et villes de nostre duchié de Bourgogne, comme à Ostun, Beligny sur Oische, Argilli et autre part, les clercs mariez avoient esté les temps passez et estoient francs, quittes et exemptés de plusieurs prestations annuelles que avoient accoustumé nous payer les séculiers qui pas n'estoient clercs. Et pour ce n'estoit pas de merveille, se les diz clercs de Beaune estoient et avoient esté le temps passé exemps et quittes des diz marcs ; car ils n'estoient pas de pire condition que les autres. Disoient aussi que passez estoient cinquante ans que l'on avoit voulu contraindre les diz clercs mariez du dit Beaune à contribuer es diz marcs, mais iceulx clercs en appelèrent en Parlement en France, et depuis, par le bon plaisir et voulenté de feu de noble mémoire le duc Philippe, nostre ayeul, que Dieu absoille, le mandement par vertu duquel l'on avoit voulu faire les diz exploix sur les diz clercs, avoit esté mis au néant, et parmi ce avoient iceulx clercs renoncié à leur dit appel. Par quoy l'on ne leur povoit quant à présent riens demander des diz marcs, veue la dite renonciation et autres choses dessus dites, mesmement leur dite exemption. Et se aucuns clercs d'aucunes bonnes villes de nostre duchié de Bourgogne s'estoient laissez asservir, en contribuant ausdits marcs, l'on ne debvoit pas pourtant chargier les diz clercs de Beaune, mais devoient demourer en leur franchise comme ils avoient fait le temps passé. Et pour ce disoient les diz deffendeurs que veu que nous et noz prédécesseurs, et un chacun d'eulx, avions loué, approuvé, ratifié, consenti et juré de entretenir les previleiges, chartres, coustumes et usaiges des diz habitans de Beaune, et promis de non aller au contraire, nostre dit procureur ne faisoit à recevoir, à proposer les choses par luy mises avant à l'encontre d'iceulx deffendeurs ; car en ce faisant, il venoit directement contre les diz previleiges, coustumes et usaiges.

Et au regar tdes autres points et cas mis oultre par le dit demandeur contre les diz deffendeurs, disoient que nous et noz prédécesseurs avions octroyé et donné à nostre dite ville de Beaune et aux habitans d'icelle, plusieurs beaulx, grans et nobles previleiges, libertez, franchises et exemptions : mesmement en l'an mil deux cent et trois ou environ, feu de noble mémoire le duc Eudes, nostre prédécesseur, que Dieu absoille, octroya à ses diz hommes du dit Beaune, droit, puissance et faculté d'avoir entre eux perpétuellement un corps mistique, c'est assavoir une commune, sauf les libertez qu'ils avoient paravant, leur octroya aussi toute justice et juridiction, haulte, moyenne et basse, ensemble l'exercice d'icelle, réservé l'exécution du baston : c'est assavoir des malfaicteurs qui seroient condempnés par nostre dite ville au derrenier supplice, et aussi réservé certaines amendes, comme du sang, et des faultes, et mesuz déclairez es lettres des dis previleiges ; et voult et consenti que pour régir et gouverner la dite justice, les diz hommes et commune de Beaune eussent Maire et eschevins, qui peussent esleire chacun an entre eulx, et ne voult pas que aucun se entremist en la dite justice, ne que de l'exercice d'icelle, ne de prendre ou emprisonner aucune personne que ce fust en la dite ville et banlieue d'icelle, fors les diz Mayeur et eschevins, comme ils disoient ces choses apparoir par une clause contenue es lettres du dit previleige. Furent en outre donnez et octroyez ausdiz habitans, hommes et commune de Beaune, tous attraitz et eschoittes, et plusieurs autres previleiges, libertez, franchises et exemptions, déclairez plus à plain es lettres sur ce faites. Et voult et consenti, le dit feu duc Eude, que de toutes autres choses qui n'estoient pas contenues es dites chartre et previleige, il en fut en la disposition et arbitrage des diz Mayeur et eschevins. Et avec ce fut accordé, par le dit feu duc Eude, que s'il advenoit aucune obscurité, répugnance ou contrariété es diz previleiges, que tout fut entendu et interpreté au prouffit et utilité des diz hommes et commune du dit Beaune. Or, puis doncques que les diz deffendeurs avoient corps et commune approuvez, ils estoient capables et habiles à tenir et avoir chose communes, mesmement les lieux déserts et inhabitables estans en la dite ville et banlieue d'icelle, et les avoient peu et povoient prendre les diz Mayeur et eschevins, et bailler au prouffit du bien public de nostre dite ville, pour convertir en la réparation des murs et des pons d'icelle; estoient en bonne possession et saisine de ce faire, et en avoient joy et usé tout le temps passé, au veu et de nous et de noz prédécesseurs, de leurs officiers et des nôtres, sans aucun contredit; et aussi les dites places communes et lieux déserts et inhabitables estans en nostre dite ville et banlieue de Beaune, estoient et appartenoient à la dite commune et habitans de Beaune, et avoient toujours esté et estoient et devoient demourer en la disposition des dits Mayeur et eschevins du dit Beaune. Et puis doncques que par les diz previleiges, nos diz prédécesseurs n'avoient point réservé les dites places communes et lieux déserts, ils devoient appartenir à la dite ville et demourer en la disposition d'iceulx Mayeur et eschevins; la revenue desquels estoit de très petite valeur et ne povoit valoir chacun an que quatre ou cinq francs que on a accoustumé convertir au bien publique de nostre dite ville.

Et au regard du quart point mis avant pour la part du dit demandeur, c'est assavoir que les diz Mayeur et eschevins faisoient les guetz et impostz de la dite ville sans appeller noz gens et officiers, les diz deffendeurs disoient qu'ils avoient droit, faculté et puissance de faire et imposer tous impostz et guetz nécessaires à faire en la dite ville, sans l'auctorité de nostre bailli de Dijon ou de noz autres officiers; car les diz Mayeur et eschevins estoient esleus chacun an par la commune de la dite ville, qui estoit une université et un corps approuvé par nous et noz prédécesseurs. Lesquels Mayeur et eschevins avoient toute administration, justice et juridiction en nostre dite ville et banlieuë d'icelle, et estoient comme juges ordinaires en nostre dite ville : et par ainsi, selon droit et raison, ils avoient eu et encore avoient povoir et puissance de faire les diz fouaiges, mesmement du consentement des diz habitans et commune en la dite ville. Disoient aussi les diz deffendeurs, que eulx et leurs prédécesseurs avoient accoustumé de toute ancienneté et de tel et si long temps, que mesmoire n'estoit du contraire, de faire assembler au cor et au cry, au lieu de Saint Estienne du dit Beaune, les habitans de la dite ville, quant il estoit besoin de y faire aucuns fouaiges ou impostz, de le consentir, et pour eslire preudhommes à assister les diz Mayeur et eschevins, pour imposer les diz fouaiges de la dite ville, et aussi ceulx qui estoient octroyez pour noz affaires, sans appeler aucuns de noz officiers, excepté seulement en fait des marcs à nous deus au dit lieu de Beaune. Et avoient, iceulx Mayeur et eschevins et leurs diz prédécesseurs, accoustumé de avoir et encore avoient la cognoissance de tous cas criminels et civils qui survenoient en nostre dite ville et banlieue d'icelle, mesmement de condempner les criminels à estre mis au derrenier supplice, quant ils l'avoient desservy : qui estoit plus grand chose que n'estoit de imposer les diz fouaiges et imposts, parquoy on povoit revocquer ne doubter qu'ils n'eussent povoir et puissance de ce faire.

Et en tant qu'il touchoit le cinquiesme point, que iceluy demandeur avoit mis avant, c'est assavoir que les diz Mayeur et eschevins avoient empesché et empeschoient l'exécution de noz gardes, en cas de nouvelletez en nostre dite ville de Beaune et banlieue d'icelle ; les diz deffendeurs disoient que de leur temps et du temps d'aucuns des vivans d'icelle ville, l'on avoit rien fait de nouvel en ceste matière, ne chose que l'on deust ou peust imputer à iceulx deffendeurs. Et combien que es chartres et previleiges de nostre dite ville ne fut pas contenu expressément, que l'on ne peut exécuter noz dites gardes et cas de nouvelleté en nostre dite ville de Beaune et banlieue d'icelle, toutes voyes l'on povoit bien cognostre et entendre par le contenu es dites chartres, que icelles gardes et cas de nouvelleté ne devoient point estre exécutez réaument en icelle ville et banlieue, car, comme dit est dessus, nos diz prédécesseurs avoient octroyé à la dite ville et commune de Beaune toute justice et juridiction, mère et mixte, impère, ensemble l'exercité d'icelle, réservé l'exécution du malfaiteur et certaines amendes : et, par le moyen du dit octroy, les diz Mayeur et eschevins avoient toute puissance, de par nous et nos diz prédécesseurs, de administrer de toute justice en la dite ville et banlieue, tant en cas de gardes comme autrement. Et aussi se autrement se faisoit, ce seroit au grand préjudice, intérest et dommaige des habitans de la dite ville ; car par le moyen des dites gardes ils se mettroient souventesfois en involution de procès, et conviendroit faire de grans frais, missions et dépens à procéder pardevant nostre bailli de Dijon es diz procès, et en la court de Lamman (1) du dit Beaune, il ne leur failloit faire aucuns frais ou missions, car l'on n'y procédoit pas par escript, comme l'on faisoit en la court du dit bailliage, mais procédoit l'on sommairement et de plain, et y estoient les causes expédiées

(1) Lisez Mairie.

en ung mois ou en deux, et plustot beaucoup que au dit bailliage. Et n'avoient point accoustumé noz sergens et officiers de faire aucune exécution réale es limites de la mairie du dit Beaune ; mais appartenoient toutes exécutions, mesmement les réales, ausdiz Mayeur et eschevins, officiers de la dite ville, et non à autres. Lesquels n'avoient point contredit par voye de fait de exécuter les dites gardes et cas de nouvelletez, mais seulement par auctorité de justice, c'est assavoir par opposition et appellation, et pour garder les droiz de la dite ville. Et avoit autreffois ceste matière esté débattue pardevant noz officiers, par lesquels n'y avoit aucune chose esté appoinctée, mais estoient tousjours demourées les choses en l'estat qu'elles avoient esté d'ancienneté, et les dits de Beaune en leur possession et saisine, et n'avoient oncques esté veu ne sceu que icelles gardes et cas de nouvelletez eussent esté exécutez es limites de la dite mairie ; ains estoit vray que les dits deffendeurs et leurs prédécesseurs avoient toujours esté de toute ancienneté en possession et usance du contraire, au veu et sceu de nous et de nos diz prédécesseurs, sans aucun contredit ou empeschement. Parquoy nostre dit procureur n'avoit cause de rien quereler au contraire.

Et quant au sixiesme point mis oultre par nostre dit procureur, c'est assavoir que les diz deffendeurs avoient fait deffense de non mettre vins dedans nostre dite ville de Beaune, sinon en raisins, les diz Maire et eschevins de Beaune disoient que les habitans du dit Beaune, entre leurs autres drois et previleiges, avoient droit, coustume et usance, de toute ancienneté, que aucun ne povoit mettre ne bouter vin dedans la dite ville et faulbourgs de Beaune, ce n'estoit des manans et habitans de la dite ville, et qui fussent de leur creu, et qu'il eust un brievet signé du Mayeur ou de l'un des eschevins de la dite ville. Et se aucun estoit trouvé faisant le contraire, les vins qu'ils auroient mis ou boutez dedans la dite ville ou faulbourgs d'icelle, sans brievet, et qui ne seroient pas de leur creu, seroient acquiz à la dite ville, pour en faire le plaisir d'icelle ville, selon qu'il seroit advisé par les diz Mayeur et eschevins. Desquels droit, coustume et usance les diz deffendeurs estoient en bonne possession et saisine, et en avoient jouy et usé tant par eux comme par leurs prédécesseurs habitans d'icelle ville, paisiblement, publiquement et notoirement par cinq, x, xx, xxx, xl, l, c ans et plus, et par tel et si long temps que mémoire n'estoit du contraire, et qu'il souffisoit et debvoit souffire à bon droit, de coustume et usance, avoir acquis en cette partie, au veu et sceu de nous et nos diz prédécesseurs, de leurs officiers et des nostres. Avoient aussi, les diz Mayeur et eschevins et leurs diz prédécesseurs, accoustumé de très grande ancienneté de faire crier et publier en nostre dite ville de Beaune les dites ordonnances, afin que aucun n'y peust prétendre cause d'ignorance, et n'avoient esté introduits de nouvel, mais avoient esté gardées et observées de tel et si long temps que mémoire n'estoit du contraire : parquoy notre dit procureur n'avoit cause de rien quereller contre les diz deffendeurs. Mais encores pour monstrer que icelles ordonnances, status, usaiges et coustumes de non bouter vin dedans nostre dite ville estoient très raisonnables, prouffitables et utiles pour icelle ville de Beaune et aussi pour le bien et l'honneur de nous et de tout le pays, vray estoit que ou territoire et finaige du dit Beaune croissoient vins de très grande excellence, et à cause de ce les marchands avoient accoustumé d'ancienneté de venir achepter et lever vins au dit Beaune et les mener et charrier en plusieurs et divers pays. A cause de la bonté et excellence desquels vins nous estions réputé estre seigneur des meilleurs vins de Chrestianté, et en estoit nostre dit duchié de Bourgoingne plus famé et renommé que d'autres marchandise quelconque. Et qui voudroit rompre les dites ordonnance, coustume et usance, ce seroit pour mettre les diz habitans de Beaune en toute poureté, car ils estoient principalement fondez en vignobles et n'avoient guières autres marchandises. Et aussi qui bouteroit vins indifféremment en la dite ville et faulbours d'icelle, l'on y mettroit des gamès et autres vins qui ne seroient pas à bouche des marchands, et ne viendroient point les marchands, ainsi qu'ils avoient accoustumé le temps passé, et en brief temps la fame et renommée des bons vins du dit duchié de Bourgoingne, et principalement de Beaune, seroit abolie et mise au néant. D'autre part, les diz vins de gamès, à l'encommanchement estoient doulx et tenoient liqueur, et quant venoient sur le temps nouveau, ils devenoient tous jaunes, ne valoient et n'estoient point prouffitables à l'usaige de l'homme, comme disoient les médecins. Parquoy se on boutoit les diz gamès en vins ou en raisins dedans icelle ville ou es faulbourgs, les marchands en pourroient estre souventeffois déceus, qui seroit cause de délaisser la dite marchandise des vins audit Beaune, et de la totale destruccion de la dite ville, ou grand interest et dommaige de nous et des habitans d'icelle ville. Aussi en plusieurs autres villes de nostre dit pays de Bourgoingne usoit-on de semblable droit et coustume, combien que pas n'y eust si bon vignobles comme oudit terrouoir de Beaune : et par ainsi n'estoit pas de merveille, se l'on gardoit la dite coustume et usance du dit Beaune. Et pour ce, considéré que noz prédécesseurs et nous avions confermé et approuvé les previleiges, coustumes et usances de la dite ville de Beaune, et promis par serement de les entretenir, et non aller au contraire ; nostre dit procureur n'avoit cause de rien quereler contre les diz deffendeurs, à cause des dites ordonnances, statuz, coustumes et usances.

Et quant au septième et derrenier point proposé de la partie du dit demandeur à l'encontre d'iceulx deffendeurs, assavoir que l'on n'avoit pas souffert crier et publier en la dite ville de Beaune les jours de nostre gruierie, les diz deffendeurs disoient que, sauve la révérence des disans, le dit refuz n'avoit point esté fait par les diz Mayeur et eschevins, ne par aulcuns officiers de la dite ville, mais avoient tousjours esté et encores estoient contens de faire crier les diz jours, toutes et quantesfois qu'il plaira aux officiers de nostre dite gruierie, pourquoy nostre dit procureur n'avoit cause de en faire querele ou poursuitte contre les diz deffendeurs : lesquels, en concluant par les raisons et moyens dessus diz et autres plusieurs de leur part alléguez, disoient que ils, ne aucuns d'eulx, ne debvoient ou estoient tenuz de respondre, ne sortir jurisdiction pardevant nos diz commissaires, à la requeste de nostre dit procureur sur les cas par lui contre eux proposez, ains devoient par iceulx noz commissaires estre renvoiez, selon le contenu du previleige ja pieça donné et octroié à la commune et aux manans et habitans du dit Beaune, dont cy-dessus est faitte mention. Et se ainsi n'estoit fait, que droit fust dit, préalablement sur la dite fin, que iceulx deffendeurs, et chacun d'eulx, en tant que touchier lui povoit, tant conjointement comme divisement, devoient estre absolz des impéticions et demandes de nostre dit procureur, et que ainsi fust par nos diz commissaires, dit, jugié, sententié et prononcé, en imposant silence perpétuel à icelui nostre procureur, sur les cas dessus dits.

A quoy, de la part de nostre dit procureur demandeur eust esté replicqué et dit que point ne debvoit prouffiter ausdiz deffendeurs l'exception déclinatoire par eulx proposée, tendans à fins de renvoy au dit lieu de Beaune, pardevant le Mayeur d'illec, selon certaine clause qu'ils disoient estre contenue en leurs previleiges : car, posé que le dit previleige eust esté tel, toutes voyes estoit chose notoire, que ils avoient respondu et prins jugement pardevant nos diz officiers, ailleurs que au dit lieu de Beaune, sans aucune contradiction ou aucune protestation ; et ainsi seroit chose bien desraisonnable et exorbitant de tous droiz, de dire que les diz Mayeur et eschevins fussent juges en ceste présente cause, qui estoit leur propre fait. Et au regard des marcs, que iceulx deffendeurs disoient non debvoir estre imposez plus haut qu'ils avoient accoustumé d'estre, en alléguant que, au temps de la concession de la dite chartre et d'iceulx marcs d'argent, le marc d'argent ne valoit pas plus d'un franc; le dit demandeur disoit que tout le contraire estoit vray, et que lors couroit bonne monnoye, et que la monnoye des petits tournois estoit très bonne. Et posé ores que il fust ainsi, que iceulx deffendeurs disoient, si estoient-ils et seroient tenus de nous payer les diz marcs, selon la valeur présente du marc d'argent : car par la première chartre, les habitans du dit Beaune estoient tenus de payer deux cens marcs d'argent chacun an à nostre prouffit ; et par la seconde chartre, avoient esté remis à si petite somme : car se le plus riche avoit vaillant dix mille frans, si ne payeroit-il que les diz deux marcs, et ainsi en dessendant, qui estoit bien petite chose au regart des diz deux cent marcs d'argent ; en quoy leur avoit esté fait ung grand bénéfice par le dit feu duc Robert, que ils recongnoissoient petitement et pour ce en debvoient estre reboutez et contrains à payer les diz deux cent marcs, comme ils faisoient paravant. D'autre part, disoit le dit demandeur que plusieurs foiz, contre le vouloir des gens de noz Comptes à Dijon et autres noz officiers, et par faulse information et non véritable, que faisoient les diz Mayeur et eschevins à nos diz officiers, des habitans du dit Beaune, qu'ils disoient estre povres, là où ils estoient riches, les diz marcs avoient esté imposez par iceulx Mayeur et eschevins cy-devant en la manière par eulx posée indeuement, contre raison et à nostre grant dommaige, en allant directement contre les anciennes coustumes et usances. Car par les comptes anciens, estans à Dijon, apparoit que les diz marcs souloient valoir et revenir à nostre prouffit de six à sept cents francs, et de présent ne valoient que neuf vingt, ou deux cent francs au plus, qui estoit très grande diminution, par la faulte et coulpe des diz Mayeur et eschevins. Et avec ce estoit notoire que au dit lieu de Beaune avoit plus de cent personnes, noz hommes tenans feu et lieu, qui avoient vaillant chacun d'eulx plus de six cent francs, voire de mille, et toutesfois n'estoient imposez es diz marcs que les uns à vingt sols, les autres à trente et les autres à quarante, à nostre grand dommaige; pourquoy ils debvoient estre contrains de imposer iceulx marcs doresnavant selon le contenu de la dite chartre, et tant sur les clercs mariez vivans clerjamment, que autres manans et habitans du dit lieu de Beaune, et noz hommes. Et que pour les abuz par eulx y commis, debvoient estre condempnez comme cy-dessus avoit esté requis par nostre dit procureur. Et ne failloit point faire de différence entre les diz clercs mariez et vivans de leur praticque, comme notaires et semblables, et clercs mariez vivans de marchandises; car, veu la dite chartre, les ungs ne les autres ne s'en povoient exempter, nonobstant quelque chose que disoient au contraire les diz deffendeurs. Et en tant que touchoient les rues et places communes, le dit demandeur disoit en réplicquant ce que desja avoit dit cy-dessus, et que iceulx deffendeurs ne se povoient aucunement excuser qu'ilz n'eussent grandement mespris et erré envers nous, de avoir prins et applicqué à leur prouffit les dites places communes, lesquelles nous appartenoient, comme prince et seigneur de la dite ville et territoire d'icelle. Et au regart des guets et imposts, que les diz deffendeurs maintenoient de povoir mettre sus sans requérir ou avoir noz congié et licence, ou de noz officiers, et aussi de rendre et oyr les comptes des receveurs d'iceulx; à oyr lesquels comptes debvoient tousjours estre présent nostre bailli de Dijon, si estre y vouloit, ou son lieutenant; icelui demandeur disoit que, posé que nous eussions confirmé les previleiges des diz de Beaune et promis de les garder, ce auroit esté en tant qu'ils useroient deuement d'iceulx, et non autrement, en réservant expressément noz droiz, seigneurie et auctorité. Car les diz deffendeurs, en faisant les diz guets et impostz, imposoient et chargeoient excessivement aucuns des habitans de la dite ville, et les autres, ainsi que bon leur sembloit ; ce que faire ne povoient ne debvoient selon raison. Et pour ce estoit chose bien raisonnable et nécessaire pour le bien et prouffit de nous et de noz subgietz, mesmement de la dite ville de Beaune, que nostre dit bailli de Dijon, ou son lieutenant audit lieu en son absence, fussent présens à faire les diz guets et impostz, pour veoir s'ils seroient raisonnablement faiz. Et quant aux gardes et cas de nouvelleté, il ne faisoit point à doubter, quelques choses que eussent dit les diz deffendeurs au contraire, que à nous comme prince et noz officiers ne fust loisible de bailler les dites gardes et cas de nouvelleté, et iceulx faire exécuter en nostre dite ville de Beaune et banlieue d'icelle : car posé que noz sergens et officiers n'eussent accoustumé de faire aucune exécution réelle en la dite ville et banlieue de Beaune, toutes voyes par ce ne s'ensuivoit-il pas, que nous ou nos diz officiers ne peussent bailler iceulx gardes et cas de nouvelletez, et iceulx adrecier au Mayeur de Beaune, pour les mettre à exécution, ainsi que l'on auroit accoustumé de faire en nostre ville de Dijon et autres villes de nostre dit duchié de Bourgoingne, ayans mairie et jurisdiction, comme avoient les diz de Beaune. Et en tant que touchoit les dites ordonnances faites par les diz deffendeurs, de non bouter vins, sinon en raisins, audit lieu de Beaune, voulans par plusieurs droits par eux alléguez, dire et mettre avant qu'ils avoient puissance et auctorité de faire telz statuz, ordonnances, deffenses, le dit demandeur réplicquoit au contraire, disant que icelles ordonnances estoient contre le bien et utilité de la chose publicque et du peuple, et n'avoient esté faite sinon pour enrichir aucuns particuliers qui avoient plusieurs vignes ou territoire de Beaune. D'aultre part, n'avoit point icelle ordonnance esté par nous confermée; parquoy iceulx deffendeurs ne povoient contraindre les diz habitans, ne autre, à l'entretenir, en concluant par ces raisons et autres plusieurs de par nostre dit procureur alléguées, que par nos diz commissaires, iceulx deffendeurs feussent comme dessus privez et deboutez de leurs dits previleiges, mesmement en ce qu'ils faisoient à leur prouffit, en les condempnant à nous payer les marcs chacun an, et autres choses dessus dites et demandées par icelui nostre dit procureur, et en faisant aussi pendant le procès, provision audit demandeur, comme raison estoit.

A quoy, de la part d'iceulx deffendeurs eust esté dupplicqué, et dit en adhérant, et faisant semblables protestations par eulx faictes en leurs deffenses, qu'ilz n'entendoient procéder pardevant nos diz commissaires à l'encontre de nostre procureur, par manière de jurisdiction contentieuse, pour ce qu'ilz se disoient exempts de nostre dicte jurisdiction, que ilz n'avoient aucunement failli à imposer nos diz marcs en la dite ville de Beaune en la manière que l'on avoit accoustumé faire de toute anciennetté; car ils les avoient imposez en la présence de noz officiers, sans avoir fait aucune mutation nouvelle, combien que oultre et par dessus les dits marcs, les manans et habitans de la dite ville avoient à supporter chascun an plusieurs charges et paier plusieurs autres grans sommes de deniers à nostre prouffit, tant à l'occasion des gabelles et huitiesmes, comme pour raison des fouaiges qui leur avoit esté imposez par nos officiers. Et aussi en imposant les diz marcs, l'on ne devoit pas avoir regart aux héritaiges et chevances que avoient les diz habitans de Beaune ailleurs que ou territoire du dit Beaune. Et quant au fait des gardes et cas de nouvelleté, les diz deffendeurs ne vouloient point dire et maintenir que nous ne fussions protecteur et garde d'iceulx deffendeurs noz subgietz, et que l'on ne peust notiffier et publier verballement noz dites gardes en la dite ville de Beaune, pour la tuicion de noz subgiets et de leurs biens; mais l'on n'avoit accoustumé de exécuter les dites gardes réaument par noz officiers en la dite ville de Beaune. Et touchant les dites ordonnances faictes par les diz deffendeurs, ensemble les autres poins dont le dit demandeur avoit fait mencion en ses répliccques, iceulx deffendeurs emploioient pour leur duplicque ce que dit avoit esté par leurs deffenses, en concluant, et chacun d'eulx en tant que touchier lui povoit, à leurs fins et conclusions cy dessus déclairées en leurs dites deffenses, et à toutes autres deues et pertinens à leur intencion, en implorant droit là où il appartenoit.

Finablement, les dites parties bien au long ouies en tout ce qu'elles voloient dire, alléguer et proposer l'une contre l'autre; icelles furent par noz dits commissaires appoinctées à escrire leurs faiz et raisons plaidoyées, chacune tendant à ses fins et conclusions, et leurs escriptures sur ce, ensemble toutes telles lettres, franchises, libertez, et autres enseignemens que joindre y vouldroient, et dont aider se vouldroient en ceste partie par devers eux, pour sur le tout appoincter les dites parties, comme de raison seroit; auquel appointement les dites parties fournirent ainsi que bon leur sembla, et le tout veu par iceulx noz commissaires, eust par eulx esté appoincté, que nostre dit procureur auroit vision des escriptures et responses des diz deffendeurs et aussi des choses par eulx exhibées et qu'ils exhiberoient, se faire le vouloient; à l'encontre desquelles escriptures et choses exhibées par iceulx deffendeurs, nostre dit procureur escriroit par manière de mémoire ce que bon lui sembleroit dedans certain jour sur ce ordonné, et avec ce que icelles parties accorderoient leurs escriptures en dedans certain jour après en suivant; et sur le tout seroit par chacune des dites parties faicte une information sommaire, qui vaudroit enqueste, par nostre amé et féal conseiller et procureur en nostre bailliage de la Montaigne, maistre Jehan le Lièvre, à ce commis et ordonné en ceste partie par nos diz commissaires; lequel maistre Jehan rapporteroit ou envoieroit par devers eulx les dites informations ou enquestes faictes et parfaictes, féablement closes et scellées en dedans le dimanche après *Misericordia Domini* (1), lors prouchainement venant, et derrenièrement passé, pour après le mardi prouchain en suivant dire droit ausdites parties, si bonnement faire se povoit, ou autrement les appoinctier comme il appartiendroit par raison. Et depuis, pour certaines remonstrances faites à nos diz commissaires de la partie des diz deffendeurs, iceulx commissaires eussent subrogué au lieu du dit maistre Jehan le Lièvre, nostre amé et féal conseiller maistre Jehan Vandenesse, licencié en lois, et lui eussent donné tout tel et semblable povoir pour faire et parfaire les dites informations ou enquestes, comme au dit maistre Jehan le Lièvre, et prorogué le dit povoir jusques au dimanche de la Pentecoste derrenièrement passé, pour au venredi en suivant dire droit comme dessus.

Lequel maistre Jehan Vendenesse, et Pierre Prevost, nostre notaire et juré à Dijon, pour scribe, par vertu du dit povoir à eulx sur ce donné, ayant fait et parfait les dites informations ou enquestes, et icelles envoiées closes et scellées à nos diz commissaires. Lesquelles parties comparans pardevant eulx, après ce qu'elles se feurent départis des faits par elles proposez en certaines escriptures par une chacune d'icelles parties baillées à l'encontre des choses exhibées, mesmement de la preuve d'iceulx, appointèrent et ordonnèrent que icelles concluroient et renonceroient en la dite cause, et que chacune d'elle auroit, se bon lui sembloit,

---

(1) Introït et nom du deuxième dimanche après Pâques.

la coppie des escriptures de sa partie adverse baillées contre les dites choses exhibées, pour bailler en cette cause motifs de droit, se faire le vouloient, d'une part et d'autre. En suivant lequel appoinctement nostre dit procureur, et aussi le procureur des diz de Beaune, firent les dites conclusions et renonciacions; et ce fait, iceulx commissaires ordonnèrent que les dites parties fourniroient leurs procès d'une part et d'autre, et en feroient collacion et inventaire deuement, selon les ordonnances faictes en noz Parlemens, en nostre ville de Dijon, pardevant le greffier de la court de nos diz commissaires, ou de Jehan Gueneaul en son absence, à ce commis par iceulx noz commissaires, en dedans la fin du mois de septembre derrenier passé; et pour dire droit en la dite cause, donnèrent et assignèrent jour à icelles parties, à comparoir pardevant nous au lundi après la feste saint Andrieu en suivant, et aussi derrièrement passé, pendant lequel temps icelui procès seroit porté et envoyé par devers nous, féablement clos et scellé. Ce que ensuivant le dit appointement a esté fait.

Savoir faisons que, veu et visité le dit procès et considéré tout ce qui a fait à veoir et considérer en cette partie, et qui peut et doit mouvoir, nous, à grande et meure délibération, avons par cette nostre sentence deffinitive, et pour droit dit et déclaré, disons et déclairons que les diz deffendeurs ont indeuement et abusivement procédé à faire l'assiete des diz marcs, et à faire le paiement d'iceulx autrement qu'il n'est contenu audit previleige; et pour ce avons ordonné et ordonnons que quiconque soit de la commune de Beaune, nostre homme, demourant en la dite ville, et qui a ou aura en quelconque manière en biens, la valeur et estimacion de six cens livres monnoie de petis tournois, ou plus, paiera doresnavant à nous ou à nostre certain mandement, tous les ans deux marcs d'argent tant seulement, et non plus; et celui qui aura en biens la valeur ou estimation de six cens livres monnoie dite, et au dessous, paiera pour chacun cent livres vingt sols tournois dite monnoie, et non plus; et qui aura moins de cent livres dite monnoie, selon le moins en descendant jusques à dix livres, paiera selon la valeur et estimation de ses biens à la valeur du centiesme denier. Et celui qui aura en biens la valeur et estimation de dix livres seulement de la dite monnoie, ou moins, s'il est personne qui par son mestier et artifice puisse acquérir son vivre et vesteure, paiera douze deniers dite monnoie, et non plus, le tout selon la forme et teneur du previleige du dit feu duc Robert. Et se fera l'assiete et impost des diz marcs sur tous ceulx de la dite commune, noz hommes, soient laiz ou clercs mariez, excepté ceux qui par le dit previleige en sont et doibvent demourer exempts, francs et immunes. Et quant au surplus, touchans ce point et article, nous avons absols et absolvons iceulx deffendeurs de l'impétition et demande de nostre dit procureur.

Et au regart des places communes, dont mention est faite cy dessus, nous avons dit et disons que le dit procès, en tant qu'il touche icelles places, n'est pas en estat de jugier, et le renvoyons quant à ce, avec les parties, pardevant les gens de nostre Conseil et de noz Comptes à Dijon, par lesquels nostre dit procureur sera receu à amplier ses demandes et conclusions, et les diz deffendeurs à proposer leurs deffenses au contraire ; instruiront iceluy procès jusques en deffinitive exclusivement, et iceluy ainsi instruit et mis en estat de jugier renvoiront féablement clos et scellé par devers nous, ou noz très chiers et féaulx les commis sur le fait de noz domaines et finances, pour y estre jugié, sentencié et deffini à fin deue, selon et ainsi que l'on treuvera la matière disposée.

Et en tant que touche les diz guetz et impostz, nous avons dit et disons que les Mayeur et eschevins de nostre dite ville de Beaune, pour les besongnes de la commune d'icelle ville, pourront imposer ou indire aulx devant diz hommes de la dite commune, et lever d'iceulx hommes quelconque somme d'argent qu'ilz vouderont et verront estre expédient, selon et ainsi que contenu est audit previleige d'icelui feu duc Robert ; ausquels guetz et impostz, et aussi à la reddition des comptes d'iceulx, nostre bailli de Dijon ou son lieutenant sera présent, se estre y veult et bon lui semble ; et pour ce faire, seront tenuz les diz Mayeur et eschevins signiffier à icelui nostre bailli, ou à son lieutenant, le jour que l'on debvra faire les diz guetz et impostz et rendre les diz comptes. Et avons réservé et réservons à nostre dit procureur sa poursuite à l'encontre des diz deffendeurs, pour cause de faultes et abuz que par cy devant peuvent avoir commis en la reddition d'iceulx comptes, s'il est trouvé que en ce faisant ils aient aucunement abusé. Et aussi avons réservé et réservons à nous et à noz successeurs le pouvoir et faculté de povoir ou temps à venir refformer ou faire refformer et corriger les diz comptes, se faulte y estoit trouvée.

Et au regart des diz mandemens de gardes et cas de nouvelleté, nous avons dit et disons que les diz deffendeurs seront tenus doresnavant de exécuter, et par nostre Mayeur et noz sergens en icelle mairie. souffrir exécuter en nostre dite ville de Beaune et banlieue d'icelle, les diz mandemens venans et procédans tant de nous et de nostre chancellerie, comme de nostre bailli de Dijon, sans contredit ou empeschement, toutes et quantesfois qu'ilz leur seront présentez, et que de ce faire ils seront requis ; et à ce les avons condempnez et condempnons, en réservant à nostre dit procureur sa poursuite à l'encontre d'iceulx deffendeurs, pour les abus que par cy devant peuvent avoir faiz et commis, en baillant les diz mandemens de garde et cas de nouvelleté, s'il est trouvé que en ce ils aient abusé en aucune manière.

Et en tant que touche le statut fait par les diz deffendeurs de non bouter vin en nostre dite ville de Beaune, se non du creu du dit Beaune et finaige d'icelui, nous avons dit et disons que le dit statut demourra en l'estat qu'il est, sauf et réservé à nous le povoir et auctorité de le réformer quant et ainsi comme il nous plaira. Et avons aussi réservé et réservons à nous les confiscations des diz vins et amandes arbitraires, dont en icelui statut est faicte mention, toutes et quantesfois que le cas y escherra. Et au surplus, touchant ce point, nous avons absols et absolvons les diz deffendeurs de l'impéticion et demande de nostre dit procureur.

Et au regart des criz et publicacions des jours de nostre gruerie, que nostre dit procureur disoit avoir esté refusez à faire ou à faire faire audit Beaune par les diz deffendeurs, nous avons dit et disons que iceulx deffendeurs seront tenus de cy en avant faire ou faire faire crier et publier les diz jours de nostre dite gruerie en la dite ville de Beaune, sans contredict ou difficulté, toutes et quantesfois que par nostre gruyer ou son lieutenant requis en seront, et à ce les avons condempné et condempnons. Et au surplus, touchant ce point, nous avons absols et absolvons iceulx deffendeurs des impéticions et demandes de nostre dit procureur.

En tesmoin de ce, nous avons fait mettre notre scel à ces présentes. Donné en nostre ville de Brouxelles, le septiesme jour de fevrier, l'an de grâce mil quatre cent cinquante neuf.

Par Monseigneur le Duc, à la relation des commis sur le fait de ses domaines et finances.

S. DE LEKERREST.

Archives de la Côte-d'Or, B 10423, Grand Cartulaire de la Chambre des comptes, folio 329. — Imprimé dans Pérard, page 281.

CLV

Confirmation des priviléges de la ville de Beaune, par Louis XI, roi de France.

1477 (24 août).

Loys, par la grâce de Dieu, roy de France, savoir faisons à tous présens et advenir : que nous inclinans à la supplication et requeste de noz chiers et bien amez le Mayeur, eschevins et commune de notre ville de Beaune, à iceulx supplians, avons leurs libertez, franchises et immunités, chartres, previleiges et confirmacions d'icelles à eulx données et ouctroyées tant par noz prédécesseurs Roys de France que par les feuz Ducz de Bourgoingne, ainsi qu'elles sont escriptes, confermées, louhées, rattiffiées et approuvées, et par ces présentes, de notre certaine science, grâce espécial, plaine puissance et auctorité royal, confermons, louons, ratiffions et approuvons pour en joïr par eulx et leurs successeurs, ainsi qu'ilz et leurs prédécesseurs ont accoustumé de tout temps et d'ancienneté. Promectans leur entretenir et faire entretenir, garder et observer sans enfraindre. Et affin que ce soit chose ferme et estable à tousjours, nous avons fait mettre notre scel à ces dites présentes, sauf en autres choses notre droit et l'autruy en toutes. Donné à Therouennes, le xxiiie jour d'aousi, l'an de grâce mil quatre cens soixante dix sept, et de notre règne le dix septiesme.

Par le Roy, l'arcevesque de Vienne et autres présens.

PETIT.

Visa. Contentor. DE VILLECHARTRE.

Original : Archives de la ville de Beaune, *Priviléges et franchises de la Commune.*

CLVI

Lettres patentes de Louis XI, qui rend à la ville de Beaune tous les priviléges dont elle avait été privée à la suite de sa rébellion contre son autorité.

1478 (octobre).

Loys, par la grâce de Dieu, roy de France, savoir faisons à tous présens et avenir, nous avoir receu l'umble supplicacion de noz chiers et bien amez les Mayeur, eschevins, bourgois, manans et habitans de notre ville et commune de Beaune, contenant que tantost après la redduction en notre obéissance de la duché de Bourgoigne et mesmement de la dite ville de Beaune, nous avons par noz autres lettres de don et confirmation en forme de chartre, conferme, ractiffié et approuvé les previleiges, franchises, immunitez et libertez, donnez, octroiez et confermez ausdiz supplians, tant par noz prédécesseurs Roys de France que par les feuz Ducs de Bourgoigne, et avec ce leur avons fait plusieurs dons et octroyz tant des deniers du portaige de la dite ville, ung denier à lever sur chacune pinte de sel ou saloignon qui se vend et vendra en icelle ville, quatre deniers sur chacune queue de vin mise en rasins par estrangiers en la dite ville; la confiscation des vins mis sans brevet et licence en icelle, que autres dons et octrois pour la fortification et réparation d'icelle notre ville. Desquels priviléges, franchises et libertez, iceulx supplians ont depuis joï et usé plainement et paisiblement et jusques ad ce que par la faulte, et coulpe, et trahison d'aucuns particuliers d'icelle ville et leurs adhérens, la dite ville a esté subvertie et mise hors de notre obéissance par aucun temps et jusques puis naguerres que elle a esté remise et rendue en notre dite obéissance, et doubtent iceulx supplians que, au moyen de la dite rébellion et désobéissance, on les voulust empescher en la joyssance de leurs previleiges, dons, octroys, confirmations, libertez et franchises, et en leurs biens ou autrement les travailler et molester, en nous requérant humblement que, actendu que icelle rébellion n'est advenue seullement que par la faulte, et coulpe, et trahison d'aucuns particuliers d'icelle ville, dont les aucuns sont depuis mors et absentez (1), il nous plaise, en ensuivant nos dites confirmacions, dons et octrois,

---

(1) Vers les premiers jours d'avril de cette même année, les habitans de Beaune, excités par les émissaires du prince d'Orange, partisan de Marie, fille du dernier duc Charles le Guerrier, avaient secoué le joug du roi de France et reconnu cette princesse. Charles d'Amboise, qui avait succédé à Craon dans le gouvernement

leurs dits privileiges, dons, franchises, libertez, octrois, leur reconfermer, louer, ratiffier et appprouver de nouvel, et sur ce leur impartir nostre grâce. Pourquoy, nous, ces choses considérées, inclinant libéralment à la requeste des diz Mayeur, eschevins, habitans et commune de notre dite ville de Beaune, supplians, ad ce que doresenavant ils soient plus enclins à eulx acquitter envers nous comme bons et loyaulx subgets, avons, de notre grâce espécial, plaine puissance et auctorité royal, reconfermé, loué, ratiffié et approuvé, et par ces présentes reconfermons, louons, ractiffions et approuvons à iceulx supplians tous leurs dits priviléges, franchises, libertez, confirmations, dons et octrois dessus diz, par nous à eulx faiz, pour en joyr et user et de leurs diz biens par eulx et leurs successeurs, doresenavant, perpétuellement et à tousjours, selon le contenu en nos dites autres lettres de dons, octrois, confirmations d'icelles, ainsi et par la forme et manière qu'ils faisoient ou pouvoient faire par avant la dite subvercion, rébellion et désobéissance de la dite ville de Beaune, ainsi advenue comme dit est. Laquelle rébellion et désobéissance en tant que mestier seroit, nous leur avons quitté et aboly, et par ces présentes quittons, pardonnons et abolissons de notre dite grâce espécial, plaine puissance et auctorité royal, par ces dites présentes, avec toute peine, offense et amende corporelle, criminelle ou civile qui s'en peut ou pourroit ensuir, et les avons remis et restituez, remectons et restituons en notre dite grâce et en leur bonne fame et renommée, et à leurs biens tant en général comme en particulier, nonobstant quelque don par nous, notre gouverneur ou autres qui en aient esté ou soient faiz à quelque personne que ce soit, et sur ce imposons silence perpétuel à nos justiciers et officiers. Si donnons en mandement par ces présentes à noz amez et féaulx les gens de nos Comptes à Dijon, au bailli de Dijon ou son lieutenant, à notre amé et féal conseiller et général sur le fait et gouvernement de noz finances en Bourgoigne, et à tous noz autres justiciers et officiers, et à chacun d'eulx ainsi que à luy appartiendra, que les diz Mayeur, eschevins, bourgois, manans et habitans de nostre dite ville et commune de Beaune, et chacun d'eulx, ils facent, seuffrent et laissent joyr et user paisiblement de noz présens grâce, dons et confirmations, octroys, quittance, abolicion, pardon et autres choses dessus dites, tout ainsy et par la forme et manière contenue en noz dites autres lettres de dons et confirmacions et expé-

---

du duché, profita habilement des mauvaises dispositions prises par les Francs-Comtois pour secourir cette ville. Il les surprit sur les bords de la Saône, les tailla en pièces et revint sommer la ville de Beaune, qui ne se rendit qu'après un siège de cinq semaines (2 juillet). D'Amboise frappa la commune d'une contribution de 40,000 écus et suspendit tous ses priviléges.

dicions d'icelles, et ainsy qu'ils faisoient ou povoient faire par avant la dite rébellion et désobéissance, sans leur faire ou donner, ne souffrir estre fait, mis ou donné, ores ne pour le temps advenir, aucun arrest, destourbier ou empeschement aucun. Lequel se fait, mis ou donné avoit esté ou estoit, le réparent et mettent ou facent réparer et mettre sans délay au premier estat et deu. Toutes voyes, nous n'entendons noz rebelles et désobéissans et tenans party à nous contraire estre aucunement comprins en ceste notre présente abolition, ny joyr du contenu en ces dites présentes en aucune manière. Et afin que ce soit chose ferme et estable à tousjours, nous avons fait mettre notre scel à ces dites présentes, sauf en autres choses notre droit et l'autruy en toutes. Donné au Pleisseiz du Parc lez Tours, ou moys d'octobre, l'an de grâce mil cccc soixante dix huit, et de notre règne le dix huitiesme.

Par le Roy, le gouverneur de Bourgoigne et du Daulphin, le prothonotaire de Clugny et autres présens.

A. COURTIN.

Visa. Contentor. ROLANT.

Original : Archives de la ville de Beaune, *Privilèges et franchises de la Commune.* — Imprimé dans *Ordonnances des Rois de France*, XVIII, 430.

CLVII

Commission donnée par le roi Charles VIII, au bailli de Dijon, de dresser un règlement pour mettre un terme aux brigues qui ont lieu lors des élections municipales de Beaune.

1483-84 (14 février).

Charles, par la grâce de Dieu, roy de France, au bailly de Dijon ou à son lieutenant, salut : de la part de noz bien amez les Maire, échevins, bourgois et habitans de notre ville de Beaulne nous a esté exposé que, par aucuns priviléges à eulx et à la dite ville octroyé par noz progéniteurs et prédécesseurs roys de France, ilz ont povoir de eslire chacun an au jour et feste de la Nativité Saint Jehan Baptiste ung Mayeur, et le jour [de la Saint Pierre] en suigvant eslire et constituer six échevins, ung procureur, ung scribe et libellance, sergens et autres officiers, pour le gouvernement, régime et administration, pour toute l'année durant, de la justice, police et autres affaires de la dite ville, duquel octroy ils ont jouy par cy devant d'ancienneté. Mais il advient souvent que, aux assemblées ordonnées pour faire eslire et constituer les dits Mayeur, échevins et officiers, plusieurs gens diverz fois, et entre aultres plusieurs jeunes gens mariés, vallets, servans, estrangiers et aultres menus gens, les aucuns par affection des parties, les aultres pour faire tumulte, insolance et choses désordonnées, en telle façon que es dites élections ne n'a communément ordre ne raison gardée tels qu'il appartient; mais le plus souvant les notables bourgois, marchans et autres de la dite ville, pour raison de ce que dit est, font difficulté de eux y trouver; dont par ces moyens plusieurs débats, parcialités, injures, haynes, se sourdent entre les dits habitans, au grant intérest, dommaige et scandale de la chose publique, ainsi que les proposans en ont fait remonstrer, requérant sur ce notre provision. Pourquoy, nous, ces choses considérées, vous mandons, et pour ce que la dite ville de Beaune est située et assise en votre bailliage, commectons par ces présentes que, appelés noz advocat et procureur audit Beaulne et les dits Mayeur, échevins et des plus notables gens de la dite ville, et par leur advis et délibération faites, drecez et advisez une forme de faire telle et en la meilleure et plus convenable manière que verrez estre [bonne] de procéder à l'élection des dits Mayeur, échevins et autres officiers de la dite ville, pour éviter les dits scandale, murmures, noises, débatz, percialités et insolances désordonnées, et les ditz poins et articles que ainsi seront faicts et advisés par vous et aultres dessus dits, faites entretenir, observer et garder de point en point, dorénavant sans enfraindre, et en faisant la dite élection sans soustraire aulcunes choses faites ou innovées au contraire. Car ainsi nous plaist il estre fait, nonobstant oppositions, appellations quelconques es lettres surrepetrées, impetrées et à impetrer à ce contraires.

Donné à Tours, le xiiiie jour de février l'an de grâce mil cccc quatre vingt trois, et de notre règne le premier.

Par le Roy, à la relation du conseil.

VILLECHAITRE.

Original : Archives de la ville de Beaune, *Priviléges et franchises de la Commune.*

CLVIII

Exemption du logement militaire, accordée par le roi Louis XII aux officiers municipaux de Beaune.

1501 (6 mai).

Loys, par la grâce de Dieu, roy de France, à tous noz lieuxtenans, gouverneurs, mareschaux, baillis, séneschaux, prévosts, capitaines, chefs et conducteurs de gens d'armes et de trait, tant de nos ordonnances, ban, arrière ban, que de notre artillerie, picquiers, hallebardiers, coulleuvriniers, Suisses et autres gens de pié et de cheval, estans et qui seront en nostre service, aux commissaires commis et à commectre à faire le logeis des dits gens de guerre, et à tous nos autres justiciers, officiers et subgects, ou à leurs lieuxtenans, auxquels ces présentes et le vidimus d'icelles seront monstrées, salut et dilection. Scavoir vous faisons que, nous inclinans libérallement à la supplication de nos chers et bien amez les Mayeur et eschevins, procureur et clerc de notre ville de Beaulne (1), en nos païs et duché de Bourgoingne, qui sont au nombre de neuf personnes et autant de demeurances et domicilles en la dite ville, voulans et désirans, tant en faveur de notre première et joyeuse réception en nostre païs de Bourgoingne et honorable entrée à nous faicte en la dite ville, que de la bonne et ferme loyaulté qu'ils et les autres habitans d'icelle ville, ont tousjours maintenu envers nous et noz prédécesseurs roys, depuis la dernière réduction de la dite ville, sans aucune variation, les relever de peines, pertes et molestations indeues et iceulx privilégier et favorablement traicter en leurs faits et affaires, affin que de plus en plus ils soient enclins à persévérer, vacquer et entendre à la garde et deffense de la dite ville et au faict de la police et chose publicque d'icelle. Pour ces causes et autres racionnelles considérations à ce nous mouvans, avons, les dits Mayeur, eschevins, procureur et clerc de nostre dite ville de Beaulne présens et avenir, jusques au nombre des neuf personnes et autant de maisons et résidences, ensemble leurs femmes, familles, gens et serviteurs, droicts, choses et possessions quelconques, prins et mis, prenons et mettons en et soubs notre protection et sauvegarde espécial, et les avons eulx et chacun d'eulx et leurs successeurs es dits offices, avons

---

(1) Cf. les lettres semblables octroyées par le même Roi aux officiers municipaux de la ville de Dijon, n° LXXXIX, page 127.

exemptez et affranchiz, exemptons et affranchissons de grâce espécial, pleine puissance et auctorité royal, par ces présentes signées de nostre main, du logis de vous gens de guerre, et vous deffendons et très expressément et à chacun de vous, sur tant que doubtez mesprendre envers nous et d'encourir notre indignation, que, en faisant doresnavant joïr et user pleinement et paisiblement les dits Mayeur et eschevins, procureur et clerc de nostre ville de Beaulne, présens et à venir, au nombre de neuf personnes, autant de maisons, ensemble leurs dictes femmes, familles, gens, serviteurs, droits, possessions et biens, de nos présens grâce, octroy et exemption, vous ne logez ne souffrez loger désormais aucunes gens de guerre de vos charges, de quelque condicion qu'ils soient, es maisons et habitacions des dits Mayeur, eschevins, procureur et clerc dessus dictz en la dite ville de Beaulne, ne en icelles prendre ou faire prendre et fourraiger, ne souffrir estre prins ou fourraigé aucuns bleds, vins, foings, avoynes, chars, poulailles et autres victuailles, provisions et biens quelzconques, synon du gré et consentement des dits Mayeur, eschevins, procureur et clerc, leurs dites femmes, familles, gens et serviteurs, et en les payant raisonnablement, saichant que se aucuns de vous sont trouvés faisant ou avoir fait le contraire, nous en ferons faire telle et si griefve pugnicion que sera exemple à un chacun. Car tel est notre plaisir, et ausdits Mayeur, eschevins, procureur et clerc présens et avenir l'avons octroyé et octroyons de nostre dite grâce espécial par ces dites présentes, nonobstant quelzconques ordonnances et mandements à ce contraires, pourvu que en cas de émynant péril et de guerre, les dits Mayeur et eschevins, procureur et clerc présens et avenir seront tenus de loger en leurs maisons noz gens de guerre qui seront ordonnez en la dite ville de Beaune, comme les autres habitans d'icelle. Et pour ce que de ces dites présentes on pourroit avoir affaire en divers lieux, nous voulons que, au vidimus d'icelles fait soubs notre scel royal, foy soit adjoustée comme à ce présent original.

Donné à Dijon, le vi^e jour de may l'an de grâce mil cinq cens et ung, et de notre règne le quatrième.

LOYS.

Par le Roy, Monseigneur le cardinal d'Amboise, vous l'évesque d'Alby, le sire de Gyé, mareschal de France, et autres présens.

Robertet.

Original : Archives de la ville de Beaune, *Priviléges et franchises de la Commune.* — Imprimé dans *Ordonnances des Rois de France,* XXI, 276.

CLIX

Confirmation des priviléges de la ville de Beaune, par le roi François Ier.

1518 (mai).

Françoys, par la grâce de Dieu, roy de France, scavoir faisons à tous présens et avenir, nous avons receu l'humble supplication de noz chiers et bien amez les Mayeur, eschevins, bourgeois, manans et habitans de notre ville de Beaulne, contenant que par noz prédécesseurs roys et par les ducs de Bourgoigne leur ont esté donnés et octroiés plusieurs beaulx, droitz, previléges, exempcions, franchises et libertez dont ils sont en ancienne possession et paisible joyssance. Toutefoys en disoient que s'ils n'avoient noz lettres de confirmation pour notre advénement à la couronne, on les voulsist empescher en la joyssance des dicts droicts, previléges, exempcions, franchises et libertez, se par nous ne leur estoit pourveu de notre grâce. Pourquoy, nous, ces choses considérées, inclinans à la supplicacion et requeste des dicts supplians, tous et chacuns les previléges, franchises et libertez à eulx donnés et octroiés par noz dits prédécesseurs roys et par les diz ducs ausdiz supplians, avons loué, confermé, ratiffié et approuvé, et par ces présentes, de notre grâce espécial, plaine puissance et auctorité royal, louons, confermons, ratiffions et approuvons, pour en joyr et user par les dicts supplians, eulx et leurs successeurs, plainement et paisiblement, tant et si avant qu'ils en ont par cy-devant deucment joy et usé et qu'ils en joyssent et usent encore de présent. Si donnons en mandement par ces présentes à noz amés et féaulx conseillers les gens tenant notre court de Parlement, et au bailli de Dijon et à tous les aultres justiciers et officiers ou à leurs lieuxtenans présens et advenir, et à chacun d'eulx si comme à lui appartiendra, que de noz présentes grâce, confirmation et approbation, ils facent, souffrent et laissent les dits supplians et leurs successeurs joyr et user plainement et paisiblement, sans leur mettre ou donner ne souffrire estre mis ou donné aucun trouble ne empeschement. Lequel si faire, mis ou donné leur avoit esté ou estoit, ils le mettent ou facent mettre incontinant à plaine délivrance. Et affin que ce soit chose ferme et estable à tousjours, nous avons faict mettre notre scel à ces dictes présentes, sauf en aultres choses notre droit et l'autruy en toutes. Donné à Amboyse, ou moys de may, l'an de grâce mil cinq cent et dix huit, de notre règne le quatriesme.

Par le Roy, à la relation du Conseil.

DESLANDES.

Original : Archives de la ville de Beaune, *Priviléges et franchises de la Commune.*

CLX

Privilége de franc-fief accordé par le roi François Ier aux Maire, échevins et habitants de Beaune.

1521 (août).

François, par la grâce de Dieu, roy de France, savoir faisons à tous présens et avenir, nous avons receu l'umble supplicacion de noz chers et bien amez les Maieur et eschevins, nobles, bourgeois, manans et habitans de notre ville de Beaune, contenant que les diz supplians ayent par cy devant fait et supporté pour la garde, seureté et deffence de notre dite ville de Beaune, qui est assise et scituée en pays limitrophe et l'une des principalles villes de frontière de noz pays et duchié de Bourgoingne, plusieurs grans frais, mises et despens, tant à la réparation, fortification et emparemens de notre dite ville de Beaune, construction et bastiment de grosses tours, boulevars, foussés, qui depuis aucun temps en ça y ont esté, pour la tuition et conservation d'icelles, faict et édiffiés, que pour l'avoir pourveue et fournie d'artillerie, municions et autres choses y requises, affin, quand besoing seroit et l'affaire le requéreroit, de résister à l'encontre de noz ennemis et adversaires, comme noz bons, vrays et loyaulx subjets. Pareillement, pour avoir soubstenu les gens de guerre de noz ordonnances et autres, que par longtemps et continuelment ont esté logés tant en garnison en icelle notre dicte ville de Beaulne, au moyen desquels grans frais, mises et despences iceulx supplians sont demeurés redevables de grosses sommes de deniers envers plusieurs bons et notables personnages, desquels leur a convenu icelles emprunter pour nécessairement les convertir et employer ausdites réparations, fortificacions, emparemens dessus dicts et soustenement d'iceulx nos dicts gens de guerre. A ceste cause, les diz supplians nous ont très humblement fait supplier et requérir, qu'ayant par nous regart à la dicte scituacion de notre dite ville, grosses charges, frais et despenses dessus dictes, et à ce que de plus en plus elle se puisse augmenter, accroistre et repopuler, notre bon plaisir soit les exempter et tenir quictes, exemps de la contribucion et payement de nos droits et devoirs des admortissemens à nous deues, et sur ce leur octroyer et permettre pouvoir d'acquérir cens, rentes, terres, seigneuries et autres choses féodalles, sans nous en payer aucune finance et sur ce nos grâce et libéralité leur impartir. Pourquoy, nous, ces choses considérées, inclinant libérallement à la supplicacion et requeste des diz Mayeur, eschevins, nobles, bourgeois, manans et habitans de notre dicte ville de Beaune, supplians, en faveur mesmement de la bonne, grande et ferme loyauté et obéissance que de toute ancienneté ils ont tousjours demonstrée avoir eue envers nos prédécesseurs roys, et depuis à nous, sans avoir épargné corps et biens. A iceulx supplians, par ces causes et affin qu'à l'avenir un chascun ait de plus en plus occasion et courage de venir soy arrester, habituer et demourer en icelle notre dicte ville, et autres bonnes et grandes considéracions à ce nous mouvant, avons par l'advis et délibération des gens de nostre Conseil, octroyé et octroyons, voulons et nous plaist, de nostre certaine science, grâce espécial, pleine puissance et auctorité royal, par ces présentes, qu'ils et leurs successeurs, Maire, eschevins, nobles, bourgeois, manans et habitans de notre dicte ville de Beaune, qui sont à présent et seront au temps à venir demeurant et résidant en icelle, soient et demeurent à tousjours et perpétuellement frans, quictes et exempts du fait de contribution et payement de noz diz droits et devoirs des dicts admortissemens, frans fiefs et nouveaulx aquêts, sans que en vertu de noz lettres, mandemens et commissions que nous avons sur ce octroyés et que pourrons cy après octroyer, iceulx supplians ne leurs dicts successeurs soient ne puissent être aucunement contraints ny molestés, à nous en payer, ni à noz successeurs roys, aucunes finances ny autre chose quelconque, et de ce les avons affranchis, quittés et exemptés, affranchissons, quittons et exemptons par ces dites présentes signées de notre main, tout ainsy et par la forme et manière qu'à vous puis naguères exemptez eulx de notre bonne ville de Dijon (1); en oultre et d'abondant, avons ausdicts Mayeur, eschevins, nobles, bourgeois, manans et habitans de notre dite ville, tant en général qu'en particulier, et à leurs dicts successeurs qui demeureront et résideront cy après en icelle et non autrement, donné et octroyé, donnons et octroyons, de noz dictes grâces et auctorité, par ces dictes présentes, congé, licence et permission qu'ils puissent à leur ayse acquérir et acheter tous et cha-

---

(1) Voir n° XCVI, page 188.

cuns héritaiges, cens, rentes, revenues, seigneuries, justices haultes, moyennes et basses, fiefs, arrière fiefs, et aultres droictures, et iceulx tenir et posséder, tant par eulx que leurs héritiers et successeurs, tout ainsy que font et pevent faire les gens nobles, vivant noblement en notre royeaume et ailleurs, sans préjudice toutes fois des droits et debvoirs deus envers les sieurs féodaux desquels seront tenues les choses qu'ils acquerront; sans aussi qu'en ce leur soit donné cy après aucun destourbier ou empeschement en quelque manière que ce soit ou puisse estre. Si donnons en mandement, par ces mêmes présentes, à noz amés et féaulx les gens de notre court de Parlement de Bourgoigne, gens de nos Comptes audit pays, bailli de Dijon et à tous nos aultres justiciers et officiers, ou à leurs lieux-tenans, présens et à venir, et à chacun d'eulx, si comme à luy appartiendra, que de nos présens grâces, exemptions, affranchissement, octroy, permission et contenu cy dessus, ils fassent, souffrent et laissent les dits supplians et leurs dits successeurs jouïr et user plainement et paisiblement, perpétuellement et à tousjours, cessans et laissant cesser tous troubles et empeschement au contraire. Car tel est notre plaisir. Et affin que ce soit chose ferme et stable à tousjours, nous avons fait mettre notre scel à ces dictes présentes, sauf en autres choses notre droict et l'autruy en toutes. Donné à Ostun, au mois d'aoust mil cinq cent vingt ung, et de notre règne le septiesme.

FRANÇOYS.

Par le Roy, en son Conseil.   ROBERTET.

Original : Archives de la ville de Beaune, *Priviléges et franchises de la Commune.*

CLXI

Confirmation des priviléges de la ville de Beaune par le roi Henri II.

1547 (mars).

Henri, par la grâce de Dieu, roy de France, scavoir faisons à tous présens et advenir; nous avons reçu humble supplication de nos chiers et bien amez les Maire, eschevins, bourgeois, manans et habitans de notre ville de Beaulne, contenant que par noz prédécesseurs roys et par les ducz de Bourgoigne leur ont esté donnéz et octroiés plusieurs beaulx, droictz, privileges, exemptions, franchises et libertéz, dont ils sont en ancienne possession et paisible jouissance. Toutefoys, en disoient que s'ils n'avoient nos lettres de confirmations pour notre avénement à la couronne, on leur voulsit donner empeschement en la joyssance des diz priviléges, exemptions, franchises et libertés, requérant sur ce leur pourvoir et impartir notre grâce. Pourquoy, nous, ces choses considérées, inclinans à la supplication et requeste des diz supplians, avons chascuns les priviléges, droits, exemptions, franchises et libertéz à eulx donnés et octroyés par nos dictz prédécesseurs roys et les ditz ducs, leur avons loué, ratiffié et approuvé, et par la teneur de ces présentes, de notre grâce spécial, plenne puissance et auctorité roial, louons, confirmons, ratiffions et approvons, pour en joyr et user par les dictz supplians et leurs successeurs plainement et paisiblement, de là et si avant qu'ils en ont par cy devant duement joy et usé et qu'ils en joissent et usent encores de présent. Si donnons en mandement par cestes à noz amez et féaulx conseillers tenant nostre court de Parlement, et au bailly de Dijon, et à tous aultres justiciers et officiers, ou à leurs lieuxtenans présens et advenir, et à chacun si comme à lui appartiendra, que noz présens grâce, confirmation, rattiffication et approbation ils facent, soffrent et laissent les dits supplians et leurs successeurs joïr et user plainement et paisiblement, sans leur mectre ou donner, ne soffrir estre faict, mis ou donné aucun destourbier ou empeschement. Lequel si faict, mis ou donné leur avoit esté et estoit, ils le mettent ou facent mettre incontinant à plaine délivrance. Et afin que ce soit chose ferme et estable, nous avons faict mettre nostre scel es dictes présentes, sauf en autres choses notre droict et l'autruy en touttes. Donné à Fontainebleau, au moys de mars l'an de grâce mil cinq cent quarante sept, de notre règne le premier.

Par le Roy, MATHIEU.

Original : Archives de la ville de Beaune, *Priviléges et franchises de la commune.*

CLXII

Confirmation des priviléges de la ville de Beaune, par le roi François II.

1559 (février).

François, par la grâce de Dieu, roy de France, savoir faisons à tous présens et advenir, nous avoir receu l'humble supplication de noz chers et bien amez les

Mayeur, eschevins, bourgeois, manans et habitans de notre ville de Beaune, contenant que par noz prédécesseurs roys de France et par les ducs de Bourgongne leur ont esté donnez et octroiez plusieurs beaulx, droictz, previleiges, exemptions, franchises et libertez, dont ils sont en ancienne possession et paisible joissance. Touttefoys ilz doubtent que s'ils n'avoient noz lettres de confirmation pour notre nouvel advenement à la couronne, l'on leur voulsist donner empeschement, nous humblement requérant sur ce leur pourveoir et impartir notre grâce. Pourquoy, nous, ces choses considérées, inclinans à la supplication des dictz supplians, tous et chacuns les privileges cy soubz notre contre scel attaché ensemble les droictz, exemptions, franchises et libertez à eulx donnéz et octroiéz par nos dits prédécesseurs roys et ducs de Bourgongne, avons louéz, confirméz, ratifiés et approuvéz, et par la teneur de ces présentes, de notre grâce spécial, plaine puissance et auctorité roial, louons, confirmons, rattiffions et approuvons par ces présentes, pour en joyr et user par les diz supplians et leurs successeurs plainement et paisiblement, tant et si avant qu'ils en ont par cy devant deument joy et usé et qu'ils en joyssent et usent encores de présent. Si donnons en mandement par ces dites présentes, à noz améz et féaulx les gens tenans notre court de Parlement à Dijon, et au bailli du lieu, et à tous noz aultres justiciers et officiers, ou à leurs lieutenans présens ou advenir, et à chacun d'eulx, si comme à luy appartiendra, que de noz présens grâce, confirmation, ratification et approbation, ils facent, seuffrent et laissent les diz supplians et leurs successeurs joïr et user plainement et paisiblement, sans leur mettre ou donner ne souffrir estre faict, mis ou donné aucun trouble, destourbier, ne empeschement au contraire; lequel si faict, mis ou donné leur avoit esté ou estoit, ils le mettent ou facent mettre incontinant à plaine et entière délivrance, et afin que ce soit chose ferme et stable à tousjours, nous avons faict mettre notre scel à ces dictes présentes, sauf en aultres choses notre droict et l'autruy en toutes. Donné à Amboyse, le... jour du mois de février l'an de grâce mil cinq cent cinquante neuf, et de notre règne le premier.

Dumesnil.

Par le Roy, De l'Aubespine.

Visa. Contentor. Dumoulin.

Original : Archives de la ville de Beaune, *Priviléges et franchises de la commune.*

CLXIII

Confirmation des priviléges de la ville de Beaune, par le roi Henri III.

1574 (octobre).

Henry, par la grâce de Dieu, roy de France et de Poullogne, scavoir faisons à tous présens et advenir, nous avoir receu l'humble suplication de noz chers et bien améz les Mayeur, eschevins, bourgeois, manans et habitans de nostre ville de Beaulne, contenant que par noz prédécesseurs roys de France et par les ducz de Bourgogne leur ont esté donnéz et octroyés plusieurs beaux, droictz, priviléges, exemptions, franchises et libertéz, dont ils sont en antienne possession et paisible joyssance; touttefoys ils doubtent que s'ils n'avoient noz lettres de confirmation pour nostre nouveau advenement à la couronne l'on leur voulsit donner empeschement, nous requérant humblement sur ce leur pourveoir et impartir notre grâce. Par quoy, nous, ces choses considérées, inclinans à la supplication et requeste des dits supplians, tous et chacuns les priviléges cy attachés soubs nostre scel, droitz, exemptions, franchises et libertéz à eulx donnéz et octroyéz par nos dictz prédécesseurs roys et par les ditz ducz, avons louez, confirméz, ratiffiez et approuvez, et par la teneur de ces présentes, de notre grâce spécial, plaine puissance et auctorité royal, louons, confirmons, ratiffions et approuvons par ces présentes, pour en joyr et user par les dits supplians et leurs successeurs, plainement et paisiblement comme ils ont fait par cy devant. Si donnons en mandement par ces dites présentes à noz amez et féaulx les gens tenant notre Court de Parlement à Dijon, au bailly du dict lieu et à tous noz aultres justiciers et officiers ou leurs lieutenans présens et advenir, et à chacun d'eulx si comme à luy appartiendra, que de noz présens grâce, confirmation, ratiffication et approbation ils facent, souffrent et laissent joyr plainement et paisiblement les dits supplians et leurs successeurs, sans leur mettre ou donner, ny souffrir estre fait, mis ou donné aulcun trouble, destourbier ou empeschement au contraire. Lequel si fait, mis ou donné leur estoit, ils le mettent ou facent mettre maintenant à pleine et entière délivrance. Et affin que ce soit chose ferme et stable à tousjours, nous avons fait mettre nostre scel à ces dites présentes, sauf en aultre chose notre droict et l'autruy en toutes. Donné à Lyon, ou mois d'octobre l'an de grâce mil cinq cent soixante quatorze, et de notre règne le premier.

Par le Roy, en son Conseil, Brulart.

Visa. Contentor. Morel.

Original : Archives de la ville de Beaune, *Privilèges et franchises de la commune.*

CLXIV

Ordonnance du roi Henri III, qui rétablit la mairie de Beaune dans l'exercice de la justice civile et criminelle, dont elle avait été privée par l'édit de Moulins.

1574 (octobre).

Henry, par la grâce de Dieu, roy de France et de Poullogne, à tous ceulx qui ces présentes lettres verront, salut. Noz amez et féaulx les Maire, eschevins, bourgeois, manans et habitans de nostre ville de Beaulne au pays de Bourgongne, nous ont exposé que, l'an mil deux cens et trois, Eudes, lors duc du dict pays de Bourgongne, leur concéda plusieurs priviléges pour eulx et leur postérité, signamment ausdiz Maire et eschevins toute justice, haulte, moyenne et basse, à l'instar des previléges concédez aux Maire et eschevins de Dijon, ville capitalle du dict pays, et à la charge de payer par les diz habitans la taille des mars portés par leurs diz previléges, qu'ils dyent depuis avoir esté réduicts à six vingts dix livres tournois. Et que le dit previlége leur auroit tousjours esté confirmé et continué par noz prédécesseurs roys de France, en considération de leur loyaulté et fidélité, tellement qu'ils en avoient continuellement jouy paisiblement, exerceans la jurisdiction des causes civiles et criminelles de la dite ville, et la police, jusques à ce que, en l'an mil cinq cens soixante six, par l'ordonnance de Molins, nostre dict très honoré seigneur et frère le roi Charles, que Dieu absolve, auroyt, en termes généraulx, interdict la congnoissance, arrest et jurisdiction de toutes causes civilles aux Maire, eschevins, conseilz et capitoux de ce royaulme, en suyvant laquelle ils se seroient abstenuz de congnoistre des dictes causes civiles, comme aussy auroient faict les Maire et eschevins du dict Dijon. Ce néantmoins que depuis, en l'an mil cinq cens soixante et unze, les diz Maire et eschevins du dit Dijon auroient esté exceptez et réservez de la dicte ordonnance, remis et rétabliz en tout tel droict et auctorité qu'ils avoient auparavant icelle ordonnance, attendu qu'ils avoient eu la dite justice à tiltre onéreux et pour aultres considérations portées par les lettres qui leur en ont esté expédiées. Et comme leurs diz previléges sont confermez et referez à ceulx du dict Dijon, et que pour la dicte justice, ils nous paient chacun an la dicte somme de six vingtz dix livres, ils nous ont très humblement requis de leur faire pareille grâce que le feu roy, nostre dict seigneur et frère, a faicte aux aultres Maire et eschevins du dict Dijon, en considération aussy que ce tourneroit à leur grand soulagement et observation de justice. Nous, à ces causes, désirans les favorablement traicter, pour le bon et louable rapport qui nous a esté faict de leur fidélité et loyaulté, tant envers nos diz prédécesseurs roys que nous, et après avoir faict veoir en nostre dict Conseil privé les tiltres et chartres antiennes de la dicte ville, dont le vidimus avec leurs confirmations sont cy attachez, soubz nostre dict contre scel, comme aussy la coppye des lettres de main levée faicte à ceulx du dict Dijon. Attendu que leurs diz previléges sont confermés comme dict est à ceulx du dit Dijon, et que par iceulx appert qu'ils portent la dicte jurisdiction à tiltre onéreux. De l'advis de nostre dict Conseil et de nostre dicte grâce spécial, avons dict et déclaré, disons et déclarons que les diz Maire et eschevins de nostre dicte ville de Beaulne, congnoissent doresenavant des dictes causes civilles avec les criminelles et en la police, en tous cas et tout ainsy que ceulx du dict Dijon et qu'ils faisoient auparavant les dictes ordonnances de Moulins et déclarations sur icelles entrevenues, et du contenu desquelles, en ce qui concerne leurs susdictz previléges et jurisdiction, nous les avons exceptez et réservez, exceptons et réservons par ces présentes, par lesquelles mandons à noz amez et féaulx les gens de nostre dicte court de Parlement audict Dijon, que ceste nostre présente déclaration ils facent lire, publier et enregistrer, entretenir, garder et observer de poinct en poinct, selon sa forme et teneur, et du contenu en icelle souffrent et laissent joyr et user les diz Maire et eschevins du dict Beaulne, plainement et paisiblement, contraignant à ce faire, souffrir et obéyr tous ceulx qu'il appartiendra, par toutes voyes, manières deues et raisonnables. Car tel est nostre plaisir, nonobstant oppositions ou appellations quelconques, pour lesquelles ne voulons estre différé, nonobstant, comme dict est, nos dictes ordonnances de Molins et déclarations sur ce entrevenues, ausquelles, pour ce regard et aux dérogatoires des dérogatoires y contenues, nous avons dérogé et dérogeons par les dictes présentes. En tesmoing de quoy, nous avons à icelles faict mectre nostre scel. Donné à Lyon, le vingtroisième jour d'octobre l'an de grâce mil cinq cens soixante et quatorze, et de nostre règne le premier.

Par le Roy, BRULART.

Archives du greffe de la Cour impériale de Dijon : Parlement de Bourgogne, *Registres d'enregistrement des édits, ordonnances*, etc., vol. IX, folio 99.

CLXV

Confirmation des privilèges de la ville de Beaune, par le roi Henri IV.

1595 (février).

Henry, par la grâce de Dieu, roy de France et de Navarre, à tous présens et à venir, salut. Ce n'est qu'avec beaucoup de faulx prétextes et artiffices, et le plus souvent avec une extresmes contraintes et violances, que nos ennemis, pendant le cours des présens troubles, ont retenu nos pauvres subjectz si longuement hors notre obéissance. Chacun a veu à l'œil ceulx qu'ils ont soubs le voile de piété et avec beaucoup d'impiété, et les cruels et inhumains désordres pour forcer tout le monde à leur rébellion; mais Dieu qui a tousjours heu soing de la conservation de cest estat et de nostre protection particulière, apprès avoir manifestement descouvert le but de leurs intentions et démesurées ambitions, n'a permis que tant d'illicites moyens ayent esté bastans, pour retenir les effects des bonnes volontés que tous les gens de bien, vrays et naturels françoys, ont heu naturellement enclinée et disposée au service de leurs roys; car s'estans les principales villes que ne sont assubjecties par aulcuns fortz, chasteaulx et garnisons, de soy mesme portées à nostre obéissance, sa divine bouté a quant et quant touché le cœur de la pluspart des chefs et aultres qui avoient les forts et forces en main et les a poussés au mesme debvoir mesmes les plus obstinés, et desquels nos dits ennemis faisoient d'advantage d'estat pour maistriser et violanter la franchise et liberté de nos dicts subjectz à la faveur des dites citadelles et garnisons. Mais où la force a heu plus de lieu il ne s'y est pas moings remarcqué d'affection et résolution, en ce que l'occasion s'offrant pour faire paroistre l'intérieure fidélité et affection que la rigeur et tirannye avoit réservées au plus secret de leurs ames, ils ne l'ont laissées perdre, mais la prenant à propos, ils n'ont manqué de secouer le joug soubs la rigeur duquel ils estoient si indignement asservis. Ce qui est d'aultant plus à louer et remarcquer en noz chers et bien amés les habitans de nostre ville de Beaulne, lesquels combien que depuis un an et plus ils se soient veues entièrement enfermés et enserrés parmy un grand nombre de fortes garnisons, mesmes veillé incessamment du duc de Mayene, se deffiant indubitablement de ce qui s'est despuis ensuivy, et désespéré de pouvoir estranger leur cœur de la recognoissance de leur roy, ont enfin prins l'occasion de se mettre en liberté (1) par l'approchement de nostre très cher cousin le mareschal de Byron, conduisant nostre armée, à la faveur de laquelle et par la grande prudence et non moindre valleur et diligence de nostre dict cousin, ils ont donné establissement à nostre auctorité, s'estant rendus maistres enfin de ceulx qui les tenoient captifs et misérables, c'est parce que la seule espérance qu'ils ont heues que nostre bonté et clémence les garantiroit et leur feroit oublier en bref la mesmoire de tant d'incommodités et oppressions souffertes à nostre occasion, les a poulsé à les rechercher, ne leur voulant icelles desnier, ains embrassant avec toute la bienveillance possible leur repos et conservation, nous avons voulu par cestuy nostre édit perpétuel et irrévocable, ordonner ce que sur les articles des très humbles requestes et remonstrances qu'ils nous ont, par leurs depputés, faict représenter, nous avons estimé debvoir et pouvoir faire pour leur bien, soulagement et contantement. A ces causes, de l'advis des princes de nostre sang et aultres seigneurs et notables personnes de nostre Conseil estant à présent près de nous, avons dit, statué et ordonné, disons, statuons et ordonnons ce qui s'ensuit. Premièrement, que pour assurer les dicts habitans contre les importuns et faulx prétextes de piété et de religion, dont nos ennemis les ont un long espace de temps circonvenus, nous leur avons promis et promettons par ces présentes qu'il ne se fera aulcun exercice de religion que de la catholicque, apostolicque et romaine en nostre dite ville, château et faubourgs de Beaulne, ny aux aultres lieux circonvoysins deffendus par l'édit de l'an mil cinq cent LXXVII et déclarations ensuivies pour l'exécution d'iceluy ; et d'aultant que pour la preuve évidante qu'ils nous ont rendue de leur fidélité, nous avons recogneu que la malice du temps leur a

---

(1) Le 5 février 1595, les Beaunois, sous le commandement de leur Maire, se soulevèrent contre la garnison lorraine, et, l'ayant refoulée jusque sous les murs du château, ils brisèrent les portes de la ville et y firent pénétrer l'armée du maréchal de Biron.

preuvé la licence de faire beaucoup de choses au préjudice de nostre service et auctorité, mettant soubs le pied toutes les faultes passées, nous avons du tout et à tousjours esteintes, supprimées et abolies, esteignons, supprimons et abolissons par ces mesmes présentes la mesmoire de tout ce que par le corps et communaulté de la dicte ville en général et en particulier, a esté faict, dict, traicté, géré et négocié durant et à l'occasion des présens troubles, et le tout leur permettons et pardonnons, comme s'il estoit cy particulièrement exprimé. Faisant défense très expresse à tous nos justiciers, officiers et subjectz de les en rechercher, ny ceulx qui par leur commendement ou consentement s'en sont entremis, leurs successeurs et ayans cause, et des choses passées comme dict est les poursuyvre, molester ny inquiéter ores ny pour l'advenir, en quelque sorte et pour quelque occasion que ce soit. Imposant sur ce silence à nos procureurs généraulx, leurs substituts présens et advenir et aultres nos dicts subjectz quelconques, et, par ce moyen, advouhant et recognoissant les dicts habitans pour nos bons, fidelles et affectionnés subjectz, nous les avons prins et mis, prenons et mettons en nostre protection et sauvegarde spécialle, avec toutes leurs familles, biens, moyens et facultés, et quant et quant nous les avons remis et restablis, remettons et restablissons en la libre, paisible et entière jouissance d'iceulx, soient bénéfices, offices, charges et dignités dont ils sont bien et dehuement par nous ou nos prédécesseurs et aultres ausquels il peult appartenir pourveus, héritages, rentes, revenus, debtes, noms, raisons et actions qui leur appartiennent, quelque part qu'ils soient scituéz et assis, révocquans pour cest effect tous dons, commissions, arrestz, sentences, jugements et aultres actes et exploits de justice ou autres qui peuvent avoir esté donnés et octroyés durant et à l'occasion des ditz présentz troubles contre et au préjudice des dictz habitans. Voulans qu'ils soient comme nous les déclarons nuls et de nul effect, force et valleur, les cassant et révocquant pour l'advenir. Toutefois, seullement en ce qui reste à exécuter d'iceulx et n'a réaulment et de faict esté acquitté en vertu d'iceulx à nos officiers ou donataires. Nous avons aussy continué et confirmé, continuons et confirmons par ces mêmes présentes, ausdictz habitans tous et chacuns les anciens priviléges, franchises, droictz et octroys, desquelz ils ont de tout temps estés gratifféz par nos prédécesseurs roys, mesme la permission, droict et octroy de lever sur chacune pinte de sel vendu, deux deniers six sols huit deniers pour l'entrée de chacune quehue de vin en la dicte ville, et le droict accoustumé du portage et aultres pour jouir du tout ainsy qu'ils ont faict bien et dehuement auparavant les présens troubles, leur en ayant de nouveau et tant que besoing est ou seroit de nouveau, faict et faisons don par ces présentes, sans que pour les dictz don, continuation et confirmation des dictz priviléges, dons et octroys, il soit besoing ausdicts habitans d'obtenir de nous aultres lettres que les dictes présentes, que nous voulons aussy leur servir pour le passé et pour l'advenir, au lieu des anciens octroys et chartres qu'ils avoient obtenu de nos dictz prédécesseurs; lesquelles ont estées naguères bruslées par nos ennemis qui s'estoient renfermés en la maison du greffier de nostre dicte ville, lorsque les dicts habitans y donnèrent entrée à nos troupes pour tesmoignage très certain de leur entière fidélité, nous, confians du tout, à laquelle nous leur avons donné et octroyé, donnons et octroyons la garde des clefs des portes, ponts et autres lieux publicqs de nostre dicte ville. Et pour le regard de la garde et commandement en icelle, ayant mis les dictz habitans en nostre protection, nous aurons soing désormais de leur repos et conservation et ne donnerons cy après auctorité ne commandement sur eulx à quelque personne que ce soit, qu'il n'ayt la mesme intention et volonté au soulagement des dicts habitans, comme nous sommes assurés qu'à nostre dict cousin le mareschal de Biron, auquel nous en avons donné le gouvernement. Désirant aussy que les dictz habitans ressentent quelque fruict de nostre bienveillance en leur endroict, nous les avons exempté, quitté et deschargé par ces dictes présentes, les quittons, exemptons et deschargeons du payement de nos taillon, creues et impositions des années passées despuis les présens troubles jusques à présent, et pour l'advenir durant trois années qui se prendront en six prochaines et consécutives. N'entendons toutefois estre cy comprins ce qui a esté faict par forme de voleries et sans adveu, pour raison de quoy nous avons permis et permettons à toutes personnes de se pourveoir par les voyes de justice, ainsy que bon lui semblera. Comme aussi sont exceptés tous ceulx qui se treuveront chargés et coulpables de l'exécrable assassinat commis en la personne du dict deffunt roy, dernier décédé, nostre très honoré seigneur et frère; et de conspiration contre nostre vie, et pareillement de tous crimes et délictz punissables entre gens de mesme party. Sy donnons en mandement à nos amés et féaulx conseillers, les gens tenant nostre court de Parlement, Chambre des Comptes, cour des Aydes, thrésoriers généraulx de nos finances en Bourgogne, baillis, sénéschaulx, prévostz, juges, et leurs lieutenants, et aultres nos officiers, justiciers et subjectz qu'il appartiendra, que ces présentes ils ayent chacun en droit soy à faire lire, publier et registrer icelles, vériffier, entériner, exécuter, garder et observer inviolablement selon leur forme et teneur, contraignant à ce faire, souffrir et obéir tous ceulx qu'il appartiendra, et qui pour ce seront à contraindre par toutes voyes dehues et raisonnables, nonobstant opposition ny appellations quelconques pour lesquelles et sans préjudice d'icelles, ne voulons estre différé, et quelconques ordonnances, mandements, deffenses, arrestz, jugements et aultres choses à ce contraires, ausquelles et à la dérogatoire de la dérogatoire d'icelle, nous avons dérogé et desrogeons par ces dictes présentes, de nos plaine puissance et auctorité royal. Car tel est nostre plaisir. Donné à Paris, au mois de février l'an de grâce mil cinq cent quatre vingts quinze, et de nostre règne le sixième.

HENRY.

Par le Roy, POTHIER.

Original : Archives de la ville de Beaune, *Priviléges et franchises de la Commune*.

CLXVI

Confirmation des priviléges de la ville de Beaune, par le roi Louis XIII.

1616 (mai).

Louis, par la grâce de Dieu, roy de France et de Navarre, à tous présens et à venir, salut. Les roys nos prédécesseurs ayant bien jugé qu'ils ne pouvoient donner de plus exprès tesmoignage de leur bienveillance à leurs bons et loyaulx subjectz qu'en leur concédant de beaulx et amples priviléges pour marque et récompense de leur fidélité, n'ont jamais espargné ne grâce et faveur à l'endroit de ceulx qui les ont méritées ; ce que le feu roy, nostre très honoré seigneur et père, que Dieu absolve, auroit si heureusement observé, que s'estant par ce moyen acquis et concilié le cœur et l'affection de ce royeaulme, nous en avons receu les fruitz à nostre advénement : chacun de nos subjetz ayant par une émulation digne de louhanges, contribué de tout son pouvoir, pour nous donner des preuves de son obéissance et de son grand zèle à nostre service, notamment nos chers et bien amés les Maire, eschevins et habitans de nostre ville de Beaune, qui d'ailleurs firent un acte si généreux en la réduction de nostre dicte ville en l'obéissance de nostre dict feu seigneur et père, qu'il ne s'en peult pas désirer un plus mémorable pour exemple à leur postérité, aussy leur en fut il accordé un édict si solennel, contenant la confirmation de leurs priviléges, qu'il ne reste qu'à leur en conserver la jouissance et manutention, comme ils nous ont faict très humblement supplier et requĕrir, et leur en octroyer nos lettres nécessaires. A ces causes, scavoir faisons que désirans, à l'imitation de nos dicts prédécesseurs, user de faveur que rendent les roys aimés de leurs sujets et les peuples soigneux de leur fidélité et curieux de leur debvoir. Nous avons ausdictz Maire, eschevins et habitans de nostre dicte ville de Beaulne confirmé et continué, confirmons et continuons par ces présentes, de nostre grâce spécialle, tant ledict édict du mois de febvrier mil cinq cent quatre vingt et quinze cy actaché, soubs le contre scel de nostre chancellerie, que tous et chacuns les privilèges, franchises, immunités, droicts, octroys, usages, libertés, dons et concessions qui leur ont estées accordées et données par nos dicts prédécesseurs roys et ducs de Bourgongne pour en jouir et user, et leurs successeurs, plainement et paisiblement et perpétuellement, et en la mesme forme et manière qu'ils en ont bien et dehuement jouy et usé, jouissent et usent encores de présent, sans innovation. Sy donnons en mandement à nos amés et féaulx conseillers, les gens tenant nostre court de Parlement, Chambre de nos Comptes et thrésoriers généraulx de France à Dijon, que de nos présentes grâce, confirmation, continuation et contenu en ces présentes, ils aient à faire souffrir et laisser jouir les dict Maire, eschevins et habitans et leurs successeurs, plainement, paisiblement et perpétuellement, sans permettre qu'il leur soit fait, mis ou donné aulcun trouble ou empeschement au contraire, ains les maintenir en leurs dicts privilèges, nonobstant quelconques lettres et choses à ce contraires. A quoy, et aux dérogatoires des dérogatoires, nous avons dérogé et dérogeons par ces dictes présentes. Car tel est notre plaisir. Et afin que ce soit chose stable et ferme à tousjours, nous avons faict mettre notre scel à ces présentes. Donné à Paris, au mois de may l'an de grâce mil six cent seize, et de nostre règne le septiesme.

  Par le Roy,   Petit.
         Visa. Contentor.   Gaveau.

Original : Archives de la ville de Beaune, *Privilèges et franchises de la Commune.*

CLXVII

Confirmation des priviléges de la ville de Beaune, par le roi Louis XIV.

1644 (janvier).

Louis, par la grâce de Dieu, roy de France et de Navarre, à tous présents et advenir, salut. Nous avons recogneu, à nostre advenement à la couronne, que l'une des plus grandes satisfactions qu'ayent les princes souverains lorsqu'ils arrivent au gouvernement, consistent à rendre aux peuples qui leurs sont subjectz des tesmoignages de leur bonne volonté, autant que chacun semble les inviter selon les veux et les prières qu'ils en reçoivent, comme les gages de leur obéyssance et les assurances de leur affection et service. Ce qu'ayant esté soigneusement observé par les roys nos prédécesseurs, et dont nous imitons les bons exemples, autant qu'il nous ayt possible. Nous avons favorablement reçeu la très humble supplication de nos chers et bien amés les Maire, eschevins, sindicqs et habitans de nostre ville de Beaulne, l'une des meilleure de nostre duché de Bourgongne, remarquable tant par son antiquité, que par les services importans dont elle s'est signalée, soit lorsque les ducs de Bourgongne en estoient possesseurs, soit despuis qu'elle a esté réunye à nostre estat et couronne, à cause de quoy, tant les dicts ducs de Bourgongne que les roys nos prédécesseurs, leur auroient accordé plusieurs beaulx, droicts, previléges, concessions et octroys, scavoir : la liberté, scavoir de former un corps de ville et communauté comme en nostre ville de Dijon, soubz l'authorité d'un Maire et prévost, six eschevins, un syndicq, un secrétaire et autres officiers qui le composent, avec tous droitz de pollice, justice civile et criminelle qui leur est patrimonialle tant dedans l'enclos de la dite ville de Beaune que faulbourgs et banlieue d'icelle, même l'intendance des deniers patrimoniaux et d'octroys de la dite ville et la prévosté sur les chemins du bailliage, sans qu'il soit permis à aucuns autres officiers de faire capture, mainmise, ny entreprise, ny autres exploits de justice en la dite ville, faulbourgs et banlieux qu'avec le ministère des assistances des sergents et officiers de la dite ville. Comme encore plusieurs foires, marchés, franchises, immunités, honneurs, proffits, et divers autres droits ; mesme, pour marque de leur entière et appreuvée fidélité, les roys nos prédécesseurs leur auroient accordé la garde des clefs des portes, ponts, passages et autres lieux publicqs de la dite ville, pour la conservation desquels ayant supporté de grandes despenses afin de fortifier la ville, scituée en pays limitrophe, importante audit duché de Bourgongne et nostre estat, l'exemption des droits de francs fiefs, amortissemens et nouveaux acquêts leur avoient esté accordées, avec liberté d'acquérir tous héritages, cens, rentes, revenus, seigneuries, justice et fiefs, pour les tenir et posséder ainsi que personnes nobles peuvent faire sans estre obligés d'en payer finance, en laquelle exemption ils ont esté nouvellement maintenus par arrest contradictoire et jugement souverain des commissaires députés pour le faict desdicts francs fiefs, amortissemens et nouveaux acquets du xxviii apvril m vi xxxviii, desquels priviléges, droicts et concessions, nos dicts prédécesseurs roys leur ont, par lettres pattantes, accordé de temps en temps la confirmation, suivant lesquelles ils en ont plainement et paisiblement jouy jusque à présent. Nous ayant requis très humblement par nostre bien amé maistre Pierre Tixier, l'un des dicts eschevins de la ville, pour ce député vers nous, qu'il nous plaise les maintenir et conserver esdicts droits et priviléges, à leur en octroyer à ces fins nos lettres sur ce nécessaires. A ces causes, après avoir fait venir en notre Conseil les titres, papiers et lettres patantes concernant les droicts, priviléges et exemptions des dicts exposans, continuation et confirmation d'iceux par le duc Odot et les roys nos prédécesseurs, notamment des deffuntz roys François premier et nostre très honnoré seigneur ayeul et père, d'heureuse mémoire, cy attachés soubs le contre scel de notre chancellerie, meus de la mesme bonne volonté par laquelle nos dicts prédécesseurs roys leur ont conceddé et confirmé les dicts droicts et priviléges, désirans, pour les considérations susdites et pour la fidélité qu'ils ont en diverses et importantes occasions tesmoigné avoir pour le bien et service de cest estat et couronne, dont nous avons esté particulièrement informés et satisfaict, leur avons, de l'advis de la reyne régente, nostre très honorée dame et mère, et de nos grâce spéciale, plaine puissance et authorité royalle, accordé, continué et confirmé, accordons, continuons et confirmons tous et chacuns les dits priviléges, concessions, honneurs, proffits, libertés, fonctions, immunités, exemptions, franchises et aultres droicts dont les dits exposans sont en possession, pour en jouir par eulx et leurs successeurs plainement, paisiblement et perpétuellement, tout ainsi et en la mesme forme et manière qu'ils en ont cy devant jouy et usé, jouissent et usent encore à présent. Sy donnons en mandement à nos amés et féaulx les gens tenans notre cour de Parlement de Dijon, Chambre de nos Comptes et trésoriers de France audit lieu, juges, baillis, sénéchaux, leurs lieutenans et tous autres nos justiciers et officiers qu'il appartiendra chacun en droit soy, que ces présentes ils facent lire, publier et régistrer selon leur forme et teneur, et du contenu en icelles ils souffrent et laissent jouir et user les exposans plainement, paisiblement et perpétuellement, cessant et faisant cesser tous troubles et empeschements à ce contraires. Car tel est notre plaisir. Et affin que ce soit chose ferme et stable à toujours, nous avons faict mettre notre scel à ces présentes, sauf en autre chose notre droit et l'autruy. Donné à Paris, au mois de janvier l'an mil six cent quarante quatre, et de notre règne le premier.

LOUIS.

Par le Roy, la Reine régente, sa mère, présente.

PHELIPPEAUX.

Original : Archives de la ville de Beaune, *Priviléges et franchises de la Commune.*

CLXVIII

Confirmation des priviléges de la ville de Beaune, par le roi Louis XV.

1716 (octobre).

Louis, par la grâce de Dieu, roy de France et de Navarre, à tous présens et à venir, salut. Nos chers et bien amez les Maire, échevins, sindic et habitans de notre ville de Beaune, au duché de Bourgogne, nous ont très humblement fait exposer que cette ville, l'une des meilleures et des plus anciennes de la province, s'estant toujours distinguée par sa fidélité inviolable envers ses souverains, soit lorsque les ducs de Bourgogne en estoient possesseurs, soit depuis qu'elle a été réunie à notre couronne ; les dits ducs et les roys nos prédécesseurs, pour récompenser les services importans par lesquels ses habitants se sont signalés dans toutes les occasions, leur ont accordé plusieurs beaux, droits, priviléges, concessions et octroys. Savoir la liberté de former un corps de ville et communauté, comme en notre ville de Dijon, souz l'autorité d'un Maire et prévost, six échevins et un sindic, un secrétaire et autres officiers qui la composent, avec tous droits de police, justice civile et criminelle qui leur est patrimonialle, tant dedans l'enclos de la dite ville de Beaune que dans les faubourgs et banlieue d'icelle, mesme l'intendance des deniers patrimoniaux et d'octroys de la dite ville et la prevosté sur les eschevins du bailliage, sans qu'il soit permis à aucuns autres officiers de faire capture, saisie, mainmise, exécutions ny autres exploits de justice en la dite ville, faubourgs et banlieue, qu'avec le ministère et l'assistance des sergens et officiers de la dite ville. Comme encore plusieurs foires, marchés, franchises, immunités, honneurs, proffits et divers autres droits; mesme, pour marque de leur fidélité, les roys nos prédécesseurs leur auroient accordés la garde des clefs des portes, ponts, passages et autres lieux publics de la dite ville, pour la conservation desquels ayant autrefois supporté de grandes dépenses affin de fortiffier la dite ville, scituée pour lors en pays limitrophe, et par cette raison importante audit duché de Bourgogne et autres estats ; l'exemption des droits de francs fiefs, amortissemens et nouveaux acquets, leur auroit encore esté accordé, avec la liberté d'acquérir tous héritages, cens, rentes, revenus, seigneuries, justices et fiefs, pour les tenir et posséder ainsi que personnes nobles pourroient faire sans estre obligés d'en payer finance; en laquelle exemption ils ont esté maintenus par arrest contradictoire et jugement souverain des commissaires députés pour le fait des dits francs fiefs, amortissemens et nouveaux acquests, du 25 avril 1638 ; desquels priviléges, droits et concessions, nos dits prédécesseurs leur ont, par lettres pattentes, accordé de temps en temps les confirmations suivant lesquelles ils en ont plainement et paisiblement jouy jusque à présent. Nous ayant requis très humblement par notre bien amé messire Pierre Gillet, notre conseiller et Maire de la dite ville, pour ce député vers nous, qu'il nous plaise les maintenir et conserver dans les dits droits et priviléges, et pour cet effect leur en accorder pareillement nos lettres sur ce nécessaires. A ces causes, après avoir fait voir en notre Conseil les lettres pattentes du duc Odde et des roys nos prédécesseurs, portant confirmation des dicts droits, priviléges et exemptions des dicts exposans, et notamment celles des rois François I, du mois d'aout 1521 ; Louis XIII, du mois de mai 1616, et de Louis XIV, notre très honoré seigneur et bisayeul, du mois de janvier 1644, cy attachées sous le contrescel de notre chancellerie ; de l'avis de notre très cher et très amé oncle le duc d'Orléans, régent, de notre très cher et très amé cousin le duc de Bourbon, de notre très cher et très amé oncle le duc du Maine, de notre très cher et très amé oncle le duc de Toulouse, et autres pairs de France, grands et notables personnages de notre royeaume; et de nos grâce spéciale, plaine puissance et authorité royalle, nous avons, par ces présentes signées de notre main, accordé, continué et confirmé, accordons, continuons et confirmons tous et uns chacuns les sus—

dits priviléges, concessions, honneurs, proffits, libertés, fonctions, immunités, exemptions, franchises et autres droits dont les dits exposans sont en possession, pour en jouir par eulx et leurs successeurs plainement, paisiblement et perpétuellement, tout ainsy et en la mesme forme et manière qu'ils en ont par cydevant bien et deuement jouy et usé, jouissent et usent encore actuellement. Sy donnons en mandement à nos amés et féaulx conseillers les gens tenans notre court de Parlement de Dijon, chambre de nos Comptes et trésoriers de France audit lieu, juges, baillis, sénéchaux, leurs lieutenans et tous autres nos officiers qu'il appartiendra, chacun en droit soy, que ces présentes ils ayent à faire lire, publier et enregistrer, selon leur forme et teneur, et du contenu en icelles, ils souffrent et fassent jouir et user les dicts exposans pleinement et paisiblement et perpétuellement, cessans et faisant cesser tous troubles et empeschemens à ce contraires. Car tel est notre plaisir. Et afin que ce soit chose ferme et stable à toujours, nous avons fait mettre notre scel à ces dites présentes. Donné à Paris, au mois d'octobre l'an de grâce mil sept cent seize, et de notre règne le second.

LOUIS.

Par le Roy, le duc d'Orléans, régent,   PHELIPPEAUX.

Visa. VOYSIN.

Original : Archives de la ville de Beaune, *Priviléges et franchises de la Commune.*

BUXY (SAONE-ET-LOIRE)

1204.

Rainald, archevêque de Lyon, et Robert, évêque de Chalon, mandent que :

Béatrix, comtesse de Chalon, a donné telle liberté à la ville de Buxy et promis, sous la foi de dix chevaliers, de l'observer perpétuellement.

Par cette charte, elle a concédé aux habitants le droit d'usage, d'affouage et de parcours dans la forêt de Bragny, moyennant que ceux-ci lui paieront chaque semaine, sauf le jeudi, tout le minage (1) et les deux tiers du fournage (2); l'autre tiers appartenant à Renaud de Buxy.

La connaissance de tous les délits commis sur le territoire est confiée à quatre prudhommes.

La moitié de l'amende prononcée est remise au plaignant.

La punition des crimes appartient au seigneur.

Si un habitant ou un étranger veut remettre le jugement d'une cause aux prudhommes, ceux-ci sont tenus de déférer à sa demande.

S'il ne veut ou ne peut le faire et qu'il veuille quitter la ville, le seigneur est tenu de le conduire en lieu sûr, par l'espace d'un jour et d'une nuit.

Si le seigneur va en expédition, chaque feu est tenu de lui fournir un homme à ses frais.

Tout prévôt devra, avant de prendre possession de son office, jurer la conservation de cette charte.

Le seigneur héritera des habitants et des passants qui mourront sans héritiers ou *ab intestat*.

Le seigneur est tenu, avant sa nouvelle venue, de jurer sur les saints Evangiles la conservation de ces priviléges. A son refus, il sera déchu de ses droits sur la ville, et les deux prélats mettront ses terres en interdit jusqu'à satisfaction complète.

Le prévôt et les officiers du seigneur sont exceptés de cette liberté.

Ces priviléges furent confirmés : en 1227, par Hugues IV, duc de Bourgogne, fils de la duchesse Alix; — par les ducs Robert II (1234), Eudes IV (1348), et Philippe le Bon (1422).

(Archives de la Côte-d'Or. Chambre des Comptes de Dijon. Affaires des communes. Buxy. — Imprimé dans Pérard, p. 312.)

(1) Droit qu'on percevait sur le mesurage des grains.
(2) Droit perçu sur les pâtes que l'on portait cuire au four banal.

VILLE DE NUITS

Nuits, aujourd'hui ville chef-lieu d'un canton de l'arrondissement de Beaune, et avant la Révolution siége particulier d'un des bailliages du Dijonnais, dépendait jadis de la baronnie de Vergy. Elle entra en 1198 dans le domaine ducal, par le mariage d'Alix, fille de Hugues, baron de Vergy, avec Eudes III, duc de Bourgogne. Elle était alors divisée en deux portions bien distinctes, savoir : Nuits-*Aval*, groupé autour de la chapelle Notre-Dame, depuis de Saint-Denis, relevant directement du prince, qui l'affranchit en 1212; l'autre, Nuits-*Amont*, dont l'église de Saint-Symphorien formait le centre, et qui avait, selon toute apparence, été détachée du domaine principal par des inféodations, que les ducs Hugues IV et Robert II éteignirent en les rachetant pièce à pièce, ce qui permit au premier d'étendre en 1268, à cette partie de la ville, les bienfaits du régime municipal, dont ceux de Nuits-*Aval* jouissaient depuis cinquante-huit ans.

CLXIX

Charte d'affranchissement de la ville de Nuits-*Aval*, par Eudes III, duc de Bourgogne, et confirmation de cette charte par son fils, le duc Hugues IV.

1212 (avril), 1256 (septembre).

Nos Hugo dux Burgundie, notum facimus universis presentibus et futuris, quod, nos venerabilis patris nostri Odonis ducis Burgundie litteras vidimus et sigillo suo roboratas in hunc modum :

In nomine sancte et individue Trinitatis. Amen. Quoniam ea que inter homines fiunt labuntur pro modico nisi litterarum memorie tradantur. Icirco ego Odo dux Burgundie abergamento meo (1) de Nuid et hominibus inibi subtus me commorantibus, libertatem quamdam in perpetuo tenendam concessi, ut michi et meis in futurum proficiat et aliis idem videntibus vel audientibus perveniat

---

(1) Par ce mot *abergamentum*, le Duc rappelle l'obligation à laquelle étaient tenus tous les habitants de cette partie de la ville, de le loger avec sa suite, toutes les fois qu'il venait à Nuits. Ailleurs, ce même droit s'appelait gîte, *gextum*, *gistum*. Les habitants de Nuits s'en affranchirent en payant une redevance, dont le nom d'*albergeage* rappelle l'origine. (Archives de la Côte-d'Or, Chambre des Comptes de Dijon, B 5562-5563.)

in exemplum. Ea propter ego Odo dux Burgundie, notum facio presentibus et futuris me quitasse omnes homines ejusdem abergamenti subtus me commorantes ab omni tallia et exactione. Excepto quod pro quolibet manso ejusdem abergamenti michi vel mandato meo, quindecim solidos in festo beati Dionisii persolvent.

Nolens etiam quod dictum abergamentum propriis occasionibus ballivorum gravaretur ; si aliquid forefactum ibidem emerserit, prepositus (1), non per se solum, sed ad aspectum duorum vel trium prudentium virorum ejusdem ville ad hoc electorum, forefactum judicabit et levabit secundum usus et consuetudines pristinas. Hec omnia dicto abergamento concessi, salvis pristinis justiciis meis. Quod ut ratum habeatur presentem paginam annotatam sigilli mei testimonio confirmavi. Actum apud Belnam, anno gratie M° CC° duodecimo, mense aprili. Datum per manum Hugonis cancellarii mei, adstantibus in curia mea quorum nomina subscripta habentur. Gaucherio de Castellione, comite Sancti Pauli (2), senescaulo meo. Poncio de Granceio (3), constabulone meo. Hugone de Laeio (4), marescallo meo.

Nos autem de factis venerabilis patris nostri in hac parte nichil volentes immutare litteras a patre nostro hominibus de Nuiz datas et sigillo suo roboratas confirmamus et sigilli nostri munimine duximus roborandas. Actum anno Domini M° CC° quinquagesimo sexto, mense septembris.

Original : Archives de la ville de Nuits, *Priviléges et franchises de la Commune.* — Imprimé dans l'*Essai historique sur la ville de Nuits*, par Vienne, page 204, 207 et 318.

(1) Le ressort de la prévôté de Nuits ne dépassait pas les limites du territoire de cette ville. Le prévôt, dont les chartes de 1212 et 1268 n'avaient point annihilé l'autorité au profit des officiers municipaux, comme à Dijon et à Beaune, demeura le chef de la justice jusqu'à l'institution définitive des baillis ducaux. Ceux-ci le réduisirent bientôt à n'être qu'une sorte de fermier, chargé de percevoir les redevances dues au prince, de faire la police des marchés et d'assurer l'exécution des criminels. Dès la fin du XIV° siècle, les prévôtés de Nuits, de Chaux et de Vosne furent réunies sur la même tête.
(2) Gaucher III, seigneur de Châtillon, comte de Saint-Paul, sénéchal de Bourgogne, bouteiller de Champagne, servit Philippe-Auguste dans plusieurs expéditions, se croisa contre les Albigeois, contribua au gain de la bataille de Bouvines, et mourut en 1219. (Anselme, VI, 93. Voir page 25, en note.)
(3) Ponce de Grancey, connétable.
(4) Hugues de Layer, près Saulon-la-Chapelle, maréchal.

CLXX

Charte d'affranchissement de la ville de Nuits-Amont, par le duc Hugues IV.

1268 (juillet).

Nos Hugo dux Burgundie, universis presentes litteras inspecturis, notum facimus quod nos omnibus hominibus nostris ville nostri de Nuyt *Amont* nunc ibidem morantibus et in posterum manentibus sives venturis talem libertatem seu franchisiam in perpetuum concedimus atque damus pro nobis et heredibus nostris, qualem habent homines nostri abergamenti nostri de Nuyt *Aval*. Secundum quod in litteris bone memorie Odonis quondam patris nostri continetur quarum tenor talis est :

In nomine. . . . . . . (*Voir le numéro précédent*.)

In horum omnium testimonium, nos Hugo dux Burgundie supra dictus sigillum nostrum presenti pagine duximus apponendum. Datum et actum anno Domini millesimo ducentesimo sexagesimo octavo, mense julii.

Vidimus fait au mois d'août 1270, pardevant Milot, archiprêtre et chanoine de Vergy. — Archives municipales de Nuits, *Priviléges et franchises de la Commune*.

CLXXI

Charte de Robert II, duc de Bourgogne, qui attribue aux habitants de Nuits la connaissance des délits commis dans leurs bois communaux.

1296 (19 septembre).

Nous, Roberz, dux de Borgoigne, faisons savoir à tous cels qui verront ces présentes lettres que nous, de grâce especiaul, volons et octroions que li home de Nuis puissent garder les bois de leur communauté et mettre en déffense par amande les dis bois, et volons que ils puissent lever les amandes raisonnables des malfaicteurs des dis bois en la partie deffendue, et deffendons à nos prévost et sergens que il en ce ne mettient empeschement.

Donné à Argilly, sous notre petit seaul, le mercredi devant la feste de Saint Mathié l'apostre, l'an de grâce mil deus cens quatre vins et seze.

Original : Archives de la ville de Nuits, *Priviléges et franchises de la Commune*. — Imprimé dans l'*Essai historique sur la ville de Nuits*, par Vienne, page 208.

CLXXII

Lettres d'Agnès, fille de saint Louis, duchesse de Bourgogne, et de son fils le duc Eudes IV, qui concèdent exclusivement aux prudhommes de la commune de Nuits la connaissance du cas *dou sanc fait sans clam et sans malice.*

1317-18 (26 février).

Nous, Aignès, fille dou saint roy Loys, duchesse, et nous, Eudes, filz de laditte Aignès, dux de Bourgoinne, facons savoir à touz ceuls qui verrunt et orront ces présentes lettres, que, comme notre proudomme habitant de la ville de Nuiz, nous baient denuncié, senefié (1) en complainnant que notre prévost de Nuiz qui hont esté pour le temps passé et qui or sunt, se sont enforcié et encour s'enforcent de lever amandes dou sanc fait à Nuiz sanz clam (2), faire à eux et sanz malice de celui qui le dit sanc ha fait, et encour nous hont denuncié que li prevost qui pour le temps hont esté, hont usé de enquérir dou sanc fait sans clam et sanz malice si com dessus est dit et aussi de celui qui le scet, se il ne lou denunce et de lever amandes. Les proudommes de la ditte ville contredisant et réclamant au contraire. Si nous hont supplié que nous, cest usaige qui est contre humainne nature et tant grandement contre raison, nous volsissions oster en pidié et en amone (3), à la fin que il et ceux qui pour le temps seront puissient vivre plus en pais desouz nous et desouz noz successours. Nous, Duchesse et Dux desus diz, enclinans à la supplicacion des desus diz, laquelle nous samble juste et raisonnable, de certainne sciance et délibéracion hahue à notre Consoil, ledit usaige de enquérir et de lever amandes de sanc fait sanz clam, sanz malice et sanz fraude, et de lever soixante souz de celui que le sauroit et reveler ne le voroit (4), ostons, rappellons et adnullons du tout en tout, pour nous et pour noz successours, en tant come à chascun de nous appartient et puet appartenir, c'est

(1) Signifié.
(2) De *clamor*, plainte.
(3) Aumône.
(4) Voudroit.

assavoir à nous, Aignès, duchesse, pour raison de douaire, et à nous, Eudes, duc desus dit, pour raison de héritaige. Et deffandons, par la tenour de ces présantes lettres, à noz prévoz et officiaux qui pour le temps à avenir gouverneront la ditte ville de Nuiz, n'enquérient ne levient amande de sanc fait en la ditte ville sanz clam, sanz fraude et sanz malice de celui qui fait l'aura ne de celui qui ne lou denoncera si com desus est dit. Promectans en bone foy, pour nous et pour noz successours, non venir en contre les chouses desus dittes par nous ne par autres, tasiblement (1) ne expressement. En tesmoing de laquel chouse nous havons fait à mettre noz seaulx en ces lettres, que furent faites et donées en Jungny (2), le diemanche après la Saint Pierre, en fevrier l'an de grâce mil trois cenz et dis sept.

Original : Archives de la ville de Nuits, *Priviléges et franchises de la commune.*

CLXXIII

Quittance donnée par la duchesse Agnès, aux habitants de Nuits, de la somme de cent livres qu'ils lui avaient versées pour l'octroi de la franchise ci-dessus.

1317-18 (27 février).

Nous, Agnès, duchesse de Bourgoinne, façons savoir à touz que nous havons heu et recehu de noz proudommes de Nuiz, pour la main de Guiot Doupré, Monot le peletier et Guiénot le Gridinet, escheviz de notre dite ville de Nuyz, cent livres tornois pour raison de la franchise dou sanc, que nous et notres chiers filz li Dux havons ottroié esdiz proudommes en la menière qui est contenuz en unes lettres saellées des seauls de nous et de notre dit fil, lesquelles furent baillées à Symon de Biaufort pour la despanse de nostre hostel et pour la dite franchise li diz proudommes nous devent ancor cent livres tornois, lesqueles li devant dit escheviz nous hont promis à paier par les diz proudommes à la Saint Romey prouchenement venant, et nous en hont promis à faire lettres.

En tesmoing de laquel chose nous havons ces lettres saellées, et furent faites et donées eu Juigny, le lundi après la Saint Pierre, en fevrier l'an de grâce mil trois cenz dix et sept.

(1) Tacitement.
(2) Jugny, ancien rendez-vous de chasse des ducs de Bourgogne, aujourd'hui une ferme de la commune de Billy-les-Chanceaux, canton de Baigneux.

CLXXIV

Permission octroyée par Jean, duc de Bourgogne, aux habitants de la ville de Nuits, de nommer des procureurs pour défendre les intérêts de la commune.

1408 (12 novembre).

Jehan, duc de Bourgoingne, comte de Flandres, d'Artois et de Bourgoingne, palatin, seigneur de Salins et de Malines, à tous ceulx qui ces présentes lettres verront, salut. Savoir faisons, nous avoir receue l'umble supplicacion de noz bien amez les eschevins et habitans de notre ville de Nuys, contenant que, comme tant à cause du fait de la forteresse dudit Nuys, des dons à nous faiz, de l'obsèque fait en la dite ville pour feu notre très redoubté seigneur et père, cui Dieu pardoint, come pour plusieurs autres causes nécessaires à faire, plusieurs gieetz ayent esté faiz et imposez par les diz supplians, sur eulx levez et receuz par les receveurs qu'ilz y ont ordonnez, dont les plusieurs d'iceulx receveurs n'ont pas bien rendu compte ne satisfait de leurs receptes à la dite ville, aussi que les diz supplians, noz hommes lieges et justiciables, ayent à requérir plusieurs droiz appartenans à la dite ville, tant de pasturaiges, usaiges de bois et de rivières, à l'encontre de plusieurs gens d'église et autres qui ont terres et possessions à l'environ du dit Nuys; comme du fait de la maladerie du dit Nuys qui leur appartient (1); ensamble certainnes autres choses. Et il soit ainsy que les diz eschevins et habitans du dit Nuys, supplians, n'ayent cor, cry ne puissance de eulx assembler ou constituer procureur par manière de commun, combien que notre dite ville de Nuys soit tenue et reputée en tous cas de fouaiges (2) et autres subsides, pour bonne ville payant aussi largement feu pour feu, comme ceulx de noz villes de Dijon et de Beaune qui leur a esté grosse charge, par laquelle non puissance de eulx assembler par manière de commun, ils ayent perdu et perdent de jour plusieurs de leurs droiz et biens à eulx appartenans, lesquelz leur sont et seroient moult nécessaires pour convertir en la fortiffication de notre dite ville de Nuys,

---

(1) A Nuits, comme dans toutes les autres localités de Bourgogne, et à la suite de la persécution de 1321, la léproserie, qui dépendait du clergé, passa sous le régime municipal et y demeura jusqu'à sa réunion à l'hôpital Saint-Laurent.

(2) Imposition sur les feux.

qui en a moult grand besoing ; et plus perdront encores doresnavant les diz supplians se par nous ne leur estoit sur ce pourveu de remède convenable, si qu'ilz dient requérant ycellui. Pour ce est-il que, nous, ces choses considérées, mesmement que plusieurs deniers deuz par aucuns des diz receveurs dedans brief temps seront prescripts, voulans à ce pourveoir, afin d'en amender notre dite ville et forteresse ausdiz supplians oudit cas, avons donné et octroié, donnons et octroions de grâce especial, par ces présentes, puissance et auctorité de eulx assembler toutes et quanteffois que mestier leur sera, pour faire et constituer par manière de commun, procureur, ung ou plusieurs, qui ayent puissance de demander, requérir et deffendre les biens et les droiz de notre ditte ville de Nuys, et yceulx procureurs voulons comparoir en tous jugemens et estre receus en présentation pour autel pris, comme seroit et est receu le procureur de notre bonne ville de Dijon, jusques à notre bon plaisir. Si donnons en mandement à notre bailli de Dijon et à tous noz autres justiciers et officiers de notre dit duchié, que les dessus nommez supplians, de notre présente grâce et octroy, facent, seuffrent et laissent plainement et paisiblement joïr et user, sanz leur y donner ou souffrir estre fait ou donné aucun destourbier ou empeschement. Car ainsy nous plaist il estre fait, nonobstant ordonnances, mandemens ou deffenses à ce contraires. En tesmoing de ce nous avons fait mectre notre scel à ces présentes lettres. Donné en notre bonne ville de Dijon, le xiie jour du mois de novembre l'an de grâce mil quatre cens et huit.

Par Monseigneur le Duc, à votre relacion.

SAULS.

CLXXV

Confirmation donnée par le duc Philippe le Bon, aux échevins et habitants de Nuits, du droit de nommer un procureur pour la défense des intérêts de la commune.

1420 (12 septembre).

Phelippe, duc de Bourgoingne, conte de Flandres, d'Artois et de Bourgoingne, palatin, seigneur de Salins et de Malines, à tous ceulx qui ces présentes lettres verront, salut. Savoir faisons, nous avoir receu l'umble supplication de noz bien amez les eschevins et habitans de nostre ville de Nuys, contenant que, comme à cause du fait de la forteresse du dit Nuys, des dons faiz à feu nostre très cher seigneur et père, cui Dieu pardoint, à diverses foys, et aussi pour plusieurs autres choses nécessaires à faire pour le prouffit évident d'icelle ville, plusieurs giectz et impostz aient esté faiz et imposez par les diz supplians et sur eulx levés et receuz par les receveurs qu'ilz y ont ordonnez. Dont les plusieurs d'iceulx receveurs n'ont pas bien rendu compte de leur recepte à la dite ville, et que les diz supplians, noz hommes lieges et justiciables, aient à requérir plusieurs droiz appartenant à la dite ville, tant de pasturaiges, usaiges de bois, de rivières, à l'encontre de plusieurs gens d'église et autres, qui ont terres et possessions à l'environ du dit Nuys, comme du fait de la maladerie du dit Nuys qui leur appartient, ensemble certaines autres choses. Et il soit ainsi que les diz supplians n'ayent cor, cry, ne puissance de eulx assembler ou constituer procureur ou procureurs par manière de commune, combien que nostre dicte (ville) de Nuys, qui est ville notable, soit tenue et repputée en tous cas pour bonne ville, payant aussi largement feu pour feu, comme ceulx de noz villes de Dijon et de Beaune, qui leur a esté et est à grosse charge. Par laquele non puissance de eulx assembler par manière de commune ilz aient perdu et perdent de jour en jour plusieurs de leurs droiz et biens à eulx appartenans, lesquelz leur sont et sont moult nécessaires pour convertir en la fortification de nostre dicte ville de Nuys, qui en a moult grant besoing. Et plus perdront encores, les diz supplians, se par nous ne leur estoit sur ce pourveu de remède convenable, ainsi qu'ilz requérant humblement ycelluy. Pour ce est il que, nous, ces choses considérées, mesmement que plusieurs deniers deuz par aucuns des diz receveurs dedens brief temps seront prescrips. Voulans à ce pourveoir, afin d'en amender nostre dicte ville et forteresse, ausdiz supplians avons donné et octroyé, donnons et octroyons de grâce especial, par ces présentes, puissance, auctorité, congié et licence de eulx assembler toutes et quanteffois que mestier leur sera, pour faire et constituer par manière de commune procureur ou procureurs, ung ou plusieurs, qui ait ou aient puissance de demander, requérir et deffendre les biens et les droiz de nostre dicte ville de Nuys. Et iceulx procureurs ou procureur voulons comparoir en tous jugemens et estre receuz en toutes présentations, ainsi et semblablement comme seroient et sont receuz les procureurs ou procureur de noz dictes villes de Dijon et de Beaune, jusques à nostre bon plaisir. Si donnons en mandement à nostre bailli de Dijon et à tous noz autres justiciers et officiers de nostre dit duchié, que les dessus nommez supplians, de nostre présente grâce et octroy, facent, seuffrent et laissent plainement et paisiblement joir et user, sans leur y donner ne souffrir estre fait ou donné aucun destourbier ou empeschement. Car ainsi nous plaist qu'il soit fait, nonobstant ordonnances, mandemens ou deffenses à ce contraires. En tesmoing de ce nous avons fait mectre nostre scel à ces présentes lettres. Donné en nostre ville de Aignay (1), le xii° jour de septembre l'an de grâce mil cccc et vint.

Par Monseigneur le Duc, à vostre relacion.

T. Bouesseau.

Scellé du grand sceau en cire rouge (brisé) à double queue de parchemin pendante.
Original : Archives de la ville de Nuits, *Priviléges et franchises de la Commune.*

CLXXVI

Lettres patentes de Philippe le Bon, duc de Bourgogne, portant réorganisation de l'échevinage de la ville de Nuits, et confirmation de ses droits de justice et de police.

1456 (10 août).

Phelippe, par la grâce de Dieu, duc de Bourgoingne, de Lothier, de Brabant, de Lembourg, conte de Flandres, d'Artois, de Bourgoingne, palatin de Hainnau, de Hollande, de Zéllande et de Namur, marquis du Saint-Empire, seigneur de Frise, de Salins et de Malines, à tous ceulx qui ces présentes lettres verront, salut. Scavoir faisons, nous avoir receu l'humble supplication de noz bien amés les eschevins, bourgeois, manans et habitans de nostre ville de Nuys, noz hommes justiciables sans moyen, contenant que, comme de toute anciennetté ils ayent coustume de eslire, le jour de la Nativité Saint Jehan Baptiste, six prudhommes d'entre hommes pour estre eschevins et avoir le gouvernement de la police de la ditte ville ; lesquels ainsi esleus font le serment de bien et loyalment gouverner le fait de nostre dicte ville es mains de nostre bailly de Dijon ou son lieutenant audit Nuys ; lequel serement ainsy fait, iceulx eschevins ont pouvoir et puissance de faire toutes visitations sur tous mestiers et sur ceulx vendans à poix et à mesure, en gros et en destail, ont aussy accoustumé de faire ordonnance et commande de nettoyer et monder les immondices d'icelle ville, et autres ordonnances

---

(1) Aignay, chef-lieu de canton de l'arrondissement de Châtillon-sur-Seine ; c'était, avant la Révolution, le chef-lieu d'une châtellenie royale et précédemment ducale.

et commandemens touchant le fait de la police de la dite ville; touttefois qu'il est nécessaire et à peine raisonnable et appartenante selon le dit cas. Ont aussy accoustumé à eslire et instituer chacun an messiers et vigniers pour la garde des fruictz estant au finage et vignoble de nostre dite ville, lesquels ainsi esleus ils reçoivent d'eulx le serment de bien et loyallement garder les biens et fruicts du dit finage, et de faire leurs rapports de ceulx qu'ils trouveront mésusants à nostre prévost pour lever les amandes sur les dits mésusants à nostre profit, ayant aussi accoustumé de toute ancienneté, comme dit est, de pouvoir mettre en deffent et ban les vignes estant audit finage, et de icelles visitter, et après la visittacion d'icelles faire mettre et asseoir les bans et jours de vendange, icelle selon les finages et leur bon plaisir, préférant les mieux meurs aux autres, et se aucun après le dit ban se entremet de vendanger avant le jour y mis et esleu, iceluy ainsy mesuant est amendable à nous de soixante sols d'amande que pour ce levera nostre dit prévôt à nostre profit; ayant aussy de tout temps joui et usé de esganseliser (1) et adjouter poid et tous autres mesures, tant bled, vin, comme autres liqueurs, et aussy aucuns tant [tonneaux, fu]tailles que autres choses, et se ils treuvent aucune mesure ou poid ou aucune fausse, ils les rompent et appliquent au profit de nostre dite ville, et font rapport de ceulx sur qui ils ont treuvé les dites fausses mesures à nostre dit prévost pour sur iceulx lever à nostre dit profit l'amande accoustumée. Néanmoins, pour ce que les dits habitans supplians, en usant des choses dessus dites comme loisible leur estoit, est si ont visitté les boulangers, thonneliers et autres, pour leur excèds et tromperie qu'ils faisoient en leurs mestiers, et mesmement les dicts boulangers sur lesquels les dicts supplians ont accoustumé de donner le pain qu'ils trouvent de mauvais alloy et de moindre poid pour Dieu, et de lever sur eulx l'amande de 20 sols et au dessous au profit de nostre dite ville, nostre procureur tient en procès les dits supplians pardevant nostre dict bailly au siége du dit Nuys, et les veut contraindre à montrer lectres et priviléges des dictes jouissances, laquelle chose ils ne pourroient faire, obstant ce que leurs priviléges à eulx par nous et nos prédécesseurs autrefois donnés et octroyés ont esté gouvernés par divers gens et sont esté mis en diverses mains, et est advenu que aucuns de ceulx qui les gardoient ont eu leurs maisons bruslées et ont perdu tout le leur et les dictes chartes et priviléges, se comme dient iceulx supplians et nous requérant bien humblement qu'il nous plaise, de notre grâce spéciale, attendu et considéré leur longue jouissance et

---

(1) Vérifier.

que toutes les choses dessus dites concernent entièrement nostre honneur et le bien, profit et augmentation de nostre dicte ville, leur octroyer, consentir et accorder nos lectres patentes par lesquelles nous leur consentons et approuvons leur jouissance dessus dicte, déclarée tant au regard du temps passé comme de temps avenir, et en outre qu'il nous plaise, de nostre spécialle grâce, leur donner doresnavant toutes amendes qui escheront à cause des ordonnances et commandemens qui se feront pour entretenir le bien publique de la dite police, pour icelle estre convertie au profit d'icelle nostre ville, réservé à nous celle que nostre dit prévost à accoustumer de lever et avoir sur les dits habitans et autres audit finage mésusant, et sur ce leur pourvoir de nostre grâce et convenable remède. Pour ce est il que, nous, les choses dessus dites considérées, désirant et voulant icelle nostre ville de Nuys estre gouvernée par la bonne police, au bien, entretenement et augmentation d'icelle, et mesmement veu par les gens de nostre grand Conseil, certaines informations faictes par nostre ordonnance, par nostre bailly de Dijon et aussy des gens de nostre Conseil et de noz Comptes à Dijon, et despuis les dicts gens de nostre grand Conseil estant, nous, ausdicts eschevins, bourgeois, manans et habitans d'icelle nostre ville de Nuys, supplians, avons octroyé, consenty et accordé, consentons et accordons de grâce spéciale, par ces présentes lettres, les points et articles cy après déclarés, pour d'iceulx jouir et user doresnavant par eulx tant qu'il nous plaira et jusque à nostre rappel.

Premièrement que iceulx bourgeois et habitans de nostre dicte ville de Nuys se pourront doresnavant assembler le jour de la Nativité Saint Jehan Baptiste pour eslire entre eux le nombre de six eschevins, lesquels auront en icelle année le gouvernement de la ditte ville et de la police d'icelle, laquelle eslection ainsy faicte, iceulx bourgeois et habitans pourront présenter les dicts six eschevins ainsy par eulx esleus à nostre bailly de Dijon qui sera lors ou à son lieutenant, pour recevoir d'eulx le serment à ce pertinent accoustumé.

Item, que les dits eschevins auront puissance de eslire et instituer messiers et vigniers pour la garde de leurs bleds, vignes et preys, lesquels ils seront tenus de présenter à nostre prévost du dit Nuys pour recevoir d'eulx les serments à ce accoustumés de recevoir.

Item, en outre auront puissance de visiter les portes et murs de nostre dite ville, et aussy les ponts d'icelle, pour faire réparer et mettre à point ce qui sera nécessaire, par le conseil et advis de nostre dit bailly de Dijon ou son lieutenant audit Nuys.

Item, aussy auront pouvoir de mettre en ban et deffent leurs vignes, de eslire prudhommes pour icelle visitter en la manière accoustumée, et en faire leur rapport affin de assoir leurs bans pour les faire vendanger, en prenant et demandant licence par eulx à nostre bailly ou son dit lieutenant, de faire cris de par nous les dits bans et vendanges, sur la peine de l'amande sur ce accoustumée.

Item, auront puissance les dits eschevins de appellé avec eulx nostre dict prévost de Nuys, visitter les tonneliers et vendeurs de paisseaux en la dite ville, et les boulangers et aussy tous marchands et autres vendeurs à poix et à mesure, et de escandelizer icelles mesures et poix, tant de bled, vins, d'huille, draps, toilles, que aultres, et celles qu'ils trouveront estre fausses, ils seront tenus de les rompre, et seront les pièces appliquées au profit d'icelle ville, et semblablement aussy sera fait des tonneaux et paisseaux qui seront trouvés estre faux et non de mesure, et aussy du pain qui sera trouvé de moindre poid ou alloy.

Item, au surplus voulons et ordonnons que nostre dict prévost de Nuys présent et à venir, sera, quand il en sera requis par les dicts eschevins, tenu de faire crier et publier de par nous, en icelle nostre ville de Nuys, que chacun netoye ou fasse netoyer devant son hostel les immondices qui y seront jectées, faire porter et mener hors de nostre dite ville, sur peine de l'amende qui sur ce sera ordonnée, réservé à nous et nostre dict prévost les amandes sur toutes les choses dessus déclarées, excepté tant seulement celle du pain qui est de vingt sols et au dessous, laquelle sera relevé au profit de nostre dicte ville de Nuys, la congnoissance et admodiacion desquelles amandes voulons et déclarons appartenir à nostre bailly de Dijon ou à son lieutenant à Nuys, excepté de celles du dit pain et aussy celles dont nostre dit prévost a accoustumé de jouir et que d'elles mesmes sont adjugées. Si donnons en mandement à nostre bailly de Dijon ou à son dit lieutenant, et à tous nos aultres justiciers, officiers, que se peut et pourra toucher et regarder, et à chacun d'eulx en droit soy, sy comme à luy appartiendra, que de nostre présente grâce et de tout le contenu en ces présentes, ils fassent les dits supplians plainement et paisiblement jouir et user selon et par la manière que dit est, sans leur faire, mettre ou donner, ne souffrir estre mis ou donné quelque molestation, destourbier ou empeschement au contraire. Car ainsy nous plaist il est le voulant estre fait. En tesmoin de ce nous avons fait mettre nostre scel à ces présentes. Donné à Utrecht, le x° jour d'aost l'an de grâce mil quatre cens cinquante six.

Par Monseigneur le Duc,   J. GROS.

Original : Archives de la ville de Nuits, *Priviléges et franchises de la Commune.*

CLXXVII

Confirmation des priviléges de la ville de Nuits, par le roi François Ier.

1521 (juin).

François, par la grâce de Dieu, roy de France, savoir faisons à tous présents et avenir, que, nous inclinans à la supplication et requeste de noz chers et bien amez les bourgeoys, eschevins, manans et habitans de la ville de Nuys, tous et chacuns les droiz, previlléges, usaiges, exempcions, franchises et libertez par nos prédécesseurs à eulx octroyez, leur avons confirmez, louez, ratiffiez et approuvez, et par la teneur de ces présentes, de nostre grâce especial, plaine puissance et auctorité royal, louons, confirmons, ratiffions et approuvons, pour en joyr et user par les dictz supplians et leurs successeurs tant et si avant que eulx et leurs prédécesseurs en ont par cy devant deuement et justement joy et usé, et qu'ilz en joyssent et usent de présent. Si donnons en mandement, par ces dictes présentes, à noz amez et féaulx conseilliers les gens tenans nostre court de Parlement, de noz Comptes à Dijon, bailly de Dijon gruyer de Bourgongne, et à tous noz autres justiciers et officiers, ou à leurs lieuxtenans présens et advenir, et à chacun d'eulx si comme à luy appartiendra, que, de noz présens grâce, ratifficacion, confirmacion et approbation, ilz facent, seuffrent et laissent les ditz supplians et leurs successeurs joyr et user plainement et paisiblement, sans leur mectre ou donner, ne souffrir estre faict, mis ou donné aucun trouble, destourbier ne empeschement au contraire; lequel si faict, mis ou donné leur avoit esté ou estoit, ils le mectent ou facent mectre incontinent et sans délay à plaine délivrance. Car ainsy nous plaist il estre fait. Et affin que ce soit chose ferme et estable à tousjours, nous avons faict mectre nostre scel à ces dictes présentes, sauf en autres choses nostre droit et l'autruy en toutes. Donné à Dijon, ou mois de juing l'an de grâce mil cinq cens vingt et ung, et de nostre règne le septiesme.

Par le Roy, à la relacion du Conseil.

DESLANDES.

Original : Archives de la ville de Nuits, *Priviléges et franchises de la commune.*

VILLE DE CHATILLON

La ville de Châtillon, aujourd'hui chef-lieu d'un des arrondissements de la Côte-d'Or, et avant la Révolution, siége principal du bailliage de la Montagne, fut, dès l'origine et jusqu'en 1637, divisée en deux parties, ayant chacune son enceinte, son territoire propre, en un mot parfaitement distinctes l'une de l'autre.

La portion la plus ancienne et la plus considérable, appelée le *Bourg*, située sur la rive droite de la Seine et au pied de la montagne que domine l'église Saint-Vorle, appartenait à l'évêque de Langres; tandis que *Chaumont*, située sur l'autre rive, relevait directement du duc de Bourgogne. En outre, l'abbaye Notre-Dame de Châtillon, fondée au XIIe siècle dans la vallée, entre les deux villes, constituait avec son vaste enclos une troisième seigneurie, sous la suzeraineté du duc.

Ce prince possédait Chaumont seul et en toute souveraineté.

L'évêque de Langres, que les titres les plus anciens désignent comme seigneur du Bourg, ayant été contraint, par la nécessité d'assurer cette possession éloignée de sa ville épiscopale contre les usurpations des seigneurs, d'abandonner une partie de ses droits au duc de Bourgogne (1); celui-ci était ainsi devenu co-seigneur du Bourg, sous la condition toutefois de faire hommage et de reconnaître la suzeraineté de l'évêque: Condition bien précaire, car, devenus ainsi seigneurs de la presque totalité de Châtillon, les ducs, auxquels la libre disposition de cette place frontière de leurs états importait beaucoup, mirent tout en œuvre pour se secouer de cette obligation féodale. Il ne fallut rien moins que l'intervention des rois de France (2) et l'irrésistible puissance du Saint-Siége pour arrêter des entreprises qui, jusqu'à la fin du XIIIe siècle, se renouvelaient presque à chaque règne ou à tous changements de prélats. Peu à peu, le pouvoir de ces princes s'étant à la fois dégagé des liens où l'enserraient le baronage et le clergé, son influence, secondée par le bailli de la Montagne, institution nouvelle, devint prépondérante à Châtillon. Aussi, tout en conservant les apparences d'une suzeraineté qui allait chaque jour s'affaiblissant davantage, l'évêque de Langres n'eut bientôt plus à Châtillon que des redevances à percevoir et une juridiction que les officiers de son puissant vassal ne respectaient pas toujours.

---

(1) La première concession de ce genre date de 973. Elle fut faite par Waldric, évêque de Langres, à Henri, comte puis duc de Bourgogne. (Cartulaire de Langres.)
(2) Jugement rendu par le roi Louis VII, à Moret, en 1153, contre Eudes II, duc de Bourgogne, confirmé en 1158 par le pape Adrien IV. (Imprimé dans l'*Histoire de Bourgogne*, de dom Plancher, I, preuves, p. 48 et 50.)

Mais, avant d'en arriver là, cette communauté de seigneurie et les conflits qui en surgissaient nécessitèrent plus d'une transaction pour régler les droits respectifs de chacune des parties, principalement en ce qui concernait la justice, l'établissement des étrangers et les formariages très fréquents entre les habitants du Bourg et de Chaumont, ou de chacun d'eux avec les hommes de l'abbaye.

Ces actes, d'un grand intérêt pour l'histoire de la condition des personnes, furent le prélude des tentatives plus sérieuses qu'à deux reprises différentes le duc Eudes III, en 1208, et son fils Hugues IV, en 1233, essayèrent pour constituer une commune à Châtillon. Malheureusement les évêques de Langres, aussi hostiles, par système, aux libertés communales que ces deux princes leur étaient sympathiques, s'y opposèrent toujours énergiquement et n'hésitèrent jamais pour faire prévaloir leur opinion, à recourir aux armes spirituelles que l'autorité du Saint-Siége mettait entre leurs mains. C'est pourquoi nous n'avons pas hésité à comprendre les uns et les autres parmi les pièces justificatives de l'histoire municipale de Châtillon.

CLXXVIII

Charte de commune octroyée aux hommes de *Chaumont* de Châtillon-sur-Seine, par Eudes III, duc de Bourgogne.

1213 (août).

In nomine sancte et individue Trinitatis, amen. Odo dux Burgundie universis presentibus et futuris presentem paginam inspecturis rei geste noticiam.

1. Noverit universitas vestra quod donavi et concessi hominibus meis qui manent vel qui manentes erunt in vico meo qui dicitur Chamons apud Castellionem super Secanam hujusmodi libertatem, quod dictior vel potencior qui mansionem habet vel habebit in vico illo immunis erit ab omni tallia et exactione pro vingenti solidis Divionensibus, reddendis singulis annis in festo Sancti Remigii.

Ou nom dou Père, et dou Fils, et dou Saint Esprist, amen. Gie Odes, dux de Burgoigne, à toz ces qui sunt et qui saront, et qui verront ces présentes letres, et cognoissance de ceste chose.

1. Vous aiez cogneu que je hay doné et otroyé à mes homes qui sunt et qui serunt en ma rue de Chaumont, à Chastillon sus Soigne, tel franchise, que li plus riches ou li plus poissens, qui demore ou qui demorra en cele rue sara quittes de tote taille et de tote exaction por xx sols de la monée de Digenois, à rendre chascun an à la feste Saint Reme.

2. Inferiores vero et minus potentes dabunt ad considerationem quatuor proborum hominum qui a communitate manentium in Chamont eligentur.

3. Illi autem quatuor ordinabunt, omnia que ordinanda erunt inter homines manentes apud Chamont et clamores audient, et discordias pacificabunt et causas terminabunt.

4. Forisfacta autem mea et emende ad usus et consuetudines castri mei de Talant per manus quatuor electorum.

5. Prepositus vero Castellionis nichil juris vel potestatis in eis habebit nisi redditus meos ibi de mandato meo forte recipiat, et hoc fiet ad considerationem quatuor electorum.

6. Ego autem Odo dux Burgundie hanc libertatem me servaturum in perpetuum bona fide promito et garantire teneor. Quod ut ratum habeatur et inconcussum, presentem paginam litteris presentibus annotatam sigilli mei munimine feci roborari. Actum apud Talant opidum meum anno gratie M° CC° tercio decimo, mense augusto, per manum Ulrici, cappellani mei, existentibus in curia mea domino Gauchero de Castellione, senescalo meo, et Poncio de Froleis, conestabulario meo, et Gervasio Chauchardo, cambellano meo.

Original : Archives de la ville de Châtillon, *Priviléges et franchises de la commune.*

2. Et li plus povre, et cil qui ont moins de povoir, devront à la tauxation de quatre proudomes, qui seront esleu de la communauté de Chaumunt.

3. Et cil quatre ordineront totes les choses qui saront à ordiner entre les hommes demoiranz à Chaumunt, et orront les claintes, et apaiseront les descors, et termineront les causes.

4. Tui forfait, et mes amandes saront levé par la main de quatre proudomes, aus us et aus costumes de Talant.

5. Li prevoz de Chastillon n'aura droit ne pooir an aus, se il ne reçoit mes rantes an Chaumunt, par mon commandement. Et ce sara fait à la considération des quatre proudomes esleus.

6. Et je devanz diz Odes, dux de Bergoigne, promet am bone foi, et suis tenuz de garantir à touz iorsmais la dite franchisse. Et porce que ce soit ferme chose et estauble, j'ay mis mon scial en ces letres. Ce fut doné à Talant, mon chastial, en l'an de grâce M CC et XIII, ou mois d'aost, par la main Vurri, mon chapelain, pardevant Gauchier de Chastillon, mon seneschaut, et Poinçot de Froulois, mon mareschaut, et Gervaise Chauchar, mon chambalant.

Archives de la Côte-d'Or. Chambre des Comptes de Dijon. Grand Cartulaire B 10423, folio 126, v°. — Imprimé dans Pérard, p. 300, et dans l'*Histoire de Châtillon-sur-Seine*, par Gustave Lapérouse, p. 254.

CLXXIX

Transaction entre Gauthier de Bourgogne, évêque de Langres, et le duc Hugues III, son neveu, touchant les droits qu'ils ont l'un et l'autre en la ville de Châtillon.

1178.

Ego [Hugo] dux Burgandie, tam futuris quam presentibus, notum facio conventionem quam ego et venerabilis dominus patruus meus Galtierus, Dei gratia Lingonensis episcopus pro bono pacis conservando et totius litis occasione resecanda inter nos et officiales nostros in invicem contraximus, nec non inter successores nostros perpetuo tenendam firmavimus.

Concessimus siquidem alter alteri quod si qui homines Castellionem venerint, infra ambitum duarum portarum de Chaumonte mansuri, ibi solummodo mei erunt, dum non sint de dominio ecclesie Lingonensis aut de casamento episcopi, de Barro super Sequanam aut ejus castellanie.

Et isti quidem de dominio Lingonensis ecclesie aut de dicto casamento episcopi, si Castellionem venerint mansuri, sive super episcopum sive super me, solius episcopi erunt. Alii omnes qui Castellione retinebuntur mansuri in quacunque parte terre Castellionis extra ambitum duarum portarum de Chaumonte, cujuscumque sit terra, episcopi, sive mea, omnes erunt episcopo et mihi communes et tenementum commune, exceptis illis qui de tribus abbatiis venerint, Flavigniaci (1), Pultheriarum (2) et Dervensi monasterii (3), qui omnes sunt mei.

Si vero eos qui communes facti episcopo et mihi, ab hoc tempore retro abire contigerit, fundus terre remanebit in dominio ejus cujus primo fuit; homines vero hujus communionis utriuslibet, qui mulieres duxerint, licite eas habebunt nec domini eas sequentur, sed potius erunt communes dominis, et eorum liberi, sicut et viri earum.

Ut autem nulla sit inter posteros dubitatio quo tempore principium habuerit hec communio, certum sit quod anno ab Incarnatione Domini M C LXXVIII. Actum est hoc Castellione, mense decembri, sub testimonio Gerardi de Reon (4),

---

(1) Flavigny, abbaye de Bénédictins, au bailliage d'Auxois, dans le duché de Bourgogne.
(2) Pothières, abbaye de Bénédictins, dans le Tonnerrois; les ducs de Bourgogne en avaient la garde.
(3) Montier-en-Der, abbaye de Bénédictins, au diocèse de Châlons-sur-Marne.
(4) Girard, seigneur de Rahon, le même qui figure dans la charte de commune de Dijon. (Voir n° V, p. 13.)

nobilis viri Guillelmi de Orgeolo (1), Viardi Moralin, Simonis de Brecons (2), Bartholomei Coquille, Manasse decani Lingonensis (3), P. decani Barri, Hervei capellani mei, H. decani Castellionis, Roini prepositi Castellionis, Parisii, Petri Riffi, Petri Scambitoris, Hugonis de Villario. Quod ut ratum sit et stabile, mei et episcopi sigilli attestatione presentem paginam confirmandam duxi et muniendam.

Cartulaire de l'évêché de Langres. — Imprimé dans l'*Histoire de Bourgogne*, par dom Plancher, I, preuves, n° LXXXXIII.

CLXXX

Transaction conclue, en présence de Manassès, évêque de Langres, entre Hugues III, duc de Bourgogne, et l'abbaye Notre-Dame, au sujet de leurs droits respectifs à Châtillon.

1182.

Ego Hugo dux Burgundie, notum fieri volo tam futuris quam presentibus, talem consuetudinem esse recognitam a ministris meis, in presentia domini Manasse Lingonensis episcopi, et mea, inter Castellionensem ecclesiam et duces Burgundie. Quod si Dux Hierosolymam adeat, vel filiam suam maritet, vel captus sit et redemptus, vel terram emat unde universa terra sua agravetur, ipse ab abbate ecclesie beate Marie de Castellione auxilium debet petere (4), aut per se, aut per honestas personas : Et si forte abbas et canonici in auxilium denegaverint, trecentis solidis tantummodo terram ecclesie agravare poterit.

Preterea innotescat, quod in villa que Poissons (5) dicitur, Dux nec edictum, nec aliquam exactionem nec jus aliquod habet, sed tamen ad eum pertinet pro Dei amore eam custodire.

Item, si minister Ducis, homines canonicorum de Castellione, de Villeta (6), et de Bunceyo (7), edicto submoneat, sive ad exercitum (8), sive ad expeditio-

---

(1) Guillaume, seigneur d'Orgeux.
(2) Simon, seigneur de Bracon, le même qui souscrivit la charte de commune de Dijon. (Voir n° V, p. 14.)
(3) Manassès de Bar-sur-Seine, qui succéda en 1180 à l'évêque Gauthier.
(4) C'était ce que la coutume de Bourgogne désignait par droit d'*indire*.
(5) Poinçon-les-Larrey, canton de Laignes.
(6) Villote-sur-Ource, canton de Châtillon.
(7) Buncey, canton de Châtillon.
(8) Host.

nem (1), sive ad obsidionem, personam Ducis in proprio negotio sequentur, non prepositorum, sive aliorum ministrorum personas. Si autem hoc facere contempserint, forefactum uniuscujusque prefatum edictum contempnentis, usque ad sexaginta quinque solidos sive aliorum gravamine assignabitur.

Item, si aliquis hominum predictorum canonicorum qui apud Castellionem manserit, in furto, in adulterio, in rixa, sive in falsum mansurando deprehensus fuerit, prepositus Ducis, et maior episcopi, sine ulla acclamatione facta, ad abbatem vel ejus prepositum eum adjudicabunt. Si autem juratus perpetratione reus apprehensus non fuerit, ab abbate sive ab ejus preposito ad jus stare compelletur, facta proclamatione a maiore episcopi et Ducis preposito. Si vero accusator accusatum in objectis convincere non poterit, immunis accusatus abscedat; accusator autem super hiis abbati vel ejus ministro satisfaciat.

Ministri vero qui sunt ecclesie, et ab eadem ecclesia panem et vinum recipiunt, ab omni exactione et exercitu, velut ministri Ducis, liberi et quieti permanebunt.

Recognitum est etiam a ducibus Burgundie, canonicis prefate ecclesie concessum esse, quod quocumque modo aliquid de casamentis eorum ecclesia acquisierit, libere possidebit, sub Ducis tamen tuitione et custodia.

Item, prefata ecclesia, quemlibet hominem Ducis ibi se reddere volentem sine ulla calumpnia Ducis retinebit.

Recognitum est etiam a ducibus Burgundie, canonicis prefate ecclesie concessum esse usuarium omnibus animalibus eorum, in universis pasturis potestatis Castellionis, sine dampni illatione. Si vero animalia ipsorum quacumque occasione dampnum fecerint, omni lege et exactione exclusa, canonici dampnum tantummodo restituent.

Item, si fur in Villeta captus fuerit, ministri abbatis, prout eis placuerit, eum tractabunt, nudum tamen ministris Ducis extra villam reddere debebunt.

In eadem villa, Dux, neque pargyas (2), neque jus hospitalitatis (3) debet, sed illud juris pargye quod in terra Francorum habuerat cum Hierosolymam peteret, predicte ecclesie in perpetuum acquittavit. Hec omnia et quecumque ubicumque sepedicta ecclesia possidet, sunt in custodia et tuitione ducis Burgundie. Ut autem hec rata et inconcussa permaneant, sigillo domini Manasse episcopi Lingonensis, in cujus presentia ista sacramenta a ministris meis recognita sunt,

---

(1) Chevauchée.
(2) Amendes des délits commis par les animaux.
(3) Le même que le droit de gîte, dont nous avons parlé plus haut, à la charte de Nuits, n° CLXIX, p. 315.

et nostro roboravimus. Hujus rei testes Lambertus et quidam alii. Acta sunt hoc anno Domini millesimo centesimo octuagesimo secundo.

Vidimus donné au XIIIe siècle, sous le scel de l'abbé de Notre-Dame de Châtillon. Archives de la Côte-d'Or. Chambre des comptes de Dijon, B 991. *Châtellenie de Châtillon.* — Imprimé dans Pérard, p. 300.

CLXXXI

Convention de Manassès, évêque de Langres, avec Hugues III, duc de Bourgogne, au sujet de leurs droits réciproques sur les enfants nés des formariages entre leurs hommes de Châtillon.

1188.

Hugo, dux Burgundie et Albonis comes. Noverint tam presentes quam futuri Manassem, episcopum Lingonensem, et me in hoc convenisse et inter nos ordinasse, quod ego nichil possim capere in homine episcopi Lingonensis manente Castellioni, vel in castellaria propter mulierem meam, dum liberi manebunt cum patre existentes de manu pastu et familia patris. Ipse episcopus similiter nichil potest capere in homine meo propter mulierem suam, dum liberi manebunt cum patre existentes de manu pastu et familia patris. Actum est hoc anno Incarnationi Verbi M C LXXXVIII.

Cartulaire de l'évêché de Langres. — Imprimé dans Dom Plancher, *Histoire de Bourgogne*, I, preuves, n° CXII.

CLXXXII

Charte de communauté entre les hommes et les femmes de Châtillon, appartenant à l'évêque de Langres et à l'abbaye Notre-Dame.

1190.

Ego Petrus, Dei providentia Sancti Benigni Dyvionensis abbas et domini Lingonensis episcopi vicarius, notum facio presentibus et futuris quod cum episcopus Lingonensis et ecclesia Castellionis homines et feminas in eadem vicinia haberent et uterque dominus episcopus scilicet Lingonensis et abbas Castellionis hominibus suis prohiberet ne aliquis eorum uxorem nisi sui dominii duceret, et ita non minimum anime sue periculum uterque dominus incurreret. Ego, periculi hujus causam extirpare cupiens, consilio Petri majoris Castellionis aliorum que prudentium et fidelium virorum fretus, de omnibus hominibus et feminis episcopi Lingonis et ecclesie Castellionis cum domino Gyraudo, tunc Castellionis abbate, communitatem feci. Hac sane conditione quod pueri ex hiis nati hereditatem parentum suorum dividant, a quocumque dominio procedet hereditas. Ut autem hec conventio communitatis rata et inconvulsa permaneat, hec omnia scripto commendari et sigilli mei impressione feci muniri. Hujus rei testes sunt frater Ranerius et quidam alius. Acta sunt hec eo tempore quod dominus Manasses Lingonensis episcopus ivit Jhersolymam, cum Philippo Strenuo, rege Francorum, anno Incarnati Verbi M° C° nonagesimo.

Archives de la Côte-d'Or. Fonds de l'abbaye Notre-Dame de Châtillon. Cartulaire, f° 18.

CLXXXIII

Charte de communauté des hommes et des femmes de Châtillon, appartenant au Duc et à l'abbaye Notre-Dame.

1190.

Ego Odo, ducis Burgundie filius, et ego Gyraudus, Dei gratia Castellionis abbas, presentibus et futuris notum facimus quod pariter de hominibus et feminabus nostris de Castellione et de castellaria communitatem fecimus, conditione tali quod si homo abbatis feminam ducis in uxorem duxerit, nullam potestatem habebit Dux capiendi talliam in eis nec in pueris ipsorum, donec ad talem etatem devenerint quod a patre vel a matre debeant separari. Similiter si homo Ducis feminam abbatis in uxorem duxerit, nullam potestatem habebit abbas capiend in eis talliam nec in pueris ipsorum, donec ad talem etatem devenerint quod a patre vel a matre debeant separari. Hujus rei testes sunt Anselmus miles et quidam alii. Actum est hoc anno Incarnati Verbi M° C° nonagesimo.

Archives de la Côte-d'Or. Fonds de l'abbaye Notre-Dame de Châtillon. Cartulaire, f° 18.

CLXXXIV

Confirmation de la charte précédente, par Eudes III, duc de Bourgogne.

1196.

Ego Odo, dux Burgundie, et ego Gyraudus, Dei gratia Castellionis abbas. (*Le reste comme dans la charte précédente, jusqu'à la fin de la phrase* : debeant separari.)

Hanc eamdem communitatem fecimus inter me et abbatem Castellionis eo tempore quod pater meus erat Jherosolimis, anno scilicet ab Incarnatione Domini $M^o C^o$ nonagesimo.

Quam eciam ratam concedo et stabilem. Hujus rei testes sunt Olricus, capellanus meus, et quidam alii. Actum est hoc anno Incarnati Verbi Dei $M^o C^o$ nonagesimo sexto.

Archives de la Côte-d'Or. Fonds de l'abbaye Notre-Dame de Châtillon. Cartulaire, f° 18.

CLXXXV

Accord entre Eudes III, duc de Bourgogne, et Robert de Châtillon, évêque de Langres, au sujet de leurs droits respectifs à Châtillon.

1206.

Ego Odo dux Burgundie, notum facio omnibus tam presentibus quam futuris, quod custumie Castellionis taliter sunt, inter me et episcopum Lingonensem; videlicet :

1. Si aliquis, cujuscumque dominationis, homo aliquod magnum forefactum fecerit ad considerationem domini Lingonensis episcopi, et domini ducis Burgundie, deducitur et tractatur.

2. Omnia namque magna forefacta communiter ad dominum episcopum et ad me spectant, sicuti multra, homicidia, furta, adulteria, violenti concubitus

feminarum, false mensure, edicti communis contemptus et fractio, casus in bello campestri (1), et in judiciis deprehensio.

3. Justicia autem aliorum hominum est inter me et episcopum Lingonensem, nec prepositus Castellionis potest taxare forefactum sine villico ejusdem ville, nec villicus sine preposito.

4. Si vero aliquis homo captus habeatur pro aliquo forefacto quod commune sit, prepositus non potest illum hominem liberare sine villico, nec villicus sine preposito, nec in eo justiciam exercere.

5. Licet preposito justiciam exercere in homines Ducis sine villico, et villico libere in homines episcopi, sine preposito. Si homines episcopi aliquod fecerint forefactum, prepositus non potest manum ponere in ipsos, nisi per clamorem villici, nec villicus in homines meos, nisi per clamorem prepositi.

6. Medietas vante Castellionis est episcopi, altera medietas est mea. Similiter medietas omnium magnorum forefactorum est episcopi, altera medietas est mea.

7. Omnes curvate Castellionis sunt episcopi. Quicumque vero habet aratrum apud Castellionem, etiamsi haberem, debet episcopo curvatam.

8. Omnes illi qui in mansis episcopi qui debent caponem, manent vel manere voluerint, debent semel in anno episcopo placitum generale (2).

9. Episcopus quolibet anno tres habet bannos infra Castellionem, quorum quilibet durat tantum per tres septimanas : ego vero duos, quorum uterque durat tantum per quindecin dies et minima forefacta bannorum, tam episcopi quam mei, omnia communia sunt episcopo et michi. Clerici, milites sergenti qui panem capiunt, in curiis apud Castellionem non congentur tenere illud bannum. Cuilibet etiam integrum modium vini vel amplius per hec edicta vendere vel emere non negatur.

10. Ego non possum elevare novas costumias ad Castellionem, vel infra banni leugam (3) Castellionis, sine episcopo, nec episcopus sine me.

11. Super illas costumias, quas predecessores nostri habuerunt, Hugo antecessor meus non potuit firmare Castellionem sine assensu Lingonensis episcopi. Unum pactum est inter ipsos, quod quoniam dux Burgundie debet accipere feodum Castellionis ab episcopo, jurare tenetur et assecurare, et facere milites et servientes suos de Castellione jurare, quod manum non ponent in rebus quas

---

(1) Même que le *duellum* des chartes de commune de Dijon et de Beaune. (Voir nos V et CXXIV, p. 9 et 210, et notes.)

(2) Par *placitum generale, plait generaul*, on entendait les assises que tenait chaque année le seigneur haut justicier, auxquelles tous les vassaux étaient obligés d'assister et de payer une redevance qui variait selon les pays.

(3) La banlieue.

habeat episcopus infra Castellionem et in appenditiis Castellionis, nec in hominum suorum corpora, qualiscumque inter ipsos oriatur discordia.

12. Statutum est etiam, quod ego nichil possum capere in homine episcopi Lingonensis, manente Castellione vel in castellaria, preter mulierem meam, dum pueri manebunt cum patre, existentes de manu, pastu, et familia patris. Ipse episcopus similiter nichil potest capere in homine meo, preter mulierem suam, dum pueri manebunt cum patre, existentes de manu, pastu, et familia patris (1).

13. Preterea si qui homines manserint infra ambitum duarum portarum de Chaumonte, si nullam in alia parte ville remanentiam habuerint, ibi solummodo mei erunt, dum non sint homines proprii episcopi, aut de casamentis sitis de Barro supra Secanam, de Chaceniaco et de castellaria ejus. Et isti quidem, si Castellione venerint mansuri sive super episcopum, sive super me, solius episcopi erunt. Alii omnes qui Castellione retinebuntur mansuri, in quacumque parte Castellionis terre extra ambitum duarum portarum de Chamonte cujuscumque sit, episcopi sive mea, omnes erunt episcopo et michi communes, et tenementum commune; exceptis illis qui de tribus abbatiis venerint, Flavigniensis, Dervensis monasterii, Pultariarum : qui omnes sunt mei. Si vero eos qui communis facti sunt episcopo et michi, retroabire contingerit, fondus terre remanebit in dominio ejus cujus prius sint. Homines vero hujus communionis utriuslibet mulieres duxerint, licite eas habebunt, nec Dux, nec episcopus eas sequatur, sed potius communes erunt Duci et episcopo, et earum liberi, sicut et viri earum (2).

14. Medietas terre illius que extra fossaria est, de Chamonte usque ad viam que est ante domum leprosorum que vadit ad Ampillicum (3), est episcopi, et de censu et justicia : a via vero illa usque ad stagnum de Marmont, et quantum finagium de Marmont (4) durat in terra et in nemore, tertiam partem habet episcopus.

15. Ego teneo de episcopo, quicquid ad Castellionem habeo et in castellaria, et omnia feoda Castellionis, que milites tenent de me, et pro istis feodis sum homo ligius, post Regem, domini Lingonensis episcopi.

16. Si discordia oriatur inter me et episcopum, de negotiis Castellionis, que veniat ad causam, ego, sive episcopus, vel nostri vicarii, pro causis agendis debemus convenire ad Perron de Maul Consoil (5), vel in claustro canonicorum, et

---

(1) C'est le rappel de la charte précédente.
(2) Clauses déjà exprimées dans la transaction de 1178, n° CLXXIX.
(3) Ampilly-le-Sec.
(4) Cette portion du territoire de Châtillon, érigé plus tard en fief, devint le patrimoine de la famille Viesse, qui en prit le nom et l'a rendu célèbre dans la personne du maréchal Auguste-Frédéric-Louis Viesse de Marmont, duc de Raguse.
(5) Etabli au château commun à l'évêque et au Duc.

ego vel meus vicarius, medietatem militum meorum de casatis, qui pertinent ad Castellionem, ad consulendum episcopo tenemur impartiri; qui ipsum episcopum, tanquam si essent sui homines, adjuvare in illa causa, et eidem fideliter sine offensa Ducis tenentur consulere. Si vero causa durat usque ad judicium, judicium est episcopi, et illud in domo sua de Castellione, si ei placuerit, poterit tractare.

17. Episcopus etiam, movens guerram adversus alium quam adversus me, potest guerrare de Burgo et de Castro, sicut et ego, et teneor adjuvare eumdem episcopum de feodo suo, bona fide, tanquam dominum meum Lingonensem, post Regem. Vinctos etiam suos, quos vulgo prisios (1) vocant, potest episcopus, vel ejus vicarius, mittere in turre Castellionis, quandocumque voluerit, sed homines mei illos custodient bona fide tanquam meos.

18. Custodes etiam portarum de castro Castellionis, debent facere episcopo fidelitatem.

19. Preterea liberi homines utriusque domini tutele submissi, ad nullam tenentur exire expeditionem, vel etiam equitaturam (2), nisi edicti clamatio ex parte domini precedat utriusque. Immunes debent esse ab omni taillia et exactione. Commendisias suas (3) tenentur persolvere, et amborum succumbere justicie dominorum.

20. Homines vero canonicorum et militum, parere tenentur edicto communiter exclamato, cujus transgressionis satisfactio dominum spectat ad utrumque; et si dictorum canonicorum vel militum hominem quencumque, episcopi seu Ducis satellitum aliquis in mellea (4) deprehendat, coram preposito vel majore tenetur accedere ad justiciam exequendam; sed nisi sit in mellea, capiatur. Nemo manum ponere in illum debet ulterius. Sed ad dominum illius, vim vel injuriam passus tenetur accedere, et de adversario suo jus vel justiciam postulare.

21. Milites Castellionis sunt homines Ducis, et Dux est homo domini Lingonensis.

22. Spargicia (5) Castellionis communis est duobus dominis. Similiter et pastura, de qua episcopi habent unum obolum pro una quaque bidente (6), in uno anno : sed nichil accipiunt in alio subsequenti. Custodes segetum, custodes omnium, non nisi per eorum vel sergentorum suorum licentiam custodiuntur;

(1) Prisonniers.
(2) Chevauchée.
(3) Prestations, redevances.
(4) Rixe, mêlée.
(5) Amendes des délits commis par les bestiaux.
(6) Brebis, mouton.

hoc excepto, quod cuilibet absque dominorum licentia propriis ovibus apponere custodiam permittitur, et alienis prohibetur.

23. Preterea, tam dominus Lingonensis quam dominus Dux, apud Castellionem venientes, si rebus venalibus ville credenciam querant, non debent cogi nisi super eorum vadia venditores accedere illis, sed eorum vadia tenentur accipere, et ea per annum et diem reservare, sic et casatorum vadia in rebus venalibus et apertis tenentur accipi, et per spatium septem noctium custodiri (1).

24. Si quis autem iratus domino suo, villam fugiat aut relinquat, casatorum ville cuilibet licet eum reducere, et coram domino suo salvo conducere : et si tunc eum domino suo concordare nequeat, recedentem illum licite potest usque ad locum conducere salvum per iter et securum (2).

25. Alienigena quisquam, si in villa manere veniat, nulli domino, donec ipse voluerit, compellitur famulare, et si forefactum incurrat aliquod, amborum tenetur exequi justiciam dominorum, donec alicui domino se commendet; nec eidem liberum ville forum conceditur, donec per annum et diem in illa fecerit mantionem : et si tunc demum velit forum requirere, et annalia ville ritus executus fuerit, sibi ville forum conceditur, in hunc modum, quod preposito sextarium vini, et Majori sextarium, et duobus ville vantariis, pro rei laudatione et concessione, duos denarios, tenetur exhibere. Duobus etiam dominis, pro rei recognitione, die festo Sancti Martini debet unum solvere denarium annuatim. Hec autem fori libertas semel acquisita, licite potest in perpetuum heredibus erogari.

26. Quilibet homo panem faciens ad vendendum apud Castellionem, duobus debet dominis annuatim decem et octo denarios, ad festum Sancti Remigii reddendos. Nemo libera venalia apud Castellionem facere potest, nisi de licentia dominorum.

27. Preterea statutum est, quod nulle alie monete currant apud Castellionem, preterquam Divionensem et Lingonensem, ad scambitum, secundum valorem eorum.

Que omnia, ut rata habeantur et inconcussa, presentem cartam sigilli mei munimine roboravi. Actum anno gratie millesimo ducentesimo sexto.

Archives de la Côte-d'Or, B 10423. Grand cartulaire de la Chambre des comptes, folio 117, verso. *Vidimus* donné en mai 1267, sous les sceaux de Guillaume de Grancey et de Girard, prieur de Saint-Jumeaux de Langres. *Communes.* — Imprimé : dans Pérard, page 297 ; dans l'*Histoire de Bourgogne*, de D. Plancher, I, preuves, n° CLVIII.

(1) Cf. la charte de Dijon, n° V, p. 5, en ce qui concerne le crédit accordé au Duc.
(2) C'est l'action en désaveu du seigneur, consacrée plus tard par Hugues IV, et inscrite dans la coutume. (Voir Bouhier, *Coutume de Bourgogne*, I, 153.)

CLXXXVI

Charte du duc Eudes III, par laquelle il se soumet au jugement de la justice de l'évêque de Langres sur l'établissement qu'il a fait d'une commune à Châtillon.

1207 (octobre).

Ego Odo, dux Burgundie, notum facio omnibus presentes litteras inspecturis quod cum venerabilis pater dominus meus Robertus, Lingonensis episcopus, quereretur super communia a me nuper apud Castellionem facta et excommunicationi suposuisset omnes illos qui de communia illa erant, asserens quod in ejus prejudicium et contra ipsum facta erat : tandem ei spontaneus obtuli et garantavi, quod si latam ab eo sententiam relaxaret, ego super hoc in ejus curia starem juri spontanea voluntate, promittens et quod ab ejus curia ad nullam aliam curiam recurrerem, nec appellarem, imo libenter totam illam communiam defaciam, si jus de sua curia dictaverit quod fieri debeat et tolli. Permisi etiam eidem quod sententiam ipsam recudat tam apud Castellionem quam per totam aliam terram meam que posita est in Lingonensi diocesi, si me contigerit in aliquo deficere de premissis. In cujus rei testimonium, presentes litteras sigilli mei munimine roboravi. Actum anno gratie M CC VII, mense octobri.

Cartulaire de l'évêché de Langres. — Imprimé dans l'*Histoire de Bourgogne*, de Dom Plancher, I, preuves, n° CLX.

CLXXXVII

Abandon fait par le duc Eudes III des hommes de l'évêque de Langres qu'il avait fait emprisonner pour crime de meurtre au château de Châtillon, au mépris des droits de justice du prélat.

1209 (mars).

Item, s'ensuit la copie d'une chartre contenant que Eudes, jadis duc de Bourgongne, fais savoir à tous que, comme son prevost et ses sergens de Chastillon eussent emprisonnez les hommes de Monseigneur de Langres ou chastel dudit Chastillon qu'il tient d'icellui Monseigneur de Langres, pour ce que l'on imputoit ausdiz hommes avoir commis et perpetré homicide ; et pour ce que iceulx hommes ne yssussent du chastel, il les avoit fait garder; mais pour ce que l'église dudit Langres n'encourroit en ce aucun détriment de liberté. Il recongnoist et tesmoigne par icelles chartres que ces choses furent faites sans son consentement et à son desceu, et que sur ce fut faite injure audit Monseigneur de Langres. Pour ce ledit Monseigneur de Langres les requist et ne furent point délivrés, mais leur furent fermées les portes du chastel. Et furent ces choses faites en l'an de grâce mil deux cens et neuf, ou mois de mars.

Archives de la Côte-d'Or. Chambre des comptes de Dijon. Châtellenie de Châtillon. Extrait du terrier de Châtillon, 1430, B 989, f° 145, verso.

CLXXXVIII

Confirmation de la charte de franchise de Chaumont, par Alix de Vergy, duchesse de Bourgogne.

1218 (février).

In nomine sancte et individue Trinitatis, amen. Alaydis ducissa Burgundie, universis presentibus et futuris... (*Le reste identique à la charte n° CLXXVIII.*)

Ego autem Alaydis, ducissa Burgundie, hanc libertatem me servaturam in perpetuum bona fide promitto et garantire teneor. Quod ut ratum habeatur et inconcussum presentem paginam litteris presentibus annotatam sigilli mei munimine feci roborari. Actum apud Villerum anno gracie m° cc° octavo decimo tertio, idus februarii.

Original : Archives de la ville de Châtillon, *Priviléges et franchises de la Commune.*

CLXXXIX

Confirmation du traité de 1206, par Hugues IV, duc de Bourgogne.

1229 (janvier).

Ego Hugo, dux Burgundie, notum facio universis presentes litteras inspecturis, quod ego volo et concedo, quod carta, quam bone memorie Odo pater meus fecit, de interressis episcopi Lingonensis et ducis Burgundie distinguendo apud Castellionem et in pertinentiis, stabilita sit et firma, et in bono valore suo in quo prius confecta fuerit, permaneat : ita quod nulla prescriptio, nullus usus, contra cartam michi vel meis valeat; quin semper episcopus Lingonensis ad jus suum venire possit, secundum tenorem carte, vel alio modo quo debuerit. Quod ut ratum permaneat, presentem cartam feci sigilli mei munimine roborari. Actum anno Domini M CC XXIX, mense januario.

Archives de la Côte-d'Or, B 10423. Grand cartulaire de la Chambre des comptes, f° 117, verso. — *Vidimus* donné en mai 1267, sous les sceaux de Guillaume de Grancey et de Girard, prieur des Saints Jumeaux de Langres. — Imprimé : dans Pérard, p. 299; Dom Plancher, *Histoire de Bourgogne*, I, preuves, n° CLXXXII.

CXC

Déclaration de Robert d'Auvergne, archevêque de Lyon, au sujet de l'arbitrage qu'il a accepté pour juger le différend entre Robert de Torote, évêque de Langres, et Hugues IV, duc de Bourgogne.

1233 (8 mai).

Robertus Dei gratia prime Lugdunensis ecclesie archiepiscopus. Omnibus presentes litteras inspecturis salutem in Domino. Noveritis quod cum inter venerabilem fratrem Robertus, episcopum Lingonensem ex una parte, et nobilem virum Hugonem, ducem Burgundie, nepotem nostrum ex altera, discordia verteretur super hoc videlicet, quod idem episcopus dicebat eundem ducem bona ecclesie Sancti Stephani Divionensis saisivisse, et super eo quod petebat a Duce et a casatis de Castellione juramentum fieri et assecurationem rerum ipsius episcopi in castellaria de Castellione, prout in carta patris ipsius Ducis dicitur contineri, et etiam super eo quod communiam Castellioni dicebat episcopus factam in prejudicium suum et ecclesie Lingonensis. Tandem in nos concorditer compromiserunt et arbitrium nostrum servare firmiter promiserunt et in hoc specialiter convenerunt, quod hac die veneris proxima in crastino instantis Ascensionis Domini dictum nostrum dicemus : et si forte, quod absit, eadem die non dixerimus dictum nostrum, ex tunc factum seu negotium memoratum ipso jure revertetur ad statum in quo erat ante compromissum. In cujus rei testimonium presentes litteras sigilli nostri fecimus appensione muniri. Actum die dominica proxima ante Ascensionem Domini M CC XXXIII.

Cartulaire de l'évêché de Langres. — Imprimé dans Dom Plancher, *Histoire de Bourgogne*, II, preuves, n° XXII.

CXCI

Sentence de l'archevêque de Lyon, qui règle le différend de Robert, évêque de Langres, et du duc Hugues IV, au sujet d'une érection de commune à Châtillon, tentée par ce dernier.

1233 (mai).

R[obertus] Dei gratie prime Lugdunensis ecclesie archiepiscopus, universis presentes litteras inspecturis. Noveritis quod cum inter venerabilem fratrem nostrum R[obertum], episcopum Lingonensem, ex una parte et nobilem virum H[ugonem], ducem Burgundie, nepotem nostrum ex altera, discordia verteretur super hoc, videlicet quod idem episcopus petebat ab eodem duce sibi fieri juramentum, prout in carta de Castellione communi inter eos continebatur, et super eo quod conquerebatur eundem ducem bona ecclesie Sancti Stephani Divionensis abstulisse, et super hoc etiam quod dicebat ducem communiam fecisse apud Castellionem in suum et Lingonensis ecclesie prejudicium et gravamen. Tandem super hiis tribus articulis in nos compromiserunt, promittentes nichil omnibus sub pena ducentarum marcharum se firmiter observaturos quicquid super hiis pace vel judicio diceremus. Nos vero diximus et pronunciavimus quod Dux debeat eidem facere juramentum prout continebatur in carta, quod quidem fecit coram nobis. Super bonis ecclesie Sancti Stephani Divionensis; que dicebatur idem Dux abstulisse, respondit Dux quod faceret abbatem ejusdem ecclesie super hoc teneri pro grato, quod et gratum habuit episcopus memoratus. De communia diximus eidem Duci sub juramento quod fecerat et in fidelitate quam debebat episcopo, quod non teneret communiam, si sciret se non habere jus in tenendo : et eidem episcopo similiter diximus in fidelitate quam debebat Duci, tanquam fideli suo, ne eam peteret amoveri, si sciret quod Dux eam posset de jure tenere. Quibus in partem..... Super hoc consilium habuerunt; ad quod ita Dux respondit, quod crederet eam se posse tenere, volens tamen pacem et concordiam episcopi retinere, dictam communiam, sive juste sive injuste posita esset, amovebat et faciebat penitus amoveri. In cujus rei testimonium presentes litteras sigilli nostri fecimus appensione muniri. Actum anno Domini M CC XXXIII, mense maio.

Cartulaire de l'évêché de Langres. — Imprimé dans l'*Histoire de Bourgogne*, par Dom Plancher, II, preuves, n° XXIII.

CXCII

Lettre du duc Hugues IV, portant abolition de la commune qu'il avait établie à Châtillon, sans la participation de l'évêque de Langres.

1233 (11 mai).

Hugo, dux Burgundie, universis presentes litteras inspecturis salutem in Domino. Noveritis quod cum discordia inter nos verteretur ex una parte venerabilem patrem et dominum Robertum episcopum Lingonensem ex altera, maxime super communia quam feceramus apud Castellionem, quam conquerebatur in suum prejudicium factam esse. Tandem super hoc compromisimus in venerabilem patrem Dominum et avunculum nostrum R(obertum) archiespiscopum Lugdunensem, promittentes sub pena ducentarum marcarum nos observaturos firmiter quicquid super hoc pace vel judicio diffiniret; a quo cum requisiti essemus in fidelitate et sacramento quod feceramus eidem episcopo : Nos habito consilio, licet crederemus nos in tenenda communia jus habere, volentes pacem et amorem ejusdem episcopi retinere, eamdem communiam, sive juste, sive injuste posita esset, amovimus et omnino fecimus amoveri. In cujus rei testimonium presentes litteras sigillo nostro fecimus muniri. Actum anno Domini M CC XXXIII in crastino Ascensionis Domini.

Cartulaire de l'évêché de Langres. — Imprimé dans l'*Histoire de Bourgogne*, par Dom Plancher, II, preuves, n° XXIV.

CXCIII

Sentence de Robert, archevêque de Lyon, qui maintient le duc Hugues IV dans la possession, en communauté avec l'évêque de Langres, de ceux de ses hommes de Châtillon, qui allaient demeurer à Mussy.

1233 (mai).

R(otbertus) Dei gratia prime Lugdunensis ecclesie archiepiscopus, universis presentes litteras inspecturis salutem in Domino. Noveritis quod cum discordia verteretur inter venerabilem fratrem R(obertum), episcopum Lingonensem ex una parte, et nobilem virum H(ugonem) ducem Burgundie nepotem nostrum ex altera, super communitate hominum ejusdem Ducis de Castellione qui ibant apud Muisseyum (1), tandem super hoc in nos compromissum extitit et firmam quod ab utroque firmiter tenetur, quicquid per inquisitionem super hoc diceremus. Nos vero a gentibus ejusdem episcopi diligencius inquirentes, invenimus quod idem Dux communitatem habebat apud Muisseium cum eodem episcopo de gentibus suis de Castellione que ibant apud Muisseyum, unde per istam inquisitionem in dicto nostro diximus et pronunciamus eumdem Ducem in predicta communitate jus habere sicuti apud Castellionem in communitate quam ibidem habent ad invicem inter se Dux et episcopus de hominibus suis. In cujus rei testimonium presentes litteras sigilli nostri fecimus appensione muniri. Actum anno Domini M° CC° XXX°, tertio mense maio.

Scellé du sceau de l'archevêque en cire brune à double queue de parchemin pendant.
Original : Archives de la Côte-d'Or. — B, Chambre des comptes de Dijon : Communes ; Pièces concernant la ville de Châtillon.

CXCIV

Vidimus et confirmation, par le duc Eudes IV, de la charte octroyée par le duc Robert II, son père, aux habitants de Chaumont de Châtillon-sur-Seine.

1277 (janvier), 1324 (21 novembre).

Nous, Eudes, dux de Bourgoingne, facons savoir à touz presenz et avenir que unes lettres que notres chiers sires et peres Messires Robers, jaidix dux de Bour-

---

(1) Mussy-sur-Seine ou l'Evêque (Aube).

goingne, donnay et octroiay à noz hommes et habitans de la rue de Chamont en la ville de Chastoillon suis Soingne, desqueles la tenour sensuit.

Nos, Robertus, dux Burgundie, notum facimus omnibus presentes litteras inspecturis, quod nos promittimus et promisimus hominibus nostris de Calvomonte in villa nostra de Castellione super Sequanam, quod ipsos tenebimus in abonamento et in censa quam Hugo, dux pater noster, eisdem concessit. Si vero ita esset, quod absit, quod communia et libertas illa quas eisdem hominibus de Calvomonti concessimus irritum revocaretur, nos predictis hominibus nostris de Calvomonte concedimus libertatem illam tenendam et inrefragabiliter observandam quam supradictus Hugo, dux Burgundie, pater meus, eisdem concessit ad formam libertatis hominum nostrorum de Talento. Et ut ratum et irrevocabile permaneat, presentes litteras sigilli nostri impressione munimus. Actum anno Domini millesimo ducentesimo septuagesimo septimo, mense januario.

Nous, Eudes, dux dessus diz, lesdites lettres en la fourme et en la manière queles pallent, approvons et conformons et en cette meismes fourme et manière lour octroions, sauf et retenu à nous et es notres noz drois, notre ressort, notre justice, notre sovereneté et notre baronie. Ou tesmoing de laquel chouse nous avons fait mettre notre seaul en ces présentes lettres, faites et données à Aisey, le mercredi devant la feste sainte Katherine, vierge, l'an de grâce mil trois cenz vint et quatre.

Original : Archives de la ville de Châtillon, *Priviléges et franchises de la Commune.*

CXCV

Confirmation de la charte de franchise de Chaumont, par Jean, roi de France.

1361-62 (février).

Johannes, Dei gratia Francorum rex, notum facimus universis presentibus et futuris nos vidisse litteras Odonis quondam ducis Burgundie, predecessoris, nostri formam que sequitur continentem :

In nomine sancte et individue Trinitatis. Amen. Odo, dux Burgundie.... (*Voir n° CLXXVIII, p.* 329.)

Nos autem dictas litteras et omnia et singula in eisdem contenta rata et grata habentes ipsa volumus, laudamus et approbamus et de gratia speciali quathenus usi sunt confirmamus. Quod ut firmum et stabile perpetuo perseveret, litteris presentibus nostrum fecimus apponi sigillum, salvo in aliis jure nostro et in omnibus quolibet alieno. Actum Trecis anno Domini millesimo trecentesimo sexagesimo primo, mense februarii.

Per Regem in requestis in quibus vos et gentes requestarum eratis.

Ferricus. Collacio facta est. Visa.

Original : Archives de la ville de Châtillon, *Priviléges et franchises de la Commune*. — Imprimé dans : *Ordonnances des Rois de France*, IV, 403.

CXCVI

Coutumes anciennes de la ville de Châtillon, recueillies par Jean de Foissy, bailli de la Montagne, pour le maintien des droits du duc de Bourgogne dans cette ville (1).

1371 ?

Au premier commencement,
Je prie à Dieu humblement,
Père, Fils et Saint-Esprit,
Que escrire puisse sans péril,
Et que ma pensée enlumine
De sa grant vertu divine

---

(1) Jean de Foissy, écuyer, seigneur de Chamesson et d'Eporves, occupa, de 1365 à 1367, la charge de maître des foires, puis de bailli de Chalon, d'où le Duc le transféra en 1367 dans celui de la Montagne, où il séjourna jusqu'au mois de janvier 1373-74. Il reprit possession en 1376, quitta de nouveau au mois de mars 1395-96 pour commander la place de Chaource, fut une troisième fois réintégré dans son poste de bailli, par lettres du duc Jean en date du 8 janvier 1404-05, et y mourut le 10 juillet 1411.

En prenant pour la première fois possession de son siége, Jean de Foissy, qui était du pays et qui partant n'ignorait point les difficultés auxquelles donnait fréquemment lieu la communauté des droits du Duc et de l'évêque, aussi bien à Châtillon que dans sa banlieue, résolut d'y couper court ou tout au moins d'en diminuer le nombre, en spécifiant nettement la nature et l'étendue des droits de l'un et de l'autre. A cet effet, il fit dresser par ses prévôts une enquête générale sur les différentes branches du domaine du prince dans toute l'étendue du bailliage ; il confronta ce travail avec les chartes qui avaient jadis déterminé ces droits, emprunta le texte de ces actes lorsqu'il le jugea nécessaire, et rédigea du tout une sorte de *somme rurale,* de style ou de coutume, qui fut durant des siècles le code et la règle de conduite des officiers du souverain.

Le seul exemplaire de ce coutumier, qui ait survécu, existe aux Archives de la Côte-d'Or, fonds de la Chambre des comptes de Dijon. *Châtellenie de Châtillon,* B 989 *ter.*

Et me transmecte tele grâce
Qu'en ce livre euvre face,
Que verité y soit ample,
Qu'on y preigne bon exemple.
Trouver y pourrez sans vergongne
Le droit du bon Duc de Bourgongne
Ce qu'on lui doit nous enseigne
A Chastillon qu'est sur Seine;
De toute la chastellenie,
N'est mie chose que n'en die;
Le tant son droit aucune chose,
Jehan de Foissy ceste chose,
Qui est bailli de la Montaigne
Qu'à grand prouffit la chose viengne,
Et que nulle n'en soit perdue,
Mais par les officiers sceue.
N'en prendra riens doresnavant
Qui ne mettra l'oreille avant.

I.

LE BOURG DE CHATILLON.

Des condicions de plusieurs hommes et femmes estans audit Chastillon.

1° Premièrement en la ville de Chastillon a plusieurs condicions d'ommes et de femmes; les ungs sont nobles (1); les autres clercs (2); les autres hommes et femmes liges originalement à Monseigneur de Langres; les autres sont hommes et femmes liges à l'un des seigneurs ou à l'autre par convenances; les autres sont communs à deux seigneurs justiciables et tailliables; les autres sont communs à deux seigneurs justiciables et non tailliables et sont appelez communaus et ne doivent à deux seigneurs chacun an, fors que à chacun vi deniers tournois le jour de la Saint Remy pour recongnoissance; les autres sont hommes et femmes liges à monsieur l'Abbé; les autres communaus à monsei-

---
(1) Les nobles relevaient tous du duc de Bourgogne.
(2) Les clercs dépendaient de l'évêque de Langres.

gneur le Duc ; les autres sont communaus aux troys seigneurs, et ceulx qui appartiennent audit monsieur l'Abbé ne sont point subgiez audit Monseigneur de Langres, fors que en ressort monseigneur le Duc tant seulement.

Des hommes de monseigneur le Duc.

2° Iceulx sont hommes et femmes liges de monseigneur le Duc qui originelment sont nés de l'omme et femme lige monseigneur le Duc ; et aussi sont ses hommes et femmes liges par convenances qui viennent faire maison audit Chastillon de la terre de Pothières, de la terre de Flavigny et de la terre de Monstier-en-Der (1).

Des hommes et femmes de Monseigneur de Langres.

3° Iceulx sont hommes et femmes liges de Monseigneur de Langres qui originelment sont nés des hommes et femmes liges dudict seigneur en la ville de Chastillon ; et aussi sont hommes et femmes liges Monseigneur de Langres par convenances, ceulx et celles qui viennent faire maison en ladite ville de Chastillon, de la terre de Chacenay (2) et de Bar-sur-Saine (3).

Des hommes et femmes communs entre monseigneur le Duc et monseigneur l'Evesque.

4° Ceulx sont communs en la ville de Chastillon à monseigneur le Duc et à monseigneur l'Evesque qui sont nés de l'omme lige monseigneur le Duc, et de la femme lige monseigneur l'Evesque ; et aussi sont communs aux deux seigneurs tous ceulx et celles qui viennent faire maison en la ville de Chastillon de demaines, baronies, fiefz, reiefiefz, gardes desdiz seigneurs, sans que l'ung desdiz seigneurs le puisse retenir sanz l'autre (4).

Des hommes et femmes communs.

5° Ceulx sont appellés communs en la ville de Chastillon, qui, pour la recongnoissance dessusdite ausdits seigneurs qui viennent faire mansion en la ville de Chastillon, qui sont d'estranges pays qui ne sont des demoines, baronies, fiefs, reiefiefz ou gardes des seigneurs ; et iceux communs alés de vie à trespassement, leurs enfans sont communs aux deux seigneurs, tailliables et justiciables avec les autres communs et ne usent point de la liberté de commandise (5).

---

(1) Transaction de 1178. (Voir n° CLXXIX.)
(2) Chassenay (Aube).
(3) Transactions de 1178 et 1206. (Voir n°s CLXXIX et CLXXXV.)
(4) Voir les accords de 1190 et 1196, n°s CLXXXII et CLXXXIV.
(5) C'est-à-dire de la libre disposition de leurs personnes et de leurs biens, en payant une redevance fixe.

Des hommes et femmes monsieur l'abbé de N. D.

6° Ceulx sont hommes et femmes liges à monsieur l'Abbé qui sont originelment nés de l'omme et femme lige dudit monsieur l'Abbé, et qui viennent, de quelque part que ce soit, faire mansion en ladite ville de Chastillon ; s'ils veullent advouer ledit abbé, ils sont ses hommes et femmes tailliables haut et bas et de mainmorte et justiciables, sur la protection, tuicion et saulvegarde dudit monseigneur le Duc.

Des communs entre monseigneur le Duc et monsieur l'Abbé.

7° Ceulx sont communs entre monseigneur le Duc et monsieur l'Abbé qui sont originelement nés et procréés de l'omme de monseigneur le Duc et de la femme monsieur l'Abbé et *e converso* ; et est la porcion des enfans monseigneur le Duc franche et la porcion monsieur l'Abbé serve, comme dit est, en tele proporcion comme ils sont hommes à l'abbé (1).

Des communs entre monseigneur de Langres et monsieur l'Abbé.

8° Ceulx sont communs entre Monseigneur de Langres et monsieur l'Abbé, sont ceulx qui originelement sont nés et procréés des hommes liges Monseigneur de Langres et de la femme lige monsieur l'Abbé et *e converso* ; la porcion des enfans Monseigneur de Langres est franche et la porcion monsieur l'Abbé est serve, sur la tuicion et saulvegarde monseigneur le Duc (2).

Des communs aux troys seigneurs.

9° Ceulx sont communs à monseigneur le Duc, à Monseigneur de Langres et à monsieur l'Abbé, qui sont nés et procréés d'ommes et femmes appartenant aux troys seigneurs, comme l'omme commun à monseigneur le Duc et à Monseigneur de Langres et de la femme monsieur l'Abbé et *e converso* ; et la porcion monseigneur le Duc et Monseigneur de Langres sont franches de mainmorte et la porcion monsieur l'Abbé est serve, de mainmorte, tele comme il lui peult appartenir, déduite la lignée du père et de la mère serve, en tant comme elle regarde l'abbé.

Des forains qui se veullent advoer à monsieur l'Abbé.

10° Monsieur l'Abbé ne peut tenir commandise en la ville de Chastillon ligement ne communément, mais tous forains qui se veullent dire ses hommes sont

---

(1) Transaction de 1190. (Voir n° CLXXXIII.)
(2) Accord avec l'évêque de Langres en 1190. (Voir n° CLXXXII.)

tailliables et justiciables et de mainmorte, si comme ses autres hommes originels de ladite ville. La cause est tele que l'église ne peult abosner, ne ne affranchir homme ou femme en ladite ville de Chastillon ne autre part, sans le consentement de monseigneur le Duc tant seulement, pour ce que l'église en chef et en membres sont de la garde de monseigneur le Duc, de sa justice et baronnie, et ce qu'ilz acquierent, monseigneur le Duc l'amortist singulierement sans l'Evesque. Et par ainsi en ce qui est commun en justice, et entre le Duc et l'Evesque, si l'église le quiert, elle acquiert à Monseigneur la justice et la baronnie en la ville de Chastillon (1).

De la taille de Chastillon deue chacun an à monseigneur le Duc à la Toussaint.

11° Ly homme lige et commune de la ville de Chastillon doivent chacun an à la Toussains à monseigneur le Duc cent mars d'argent, soixante sols par marc, monnoye courant, à la Toussains. En ceste taille sont compris les hommes et femmes de la franchise de Charmont, qui de cette somme ont accoustumé à payer vint livres : les hommes et femmes monseigneur le Duc qui ont mancion en la ville d'Ampilley (2) en paient xvi livres tournois; les hommes et femmes monseigneur le Duc liges et communs qui ont leur mansion en la ville de Courcelles-Prevoires (3) en ont accoustumé paier xvi livres tournois, aucune foys plus, aucune foys moins ; les habitans d'Estroiche (4) qui ont leur mansion deça le Pont et ceulx qui ont leur mansion à Monttyot (5) qui sont hommes ou femmes monseigneur le Duc contribuent à ladite taille, excepté ceux qui sont hommes et femmes dudit monseigneur le Duc qui doivent cire au chantre d'Aisey (6) qui ne sont tenus à autre taille ; et les hommes et femmes que monseigneur le Duc a ou peult avoir en la ville de Chaveney (7), de Cerilley (8) ou de Bissey (9) contri-

---

(1) Le gardien d'un monastère ou d'une église, surtout quand il était le souverain du pays, exerçait sur ces derniers les mêmes droits et les mêmes devoirs que ceux du suzerain sur le vassal, aussi bien en ce qui concernait la conservation que la valeur et l'étendue du fief ; c'est-à-dire qu'il ne leur était point permis d'acquérir ou de vendre sans sa licence. Ainsi l'abonnement de la taille, l'affranchissement de la mainmorte, étant considérés comme diminuant le fief, l'autorisation préalable du suzerain devenait indispensable. Seulement, comme cette autorisation établissait *ipso facto* la prédominance de la baronnie, c'est-à-dire du pouvoir souverain et de sa justice, là où par exemple, comme à Châtillon, elle n'avait été jusque-là que coseigneuriale : on comprend que les églises, si jalouses de leurs privilèges, ne se soient jamais décidées à changer la condition de leurs hommes que contraintes par la nécessité. C'est ce qui explique, pour Châtillon, le refus obstiné de tous les évèques de Langres de faire partager à leurs hommes du Bourg les privilèges dont jouissaient ceux de Chaumont.
(2) Ampilly-le-Sec, canton de Châtillon.
(3) Courcelles-Prevoires, hameau dépendant de Châtillon.
(4-5) Etrochey et Montliot, communes du canton de Châtillon.
(6) Aisey-le-Duc, canton de Châtillon.
(7) Localité disparue.
(8-9) Cerilly et Bissey-la-Pierre, communes du canton de Laignes.

buent à ladite taille avec les habitans de la ville de Chastillon ; car en ces lieux, monseigneur le Duc à la réséance (1) de ses hommes et femmes originels, et aussi en la ville de Marigney ; et toutes voies ceulx et celles qui retient en ces lieux sont justiciables et tailliables monseigneur le Duc et respondent les tailliables par devant le prevost de Chastillon et de la taille desdits habitans comme dit est. Et par ainsi a en cette partie monseigneur le Duc, chacun an, III cent livres tournois.

Et la dessus dite somme doivent les dessus dits hommes, rendre, paier et faire lever à leurs missions par la contraincte du bailli.

De la valeur des communaus.

12° Se ce que les communaus valent ou peussent valoir est ou doit estre rabattus de ladite somme de III cens livres tournois de taille, et peuvent valoir chacun an XL sols tournois, aucune foys plus, aucune foys moins, et ne doivent les receveurs desdites commandises recevoir homme ou femme comme communaus, se de raison ne le doit estre, si comme plus à plain sera esclarcy, car c'est au préjudice des hommes tailliables.

13° Quant vient le dimenche après la Saint Remy chacun an, le prévost de Chastillon fait crier de par monseigneur le Duc, que de chacun hostel des hommes et femmes tailliables, ait une personne en ung certain lieu pour eslire de par eulx qui ladite somme de trois cens livres tournois distribuera à ung chacun, et leur eslit on, et se présentent les esleus au prevost, et le prevost prend le serment d'iceulx que bien et loyalement en distribueront à ung chacun leur porcion, et iceulx la distribueront et leveront ou feront lever aux cousts des habitans et délivrant audit prevost ladite somme franchement sans missions.

14° Les hommes liges de Monseigneur de Langres et de la ville de Chastillon et les communs de ladite ville doivent chacun an de taille audit Monseigneur de Lengres, cinquante mars d'argent, soixante sols tournois pour le marc, monnoye courant, à paier chacun an au payement de la foire de Bar-sur-Aube. De ceste taille paient les hommes et femmes liges et communs dudit Monseigneur de Lengres, habitans en la ville de Courcelles-Prévoires, lesquels en paient six livres tournois ; les habitans de la ville de Macingey (2), hommes et femmes liges et communs dudit Monseigneur de Langres paient VI livres tournois ; les habitans de Mousson (3), hommes et femmes liges et communs de Monseigneur de

---
(1) Bourgeoisie.
(2) Massingy, commune du canton de Châtillon.
(3) Mosson, commune du même canton.

Lengres en paient xv livres tournois; et chascun an le jour des Bordes (1), le maire, monseigneur l'Evesque fait crier que de chascun hostel ait une personne en ung certain lieu, pour eslire qui fera la taille et ilz sont tenus d'y aler; et eslisent entre eulx, et les esleus présentent à Maire et il prent les seremens d'eulx de bien et loyalement distribuer à ung chascun sa porcion, selon sa faculté; et ladite taille faite, ils la doivent lever ou faire lever à leurs missions et bailler ladite somme entière audit Maire, pour et ou nom dudit Monseigneur de Lengres.

15° Tout ce que les commandises vallent ou peullent valloir chascun an à la Saint Remy à la porcion dudit Monseigneur de Lengres, doit estre rabattue à la taille du seigneur, au prouffit des tailliables; laquelle porcion peut valoir par an environ xl sols tournois, aucune foys plus, aucune foys moins; et ne doivent les receveurs desdites commandises, recevoir homme ou femme comme communaus, se de raison ne le doit estre, si comme plus à plain sera cy après esclarcy, car c'est ou préjudice des hommes tailliables dudit Monseigneur de Lengres.

Demaine que Monseigneur a en la ville de Mousson.

16° Monseigneur le Duc a une seignorie de demaine en la ville de Mousson, c'est assavoir hommes et femmes liges, et hommes et femmes communs entre luy et Monseigneur de Lengres tailliables et justiciables; et sont les liges justiciez par le bailli de la Montaigne pour monseigneur le Duc et par le bailli de Langres pour Monseigneur de Lengres; et sont exempts de prevosté et demaine, pour ce que anciennement pour le débat de partie, ils furent mis en main souveraine et encore y sont; et doivent chacun an de taille les liges et communs à monseigneur le Duc, cinquante sols et les doit recevoir le bailli de la Montaigne.

Des juges de Chastillon.

17° Chacun des dits seigneurs a son juge dans la ville de Chastillon, c'est assavoir monseigneur le Duc son prevost, Monseigneur de Lengres son Maire, et n'est leur puissance en leur auditoire que d'eulx puissent terminer ne servir que de sept sols tournois. Le prevost à la congnoissance ligement de l'omme lige monseigneur le Duc, le maire à la congnoissance de l'omme lige Monseigneur de Langres. La congnoissance des communaus et des communs appartient communément au prevost et au maire; et ne pevent l'ung sans l'autre, car s'ils ne

---

(1) Premier dimanche de Carême.

sont ambeduy (1) au siége ou leurs lieuxtenans, le rée (2) n'yra avant à la demande de l'acteur (3), s'il ne lui plaist, ne n'emportera aucun prouffit l'acteur contre le rée, ne le juge singulier.

Comment l'on doit faire appeler par devant les prévots et Maycur.

18° Saucuns hommes liges ou communs de laquelle seignorie que ce soit, fait appeller ung homme commun, et il ne soit appellé par deux sergens, l'ung de monseigneur le Duc, l'autre de Monseigneur de Lengres, il est tenu de luy venir comparoir au jugement; mais il n'y procédera point de la demande de l'aucteur ne yra avant, mais declinera, et dira lui estre moins suffisamment adjourné quant il dira qu'il n'est adjournés que par un sergent de quelque seignorie qu'il soit, pour ce qu'il est nécessaire qu'il soit adjournés par deux sergens, car la chartre dit que l'ung ne peut sans l'autre.

19° Si ung homme lige de quelque seignorie que ce soit fait appeler ung homme commun ou communaul, deuement par deux sergens, se ly homs liges est condempnez contre le commun ou communaul et chiet de son instance, le sire de l'homme lige n'aura pas l'amende ligement, mais sera commune aux deux seigneurs, pour ce qu'il est condempnés en l'auditoire du commun et pour ce est l'amende commune.

20° Si l'omme lige monseigneur le Duc fait appeler l'omme monseigneur l'Evesque pardevant le maire, ou l'omme monseigneur l'Evesque fait appeler l'omme monseigneur le Duc par devant monsieur le prevost, se cellui qui fait appeler est condempnez de l'instance qu'il fait à son rée, l'amende sera au seigneur donnée, pour ce que : *Actor sequitur forum rei.*

Des amendes.

21° Avec l'auditoire qui n'est pas de sept sols tournois, lesdits prevost et Maire pevent avoir en aucune chose plus grant amende que de sept sols tournois; c'est assavoir quant discort naist entre aucunes personnes de quelque juridiction que ce soit, d'aucunes communaultés que l'un dit avoir sur l'autre, comme de mectre champnettes (4) de murs communs, de dire avoir alées par maison, par curtils ou par places ou pour entreprendre du droit commun. Le prevost ou le Maire, du consentement des parties, amenoient preudommes sur

---

(1) Toutes les deux ensemble.
(2) Défendeur, *reus*.
(3) Demandeur.
(4) Gargouilles, conduites d'eaux pluviales.

les lieux, et font les preudommes leur rapport et jugement par serement, et cellui qui est condempnés par eulx, est tenus en l'amende de LXV sols tournois et la pevent lever sans autre adjudication ; car qui entreprend le droit d'autrui sans cause ou sont les lieux communs, l'amende est cause de luy, par l'usage gardé anciennement en la ville de Chastillon.

De draps pris par souspeçon.

22° Se ung drap est pris par souspeçon de faulseté, le prevost, le Maire font appeller XVI preudommes, quatre maistres du mestier, quatre bons varlés, quatre tixerans et quatre bourgois, ensemble celluy qui est accusez du drap, et se mettent ensemble à part pour visiter le dit drap ; et les XVI proudommes demandent à l'accusé par serement la cause de son accusation, et l'accusation oye, les XVI preudommes se tirent à part et visitent diligemment le dit drap et dient par serement aux quatre bourgois la cause ou causes pourquoy le dit drap doit estre ars ou condempné à amende, ou absols ; et les diz quatre bourgois ensemble les autres XII proudommes viennent au jugement commun du dit prevost et Maire ; et rapporte l'un par le consentement des autres ce qui doit se faire du dit drap ; s'il est bon, on le délivre pour bon, et, s'il est faulx, le prevost et le Maire le délivrent aux mestres du mestier pour ardoir, et les maistres font crier de par messeigneurs que l'en aille veoir la justice du faul drap, et lors l'on le porte ardoir en la place aux bons varles, et art l'en (1) lors tous le mestier et toutes les choses de bois et de fer qui ont touchié au faulx drap et tous les aisemens. Et les tixerans qui l'ont tixé doivent amende aulx prevost et Maire LXV sols tournois d'amende et la lièvent les dits tixerans, ou ils sont banny ung an et ung jour lequel qu'il leur plaist de la ville de Chastillon et du mestier.

De faulx poisson, chars, cuyrs, souliers.

23° Se poisson, chars, cuyrs, souliers, sont prins par faulseté, le prevost et le Maire les font visiter diligemment par gens congnoissant en chacune chose. Se les visiteurs rapporteurs rapportent par leurs seremens qu'il y ait faulseté ou mauvaistié, le prevost et le Maire le font ardoir ; et ceulx que le poisson, char, cuyr, ou les souliers sont, doivent LXV sols tournois d'amende sans autre adjudication de bailli.

De la puissance du prevost et Maieur. — Des francs marchiez.

24° Autre puissance ont en ville de Chastillon le prevost et le Maire, car ils peussent bailler franchise en la dite ville et d'icelle franchise bailler leurs lettres ;

(1) Brûle-t-on.

et vauldra chartre ou temps à venir perpétuellement, c'est assavoir que quiconque vient demorer en la ville de Chastillon de quelque part que ce soit, et de quel pays, fors de ceulx des villes qui contribuent à la taille en la ville de Chastillon, iceulx forains demeurent et peullent demorer en ladite ville, tant comme il leur plaist, sans advouer seigneurs quelconques. Toutes voies sont ils justiciez communément et ne paient point de taille, et tant comme ils sont sans advouer seigneur, ils doivent péage, portaige, vente de tout ce qu'ils achetent et vendent, et quand ils ne paient leur porte ne la vente de ce qu'ils vendent et achectent, ils doivent pour chacune foys qu'ils y mesprennent, LXV sols tournois d'amende. Et quant il leur plaist, ils advouent seigneur cellui à qui ils doivent estre par la coustume et par le statut des seigneurs. Et seigneur ainsi advoué comme dit est, il peut acheter les libertez de la ville, du prevost ou du Maire, et n'en doivent prendre point de chastre que ung sextier de vin, ne du pire, ne du meilleur, que l'on vende en ville, et pourtant sont bourgois de la ville et usent de toutes libertez comme les autres bourgois ; et de ce prennent lettre du prevost et du Maire et vault chartre ; et nomme en (1) celle lettre ung estelaige et peult valoir par chacun an a chacun seigneur dix livres, aucune foys plus, aucune fois moins, et pour ce x livres tournois.

De la puissance des bailliz de la Montaigne et de Lengres.

25° Tous autres faiz et causes qui regardent moyenne et haulte justice sont terminées et finies par le bailli de la Montaigne, pour monseigneur le Duc, par le bailli de Lengres pour monseigneur l'Evesque : ung chacun justice les hommes liges ligement, les communs et communaus et les cas des forains communément. Toutes voies comme les grans forfais sont communs et demenés communément, sont les amendes communes des choses communes grans forfais et à chacun l'amende de son homme lige, quant l'auditoire est lige, si ce n'est es cas cy après escrips.

26° Les cas criminels capitaux, ils sont démenés communément par les baillis et executez communément (2), et les atrays (3) communs de ceux de la ville de Chastillon et des étranges de ce dont ils sont trouvez saisiz en justice commune. Toutes voyes ung chacun seigneur peult faire exécuter aulcun malfaicteur seul et singulier es fourches de Chastillon, combien qu'elles soient communes, s'il leur

---

(1) Pour : nomme-t-on.
(2) Transaction de 1206. (Voir n° CLXXV.)
(3) Attraicts, droit de retenir les étrangers ou les hommes d'une autre seigneurie.

plaist, ils peullent faire amener de leurs demaines ou d'autre part aulcun malfaicteur et faire exécuter seul et singulier es dictes fourches de Chastillon, sans nul préjudice de l'autre. Toutes voyes on ne le crieroit pas communément fors que de par cellui qui fait faire la dite exécution. Pourquoy nul n'est tenu de obéir au dit cry, fors que les hommes liges du dit seigneur tant seulement.

27° Le cri qui regarde la communaulté des dits seigneurs en la ville de Chastillon se crye par le cryeur. Premièrement de par monseigneur le duc de Lengres (1), et de par monseigneur le duc de Bourgongne, et ainsi peult ung chacun des dits seigneurs faire crier de par l'un singulièrement des choses qui singulièrement leur appartiennent, si comme faire cryer les foyres des dits seigneurs.

28° Le cryaige de Chastillon va d'oir en oir male (2), et s'il n'y a hoir male messeigneurs le peullent donner ou vendre comme chose à eulx acquise. Et sont les drois du criaige telz : si aucun est éxécutez pour ses démérites en la ville de Chastillon, dont le cryeur fait le cry, il a le chapperon s'il en a point; s'il crye vin en la ville de Chastillon, il en a une pinte ou quatre deniers, lequel qu'il plaist à cellui qui est le vin ; s'il crye huille, miel ou autre graisse, il en a III deniers tournois; s'il crye une chose perdue, il en a IIII deniers; s'il crye une vendue de bois ou d'eaues, il doit avoir v sols tournois, mais il les doit crier par quatre justices. Il a de chascune espousée qui se font en la ville de Chastillon IIII deniers tournois, excepté que de espousées de Chastillon. Il a de toutes les putains qui viennent nouvellement pour estre communes IIII deniers tournois. Il a de tous les menestriers qui viennent nouvellement à Chastillon pour jouer en place et pour chanter en place IIII deniers tournois. Il doit faire tous les cris appartenant aux seigneurs, sans prouffit, fors que tant qu'il a puissance de sergent des deux seigneurs et vault ses offices s'il le fait deuement sans autre lettre du bailli, de sergenterie, se aucune office ne lui estoit commis hors de Chastillon ; et sont tous les prouffiz dessus diz au dit crieur et vault bien a présent dix livres de terre.

29° Selon les chartres anciennes, nos seigneurs ne doivent constituer ne ordonner en la ville de Chastillon sergens, se ce n'est par l'élection des bourgois de la dite ville ; et iceulx esleus, Monsieur le bailli de la Montaigne et Monsieur le bailli de Lengres prennent le serment de chacun d'eulx, de ceulx qui leur

---

(1) L'évêque de Langres étant suzerain du Bourg de Châtillon et le Duc y étant son vassal, son nom était prononcé le premier.
(2) C'était une sorte de fief roturier.

appartiennent, que bien et loyalement exerceront l'office de sergenterie, feront leurs rappors loyaulx et véritables, garderont le droit du seigneur duquel ils sont sergens; et lors peullent officier de l'office de sergenterie, selon ce que mandé leur est ou commandé par personne que faire le peult, et lors sera creus de son adjournement par son serement, il ne sera pas creuz de son arrest s'il ne le prouve ou se partie ne le cognoist. Ne aussi ne sera pas creuz d'une prise des champs s'il ne le prouve, et le messier ordonné aux champs sera creuz par son serement.

30° Le salaire des sergens est tel : s'ils adjournent sans mission et requeste de partie, il a pour son adjournement six deniers tournois; se l'amende du dit ajournement naist, quelle soit de sept sols, le sergent aura en icelle XII deniers tournois. Et se de l'action du dit ajournement naist amende de LXV sols tournois, les V sols tournois sont au dit sergent; s'il ajournent par commission en la ville de Chastillon, leur ajournement vault VI deniers tournois, et leur relaccion XII deniers tournois; s'ils vendent et exécutent, ils ont tant pour peine de vendre comme pour relacion II sols tournois, et se doivent payer en oultre; et se les gaiges qu'ils exécutent aucune chose à porter au lieu ou l'en les a accoustumez vendre et de ce se doivent payer sur celui au prouffit duquel exécution est faite, non pas sur l'autre partie, car despens la partie les doit demander et chéent en action.

31° Les sergens qui vont officier hors de Chastillon, comme en ressort ou autre part, s'il est à cheval, il emporte pour journée V sols tournois; et s'il est à pié, il emporte pour journée II sols VI deniers, et n'est pas à entendre que s'il office sur plusieurs personnes en ung jour qu'il ait sur chacun V sols tournois, mais sur qui il aura office en ung jour contribuerront ung chacun à la journée de V sols tournois; et se ung sergent mettoit à éxécution heritaige, on lui comptera IIII journées ensemble le salaire de sa relaccion, selon ce quelle seroit excessive d'escripture.

32° Qui paie argent à sergent de ce qu'il exécute sur aucun par commission ou autrement, ils ne paient pas là ou ils doivent, car sergens ne sont fors que exécuteurs et non pas reputés pour receveurs de ce qu'ils éxécutent.

33° Autre sergentie a en la ville de Chastillon que l'on appelle la messerie qui sont tenus de garder les biens des champs, des prés et autres. Et iceulx messiers achectent leurs offices du prevost et du Maire et est de nécéssité qu'ils soient deux, l'un de par monseigneur le Duc et l'autre de par Monseigneur de Lengres; et jurent eulx deux en la main du prevost et du Maire de bien et loyalement garder le droit des seigneurs, des bonnes gens et faire leurs prises justement et faire bons rappors et justes de leurs prises et arrests. Toutes voyes, ils sont creuz de leurs prises et non pas de leur arrests, s'ils ne le prouvent. Et saucun font rebellion ou resqueusse (1) d'eulx et ils le puissent prouver, l'amende est de LXV sols tournois ; pourvu que l'arrest ou resqueusse soient justes ou qu'il leur feroit force comme de mectre (2) ou bateure en faisant leurs offices, et ils le povoient prouver, les malfaicteurs seroient punis griefment. Les droits de leurs messeries sont tels : chacun qui laboure au finaige de Chastillon leur doit une grosse gerbe, ce qu'on peut lyer en ung lyen de moisson, ne trop grand, ne trop petit, du meilleur blef qu'il cultive et la doivent prendre au champ. Les prises qu'ils font de jours valent V sols tournois d'amende, ils y ont de leur droit XII deniers tournois ; s'ils font prises de nuit, l'amende est de LXV sols tournois, ils en ont les V sols tournois ; se resqueusse ou rebellion leur est faite, ils y ont V sols tournois ; la messerie peult valoir aux deux sergens XL sols, aucune foys plus, aucune foys moins. Se ils sont batus ou vituperez de leurs vestement, et il est prouvé, l'amende est arbitraire et est en la discrétion des baillis, et pour ce en ceste partie a monseigneur le Duc pour sa moitié XX sols tournois.

34° Monseigneur le Duc et Monseigneur de Lengres pevent affranchir en la ville de Chastillon, de tailles et exempcions deux personnes, c'est assavoir ung feure (3) qui sera tenu de enfforger et defforger (4) tous prisonniers, touteffoys que requis en est par les gens des seigneurs ou de l'un d'eulx, aux cousts et missions du dit feure. L'autre est ung cordier et icelui doit tous chevestres (5) et lyens appartenant à quelque justice que l'on face et aussi la corde pour avaler au croct (6) et pour mettre à gehaine (7) les malfaicteurs et pevent les baillis au nom des seigneurs donner cette franchise en baillant lettre dessoubs les grans seaulx de leurs bailliages communement, et vault la dite franchise, et vault bien pour les deux seigneurs XX sols tournois.

35° Anciennement en la ville de Chastillon nos seigneurs ne faisoient que VIII sergens, quatre pour monseigneur le Duc et quatre pour Monseigneur de Lengres, et se faisoient par eleccion comme dit est, tant estant en la ville de

---

(1) Rescousse.
(2) Meurtre.
(3) Forgeron.
(4) Enferrer et déferrer.
(5) Licol.
(6) Croc des fourches patibulaires.
(7) Torture.

Chastillon comme pour le ressort de la prevosté de la mairie, et en ce nombre n'estoient point comptez les touriers (1) monseigneur le Duc du chastel, ne le concierge qui garde l'ostel de Monseigneur de Lengres du dit chastel, et aussi le crieur. Le tournier monseigneur le Duc doibt jurer en la main des officiers de Monseigneur de Lengres de bien et loyalement garder les prisons appartenans à Monseigneur de Lengres comme ceux de monseigneur le Duc. Le concierge Monseigneur de Lengres n'est tenu de faire serment, car il ne office riens au dit chastel ; mais que le tournier qui est garde des clefs. Et c'est ce que Monseigneur le Duc dit en la chartre : *De castro Castellionis pertinet nobis custodia*. Les droits du tournier sont telz : quiconques est miz en prison, soit ferme ou par le chastel, il a de chacun au départir XII deniers tournois. Et saucun est éxécuté pour ses démérites, tout ce qui est dessoubs la courroye (2) est au tournier, soit coussoz (3), mantel ou autres choses. Toutes les espousées de Chastillon qui sont espousées ou chastel, luy doivent XII deniers et s'il est des habitans dudit chastel, il est franc de tailles et de toutes exemptions, duquel conseigneur que il soit homme, et peult bien valoir c sols tournois.

36° Tous les nobles de Chastillon sont hommes monseigneur le Duc, justiciables et responsables de toutes actions personnelles, combien que l'action peult estre tele que l'amende seroit aterminée à monseigneur le Duc et à monseigneur l'Evesque. Toutes voyes la justiciation seroit lige à monseigneur le Duc, comme amende arbitraire, rachat de corps ou de membre. Et es grans forfais des actions réelles, ils sont responsables au seigneur dessoubs qui la réalité est assise. Et saucun des nobles de Chastillon estoit éxécutez, le fief qu'il tiendroit de monseigneur le Duc luy reviendroit ; et ce qui seroit de franc aleuf seroit par moitié à monseigneur le Duc et à Monseigneur de Lengres, posé que les biens fussent en la justice commune de Chastillon. Que s'ils estoient autre part, ils seroient au seigneur dessoubs qui ils seroient.

37° Tous les clers de Chastillon sont à Monseigneur de Langres, espérituelement justiciables et responsables à toutes actions personneles et actions réelles. Ils sont responsables dessoubs qui la réalité est assise. Et saucuns clers de Chastillon est condempnés à l'eaue de tristesse et à pain de doulour (4), les meubles sont à Monseigneur de Lengres, et les héritaiges assis à Chastillon seront

---
(1) Concierges, portiers.
(2) Ceinture.
(3) Chausses.
(4) C'est-à-dire en chartre ou prison perpétuelle.

vendus la moitié à monseigneur le Duc, et l'autre moitié à Monseigneur de Lengres.

38° Les hommes et femmes de l'eglise de Chastillon sont en toutes actions personeles, responsables et justiciables à Monsieur l'abbé, et tient on la juridiction d'iceulx en l'eglise, car ils n'ont en nulle partie de la ville de Chastillon, point de lieu ou ils puissent tenir juridiction, se ce n'est de grâce. Toutes voyes les sergens de l'eglise en quelconque partie de la ville que les hommes et femmes de l'eglise aient mencion, il les peult aler adjourner à l'église ou il luy est ordonné gaiger, éxécuter, prendre et mener en prison en l'église, pour quelconque cas qu'il soit accusés ou souspeçonnés. Toutes voyes se l'omme ou la femme de la dite église estoit prins en fait présent (1) en l'église n'en avoit point de recours, pour ce que parmi la chartre, monseigneur le Duc dit que les hommes de l'église sont ses hommes. Toutes voyes l'amende seroit commune au prevost et au Maire, se la prinse avoit été faite en justice commune. Des actions réelles, ils sont responsables au seigneur dessoubs qui la réalité est assise.

39° Saucuns des hommes et femmes de la dite église sont pris et détenus pour aucun meffait, par accusation, dénonciation ou souspecon, les gouverneurs de la justice ou les sergens de l'église les doivent requérir et on leur doit rendre chargié du fait pour faire raison, s'il n'est pris en cas présent, car s'il estoit pris en cas présent et les cas ne sont civils, le prevost en auroit la congnoissance comme dit est. Et se le cas présent estoit capital, il seroit demenés communément et éxécutés communément en la tieille (3) commune ce qui seroit en communauté. Et s'il n'est pris en fait présent et il est rendus aux gouverneurs de la justice de l'église, ils les traictent par la manière que le cas le désire. Se il est trouvés qu'il doit estre éxécutés, le ministre de l'église le délivre tout nu, le chevestre au col, au chef de la planchette de l'abbaye par devers Chastillon, au prevost de Chastillon pour faire l'exécution. La tieille sera à l'église quelque part que les biens soient, en la communauté de Chastillon ou de Courcelles Prévoires, pour ce que monseigneur le Duc dit en une chartre : *Omne jus hominum ecclesie Castellionis pertinet ecclesie* (4).

40° L'église de Chastillon a communaulté de ses hommes et femmes à monseigneur le Duc et à monseigneur l'Evesque en la ville de Chastillon et de Cour-

---

(1) Flagrant délit.
(2) Transaction de 1182. (Voir n° CLXX.)
(3) Confiscation.
(4) Charte de 1182. (Voir n° CLXX.)

celles Prévoires, par la forme et manière que monseigneur le Duc et monseigneur l'Evesque l'ont en la dite ville et à Courcelles. C'est assavoir, que se l'omme de monsieur l'Abbé, lige prend la femme lige monseigneur le Duc, ou la femme lige monseigneur l'Evesque, les enfans sont communs entre les deux seigneurs dont les hommes sont liges à l'un et les femmes à l'autre seigneur liges, et se l'omme est lige à l'un des seigneurs et la femme soit commune aux autres deux seigneurs, les enfans seront communs à tous les troys seigneurs, selon ce que la portion appartiendra à chacun seigneur de par le père ou de par la mère. Et ainsi le peult on entendre de l'omme comme de la femme ; le mariage durant le seigneur duquel l'omme sera homme, justiciera la femme et enfans, le mariage durant, ou que les enfans soient hors de puissance, et lors seront communs par la manière comme dit est. Et se l'omme va de vie à trepassement avant la femme, la femme sera femme au seigneur dont elle partist originelement. Car parmi la communaulté l'omme ne acquiert point la femme, le mariage failli, fors que le mariage durant (1).

41° Et pour ce que les hommes et femmes de la dite église sont de mainmorte et par la coustume générale (2), se l'omme serf prend une femme franche et elle meurt en l'adveu de son mari serf sans hoir estant en icelle, le seigneur de l'omme serf emporte la succession de la femme franche, pour ce qu'elle meurt en l'adveu de l'homme serf ; ceste coustume cesse par la communauté de Chastillon et de Courcelles qui est entre monseigneur le Duc, monseigneur l'Evesque et monsieur l'Abbé ; que se l'omme monsieur l'Abbé qui est serf prent la femme monseigneur le Duc ou monseigneur l'Evesque lige ou commune qui sont franches de main morte, se la femme moroit avec l'homme serf, les hoirs naturels de la femme emporteroient toute la succession en meubles et en heritaiges, ne l'Abbé ny prendra riens, mais cesse la coustume du tout.

42° Se aucun venoit faire mansion en la ville de Chastillon de quelque part qu'il viengne, s'il lui plaist il peut advouer l'eglise seulle et singulière de la condicion de leurs autres hommes et femmes, sanz ce que les autres seigneurs y puissent aucun droit reclamer. Car monseigneur le Duc et Monseigneur de Lengres dient dans une chartre : *Si vero aliquem hominem Ducis vel episcopi ad abbatem se habere valentem, sine ulla calumnia Ducis nec episcopi, abbas retinebit sub tuicione et protectione Ducis* (3).

---
(1) Voir la charte de 1182, n° CLXX.
(2) Anciennes Coutumes du duché de Bourgogne, titre II, *De l'état et condition des personnes.* — Coutume générale du duché, *Des mainmortes,* titre IX ; apud Bouhier, I, p. 16 et 137.
(3) Charte de 1182, citée plus haut.

43° Se aucun fait adjourner autre pardevant le prevost ou pardevant le Maire ligement ou communément ainsi comme il peult et doit appartenir ; se le rée congnoist la demande de l'autteur, le rée doit ii sols vi deniers tournois pour la congnoissance : si c'est ligement, les ii sols sont au juge à qui l'auditoire appartient et les vi deniers tournois au sergent qui a fait l'adjournement. Et se l'auditoire est commune, le prevost aura xii deniers, le Maire xii deniers tournois ; les vi deniers aux deux sergens qui ont fait les ajournements. Se le rée met en ny la demande de l'acteur et l'acteur la prouve, le rée est condempnez à rendre la chose et es despens et a vii sols d'amende ; et se l'acteur ou le rée ou aucun d'eulx fait défaut en aucunes journées du procès, il doit pour chacun défaut de jour viii sols tournois. Se l'auditoire est lige, cellui à qui elle appartient a vi sols, le sergent vii deniers tournois ; et se l'auditoire est commune, le prevost en a iii sols tournois et le Maire iii sols. Les sergens des deux seigneurs qui ont fait le premier adjournement, chacun a vi deniers tournois.

44° Se aucun en plaidant et contentant, dit à cellui contre qui il plaide ou contente villenie de parole qui ne regarde pas crime ne grant vitupère (1) de corps ; si comme l'en dit : tu es un mauvais garnement, tu es un malestrier (2) ; se partie se plaint de teles legières paroles et gorgées (3), partie n'a amende fors que d'une buchette en jugement et le juge vii sols, se l'auditoire est lige, ligement, se l'auditoire est commune, communément. Se la villenie touche honte de corps comme de dire à ung homme : larron, puant, punais, ou à une femme : putain, larronnesse et l'on ne nommoit de quoy : se plainte en est, partie a vii sols tournois d'amende et le juge vii sols tournois. Et se la partie qui a dicte l'injure en veult faire ung escondit (4) et juroit par son serment que yre et mal talent luy ont fait dire et qu'il n'y sect point de mauvaistié, la partie n'aura nulz vii sols tournois, car l'escondit est l'amende de l'injure et n'est pas pécuniaires. Se aucun dit à ung autre en contentant (5) : larron ou parjus, ou murdrier ; ou à une femme, putain ou larronnesse et il nomme de qui ou de quoy, l'amende est arbitraire et ne chiet point d'escondit se partie ne veult ; et teles amendes sont adjugées par les bailliz ou leurs lieutenans ; l'amende de partie est selon ce que la personne est et le cas le désire. En tele amende arbitraire et en toutes

---

(1) Blâme.
(2) Malotru.
(3) Plaisanteries.
(4) Réparation.
(5) Contestant.

autres, de quelconques fais qu'elles procédent, le prevost et le Maire y ont xl sols tournois, se l'auditoire est lige, ligement; se l'auditoire est commune, communément leur appartient par moitié. Se aucuns contentent ensemble, et l'ung dit à l'autre : je ne suis celui ou celle qui fist tel larrecin, ou tel murdre ou tel putaige d'un tel homme, combien qu'il ne dye tout oultrement, fors que en umbre en parlant a lui, en disant : je ne suis pas tels, pour ce n'est ce pas que l'amende ne soit arbitraire pour ce que les villenies qu'il dit à l'ombre de lui redondent (1) à la personne à qui ilz contentent par paroles injurieuses, car les propox destintent les maléfices.

45° Saucun met main à autre injurieusement, ou il le fiert (2) un cop soit petit soit grant, ou il le bat tant qu'on lui escoute à l'oreille s'il est mort ou vif, seulement que mort ne s'en ensuive, qu'il n'y ait sang ne cuir crevé ne mutilacion de membres, se plainte en est faite, le juge a vii sols; se la batterie est si enorme qu'il gist au lit, le bleciè aura son respons, et c'est ce que l'en dit : *bien batuz, mal batus, VII sols paie*. Se aucun fait sang à autre espanduz ou cuir crevé, se plainte en est, le bleciez a pour son amende xxi sols tournois, le prevost et le Maire lx sols tournois et les sergens qui font l'adjournement v sols tournois. Se l'auditoire est lige, il est ligement à cellui à qui est l'auditoire et se l'auditoire est commune, l'amende est communément. Toutes voyes il faut que l'amende soit declarée par les bailliz ou leurs lieuxtenans ligement ou communément, selon ce qu'il peult ou doit appartenir. Se la blessure ou navreure est si grant et en tel lieu que mutilacion de membre y soit ou appere à voir, la partie doit estre récompensée pour sa moins vaillance de son corps, pour son membre mutilé, selon ce que la discrecion des bailliz regardera; l'amende est arbitraire lige ou commune selon ce qu'il appartiendra et dont elle procede ligement ou communement comme dit est.

46° On ne tient pas que sang qui vient par le conduit du nez ne par bouche s'il n'y a cuir crevé, que ce soit délit dont l'amende soit de lx sols tournois, pour ce que nature se purge ou peult purgier aucune foys par nez ou par bouche, par sang ou autrement, ou par superfluité de flueur, ou par eschauffement sanz autre force; et pour ce tient l'en que se main est mise à aucun et il seigne par nez ou par bouche, se cuir n'appert crevéz, qu'il y ait amende que de main mise seulement.

47° Se aucun est trouvez en dommaige et le lieu n'est en closture, se c'est de

(1) Atteignent, portent préjudice.
(2) Frappe.

jour, l'amende est de v sols tournois. Se le dommaige est fait en closture fermant par jour, l'amende est de xv sols ; pour ce que plus grant mauvaistié appert estre faite par la coustume que s'il lui fust à plain (1), car le dommaige est ung, l'infraction ung autre, si doit estre plus grant l'amende ou il y a double méffait que de la chose dont il n'y a que ung méffait. Se le dommaige est fait de nuist en ung lieu sans closture, l'amende est de lxv sols tournois, car c'est mauvaistiez faite obscurément ; et se dommaige est fait de nuyt en closture fermée, l'amende est arbitraire, pour cause de la force de la fraction et tel pourroit estre le dommaige que le cas seroit criminel capital et toutes teles amendes ; et les congnoissances d'icelles sont communes et se doivent demeurer communément et les grans amendes par les bailliz et les petites par les prevost et Maire.

48° Saucuns en la ville de Chastillon crye à la mort ou fait tumulte de nuyt par quoy gens se assemblent et il ne puisse monstrer évidént cause pour quoy il ait cryé à la mort ou qu'il ait fait le tumulte, il doit amende de lxv sols tournois ; et tel pourroit estre le tumulte que l'amende seroit arbitraire, et tel inconvénient s'en pourroit ensuir qu'il seroit en la voulenté des tels seigneurs et de punicion capitale.

49° Saucun plaide devant le prevost et il lui face grief soit par sentence, commandement ou autrement, pour lesquelles choses il face appellacion, il doit appeller à l'audience du bailli de la Montaigne. Se l'appellacion est indeuement faite, l'appellation ne doit point d'amende au prevost pour cause de l'appellation. Qui appelle de l'audience du bailli il doit appeler à l'audience des auditeurs de Beaulne, et s'il appelle indeuement, le bailli a xi sols d'amende, car il est juge ordinaire ; il doit amende tele comme ils l'ont accoustumé es lieux et en tels appeaux. L'appellant n'a induce (2) de impetrer son adjournements fors que dix jours ; que s'il ne fait son impétracion dedens les dix jours après l'appellacion, l'appellacion est déserte et doit être contenu en la citation, que partie à quel prouffit (3) la sentence soit donnée soit appelez et le juge soit intiméz ; et qui autrement le feroit, l'adjournement ne feroit par le stile de Bourgoingne ; et se ainsi avenoit que aucun appellast de l'audience du bailliaige de la Montaigne à l'audience du bailliaige de Sens, non pas de Beaulne, mais à l'auditoire royal, il auroit induce de impétrer xi jours ; et par le style royal en la court de Sens l'en doit adjourner le juge et intimer la partie au prouffit de laquelle la sentence est

---

(1) C'est-à-dire en plein champ.
(2) Délai.
(3) Au profit de laquelle.

donnée. Toutes voyes il appelleroit mal par deux raisons : la première, pour ce que l'ordre des appeaulx en Bourgoingne vont par ordre, c'est assavoir du prevost à bailli, du bailli aux auditeurs à Beaulnes, des auditeurs au parlement à Beaulne, du parlement de Beaulne en parlement à Paris ; et là se prend la fin des causes, pour quoy l'en appelleroit mal de bailli de Bourgoingne à Sens. La cause est tele que les officiers monseigneur le Duc ne sont point ressortissans à Sens, mais de la Villeneufve le Roy; si (1) seroit l'appellation déserte. Et qui appelleroit au bailli de la Montaigne ou de l'une des auditoires dessus dite ou parlement de Paris, il auroit induce d'impetrer sa citation en cas d'appel de troys moys et la cause de l'appellation durant l'appelant est exempt de toutes causes du juge dont il a appelle, et en Bourgoingne il n'est exempt fors que de la cause de l'appellation.

50° Qui appelle du Maire de Chastillon, il doit appeler à l'audience du bailli de Lengres. Se l'appellent chiet de son appel, il ne doit point d'amende, car il n'est pas juge ordinaire par la coustume dessus alleguée. Le stile des appellacions des jugemens des hommes Monseigneur de Lengres en la ville de Chastillon se doivent demener par le stile des auditoires monseigneur le Duc, pour ce qu'ils font tous leurs jugemens selon les coustumes de Bourgoingne, non pas par les coustumes de l'eveschyé. Mesmemens que les jugemens communs de Chastillon se demenent par le stile et coustume de Bourgoingne. Qui appelle du bailli de Lengres l'appellacion va à Sens ; qui appelle indeuement il doit xi sols d'amende au bailli dont il a appellé ; il a induces d'impetrer sa citation xl jours, il doit l'en appeler le juge et intimer à la partie la cause pourquoy l'en a appelé du bailli de Lengres. Et l'auditoire royal est tele que Monseigneur de Lengres n'a en la terre nulz auditeurs des appeaux, ne ne peult corriger la sentence de son bailli, car le bailli de Lengres sentence en la personne Monseigneur de Lengres ; et se l'appel est dit bon par le bailli de Sens, et icellui appel soit sur une interlocutoire descendant d'aucun principal, l'appelant ne sera point renvoiez en l'auditoire du bailli de Lengres pour procéder avant ou principal dont la dite interlocutoire vint dont il sentencia et dont l'appellation fut faite qui est dite mal donée, pour ce que le bailli de Lengres est trouvez avoir mal sentencié en l'interlocutoire, il est reputez pour souspeconneux en l'auditoire du principal.

51° Se une cause est communément démenée à Chastillon pardevant le prévost et le Maire, se l'on appelle d'eulx, l'appellacion va à l'auditoire commune

---

(1) Ainsi.

du bailliage de la Montaigne et du bailliage de Lengres. Et est la cause d'appel démenée communément. L'appelant a dix jours d'induces après l'appellacion d'impétrer sa citation et doit estre adressée à deux sergens, l'un de monseigneur le Duc et l'autre de Monseigneur de Lengres, et doit estre mandés à eulx d'adjourner partie et de intimer le prevost et le Maire; s'il est dit mal avoir appelé, le prevost et le Maire n'ont point d'amende, par la coustume avant alleguée. Se les deux bailliz sentenaient communément et il en soit appelé, l'appellacion yra à Sens par devant le bailli de Sens, non pas pardevant les auditeurs, es causes des appeaulx qui sont communs. Et se sont égaulx en partie, ne ne sont point subgiez l'un à l'autre en ceste partie. Ne aussi l'auditoire de l'appellacion n'yra point à la Villeneufve. combien que la Villeneufve soit siége souverain députe aux gens de monseigneur le Duc, mais yront es appeaulx donnés communément au ressort de Sens. La cause est tele : tout ce que Monseigneur de Lengres tient à Chastillon est demaine et le fief du Roy et ce que monseigneur le Duc à en la ville de Chastillon est fief Monseigneur de Lengres et la Roy est souverain ; et le siége de Sens est deputez ressors souverains pour oir les causes des appeaulx des demaines et fiefz de l'evesché. Et par ainsi pour ce que monseigneur le Duc a à Chastillon est fief de Lengres et la communaulté de Chastillon entre les deux seigneurs est tele et ne peult estre desjoincte, le féal doit ensuivre le ressort souverain du seigneur du fief qui est Monseigneur de Lengres. Se doit par ceste raison aler la cause de l'appellacion commune à Sens et nonobstant que la Villeneufve soit ressort souverain député à monseigneur le Duc. Toutes voyes il est à entendre des choses qui singulièrement et particulièrement appartiennent à son pays de Bourgoingne, ce qui est ou bailliage de Sens, non pas des causes communes qui sont entre les habitans de Chastillon. Se monseigneur le Duc et Monseigneur de Lengres ont aucunes causes ensemble qui leur appartiennent en leurs personnes, leurs causes vont en Parlement à Paris et non autre part.

52° Se parties plaident devant le prevost ou devant le Maire et ilz dient villenie l'un à l'autre par manière d'injure, la partie injuriez n'aura plus d'amende en personne ne plus grant qu'il n'est s'il feust villenie hors de jugement, ne ne lui avance ne demeure s'amende ; mais l'amende du juge est plus grant que se la villenie estoit dicte hors de jugement. L'amende seroit de sept sols, mais pour la villenie dicte à partie et pour le jugement qui est vitupérez, l'amende est de soixante cinq sols tournois, quand elle est dite sans jugement.

53° Quiconques fiert homme ou femme ou jugement du prévost et du Maire, l'amende est de lxv sols tournois, mais celle de partie n'est point plus grant, ne quitte si elle avoit ferue dehors du jugement ; mais celle du juge est plus grant pour la cause dessus alleguée. Se il le feroit en jugement du bailli ou des bailliz, l'amende de partie ne croistroist ne ne amendriroit, mais l'amende des bailliz seroit arbitraire, pour ce qu'ils sont juges ordinaires, et se à leur jugement est l'amende arbitraire, non pas ou jugemens du prevost ou du Maire, car le jugement des bailliz est de plus grant auctorité et puissance que celui au prevost et au Maire.

54° Saucun feroit ou mectoit main injurieusement à bailli à son siége, il encourroit peine capital et confiscacion de biens, tele comme il plairoit au seigneur ; et aussi qui mettroit main injurieusement à ung sergens en son office faisant, ne aussi qui mettroit main injurieusement à prévost ou à Maire ou à leurs lieuxtenans en tenant jugement, il seroit amendables à volonté.

55° Se aucun forain fait délit aucun en la ville de Chastillon de quelque part qu'il soit, l'auditoire et l'amende sera commune, soit de loy ou arbitraire, excepté ceulx qui sont du ressort de la prevosté et au Maire s'il estoit du ressort de la mairie ; mais l'amende seroit commune pour cause de ce que le délit seroit fait en justice commune ; et aussi en sont exceptez les forains qui sont de la taille de Chastillon, que s'ilz font délit en la terre de Chastillon, l'auditoire et l'amende est au seigneur à qui ilz sont tailliables ligement et communément.

56° Se ou jugement du prévost et du Maire vient deux parties contendans l'un contre l'autre soit ligement ou communément, si comme il appartient ou peult appartenir, et ils appellent l'un l'autre gaige, ils ne les doivent pas recevoir ; car la congnoissance de tels fais leur sont interdiz, ne n'appartient à leur auditoire, et ce qu'il en feroient seroit nul et amendable ; mais les doivent par devant les bailliz, s'ils sont liges devant cellui à qui il appartient, car en ceste partie n'est pas grant forfaiz, jusques il soit dit par leur juge se gaige y appartient. Et s'il est dit que gaiges y soit, il doit estre excusez communément, car lors est ce grans forfais. Et se l'amende ou exécution en naist, tout est commun, et les parties sont communes contre l'auditoire, l'exécution ou l'amende seront communes. Et se le demandeur est à l'un des seigneurs liges et le deffendeur est lige à l'autre seigneur, le juge du deffendeur aura la congnoissance, se gaige y appartient : *Quia actor sequitur forum rei.*

57° Le prévost de Chastillon n'a point de juridiction ne congnoissance sur les hommes et femmes liges de Monseigneur de Lengres, ne sur les communs, ne communaus, sans le Maire ; ne le Maire n'a point de juridiction ne congnoissance sur les hommes et femmes liges monseigneur le Duc, ne fuz communs ne communaus, sans le prévost; car selon la chartre, l'un des seigneurs n'a que véoir, ne que congnoistre en l'omme lige de l'autre, se ce n'est grans forfais, car icelz fais sont communs, ne es hommes communs ne communaus l'un des seigneurs ne peult l'ung sans l'autre. Que s'ainsi avenoit que aucun des communs ou des communaux du dit Chastillon avoit fait aucun délit et l'un des seigneurs l'en punissoit et l'autre non, mais se taisist, la chose sursierroit jusques à ce qu'il feust poursuis communément; que ce l'un des seigneurs en feroit par voulenté ou autrement ne vouldroit, mais seroit mis au néant, par la chartre qui dit que l'un des seigneurs ne peult sans l'autre es choses communes.

58° Se garde est donnée à aucun de par monseigneur le Duc tant seul, ou de par Monseigneur de Lengres, ou de par monseigneur le Duc et de par monseigneur l'Evesque ensemble : qui enfraint l'une de ces gardes, il est amendables comme de garde enfraincte selon la coustume de Bourgoingne, supposé que la garde soit signifiée compétemment. Et saucuns est en la garde monseigneur le Duc tant seul, signifiée compétemment, se l'omme monseigneur l'Evesque, liges, communs ou communaus, enfraint la garde en la dicte ville de Chastillon ou au territoire, il est pugniz de garde enfrainte, combien qu'il ne soit justiciables à monseigneur le Duc en tout ne en partie, pour ce que le délit de la garde enfraincte est fait ou lieu commun et en justice commune; posé que Monseigneur de Lengres eust la congnoissance de son homme, s'il avoit la dite garde enfrainte ne s'elle lui seroit compétemment eue signifiée. Ce congneu il seroit envoiez à monseigneur le Duc pour amender la garde enfraincte. Et ainsi doit-il estre entendu de la garde lige Monseigneur de Lengres. Qui enfraint la garde commune de nos seigneurs, l'auditoire est commune et l'amende aussi.

Les tierces de Chastillon.

59° Une grande partie du territoire de Chastillon est tiercables à Monseigneur de Lengres: c'est assavoir qui laboure en aucune de ses terres tiercables de quelque labour que ce soit, par espécial de blef, il doit au dit seigneur de onze gerbes une; et qui y cultive garde la journée doit vii sols au seigneur de tierce; et cellui qui a cultivé la terre à blef, peult charger le blef à mener en quelconque partie de la ville s'il lui plaist, ou es granges assises ou dit finaige; mais il ne la peult bouter en la grange sanz le tierceur ou qu'il ait fait deue diligence d'icellui quérir ou lui appeler souffisemment, présens bonnes gens; lors il le peult mettre en la grange et descharger, présens les dites bonnes gens, et compter bien deuement afin de monstrer le droit du seigneur. Et cellui qui cultive en la terre sienne l'en peult mener en son demaine fors qu'il ait paié les dis viii sols dedans la Saint Remi suigvant. Et qui en use autrement que l'usaige ne veult ou le recele. Ou recelement l'amende est de lxv sols tournois et est commune. C'est assavoir xxx sols au Maire, xxx sols aux sergens qui rapporteront le fait, v sols tournois. Combien que la congnoissance de cellui qui y aura mespris appartiengne au seigneur de qui il est homs, toutes voyes est l'amende commune. Se débaz naist de la propriété, l'auditoire est commune. Pour que la citation est au lieu commun.

60° Quiconques a mestier de traire pierres ou lesves (1), il en peult prendre, traire ou faire traire quelque part qu'il lui plaist en terre tiercable, supposé que onques mais pierre, terre ou lesve n'y feust onques traicte ne prise, sans ce que cilz qui la fera traire rende à partie aucune chose à cause de dommaige, ne ne sera tenuz de remettre en estat la dite terre. Toutes voyes se la terre est emblavée de blefs, pour ce moins ne l'ayra je pas à traire ce qu'il me plaira et charroier parmi le blef en rendant le dommaige du blef tant seul et sans amende. Et se cils qui la terre seroit y mettoit empeschement et l'en s'en clamast, il rendroit dommaiges et paieroit amende, pour ce qu'il empescheroit cellui de user de son droit commun.

61° Nuls ne peult traire pierre, terre, lesve, ou finaige de Chastillon, en terre franche, sans licence de cellui à qui la terre est, et cilz qui est trouvez en celle terre franche trayant pierre, terre ou lesve, sans licence, si clameur en est, l'amende est de lxv sols tournois et la terre remettre en estat; la cause est qu'il entreprent le fons d'autrui ou il n'a nul droit. L'action seroit lige d'omme lige à cellui à qui il appartiendra, et commune s'il est communs. Toutes voyes teles amendes sont communes. La cause est que le délit seroit fait ou fons qui regarde réalité en justice commune.

62° S'aucun trait pierre, lesve ou terre, en chemin ou voye et fineroz(2), ce est à entendre en la ville et finaige de Chastillon, l'auditoire est commune se clameur en est et l'amende commune à nos seigneurs, et partie condempnée à remettre en estat le dit chemin ou voye. Se s'est ou grant chemin ou voie péagent, l'auditoire sera singulièrement à monseigneur le Duc, mais l'amende sera commune et la partie condempnée à remettre en estat, et est à entendre tant seulemeent des grans chemins qui sont ou finaige du dit Chastillon, tant seulement; car autre chose est des grans chemins qui sont hors du finaige de Chastillon qui sont ligement à monseigneur le Duc pour cause des chemins.

(1) Laves.
(2) Chemin de desserte.

63° Monseigneur le Duc est sires des grans chemins estans en Bourgoigne, quelque part qu'ilz soient, et à lui appartient toute la congnoissance de tous déliz et les amendes appendans des diz déliz faiz es diz grans chemins, toutes espaves et autres choses qui a basse, moyenne et haulte justice appartient (1). Se aucun entreprent le grant chemin en labourer au long ou en facent édifice, comme mur, fossé ou cloison, ne puisse acquérir possession, il est amendables à Monseigneur de LXV sols tournois et remettre le chemin en estat. Et n'est pas à entendre que ce soit entreprise de grant chemin qui laboure et poignoie (2) sur le grant chemin en contournant, ne qui plante un po d'espines (3) au chief qui n'empesche pas le chemin, que ce ne soit fors que pour destourner bestes de faire dommaige.

64° Tous les ormes et les arbres qui sont sur les grans chemins, quelque part que ce soit au domaine et ou au ressort de la prévosté de Chastillon, sont monseigneur le Duc pour raison du fons; car qui est sires du fons, il est sires de l'édifice qui est sur le fons, et qui les dits arbres copperoit sanz licence il seroit arbitrairement amendables, et s'ils estoient cheuz par vens ou par vieillesse ou autrement, ceulx qui en copperoient sanz licence seroient amendables de LXV sols et restablir ce qu'ilz en auroient pris si ce n'estoit par licence du bailli. Car telz choses ne sont pas de la puissance du prévost.

65° Les ormes et les arbres qui sont sur les chemins finéroz ou es places communes en la ville et finaige de Chastillon sont communs entre monseigneur le Duc et Monseigneur de Lengres, et qui les copperoit sans licence il seroit amendables arbitrairement. Et se l'arbre estoit entez, il encouroit peine capital; et s'ilz sont cheuz par vent ou par vieillesse ou autrement, cilz qui emporte est amendables à nos seigneurs de LXV sols tournois et de restablir le dommaige; et pour ce que le commun langaige est de dire que tous les ormes sont au seigneur, se n'est pas à entendre de ceulx qui sont es héritaiges es bonnes gens, fors que de ceulx qui sont sur les chemins ou es places communes, car selon raison nul ne peult édiffier en tel lieu qu'ilz ne soient aux seigneurs.

66° S'aucuns a terre, prey ou autre édiffice emprès sentier commun ou emprès chemin finerot ou près de grant chemin, et il veuille deborner et déguyer (4) son droit du commun, il est de nécessitey que le bornaige du sentier ou du chemin

---

(1) Anciennes coutumes de Bourgogne; Bouhier, I, 143.
(2) Usurper.
(3) Haie sèche.
(4) Délimiter.

finerot se face par le seigneur de la justice en quoy il est assiz; et se c'est grant chemin, il est de nécessité qu'il soit bornez par le souverain; le sentier doit avoir un pas et demi de large, le chemin finerot six pas de large, le grant chemin dix pas de large; le pas doit contenir troys piez, le pié contenir xii posses; et ainsi peult estre débornez et déguyez selon raison. Et qui autrement le feroit, il en mésuseroit, et seroit amendables comme de labourer et déguyer autrui sanz licences.

67° Quiconques trouve mouchotte (1) en la ville et finaige de Chastillon et il la reçoit en son vaissel et porte à justice, pour sa peine et pour son vaissel il a la moitié, et l'autre moitié est à monseigneur le Duc et à monseigneur l'Evesque. Et s'il ne la porte à justice, mais lui fault demander s'il la congnoit, toutes voies est il amendables de lxv sols tournois pour cause de receler et du retenu par devers lui oultre cas deu. Et aussi se pert son droit qu'il y devoit avoir. Et s'il avenoit ainsi que la mouchote lui feust demandée et il la meist en ny (2), s'il estoit prouvez contre lui, il seroit en la voulenté des seigneurs. Qui trouve aucune chose et il ne l'apporte à justice, il est amendables de lxv sols tournois, et s'il le nye et il est prouvez contre lui, il est réputez pour larron selon ce que la chose trouvée a valeur (3).

68° Monseigneur le Duc a à Chastillon une moult noble juridiction lige, sanz ce que Monseigneur de Lengres y ait aucune chose, c'est la juridiction de la Chancellerie; car tous ceulx et toutes celles qui se obligent en lettres scellées en la court monseigneur le Duc de Bourgongne ou qui promettent à eulx obliger, soient homme lige monseigneur le Duc, un homme monseigneur l'Evesque ou homme lige monsieur l'Abbé, soient clercs, prestres, religieux, nobles, communs, communaux à quelconques et de quelque juridiction qu'ils soient, toutes exécutions, rébellions, de tous déliz civilz ou criminelz touchant le fait d'icelles lettres et les deppendences à la congnoissance et la pugnicion en appartient à monseigneur le Duc en l'auditoire de la Chancellerie seul et singulier. Et aussi toutes amendes qui naissent du fait des lettres sont à monseigneur le Duc, et aussi de tous testamens quelzconques faiz sur le dit scel. La publication et le contenu d'icellui lui appartient sanz ce que le diocésain y ait aucun droit.

69° Se ung sergent de la chancellerie exécute par la commission aucun obligié et prent et saisit de par monseigneur le Duc aucuns biens, meubles ou héritaiges,

---

(1) Ruche. — Cf. les anciennes coutumes de Bourgogne; Bouhier, I, 147.
(2) C'est-à-dire nie le fait.
(3) Cf. les anciennes coutumes de Bourgogne; Bouhier, I, 147.

sur le dit obligié; si tost comme le dit créditeur se tient paié de son débiteur, la main de monseigneur le Duc assise en ses biens en est levée de soy, sans autre mandement, par la vertu de la noblesse de la juridiction, ne le sergent ne peult les diz biens priz par lui retenir pour cause de son salaire, mais doit demander son salaire à son maistre pour qui est en nom de qui il exécute, car despens selon raison chéent en congnoissance de cause et se doivent demander par action. La congnoissance en appartient à monseigneur le Chancelier et non à autre.

70° Se ung sergent de la Chancellerie ou du bailliage exécute aucun mandement à lui adrécié pour faire payer aucun de debte à lui deue en congnoissance, il doit prendre gaiges de meubles, s'il en trouve tant qu'il souffise à la debte, et, les gaiges présens, il les doit mettre adnuitier (1) hors de l'ostel sur qui il exécute; car se autres exécuteurs de lui les trouvoit en l'ostel du débiteur, il les pourroit prendre et oster ou prouffit de son exécution, sanz offense de la cause, et que le débiteur en seroit trouvez saisiz; et s'ils en sont portez meubles n'a point de suite pour la coustume, et les dits gaiges mis anuyter hors de chez le débteur au chief de sept nuys, il doit venir au debteur et lui signifier que les dits gaiges aille veoir vendre, et l'on les doit aler vendre ou lieu accoustumé de vendre gaiges et crier et subhaster par troys crys et grans intervalles et délivrer au plus offrant. Et ne nuyst point s'il ne les crye à jour de marchier, car par l'usaige de Chastillon l'on peut vendre gaiges touteffoys qu'ils sont anuytiez, signifiez compétemment à partie, et venduz es lieux accoustumez. Et s'il avenoit que le sergent prent gaiges pasturans, comme bestes, s'il les gardoit oultre les nuys sanz vendre ne exécuter, le debteur ne paieroit riens des pastures pour les bestes de ce qu'elles auroient despendu depuis les nuys. La raison est tele que la somme du vendaige seroit deminuée de tant comme elles auroient despendu depuis les nuys qui sont ordonnées par la coustume. Et ses dommaiges ne sont pas à recouvrer par le debteur, ne ne chéent point en tauxacion.

71° Si les sergens ne trouvent meubles qui souffisent à leur exécution et preignent héritaiges, ilz doivent prendre de la matière des héritaiges ung po (2) et mettre adnuyter et au chief des nuys faire savoir à partie qu'il aille veoir vendre son héritaige, et la signification faite deuement, il le doit aler crier et subhaster au lieu accoustumé à vendre héritaige, et le sergent ne les doit pas au plus of-

---

(1) Passer la nuit.
(2) Peu.

frant octroyer au premier cry, mais le doit crier par troys foys et la quarte d'abondant et par intervalles de quinze jours entre chacun cry, et la cause sy est, car l'héritaige se doit vendre plus solemnelment que le meuble, pour ce qu'il soit vendu plus grande somme. Et que cilz soyt cryer à l'un des cryz qui ne l'oyt pas à l'autre qui met avant, ne aussi le debteur n'a pas sitost recouvré l'héritaige comme il auroit le meuble. Et pour ce, coustume y establit plus grant solemnité et pour cause de la déshéritance. Et le quart cry fait et parfait, le sergent doit faire sa relacion de tout ce qu'il en a fait au juge de qui auditoire il use, et le juge doit donner citation pour adjourner le debteur, pour louer de lui ou pour veoir louer le vendaige; et par troys citations et journées compétentes et la quarte d'abondant, et s'il ne vient, le juge doit louer le vendaige et bailler décret et confirmation d'icellui, et les deniers du pris tourner et convertir en la solution et paie du debteur; et s'il avenoit que le debteur ne feust au pays, il seroit de nécessité de donner à l'héritaige ung curateur pour deffendre ou louer la vendue du dit héritaige, et ce appartient bien à l'office du juge. Les dépens et les missions chéent en accion.

72° Se ung sergent du bailliage arreste ung homme ou une femme ou aucuns biens, par mandement, commandement ou autrement, licitement, accors est entre les parties, la main est levée; mais cils qui a tort en la cause de l'arrest doit xxx deniers tournois; se l'arrest est liges, il est ligement à cellui à qui il appartient, et s'il est fait communément le prevost et le Maire ont chacun xii deniers, et le sergent vi deniers tournois; et se cilz ou celle sur qui l'arrest est fait enfraint en riens, s'il est prouvez, l'amende est de lxv sols tournois et se distribuent par la manière dessus dite. Toutes voyes le sergent ne sera pas creuz de son arrest s'il ne le prouve.

73° Se le prevost ou le Maire font aucun arrest hors de leur jugement et cilz sur qui l'arrest sera fait enfrainct le dit arrest, l'amende n'est que de vii sols tournois, car leur arrest n'a pas plus grande auctorité comme ils ont en jugement la congnoissance, car ils n'ont congnoissance que de vii sols, s'ilz arrestent en jugement; il a pleuz grant force, pour ce qu'il se fait judiciairement.

74° En la ville de Chastillon n'a four ne molin bannal, mais va ung chacun cuyre son pain quelque part qu'il lui plaist et moldre son blet là où il lui plaist, il fait four en quelconque partie de la ville qu'il lui plaist, ou il peult, puis qu'il ait place. Les musniers doivent moldre xxiiii moiteons (1) pour un moiteon de

(1) Multiple de la mesure de Châtillon.

molture, et l'escuelle pour molturer en menun (1), les xii doivent faire une mesure et doivent prendre d'un moiteon une escuelle et non plus, et d'une mesure demie escuelle, et selle est trouvée trop grant, l'amende est de xlv sols tournois. Les musniers sont tenuz de batre leurs molins toutes voyes qu'ilz en font mestier et de amboisier (2) si à plain que le blet ne respende, car ilz sont tenuz de rendre; et quand le molin est batuz et assiégez, ilz doivent amplir le molin avant qu'ilz gectent le blet aux bonnes gens, et ne doit avoir entre la meulle et l'archiere que troys doys pour le tour de la meulle, et se plus en y a, le musnier est amendables en lxv sols tournois, car c'est larrecin ; et teles amandes sont communes. Si le musnier ouvre son molin sans férir en l'archeure afin que s'il y a rat ou rate qu'il saille fors et le blef ou la farine en est gastié, le musnier en est tenuz du rendere et amender, car c'est chose périlleuse. Se le musnier moult blet sans cellui à qui il est, le musnier doit rendre de farine du moiteon de blef rex le comble de farine, sa molture paiée. Se aucun molt à une foys de plusieurs blefs, le musnier ne prendra pas molture de quelque blef qu'il lui plaira, mais de cellui qu'il plaira à cellui qui le blef sera.

75° En la ville de Chastillon a de quatre manières de mesures. L'une est l'aune, à laquelle l'on délivre toutes les denrées qui à aulne se doivent livrer. La grandeur de l'aulne est un poce moins de l'aulne de Provins (3). Qui délivre à petite aulne il est amendables à nos seigneurs, soit liges ou communs. La cause est que l'édit de mesurer à bonne aulne est fait conjoinctement des dits seigneurs et l'establissement de la grandeur de l'aulne; et est l'amende de lxv sols tournois. Qui délivre à trop grand aulne, l'amende est de v sols tournois ; la cause si est que bailler à trop grant aulne n'est pas mauvaitiez, ne ny peult l'en noter mauvaitié, fors que ce qu'il trespasse l'establissement des seigneurs. Cilz qui reçoit à trop grant aulne est amendables arbitrairement ; la cause est que l'aulne qui est establie des seigneurs estre juste, à cest umbre il desrobe le marchant en faisant larrecin subtil. Et qui délivre à juste aulne et il mesaulne, comme de tirer le pouce arriers ou ainsi comme les mauvais savent faire, l'on lui doit copper le pouce, ou il le rambre (4) à la voulenté du seigneur, car c'est larrecin appers (5).

76° La seconde mesure qui est à Chastillon est la mesure du blef ; la grandeur

---

(1) Menu.
(2) Mettre le blé dans la trémie.
(3) L'aune de Provins, égale à celle de Dijon, avait 2 pieds 1/2, c'est-à-dire en mesure nouvelle 812 millimètres.
(4) Paie le dommage.
(5) Ouvert, déclaré, qualifié.

de la mesure doit tenir justement vi pintes au marc, et la doit-on adjouster à menue graine comme de millot et de senevé (1). Les deux mesures font ung moiteon, les deux moiteons font un bichot, les deux bichos font une amine, deux amines font un sextier, douze sextiers font ung muy de blef. Touts blefs se délivrent à Chastillon à rex, et riens à comble ne crole, et qui en mésuse, il est pugniz par la manière dessus dite.

77° La tierce mesure qui est en la ville de Chastillon est la mesure scel ; et est la mesure de la grandeur du scel de v mesures de scel font vi mesures de blef; ou muy de scel n'a que xviii mesures de scel. Qui en mésuse, il est puhniz comme dessus est dit.

78° La quarte mesure est à Chastillon est la mesure du gueyde (2), grandeur de la mesure du gueyde est qu'elle doit tenir huit mesures de blef et une pinte au marc plein de blef, et se doit délivrer au comble, l'en ne la doit pas combler à la main, mais ce que l'en y peult mettre à la paulme. Les quatre mesures font le sextier; qui en mésuse, il est pugniz comme dit est.

79° En la ville de Chastillon à plusieurs poix. Premier y est la livre, à quoy l'on délivre toutes marchandises; cette livre n'est que de xv onces, ou cent pesant à cent livres, ou demi cent, cinquante livres, ou quarteron, xxv livres. La pierre de la laine, à quoi l'en délivre *la laine de may paliis* au pouce, est et doit être de xii livres et demie. La pierre à quoi l'en délivre *aygnelins paliis* au poing, drogues, gratuse (3), bourre, et tele batterie est de xiii livres. La pierre de la teinture est de dix livres et demie. Le poix à quoy on poise cendre fort est de xxv livres, et qui en mésuse, il est amendables comme dit est.

80° Tout ceulx qui ont maisons, préz, vignes, courtils, tirours (4) et autres héritaiges en la ville de Chastillon, et ilz les afferment à louer à rente ou à censive ou autrement, et l'en ne leur paie ce qui leur en est deu, de leur auctorité, sans licence de juge, ilz peullent aler gaigier en leur héritaige pour la dite ferme à loyer, gecter hors le gaige, mettre adnuytier, faire savoir la vendue aux nuyz à cellui à qui ilz ont pris leur gaige et eulx sommez, ilz les peullent (vendre) es lieux accoutumez en leur paiant. Et s'il y a point de survendue, il la doit bailler à son debteur; et s'il la recevoit, la vendue ne vauldroit riens, et si seroit amendables, comme de deniers recélez ; et se cilz qui auroit achettez les gaiges ne vouloit paier sur piéz le vendeur et il s'en plaignoit, combien qu'il congneust le debte

---

(1) Avant la Révolution, la mesure de Châtillon valait, en mesure actuelle, 2 décalitres 8 litres 978.
(2) Herbe dont se servaient les teinturiers.
(3) Laine de qualité inférieure.
(4) Chantiers, ateliers hors de la ville.

du gaige vendu, il ne auroit point d'induce de paier, si comme il auroit de congnoistre d'autres chose que de gaiges venduz. Mais seroit contraint tantôt par prison ou autrement et paieroit vii sols d'amende, et se les gaiges estoient venduz judiciairement par sergent, l'en le metroit en prison et paieroit lxv sols d'amende. Car quiconque achette gaiges et il les dévoue à paier, il fait injure par dérision du seigneur par qui auctorité l'on les vent ; l'amende qui naist de ceulx qui exécutent gaiges d'eulx mêmes sanz justice et ilz s'en calment, elle est à cellui à qui l'auditoire en appartient. Selle est lige, ligement ; selle est commune, communément ; et ceulx qui exécutent judiciairement par sergent, l'amende est au seigneur de quelle auctorité le sergent ouvre.

81. Quiconques fait pain taillié pour vendre en la ville de Chastillon, soit en estail ou autrepart, il doit estre de poys et doit peser tous temps livre et demie, c'est assavoir xvi onces pour la livre. Ainsi doit peser xxii onces et demie, et s'il est trouvé que le pain ne soit de poys, l'en donne tout ce que l'on peult trouver de petit poys pour Dieu aux povres. Et si est amandable cil à qui le pain est à nos seigneurs de dix sols tournois d'amende.

82° Quiconques fait souliers en la ville de Chastillon, se l'empeigne devant est de meilleur beste que le talonnier derrière, ainsi comme se l'empaingne du soulier estoit de cuyr douen (1) et le talonnier de vaiche, ou l'empaingne de vaiche et le talonnier de bazenne, telz souliers sont soupconneux ou par tricherie, et pour ce ilz sont amendables de lxv sols. Quiconques met ung picheron (2) vielz à ung soulier neuf, il est amandables de lxv sols tournois ; et se la semelle du soulier est arse, les souliers doivent estre ars et amandables en lxv sols tournois. Se ungs souliers ne sont cousuz de deux chanons (3), ilz sont dignes d'ardoir et amandables en lxv sols tournois. Se ungs souliers sont de cuir mal tanné, ilz sont amandables en lxv sols tournois. Cuir sec mis à estail qui est mal tanné il doit lxv sols tournois ; et se le cuir est mol et il soit mal tannez, se l'en le met avant, il est amandables en x sols tournois, v sols aux maistres et v sols à nos seigneurs. Et est la cause que puis qu'il est mol, l'en le peult recoucher en escorce et bien tanner, et le cuir sec ne peult l'en recoucher ne amender. L'en ne peut mettre avant souliers, cuir sec ne mou, pour vendre en la ville de Chastillon en foyre ne hors foyre, jusques ils soient visitez par les maistres, et qui fait le contraire, il paie x sols d'amende comme dit est.

83° Se souliers de savetiers sont appoinctiez pas autre part que par le bout de-

---

(1) Cordouan.
(2) Pièce de cuir, oreille du soulier.
(3) C'est-à-dire à deux branches de fil.

vant, et ils sont mis à estail, ils sont amendables en LXV sols tournois pour cause de ce que ceulx qui les voient appoinctiez par le lieu ou les autres souliers neufs sont accoustumez d'estre appoinctiez, ils cuident qu'ils soient neufs et pour ce sont et doivent estre les souliers des savetiers appoinctiez par le bec devant.

84° Nuls bouchiers ne peult vendre char de beuf ne de vaiche en la boucherie de Chastillon, se les maistres bouchiers n'ont premiers veu mangier la beste, ains que le bouchier la tuoit. Et s'il la tue sans visiter et il la mecte avant en la boucherie il doit LXV sols tournois d'amende, et est la char gectée hors de la boucherie et la veut l'on comme char diffamée. Les bouchiers ne peullent vendre char ou maiseaul (1) dont la char soit glareuse, mais se vent hors de la boucherie et cilz qui la met en avant doit LXV sols d'amende. L'on ne peult vendre en la boucherie coillart (2); qui le y met avant, il doit x sols tournois d'amende. Se aucuns bouchers ont à leurs estaulx char soupeconneuse d'estre mauvaise, les maistres bouchiers leur doivent dire : Oste ceste char; et il la peult oster sans amende. Et se, depuis la signification des maistres, il la tient à estail et trait en vente, les maistres la doivent prendre et porter au prévost et au Maire, et la doivent faire visiter par gens en ce congnoissant; et se la char est mauvaise, l'en la fait ardoir judiciairement, et cilz à qui elle est, doit LXV sols tournois d'amende. Bouchiers ne peult apporter ou maiseaul char pour vendre selle n'est salée, que deux jours après ce qu'elle est tuée, espécialement en l'esté temps, et en yver troys jours. Et qui la y apporte de plus, elle est souspeconneuse et ainsi est il entenduz de mauvais poisson fiesc (3) ou salé. Toutes les amendes deppendens des faiz dessus diz sont communes, combien que les actions soyent aucunes foys liges, et est la cause que le délit de ces amendes naissent et procèdent d'ordonnances et dédiz fait par les deux seigneurs.

85° Quiconques veult vendre vin en la ville de Chastillon, il y peult vendre sanz licence de juge et ne n'en doit riens d'antrée aux seigneurs, ne ne prent point de mesure des seigneurs s'il ne lui plaist, mais adjuste de soy sa mesure. Toutes voyes se la mesure est petite, il doit LXV sols tournois d'amende pour cause de la mauvaistié et selle est trop grant, il doit v sols d'amende, pour ce qu'il n'y a point de mauvaistié, fors que tréspassement de l'édit des seigneurs. S'il a broiche (4) ou vaissel de vin à certain pris et il soit trouvez qu'il le vende à plus

---

(1) Boucherie, du mot *macellum*.
(2) *Coillart*, bélier.
(3) Sec, desséché ou fumé.
(4) Broc.

à aucun ou en commun, il doit lxv sols tournois d'amende, et s'il vent à moins qu'il n'a entamé, il n'en doit point d'amende. Se aucun est tenuz à taverniser de son escot et il ne le veult paier, il le peult gaigier sans amende, s'il ne la de quoy gaigier, ou il n'ait la puissance, il lui doit deffendre que de la taverne il ne parte jusques à ce qu'il ait aggrée son escot. S'il n'a feu et lieu en la ville, nonobstant la deffense, il s'en peult deppartir et aler en chieux lui et porter gaige au tavernier dedens l'eure de prime passée; se le tavernier s'en plaint il doit lxv sols tournois d'amende pour ce que, par la coustume, l'arrest du tavernier en tel cas de célérité vault arrest judiciaire. Teles amendes sont liges des liges, et communes des communs.

86° La rivière est commune en tous les finaiges d'Ampillei, de Buncey et de Chastillon à tous les habitans dudit lieu pour pescher de jour et de nuyt à quelconque engin qu'il leur plaist, jusques aux murs du Recet et de les murs de la rivière est bannal, jusques au molin d'Espace aux religieux de Chastillon; et dès ledit molin la rivière est commune jusques au Pont aux Malades et dès ledit pont la rivière est bannal jusques au Molin Rouge et dès le Molin Rouge la rivière est commune jusques à Estroiché. Toutes voyes es lieux qui sont bannaulx l'en peult pescher de jours à la ligne et à la main et non à autre engin et qui y est trouvé peschant, il est amendables de jours en vii sols, de nuyt en lxv sols tournois. Les amendes sont à ceulx à qui la justice est, ou la rivière court et le dommage se doit rendre.

87° Le Molin Roige et la rivière et les appartenances sont du fief monseigneur le Duc et aussi la maison fort de la Folye, les preys derrier et autres appartenances. Le prey qu'on dit le prey Fauvel, séant oultre l'aigue joignant aux prez qui furent monsieur Jehan de Chandelier est du fief monseigneur le Duc. Le molin qu'on dit es Escuiers et les appartenances est du fief monseigneur le Duc. La maison qu'on dit la maison Fauvel assise en la ville de Chastillon en la rue de la Juirie est du fief monseigneur le Duc : se aucun débat en naissoit, l'auditoire en appartiendroit à monseigneur le Duc et justicieroit comme son fief.

88° Tout le temporel de l'église de Chastillon en chief et en membres, la Maladière dudit Chastillon en chief et en membres, la maison de l'Ospital en chief et en membres sont de la tuicion, protection et saulvegarde de monseigneur le Duc et qui aulcune chose leur veult demander touchant le chief ou les membres des choses dessus dites, en cas de réalité, la juridiction en appartient seul et singulier à monseigneur le Duc.

La garde des menues bestes.

89° Quiconques a en la ville de Chastillon menues bestes pasturans, c'est assavoir bestes de laine portans, chievres, chascune beste doit à nos seigneurs de pasturaige une obole petite tournoise et ne la doit l'en paier que en III ans une foys et peult valoir pour les troys ans à chacun seigneur xx sols tournois, aucune foys plus, aucune foys moins, selon ce que l'en y norrit de bestes. Quant l'en doit lever ledit pasturaige, l'en commande aux bergiers qu'ils ne mainnent nulles bestes en pasture, jusques à ce que le pasturaige soit paiez à nos seigneurs. Qui désobéit il est amendables en LXV sols tournois et est l'amende commune, pour ce que l'édit est fait communément et c'est la chose commune aux deux seigneurs.

La vaicherie.

90° Quiconques norrit vaiche et veaul suranné en la ville de Chastillon et l'envoie en pasture, beste doit chacun an à cause de pasturaige à nos seigneurs XII deniers tournois, c'est assavoir VI deniers à la Nativité Notre Seigneur et VI deniers à la Nativité Saint Jehan Baptiste; et quand il vient aux termes que nos seigneurs se veullent paier, l'on déffend aux pastours qu'ils ne les mainnent en champ, jusques le pasturaige soit paiez. Se le pastour fait le contraire, il est amendables de commandement enfrainct et peult bien valloir à nos seigneurs par an chacun XL sols tournois.

La gastellerie.

91° Nul ne peult faire en la ville de Chastillon gasteaux à vendre ne vendre iceulx sans licence, c'est assavoir gautes sauz levain, et que le fait il est amendables de LXV sols tournois. Et ladite gastellerie peult bien valoir chacun an au seigneur x sols tournois, aucune foys plus, aucune foys moins. Toutes voyes saucun des habitans vouloit faire ou faire faire gasteaulx pour lui ou pour donner, il le peult faire sans amende et en oultre il peult porter sa fleur enchieux (1) aucun fournier et faire gasteaux grans ou petis et paier au fournier sa façon et le cuyre et emporter son gastel, sans que le fournier en soit repris. Mais se le fournier lui vendoit la fleur du gastel, il mesprendroit, car il auroit vendu gastel sans licence, pourquoy il devroit LXV sols tournois. Et qui met du levain es gasteaulx il les peult faire et vendre sans licence et par conséquent sans amende.

(1) Chez.

La talemeterie.

92° Quiconques fait pain à vendre en la ville de Chastillon, il doit chacun an à chacun seigneur le jour de Saint Remy ix deniers tournois et les appell-on la thalemeterie (1) ; et qui ne les paie et il les vent depuis pain taillé, il doit v sols tournois d'amende à nos seigneurs ; et est à entendre que taverniers qui font pain pour vendre à leurs hostels, le doivent aussi comme ceulx qui le vendent à estail, et peut valoir chacun an à chacun seigneur xii sols, aucune foys plus, aucune foys moins.

Le salaige.

93° Nul ne peut vendre en la ville de Chastillon seel à estail qu'il ne done à nos seigneurs une mesure à chacun de sel pour une foys ; et s'il vent premiers salloignons (2), il doit à ung chacun de nos seigneurs ung saloignon pour une foys. Qui vent premiers huille à estail il en doit à chacun de nos seigneurs une pinte pour une foys, et de ces choses le prévost pour monseigneur le Duc, et le Maire pour monseigneur de Lengres en baillent lettre et vault chartre, et ceulx qui ont paié, pevent vendre les choses dessus dictes à estail sans riens plus paier ; et peult valoir par an à chacun de nos seigneurs xx sols tournois, aucune fois plus, aucune foys moins.

94° Quiconques vent en ville de Chastillon seel en menu, chacun jeudi jour de marchié et en foire, chacun jour foire durant, l'en prent devant chacun vendeur seel à estail tant comme ung homs peult lever de seel en sa main dedens le seel ; et s'il demeure sur le bras du seel, l'on l'abat pas et n'en demeure fors que ce qui est sur la main, et met l'en d'un chacun vendeur tout ensemble. En celle quantité de seel monseigneur le Duc y a le quart et les hoirs maistre Mace le quart et les religieux de Lennes (3) la moitié ; et peult valoir la part de monseigneur le Duc par an xl sols, aucune foys plus, aucune foys moins, et l'appell-on le salaige. Qui par fraude ou par barat l'airoit à vendre seel en menu le jour du marchié et il en vendoit es autres jours de la sepmaine pour ce ne l'airoit l'on pas à prendre le seel à autre jour ; car c'est chose deue une fois la sepmaine ; et s'il estoit trouvés que pour fraude laissast à vendre seel, il seroit amendables de vii sols.

---

(1) Grosse boulangerie.
(2) Pains de sel.
(3) Laignes (Côte-d'Or).

Les places communes.

95° Saucuns amene en la ville de Chastillon denrées pour vendre en gros ou en menu, sur cher, sur charrotte ou sur brouoste et il mette avant es places communes, au jour de marchié, il doit pour le terraige IIII deniers à nos seigneurs, excepté blef, buche, charbon, bresse (1) qui ne doivent point de places. Et saucuns apporte dehors à son col aucunes denrées et le met avant es places communes, il doit II deniers tournois, pourvu que les denrées puissent valoir des II sols parisis en amont. Lait, fromaiges en panier, cholz (2), pourroz (3) ne reves (4) ne doivent point de place se l'en ne les vend à charotte. Chacun qui vent denrées peult lever estail, pour vendre le jour du marchié ez places communes et oster le soir, sans préjudice pour le pris de IIII deniers tournois, ou pour ce qu'il accorde au prévost et au Maire. Et peult valoir par an à chacun de nos seigneurs XL sols, aucune foys plus, aucune foys moins.

La vente.

96 Quiconques vent, achecte, ne eschange, en la ville de Chastillon et es appartenances, le vendeur et l'acheteur ou le changeur doivent vente : c'est assavoir de XX sols IIII deniers tournois; excepté clercs, religieux et nobles qui achectent, ou vendent de leur creu, ou pour leur user, sans fraude ; et s'ils vendent ou achectent pour faire prouffict comme marchant, ils doivent vente, de la livre IIII deniers tournois, si comme font les autres marchans publiques.

97° De ceste vente sont francs en vendant et en achetant tous les habitans de Chastillon ; c'est assavoir ceulx qui sont originelement nés de la ville, ou qui ont achetté eulx ou leurs pères leur franc marchié, condit leur estélaige. Et tous autres habitans doivent de ce qu'ils achectent ou vendent, vente de XX sols tournois IIII deniers tournois, et n'y ont nul avantaige ne que les estrangers, jusques à ce qu'ils ayent acquis le dit franc marchié.

98° De ceste vente sont francs tous les habitans des villes qui s'ensuigvent ; et est premier à savoir que s'ilz sont marchans qui vendent ou achettent pour gaingner, ils n'en sont pas francs, mais doivent la vente tele comme la marchandise désire ; mais ils sont francs de vente pour leur user, ou de ce qu'ils vendent

---

(1) Braise.
(2) Choux.
(3) Poireaux.
(4) Raves.

pour leur labour, de leur esue (1) ou de leurs rentes, excepté que es foyres, que foire durant s'ils vendent ny achettent ils doivent demie vente, c'est assavoir de xx sols ii deniers tournois, ou la moitié que la marchandise doit de vente, car aucunes y a qui ne doivent pas de xx sols iiii deniers tournois.

99° Premièrement toute la terre de Polthières (2), toute la terre d'Espailley (3), toute la terre de Vouloines-les-Templiers (4), toute la terre du seigneur de Larrey (5), estant en la prevosté de Chastillon, Villiers-le-Duc (6), Vanviers (7), Tiz (8), Maisey (9), Villotte (10), Prulley (11), Crapans (12), Brion (13), Thore (14), Belaon (15), ou la Chapelle-soubs-Belaon, Mousson (16), Macingey (17), Marrigney (18), Chamont-le-Bois (19), Aubetrées (20), Vannaires (21), Gravères (22), Courcelles-les-Rans (23), Montliost (24), Courcelles-Prevoires (25), Bessey-les-Pierres (26), Marcenay (27), Baalo (28), Ampilley (29), Chamecon (30), Buncey (31) et la Chaulme (32).

100° Et n'est pas à entendre que saucun des habitans des villes dessus dites vient faire maison en la ville de Chastillon, pour ce ne sont ils pas francs de

(1) Fonds, crû.
(2) C'est-à-dire les villages qui dépendaient de l'abbaye de Pothières et l'abbaye elle-même.
(3) La commanderie d'Epailly, ancienne Templerie, sur le territoire de Courban, canton de Montigny-sur-Aube.
(4) Voulaines, canton de Recey, ancien chef-lieu du grand prieuré de Champagne, ordre de Saint-Jean-de-Jérusalem.
(5) Larrey, canton de Laignes.
(6) Canton de Châtillon.
(7) Vanvey, canton de Châtillon.
(8) Lieu disparu, aux environs de Vanvey.
(9) Canton de Châtillon.
(10) Id.
(11) Prusly, canton de Châtillon.
(12) Crépand, commune de Prusly.
(13) Canton de Montigny-sur-Aube.
(14) Thoires, canton de Montigny-sur-Aube.
(15) Belan, id., id.
(16) Mosson, canton de Châtillon.
(17) Massingy, id.
(18) Marigny, commune de Châtillon.
(19) Chaumont-le-Bois, canton de Châtillon.
(20) Obtrée, id.
(21) Canton de Châtillon.
(22) Lieu détruit, sur le territoire de Châtillon.
(23) Canton de Châtillon.
(24) Id.
(25) Commune de Châtillon.
(26) Bissey-la-Pierre, canton de Laignes.
(27) Canton de Laignes.
(28) Balot, id.
(29) Ampilly-le-Sec, canton de Châtillon.
(30) Canton de Châtillon.
(31) Id.
(32) Canton de Montigny-sur-Aube.

vente s'ils n'achettent leur franc marchié. La cause est tele que le lieu donne la franchise non pas la personne, car dès leure (1) qu'ils laissent la demourance de la ville franchie de vente, il n'en sont plus francs; mais sont reputés en la ville de Chastillon tous estrangés, jusques ils aient fait seigneur et acheté leur franc marchié. Autre chose est de ceulx qui viennent demorer à Chastillon des villes qui sont de la taille aux seigneurs du dit Chastillon, car iceulx sont francs comme les autres bourgeois taillables.

101° Toutes denrées vendues et échangées doivent la vente de la livre IIII deniers tournois, il est à entendre ceulx qui n'en sont pas francs ; et ceulx qui n'en sont pas francs, le vendeur, le acheteur et l'eschangeur doivent la dite vente de chaque denrée, tele comme elle la doit et il est cy après divisez.

Premièrement qui vent ung drap en gros, il ne doit de vente que II sols; qui vent une étamine ou une tiretene en gros, chacune pièce ne doit de vente que XII deniers tournois, et qui vent drap, étamine ou tiretene, en menu, il doit de vente de XX sols IIII deniers.

Ung sextier de froment vendu en gros, ou de soigle, doit de vente II sols ; ung sextier d'orge vendu en gros doit de vente ung denier ; ung sextier d'avoine vendu en gros doit de vente une obole ; et qui vent blet quelconques en menu, il ne doit point de vente.

Qui vent une queue de vin en gros, il doit vente II deniers tournois ; qui vent ung muy de vin en gros, il doit ung denier de vente ; qui vent à taverne, il ne doit point de vente.

Ung bacon (2) de porc vendu en gros, doit de vente ung denier ; qui le vent en menu, il doit de vente de XX sols quatre deniers tournois.

Qui vend cire, miel, vin aigre, souf (3), huille, oint et toutes graisses, doivent de vente la livre IIII deniers tournois, soient vendus en gros ou en menu.

Qui vent en gros une charge, ou une charrette de potoz de terre, il doit de vente deux potoz de terre.

Cilz qui vent une charge ou une charrectée d'escuelles et plateaux ou de tailleurs de boys, il en doit de vente deux, soient escuelles, plateaux ou taillours.

Toute forge, toute baterie (4), qui la vend soit en gros ou en menu, il doit de vente de XX sols IIII deniers tournois.

---

(1) Lors.
(2) Quartier de lard.
(3) Suif.
(4) C'est-à-dire tout ouvrage de forge ou de chaudronnerie.

Tous boys ronds ou escarriz vendus en gros ou en menu, doit de vente de xx sols iiii deniers tournois.

Toutes merceries vendues à estau, pour chacun jour qu'il met avant et vendu tant comme il pourra ou ne vende, il doit pour jour de vente une obole, et s'il vend en gros aux autres merciers, il doit de xx sols iiii deniers tournois.

Tous cuyrs à poil de grosse beste venduz, pour chacun cuir de vente une obole.

Qui vend cuir tanné en gros ou en menu, il doit de vente de xx sols iiii deniers tournois.

Quiconques vent une xiie de peaux de cordouen ou de bazenne, il doit de vente de xx sols iiii deniers tournois.

Qui vend moigies (1), il doit de la xiie, ii deniers tournois.

Qui vend peaulx pour pelletiers, le cent de peaulx ne doit de vente que ii deniers tournois.

Peaulx de regnars, la xiie quand elle est vendue ensemble, elle ne doit de vente que iiii deniers tournois; et qui en vend une peau sangle (2) aussi doit elle de vente iii deniers tournois. La cause est, car ainsi est-il accoustumé.

Qui vent penne (3) de sauvaigine en gros ou en menu, le penne doit ii deniers tournois.

Toutes pennes (4) d'aigneaux venduz en gros ou en menu, doivent de vente la penne, i denier tournois.

Ung pellicon (5) d'aigneaulx vendu, ne doit de vente que i denier.

Une pièce de toille escrue contenant xiiii aulnes, vendue ne doit de vente que i denier tournois, et s'il y a plus de xiiii aulnes soit buyée ou escrue, la toille doit de vente de xx sols iiii deniers tournois.

Queuvre chiefs (6) quelzconques de soye, de lin, de chanvre ou d'autre chose, soient venduz en gros ou en menu, doivent de vente xx sols iiii deniers tournois.

Tous marchans qui achettent ou vendent fille en la ville de Chastillon le mercredi, doivent de la livre iiii deniers tournois de vente, et s'ils vendent ou achettent le jeudi, jour de marchié, ils ne doivent point de vente fors que ung denier pour le peson.

---

(1) Mégis.
(2) Seule.
(3) Plume.
(4) Toison.
(5) Mante.
(6) Couvrechefs, coiffures.

Le muy de scel vendu en gros doit de vente ii deniers, et s'il est venduz en estail de xx sols iiii deniers tournois.

Boys pour ardoir soit rons ou escarris, charbon, brese et poisson fiesc (1) vendu ne doit point de vente. La cause, car ainsi la l'en accoustumé.

102° Tous ceulx qui viengnent à Chastillon ou celles pour demorer et ils ont acheté leur franc marchié, doivent chacun an le jour de la Saint-Martin d'iver, ung denier; et s'ils ne le paient l'en ne leur seuffre pas user du franc marchié, jusques à ce qu'ils aient paié le dit denier; ce denier est de la vente et y prent chacun tele porcion comme il a ou principal de la vente.

103° Tous les émolumens de la vente et les appartenances sont la moitié monseigneur l'Evesque et l'autre moitié est aux religieux de Clugny, et sur le tout monseigneur le Duc prent le xxe denier qui peut valoir par an xi livres tournois. Aucune foys plus, aucune foys moins.

104° Quiconques mésuse de la dite vente ne emporte icelle réellement, il est amendables et est l'amende de lxv sols. Et est l'amende commune à monseigneur le Duc et à Monseigneur de Lengres. Toutes voyes l'amende est questable et se doit demander.

105° Saucun des habitans de la ville de Chastillon qui use des libertés de la ville, s'il va demeurer en autre lieu ou pays, et il paie chacun an sa taille et ses débites, par lui ou par autre, pour ce moins ne laisse il pas à joïr des libertés de la dite ville, touteffois qu'il lui est mestiers et il vient au pays.

La panneterie.

106° Chacun qui fait pain à vendre en la ville de Chastillon, doit aux deux seigneurs chacun an, le jour de la Saint-Remi, à chacun ix deniers tournois; et tous ceulx qui ne le paient, et ils ont fait pain à vendre ou ils le font depuis, ils doivent v sols d'amende, laquelle est commune. C'est à entendre ceulx qui font pain taillié non pas gros pain ou il n'a point de certain pris; et peult valoir chacun an xviii sols, aucune foys plus, aucune foys moins. (*Suivent six déclarations de cens assignés sur des héritages à Châtillon.*)

Les portes.

107° Les portaiges de la ville de Chastillon sont par moitié à monseigneur le Duc et à monseigneur l'Evesque; toutes amendes qui pevent venir pour cause des portes emportées ou recellées, c'est assavoir qui emporte ou recelle son por-

(1) Sec.

taige il doit d'amende LXV sols tournois. Teles amendes sont par moitié à nos seigneurs de quelque personne qui la deuve, soit clergiéz, nobles ou homs de poesté (1), combien que l'auditoire soit aucune foys lige, aucune foys commune.

108° La servitude du portaige est tele : le cheval, le mulot, l'asne et le bœuf doivent ung denier; la jument, la mule, l'anesse, la vaiche, chacune doit une maille de porte, et est à entendre bestes qui charroient ou portent à bast ou bestes à marchans ou qui sont menées en autrui pays pour prouffiter.

109° De ceste servitude n'en doivent point, mais sont frans les habitans de Chastillon qui ont leur franc marchié soit de leur creu ou pour leur user ou pour marchandise; et ainsi en sont francs clercs, nobles, religieux, de ce qui est de leur creu, ou pour leur user, et non point du fait de marchandise, car en ce cas ils doivent portaige; et semblablement clers, religieux, nobles, de leur creu ou pour leur user en vendent et en achettent, sont francs de vente à Chastillon, tant en foyre comme fors foyre.

110° Tous les habitans de la ville de Chastillon qui ont leur franchise en la dite ville, tant originelement comme par acquisition, et tous ceulx qui doivent es autres villes ou pays qui sont de la taille de nos seigneurs à eulx deue en la dite ville, du quelque seigneur que ce soit, ils sont francs de porte. Mesmement se aucun fait prest au dits habitans de chevaux, de bestes ou de charroy, pour faire aucune de leur besongne, ceulx qui font le preste ne doivent point de porte, car c'est le propre fait des habitans.

111° Saucuns homs et femmes, de quelque condition qu'il soit, vient à Chastillon sur ung cheval ou autre beste, et il ait scelle mise et estriers et ne ses brides, il ne doit point de porte. Et se la beste a brides et scelle et il n'y ait estriers, il doit porte, car scelle sans estriers n'affranchit pas la beste de porte, mais la scelle et estrier pour chevalier l'affranchit de porte.

112° Et s'il avient que aucun viengne à Chastillon sur son cheval sans scelle et sanz brides ou à charroy ou amaine denrées pour vendre, et met ses bestes ou son charroy es forsbourgs du dit Chastillon, ou il les renvoie arriers en son hostel sanz entrer es portes, depuis qu'ils sont entrés ou finaige et accolé en la ville leurs denrées pour vendre, s'ils ne paient leur porte, ils sont amendables à nos seigneurs en LXV sols tournois, car il y appert evidemment mauvaise fraude et grant barat.

113° A l'entrée en la ville de Chastillon, le portier est tenuz de demander le

---

(1) Plus ou moins engagés dans les liens de la servitude.

portaige, car il est questable pour cause de ceulx qui n'y furent oncques qui sont ygnorans de la servitude; et se le portier leur a demandée et ilz la reffusent à bailler et passent oultre, ils doivent l'amende qui est de LXV sols tournois. Autre chose est de ceulx qui l'ont acoustumé de paier ou qui le savent et peullent savoir que la dite porte soit deue; car s'ils passent oultre sans paier, soit qu'elle leur soit demandée ou non, ils doivent la dite amende, et s'ils ne treuvent le portier ou son commandantent et ils en aient faite diligence du crier et du quérir, ils s'en peullent passer oultre et porter ce qu'ils doivent à justice ou au premier sergent qu'ilz treuvent. Et lors il n'y a point d'amende.

114° Quiconques amene bestes ne denrées à chasroy en la ville de Chastillon pour espérance de vendre, il doit paier à la porte ce que chacune beste doit de porte; s'ils les vend toutes en la dite ville, il a bien payé, et de ce qu'il en demeure à vendre et il s'en retourne arriers dont il est venuz, il ne doit riens à l'issir et s'il veut passer oultre il doit venir au portier et dire en ceste manière : Je vous paioy de tant de bestes à l'entrée en la porte, j'en ay tant vendu et tele quantité en vueil passer oultre. Le portier est tenus de lui rebailler de ce qu'il a reçue pour le reste de bestes et quant le marchant l'a reçue, il le doit porter au péageur; car c'est le droit du péage, car bestes ou denrées que l'on amene à Chastillon, selles demeurent au lieu ou l'en les retourne dont elles sont venues, elles ne doivent que porte; et se l'en les passe oultre, elles ne doivent point de porte, fors que péage; et qui autrement le fait, il est amendables en LXV sols; et se le portier lui devoit à bailler ce qui est de raison et plainte en est, il est amandables et tenuz des dommaiges au marchant.

115° Quiconques amene vivres, bestes, en quelzconques denrées que ce soient, en la ville de Chastillon, pour cause de retrait et non pas en espérance de vendre ne de passer oultre pour cause du fait des guerres, il ne doit point de portaige. Se depuis qu'il sera retrais, il vent aucune chose de ce retrait, il en doit satisfaire au portier, ainsi comme s'il amenoit à présent du marchié, car se le retrait l'affranchissoit de porte, les seigneurs perdroient et y feroit l'en plusieurs baraz; et s'il veut passer oultre de ce qu'il avoit retrait, il en doit péage ainsi comme s'il trespassoit sans descharger en la ville. Et ceulx qui y font fraude et il est trouvez, il doit LXV sols tournois d'amende, car il est appert barat. Et peult valoir le dit portaige qui est par moitié à monseigneur le Duc et à l'Evesque de Lengres, à la part monseigneur le Duc XXV livres tournois.

Les bans.

116° En la ville de Chastillon, tant à *Chamont* comme au *Bourg*, monseigneur le Duc et monseigneur l'Evesque y ont chacun an unze sepmaines de bans, et est tel le bans que nul ne peult ne ne doit vendre vin à destail, c'est assavoir à tavernes, les dites xi sepmaines durans, fors que nos dits seigneurs, ou se ce n'est par leur licence ou de leurs commis, et qui y vent sans licence soyt de jour ou de nuyt et il y est trouvez ou peult estre trouvez, il est tenus en amende de lxv sols tournois, et est la dite amende commune, de quelque ban qu'il viengne, soit du ban monseigneur le Duc ou du ban monseigneur l'Evesque de Lengres, ou de quelque personne qui la doive, soit noble, clers, religieux, liges, commus, communaux ne autres.

117° En ces dites xi sepmaines monseigneur le Duc en a quatre sepmaines et monseigneur l'Evesque en a vii sepmaines, et est le temps et la manière de prendre à chacun seigneur tele chacun an ; l'an neuf passey, l'en crye de par monseigneur l'Evesque et de par monseigneur le Duc que nul ne vende vin sans la licence du banelier sur peine de lxv sols tournois d'amende. Et lors prent le ban monseigneur le Duc xv jours ; et les dits xv jours passez l'en crye de par les dits seigneurs comme devant, et prent lors du ban monseigneur de Lengres la moitié de sept sepmaines, se le temps y est si long qu'il y ait de distance jusques au dimanche grassot (1), car le dimanche grassot il vent vin qui il plaist sans ban. Et le dimanche de Pasques closes passé l'en crye de rechief de par nos dits seigneurs que nuls ne vende vin sanz licence, et lors prent de ban monseigneur le Duc les autres xv jours, et les dits xv jours passés l'en crye de rechief de par nos dits seigneurs, et prent Monseigneur de Lengres de ban le résidu des dites vii sepmaines. Et est à entendre que se Monseigneur de Lengres ne peult prendre son droit de bans devans Pasques pour la briefté du temps, qu'il le prent après Pasques, et s'il en prent plus avant Pasques, par la longueur des temps, il en prent moins après Pasques. Et le doit l'en prendre si à point qu'il soit accomply la veille de Saint-Vorle, car le jour de Saint-Vorle il vent vin qui veult et lui plaist sanz ban. Et c'est à savoir que combien que les bans soient en ce temps, peult l'en vendre vin sans ban le jour de l'Ascencion Notre-Seigneur, le jour de Penthecouste et les troys festes pour cause de la solempnité des jours ; et ainsi est accoustumé de tous temps. Et peult valoir le ban monseigneur le Duc xxx livres tournois par an.

(1) Dimanche gras ou dimanche de la Quadragésime.

118° Saucun de la ville de Chastillon veult vendre vin à ban, du quelque seigneur que ce soit, s'il ne peult traictier à cellui qui gouverne pour le seigneur de pris souffisant, il peut à taverner (1) son vin sanz amende; mais le seigneur a pour son ban le quart denier; car par l'usage de Chastillon, il peut vendre à ban qui il plaist au quart denier.

119° L'en peult vendre vin en gros, les bans durant, sanz ban ne sans amende, c'est assavoir d'un muy en amont, et d'un muy de vin en aval, l'en ne le peult vendre sanz licence du banelier, ou il paieroit pour amende LXV sols tournois.

120° Vin aigre, verjus, clarey et tous vins affaictés (2) par espèces ne sont pas compris au ban, mais en vent qui il plaist sanz licence, ne aussi vin de sac (3) ne tient point de ban, mais se vend sans licence.

121° Nulz taverniers qui sont accoustumé de vendre vin par tout le temps de ban, et il ne vend pas au ban, il ne peut ne ne doit reffuser par l'usaige de traire vin par escot à tous clers, et est à entendre clers vivans clerjaiment (4), ne à tous les officiers des seigneurs, et à savoir ceulx qui prennent pain et vin en la court des seigneurs.

122° Nulz ne peult vendre au ban comme dit est sanz licence, excepté la maison de la Maladière qui de tout temps est en possession et en saisine sanz contredit. Les bans monseigneur le Duc peullent valoir par an XXX livres tournois, aucune foys plus, aucune foys moins.

Les péages.

123° Tous les péages de Chastillon sont monseigneur le Duc, la servitude est tele : ung cheval, ung mulot, ung asne doivent IIII deniers tournois; la jument, la mule, l'asnesse II deniers ; selles mainent ou portent avoir de poys, chacune doit IIII deniers tournois. Le bœuf doit ung denier, la vaiche une obole, le porc, le bouc, le chastron (5) chacun ung denier; la treue, la chièvre, la brebis, chacune une obole, et à entendre beste marchans qui ont acheté pour regagner ou bestes qui passent par les pons du péage.

124° Tous les habitans de la ville de Chastillon ne doivent point de péage, de quelconque chose qu'ilz amainent ou ramainent, ne dehors ne dedans le péage, se ce n'estoit aucuns de la dite ville qui eust fait voicture à aucun de ramener

---

(1) Vendre son vin à taverne.
(2) Mélangés, en général les vins de liqueurs.
(3) Vin fait avec des raisins mûris sur la paille ou dans des sacs.
(4) C'est-à-dire non mariés et soumis à la discipline ecclésiastique.
(5) Mouton.

denrées par les pons du péage. En ceste manière ilz doivent péage et se les denrées estoient siennes il n'en devroit point.

125° Se aucun chevauche par les pons du péage à scelle qui a estriers, brides et esperons, combien qu'il ait aucunes denrées troussées derriers lui, il ne doit point de péage, mais que se feust sanz fraude; car s'il avoit troussées aucunes denrées derriere lui pour acquitter icellui péage, il le devroit, ensemble l'amende de LXV sols tournois pour cause de la fraude.

126° Au péaige de Chastillon a plusieurs branches. Qui maine ou charroie chose qui donne péaige, il est tenuz de payer en la première branche par où il entre ou péaige et non pas à l'issir du péage. S'il ne veult traire à Chastillon, il ne doit pas paier nulle personne fors que à Chastillon qui est chief du péage, car s'il paioit à l'une des branches pour le bon marchié que l'on lui feroit ou autrement, et il vient à Chastillon, pour ce seroit il pas quittes du péage, mais le paieroit.

127° Les clergiez et les nobles qui font charroier aucunes choses pour leurs vivres ou qui ont achetté bestes pour leur user ou bestes de leur creu pour mener en leurs demeures pour leur user, non pas pour marchander, ne doivent poins de péage, mais que ce soit sanz fraude.

La première branche du péage est Buncey. Qui trespasse par Buncey, s'il trait à Chastillon, il ne doit riens; s'il trait par Ampilley, il ne doit riens à Buncey, mais paie à Ampilley, et ceulx qui passent la rivière et s'en vont par le chemin entre Ampilley et Chastillon et trayent à Cerilley pour trespasser le grant chemin, ils doivent tous péage à Buncey et non autre part, et s'ils y font faulte, ils doivent LXV sols.

La seconde branche du péage est Ampilley. Qui trespasse par Ampilley en venant ou pays de Bourgoingne ou d'autre payz, s'ils ne veulent traire à Chastillon, ils doivent paier à Ampilley et ne doivent riens es autres branches qui yssent hors du péage.

La tierce branche du péage est Bissey-les-Pierres. Qui vient de l'Auxois ou du Tonneurrois, ou d'autres pays, et passe par Bissey pour aler au Digenoys, ou par devers Grancey ou aultre part, il paie audit Bissey et non autre part s'il ne vouloit traire à Chastillon, car illec paieroit il et non pas à Bissey.

La quarte branche du péage est Marcenay, et icelle branche se gouverne par la forme et manière que fait la branche de Bissey.

La quinte branche du péage est Poinsson et Larrey, qui se gouvernent par la forme et manière que fait la branche de Bissey-les-Pierres.

La sixième branche du péage est Estroiché et celle branche est double. Que l'on y doit péage, qui va au long ou au travers. Les péages au long sont ceulx qui viennent de Champaigne en Bourgoingne; s'ils ne trayent à Chastillon et veullent traire à Empilley, doivent payer leur péage audit Estroiché et non pas à Empilley, et s'ils trayent par Chastillon, ils ne doivent rien à Estroiché, fors que à Chastillon. Le péage du travers est de ceulx qui viennent devers Lengres au Tonneurrois ou du Tonneurrois vont par de vers Lengres, et s'appelle ce grant chemin (1) le grant chemin du Tonneurrois. Et se y a encore un autre grant chemin qui assemble à celluy qui a nom le chemin aux Oyes. Bestes chargées ne charroiés ne doivent que aultant de péage comme ceulx qui passent par le chemin au long et fors que tant que s'ils menoient chose d'avoir du pays et n'y eust sur chacune beste ou charroy que une livre, se doit chacun cheval xiii sols tournois de péage. Qui ne le paie, il doit d'amende lxv sols tournois et sera poursuite quelque part qu'il aille.

La VII° branche du péage est Montliost. Ceulx qui viennent devers Lengres, devers Bese, et laissent le grant chemin tourneroy (2) pour descendre en la vallée, pour aller à Mussey ou par devers Bar sur Aube, ils doivent leur péage audit Montliost, et s'ils passent oultre pour aller à Estroiché, ils ne doivent rien fors que à Estroiché.

La VIII° branche du péage est Macingey, et le doivent ceulx qui viennent devers Lengres ou devers La Chaulme et ils délaissent le grant chemin et s'en vont par Macingey ou par le chemin qu'on dit le chemin de Monlleart. Et aussi le doivent ceulx qui viennent de devers Bar sur Aulbe par Macingey pour aler en Bourgoingne ou autre part.

La IX° branche du péage est Mousson, et doivent audit Mousson leur péage, ceulx qui viennent devers Grancey le Chastel ou d'autre part, qui trespassent le grant chemin et trayent par Mousson pour aller en Bassigny ou autre part.

La X° branche du péage est Belaon, et y paient ceulx qui trespassent le grant chemin, ainsi comme ceux qui viennent devers Bese ou d'autre part, ou ceulx qui viennent le grant chemin et passent la rivière d'Ourse à Brion et vont par Belaon, pour aler par devers Bar sur Aulbe ou par devers la Ferté, ou ceulx qui viennent de ces pays pour venir par deça en Bourgoingne, et ceulx qui paient

---

(1) Ancienne voie romaine de Langres à Tonnerre.
(2) Tonnerrois.

leur péage à Belaon ne doivent point de péage au pont de Broiches à Estroiché.

La XIe branche est le pont de Broiches, et ils paient ceux qui trespassent le grant chemin et ne passent pas la rivière d'Ourse à Brion et s'en vont par Thoire, par Champagne. Iceulx doivent payer au pont de Broiches.

La XIIe branche du péage est Bargons (1).

La XIIIe branche du péage est Fontaine en Dihumois (2), et les amendes qui yssent en ces deux branches ne sont pas au prévost de Chastillon mais au prévost de Baigneux, combien que le chastel soit de la prevosté de Chastillon.

Et pevent valoir par an ces péages, à monseigneur le Duc, c livres tournois, aucune foys plus, aucune foys moins. Et est tout le dit péage à monseigneur le Duc ligement, excepté des amendes des hommes communs qui seroient communes entre monseigneur le Duc et l'Evesque.

128° Quiconques emporte son péage ou qui s'en départ sanz paier de chacun des lieux dessus, il est amendables en LXV sols tournois d'amende, et le peult l'en poursuyvre de par monseigneur le Duc quelque part qu'il aille. Et sont ces amendes toutes à monseigneur le Duc de tous les lieux du péage, et la congnoissance lui en appartient seul et singulier, excepté les grans chemins qui sont au finaige de Chastillon, que l'amende est commune entre monseigneur le Duc et monseigneur l'Evesque, combien que l'auditoire soit lige à monseigneur le Duc. La cause est que monseigneur le Duc prent la moitié des amendes de tierces emportées du territoire tiercable à monseigneur l'Evesque.

129° A Chastillon a la plus grant mesure du vin de Bourgongne, car c'est la mesure que les seigneurs y establirent. Premièrement, tient deux pintes de celles qu'en vent le vin en menu, et est appellé le marc au vin. Et s'il estoit perduz, l'en prendroit la mesure à blef et l'empliroit-t-on de millot ou de senevé, et la sixieme de celle mesure seroit le marc à vin et le xII[e] la peinte à quoy l'en a accoustumé de vendre le vin ; le pintat à quoy l'en vend le vin est le quart du marc ; la moitié de la pinte est le chauvel à quoy l'en vend vin, et le vII[e] de marc est le quart de la pinte ; le sextier à quoy l'en vend le vin tient par quatre foys le marc, ce sont huit pintes.

130° Qui veult vendre vin en gros, il le vend au muy ou à la queue ou au tonnel. La délivrance est telle : qui vend vin en gros et il le vend des vendenges

---

(1) Baryon, commune du canton de Grancey, arrondissement de Dijon.
(2) Fontaine-en-Duesmois, commune du canton de Baigneux, arrondissement de Châtillon.

jusques à la Saint Martin d'iver, il doit délivrer pour ung muy de vin XVIII sextiers; pour une queue XXXVI sextiers, pour ung tonnel LXXII sextiers. Qui le vend depuis la Saint Martin et il le vend sur la mère (1), il ne doit délivrer sur le muy que XVII sextiers, pour la queue XXXIIII sextiers, pour le tonnel LXVIII sextiers. Et qui vent son vin cler sans mère (2), il ne doit délivrer pour le muy de vin que XVI sextiers de vin, pour la queue XXXII sextiers, pour le tonnel LXIII sextiers. La queue tient deux muys, le tonnel tient quatre muys.

131° Se aucun fait vendre vin en la ville de Chastillon à afaul (3) pour prix d'argent, le vaissel qu'il fait vendre quand il est viel, l'en le doit mener à l'aigue, et quant l'en scet qu'il tient, s'il est venduz devant la Saint Martin l'en doit rabatre au varlet deux sextiers pour muy, pour queue quatre sextiers, pour tonnel huit sextiers ; et s'il le vend depuis la Saint Martin, l'en ne lui doit rabatre que ung sextier pour muy, pour queue deux sextiers, pour tonnel quatre sextiers. Ainsi trouverez que l'en ne lui doit compter que XVI sextiers par muy, pour queue XXXII sextiers, pour tonnel LXIIII sextiers, car la mère est rabattue et est le vin raigé sanz mère, deux muys font une queue, deux queues font ung tonnel ; considéré la grandeur du marc qui fu establi pour juste mesure de pointe, le sextier ne fait que demi sextier, le muy ne fait que demy muy, la queue ne fait que ung muy, ne le tonnel que une queue, par quoy il peut apparoir la mesure au vin estre la plus grant de Bourgongne.

132° Plusieurs villes sont ou ressort de la prevosté de Chastillon. Toutes voies le prévost n'y a en nulle des villes point de siége, mais en cas de ressort, il fait adjourner par devant lui à son siége à Chastillon et doit bailler citation en laquelle le cas soit exprimez ; car par ordonnance du parlement de Beaulne, nul sergent du prince ne peult sergenter en justice d'aultrui sanz mandement et que le cas soit exprimé audit mandement. Duquel ressort le nom des villes s'ensuit : premièrement, Bunceay, Ampilley, Cerilley, Balaon, Bissey, Marcenay, Larrey, Poinsson (4), Sainte-Colombe, Charones (5), Estroiché, Courcelles-Prévoires, tout ce qui en appartient aux religieux Notre-Dame de Chastillon, Montliost, Courcelles-les-Rans, Grandveres, Vannaires, Chamont-le-Boys, Belaon, Mousson, tout ce qui appartient à monseigneur le Duc et aux hoirs de Saffres, Massingey,

(1) Mare.
(2) Avant qu'il ne soit descendu au cellier.
(3) A la criée ou au pot renversé.
(4) Poinçon-les-Larrey, canton de Laignes.
(5) Charrey, canton de Châtillon.

toute la seignorie Grillart. En tous ces lieux peult ressortir le prévost de Chastillon, et y peult faire information ou enqueste de fais qui touchent son droit ou le droit de procureur Monseigneur le Duc, pour lui ou pour ses deputez, et rapporter au procureur ce que au procureur appartient et ce qui touche à son office, dont la congnoissance lui en appartient; et les peult faire appeler par commission par devant lui à Chastillon à jour de feste et qui soit compétant et leur doit faire demande. Et en cas qu'il ne leur feroit demande, mais les vouldroit vexer et travailler, ils ne sont plus tenuz de venir à son appel, s'ils ne sont appellés par le mandement du bailli et se est par ordonnance.

133° Marcenay. Le prevost de Chastillon n'y peult ressortir par vertu de son office ne le sergent monseigneur le Duc, se ce n'est pas espécial mandement du bailli ou de son lieutenant et qui le fait soit compris au dit mandement; et ce appert par chartre monseigneur le Duc.

134° Se aucun est pris ou détenuz pour crime capital en la ville de Buncey, d'Ampilly, Courcelles-Prévoires, Montliost, Gravères, Vannaires, Chamont-le-Boys, Belaon, Mousson, Massingey, Marrigney, Prulley et Crapans, l'exécution doit estre faite à Chastillon selon ce que a chacun seigneur en appartient. Et est assavoir ceux de Prulley, de Crapans, de Marrigney, de Massingey, les hommes Monseigneur de Lengres se doivent décliner pour éxécuter par les gens Monseigneur de Lengres seul et singulier, et sont les tielles (1) d'iceulx et en ces lieux ou dit monseigneur l'Évesque ce qui est en la seignorie, et tous les autres lieux les malfaicteurs se doivent delivrer aux gens monseigneur le Duc seul et singulier et sont les atielles aux seigneurs des lieux, et chacun des dits monseigneur le Duc et monseigneur l'Évesque font éxécuter celui qui lui appartient, combien que le cry se face communement par les dits seigneurs.

II.

CHAUMONT DE CHATILLON.

135° La rue de Chamont de Chastillon est monseigneur le Duc et n'y a nulz, nulle juridiction fors, que monseigneur le Duc, la quelle juridiction est en Maires qui se fait par election chacun an le dimanche après la Nativité saint Jehan-

---

(1) Dépouilles, confiscations.

Baptiste ou cymetière de l'abbaye de Chastillon. En ce lieu ou dit jour se assemble tout le commun de la dite rue, non pas par cry, mais par le commandement au sergent fait à eulx de huys en huys; et eulx assemblez, le commun eslit entre eulx quatre Maires pour gouverner la juridiction de la dite rue pour cellui an; yceulx quatre esleus vont au siege et jurent en la main de l'un de l'autre bien et loyalement exercer la juridiction pour et ou nom monseigneur le Duc et bien loyalement user selon les poins de leurs chartres. Et iceulx sont toute l'année juges ordinaires en toutes causes, par la forme et manière que ceulx de Talant, ausquelles leurs chartres se rapportent (1).

136° Lesdiz IIII esleus, ensemble la plus saine partie du commun eslisent ung sergent, et icellui esleu jure en la main des quatre Maires bien et loyalement exercer l'office de sergenterie, faire bons rapports et loyaulx et garder en tous lieux le droit monseigneur le Duc. Et lui esleu et juré comme dit est, il est creus en l'office de sergenterie pour faire tous offices appartenant à office de sergens et ne porte lettre de sergenterie fors que sur le seel de la dite rue; et qui aucune chose lui forferoit en son office faisant, il seroit pugniz selon le délit.

137° Ces quatre Maires ont puissance de oïr et terminer toutes causes tant personeles, criminelles, ou civiles, réelles ou injustes qui viennent ou peullent venir en leur auditoire, et combien que en leur auditoire se adjugent plusieurs amendes, tant de loy comme arbitraire ne peullent ils avoir amendes que de XII deniers tournois. La remasance (2) des amendes se distribue par la manière cy après escripte, se ce n'estoit que aucun appellast d'eulx ou de leur sentence, et elle soit confermée bonne et avoir mal appelé l'appellant leur devroit XX sols d'amende. Qui appelle de leur sentence, grief ou commandement, l'appellateur va devant le bailli de la Montaigne, et qui appelle devant autre juge il appelle indeuement et mal.

138° Les dits IIII Maires sont tenuz chacun jour, d'aller au sieges pour oïr les causes ordinaires, pour terminer icelles, car ilz ne peuvent terminer l'un sans l'autre, car il dit en la chartre: *Et illi quatuor causas meas terminabunt* (3). Et s'ils n'y vont, ilz sont contre leur serement.

139° Plusieurs amendes sont adjugées par le Maire qui sont de plus de XII deniers, selon ce que les fais des causes le requièrent. Du surplus des amendes quel il est et à qui il appartient, il s'ensuit:

(1) Voir Charte de commune, n° CLXXVIII, § 4, page 330.
(2) Taxe, produit.
(3) Charte de commune, n° CLXXVIII, § 3, page 330.

140° Premiers, saucun met la main à un autre injurieusement et fait sang, c'est à entendre sang qui ne soit par nez ou par dens, que cuir soit crevez, se clains en suit, le blecié a xiii sols pour amende, monseigneur le Duc x sols, les Maires xii deniers tournois. Se plainte n'en est, les Maires n'en peullent faire poursuie, car du plaintif naist l'amende.

141° Qui dit à ung homme : larron ou murdrier, ou à une femme : putain ou larronnesse et ne nomme de quoy, se clains en est, il en est quictes pour l'escondit (1), et jure que yre et mal talent lui ont fait dire ; il doit à partie laidée (2), xii deniers tournois d'amende, au Maire xii deniers tournois.

142° Qui dit à ung homme larron ou murdrier, et il nomme de quoy, ou à une femme putain, et nomme de quoy, soit mariée ou à marier, ou en la présence de son mari ; se clame en sault, cilz qui aura dite l'injure mettra le fait en ny s'il lui plaist, la partie villeniée se offera de preuver, la preuve faite en la présence du rée, puis qu'il ne attende jugement ; et il est receus à escondit s'il lui plaist à faire, et ce est par point de chartre et jurera en la main des Maires que ire et mal talent lui ont fait faire et dire et qu'il ne scet en cellui qui est villenez fors que bien ; il es quictes pour sept sols d'amende à partie, six sols à monseigneur le Duc. xii deniers pour les Maires. Et s'il attend le jugement sanz faire l'escondit, il sera condempnez arbitrairement, l'amende sera arbitraire ; les Maires ont xii deniers tournois, la remasance est monseigneur le Duc.

143° Se ung homme appelle ung autre de gaige pardevant les Maires, soit du larrecin, de meurdre ou d'autres cas, en quoy gaiges de bataille appartiengne, les Maires la jugeront et les parties mises presentées ou champ après ou avant cops donnéz, se les parties se peullent accorder, chacune des parties [payera] ou fera mettre sur les lices xii sols digenois ou la valeur pour l'amende à monseigneur le Duc, et xii deniers tournois pour les Maires. Pour tant sont quittes de la fole entreprinse et s'en peullent départir sanz licence (3).

144° Se bestes sont prinses en dommaige en la juridiction de la rue, le dommaige sera renduz à partie par les Maires, la beste menue laine portant, paiera pour amende ii deniers tournois, le porc vi deniers tournois, le bouc ou chièvre, le bœuf, la vaiche vi deniers tournois et l'oye ii deniers tournois, et est à entendre que se l'on les treuve en dommaige à garde faite, et selles sont ou dommaige d'eschappée que le pastour les suist, il n'y a point d'amende, fors que

(1) Opposition.
(2) Lésée.
(3) Cf. Charte de commune de Dijon, n° V, page 9, §§ 22 et 23.

rendu le dommaige se point en y a. Telles amendes sont au prevost et les Maieurs n'y ont riens, fors que la congnoissance et l'adjudication.

145° Se aucun homme ou femme sont trouvez en dommaige par jour, les Maires auront la congnoissance et l'adjudication ; ils devront ɪɪɪ sols d'amende ; cils qui est pris en dommaige de nuyt doit ʟxv sols pour amende. Teles amendes sont à la refection de la dite rue, les Maires n'y ont rien.

146° Quiconques ou jugement des Maires, en tenant icellui, il est amendables à partie et à jugement, la partie a sept sols d'amende, la réfection de la rue vɪ sols tournois et les Mayeurs xɪɪ deniers tournois.

147° Quiconques dit villenie à l'un des Maires, le jugement tenant, il est amendables, à la valeur et au regard des autres Maires et qui en fierroit (1) l'un en siége tenant, il seroit pugniz en corps et en biens par les autres Mayeurs et par le grant conseil monseigneur le Duc. Qui diroit ou feroit villenie au sergent de la rue en officiant, les Mayeurs en auroient la congnoissance, s'il estoit de leurs subgects, selon l'injure ou le fait, et s'il estoit d'autre juridiction et il ne feust pas prins en fait présent, le procureur monseigneur le Duc le poursuigvroit, afin d'estre ramenez amendables à monseigneur le Duc.

148° Qui dit à ung homme ou à une femme, punais ou punaise et claim en saille, la partie villenée a sept sols d'amende, les Maieurs xɪɪ deniers tournois, monseigneur le Duc vɪ sols tournois.

149° Se aucuns est souspeconnez d'avoir petite mesure, ou petite pinte ou petiz poys, les Mayeurs les doivent faire prendre en quelque lieu que ce soit en leur juridiction et la dite pinte, poys ou mesure prise l'en fait appeler la partie, et les Maieurs doivent prendre le serement de cellui, s'il entend que ces poys ou sa mesure soient bons et justes ; se il jure qu'il entant ses poys et sa mesure estre justes et il est trouvez estre petiz, il paie pour amende v sols tournois, ou il renonce à la pinte, ou au poys, car pour le serement l'en entend qu'il n'en usoit pas par mauvaitié fors que par ignorance ; et s'il ne veult jurer qu'il entend que sa pinte ou ses poyes soient justes et ilz soient trouvez petis, et il appert qu'il en a usé en mauvaitié à son esciant, pourquoy il est condempnez à ʟxv sols d'amende, et se despece (2) en jugement la pinte ou le poys.

150° Le prévost ne doit ne ne peult arrester les Maieurs ne le sergent de la rue, se ce n'est par présent meffait ou par mandement ou commandement du

(1) Frapperait.
(2) Met en pièces.

bailli ; la cause est que l'arrest tenant, monseigneur le Duc y pourroit avoir perte en aucunes besoingnes, touchant leur juridiction qui pourroit demorer à punir. Et ce est contenu en leur chartre : *Prepositus Castellionis nihil in judicio nec potestatem in eos habebit* (1).

151° Se ung sergent du prévost adjourne par devant le prevost, ung homme ou une femme de la rue, et l'adjournement est fait dans la rue, ilz ne seront tenuz d'aler à la journée, s'il ne leur plaist, pour ce que autres sergens que cilz de la rue ne peuvent officier en la dite rue, se ce n'est par commission et l'un des Maires présent. Pourquoy l'adjournement ne vauldroit, ne ne seroit tenuz d'aler, ne le défault ne vault riens, et se l'adjournement est compris hors de la rue en la rue, en la juridiction du prévost, il est tenuz d'aller lui présenter ; mais se l'action est personele, il déclinera et sera renvoiez à ses Maires, se ce n'estoit pour cas de présent ou de crime capital, et s'il ne se aloit présenter il paieroit pour le defaut vii sols tournois.

152° Tous ceux qui sont de la rue de la Mairie se pevent mettre ensamble en union, pour parler de besoingnes touchant l'onneur et prouffit du seigneur et du fait de leurs franchises et des deppendances, sanz offance, ne sanz amende. Et ce est à entendre que ce soit du consentement des Maieurs ; et s'ils font assemblée sans leur consentement, ils sont amandables arbitrairement, laquelle seroit arbitraire par les Maieurs.

153° Les Maires de la rue ont grand séel et petit séel es causes. Le grand séel est authentique en plusieurs cas : c'est assavoir en bourgoisies, en tutelles ou curatelles données par les Maires pour aucuns pupilles, en sentences données par eulx en leur auditoire, en escheoites (2) vendues par eulx ou prouffit du seigneur ; en instrumens demandez en leurs jugements, ou en convenances faites l'un à l'autre de ceux de la rue. Le prouffit du seel est telz que quelque lettre qui en est seelée, monseigneur le Duc y a iii sols. La garde du seel pour son droit et pour cire xii deniers, le clerc pour escrire une bourgoisie xii deniers tournois, et de toutes autres lettres, s'il n'y a excessiveté d'escripture plus qu'en la bourgoisie ; et en est tenus la garde du seel de rendre compte une foys l'an en la main du bailli de la Montaigne ou du receveur.

154° Les Maieurs de Chamont mettent chacun an, ung vaicher en la rue par élection du commun, et reçoivent le serment judiciairement de bien et loyale-

---

(1) Voir Charte de commune, n° CLXXVIII, page 830, § 5.
(2) Epaves.

ment garder les bestes de la dite rue de Chamont pour le pris qu'ils accordent entre eulx; et les dites bestes il les peult champoier par tout Marmont, es boys et ou finaige d'Ampillei, de Baalo, de Cerillei, de Sainte-Colombe, de Chastillon, de Courcelles-Prévoires, de Montliost, de Courcelles-les-Rans, de Saumaires (1), de Massingey, de Marigney; et ne champoient point par devers Maisey, ne les bestes ne doivent nuls XII deniers, pour cause de pasturaige à nos seigneurs et ainsi l'ont accoustumé de tous temps.

155° Du consentement du commun les Maieurs eslisent, la quinzaine de la Saint-Jehan, ou quant il leur plaist, un vignier pour garder les vignes, qui sont en Marmont et dès Marmont à Chavoigney jusques à la Maladière, et prennent les Maieurs le serment d'icellui vignier de bien et loyalement garder et faire bons rapports de sa pene. Le vignier fait ses rapports aux Maieurs, la prise de jours vault III sols d'omme ou de femme, de bestes si comme il est jà divisez; par nuyst l'amende est de LXV sols tournois; mais le vignier n'en est pas creus s'il ne prouve celle de nuyt; teles amendes sont au prevost de Chastillon.

156° En la rue de Chamont habitent hommes et femmes de diverses conditions et seignories. Premièrement ils y sont les hommes et femmes liges monseigneur le Duc qui usent de la franchise. *Item,* il y a hommes et femmes monseigneur le Duc, justiciables et responsables en l'auditoire du prevost, car il ne use de franchise qu'il ne plaist; et iceulx sont venus originelment du Bourg. Les sergens au prevost les appellent au siége du Bourg, parce que le prevost n'a point de siege en Chaumont et ne peut tenir juridiction fors que en la foire, des cas qui regardent foyres et non autres.

157° En la dite rue a hommes et femmes liges monseigneur l'Evesque taillables et justiciables, et qui les veult faire appeler, ung sergent Monseigneur de Lengres les appelle pardevant le Maire en son siége du Bourg, quar Monseigneur de Lengres n'a siege ne congnoissance de justice en Chaumont; et est à entendre que ces hommes et femmes que Monseigneur de Lengres a en la dite rue sont originellement ses hommes de la ville de Chastillon, comme Courcelles-Prevoires, Massingey, Mousson, Marrigney, Prulley; et d'iceulx Monseigneur de Lengres a la réséance (2) en la dite rue et aussi de tous ceux qui originelment sont ses hommes s'il leur plaist; et s'il leur plaist ils sont hommes monseigneur le Duc de la rue fors que réséance par la manière que dit est. Toutes voies les

(1) Lisez Vannaire.
(2) Redevance qui se payait pour le droit de domicile.

hommes et femmes monseigneur de Lengres demorans en la dite rue, sont responsables ausdits Maieurs du cas présent et de toutes accions réelles, dont la réalité est assise en leur juridiction.

158° En la rue de Chamont sont plusieurs clers lesquels sont responsables à Monseigneur de Lengres en toutes actions personnelles et en actions réelles ; ils sont responsables aux Maieurs se la réalité est en leur juridiction ; s'il y avoit aucun clers qui feussent pugniz capitalement, Monseigneur de Lengres auroit tous les meubles ; et s'il avoit héritaige en la dite rue, il seroit à monseigneur le Duc comme sires de la justice ; car l'éritaige regarde le fons.

159° En la dite rue a hommes et femmes liges monsieur l'Abbé tailliables et justiciables et de condition de mainmorte et qui leur veult aulcune chose demander le sergent de l'église les appelle en l'église pardevant monsieur l'Abbé, son prévost, ou le gouverneur de sa justice et l'en fait raison à partie. Pour ce monsieur l'Abbé n'a point de siége en la dite rue ; des actions réelles ils sont responsables aux Maires, se la réalité est en leur juridiction la dite église a en la dite rue retenue et reséance par chartre devant alleguée ; saucuns de ses hommes et femmes meurent sans hoir estant en icelle, monsieur l'Abbé a la succession a cause de mainmorte et saucun estoit executez pour ses démérites et il feust euz pris en fait présent, monseigneur le Duc auroit la tiéelle ; et s'il n'estoit euz pris en cas présent que l'Abbé en eust la congnoissance et la juridiction et qu'il le rendist tout nu comme il est jà esclarez, monsieur l'Abbé auroit la tieelle de son homme, pour ce que l'eglise tient franchement ce quelle a à Chastillon, sur la tuicion et garde monseigneur le Duc tant seul. Et tuicion et garde n'empeschent pas juridiction.

160° En la dite rue a hommes et femmes communs entre monseigneur le Duc et monseigneur l'Evesque. *Item*, entre monseigneur le Duc et monsieur l'Abbé pour cause des mariages qui se font des hommes et femmes des dits seigneurs, dont les enfans sont communs par la convenance que les seigneurs ont ensemble, dont déclaration est faite cy devant plus à plain ; et iceulx qui sont communs en la dite rue ne sont point responsables s'il ne leur plaist ne devant Maire ne devant prevost, ne devant Maire ne devant abbé, se n'estoit en cas de realité, pour que tous ceulx en juridiction, chacuns en son grey, n'ont point de siége commun ne auditoire, et pour ce que la chartre dit que es communs l'un ne peult sanz l'autre, mais convient que aucune chose leur veulx demander qu'ils soient appelés par devant les baillis ou leurs lieuxtenans, et iceulx font raison d'iceulx communs, car ils ont auditoire commune se peult apparoir que les communs de Chamont sont exemps de prévost et de Maires des actions personnelles.

161° De la terre Saint-Père (1), de la chastellenie de Cipisey (1), de Griselles, de Laignes, et de tous les fiefz, rerefiefz et gardes de monseigneur le Duc ils pevent faire bourgoisie en la dite rue de Chamont et ils y sont soutenuz et tenuz de quelque part qu'ils soient eulx advouez bourgois et pris leur bourgoisie sur le grant seel de la rue, le sergent de la rue les va desadvouer de leur seigneur et advouer bourgois de monseigneur le Duc, de la bourgoisie de Chamont, et iceulx bourgois usent des libertez et franchises que font les autres bourgois de la dite rue jusques à ce qu'ils soient trouvés faulx bourgois.

162° La forme de la bourgoisie est que quant ils requièrent estre advoués bourgois, ils font serment en jugement en la main des Maires, sur Sainctes-Esvangiles de Dieu que pour fraude ne pour barat, ne pour fraulder aultrui, ils ne demennent ne ne requièrent l'adveu de bourgoisie, fors que pour l'honneur du prince et la noblesse de user des franchises de la dite bourgoisie. *Item*, ils sont tenuz jurer que tant comme ils vivront, qu'ils seront bons et loyaulx bourgois, maintendront le droit du seigneur, les poins de la franchise et contribueront au solt et à la livre avec les autres habitans bourgois de la dite ville de tout ce qui licitement leur sera imposé tant de rentes du seigneur comme du seigneur de la rue. *Item*, jureront que dedens l'an et le jour ils auront maison en la dite rue jusques à xl sols de digenois du moins et du plus s'ils peullent, et que ung an et jour en la dite rue ils tendront leur mesnaige, leur feu et leur lieu, par eulx ou par leurs mesgnées et que a toujours venront à tenir leur mesnaige en la dite rue es hostels ordonnez. C'est assavoir à la feste de la Toussains, à Pasques charnels et à la my aoust ; à chacune feste paieront ung denier au curé pour cause de parroichage comme habitant de la dite rue. Et sur toutes ces convenances l'en les tient en adveu de bourgois.

163° Se aucun de la ville de Chamont veult avancer sa maison sur les places communes en droit soy, il doit venir aux Maieurs et iceulx doit amener sur le lieu ou il veut faire le dit avancissement et dire : « *Messieurs, je vueil avancir ma « maison de tant et mettre l'avancissement sur deux ou sur* III *estaiches ou pilliées « de pierre et par tele manière que l'en puisse aler et venir convenablement par « dessoubs sans empescher la place commune.* » Et les Maires doivent pourveoir s'il est au préjudice de nul ; et ce ils peullent faire por l'usaige de la rue. Et en ces

---

(1) C'est-à-dire de la terre de l'abbaye de Saint-Pierre-de-Pothières.
(2) Lisez Crusy.

choses pourveu en conseil sur ce, ils en doivent en donner licence et congié, se ainsi est qu'il le puisse faire sans préjudice, pour tel droit comme monseigneur le Duc y a. C'est assavoir pour chacune estaiche qu'il met en l'avancement v sols tournois monnoye courant et le reçoit le prévost.

164° Se aucun qui est de la franchise de la rue de Chamont treuve en la dite rue aucun de ses debteurs, ou des biens d'icellui debteur étoit obligé ou non, le bourgois le peult arrester lui et ses biens de par monseigneur le Duc, et tantost mener aux Maires ou aux sergent en disant : « Cilz me doit tele chose pour tele cause ; en default de vous je l'ay arresté, je le vous ay amené incontinant. » S'il le congnoist et s'il nye, il convient qu'il en réponde devant les Maires, ne ne leur eschappera jusques il ait fait raison au bourgois; et s'il entre en procès, il plaidera en la court le baillant du decret et des despens. Et ainsi le peullent faire par point de chartre, sans offense ne sans amende.

165° Saucun des bourgois de la dite rue est prins, détenus ou empechez, ou ses biens, en autrui justice, l'en envoie le sergent de la rue au gouverneur de la justice là où il est détenus pour demander et requérir la court ou la congnoissance la rendue ou la recréance du bourgois ou de ses biens de par monseigneur le Duc; et se l'en ne veult faire, le sergent fait sa relaction aux Maires, et lors les Maires en leur juridiction peullent contrepainner sur cellui qui le dit bourgois ou ses biens détient oultre le gré des Maires, et du dit contrepainnement ne feront rendue ne recréance, jusques ils aient leur bourgois et ses biens, pourveu que le contrepainnement ne soit sur le roy, ne que par vertu de mandement le roy n'y soit pris ne empesché, ne aussi sur monseigneur le Duc, car il est souverain.

166° Se le prevost de Chastillon arreste, emprisonne ou prent aucun des bourgois de la dite rue, les Maires ne sont point tenus de demander au dit prevost rendue ne recréance d'iceulx, la cause est tele que tel arrest pouvoit il avoir fait et fait faire qu'il ne pouvoit faire recréance, mesmement que les Maires sont juges ordinaires fors que ung fermier qui n'a congnoissance que de vii sols, mais doivent aller au bailli qui est juge ordinaire dessus le prevost et dire : « Sire, le prevost nous a fait tele chose. » Le bailli doit mander le prevost et demander la cause pourquoi il aura fait l'arrest ou la prinse, et se la cause resgarde les Maieurs ne leur juridiction, le bailli en doit lever la main et ranvoier en la court aux Maires; excepté que s'il avoit pris en cas présent de crime capital en sa juridition, les Maires n'en auroient point de retour ne de recréance ; toutes voies s'il avoit pris en cas de présent en la juridiction aux Maires, le prevost devroit estre contraint de remplir leur juridiction, car il n'y a que veoir ne que congnoistre.

Les foires de Chastillon.

167° En la rue de Chamont monseigneur le Duc y a chacun an deux foyres, c'est assavoir à la Saint Andrié et à la Saint Jean-Baptiste, desquelles les prouffiz et émolumens sont tous à monseigneur le Duc et est assavoir le émolument qui n'aist à cause de la foyre; et aussi est sien le prouffit de justice. Les foyres durans, tout ce qui vient à cause du fait de foyre, le temps ou les dites foyres doivent séoir et siet le v° jour avant la Nativité Saint Jehan Baptiste; l'une des foyres en commence et dure IIII jours, et la veille de Saint Jehan, foyre n'est point; l'autre foyre en commence lendemain de Saint Andrié et dure IIII jours et non plus.

168° La veille de ce que chacune de ces foyres doivent commencier, l'en doit crier du commandement du bailli de monseigneur le Duc et du bailli monseigneur l'Evesque ou de leurs lieuxtenans, et ainsi le doivent faire, que de par Monseigneur de Lengres et de par monseigneur le Duc que nul marchand ne marchande de quelque marchandise que ce soit, ne vende ne achette fors que en foyre de monseigneur le Duc es lieux accoustumés de vendre en foyre, sous peine de LXV sols tournois. La cause pourquoi l'on crye communement les foyres monseigneur le Duc est tele pour ce qui en cry commun fait hors de foyre, clers, hommes liges monseigneur l'Evesque communs et communaus sont tenus de obéir et non pas au cry qui se feroit de par l'un des seigneurs, car le cry commun comprend tout. Et tous ceulx qui trepassent le dit cry commun des foyres durant doivent la peine de LXV sols tournois, lesquels sont à monseigneur le Duc seul et singulier, quiconques le doive ne de quelque condition qu'il soit, car touz les prouffiz des dites foyres sont monseigneur le Duc comme dit est, et non pas autres prouffiz qui peullent eschéoir la foyre durant, comme portes, péages, ventes emportées et autres frais qui se peullent faire fors de foyre, comme mainmises, batures, forces publiques, grans forfais qui seroient communs, nonobstant foyre durant, car ils ne se feroient pas au lieu de foyre mais ou lieu commun.

169° La foyre durant, les Maires n'ont point de congnoissance de choses qui est fait de foyre, foyre durant, ne sur les subgects ne sur autres, fors que ce seul qui à eulx appartient à leur juridiction hors de foyre. Toutes voies ont ils la congnoissance, foyre durant, de faulz poys, de faulse mesure, car il leur appartient et non à autre, car teles choses regardent la juridiction ordinaire et non pas la juridiction au prévost, car il n'en pourroit juger ; les amendes de faulx poys et de faulses mesures, les Maires y ont xii deniers tournois, le remenant est au prévost.

170° Le prévost de Chastillon, la foyre durant, il peult tenir siége et juridiction en la rue de Chamont de tous cas touchant fait de foyre et non d'autres, et foyre faillie il n'y peult tenir siége ne juridiction, car toute la juridiction en appartient aux Maieurs.

171° La foyre durant et en foyre l'en crye de par monseigneur le Duc singulièrement, et tous y sont tenuz d'obéir, car le premier cry qui fait est communément lye ung chacun la foyre durant à obéir du fait de foyre ; qui trespasse ce cry singulier il paie la poine de lxv sols tournois, de quelque condition qu'il soit, lige ou communs.

172° Les foyres de la rue de Chamont n'ont point de conduit (1), mais elles ont garde, car en venant et retournant, monseigneur le Duc ne deffraieroit nul qui demandast à cause de conduit de foyre ; mais foyre séant, les denrées estans en foyre, se dommaiges en venoit par défault de gardes, monseigneur le Duc en seroit tenuz, et monseigneur le Duc s'en deffraieroit sur le prevost et les sergens, parmi ce que le prévost, les foyres durans, leur fait leur despens et emportent de demourant tout ce que de leur droit leur peult compéter en juridiction, c'est assavoir leur porcion des amendes : de xxx deniers, vi deniers tournois ; de vii sols, xii deniers tournois ; de lxv sols tournois, v sols tournois, des amendes arbitraires. Pour ces choses sont tenuz de restitution de garde, s'ils ne monstrent cause raisonnable au contraire.

Les pontaiges.

173° Foyre durant, il a à toutes les portes de Chastillon une servitute qui n'y est pas hors de foyre que l'en appelle Rouaige, et est assavoir que quiconques amene en la dite ville de Chastillon denrées sur char, sur charrotes, sur brouote, la rue (2) doit ii deniers ; c'est assavoir le char viii deniers, la charrotte iiii deniers, le brouotte ii deniers tournois, excepté blef, buche, charbon ou brese ; et bien se gart qu'il n'ait avecques autres choses, que si po n'y aioit d'autres choses qu'il ne paiast de rouaige. Toutes voies il est questables, s'il est demandez et l'en le refuse et s'en passe oultre sans paier, se clameur en est, l'amende est de lxv sols tournois et peult valoir à chacune foyre xx sols tournois, aucune foys plus

(1) *Conductus*, conduite, droit que payaient les marchands qui se rendaient dans une foire.
(2) Roue.

aucune foys moins. Les amendes sont à monseigneur le Duc, car c'est fait de foyre.

174° Les portaiges et les ventes sont communs en foyre ainsi comme fors de foyre ; toutes voyes saucun en mésusoit induement par tele manière que amende en naissist, l'amende qui escherioit ou seroit faite foyre durant ne seroit pas commune, mais seroit lige à monseigneur le Duc ; mais se le délit estoit fait fors de foyre et il en feust convaincus en foyre et adjugiez, l'adjudication ne la feroit pas lige, mais seroit commune.

175° Toutes manières de marchans de quelque marchandise que ce soit, se peullent loigier et prendre estaul sans licence du foirier, pour les charges accoustumées, sans offense, excepté drappiers, tiretenniers, boigiers, marchans de plume et frappiers, car ils doivent prendre congié de loigier ; la cause est car tels choses doivent loigier par ordre selon ce qu'il appartient, et s'ils le loigent sans licence, il n'y a point d'amende fors que ce que le gouverneur de la foyre prendra d'estail d'icellui et qu'il ne pourra avoir bonnement, car il est en voulenté raisonnable.

176° Toutes manières de marchans, de quelque marchandise que ce soit, ne qu'ils usent en foyre, ils peuvent vendre sans avoir estail portant sur leurs bras en quelconque part de la foyre qu'il leur plaist ; mais s'ils vendent ou délivrent en séant ou sur aucun estail qui ne soit à eulx, ils doivent la valeur de l'estail au foirier, selon ce qu'il en a accoustumé de prendre d'estail de telles denrées comme ils vendent, pour ce que la place est au seigneur et l'émolument d'icelle ; et pour ce paient ils à cause de la place. Et s'ils estoit ainsi qu'ils eussent vendu ou délivré en séant ou sur estail et ils se départissent sanz paier l'estail que par la coustume est deus au seigneur, ils seroient amendables selon ce qu'ils avoient discrétion ou fait.

177° Touz ceulx ou celles qui vendent baterie neufve en foyre, c'est à entendre marchans de tele marchandise, soient plusieurs ou ung seul, ils doivent pour leurs estaulx ou estail IIII livres, c'est assavoir XL sols à chacune foyre, se par le foyren ne leur est amendris.

178° Touz ceulx et celles qui vendent en foyre laine ou aignelins, cilz qui plus en a doit la place par jour IIII deniers tournois et du moins, moins III deniers ou II deniers ou I denier, et peult valoir par an à monseigneur XXX sols, aucune foys plus aucune foys moins.

179° Touz ceulx et celles qui vendent ferrinnes, gros fer ou ferrine ou ferrures et ils mettent à estaulx et places communes, mais qu'ils ne soient de la ville de

gueur le Duc lige, combien qu'elle feust faite en lieu commun, pour ce que c'est fait de foyre et deppendance de foyre.

193° Chacun qui vend drap, estamines, bureaux, tiretenes, boige ou toille à l'aune, il peult de lui faire saulve, sanz adjuster au marc ne sanz prendre par main de justice. Se l'aulne est trouvée courte, il doit d'amende LXV sols tournois; se elle est trouvée trop grant en recevant il y a aussi LXV sols tournois; se elle est trouvée trop grant en délivrant, l'amende est de V sols tournois; car il fait contre l'édit du seigneur, combien qu'il n'y ait point de mauvaistié; s'il est trouvez qu'il ait aulné à juste aulne et il ait mesaulné à son essiant, il est tenuz de mauvaistié; l'en lui doit copper le polce ou le rambre à la voulenté des seigneurs, car telz faiz seroit communs pour le grant forfait.

194° Tous marchans de fors, qui viennent vendre en foyre cuyr mol ou sec, souliers de quelque beste que ce soit, excepté souliers de cordouen, doivent pour leur estaul VIII sols. Excepté ceulx de Montbar qui par privillege ne doivent que III deniers tournois, et peullent valoir par foyre XL sols, aucune foys plus aucune foys moins.

195° Tous ceulx qui en foyre vendent souliers de cordouen en gros, soient de la ville ou estranges, chacun doit de son estaul III sols, posé que son estaul n'eust que ung soulier de cordouen ou une peau de cordouen, et tous les autre souliers soient d'autre beste, et pevent valoir à chacune foyre XXX sols, aucune foys plus aucune foys moins.

196° Tous ceulx qui sont de la ville de Chastillon, où ils ont leurs francs marchiez en la dite ville, qui vendent cuir mol ou sec, souliers de quelque beste qu'ils soient, excepté souliers de cordouen, chacun ne doit d'estaul pour toute la foyre que IIII deniers tournois, et peult valoir par foyre X sols tournois, aucune foys plus, aucune foys moins.

197° Nulz ne peult mettre avant en la foyre de monseigneur le Duc, soit de la ville ou de fors, qui vende cuir mol ou sec, souliers quelconques en gros ne en menu, jusques ils seront visitez par les maistres du mestier, et qui fait le contraire, il est amendables de X sols tournois, V sols au Maire et V sols au prévost.

198° Se souliers de savetiers sont appoinctiez par autre part que par le bout devant, ilz sont amendables de XLV sols tournois, car c'est decevance de peuple.

199° Touz espiciers, saulniers, chandelliers, cuitiers (1) de la ville de Chastillon, qui tiegnent estaul en foyre, ne doivent pour leur estail de toute la foyre que

---

(1) Rôtisseurs.

iiii deniers tournois, et peult valoir à chacune foyre x sols, aucune foys plus, aucune foys moins.

200° Tous marchans de potherie d'estain, orfèvres, lormiers (1), ne doivent d'estail que iiii deniers, et peult valoir ii sols, aucune foys plus, aucune foys moins.

201° Quiconques marchande ou traitte de marchandise hors de mettes (2) de la foyre, et il ne octroye ne déclaire la marchandise es mettes de la foyre, mais de fors les mettes, il est amendables de lxv sols tournois.

202° Le derrier jour de la foyre, l'en crie de par monseigneur le Duc que nul ne se desloige jusques ung chacun ait paié son estail, sur la peine de lxv sols tournois. Qui passe l'édit et s'en va sauz paie, s'il n'a licence, il est tenuz en la dite peine.

203° Les procès des foyres : la congnoissance en appartient au prévost et requiert célérité que les adjournemens se doivent faire pié à pié, et du matin au soir et du jour au matin. A l'eurre de l'adjournement les parties se doivent présenter ; qui ne se présente il est en défault et vault vii sols tournois ; s'ilz se présentent, l'acteur doit faire sa demande et le rée doit répondre par n'y ou par congnoissance ou par péremptoire, sanz avoir dilatoire ne déclinatoire, se le fait resgarde fait de foyre et lictiscontestation faite, à prouver au soir ou au matin au jour de prouvee ; qui veult dire, il fault dire avant examen à jour de prouver les contredites et jour à oïr droit. Et se le derrier jour de foyre demeure aucunes causes qui n'ayent prise fin, le prévost leur assignera jour tel comme la cause le désire à sa loige au Bourg et l'amenera à soy seul et singulier sanz le Maire, combien que les parties soient communes ou liges de Monseigneur de Lengres, communs ou estranges, pour ce que la cause est de foyre et commune en foyre ; le siége de la foyre peult valoir xv livres tournois, aucune foys plus, aucune foys moins.

204° L'en fait en la ville de Chastillon drapperie de loy, et pour garder la loy de la dite drapperie, nos seigneurs leur ont ordonné vi personnes pour estre gardes et regarder sur tout le fait de la drapperie ; ausquelz ilz ont donné povoir de visiter la dite drapperie, de congnoistre, terminer et finir sur tous les poins de la dite drapperie, condempner à amende ou amendes selon les meffais, et icelles tourner et convertir là où elles sont ordonnées, si comme ces choses sont plus à plain contenues es chartres sur ce données à nos seigneurs. Toutes voyes se ung drap est arrestez par soupçon de faulseté, les maîtres n'aront pas cette congnoissance,

---

(1) Fabricant tous les objets en fer dépendant de la sellerie.

— 412 —

mais le prévost et le Maire, s'il est arrêtez ou Bourg, et s'il est arrestez en Chamont les Maieurs en congnoistront; et le drap est condempné par la quelque juridiction où il soit pris, l'en le délivre aux maistres du mestier pour ardoir, et tous les maistres le font ardoir et toutes les choses qui y ont touchié.

205° Commant il plaist à nos seigneurs que les vi esgardeurs soient ordonnez et instituez s'ensuit. Chacun an il leur plaist que le commun de la drapperie se mectent ensemble deux foys l'an, c'est assavoir lendemain de la Nativité Notre Seigneur l'une des foys, l'autre le jour de la Nativité Saint Jehan-Baptiste, et iceulx communs eslisent xxIIII qui ont la puissance du commun de eslire les vi maistres du mestier, et iceulx xxIIII eslisent les vi plus souffisans, c'est assavoir III de Chamont et III du Bourg; et convient qu'ilz soient bons varlez, tainturiers, tixerans, et ceulx qui sont esleuz l'en les présente aux bailliz de nos seigneurs et jurent sur Sainctes Esvangiles de Dieu bien et loyalement gouverner la drapperie et tous les poins contenus es chartres, et le droit des seigneurs garder en tous les lieux où il appartiendra à garder, et lors sont instituez pour ung terme et ont toute puissance des fais de la drapperie, et leur enjoint l'en de bien garder, ou ils en sont pugniz griefment.

206° Iceulx vi maistres, ensemble plusieurs autres des Maires, instituent et ordonnent deux ainsi comme sergens, qui sont appelés Boitiers, pour rapporter les faits ausdits maistres et les forfaictures qu'ilz tiennent et ont puissance de prendre, sceller et arrester toutes manières de draps pour souspeçon de mauvaistié ou de faulsoté. Et qui enfraindroit leur main ou leur arrest il seroit tenuz de restituer et amendables de LXV sols tournois.

207° Ils sont appelés Boitiers. La cause est tele que les tixerans et bons varlez ont chacun mestiers une boite, cui chacun mestiers est tenuz de mettre la sepmaine ung denier et le varlet une maille, et iceulx sergens quièrent et recueillent cette boite, et pour ce sont appelez Boitiers.

208° C'est argent qui est mis en ces boites est pour faire les œuvres de miséricorde; l'en en achette draps de soye pour couvrir les mors, l'en achette cire pour faire luminaire pour mettre d'entour les mors. Quant aucun du mestier est grevé par vieillesse ou par mauvaise fortune et ne peult plus ouvrir, l'en en donne de celluì argent pour le soutenir. Quant aucun du mestier est mort, les

---

(1) Longtemps avant l'érection de Chaumont en commune, la ville de Châtillon était comprise parmi les villes de loi de l'ancienne France. On désignait ainsi les villes qui, n'ayant point été complètement dépouillées de leurs anciennes institutions lors de l'établissement du régime féodal, avaient conservé, sinon la liberté politique, tout au moins une juridiction de police sur les affaires des métiers.

boitiers vont noncant par les ouvrours que l'en envoiast ung ouvrier au corps, et ilz y sont tenuz d'aler. Quant vient à l'offrande du poure corps, le boitier doit donner xii mailles pour offrir. Et toutes ces œuvres se font de l'argent des boites et ne se doit convertir en autres œuvres que en œuvres de miséricorde (1).

209° Le commun mis ensemble comme dit est et es jours dessus dits, les dits xxiiii esleus pour eslire les dits vi esgardeurs de la drapperie, avec ce ils ont puissance de eslire deux convenables personnes, l'une de Chamont, l'autre du Bourg, pour estre courretiers jurés par le terme que les maistres font pour les marchans, tant dedans comme dehors. Et sont présentez aux bailliz comme les maistres, et font le serment de bien et loyalement garder le droit des marchans et qu'ils feront aussi bien vendre le poure comme le riche, et emporte de salaire de chacun drap que l'on vend en gros xii deniers tournois, et de chacune pièce de laine ii deniers, soit qu'ils facent le marchié ou non, se ce n'estoit pour leur default, et pour le grand salaire, ilz sont chargez de sonner couvrefeul et la *cloche aux bons varlez.*

210° La revenue de Chastillon peult valoir à monseigneur le Duc par an, chacun membre en sa valeur, la somme de vii cens livres tournois xiii sols et obole et une obole d'or.

Equité en humilité
Ont esmeu subtilité,
De ramener en concordance
Ce qui estoit en discordance ;
Quant ce livre demanderés
Demi-prévost le nommerez ;
Si par vous est estudiez
Et à plusieurs le publiés
Vous ramenrés en grant concorde
Plusieurs qui sont en grant discorde,
Aucune foys par ygnorance
Par plusieurs foys par surcuidance.
Si prions tuit au Créateur
Qui ce fist, qu'il ait honneur

(1) Ce qui prouve que les sociétés de secours mutuels ne sont pas nées d'hier.

Quant du monde yert trespassez,
Devant Dieu soit il présentez,
Et tous ceulx qui diront à droit
Amen, amen, que Dieu l'ottroit.

CXCVII

Confirmation des priviléges de Chaumont, par Jean sans Peur, duc de Bourgogne.

1404-05 (janvier).

Jehan, duc de Bourgoingne, conte de Nevers et baron de Donzy. Savoir faisons à tous présens et advenir, nous avoir fait veoir par aucuns des gens de nostre Conseil certaines lettres faictes et scellées en las de soye et cire vert de monseigneur le roi Jean, desquelles la teneur s'ensuit :

Johannes, Dei gratia Francorum rex, etc. (*Voir n° CXCV.*)

Lesquelles lettres dessus transcriptes et tout le contenu en ycelles ayons agréables. Nous, à l'umble supplicacion de noz bien amez les habitans de notre rue de Chamont du dit Chastillon sur Seine, nommez esdites lettres, avons loé, gréé, ratiffié et approuvé, loons, gréons, ratiffions et approuvons, et par la teneur de ces présentes lettres, de grâce especial se mestier est, confermons sy et en tant qu'ilz en ont usé le temps passé. Et que ce soit ferme chose et estable à tousjours nous avons fait mettre notre scel à ces présentes lettres, duquel nous usions avant le trespas de notre très redoubté seigneur et père, cui Dieu absoille, sauf en autres choses notre droit et l'autruy en toutes. Donné en notre dite ville de Chastillon sur Seine, le huitiesme jour du mois de janvier l'an de grâce mil cccc et quatre.

Par monseigneur le Duc,   J. DE SAULS.

Original : Archives de la ville de Châtillon, *Priviléges et franchises de la Commune.*

CXCVIII

Confirmation des priviléges de Chaumont de Châtillon, par le duc Philippe-le-Bon.

1422 (avril).

Phelippe, duc de Bourgoingne, conte de Flandres, d'Artois et de Bourgoingne, palatin, seigneur de Salins et de Malines. Savoir faisons à tous présens et avenir, nous avons fait veoir par aucuns de nostre Conseil les lettres patentes desquelles les teneurs s'ensuivent :

In nomine sancte et individue Trinitatis, amen. Alaydis, ducissa Burgundie, etc... (*Voir n° CLXXXVIII.*)

Item, Jehan, duc de Bourgoingne, conte de Nevers et baron de Donzy. Savoir faisons à tous présens et advenir, nous avoir fait veoir par aucuns des gens de nostre Conseil certaines lettres faites et scellées en las de soye et cire vert de monseigneur le roy Jehan, desquelles la teneur s'ensuit : Johannes, Dei gratia Francorum rex, etc... (*Voir n° CXCVII.*)

Lesquelles lettres dessus transcriptes aions agréables, icelles et tout leur contenu, et avons à l'umble supplication de nos bien amez les habitans de nostre dite rue de Chamont audit Chastillon sur Seine, si et en tant qu'ilz en ont dehuement joy et usé, loé, consenti, ratiffié et approuvé, loons, gréons, consentons, ratiffions et approuvons, et de nostre certaine science et grâce espéciale, se mestier est, confirmons par ces mesmes présentes. Si donnons en mandement à nostre bailly de la Montagne et à tous noz autres justiciers et officiers présens et avenir, ou à leurs lieuxtenans, et à chacun d'eulx, si comme à lui appartiendra, que de nostre présente grâce et confirmation, facent, souffrent et laissent les diz habitans de nostre dite rue de Chamont plainement et paisiblement joir et user, sans leur faire ne souffrir estre fait aucun destourbier ou empeschement au contraire. Et affin que ce soit ferme chose et estable à tousjours, nous avons fait mettre nostre seel à ces présentes, sauf en autres choses notre droit et l'autrui en toutes. Donné en nostre ville de Dijon, ou mois d'avril mil cccc vint et deux.

Par monseigneur le Duc, à la relation du Conseil auquel vous estiez,

T. BOUESSEAU (1).

Original : Archives de la ville de Châtillon, *Priviléges et franchises de la Commune.*

(1) Les priviléges de la ville furent confirmés par lettres du duc Charles le Téméraire de l'année 1476. Ces lettres n'existent aujourd'hui ni aux Archives municipales ni dans celles du département.

CXCIX

Constitution de l'échevinage du Bourg de Châtillon, par Philippe le Bon, duc de Bourgogne, et Charles de Poitiers, évêque de Langres, co-seigneurs du lieu.

1423 (octobre).

Phelippe, duc de Bourgoingne, conte de Flandres, d'Artois et de Bourgoingne, palatin, seigneur de Salins et de Malines, et Charles de Poitiers, par la grâce de Dieu, évesque et duc de Langres. Savoir faisons à tous présens et advenir, nous, avoir receu l'umble supplicacion de nos chers et bien amez les bourgois, manans et habitans du Bourg de nostre ville de Chastillon sur Seine, contenant que jasoit ce que la dicte ville de Chastillon soit en frontière et la première ville de la duchié de Bourgoingne, et pour ceste cause soit nécessité pour la garde, tuicion et deffense de la dicte ville, icelle emparer et fortiffier de menuz fossez et autres choses convenables, appartenans à fait de réparation et fortiffication de bonne ville, et aussi soit de très grant ancienneté ville de loy, en laquelle l'en a accoustumé de faire bonne et notable draperie. Et avec ce soient en icelles fondées plusieurs notables et anciennes confraries pour l'entérinement et entretenement. Esquelles choses et autres regardans le fait d'icellui Bourg, aient les habitans d'illec fait ou temps passé plusieurs impostz montans à grans sommes de deniers. Mais, pour ce que en icelle ville et Bourg n'a eu le dit temps passé aucuns eschevins qui aient eu l'œil au bien publique de la dite ville ou charge de conduire les affaires de la communaulté d'icelle, les dictes réparacions, le fait d'icelle draperie et autres mestiers et marchandises, et aussi les dictes confraries aient esté et soient comme délaissées ou très petitement gouvernées, et les faiz communs d'icelle mis comme en non chaloir, et tellement que par faulte de seureté et de bonne police, plusieurs personnes notables qui souloient habiter la dicte ville, l'ont délaissée et habandonnée et sont alez demourer ailleurs ou bon leur a semblé. Et sont pareillement tailliez et meuz de faire ainsi plusieurs autres des diz habitans qui encor sont de présent demourans en icelle ville, et tout pour la faulte et cause dessus dicte, se sur ce ne les pourvoions de bon et convenable remède pour le temps avenir. Pour ce est-il que, nous, désirans le bien et augmentacion de la dicte ville et lieu du dit Bourg, inclinans favorablement à la supplicacion de nos diz subgiez, à iceulx avons octroyé et octroyons de grâce espécial, par ces présentes, licence, povoir, auctorité et faculté de eulx assembler par cry publique qui se fera par nostre cryeur d'illec ou autrement, deuement en aucune église, lieu ou en leur maison commune se point en ont doresenavant chascun an, et leurs successeurs habitans à tousjours, le lendemain de Pasques charnelz, pour eslire entr'eulx quatre notables preudommes, habitans du dit Bourgc, qui auront et porteront les noms de eschevins. Et lesquels porteront et auront, à cause de leur office, le fait de l'eschevinaige de la dicte ville pour entendre en affaires communs d'illec. Et tant au regard de la dicte fortificacion, conduite et entretenement des dictes drapperie, confraries et autres mestiers et affaires touchans et regardans le fait et communaulté d'icellui Bourgc et appartenances, comme au regard des procès que aura la communaulté d'icelle ville. Et seront renouvellez chascun an iceulx eschevins le dit lendemain de Pasques charnelz. Et ainsi esleuz ne pourront refuser la charge d'icellui échevinaige, ains seront contrains à icellui accepter sur peinne de LX livres tournois à paier à nostre prouffit par le contredisant ou refusant la charge du dit eschevinaige, laquelle le dit refusant encourra et commectra envers nous incontinent qu'il aura déclairé son reffuz ou ne vouldra accepter la dite charge deans ung jour naturel après ce que l'élection du dit eschevinaige lui aura esté signifié à la requeste des diz habitans ou de la greigneur et plus sainne partie d'iceulx, par noz bailliz ou leurs lieuxtenans, pour exiger la dicte painne à nostre dit prouffit sur le dit reffusant. Ausquelz eschevins, nous, de nostre certainne science et grâce spéciale, avons donné et octroyé, donnons et octroyons par ces mesmes présentes, plaine licence et auctorité de faire assembler le peuple de la dicte ville en nombre compétent et raisonnable pour les affaires dessuz diz d'icelles ville et Bourgc, toutes et quanteffoys que besoing sera. Et aussi de oïr les comptes de ceulx qui auront eu ou temps passé et qui auront le temps advenir la maniance et charge de recepte des deniers de la dicte communaulté, de clorre et affiner les diz comptes, de recevoir le reliqua et en donner quictance, de poursuir et requérir les drois de la dicte communaulté en quelque manière et pour quelconque cause que ce soit, contre toutes personnes, tant en noz cours comme en quelzconques autres, sauf et réservé le compte et reliqua des deniers qui ou temps passé ont esté et seront levez ou temps advenir en la dicte ville et sur les habitans d'icelle par le congié, autorité et licence de nous, duc de Bourgoingne. Dont à nous, Duc de Bourgoingne, et à noz commis en appartiendra la coguoissance. Et de faire substituer procureurs, acteurs et sindicz, de par et au nom de la dicte communaulté, pour procurer, poursuir et deffendre les drois, querelles, actions et poursuites d'icelle et à icelle communaulté appartenans. De faire et constituer les diz procureurs, acteurs et sindicz autres que les diz eschevins, se bon leur semble, pour poursuir leurs diz drois par tel, touttes voyes. Que à créacion et élection des diz eschevins, les diz habitans seront tenuz d'appeller noz bailliz ou leurs lieuxtenans, lesquels seront présens se bon leur semble à faire la dicte élection. Et ausquelz seront tenuz les diz habitans de présenter leurs diz eschevins ainsi par eulx esleuz, lesquelz jureront es mains de noz diz bailliz ou lieuxtenans, avant qu'ilz s'entremectent aucunement du fait de leur dit échevinaige que ou fait du dit office, ilz se gouverneront bien et loyaulment à l'onneur de nous et d'un chacun de nous, et garderont noz drois à leur povoir et aussi au bien et prouffit de la dicte ville et communauté d'icelle. Et aussi seront tenuz iceulx eschevins de signifier à iceulx noz bailliz ou leurs lieuxtenans toutes autres assemblées qu'ilz feront pour y estre présens ou y envoyer autres de noz officiers se bon leur semble. Voulans en oultre que ou fait qui regardera le bien publique de la dicte communaulté, un chacun des diz habitans soit tenuz de obéir sur peinne de v solz d'amende qui se lèvera à nostre prouffit par noz gens et officiers sur chascun de ceulx de la dicte communaulté qui désobéiront indeuement et contre raison esdiz eschevins, les noms desquelz désobéissans iceulx eschevins seront tenuz de rapporter à noz diz officiers, pour lever les dictes amendes sur painne du double à recouvrer sur eulx incontinent et de dens ung jour naturel après la dicte désobéissance. Et ne se pourront assembler les diz habitans pour faire aucune monopole ou mectre sus aucuns conclusions contre le bien publique ou contre nous ou noz drois, sur peinne de perdre l'effet de ceste présente grâce et octroy et d'estre amendables arbitrairement ou autre pugnicion, telle que au cas appartiendra.

Et pourront noz diz bailliz ou leurs lieuxtenans estre présens se bon leur semble, ou autres de noz officiers, comme dit est, à toutes les assemblées des diz habitans. Et parce que dit est, n'est aucunement nostre intention que les diz habitans ou eschevins aient aucune cognoissance de cause, les ungs sur les autres ou autrement, par quelque manière que ce soit, ou exercer aucun fait de justice ou avoir scel commun. Mais se feront et conduiront tous leurs affaires soubz la justice commune de nous, ainsi et par la forme et manière qu'ilz faisoient paravant ce présent octroy, sans avoir scel ou cognoissance quelzconque comme dit est, fors seulement ou fait de la dicte drapperie. Au regard de laquelle ilz pourront user de scel, visitacion et autrement, ainsi et par la forme et manière qu'ilz ont accoustumé de user ou temps passé. Si donnons en mandement, par ces présentes, à nos diz bailliz de Chastillon et à touz noz autres justiciers et officiers ou à leurs lieuxtenans, et à chacun d'eulx si comme à lui appartiendra, que de nostre présente grâce, concession et octroy, facent, seuffrent et laissent joïr et user les diz habitans plainement et perpétuelment, sans leur mectre ou donner ou souffrir estre mis ou donné aucun destourbier ou empeschement au contraire. Et afin que ce soit ferme chose et estable à tousjours, nous avons fait mectre noz seaulx à ces présentes, sauf en autres choses nostre droit et l'autruy en toutes.

Donné en la ville de Dijon, ou mois d'octobre l'an de grâce mil quatre cens vint trois.

Par monseigneur le duc de Bourgoingne, en son Conseil, ouquel vous et plusieurs autres estans.

F. BOUESSEAU.

Scellées du grand sceau (brisé) du duc de Bourgogne en cire verte à lacs de soie rouge et verte pendants, et du sceau en cire rouge de l'Evêque de Langres à lacs de soie bleue, rouge et verte pendants.
Original : Archives de la ville de Châtillon, *Priviléges et franchises de la Commune*. — Imprimé par extrait dans l'*Histoire de Châtillon*, par M. Gustave Lapérouse, I, 268.

CC

Ordonnance du duc Philippe le Bon pour le règlement de la taille qui lui est due par les habitans du Bourg de Châtillon.

1429 (21 octobre).

Phelippe, duc de Bourgoingne, conte de Flandres, d'Artois, de Bourgoingne, palatin de Namur, seigneur de Salins et de Malines. A noz amez et féaulz les gens de nostre Chambre de conseil et de noz comptes à Dijon, salut et délection. Receu avons l'umble supplication de noz hommes et femmes taillables du Bourg de nostre ville de Chastillon sur Seine, contenant que, comme de long temps nous aions droit à cause de nostre seigneurie du dit Chastillon de lever, avoir et recevoir chascun an de taille abonnés en icelle ville de Chastillon, au terme de la feste de Toussains, III cens livres tournois. En laquelle taille estoient et ont esté longtemps contribuables noz hommes et femmes que avons es villes de Bissey les Pierres, Cerilley, Estroichey, Ampilley le Sec, Courcelles Prevoires, estans en la prevosté du dit Chastillon, de Marrigney près d'illec, et ceulx de la rue de Chamont du dit Chastillon, lesquelz hommes et femmes lors estans en icelles villes et lieux l'en imposoit chacun an en icelle taille de III^c livres tournois, selon leurs facultez et chevances, avec ceulx du dit Chastillon. Si comme peut de ce apparoir par noz terriers anciens faisans mention de noz droiz et demaine d'icellui Chastillon, estans en la Chambre de nos comptes à Dijon, et pourient paier par an d'icelle taille, iceulx noz hommes et femmes d'icelle ville, de LX à IIII^{xx} francs sans les dits de Chamont; car iceulx du dit Ampilley en payoient par abonnement XVI livres tournois, et ceulx du dit Courcelles aussi par abonnement XVI livres tournois. Mais il y a jà assez longtemps qu'ilz n'ont en icelles villes aucuns hommes de nostre seigneurie contribuables à icelle taille, sinon ceulx de la dite rue de Chamont, qui se dient estre abonnez à XX livres tournois tant seulement, par quoy l'en a fait paier depuis certain temps ença ausdiz supplians toutes icelles III^c livres tournois, excepté les dictz XX livres tournois que en paient les diz de Chamont, combien que iceulx supplians ne soient noz hommes que pour la moitié, et pour l'autre moitié de Révérend Père en Dieu l'Evesque et duc de Lengres, à cause de sa seigneurie du dit Chastillon, exceptez toutes voies trois ou quatre d'iceulx supplians qui sont noz hommes liges, et avec icelles III^c livres tournois d'icelle taille, iceulx supplians paient chacun an au dit Evesque de Lengres de taille aussi abonnée, au terme de Quaresme prenant, VII^{xx} XVII livres tournois. Lesquelles deux tailles, tant ou sort d'icelle comme aussi en salaires de colecteurs pour icelles lever et recevoir, pour salaires de sergens pour icelles exécuter, fraiz à faire icelles tailles, et pour plusieurs autres frais, peuvent monter à V^c livres tournois et plus, et si ne sont mie iceulx supplians, tant en nombre de personnes comme en facultez de chevances, la tierce partie des habitans d'icelui Bourg qui est moult peu de chose et poure; car d'icelles tailles se vueulent exempter de paier plusieurs d'icellui Bourg qui se dient nobles, et les aussi plusieurs noz officiers, serviteurs et sergens et de ceulx du dit Evesque, et aussi les clers demeurans au dit Bourg, qui ont sans comparaison trop meilleurs chevances que les diz supplians pour les dites charges de tailles qui leur fault porter et paier, jà soit ce que iceulx qui ainsi se vueulent exempter de paier d'icelles tailles se meslent et se vivent de marchandises et de mestier, et dont les plusieurs d'iceulx qui se dient clers ne furent onques en escole et se sont fait faire clers pour estre exemps d'icelles tailles, tant seulement. Et avec icelles charges d'icelles tailles de V^c livres tournois que les dit supplians ont portées par chacun an, ilz ont aussi esté par tout le temps passé contribuables sans espargne avec les autres habitans du dit Bourg à tous autres imposts et tailles qui ont illec esté faiz ponr fouaiges et empruns, prestz, présens, fortifflcations de ville, gaiges de capitaines et autres charges ordinaires et extraordinaires, tant pour les affaires et besoingnes d'icellui Bourg comme d'autres ilec survenues, à la contribution desquelles tailles et autres choses dessus dites, iceulx supplians pour la poureté d'eulx et qu'ils n'avoient de quoi fraier aux procès que de ce se feussent peu sourdre, ne ont peu ne osé faire contraindre ceulx qui y estoient et de raison devoient estre contribuables; mais en ont esté et sont longuement demourez deportez, et a convenu que les diz pouvres suppliants aient tousjours porté entièrement la dite charge, à l'occasion de quoy ilz sont tellement apouvris et endebtez envers plusieurs personnes, que ilz doivent trop plus qu'ilz n'ont vaillant, et a convenu à la plus grant partie d'eulx, aux aucuns vendre ung peu de héritaige que ilz avoient et aux autres charges de rentes et de censes d'argent envers plusieurs personnes forainnes d'icellui Chastillon, que de présent ont ung peu de héritaige qu'ilz avoient, et mesmement leurs dits héritaiges que puis peu de temps en ça y ont par chacun an, tant en censes comme en rentes, de vii à vui.ᶜ livres tournois, qui rien ne paient de toutes icelles charges, et aussi que ung peu de drapperie dont ils se souloient entremettre et vivre est de présent tout perdue et mise au néant; car par leurs pouvretés, ilz ne treuvent qui leur baille lainnes ne autres denrées pour marchandise, et si ne sont mie situez ne assiz en lieu de labour ne de vignobles où ilz se puissent employer pour soustenir leurs poures vies, et pour doubte des dites charges n'y a personne quelconque qui se ose arrester pour demourer en icellui Bourg, et s'aucuns d'aventure se arrestent, si vont ils demourer en la dite rue de Chamont, pour paier d'icelle xx livres tournois de taille tant seulement, à quoy ils se dient estre abonnez comme dessus est dit, combien que ceulx de la dite rue ne soient en rien abonnez à cause de la dite taille; mais par leur privilége, le plus riche doye paier d'icelle taille xx sols digenois, et les autres en descendant selon leurs facultez, et par aussi icellui Bourg dechiet chacun jour de habitans et convient que les dits supplians, par grant poureté et pour ce qu'ils ne peuvent plus, ne pourroient supporter les ditz charges sans l'aide de ceulx qui de raison y sont contribuables, se départent du dit lieu de Chastillon et voisent demourer en estrange pais et contrée pour gaigner la povre vie d'eulx, leurs femmes et enfants, et par ce moyen le dit Bourg est en adventure de demourer inhabitable, et que doresenavant nous n'aions plus rien de nostre dite taille et des autres droiz que y prenons, se par nous n'est sur ce pourveu de remède convenable, si comme dient iceulx supplians requérans humblement icellui (1). Pourquoy, nous, à la requeste des diz supplians, les choses dessus dites considérées, désirant l'entretennement de nostre dite ville de Chastillon et éviter à la désolation d'icelle, vous mandons et expressément enjoignons que vous eslisez et commettez aucuns de vous de noz dites deux chambres en tel nombre que pour ce faire adviserez estre expédient et convenable, pour aller et eulx transporter au dit lieu de Chastillon, et illec pour ceste fois seulement et sans préjudice de noz droiz et seigneurie, ne qu'il nous puisse aucunement préjudicier ne que les diz supplians le puissent traire à conséquence, ne pour en acquérir sur nous aucuns droiz ou temps avenir, en quelque manière que ce soit, faire par la meilleure voie et manière que faire se pourra, appelez ceulx qui seront à appeler, le giest et impost de la dite taille de IIIe livres tournois sur tous les habitans du dit Bourg, de quelque estat ou condition qu'ilz soient, que de raison et selon noz diz terriers anciens sont tenuz et doivent estre contribuables à la dite taille selon leurs facultés et puissance, et aussi sur les habitans et demourans en la dite rue de Chamont, selon le contenu de leurs diz priviléges et en gardant et observant iceulx et le dit impost et giest ; ainsi fait, commettez de par nous aucunes personnes ydoines et souffisans pour cueillir et recevoir icelui impost, selon ce qu'il sera fait et assis par les diz commis, et pour contraindre et faire contraindre à la paier selon le dit assiete tous ceulx et celles qui pour ce seront à contraindre par toutes voies et manières deues et raisonnables et comme il est accoustumé de faire pour nos propres debtes ; ausquels ainsi commis et les commis d'eulx, nous, par ces présentes, donnons plain pouvoir et autorité des choses dessus dites faire et accomplir. Mandons et commandons à tous noz justiciers, officiers et subgez que à vous et à eulx en ce faisant obéissent et entendent diligemment. Donné en notre ville d'Arras, le XXIe jour d'octobre l'an de grâce mil CCCC vint et neuf.

Par monseigneur le Duc, à la relation duquel vous estiez,

T. BOUESSEAU (2).

Scellé du grand sceau en cire rouge à simple queue de parchemin pendant.
Original : Archives de la Côte-d'Or. — B, Chambre des comptes de Dijon : Affaires des Communes ; Ville de Châtillon. — Imprimé dans Pérard, p. 301.

---

(1) Cette supplique ayant été renvoyée par le Duc à la Chambre des comptes, celle-ci commit pour informer sur son contenu J. de Saulx, conseiller du Duc, et Hugues Boulard, procureur au bailliage de la Montagne. L'enquête qu'ils dressèrent, de concert avec le bailli de Langres, ayant établi la vérité des faits énoncés par les habitants du Bourg, surtout en ce qui concernait les clercs, au nombre de cent quatre, qui, disait-on, « ne scavaient mot de lettre et ne furent onques à l'escole pour y rien apprendre. » Le tout fut renvoyé au Conseil ducal.

(2) A la réception de ces lettres, la Chambre du conseil et des comptes délégua J. Pelluchot, son second

CCI

Lettres du roi Charles VIII, qui accorde aux habitants de Châtillon une réduction de taille et dix arpents de bois pour rebâtir leur ville.

1483-84 (9 février).

Charles, par la grâce de Dieu, roy de France. A noz amez et feaulx gens de noz comptes à Dijon et général sur le fait et gouvernement de nos finances en Bourgogne. Salut et dilection. Receu avons l'umble supplication des manans et habitans laiz de nostre ville de Chastillon sur Seine, contenant qu'ilz sont tenuz et reddevables paier chascun an à nostre recepte ordinaire du dit lieu la quantité de cent marcs d'argent, le marc estant LX sols tournois valant, à la dite raison trois cens livres tournois. Laquelle rente ou devoir, les feux ducs Phelippe et Charles de Bourgogne, derenier trespassez, saichans les grans charges que les dits supplians avoient à supporter, leur eussent modérez à la somme de LXXVIII livres XIX sols IX deniers oboles tournois par an. Ce, neantmoins, nostre amé et feal Jean de Halbbiche, chevalier du pays d'Alemaigne, auquel avons fait don et octroy des fruiz et revenu de la dite seigneurie de Chastillon, les a voulu et veult contraindre à payer entièrement les ditz cent marcs d'argent à la raison dessus déclairée, ce qu'il leur seroit impossible de faire, à l'occasion de la grant pouvreté où ilz sont de présent constituez, par ce que aucun peu de temps avant le trespas du dit feu duc Charles, icelle ville feust prinse, arce et démolie, et tous et chascuns leurs biens meubles perduz et empourtez. Et depuis ce, la plus part des ditz habitans sont mores et les autres ont habandonné et délaissé la dite ville, et aussi que autour d'icelle ville y avoit plusieurs villaiges et habitans qui estoient tenuz et subgectz à la contribution et paiement desdits cent marcs d'argent, lesquelz sont de présent inhabitez. Et pour ce, nous ont humblement supplié et requis notre grâce, provision et libéralité leur estre sur ce impartie.

président, J. Chousat, Cl. Roichette et Dreux Marechal, conseillers maitres des comptes, pour, avec Guillaume Bourrelier, procureur de la Chambre, et Hugues Boulart, procureur au bailliage de la Montagne, se transporter à Châtillon et faire une nouvelle assiette de tailles en se conformant aux priviléges de Chaumont et aux anciens registres. C'est alors que les clercs du Bourg, en prévision d'un résultat bien prévu, mais, disaient-ils, « tant pour complaire à mondit seigneur en lui rendant toute obéissance, comme pour obvier aux « débats, sédition et division qui estoient entre eux et les autres habitans laïcs, » consentirent à verser de la dite taille de 300 livres, leur portion modérée selon leur état et faculté. De telle sorte qu'en arrivant à Châtillon, les commissaires du Duc n'eurent plus qu'à recevoir cette adhésion et à procéder à un nouveau rôle de taille, conforme à leurs instructions.

Pourquoy nous, ce que dit est considéré, deuement advertiz et acertenez de la grant pouvreté d'iceulx supplians, à iceulx en en suivant l'octroy et modération à eulx fait par les ditz feux ducs de Bourgogne, avons modéré et modérons, par ces presentes, les ditz cent mares d'argent à la dite somme de LXXVIII francs XIX sols IX deniers oboles tournois, jusques à huit ans prouchains venans. Sans ce qu'ilz soient tenuz ne contrains à en paier autre plus grant somme. Et l'oultre plus, leur avons donné et quicté, donnons et quictons, de nostre grâce et libéralité, par ces présentes que nous avons pour ce signées de nostre main, et de nostre plus ample grâce, leur avons donné et donnons par ces dites présentes la couppe et tonture de dix arpens de bois en nos bois et forestz du dit Chastillon, pour eulx aider à rédiffier et réparer les pons, portes, églises, tours et portaulx de la dite ville, et aussi les maisons de leurs demourances. Et sy vous mandons et commandons que les ditz supplians vous faites tenir quictes et deschargés des ditz cent marcs d'argent, en paiant chascun an les dites huit années la dite somme de LXXVIII francs XIX sols six deniers oboles tournois. Et avec ce, leur faictes par le verdier et fourestier des bois et forestz du dit lieu de Chastillon, la dite quantité de X arpens de bois es lieux moins dommageables pour nous et plus aisez et prouffitables pour eulx. Et pour iceulx abatre et emmener leur donner terme compectant et en rapportant ces dites présentes, ou vidimus d'icelles, fait soubz seel royal pour une fois, et recongnoissance desditz supplians sur ce souffisant, nous voulons nostre receveur ordinaire du dit lieu et tous autres à qui ce pourra toucher, en estre et demourer quictes et deschargés par vous, gens de noz ditz comptes. En vous mandant de rechef ainsi le faire sans difficulté. Car ainsi nous plaist il estre fait, nonobstant quelzconques ordonnances, restrainctions mandemens ou deffences à ce contraire. Donné aux Montilz les Tours le IX jour de fevrier, l'an de grâce mil CCCC quatre vings et trois, et de nostre regne le premier.

CHARLES.

Par le Roy en son conseil, auquel les tresoriers de France et generaulx des finances et autres commissaires ordonnez touchant la réunion du domoine estoient.

A. Brinon.

Copie du temps. Archives de la Côte-d'Or. Chambre des comptes de Dijon. Affaires des Communes. Ville de Châtillon.

CCII

Confirmation des priviléges du *Bourg* de Châtillon, par le roi Henri II.

1550 (décembre).

Henry, par la grâce de Dieu, roy de France, scavoir faisons à touz présens et advenir salut. Nous avons receu l'humble supplication de noz chers et bien amez les manans et habitans du *Bourg* de la ville de Chastillon sur Seyne, es frontières de notre duché de Bourgogne, contenant que par noz prédécesseurs leur ont esté donnez et concedez plusieurs privileges desquels ils auroient toujours depuis joy et usé paisiblement, comme ils font encore de présent; touttefoys au moyen du décès advenu à feu de bonne mémoire le roy dernier décedé, nostre très honoré seigneur et père que Dieu absolve, et que depuis icellui à notre advenement à la coronne lesdits supplians n'ont de nous obtenu confirmation d'iceux, ils douttent à l'advenir estre empeschez à la jouissance desdiz privileges, s'ils n'avoient sur ce noz lettres nécessaires, lesquelles ils nous auroient fait très humblement supplier et requérir leur vouloir octroyer. Pour ce est il que nous inclinant libérallement à la supplication et requeste desdits supplians, voulant iceulx estre entretenuz en leurs dits previleges, à iceulx pour ces causes et autres bonnes considéracions à ce nous mouvans : tous et chascuns les dicts previleges, leur avons de notre certaine science, plaine puissance et auctorité royal continuez et confirmez, continuons et confirmons par ces présentes, pour d'iceulx et desquels ilz feront apparoir quant besoing sera, joïr et user par lesdicts supplians et leurs dicts successeurs à perpétuité tant et si avant et par la forme et manière qu'ils en ont cy devant dheuement et justement joy et usé et joissent encore de présent; aulx charges et conditions contenues es lettres desdicts previleges et vérifications d'icelles. Si donnons en mandement par ces dites présentes au bailly de la Montaigne à son lieutenant à Chastillon sur Seyne et à touz nos justiciers et officiers ou leurs lieutenans présens et advenir et à chascun d'eulx si comme à luy appartiendra, que de noz présens continuation et confirmation, ils fassent, seuffrent et laissent lesdicts supplians et leurs successeurs à perpétuité joïr et user desdicts privilleges sans en ce leur faire mettre ou donner ne souffrir estre faict, mis ou donné, ores ne pour le temps advenir, aulcun trouble, destourbier ou empeschement au contraire, et lequel se faict, mis ou donné leur avoit esté ou estoit, ostent et mectent ou facent oster et mectre incontinent et sans délay à pleine et entière délivrance et au premier estat et deu. Car tel est nostre plaisir. Et afin que ce soit chose ferme et estable à touz jours, nous avons faict mectre nostre scel à cesdites présentes, sauf en aultres choses notre droict et l'aultruy en toutes. Donné à Bloys au mois de décembre l'an de grâce mil cinq cens cinquante et de notre regne le quatriesme.

Par le Roy, MAHIEU.

Archives de Châtillon, *Priviléges et franchises de la Commune.* Copie du XVIe siècle, signée DE SOUVERT.

CCIII

Lettres patentes du roi Henri III, portant rétablissement de la justice de ville de Chaumont-les-Châtillon, supprimée par l'édit de Moulins.

1576 (4 août).

Henry, par la grâce de Dieu, roy de France et de Polongne, à noz amez et féaulx les gens tenans nostre Cour de Parlement à Dijon, salut. Les manans et habitans de nostre ville de Chaulmont lez Chastillon sur Seine, nous ont exposé que la ville dudict Chastillon, consiste principalement en deux places closes et fermées de murailles, tours et fossez distinctes et separées l'une de l'autre, soit pour les tailles ou aultre cas, estant l'une nommée et appelée le *Bourcg* et l'autre *Chaulmont*. Celle dudict Bourcg, commun à nous et à nostre cousin l'Evesque de Lengres en seigneurye et justice, et celle dudict Chaulmont, à nous ligement en tous droictz. Les habitans duquel lieu de Chaulmont, par privileige exprès des ducz de Bourgongne, confirmez par noz prédécesseurs roys de France de tout temps immémorial, ont eu puissance de faire par chacun an, assemblée du corps de leur communaulté, et en la dicte assemblée eslire quatre prudhommes d'entre eulx, aultrement appelez Maires, pardevant lesquelz Maires se sont tousjours traictées, comme pardevant juges naturelz, toutes causes, tant civilles, criminelles que polliticques, desquelles ilz ont tousjours heu la cognoissance, ce qui a tousjours esté observé au grand soullagement, bien et commodité des habitans dudict lieu de Chaulmont. Comme encores de présent les justiciables dudict Chaulmont sont traictez pour les affaires criminelles et polliticques pardevant les diz Maires. Et combien que ceste même justice eust esté exercée aussy bien es causes civilles suivant leurs diz priviléges, néantmoins par l'eedict de Molins, faict pour le reiglement des justices inférieures, la cognoissance des dites causes civilles leur auroit esté ostée et icelle attribuée en première instance au bailly de la Montaigne ou son lieutenant, au grand préjudice et interestz des habitans dudict Chaulmont, tant pour les fraiz qui leur convient faire et supporter, allant pardevant ledict bailly, et le plus souvent pour causes qui sont de si petite importance, qu'elles ne méritent d'estre traictées en jugement, ains d'estre accordées et paciffiées sans figure de procès. Que aussy pour estre distraictz de leur lieu et siége naturel contre les priviléges à eulx concedez et octroyéz avec charge onéreuse, mesmes pour le regard des poursuittes des causes criminelles; lesquelles se font aux fraiz de la dicte communaulté, en considération de ce qu'ilz estoient soulagez de leurs aultres causes civilles, pour lesquelles en première instance de tout temps et avant ledict édict de Molins, se présentoient pardevant les diz prudhommes qui souvent les paciffioient et accordoient par voye amyable; de facon qu'à cause de telle mutacion et changement de justice, ilz sont tellement irritez que d'un procès, ilz en font deux à leur grande perte et ruyne. Pourquoy et que les diz habitans sont à nous ligement separez et divisez de murailles, tours et foussez, tailles, charges et redebvables d'avec ceulx dudict Bourcg, lesquelz ont tousjours et particulièrement pour eux, comme encores ilz ont à prséent, oultre le dict bailly, justice en prevosté et mairye, les amendes procedant de la quelle sont communes à nous et à nostre cousin l'Evesque de Lengres, et au contraire celles procédans de Chaulmont à nous liges seullement : lesdiz habitans dudict Chaulmont, pour éviter à si grand fraiz et confusion, nous ont requis les remectre en leurs droictz et priviléges desdiz prudhommes, pour pouvoir tenir et exercer oultre la jurisdiction des causes criminelles et politicques, les civilles en leur dicte ville de Chaulmont, sans pour ce estre contrainctz de sortir d'icelles pour aller en aultre lieu et pardevant aultres juges en première instance. Nous, à ces causes, désirans conserver et maintenir noz subjetz en la jouissance de leurs droictz et privilléges, sans permectre qu'ilz y soient en aucune manière que ce soyt troublez ou empeschez. Vous mandons et très expressement enjoignons, par ces présentes, qu'après que nostre procureur général appellé, il vous aura deuement apparu du privilege desdiz habitans de Chaulmont, suyvant lequel ilz ayent tousjours esté traictez pardevant lesdiz quatre preud'hommes Maires esleuz pour la communaulté d'entre eulx en toutes matières criminelles, politicques et civiles; et que de ce ilz ayent tousjours jouy, synon depuis l'édict de Molins et de ce que dict est en tant que suffisant doibvent : Vous en ce cas maintenez les diz habitans et lesquels nous voulons par vous estre maintenuz en la paisible joïssance des diz previlleges et suyvant iceulx exercice de la dicte justice estre faict, administrée et continuée sur les diz habitans de Chaulmont tant civillement, criminellement que politicquement, faisant faire et renouveller les diz quatre preudhommes Maires, ainsy que tousjours par cy devant ilz ont accoustumé, avec défense expresse audict bailly de la Montaigne ou son lieutenant et à notre procureur audict Chastillon d'entreprendre plus cy après aucune cognoissance en première instance desdictes causes criminelles, politicques et civiles de quelque façon et manière que ce soit. Et ce nonobstant que les diz habitans n'ayent obtenu confirmation de noz prédécesseurs roys en tel cas nécéssaire ; dont les avons relevez et dispensez, relevons et dispensons de grâce spécial et auctorité royal par ces présentes, nonobstant aussy le dict edict de Moulins, auquel nous, en tant que besoing seroit, derogé et derogeons et à la dérogatoire de la dérogatoire, par ces présentes, oppositions ou appellations quelconques, pour lesquelles ne voulons estre différé. Mandons à notre procureur général tenir exactement la main à l'éxecution de ces présentes et à nostre premier huissier ou sergent, sur ce requis, faire pour ladicte exécution toutes signiffications et exploictz nécésssaires, sans pour ce demander aucun congé, placet, visa ne *pareatis*. Car tel est nostre plaisir, nonobstant, comme dessus, quelconques lettres, mandements, restrainctions et deffenses au contraire. Donné à Paris le quatriesme jour d'aoust l'an de grâce mil cinq cens soixante et seize et de nostre regne le troisiesme.

Par le Roy, M° Vetus, maistre des requestes ordinaires de l'hostel presens.

PINARD.

Arrêt d'enregistrement de ces lettres par le Parlement de Dijon, du 1er décembre 1576.
Original : Archives de la ville de Châtillon, *Priviléges et franchises de la Commune.*

CCIV

Arrêt du Parlement de Dijon, qui maintient aux habitants de Chaumont-les-Châtillon le droit d'élire tous les ans un procureur-syndic de la commune.

1583-84 (juillet).

Henry, par la grâce de Dieu, roi de France et de Pologne, à tous ceulx qui verront ces présentes. Au mois de juillet mil cinq cens quatre vingtz de la part de nostre amé et féal Me Robert Fichot, nostre procureur au bailliage de la Montaigne et Chastillon sur Seine, nous auroit esté dict et remonstré qu'estant pourveu dudict office par nostre très honoré seigneur et frère, il l'auroit du depuis exercé bien et dehument, faisans poursuitte des crimes, excez, abuz et entreprinses qui avoient esté commis dans ledict bailliage et ressort d'icelluy, dont la congnoissance estoit commise à noz amez et féaulx les gens tenans nostre Cour de Parlement à Dijon par noz eedictz et ordonnances comme ses prédécesseurs audict office auroient faict auparavant luy, mesmes en nostre ville de Chastillon sur Seine. Laquelle estant divisée de murs et fossés en deux parties, l'une desquelles nommée la Rue du Bourg nous appartenoit avec l'Evesque de Langres et l'aultre, aussy nommée la Rue de Chaumont, nous appartenoit nuement. Touteffois les habitans d'icelle, soubz coulleur de certain privilliege des feuz ducz de Bourgongne, confirmez par nous et noz prédécesseurs roys, par lequel ils avoient faculté entre eulx d'élire d'an en an quatre Maires pour juger et décider leurs procès et différends en premiere instance, amplifiant le dict previllege que ne pouvoit ny debvoit empescher que nostre dict procureur ne fist poursuitte de noz droitz et intérestz et mesmes en ce qui concernoit la punition des crimes et abus qui se commectoient pour l'intérestz publicq, auroient néantmoins, puis quelque temps, faict entreprendre à l'ung d'eulx la charge de notre dit procureur. Et depuis encores, passant oultre, en auroient à ce faire éleu et remis ung aultre des diz habitans, qu'ils auroient nommé leur procureur d'office, que estoit grandement [entreprendre] sur nostre authorité, et dont ayant cy devant esté fait plaincte en nostre Cour de Parlement par les prédécesseurs de nostre dict procureur, auroit esté commancé procéder contre lesdictz habitans, lesquelz, pour toutes déffenses, n'auroient allegué que l'usage de prescription qu'ilz prétendoient avoir acquise, combien que par noz eedictz et ordonnance, prescription ne peult courir contre nous. Ce néantmoins n'auroit esté passé oultre à la grande diminution de noz droictz. A quoi nostre dict procureur, pour le debvoir de sa charge, nous auroit très humblement suplié et requis pourveoir.

Pourquoy desirans conserver noz droictz et authoritez, de l'avis de nostre conseil, aurions octroyé noz lettres audict Fichot, et par icelles mandé et enjoinct à noz dictz amez et féaulx les gens tenans nostre Cour de Parlement à Dijon, que, s'il apparoissoit de la dicte instance mehue sur la dicte entreprinse, faite au préjudice de noz droictz et contre la teneur de leurs dictz previlleiges, faisans et créans entre eulx ung procureur d'office, sans pouvoir ny authorité de nous, ny de nosdictz prédécesseurs audict cas, sans avoir égard à ladicte prescription ; laquelle, suyvant nos dictz eedictz et ordonnances, auroient déclaré n'avoir aucun lieu, expresses deffences fussent faictes ausdictz habitans et leurs dictz Maires de ne faire doresnavant les dictes entreprinses, sur peine de cassation de leurs dictz previlleiges et d'amende arbitraire, ains permectre et souffrir que nostre dict procureur feit et exercer son dict office, tant en la dicte Rue de Chaumont que en ladicte Rue du Bourg et aultres lieux et endroictz dudict bailliage, pour la poursuitte de noz droictz et punition des crimes, excès et abuz, si aucuns en avoient esté commis, comil verroit estre à faire par raison. Déclarans nulles et abusives toutes et chacunes les procédures qui seroient faictes par les dictz Maires ou chacun d'eulx, esquelles nous aurions ou pourrions prétendre intéretsz sans avoir ny appeller nostre dict procureur. Pour avoir l'entérinement desquelles lettres, ledict Fichot, suyvant l'arrest donné en nostre Cour du Parlement à Dijon, sur sa requeste auroit fait assigner les quatre preudhommes, Maire et consulz eleuz par la ville et communaulté de Chaulmont les Chastillon sur Seine pardevant commissaire de nostre dicte Cour. Où les parties comparantes et ouyes sur leur contestation, elles auroient esté admises à escrire par demande, déffenses, réplicques et duplicques. Et y ayant satisfaict, ledict Fichot disoit qu'il se trouveroit bien fondé en l'entérinement des dictes lettres qui estoient civiles et de justice ; pour le monstrer, seroit considéré que la dicte ville de Chastillon consistoit en deux rues qui estoient distinctes et séparées tant de murs que des fosséz, l'une appelée la Rue du Bourg, où nous avions la justice, noz officiers et semblablement l'Evesque de Lengres. Néantmoins nous avions aultres droictz et prérogatives que ledict Evesque ; d'aultant que nous avions nostre bailly et lieutenant, advocat et procureur, pour requérir et conclure en toutes les causes où nous et le publicq aurions interestz, non seullement dudict Chastillon, mais aussy de nostre bailliage de la Montagne. L'autre estoit appelée la Rue de Chaumont, en laquelle la justice appartenoit entièrement et nuement au Roy qui en estoit seigneur en toute justice haulte, moyenne et basse. En laquelle rue les habitans, en vertu de quelque previlleige qu'ilz disoient avoir des ducz de Bourgongne, avoient accoustumé d'élire quatre eschevins qu'ilz appelloient Maires, lesquelz exercoient la justice, tant civile que criminelle, l'ung desquelz avoit de coustume faire office de procureur es causes où il falloit requérir et conclure contre leurs previlleiges. Néantmoins touteffois, puis quelque temps, les habitans de la dicte Rue avoient créé ung d'entre eulx pour ledit office, dont adverty ledict substitut l'auroit fait appeller pardevant le dict bailly de la Montaigne pour lui faire déffense de faire ledict office, d'aultant que auparavant nul n'en avoit ésté pourveu par nous et qu'il estoit institué à cest effect en tout le dict bailliage, d'aultant mesme que leur previlleige n'en pourtoit rien. Ains seullement qu'ilz jugeroient les causes, sans qu'ilz eussent puissance ny authorité d'élire, ny créer ung procureur syndic. Sur quoy procès seroit entrevenu qui estoit demeuré pendant et indécis, dont les dicts Maires n'auroient laissé d'élire ung procureur à l'insceu dudict substitut, lequel, comme aussy son substitut, y auroit contrarié, tellement qu'estant advenu ung meurtre en la dicte Rue, les dictz Maires auroient empesché audict substitut d'en congnoistre, dont il auroit esmis appel pardevant ledict bailly. Pardevant lequel il auroit requis que déffenses fussent faictes ausdictz Maires que aultres que eulx, eussent à se présenter pour faire la charge de procureur, comme à luy seul appartenant. A raison de laquelle contention ledict bailly auroit commis ung praticien dudict siége pour, sans préjudice des droictz des dictes parties, faire l'office de procureur, de quoy ledict substitut et les dictz deffendeurs auroient appelé. Et nonobstant ledict appel, les dictz Maires auroient commis ung aultre pour procureur, de quoy ledict substitut adverty se seroit retrouvé pardevant eulx et requis qu'il lui fut permis faire sa charge, et ayant esté débouté, en auroit de rechef appellé, et depuis obtenu lettres de nous, lesquelles se treuveroient de justice et intérinables pour plusieurs raisons. La première, pour ce que le dict baillage estoit de si petite extendue, y ayant si peu de causes, qu'il n'y avoit moien audict Fichot de s'employer trois mois de l'an. Tellement que si les dicts Maires et habitants avoient previlleige de pouvoir créer et establyr ung procureur, son office lui seroit du tout inutil et infructueux, comme cy devant avoient remonstré ses prédécesseurs. D'ailleurs que par la connivonce des dictz Maires, plusieurs crimes demeuroient impunys et assoupis, dont mesmes il avoit faict plusieurs plainctes, lesquelles demeuroient couvertes pour les empeschemens mis par les dictz Maires. A raison des appellations par eulx interjectées pour remectre les dictes affaires au loing et en oster la mémoire. Et encore qu'ilz eussent obtenu de nous la réunion de la justice civile qui leur avoit esté ostée par l'ordonnance de Moulins. Nous n'y aurions heu aucun égard, ainsy qu'il apparissoit par la déclaration attachée soubz contreseel auxdictes lettres. Ains qu'il fist la dicte charge, comme aussy à la prescription qui estoit le principal point sur quoy ilz estoient fondez. Et pour monstrer qu'ilz ne pourront créer aucuns officiers, le greffier de la dicte mairie avoit esté pourveu et institué par nous et receu par les dictz Maires, encores qu'ils en eussent commis un aultre auparavant luy. A plus forte raison, ilz ne pouvoient créer ung procureur duquel dependoit la principalle charge de la dicte justice, mesmement es causes criminelles, qui ne pouvoient estre manyées que par un homme versé en pratique, et non par un marchant, comme avoient accoustumé les dictz Maires d'appeler personnage sans congnoissance des lettres et praticques pour ce faire. Concluoit partant à ce qu'en vériffiant les dictes lettres, il fust déffendu ausdicts Maires et habitans d'appeller aultres que luy pour conclure et requérir es causes où nous et le public aurions interestz et après à telles peines qu'il plairoit à nostre dicte Cour arbitrer et demandoit despens, dommages et interestz.

Et les dictz quatre preudhommes, Maires et consulz eleuz par la ville et communaulté de Chaumont lez Chastillon disoient par leurs escriptures de deffenses, qu'ilz et leurs prédécesseurs estoient en possession et jouissance publicque, paisible et immémoriable de instruire, juger et terminer par eulx et leur commis toutes causes, querelles et affaires politiques, civiles et criminelles en première instance d'entre les habitans dudict Chaumont et de tous excès et forfaictz commis et perpétrez audict Chaumont et banlieue d'icelluy. Laquelle possession et jouissance immémoriale, publicque et paisible le demandeur ny aultre ne pouvoit nyer raisonablement, estans toute preuvée et conferméc par plusieurs procédures, sentences, jugemens et arrestz donnez en causes et matières précédentes de la jurisdiction et congnoissance des dictz preudhommes. Spéciallement par les lettres patentes obtenues par les habitans dudict Chaumont, données à Paris le quatriesme d'aoust mil cinq cens soixante et seize dehuement expédiées et confirmées. Et par arrest de nostre dicte Cour donné sur icelles le premier jour du mois de décembre suyvant. Et par l'exécution dudict arrest du deuxiesme jour de janvier mil cinq cens soixante et dix sept. Par lesquelles lettres et arrest et exécution, les dictz habitans estoient maintenuz en la paisible jouissance d'exercer et administrer par les dictz quatre preudhommes la justice tant civile, criminelle que politique, avec déffenses expresses au bailly de la Montaigne ou son lieutenans et à nostre procureur dudict Bourg de Chastillon d'entreprendre aucune congnoissance en premiere instance des dictes causes criminelles, politiques et civiles dudict Chaumont. Tellement que le dict demandeur demeuroit convaincu sans excuse d'objection et d'iniquité. D'aultant que par les lettres par luy obtenues de l'entérinement desquelles estoit question, il prétendoit la congnoissance en première instance des causes et procès dudict Chaumont. Laquelle touteffois luy estoit prohibée et déffendue par expresse déclaration de nous et par arrest de nostre dicte Cour sur icelle. Comme aussy estoient en possesion et jouissance publicque, paisible et immémorialle de faire corriger, réparer et amander, tant par justice que par toutes aultres voyes légitimes et raisonnables, toutes entreprinses, usurpations, troubles et empeschemens qui leur auroient esté faictz en l'exercice de leur jurisdiction civile, criminelle et politique toutes et quantesfois que l'occasion se seroit presentée, spéciallement en l'an mil cinq soixante sept contre M° Jehan Fyot, lhors nostre procureur audict Bourg de Chastillon, immediat prédécesseur dudict demandeur, prétendant que à luy et à noz officiers dudict Bourg appartenoit la congnoissance et poursuitte de certain homicide lhors commis au dict Chaumont, privativement ausdictz preudhommes et à l'exclusion de Jehan Estienne, eleu procureur d'office en la dicte mairie pour ladicte année. Nonobstant lesquelles contradictions et appellations interjectées, relevées et executées d'une part et d'aultre; ilz avoient conservé et maintenu leur possession et jouissance et procéddez par eulx avec leur procureur d'office au parachevement de l'instruction et jugement dudict homicide, lesquelles appellations seroient demeurées indécises en nostre Cour. Encores estoient en possession et jouissance publicque, paisible et immémorialle d'élire par chacun an au mois de juin au jour de feste saint Jean en publicque assemblée les dicts quatre preudhommes, ung procureur d'office et ung ou deux sergens et aultres ministres nécéssaires pour l'exercice, administration et éxécution de la dicte justice civile, criminelle et politique, les dicts quatre preudhommes, procureur d'office, sergens et autres officiers nécéssaires eleuz par lesdictz habitants en ladicte assemblée seullement privativement et à tous aultres mesmes audict demandeur, avoient et leur appartenoit la congnoissance de toutes causes civiles, criminelles et politicques, lesquelles possessions, jouissances et saisines publicques et immémorialles, ilz preuveroient facilement, tant par tesmoins que par concession et permission expresse des ducs de Bourgongne, confermée par les roys de France successeurs au duché, par bons et anciens tiltres de cinq cens, deux cens ans et plus. De quoy s'ensuyvoit que ledict demandeur se debvoit contenir dans les limites et confins qui luy estoient et à ses prédécesseurs donnés de toute ancienneté sans vouloir entreprendre et usurper sur les possessions et limites de ses voisins, soubz pretexte du tiltre de nostre procureur par toute l'extendue du bailliage de la Montaigne. La dicte ville de Chaumont estoit comprinse. Et n'avoient rien fait ni entreprins contre la forme de leurs tiltres et previlleiges ; mais s'estoient tousjours reglés, en tout et partout, conformément à iceulx selon qu'ilz espéroient preuver clairement par leur production et tiltres par lesquelz estoit expressement dict que l'authorité et pouvoir des dictz habitans et de leurs quatre preudhommes estoit estable en mesme forme et manière que celle des habitans de Talent et de la ville de Dijon. Lesquelz habitans de Dijon et Talent estoient en possession immémorialle, publicque et paisible d'eslire par chacun leurs Maires, eschevins, procureur de ville et sergens pour l'exercice et administration et leur jurisdiction. Et quant ainsy seroit que leurs tiltres ne feroient aucune mention tacitement ni relativement de l'institution desdictz procureur et sergens, neantmoins ilz estoient bien fondez à maintenir que par droict et raison ilz avoient pouvoir d'instituer les dictz procureurs et sergens, d'aultant que, puisque la disposition principalle de leurs tiltres estoit confessée et toute claire, par laquelle lesdictz quatre preudhommes avoient tout puissance pour le jugement et décision de tous procès et différends; il s'ensuyvoit par conséquence de droict, qu'ilz avoient authorité et faculté d'eslire et instituer tous ministres nécessaires pour l'exercice de leur jurisdiction par les décisions vulgaires et communement observées, aultrement seroit difformité et absurdité grande de veoir en ung mesme siége ung meslange et confusion d'officiers royaux et populaires. A quoy si le demandeur regardoit de plus près, il treuveroit que ce qu'il poursuivoit à la diminution de son estat, en ce que luy qui estoit nostre officier seroit subject de se présenter et submectre à officiers et juges populaires. Et quant à la nouvelle provision du greffier institué par nous en la justice dudict Chaumont, cela avoit esté faict depuis ung an seullement par souffrance et faveur et par manifeste entreprinse contre leurs previlleiges, laquelle ilz protestoient faire réparer et corriger, et ne pouvoit telle provision seulle et nouvellement fait servir à l'intention du demandeur. A ce moyen maintenoient que ledict demandeur debvoit estre privé entièrement du fruict et effect de ses lettres, comme inciviles et obreptices, avec adjudication de tous despens et interestz, nonobstant ce qui avoit été proposé et allegué par les conclusions dudict demandeur.

Au contraire, le dit Fichot, par ses escriptures et réplicques, disoit que nonobstant la prétendue jouissance des déffendeurs et prescription dont ilz s'estoient voullu servir contre son predécesseur immédiat, nostre volonté estoit qu'il exerça son office en ladicte rue de Chaumont, comme il faisoit en la rue du Bourg, et quant ilz seroient en possession d'instruire et juger toutes causes civiles et criminelles, neantmoins ilz ne pourroient monstrer qu'ilz eussent puissance d'eslire ung procureur pour requérir et conclure esdictes causes, ce qui lui appartenoit privativement à l'exclusion du procureur d'office qu'ilz avoient institué et créé, ausquelz il accordoit qu'ilz avoient obtenu lettres pour la réunion de la justice civile et criminelle. Mais quant à ce qu'ilz vouloient dire qu'on lui auroit faict déffense d'entreprendre aucune congnoissance sur la jurisdiction desdictz Maires, il ne se treuveroit qu'il eust esté ouy et qu'il fust entrevenu et quant il auroit empesché l'entérinement desdictes lettres, seroit par le debvoir de sa charge et non pour son proffict particulier. Nonobstant lesquelles lettres qui estoient attachées à contreseel es lettres patentes par luy obtenues, nous entendons qu'il fit son office en la dicte Rue de Chaumont. Au regard de ce que les dictz déffendeurs auroient dict qu'ilz estoient en possession de faire reparer les troubles et empeschemens qui leur auroient esté mis à l'exercice de leur jurisdiction, mesmement en l'an mil cinq cens soixante sept, contre M° Jehan Fyot, lhors procureur du Roy et son prédécesseur immédiat, pour le faict d'ung homicide commis en ladicte Rue de Chaumont, cela estoit contre eulx, pour monstrer qu'ilz n'avoient pas jouy paisiblement, mesmement de l'institution d'ung procureur d'office dont estoit question, et se voyoit par leurs chartres et pancartes de leurs previlleiges qu'ilz avoient droict d'eslire quatre Maires, lesquelz prestoient le serment l'ung à l'autre, ne pouvoient juger sinon ensemblement, ny adjuger amande excedant douze deniers; avoient seullement puissance d'eslire ung sergent pour garder les vignes et un vachier. Mais ne se treuveroit, par leurdict previlleige, qu'ilz peussent eslire ny nommer ung procureur d'office ou ung greffier, ce qu'ilz auroient usurpé. Neantmoins M° Charles Legrant s'en estoict faict pourveoir par nous, combien que Masse Chabot, par eulx institué procureur d'office, y eust mis empeschement, nonobstant lequel il auroit esté receu par les dictz Maires à l'exercice dudict estat. Tellement que par itandité de raison il falloit qu'ilz permissent, suivant nostre volonté, commilz avoient faict pour le regard dudict Legrand, qu'il exerça son dict office en ladicte rue de Chaumont, quelque prescription qu'ilz peussent alléguer au contraire. Laquelle nous ne voullions nuyre ny prejudicier audict demandeur, attendu qu'il estoit question de nostre domaine et de chose qui concernoit la grandeur de nostre couronne. Quant à ce que lesdictz défendeurs disoient que la dicte rue de Chaumont estoit distincte et séparée d'avec la dicte rue du Bourg, cela ne pouvoit servir, d'aultant qu'il estoit certain que la dicte rue de Chaumont estoit de la continence de la dicte ville de Chastillon, et que les charges qui estoient imposées sur icelles estoient supportées tant par les habitans de l'une que de l'autre rue, sans qu'il s'en fist imposition particuliere pour le regard de la dicte rue de Chaumont, ny quelle porta ceste quallité de ville telle qu'ilz lui avoient voullu bailler, à raison de quoy méritoirement il voulloit extendre l'exercice de son office au dict bourg de Chaumont, puisque mesme il luy accordoient qu'il le pouvoit exercer en la dicte rue du Bourg; ne leur pouvoit servir ce qu'ilz disoient que leurs previlleiges estoient pareilz à ceux de nostre ville de Dijon et de Talent. Ce qui ne se trouveroit pas pour le regard dudict Talent et leur avoient esté octroiés par Alix, duchesse de Bourgongne, ce qui se debvoit entendre pour le regard de la franchise et non pour l'establissement et institution des officiers, d'aultant que ce que les dictz habitans de Dijon eslisoient ung procureur sindic, c'estoit par previlleige spécial contenu en leurs chartres et non par usurpation, comme auroient voulu faire lesdictz habitans de Chaumont. Et n'estoit considérable ce qu'ilz auroient allegué que ce seroit une difformité et absurdité grande de veoir en ung mesme siége un meslange et confusion d'officiers royaux et populaires. D'aultant qu'ilz confessoient que la justice provenoit de nous et partant il ny auroit point de meslange quant luy, qui estoit nostre officier, y exerceroit son dict office. Ce que ne pourroit estre à la diminution de son estat, ains plustost en debvoit estre loué, pour ce que ce qu'il poursuyvoit estoit affin que les crimes ne demeurassent impunis et que la justice fust bien exercée. Et pour le regard des procès criminelz qui avoient esté instruictz en la dicte justice, il espéroit faire apparoir de la négligence et connivence dont avoient usé les dictz Maires, que n'estoit pour les calomnier, ains seullement pour le debvoir de sa [charge]. Aultrement il n'en seroit digne s'il le laissoit passer soubz silence. Concluoit partant à ses premières fins et demandoit despens, dommages et intérestz.

Et les dictz Maire et habitans de Chaumont disoient par duplicques qu'il leur suffisoit pour la défense de leur cause faire apparoir que les Maire de Chaumont, par concession des Ducs de Bourgongne, avoient pouvoir d'ordonner et de terminer tout ce qui estoit requis et nécéssaire pour le jugement de tout procès et différendz des habitans dudict Chaumont, que le dict Fichot s'abusoit disant qu'ilz usoient de connivence et négligence à la poursuitte des crimes, d'aultant que nostre Cour scavoit mieux lequel avoit esté plus souvent reprins de négligence au debvoir de sa charge. Et pour response au vingthuitiesme article de ses réplicques, disoient qu'il n'avoit jamais bien regardé l'assiette et continence dudict Chaumont, pour ce que la seule veue par évidence monstroit que la ville dudict Chaumont et celle du Bourg estoient divisées et séparées de murs, portes, fossés, d'habitans, d'officiers, de tailles et d'impositions, le département desquelles estoit toujours faict séparement et par billetz particuliers des eleuz des Estatz du pays de Bourgougne. Lequel demandeur decouvroit trop appertement que son intention n'estoit de augmenter la justice ou le bien du public, mais seullement de faire son prolict particulier ou dommages de ses voisins. Et quant ainsy seroit que l'extendue dudict bailliage seroit trop anguste pour ses capacités et grandes diligences, il ne falloit pourtant qu'il usurpa sur les fins et limites de ses voisines, puisque, par loy générale, toutes jurisdictions estoient propres et patrimoniales à ceulx ausquelz elles appartenoient ; à ce moien concluoient à leurs premières fins avec adjudication de despens et interestz.

Lesquelles parties auroient produict leurs pieces par inventaire par devers nostre dicte Cour de Parlement a Dijon. Et par icelle veues et le rapport du commissaire ouy, elle auroit donné arrestz, le jour et datte de ceste par lequel scavoir faisons que nostre dicte Cour a mis et mect ladicte appellation au néant. Et sans avoir égard ausdictes lettres du vingtquatriesme juillet mil cinq cens quatre vingtz, déclare qu'il est loisible ausdictz habitans de la rue de Chaumont, en procédant chacun an à l'election des quatre Maire et preudhommes d'icelle rue aussy choisir et nommer ung des dictz habitans pour faire la charge de procureur de leur communaulté et requérir et conclure en la jurisdiction en la dicte mairie, soit es causes civiles, de police ou criminelles ce qu'il appartiendra, sans que ledict Fichot se puisse entremectre aucunement. Tous despens entre lesdictes parties compensés. En tesmoing de quoy nous avons fait mectre nostre seel à ces dictes présentes. Données en nostre Cour de Parlement à Dijon le unziesme jour de juillet l'an de grâce mil cinq cens quatrevingtz trois et de nostre regne le dixiesme.

Original : Archives de la ville de Châtillon, *Priviléges et franchises de la Commune*.

CCV

Requête adressée au roi Henri III, par les habitants du Bourg, pour demander l'érection d'une mairie à l'instar de Dijon.

1587.

AU ROY ET A NOSSEIGNEURS DE SON CONSEIL,

Voz très humbles et très obéissans subjectz les manans et habitans de vostre ville de Chastillon sur Seyne vous remonstrent très humblement que la dicte ville est des meilleurs et plus anciennes de vostre duché de Bourgongne, laquelle touteffois ne jouyt entièrement des mesmes previléges que jouissent les aultres villes, non seullement de vostre dict duché, ayns de tout ce royaulme [qu'en icelle une partie dite la rue de Chaumont est la seule] qui ayt ceste puissance d'eslire et créer par chacun an des Mayres, lesquelz ont la jurisdiction politique sur les habitans de la dicte rue. Qui faict que toutes choses sont bien reglées et policées en ceste partie, et au contraire, en l'autre partie appelé le Bourg, encores quelle soit beaucoup plus grande et meilleure, mesme qu'en icelle se face l'exercice de la justice et y soient résidens les plus riches et principaulx habitans de la dicte ville, ce neantmoings n'ayans pareil pouvoir que ceulx de la dicte rue de Chaulmont d'eslire et créer ung Mayre audit Bourg, qui puisse congnoistre et juger du faict de la dicte police, est si mal régie et gouvernée que toutes choses que concernent le publiq si font avec telle confusion et déssordre, que sans doubte la dicte ville s'enva peu à peu, déclinant de son ancienne splendeur, et est pour le jourdhui quasi réduicte en un vray cahos, s'il n'y est pourveu et remedyé. A ceste cause, Sire, et affin que la dicte ville ne soit de pire condition que les aultres de vostre royaulme, aussy quelle ne soit divisée en soy mesme et qu'une partie des habitans d'icelle ayent plus d'authorité que les aultres, ains qu'ilz jouissent également de mesme previllége et soient régis et gouvernez d'une mesme façon, ilz supplient très humblement vostre Majesté permettre et octroyer aux habitans dudict Bourg d'eslire et créer par chacun an es feries de Pasques, l'un d'entre eulx qui portera le tiltre et qualité de Mayre, avec tel pouvoir et authorité que le Mayeur de vostre ville de Dijon, et qui exercera la dicte charge à l'instar de ceulx qui sont annuellement esleuz en la dicte rue de Chaulmont, et les supplians prieront Dieu pour vostre prosperité et santé.

LEFEBVRE.

Ceste requeste est renvoyé aux advocatz et procureur généraulx du Roy en sa Court de Parlement à Dijon pour donner advis à Sa Majesté sur la dicte création, et s'il sera plus à propos pour le bien de la dicte ville de Chastillon que les dictz habitans du Bourg de la dicte rue de Chaulmont ayent un seul Mayre, qu'ilz pourront eslire et nommer ensemblement tant de ceulx dudict Bourg que de la dicte rue indifféramment. Faict au Conseil d'Estat, tenu à Paris le dix^{eme} jour de décembre 1587.

DOLU.

Soit la présente requeste communiquée à monsieur l'Evesque de Langres, pour, luy ouy ou veu sa response sur icelle, estre ordonné ce que de raison. Faict au Conseil du Roy, tenu à Bloys le XXII jour de novembre 1588.

DOLU.

CCVI

Commission du roi aux avocats et procureur généraulx au Parlement de Dijon, d'informer sur la requête précédente et lui transmettre leur avis.

1587 (10 décembre).

Henry, par la grace de Dieu, roi de France et de Polongne. A noz amés et feaulx advocat et procureur généraulx en nostre Court de Parlement à Dijon, salut. Ayant veu en nostre Conseil d'Estat la requeste à nous présentée en icelluy par noz chers et bien amés les manans et habitans de nostre ville de Chastillon sur Seyne, affin qu'il nous pleust permettre à ceulx qui habitent au lieu appellé le Bourg en la dicte ville, d'eslire et créer par chacun an es féries de Pasques, l'un d'entre eulx, qui portera le tiltre et qualité de Maire, avec tel pouvoir et auctorité que le Mayeur de nostre ville de Dijon et qui exercera la dicte charge à l'instar de ceulx qui sont annuellement elleuz en la rue de Chaulmont, qui fait partye de la dicte ville de Chastillon. Nous, par l'advis de nostre dict Conseil, auparavant de pouveoir sur le contenu de la dicte requeste cy attachée, soubz le contre seel de nostre chancellerie, vous l'avons renvoyée et renvoyons et vous mandons, ordonnons et enjoignons que vous aiez à nous donner et envoyer vostre advis sur la dicte création et s'il sera pas plus à propos pour le bien de la dicte ville de Chastillon que les habitans du Bourg et de la dicte rue de Chaulmont ayant un seul Maire qu'ilz peussent eslire et nommer ensemblement, tant de ceulx dudict Bourg que de ladite rue indifféremment. Pour vostre advis veu sur le tout y estre par nous pourveu. De ce faire vous donnons pouvoir, auctorité, commission et mandement spécial. Car tel est nostre plaisir. Donné à Paris le dix^{eme} jour de décembre, l'an de grâce mil cinq cens quatre vingt sept et de nostre regne le quatorziesme.

Par le Roy en son Conseil, Dolu.

Original : Archives de la ville de Châtillon, *Priviléges et franchises de la Commune.*

CCVII

Avis des avocats et procureur généraulx, par lequel ils proposent au roi d'ériger la mairie du Bourg de Châtillon.

1587 (27 mai).

AU ROY

Sire,

Veu par voz advocatz et procureur généraulx en vostre Parlement de Dijon la requeste présentée à Votre Majesté par les manans et habitans du Bourg de Chastillon sur Seyne, tendant a ce qu'il vous pleust leur permettre et octroyer d'eslire et créer par chacun an l'un d'entre eulx qui portera le tiltre et qualité de Maire, avec tel pouvoir et authorité que le Mayeur de vostre ville de Dijon, et qui exercera la dicte charge à l'instar de ceux qui sont annuellement esleuz en la rue de Chaumont en icelle ville de Chastillon. Et voz lettres patentes y joinctes ou dixieme de décembre dernier, par lesquelles leurs mandez donner leur advis sur la dicte création et s'il sera plus à propos, pour le bien de la dicte ville, que les dictz habitans du Bourg et de la dicte rue de Chaulmont aient un seul Maire qu'ilz pourront eslire et nommer, ensemblement tant de ceux du Bourg que de la dicte rue indifféremment.

Vos dictz advocatz et procureur, après avoir sommairement informé d'office sur le contenu esdictes requeste et lettres, circonstances et dépendances d'icelles, vous remonstrent très humblement que la dicte ville de Chastillon est divisée en deux parties séparées et distinctes l'une de l'autre par murailles, tours, portes et fossés. L'une est appelée le *Bourg de Chastillon*, qui contient les deux tiers de la dicte ville, l'autre est appelée communément la *Rue de Chaumont*, qui fait l'autre tiers.

La partie de Chaumont apertient à Vostre Majesté en toute justice haulte, moyenne et basse, ensorte que toutes les amandes, confiscations et aultres droictz en provenans, sont perceuz et levez entièrement à vostre proffit par voz fermiers et receveurs. Et néantmoins les habitans dudict Chaumont, par droict et previléges à eux accordés et confermés par vous, voz prédécesseurs roys de France et ducz de Bourgongne, ont pouvoir et authorité d'eslire entre eulx chascun an, au jour de feste sainct Jehan Baptiste, quatre Maires, lesquelz, par le dict previlége, ont non seulement congnoissance de la police, mais encore l'exercice, soubz vostre authorité, de la dicte justice haulte, moyenne et basse, sans que touteffois ilz puissent appliquer au proffit de leur communaulté aucune amende, confiscations ou aultres droicts provenant d'icelle justice.

Quant à l'aultre et plus grande partie dudict Chastillon appelée le Bourg, elle est commune avec vous et le Révérend Evesque de Langres, et en estes ensemblement et par indivis seigneurs justiciers, en tout et partout. Pour raison de quoy anciennement toute la justice dudict Bourg, tant en jurisdiction inférieure et subalterne que au bailliage, estoit administrée et exercée par deux juges, l'un pourveu par vostre Majesté, l'aultre par le dict sieur Evesque de Langres. Lesquelz juges ensemblement et conjoinctement exerçoient les dictes jurisdictions. Assavoir en la prevosté, le prévost en garde pour vous est un Maire pour ledict sieur Evesque. Et au bailliage, le bailli de la Montaigne ou son lieutenant pour vous. Et pour icelluy sieur de Langres aussi un bailly ou son lieutenant. Mais depuis seroit survenu l'éedict de l'an cinq cens soixante trois, par lequel auroit esté ordonné, es articles vingt quatre et vingt cinquiesme, qu'il n'y auroit en mesme ville que un seul degré de jurisdiction, et que es lieux où la justice seroit exercée en commun, soubz vostre authorité le nom de vos subjectz, il n'y auroit doresnavant que un juge pour l'exercice de la jurisdiction totale du lieu, lequel y seroit commis alternativement de trois en trois ans pour vous et vostre dict subject conjusticiable. Suyvant lequel éedict, ledict Révérend Evesque auroit faict option de la jurisdiction au bailliage et délaissé sa mairye comme esteincte et assoupie. De manière que quelque temps il n'y a heu aucune prevosté ny mairye audict Bourg de Chastillon, et lors la justice totale y estoit exercée, et ce alternativement, de trois en trois ans, tant par vostre dit bailly que par celui dudict sieur de Langres, conformément audict eedict, es causes touteffois seulement dépendans dudict Bourg et justice commune et non es causes privilégiées, cas royaux et aultres causes provenantz d'ailleurs que dudict Bourg, desquelles la congnoissance apertenoit, comme encores elle apertient, à vostre bailly seul privativement à tous aultres juges. Touteffois depuis auriez restably ledict prevost en garde, lequel à présent seul et sans qu'il ayt avec lui un Maire pour ledict sieur Evesque, comme anciennement prend cour, congnoissance et jurisdiction ordinaire sur le dict Bourg de Chastillon et encores sur le village d'Estrochey, duquel estes seigneur en toute justice, distant de la dicte ville d'une demye lieue, et congnoist de toutes causes tant civiles que criminelles et en fait de police. Oultre ce, ledict prevost en garde congnoist, comme juge royal, des entreprinses qui se font sur les grandz chemins, des péages rompus et droitz deuz à vostre Majesté pour l'entrée à la ville es jours de foyres et marchiefs. Et s'extend ceste jurisdiction et congnoissance extraordinaires tant sur ledict Bourg de Chastillon et village d'Estrochey que sur la dicte rue de Chaumont et sur les villages de Saincte Colombe, Chavoigney, Poinsson, Larrey, Bissey les Pierres, Marcenay, Cerilly, Baalo, Ampilly, Montlyot, Corcelles les Rangs, Gravieres, Vannaires, Massingey, Chaulmont le Bois, Mousson, Belaon, Prevoyres, Buncey, Volaines, Bricons, Aultricourt, Arc en Barroys et Berjon. Et encore que aultreffois, comme dict est, ledict sieur Evesque ayt heu audict Bourg un Maire pour luy qui y exerçoit la jurisdiction inférieure commune avec le dict prevost, néantmoins ne s'est veu depuis le dict edict de l'an V^c LXIII qu'il y en aist reinstalé ou rétably aucun. Bien auroit il depuis le rétablissement qu'auriés faict dudict prevost obtenu lettres de déclaration de vostre Majesté pour faire pareillement renaistre à son profit la mairye, mais en auroit esté débouté par arrest de vostre dicte Cour de Parlement de Bourgogne. De manière qu'à présent il n'y a que un prevost en garde audict Bourg sans aucun Maire. Combien que les amandes, confiscations et aultres prouffictz que s'y adjugent, en ce que dépend de la justice commune, tant seulement se levent par moitié par voz fermiers et receveurs et par ceux dudict Evesque. Lequel, par mesme moien, y a un procureur fiscal qui conclu et occupe avec le vostre ensemblement en toutes causes concernant leurs charges. Comme aussi les sergens dudict Evesque y exploittent avec les vostres, sans qu'ilz puissent exploiter vaillablement les uns sans les aultres.

Ce que dessus presupposé, Sire, voz dictz advocatz et procureur sont d'advis, soubz vostre bon voulloir et plaisir, qu'il seroit expédient, pour le bien et soulagement de voz subjectz audict Bourg de Chastillon, qu'il plaise à vostre Majesté par eedict perpétuel establir et créer en iceluy Bourg de Chastillon, y comprins la Rue appelée communément Rue d'entre les Pontz, qui faict séparation et est entre ledict Bourg et la dicte Rue de Chaulmont, une mairye à l'instar de celle dudict Chaulmont. Et en ce faisant donner pouvoir et authorité ausdictz habitans des dictz Bourg et Rue d'entre les Pontz, de, chascun an, trois jours avant ledict jour de feste sainct Jehan Baptiste, faire faire proclamatz publicqz, pour, en certain lieu et place qui sera par eux à ce destiné, pour, au dict lieu à la pluralité de leurs suffrages et voix, eslire et choisir entre eux un magistrat annuel, homme ydoine et capable, qui sera nommé Maire ou Mayeur du Bourg de Chastillon et Rue d'entre les Pontz. Lequel sera confirmé et receu par le bailly de la Montaigne ou son lieutenant, ledict jour de feste sainct Jehan ensuivant, pardevant lequel il sera tenu prester le serment en tel cas requis et faire profession de foy. Aussy leur donner puissance d'eslire chascun an quatre eschevins, pour, avec le dict Maire comme chef, congnoistre de toutes affaires communes et politicques. Les dictz eschevins presteront le serment accoustumé es mains d'iceluy Maire. Et que, pour procéder en fin de chascune année à nouvelle création d'iceux eschevins, seront à cest effect tenuz les Maire esleu et eschevins anciens de s'assembler au premier jour après l'élection du Maire en leur maison commune, pour, audict lieu, et à la pluralité des voyx et suffrages, retenir deux d'entre lesdictz anciens eschevins et Maire antique, afin d'estre continués en la dicte charge d'eschevin et encores en eslire deux aultres qu'ilz choisiront entre les habitans dudict Bourg ou Rue d'entre les Pontz. Et pour l'ornement de la dicte ville, à l'exemple des meilleures de vostre pays de Bourgogne, seroit très utile, soubz touteffois vostre bon vouloir et plaisir, octroyer ausdictz Maire et eschevins non seulement la congnoissance de la police, mais encor leur donner en garde l'exercice en vostre nom de la justice ordinaire, tant civile que criminelle, ausdictz Bourg de Chastillon, Rue d'entre les Pontz et village d'Estrochey, à l'instar de ceux de Chaumont, à la charge, touteffois, qu'ilz seront tenuz exercer icelle justice bien et deument à leurs frais et despens, que les amandes, confiscations et aultres droictz et proffitz en provenant vous appartiendront en mesme part et portion que du passé avec ledict sieur Evesque de Langres, que vous pourvoirez advenant vacation au greffe de la dicte mairie qui sera establye tout ainsy qu'à présent vous faites en la dicte prévosté. Que vostre procureur comparoistra en la dicte mairye es causes qui concerneront les crimes, le public et autres dépendans de sa charge, pour requérir ce qu'il apprehende comme il fait à présent en la dicte prévosté. Que voz sergens exploitteront en icelle mairye, tout ainsy quilz font. Et aussy à la charge que les dictz habitans seront tenuz de rembourser M⁻ Charles Legrant à présent portant l'office de prévost en garde, de la finance qu'il se treuvera avoir faict. Moiennant quoy ledict office de prévost sera et demeurera supprimé. Et parce qu'il ne seroit raisonnable que les dictz Mayeur et eschevins prinssent congnoissance desdictz trois cas royaux, assavoir de grandz chemins, péages rompus et droictz d'entrées es portes sur les dictz Bourg, rue de Chaumont et villages cy dessus nommez, seroit expedient qu'il plaist à vostre Majesté ordonner qu'à l'advenir la congnoissance des dictz trois cas et aultres semblables sera transférée et attribuée à vostre bailly de la Montaigne ou son lieutenant, pour l'exercer tout ainsi et en la forme et maniere que faict le dict prevost, selon qu'il est faict et pratiqué en pareil cas en vostre ville de Dijon.

Ce faisant, Sire, vostre dicte Majesté n'aura aulcung interestz au dict establissement, vostre justice et domaine vous estant conservé aux fraiz desdictz habitans. Et néantmoins tout le proffict d'icelle justice vous demeurant.

Au contraire, icelle création sera très utile, voires nécéssaire pour la conservation de vostre ville de Chaumont et seront par ce moien leurs affaires politiques et communes mieulx gouvernées, les murailles et forteresses de la dicte ville et autres edifices publicqz plus soigneusement reparés et entretenuz. Lesquelles à présent demeurent en ruynes pour le peu de police qui y est et le peu de soing qu'en a le prévost en garde. Comme aussy la justice sera mieulx faicte et administrée et à moindre fraiz que si on laisse tousjours ce soin au dict prevost, il y a péril que tout n'aille de mal en pire, à la perte et ruine de la dicte ville.

Quant au second chef de savoir s'il sera plus à propos que les dictz habitans du Bourg et de la Rue de Chaumont ayent ung seul Maire, dient vos dictz advocatz et procureur qu'il seroit plus commode et utile au public que toute la dicte rue de Chaumont fut régie par un seul magistrat politicq que par divers, à cause de la confusion qu'aporte ordinairement à toute ville la diversité de police. Mais semble que cest expédient ne doibt estre suivy, tant par ce que les dictz Bourg et Chaumont sont séparés de tours, murailles, portes et fossés, comme dict est, qu'aussy cela feroit préjudice ausdictz previléges très anciens de Chaumont, pour les raisons qu'en ont données les Maires ayant esté sur ce ouyz par nous. Joinct que tous les habitans dudict Bourg ont déclaré qu'ilz n'entendent faire la dicte poursuitte au préjudice des dictz de Chaumont. Et touteffois pour oster tout inconvénient, seroit utille à la dicte ville de Chaulmont, tant à ceux du Bourg que ceux de Chaumont, d'ordonner que pour les affaires politiques les Maïeurs d'icellui Chaumont seront tenuz s'assembler de quinze en quinze jours en la maison commune audict Bourg de Chaumont, pour y adviser avec les Maires et eschevins d'iceluy Bourg et prendre résolution sur ce qui dépendra des dictes affaires de police, et ce pour éviter la confusion et diversité qu'en pourroit advenir préjudiciable au public. Le tout soubz vostre bon vouloir et plaisir. Faict au parquet du Palais à Dijon le vingt septiesme de mai mil cinq cens quatre vingtz et huit.

Signé : MAILLARD, LEGOUZ et PICARDET.

Le present advis, communiqué à Monsieur le Procureur général du Roy au Parlement de Paris pour lui ouy et veu sa response sur icelui estre ordonné ce que de raison. Fait au Conseil du Roy, tenu à Blois le xxiie jour de novembre 1588.

DOLU.

Original : Archives de la ville de Châtillon, *Priviléges et franchises de la Commune.*

CCVIII

Consentement donné à cette érection par Charles d'Escars, évêque de Langres, co-seigneur de Châtillon.

1588 (11 décembre).

Nous, Charles d'Escars, evesques, duc de Lengres, pair de France, conseiller du Roy en son Conseil d'Estat, commandeur de l'ordre du Sainct Esperit. Et à cause de nostre dict evesché conseigneur avec sa Majesté par moytié en toute justice haulte, moyenne et basse de la ville de Chastillon sur Seyne, pays et duché de Bourgoigne. Ayant veu la requeste presentée au Roy par les habitans dudict Chastillon, tendant à ce qu'il leur soit permis d'eslire par chacun an ung Mayre ez féryes de Pasques qui aye mesme pouvoir et justice qu'a le Maire de Dijon et aultres villes dudict duché de Bourgoigne. Au pied de laquelle requeste est une ordonnance du Conseil de sa Majesté par laquelle elle renvoie l'affaire à Messrs les advocatz et procureur généraulx au Parlement dudict Dijon, pour luy donner l'advis sur le bien et utillité qui peult provenir de telle création. Commission esmanée du grand seau, attachée à la dicte requeste pour informer du contenu en icelle. Advis sur ce intervenu et donné à sa dicte Majesté par lesdictz sieurs advocatz et procureur generaulx, duquel il résulte la dicte création de Maire estre utille et nécéssaire pour le bien de ladicte ville de Chastillon. Semblablement celluy de sa Majesté et le nostre, et encores aultre ordonnance doudit Conseil du vingt deuxiesme de novembre dernier, par laquelle il est dict que la dicte requeste vous sera communiquée. A ces causes, et après qu'il nous a suffizamment apparu par les susdictes pièces et par l'advis qu'avons sur ce heu de noz officiers dudict lieu que cest chose très necessaire, veoyre très importante pour la conservation de noz droictz et de noz successeurs evesques. Avons, en tant qu'à nous est et peult appartenir, consenty et consentons par ces présentes qu'il soyt annuellement et au jour porté par l'advis des gens du Roy audict Parlement de Dijon, créé et esleu ung Mayre audict Chastillon pour y exercer la justice et tous actes de police plus applain contenus audict advis. A la charge que les habitans de la dicte ville feront exercer ladicte mayrie à leurs fraiz et despens jusques à jugement et arrest deffinitif, sans que doresnavant nous puissions estre tenu à aulcungs fraiz de quelque procès que ce soyt, tant civillement que criminellement. Aussy que toutes les admendes et confiscations qui s'adjugeront en icelle mayrie nous appartiendront par moytié avecques le Roy, comme de présent elles font. Et le tout suivant et conformément à l'advis desdictz sieurs advocatz et procureur généraulx. En foy de quoy avons signé ces présentes, icelles faict contresigner par nostre sécrétaire et y apporter le séel de noz armes. A Bloys, ce unziesme de decembre mil cinq cens quatre vingt huit.

C. D'ESCARS, E., duc de Lengres.

CROISIER.

Original : Archives de la ville de Châtillon, *Priviléges et franchises de la Commune.*

CCIX

Lettres patentes du cardinal Charles de Bourbon, sous le nom de Charles X, pour la création de la Mairie commune aux deux villes de Chaumont et du Bourg (1).

1589 (décembre).

Charles, par la grâce de Dieu, roy de France, à tous présens et advenir, salut : Les habitans de la ville de Chastillon sur Seine nous ont fait remoustrer que pour la diversité et confusion des reiglements politiques et gouvernements qui sont en la dicte ville, estant composée de deux corps, l'un régi par quatre Maires appelé *Chaumont*, ayant toute justice en ceste partie, l'autre faisant les deux tiers appelé *le Bourg* de la dicte ville, par quatre eschevins n'ayans aucune juridiction. Combien qu'elle soit l'une des principalles du duché de Bourgogne et des villes jurées de ce royaume. Ilz auroient dès le dix^{eme} décembre mil cinq cens quatre vingt sept, présenté requeste au feu Roy décedé, affin qu'il lui pleust créer ung Maire en la dicte ville, avec tel et semblable pouvoir, authorité et jurisdiction que ont les Maires des villes de Dijon, Beaune et autres villes dudit duché mieulx régies et policées. Laquelle requeste Sa Majesté auroit renvoyée à ses advocatz et procureur du Parlement de Dijon pour en donner leur advis. A quoy ilz auroient satisfaict ; lequel advis communiqué au procureur général du Parlement de Paris et renvoyé à monsieur l'Evesque de Lengres, conseigneur

---

(1) Sans s'être prononcés d'une manière absolue pour la réunion du Bourg et de Chaumont sous l'autorité d'un seul magistrat politique, réunion rendue difficile, autant par la configuration des deux villes que par l'inégalité de leurs priviléges, les commissaires royaux avaient néanmoins insinué dans leur rapport (n° CCVII) : « qu'il serait utile d'ordonner que, pour les affaires politiques, les Maïeurs de Chaumont fussent tenus de « s'assembler de quinze en quinze jours, en la maison commune du Bourg, pour aviser avec les Maire et « échevins aux résolutions à prendre dans l'intérêt commun de la ville. » Ces considérations ne furent point perdues. Après la mort de Henri III, les habitants du Bourg, ligueurs déterminés, sollicitèrent du duc de Mayenne non plus alors l'érection d'une mairie pour le Bourg, mais l'union des deux villes sous un seul magistrat, en réservant à chacune d'elles ses priviléges particuliers. Mayenne, dont cette combinaison servait les intérêts politiques, s'empressa d'y acquiescer par l'envoi de ces lettres patentes. « Mais, dit M. Gustave « Lapérouse, dans son *Histoire de Châtillon*, le Bourg ne put en jouir aussi tôt. La mort du cardinal de Bour- « bon, les troubles qui survinrent dans la ville, les vives oppositions apportées tour à tour par les habitants « de Chaumont qui ne pouvaient voir sans envie leurs priviléges méconnus et partagés, l'évêque de Langres « dont la puissance rurale était compromise, les officiers du bailliage dont cette juridiction nouvelle dimi- « nuait ainsi la leur, le prévôt en garde, le greffier héréditaire de la prévôté et les sergents royaux dont les « offices se trouvaient par là supprimés, apportèrent autant d'obstacles dont il fallut triompher par la con- « stance, l'or, les sacrifices de toute sorte, et même la terreur, car lorsqu'au bout de cinq ans de procès on « voulut bien, le 26 février 1594, nommer le premier Maire commun, on crut nécessaire, pour pouvoir procé- « der à l'élection, d'aposter 400 hommes de pied aux portes de la ville. »

dudict Chastillon, qui auroit consenty l'effect de la dite requeste, et depuis auroient faict travailler à la closture et fermeture d'une des parties de la dite ville appelée la *Rue des Ponts,* affin de joindre, par le circuit de ces murailles, l'une et l'autre partie de la dite ville fermée séparément, estant demeurée la Rue des Pontz entre les deux defermée jusques ce présent. Que des trois ce n'est qu'une mesme ville, estant raisonnable qu'elle soit régie par ung seul magistrat chacune des dictes parties à l'instar de ceulx cy devant déclarez, et par ce moyen seroient plus asseurez de vivre en repos et tranquillité les ungs avec les aultres. Lequel Maire ilz nous ont très humblement faict supplier et requérir leur concéder et octroyer d'eslire par chascun an en la forme et ainsy qu'ont accoustumé les dessus dictz. Attendu mesmement le bon debvoir qu'ilz ont faict depuis ceste guerre à la conservation de la dicte ville en l'obéissance de l'Union des catholiques, n'ayant rien obmis pour résister aux hérétiques et leurs adhérens, et pour ce supourté de grandz fraiz et despenses, tant pour l'entretenement des gens de guerre qu'ilz ont employez avec eulx à la garde de la dicte ville, que des réparations et fortiffications d'icelle. Scavoir faisons, qu'estans dheuement informez de ce que dessus et de leur zèle et mérite et désirant les gratiffier et recongnoistre, pour les exciter à continuer à l'advenir de bien en mieux, aussy que l'élection d'ung Maire en la dicte ville de Chastillon pourra beaucoup servir au bien, seureté et conservation d'icelle. Pour ces causes et aultres bonnes considérations, avons ordonné et ordonnons que doresnavant la dicte ville de Chastillon sera régie et gouvernée par ung Maire que nous avons permis et permettons ausdits habitans eslire et nommer ensemblement, par chacun an au jour de lendemain de Pasques, par sufrages et au plus de voix, en assemblée publique, noz officiers appelez. Lequel, à l'instar des dits Maires de Dijon et Beaune aura toute court, jurisdiction et congnoissance en première instance de toutes causes et matières civilles et criminelles de quelque nature et qualité qu'elles soient, sur tous les manans et habitans de l'encloz d'icelle ville, faulxbourgs et village d'Estrochey, réservant les appellations desdits jugementz au bailly dudit Chastillon ou son lieutenant. En oultre luy avons attribué pouvoir, puissance et authorité de donner réglement sur le faict de la police de ladite ville, sans touteffois altérer ny diminuer, pour ce, les previlléges et immunitez de la partie de Chaumont. Les Maires desquelz feront leurs fonctions et auront mesme pouvoir que les quatre eschevins du Bourg, se treuveront en la chambre de ville commune à eulx pour délibérer des affaires publiques. En laquelle assemblée ilz auront tous voix délibérative. Comme aussy en ladite eslection tous les particuliers dudit Chaumont, à ce qu'ilz puissent avec plus d'affection recongnoistre pour leur magistrat celuy qu'ilz auront esleu. Laquelle eslection leur enjoignons faire, avec toute sincérité, de personnage capable, bien affectionné à la religion catholique, apostolique et romaine et hors de toute suspition; lequel prestera le serment le lendemain de son eslection pardevant le bailly de la Montaigne ou son lieutenant. Et après avoir faict profession de foy, et à mesme jour et heure, feront eslection d'ung procureur sindic de ladite ville. Lequel Maire pourra créer et instituer ung lieutenant en la justice, six sergens de la qualité susdicte pour ministres d'icelle. Lesquelz auront mesme pouvoir au dedans desdites ville, faulxbourgs et Estrochey que les sergens royaulx pour tous exploictz de justice. Tous lesquelz presteront le serment pardevant ledit Maire pour le recongnoistre supérieur.

Et pour le regard du greffe dudit Maire sera baillé à ferme ou vendu au proffict d'icelle ville, après touteffois remboursement faict de la finance, fraiz et loyaulx coustz supportez et faictz par le greffier dernier pourveu du greffe de la prévosté dudict Chastillon, laquelle nous avons par la présente supprimée et supprimons, à la charge aussy de rembourser M° Legrand, pourveu dudict estat de prevost, de ce qu'il fera apparoir avoir loyallement payé, ensemble de ses fraiz et loyaulx coustz, à cause dudict estat. Et pour la splendeur de ladicte ville et auctorité de la dicte mairie, avons quicté et remis, quictons et remectons toutes les amendes qui sont adjugées en la jurisdiction dudict Maire au proffict de ladicte communaulté, à la charge touteffois de payer par la maison de ville, chacun an au Révérend Evesque de Lengres, la somme à quoy le droict qui lui soulloit appartenir peult estre admodié, dont les parties conviendront, à faulte de quoy y sera pourveu par le juge ordinaire auquel mandons ainsy le faire.

Et pour obvier aux tumultes et seditions qui pourroient estre meuz pour la fermeture des portes et considérant la nouvelle closture de la dicte Rue des Pontz, nous avons ordonné que les portes séparant ladicte partie de Chaumont de ladite rue des Pontz et celles qui séparent de ladite rue des Pontz dudict Bourg seront et demeureront à tousjours ouvertes, et que les clefs d'icelles seront pourtées ensemble en la dicte maison de ville en ung coffre fermant à trois clefs, dont l'une appartiendra et sera gardée par le dit Maire, l'autre par l'ung des eschevins, et la tierce par lesdicts Maires de Chaumont, attendant qu'il y soit aultrement ordonné. Toutes les portes faisant yssue de ladicte ville seront fermées de trois clefs, dont la garde appartiendra comme cy-dessus est dict, le gardiateur desquelz sera tenu au son du tambourg les apporter le matin au logis dudict Maire pour estre à l'ouverture desdits portes et en commectre la garde à celuy qui commandera ce jour ausdites portes, qui sera tenu les rendre le soir les portes fermées à ceulx desquelz il les aura prinses, à peine de l'amende contre les défaillans.

Prendront et recepvront le commandement dudict Maire, indifféremment ceulx du Bourg, des Pontz et de Chaumont, tant pour la garde de jour que de nuit et toutes autres choses nécéssaires à la conservation d'eux, leur bien et utilité. Sy mandons à noz amez et féaulx les gens tenans nostre Cour de Parlement à Dijon, Chambre des comptes, audict bailly de la Montaigne ou son lieutenant et à tous aultres juges chascun en droict soy, sy comme à luy appartiendra, que ces dites présentes ilz facent lire, publier et enregistrer, entretenir, garder et observer de point en point, selon leur forme et teneur, sans y contrevenir, ny souffrir qu'il y soit contrevenu en quelque sorte que ce soit, et les dicts habitans de Chastillon mectent en possession, joïssance et saisine de la dicte mairie, nonobstant opposition ou appellations quelconques, pour les quelles n'entendons que l'exécution des présentes soit aucunement sursise. Et affin que ce soit chose ferme et estable à tousjours, nous avons faict mectre nostre seel à ces présentes. Donné à Paris au mois de décembre l'an de grâce mil cinq cens quatre vingt neuf, et de nostre regne le premier.

CHARLES DE LORRAINE.

Par le Roy estant Monseigneur le duc de Mayenne, lieutenant général de l'Estat et couronne de France. BAUDOUYN.

Visa contentor, POUSSEPIN.

Copie signée le 4 février 1602 par DE FRETTES et CHAPUIS, notaires à Châtillon. Archives de la ville de Châtillon, *Priviléges et franchises de la commune*.

CCX

Arrêt du Conseil d'Etat et lettres patentes du roi Henri IV qui valident et confirment les articles de la capitulation accordée aux habitants de Châtillon.

1595 (23 juillet et 11 septembre).

Henry, par la grace de Dieu, roy de France et de Navarre, à noz amez et feaulx conseillers les gens tenans notre Cour de Parlement de Dijon, Chambre de noz Comptes, présidens et trézoriers généraux de France establis audit lieu, bailly de la Montagne ou son lieutenant, et à tous autres noz justiciers, officiers et subjectz qu'il appartiendra, salut. Nous vous mandons, ordonnons et enjoignons très expressément par ces présentes que les responces par nous faictes en notre Conseil sur les articles presentés en icelluy, cy attachés soubz notre contreseel par noz chers et bien amez les Maire, eschevins, procureur scindicq, bourgeoys et habitans de notre ville de Chastillon sur Seyne, en faveur de leur réduction en notre obéissance, vous ayez à vériffier et entheriner purement et simplement, selon leur forme et teneur, et du contenu esdites responses faire, souffrir et laisser jouir plainement et paisiblement lesditz habitans, tant pour la mainlevée et jouissance de leurs biens, meubles et immeubles, effects, offices et bénéfices, descharges soyt en général ou particulier, de tout ce qui c'est passé en la dite ville durant et à l'occasion des troubles, prinses des deniers de noz receptes générales et particulières, domaine, décimes, gabelles, vente de sel, impositions et levées de deniers et autres choses contenues es premier et deuxieme desditz articles. Comme aussi faire jouir les ditz habitans des descharges de toutes les tailles, taillon et creues qu'ilz debvoient depuis l'année cinq cens quatre vingt neuf jusques au jour de leur dite réduction. Et pour l'advenir, durant le temps de quatre années, à eulx cy-devant accordées par le quinzieme article du traité de la tresve, en paiant par eulx chacun an la somme de deux cens escus, comme il est ordonné par les trois et quatrieme desditz articles de la confirmation de tous et chacun les previléges, franchises et immunités, dons et exemptions et octroys à eulx concedés par noz prédécesseurs, pour en jouir ainsi qu'ilz ont fait par le passé, mesme du revenu de la maladerie et hopitaulx de la dite ville, aux charges et conditions portées par les responces faictes sur les cinq, six et septiesme desditz articles. Pareillement de la permission que nous avons donnée ausditz habitans par le dit traicté de la tresve, d'imposer et lever sur la dite ville et bailliage de la Montagne, la somme de six mil six cens soixante six escus deux tiers, suivant les lettres que leur en avons fait expedier doix le vingt troisiesme fevrier dernier. Et vériffication qui en a esté faicte par vous présidentz et trésoriers généraulx, que voulons estre exécutez tant pour le principal de la dite somme, que frais de la dite exécution, selon leur forme et teneur, comme il est ordonné sur les huictiesme desdictz articles, nonobstant l'empeschement des eleus et procureur scindicq du pays et arrest intervenu à leur poursuitte en la dite Chambre des Comptes, le vingthuictiesme aoust dernier, et autres qui pourroient estre donnez en conséquence d'icelluy, que nous déclarons de nul effect et valeur. De l'octroy et concession faicte ausditz habitans sur les unze et quinziesme des ditz articles, tant que la levée de dix solz sur chacung muid de vin qui entrera et se débitera dans la dite ville, et de vingt solz tournois sur chacung millier de fer qui se vendra et consommera dans icelle, que establissement d'ung pris et afferme des droictz d'icelluy pendant six années. Pour estre les deniers de la dite ferme, ensemble ceux qui proviendront desdites impositions, employez ainsy qu'il est ordonné sur les ditz articles, et à la charge d'en rendre compte par ceulx qui en auront faict la recepte et despense. Pour le restablissement des bailliage et chancellerye, gruerie et autres jurisdictions dudit bailliage de la Montagne en la dite ville pour en faire l'exercice soubz notre nom et auctorité en icelle et non ailleurs. Confirmation et exécution des sentences, jugementz et actes de justice donnez en la dite ville entre personnes de mesme party et qui ont volontiers contesté, ainsy qu'il est ordonné sur les dixhuictiesme et dernier desditz articles. Le tout suivant et conformément à ce qu'a esté requis par les ditz habitans et que le contiennent les dites responces. Cessans et faisant cesser tous troubles et empeschemens au contraire, nonobstant oppositions ou appellations quelconques, tous edictz, ordonnances, declarations, dons, provisions, saisies, arrestz, mandements, deffences et lettres à ce contraires. Ausquelles, et à la derogatoire de la derogatoire y contenue, nous avons derogé et derogeons par ces présentes, de notre grace spécial, plaine puissance et auctorité royal. Car tel est nostre plaisir. Donné à Lyon l'unziesme jour de septembre, l'an de grace mil cinq cens quatre vingt quinze, et de notre regne le septiesme. Signé par le Roy en son Conseil Fayet et scellées du grand scel en cire jaulne sur simple queuhe de parchemant pendant.

AU ROY

Sire,

Encores qu'il plaise à votre Majesté de permettre à voz très humbles subjectz et serviteurs les habitans de vostre ville de Chastillon sur Seyne, de jouir librement du fruict et effect de la tresve et suspension d'armes pour quatre ans, qu'elle eut agréable de leur accorder au mois de febvrier dernier. Touteffois leur fidelité et bonne volonté ne leur permettant de vivre seulz en ceste diversité au milieu de votre royaulme, et craignant que leur résistance plaine de foiblesse ne leur apporte quelque mauvaise impression à l'endroict de votre Majesté, les rendans à l'advenir indignes de sa grâce et faveur. Ayant d'ailleurs, contre leur espérance, recongneu par le traicté de la dite tresve, qu'elle n'a jamais refusé le benefice de sa clémence à ceux qui l'ont implorée. Ilz se sont résolus, par assemblée publicque et solennelle de tous les ditz habitans, au lieu de vivre plus longuement soubz les conditions de ceste tresve, qui neantmoings leur sont fort utiles et avantageuses, de recongnoistre absoluement votre Majesté pour leur vray et légitime Roy et souverain Seigneur. La suppliant très humblement de les vouloir recepvoir et remettre en ses bonnes grâces, et les traicter à l'advenir comme ses bons et loyaulx subjectz et serviteurs. Et en ce faisant, ordonner que, suivant et conformément aux articles de la dicte tresve et vérification qui en a esté faite, tant es Cour de Parlement, Chambre des Comptes, qu'au bureau des finances de ce pays de Bourgogne, tous et chacungs les ditz habitans rentreront et seront remis et restablis en la libre et entière jouissance de tous leurs biens, meubles et immeubles, estaz, offices et bénéfices, dont ilz sont bien et deuement pourveus, cens, rentes, revenuz et possessions quelconques, nonobstant tous arrestz, sentences, saisies, déclarations, dons, confiscations ou autres choses qui pourroient avoir estre faictes et données, tant par le feu Roy que par votre Majesté, durant et à l'occasion desditz troubles, à quelques personnes que ce soyt, sous pretexte de la rebellion des ditz habitans. Lesquelz jugementz seront cassez, révoquez et annulés, specialement ceulx qui auront esté donnez en vertu des dons qui n'auront esté vériffiez en vostre dicte Cour de Parlement et Chambre des Comptes en Bourgogne, avecq pouvoir ausditz habitans d'en faire poursuite en justice contre leurs debteurs, vesves et héritiers tant dedans que d'hors ce royaulme.

En marge dudit article est escript ce que s'ensuit :

Le roy reçoit les ditz habitans en ses bonnes grâces et leur promet les traicter à l'advenir ainsy que ses bons et loyaulx subjectz, leur accordant plaine et entière jouissance de leurs biens, meubles et immeubles, estatz, offices et bénéfices, pour en jouir par eulx depuis le jour de trefve, nonobstant tous dons et arrestz qui pourroient avoir esté faitz, lesquelz Sa Majesté a cassez et révoquez.

II.

Que les habitans desditz ville et faulxbourgs de Chastillon, soyt en général ou en particulier, ne seront recherchez de toutes et chacunes les choses qu'eulx, leurs gouverneur, Maire, eschevins, officiers et autres personnes soubz eulx, ont faictes durant et à l'occasion des présens troubles par la prinse des deniers des receptes générales et particulières du domaine, décimes, gabelles, ventes de sel et levées de deniers faictes sur ladite ville, bailliage de la Montagne, pays de Champaigne et Bourgogne, soubz l'autorité et par le commandement et consentement de qui que ce soyt, manyement, distribution et disposition de deniers, subsides et fortifflcations de la dite ville, corvées, démolitions d'églises, couvens, bastimens, munitions, fontes d'artillerie et boulletz et prinses de places, feus, ruynes, démolitions et démentellements d'icelles, amendes, rançons et autres choses généralement quelconques, encoires que le tout ne soit icy par le menu spécifié, comme ayant esté faict par la nécessité de la guerre. Ains en demeureront quittes et deschargez sans que, à l'advenir, eulx, leurs vesves et héritiers, successeurs et ayantz cause, en puissent estre recherchez ny inquiétés et que toutes poursuittes au contraire seront déclarées nulles et sans effect.

Accordé.

III.

Que les ditz habitans ne seront aussy recherchez, poursuivis ni inquiétez de ce qu'ilz doibvent du passé desdites tailles, subsides et impositions, despuis l'année mil v^c iiii^{xx} neuf jusques à présent, dont votre Majesté les a quittez et deschargez, et en tant que besoing seroit leur en faire don par le seiziesme article de la dite tresve.

Les diz habitans seront tenus quittes et deschargez de toutes les tailles et cottes qu'ils doibvent despuis mil cinq cens quatre vint neuf jusques au jour de la réduction en l'obéissance de Sa Majesté.

IV.

Que les habitans de la dite ville et faulxbourgs seront et demeureront francs, quittez et deschargez de toutes tailles, empruntz, subsides, creues et impositions quelconques qui pourront estre mises, soubz quelque prétexte que ce soyt, durant la présente année et les trois prochaines et consécutives, fors et excepté du taillon, solde du prévost des marechaulx, que votre Majesté a arresté et limitée par la dite tresve à la somme de cens escus par chacune desdites quatre années.

Seront deschargez des tailles, taillon et autres deniers qui s'imposent pour l'entretennement des garnisons, durant le temps à eulx accordé par la trefve, et payant par eulx par chacun an durant ledit temps la somme de deux cens escus.

V.

Que tous et chacungs les priviléges, franchises, immunitez, dons et exemptions accordez par les deffuntz Roys ausditz habitans pour les deniers d'octroy, seront confirmez et continuez, pour eulx en jouir tout ainsy qu'ilz faisoient cy-devant et auparavant les présens troubles, sans qu'il leur soit besoing d'avoir autres nouvelles lettres que les présens articles.

Leur seront expédiées lettres de confirmation dudit oc'roy pour en jouir ainsy qu'ilz ont fait auparavant, à la charge d'en compter.

VI.

Que, suivant les ditz articles, les Maire et eschevins dudit Chastillon administreront par leurs mains, comme ilz ont accoustumé de tout temps et antienneté, le revenu de la maladerie et lepproserie de la dite ville, comme estant ledit revenu du patrimoine d'icelle, à la charge de nourrir et entretenir les malades y estant et qui y seront cy après, suivant et conformément aux arrestz et reiglementz qui en ont esté cy devant faictz par la Cour de Parlement de Dijon. Et à cest effect que les dons que sa Majesté pourroit avoir faictz dudit revenu pendant les troubles seront casséz, revoqués et annullés.

Le revenu de la dite maladerie sera régi et administré selon les éeditz et ordonnances de Sa Majesté et qu'il est accoustumé, révoquant, pour cet effect, tous dons qui en auroient esté faictz cy devant.

VII.

Que le revenu des hospitaulx du dit Chastillon sera doresnavant régy et gouverné par les Maire et eschevins de la dite ville, suivant les arrestz et reiglementz sur ce faicts par la dite Cour de Parlement de Dijon.

Accordé.

VIII.

La somme de six mil six cens soixante six escus deux tiers que votre Majesté a ordonné estre imposée sur la dite ville de Chastillon et le dit bailliage de la Montagne, pour faciliter et faire observer les articles de la dite tresve, comme aussy les frais de l'obtention des lettres patentes octroyées par votre Majesté, en consequence des ditz articles, seront levez selon la liquidation et le département qui en a esté faict par messieurs les trézoriers de France ou Bourgogne cy-devant establis à Semeur, en vertu des lettres patentes de votre Majesté du vingt troisieme febvrier dernier à eulx adressántes. Et à ces fins que la dite liquidation de frais et ladite imposition et département seront par votre Majesté vallidez et confirmez, nonobstant les empeschemens que les sieurs Esleus et procureur scindicq des Estatz dudit pays de Bourgogne qui n'auroient voullu assister à la dite imposition et département, bien qu'ilz en eussent esté par plusieurs fois invitez et requis, en ont cy devant faict et pourroient cy après faire au contraire.

Les dites lettres du vingt troisiesme février dernier seront exécutées selon leur forme et teneur, nonobstant les empeschemens des Esleus et procureur scindicq du pays.

IX.

Que les habitans de la dite ville de Chastillon ne se pourront provocquer ny attaquer l'ung l'autre, ny ressentir par injures, reproches ny aultrement de tout ce qui cest fait et passé durant et à l'occasion desditz troubles, ains que au contraire il leur sera estroictement commandé de vivre doucement et paisiblement, comme bons compatriotes, frères, amys et voisins sont tenus et doibvent faire, à peine d'estre pugnis, comme perturbateurs du repos publicq.

Il est mandé aux habitans d'oublier toutes les injures qui se sont passées entre eulx, et leur est enchargé à l'advenir de vivre en amytié ensemblement, ainsy que bons compatriotes doibvent faire.

X.

Votre Majesté ne permettra, s'il luy plaist, qu'il se face autre exercice que de la religion catholique, apostolique et romaine en la dite ville de Chastillon et l'estendue dudit bailliage de la Montagne.

Il ne se fera autre exercice que de la religion catholique, apostolique et romaine, dans la dite ville de Chastillon, faulxbourgs d'icelle et lieux deffendus par l'éedict de l'an soixante dix sept et déclarations pour l'exécution d'icelluy.

XI.

Et d'aultant que les ditz habitans sont reduictz à une extresme et incroiable misère et pauvreté pour les pertes, ruynes, ravages et aultres actes d'hostilité qui ont esté exercez sur eulx pendant les ditz troubles et qu'ilz n'ont à présent aucung moyen de faire réparer douze grandes bresches qui se sont faictes despuis ung an es murailles de la dite ville de Chastillon pour n'estre les deniers d'octroy à ce destinez et qui se lèvent de toute ancienneté tant sur les sels que sur le vin, à beaucoup bastans pour réparer la moindre desdites bresches. Ilz supplient très humblement votre Majesté leur octroyer et demander qu'ilz puissent cy après lever, assavoir sur chacung muid de vin entrant en la dite ville, jusques à la somme de quinze sols, et sur chacung minot de sel qui se vendra au grenier dudit Chastillon, jusques à la somme de vingt solz. Et oultre ce, pareille somme de vingt solz sur chacun millier de fer qui entrera en ladite ville, et ce, durant le temps et espace de neuf ans seullement, pour le tout estre employé aux réparations et fortiffications des dites murailles et non ailleurs.

Le Roy accorde ausditz habitans de prendre et lever dix sols sur chacung muid de vin qui entrera et se débitera dans la dite ville, et vingt sols sur chacung millier de fer qui se vendra et consommera en icelle, pour estre les dits deniers employés aux réparations et fortifications de la dite ville et non ailleurs, et à la charge de compter des dits deniers en la Chambre des comptes, ne pouvant Sa Majesté leur accorder sur le sel l'augmentation requise pour les charges excessives qui y sont à présent.

XII.

Il plaira aussy à votre Majesté, en ceste consideration, révocquer et faire cesser tous et chacungs les nouveaulx subsides, surcharges et impositions extraordinaires qui ont esté mises pendant les troubles par auctorité de M. le duc du Mayne sur le sel qui se vend ou grenier au dit Chastillon, et mander aux officiers d'icelluy de tenir la main à la fourniture dudit grenier, pour le soulagement du publicq.

Ne seront levées aultres subsides et impositions que celles qui se font par les commissaires de Sa Majesté. Et sy aucuns sont faictes par aultres, elles demeureront révocquées, avec deffences à toutes personnes d'en faire aucune poursuite.

XIII.

Il plaira aussi à votre Majesté esmologuer, appreuver et confirmer la création et establissement qui ont esté faictz pendant ces troubles, des Maire, procureur scindicq et aultres officiers audit Chastillon, à l'instar des autres villes de Bourgogne, mesme de celle de Dijon, et ce, de l'auctorité du dit sieur du Mayne, en conséquence, touteffois, des provisions que, auparavant lesditz troubles, lesditz habitans en avoient obtenu du feu Roy Henry dernier décédé.

Après qu'ilz auront faict apparoir des lettres par eux obtenues pour cest effect, leur sera pourveu.

XIIII.

Votre Majesté fera, s'il luy plaist, plaine et entière mainlevée ausditz habitans de quelques menues rentes, montant, par chacung an, à la somme de trente escus deux tiers seullement, assignées sur certaines maisons et moullins construictz et édiffiez sur quelques places communes, tant dedans que dehors ladite ville dependant du domaine d'icelle et non de votre Majesté, lesquelles rentes, les sieurs trézoriers généraulx de France pretendent appartenir à votre Majesté. Et de faict ont esté despuis peu de temps proclamés pour estre vendues et aliénées à perpétuité par messieurs les commissaires à ce depputez par votre Majesté, encor que cy devant, sur pareilles difficultez, mainlevée leur en ayt esté faicte en vertu des lettres patentes du feu Roy, en date du dixseptiesme decembre mil v^c iiii^{xx} sept, vériffiez en Cour de Parlement et Chambre des Comptes.

Après que les trésoriers de France auront esté ouys sur le contenu au présent article, leur sera pourveu ainsy que de raison.

XV.

Il plaira aussy à votre Majesté permettre ausditz habitans de faire et establir ung poix pour peser les marchandises et danrées qui se vendront et achepteront tant en gros qu'en détail en la dite ville et qui ont accoustumé estre pesées à l'instar et aux mesmes droictz que les autres de ceste province, spécialment celle de Dijon, et que le revenu en appartiendra ausditz habitans pour estre employé aux réparations et fortiffications de la dite ville et autres affaires d'icelle.

<small>Il est permis ausditz habitans de faire establir les ditz poix en leur dite ville, comme il est aux autres villes de Bourgogne, pendant six années, à la charge d'affermer le dit droit et que les deniers provenans d'icelluy seront employez aux réparations d'icelle.</small>

XVI.

Et, pource que la dite ville de Chastillon est sur le grand chemin de Paris à Lyon, environné de plusieurs boys et destroictz, qui ont esté de tout temps périleux et plains de voleurs, il plaira aussi à votre Majesté ordonner que le nombre des archers du prévost des marechaulx dudit Chastillon sera augmenté jusques à vingt hommes, lesquelz, comme aussy ledit prévost des maréchaulx seront sy bien entretenus et si bien payez sur le Pays, qu'ilz n'auront occasion de s'excuser du debvoir qu'ilz doibvent au service de votre Majesté et du publicq.

<small>Sera le contenu audit article communiqué aux Esleus des trois Estatz, pour eulx ouys ordonner ce qu'il appartiendra.</small>

XVII.

Votre Majesté, en considération de la présente réduction et du service que la pluspart des officiers de la dite ville qui ont tousjours constamment tenu et suivy votre party, luy ont cy devant faictz, accordera, s'il lui plaist, tant à eulx que aux aultres officiers de la dite ville la confirmation de leurs offices, à cause de votre advenement à la couronne de France, sans payer finance. Et qu'à cest effect toutes lettres nécessaires leur en seront expédiées.

<small>Le Roy ayant faict estat des deniers provenans des confiscations des offices de ce royaulme, et pour la conséquence ne peut accorder le contenu au présent article.</small>

XVIII.

Que la justice des bailliage, chancellerye, gruerye et autres jurisdictions du bailliage de la Montagne, sera restablye en la dite ville de Chastillon pour y estre exercée par les officiers de votre Majesté, soubz votre nom et auctorité et non ailleurs, tout ainsy qu'ilz avoient accoustumé auparavant les troubles. Et à ces fins que inhibitions et deffenses seront faictes à ceulx qui exerçoient cy-devant lesdites jurisdictions en la ville de Flavigny où elles avoient esté transférées de plus s'immiscer ny entremettre au dit exercice, à peine de faulx et de tous despens, dommages et interestz.

Accordé.

XIX.

Que les sentences, jugementz et aultres actes de justice qui ont esté faictz et donnez pendant les troubles audit Chastillon, seront vallidez et confirmez, sans qu'ilz puissent être débatus de nullité à cause de la rébellion de la dite ville.

Signé Chasot, comme ayant charge des dits habitans, et Siredey, eschevin, et comme ayant charge de la dite ville.

Toutes sentences, jugementz et actes de justice donnez entre personnes de mesme party, et qui ont volontairement contesté, seront exécutez et confirmez.

Fait et arresté au Conseil d'Estat tenu au camp de Pesme, le vingttroisieme jour de juillet mil cinq cens quatre vingt quinze.

FAYET.

Suit l'arrêt d'entérinement des dites lettres par la Chambre des comptes de Dijon, à la date du 6 février 1596.

Archives de la Côte-d'Or. Chambre des comptes de Dijon : Registre d'enregistrement des édits, etc., B 30, folio 76.

CCXI

Lettres patentes du roi Henri IV, qui réunit le Bourg et Chaumont de Châtillon sous une seule et même administration, et déclaration du roi Louis XIII, qui, vu le remboursement fait par les habitans de Châtillon du prix du greffe de la prévôté du lieu à ses possesseurs, supprime cet office et le réunit à la nouvelle mairie [1].

1595 (septembre), 1613 (mai).

Henry, par la grâce de Dieu, roy de France et de Navarre, à tous présens et advenir, salut. Noz chers et amés les bourgeois et habitans de nostre ville de

---

[1] Ces lettres furent sollicitées par une notable fraction des habitants de Châtillon, pour mettre un terme aux menées des gens de Chaumont, des officiers du bailliage et de l'évêque de Langres, hostiles à la nouvelle institution, et dont ils avaient obtenu la suspension. Leur exhibition imprévue, lors de l'assemblée générale des habitants pour l'élection du Maire, donna lieu à une scène des plus vives entre le procureur du roi, qui poursuivait la cassation de la mairie, et J. Poissenot, procureur syndic de la commune, qui en soutenait le maintien. Bon nombre des habitants du Bourg désertèrent la cause de la mairie, et, sous prétexte que ces lettres n'avaient point été enregistrées au Parlement, ils élurent tumultueusement leurs anciens officiers, tandis que ceux de Chaumont choisissaient aussi les leurs. Mais ces élections ne tinrent point, en présence des lettres de surannation du 25 juin 1597, qui maintenaient de plus fort la mairie générale. (V. *Hist. de Châtillon*, par G. Lapérouse.)

Chastillon sur Seyne, nous ont faict remonstrer que pour oster la diversité et confusion des règlementz politicques et gouvernements qui estoient en la dite ville cy devant composé de deux corps, l'ung appelé la Rue de Chaulmont, regy par quatre Maires ayans toutte justice en icelle partye; l'autre faisant les deux autres tiers appelé le Bourg et rue des Pontz de la dite ville de Chastillon, gouvernée par quatre eschevins n'ayant aulcune jurisdiction, combien que icelle ville soit jurée et l'une des principalles de notre duché de Bourgogne. Ilz auroient dez le dixiesme jour de décembre mil cinq cens quatre vingt sept, presenté requeste au feu Roy dernier déceddé nostre tres honnoré seigneur et frère, que Dieu absolve, affin qu'il luy pleust créer ung Maire en la dite ville qui eust tel et semblable pouvoir, auctorité et jurisdiction qu'ont les Maires de noz villes de Dijon, Beaulne et aultres de nostre duché, qui sont à ce moyen mieulx reglées et pollicées. Laquelle requeste nostre dict defunt sieur et frère auroit renvoyée à ses advocatz et procureur généraulx au Parlement de Dijon, pour, sur icelle, donner leur advis, ce qu'ayant faict; iceluy communicqué au procureur général de nostre Cour de Parlement à Paris et au sieur Esvesque de Lengres, conseigneur avec nous dudit Châtillon, ilz auroient consenty l'effect de la dicte requeste. Et estans les ditz habitans en terme d'obtenir les lettres patentes pour ce nécessaires, seroit intervenu le decedz de nostre dit feu sieur et frère, avec ces troubles qui ont despuis continué en cestuy nostre royaulme, pendant lesquelz iceulx habitans auroient fait fermer de murailles, tours et fossés la dite rue des Pontz et icelle tant jointe entre d'eulx à celles dudit Bourg et Chaulmont, tellement que ce n'est à présent qu'une seule et mesme ville, estant très raisonnable qu'elle soit regie et gouvernée par ung seul Maire ou magistrat, affin d'estre lesditz habitans plus assurés de vivre en repos et tranquillité les ungs avec les aultres. Ce que leur ayant esté octroyé par le treizième article du traicté faict pour la réduction de la dite ville en nostre obéissance, dont elle auroit esté distraicte durant les ditz troubles. Iceulx habitans nous ont très humblement supplié et requis leur voulloir octroyer sur ce noz lettres nécessaires. Savoir faisons, que nous estant apparu de ce que dessus, par les pieces cy attachées, soubz le contre scel de nostre chancellerie. Inclinant à la suplication et requeste desditz habitans, et désirant les bien et favorablement traicter en cest endroict, pour le bien et repos des affaires communes de la dite ville et utilité publicq. Pour ces causes et aultres bonnes considérations, à ce nous mouvant, avons, en effectuant le contenu au treiziesme article dudit traicté pour la réduction d'icelle ville, de nostre certaine science, grace spéciale, plaine puissance et auctorité royal, ordonné, concédé et octroyé et par ces presentes ordonnons, conceddons et octroyons dez maintenant et pour tousjours que la dite ville de Chastillon, tant en ce qui est du Bourg, rue des Pontz que de Chaulmont, demeurera doresnavant et à perpetuité, inséparablement, unye ensemble pour estre un seul corps et communaulté qui sera régi par un seul Maire, tel qu'il sera esleu personnage capable, bien affectionné à la conservation du bien publicq, soit de la dite rue du Bourg, des Pontz ou de Chaulmont à la pluralité des voyes et suffrages. Lequel Maire aura et lui avons donné et octroyé toute et semblable congnoissance en touz faictz de justice, civille, criminelle et pollice sur toute la dite ville de Chastillon, faulxbourgs et banlieue d'icelle, y compris le village d'Estrochey que noz aultres juges, fors et reservé les cas royaulx ; ensemble luy donnons pareille puissance pour la garde et commandement, tant de jour que de nuit, sur les habitans des ditz lieux. Tout ainsy et par la mesme forme et manière que le Maire dudit Dijon. A l'eslection duquel Maire sera procédé chacun an le dernier jour de décembre à huit heures du matin en la maison commune d'icelle ville, par voix et suffrages distinctz et séparés, ainsy qu'il est accoustumé en la dite ville de Dijon. En laquelle charge de Maire ne seront receus aultres que ceulx demeurans actuellement en la dite ville, originaires d'icelle. Et le lendemain premier jour de l'an sera la dite eslection confirmée pardevant nostre lieutenant général audit bailliage avec les prestations de serment et solemnitez observées audit Dijon. Et ou il interviendroit aulcunes oppositions à l'execution de ce que dessus, voullons que les arrestz et réglementz intervenus au dit Parlement de Dijon soient gardés et observés. Sera ledit Maire assisté de huit eschevins pour gouverner avec luy ladite ville, dont les quatre seront de la dite rue de Chaulmont et les aultres quatre dudict Bourg ou rue des Pontz. Et chacun d'eulx d'iceulx retenus, l'ung dudit Chaulmont et l'aultre du dit Bourg ou Rue des Pontz, telz qu'ilz seront nommez par le Maire et approuvé par la Chambre de ville. Et les aultres six esleus en ladite Chambre. Et sy l'eslection de Maire tumbe sur ung habitant de Chaulmont, le plus antien eschevin du Bourg tiendra le premier lieu, rang et place apres luy, soit en la chambre de ville, séance ou aultres actes publicqz. Et de mesme si ledit Maire estoit du Bourg ou de la rue des Pontz, le plus antien eschevin tiendroit le premier lieu après le dit Maire et subsecutivement. Les aultres auront leur lieu, place et séance, selon leur rang d'antienneté et ainsy sera praticqué et observé es eslections qui se feront doresnavant trois jours; après l'eslection duquel Maire sera procedé par ladite Chambre à la nomination d'ung procureur scindicq dudit Bourg, rue des Pontz ou de

Chaulmont, lequel le lendemain prestera le serment entre les mains dudit Maire publicquement devant le portail de l'esglise Sainct Nicolas dudit Chastillon, selon et ainsy qu'est accoustumé faire en la dite ville de Dijon. Sera tenu le dit Maire, huit jours avant ledit dernier de décembre, se depposer de son magistrat pour estre fait et crée ung garde des Evangilles, tel qu'il sera choisy et esleu par la dite Chambre. Lequel garde des Evangilles, apres sa réception et prestation de serment, aura pendant sa charge la mesme puissance et auctorité que ledit Maire jusques à ce que le nouveau Maire esleu ayt esté receu et preste serment, présidera le dit garde des Evangilles à la convocquation desditz habitans pour la collection et reception des suffrages, ainsy qu'il est accoustumé faire audit Dijon. Et le dit Maire receu et installé, choisira et nommera ung lieutenant de la quallité requise, soit dudit Chaulmont, Bourg ou rue des Ponts, qui sera présenté et receu par la dite Chambre, s'il est jugé capable et suffizant. Resortiront les appellations qui seront interjectées, tant du dit Maire, garde des Evangilles, eschevins que lieutenant, pardevant nostre lieutenant général, ainsy que cy devant elles avoient accoustumé de faire, sans préjudice du droict de ressort et du bailliage dudit Evesque de Langres. Et moyennant ce, la prevosté dudit Chastillon demeure perpetuelment estainte et supprimée et icelle estaingnons et supprimons par ces dites présentes. Voullons que les amandes qui s'adjugeront par lesditz Maire, eschevins et lieutenant, demeurent et appartiennent à la dite ville, laquelle supportera tous frais nécessaires pour l'administration de la justice et mesme pour la punition des crimes, et oultre sera tenu payer chacun an au dit Evesque de Langres ou à ses fermiers et recepveurs, ce à quoy le droict lui souloit appartenir esdites esmandes se trouvera monter et revenir, selon les admodiations par luy cy devant faictes, dont les parties conviendront ensemblement, et à faulte de ceste sera pourveu par la voye ordinaire de la justice. Demeurera pareillement supprimé le greffe de la dite prévosté et mairye de Chaulmont pour estre unye à la mairye, apres touteffois que remboursement actuel aura esté fait à celluy ou ceulx qui en ont esté cy devant pourveuz en domaine de leurs finances et loyaulx coustz. Et ce faict sera le greffe de la mairie dudit Chastillon vendu ou admodié, ainsy que par lesditz Maire, eschevins et procureur scindicq sera advisé pour le mieulx, lesquelz, pour faire leur assemblée nécessaires au régime, gouvernement et administration, choisiront une maison de ville et prisons, et créeront six sergens pour l'exécution de leurs commandementz qui seront tous exploictz et actes de justice ausdites charges. Si donnons en mandement à noz amez et féaulx conseillers les gens nostre Cour de Parlement, Chambre des

Comptes à Dijon, bailly de la Montagne ou son lieutenant, et à tous noz aultres justiciers qu'il appartiendra, que ces présentes ilz facent lire, publier et enrégistrer ou besoin sera, et du contenu en icelles faire jouir et user plainement et paisiblement les ditz habitans de Chastillon, sans leur faire mettre ou donner ne souffrir estre fait, mis ou donné aulcung trouble ou empeschement au contraire, nonobstant oppositions ou appellations quelconques, pour lesquelles et sans préjudice d'icelles, ne voullons estre différé. Car tel est nostre plaisir. En tesmoing de quoy nous avons fait mettre notre scel à ces dites présentes, sauf en autres choses nostre droict et l'autruy en touttes. Donné à Lyon, au mois de septembre l'an de grace mil cinq cens quatre vingt quinze, et de nostre règne le septieme.

Par le Roy en son Conseil, FAYET.

Louis, par la grâce de Dieu, roy de France et de Navarre, à tous présens et advenir, salut. Noz chers et bien amez les Maire et eschevins de nostre ville de Chastillon sur Seyne, nous ont fait dire et remonstrer que le feu Roy, nostre très honnoré seigneur et père, que Dieu absolve, par ses lettres patentes en forme de chartres, données à Lyon au mois de septembre mil cinq cens quatre vingt quinze, dehument vérifiées en nostre Cour de Parlement de Dijon le quinzième jour de juillet mil cinq cens quatre vingt dix sept, contenant la réunion en ung seul corps et communaulté de ville, tant du Bourg dudit Chastillon que des rues du Pont et de Chaulmont et l'establissement de la mairie et forme du gouvernement à l'advenir d'icelle nostre dite ville de Chastillon, ayant voullu et ordonné que le greffe de la prevosté dudit Chastillon et mairie dudit Chaulmont demeurast suprimée pour estre de là en avant unys, incorporés à la dite mairie ainsy par luy de nouveau establye, apres remboursement fait aux possesseurs d'icelluy de la finance qu'ilz en auroient payée et de leurs fraiz et loyaulx coustz. Les exposants, au nom des manans et habitans de nostre dite ville de Chastillon, auroient le vingt sixieme jour du moys d'aoust dernier passé, remboursé Me Baltazard Herault et Jeanne Provins, sa femme, possesseurs dudit greffe, de la somme de seize cens livres pour le principal, fraiz et loyaulx coustz, ainsy qu'il appert par acte dudit remboursement, faict et passé pardevant Michelot, notaire royal audit Chastillon, au moyen duquel remboursement, bien que la suppression et réunion dudit greffe à la dite mairie soit entièrement effectuée et ne puisse recepvoir difficulté quelconque à l'advenir, neantmoings pour en oster tout suspect, ilz désireroient qu'il nous pleust, en agréant et ratiffiant ledit remboursement, leur en donner sur ce noz lettres particulières. A ces causes, apres avoir fait veoir en nostre Conseil les dites lettres de nostre dit feu sieur et père dudit mois de septembre quatre vingt quinze, l'arrest de nostre Cour de Parlement, à Dijon de vériffication d'icelles, faicte purement et simplement sans aulcune modiffication, ensemble le dit acte de remboursement dudit greffe, quant à ce cy attaché soubz le contrescel de nostre chancellerie, avons, en tend que besoing est ou seroit, approuvé, confirmé et ratiffié, approuvons, confirmons et ratiffions ledit remboursement. Voullons et nous plaict qu'au moyen d'icelluy et suivant ce qu'il est porté par les susdites lettres, ledit greffe soit et demeure doresnavant à tousjours supprimé et réuny à la dite mairie de nostre dite ville de Chastillon. Comme, par ces présentes, nous l'avons supprimé et réuny, supprimons et réunissons à icelle mairie, pour estre doresnavant vendu et exercé au proffit du corps d'icelle, selon et ainsy qve les ditz Maire et eschevins adviseront pour le mieulx, sans que cy après il y puisse estre par nous pourveu en faceon ny manière quelconque, soubz quelque pretexte, ny pour quelque cause ou ocasion que ce soit, ny que le dit greffe soit comprins aux réunions que nous avons permis et accordé estre faictes à nostre prollict de plusieurs greffes et domaines par divers contratz et traitez particuliers que nous en faictz et passés en nostre Conseil avec aulcungs de noz subjetz, desquelz traictez et contratz, nous avons ledit greffe de la mairie de Chastillon, attendu sa suppression et réunion dessus dites à icelle mairie, excepté et exceptons par ces dites présentes. Par lesquelles donnons en mandement à noz amez et féaulx conseillers les gens tenans nostre Cour de Parlement à Dijon que noz présentes lettres de confirmation et déclaration de noz voulloir et intention, ilz facent, souffrent et laissent jouir les ditz exposans plainement et paisiblement, sans leur faire mettre ou donner, ny permettre leur estre faict, mis ou ordonner aulcung trouble ny empeschement au contraire. Contraignant à ce faire, souffrir et obéir tous ceulx qu'il appartiendra et qui pour ce seront à contraindre, nonobstant opposition ou appellation quelconques et sans préjudice d'icelles. Car tel est nostre plaisir. Et affin que ce soit chose ferme et stable à tousjours, nous avons faict mettre nostre seel à ces dites presentes, sauf en autres choses notre droit et l'aultruy en toutes. Donné à Paris au mois de mai l'an de grace mil six cens treize, et de nostre règne le troisiesme.

Par le Roy en son Conseil, Longuet. Visa. Contentor, Bonnet.

Archives de la Côte-d'Or. Chambre des comptes de Dijon : Registre d'enregistrement des édits, B 39, f° 90. — Archives de la ville de Châtillon, *Priviléges et franchises de la Commune*. Copie délivrée en 1623 par Labot, notaire à Châtillon.

CCXII

Arrêt du Conseil d'Etat qui rétablit les justices du Bourg et de Chaumont en l'état où elles étaient avant la création d'un Maire unique pour les deux villes (1).

1601 (16 juin).

Henry, par la grâce de Dieu, roy de France et de Navarre, à noz amez et feaulx les gens [tenans nostre Court de Parlement à Dijon], salut. Noz chers et bien amez les manans et habitans de nostre ville de Chastillon sur Seyne, nous ont faict remonstrer que la dicte ville de Chastillon concisте et est divisée en deux places closes de murailles, tours et fossez et portes [et séparées l'une] de l'autre en toutes choses. L'une etant nommée et appelée le Bourg, elle l'aultre Chaumont. Celle dudit Bourg, commune à nous et à nostre amé et féal l'evesque de Lengres en seigneurie et justice, et celle dudit Chaulmont à nous ligement [avec pouvoir de] faire par quatre preudhomes que les dictz habitans eslisent chacun an le jour de la saint Jehan Baptiste avec ung procureur d'office, suyvans les previléges à eulx conceddez et octroyez par les ducs de Bourgoingne et provisions de noz predecesseurs [prononcer tous jugemens et les] amendes et confiscations qui s'en ensuyvent et nous sont adjugées en la dicte justice [baillée] et [affermée] par noz amez et feaulx les Trésoriers généraulx de France audit pays comme deppendant de nostre antien domayne. Et [y rendons la justice] en première instance par un prévost, pourveu par nos dictz predecesseurs et par un bailly que ledit esvêque de Lengres y establissoit comme conseigneur avec nous. Ce qui auroit esté continué jusques en l'année mil cinq cens quatre vingt sept que aulcuns des habitans dudit Bourg, par intelligence qu'ilz avoient avec ledit Evesque ou aultrement pour réunir toutes les deux villes et jurisdictions en une seulle. Et au lieu de ce establyr ung Maire qui auroit seul l'auctorité de la justice en auroient presenté [requeste au feu roi Henri notre] seigneur et frère. Laquelle il auroit renvoyée à noz amez et feaulx conseillers les advocatz et procureurs generaulx en nostre Court de Parlement de Dijon, pour luy donner advis

---

(1) Les habitants de Chaumont ne s'étaient pas tenus pour battus ; ils avaient, à l'exemple de ceux du Bourg, entrepris secrètement des démarches en cour et vivement secondés par les officiers du bailliage et ceux de l'évêque de Langres, obtenu cette fois gain de cause le plus complet. Les choses furent donc rétablies comme avant 1587.

sur ladite création et union. Pour à quoy satisfaire ils se [seroient transportés sur] les lieux et après avoir informé, ilz auroient dressé leurs advis et icelluy envoyé à nostre dict feu seigneur et frère. Mais pour ce qu'il estoit du tout contraire à l'intention des habitans dudict Bourg, ilz auroient différé le pourter jusques au mois de décembre mil cinq cens quatre vingt neuf que lesdiz habitans du Bourg s'estans despartys de l'obéyssance de nostre dit feu seigneur et frère et de la nostre et tenu le party de la Ligue, ilz se seroient adressez au pretendu Charles dix^{eme}, duquel ilz auroient facillement obtenu, non seullement la création d'un Maire unyque desdites villes, mais aussi le droit de notre justice et le don des amendes et confiscations qui s'adjugeroient en la dite ville et au village d'Estrochey, deppendant de nostre domayne, soubz les considérations portées par l'eedict de la dicte creation, laquelle ilz auroient fait veriffier au Parlement à Dijon, lequel estoit interdict. Le tout à nostre très grand préjudice et intérezt, tant pour les prétentions que le dict Evesque maintenoit avoir par le moyen de la création dudit Maire, et se dire avec le temps coseigneur avec nous dudit Chaulmont comme du Bourg; que aussy au préjudice de notre justice et de la provision dudit office de prevost, vaccations advenant d'iceluy. Ensemble du revenu des dictes amendes et confiscations, qui seroit d'aultant diminuer nostre domayne. Laquelle création de Maire et union, les habitans dudit Bourg en l'an mil cinq cens quatre vingt quinze se remettans en nostre obéissance, nous auroient supplié et requis par leurs articles de leur réduction voulloir confirmer. A quoy nous n'aurions voullu entendre, sinon, en nous faisant apparoir des lettres patentes par eulx obtenues à cest effect de nostre dit feu seigneur et frère, touteffois ilz auroient despuis trouvé moyen, par grande surprinse, d'obtenir noz lettres du mois de septembre audit an, portant confirmation de la dite création de Maire, soubz le nom et qualité du pretendu Charles dix^{eme} et icelles faict veoir en nostre Court de Parlement de Dijon, nonobstant les oppositions formées par les ditcts supplians et que les dictes lettres de confirmation fussent du tout contraires à nostre intention portée par les dictz articles, et à l'advis donné par nos dictz advocatz et procureur généraulx. Et d'aultant que nous n'avons jamais voullu ny entendu confirmer aucunes lettres de provisions données soubz le nom et auctorité dudict pretendu Charles dix^{eme}, n'y d'en laisser, en chose que ce soit, marque quelconque. Lesditz supplians nous ont très humblement requis voulloir révocquer, casser et adnuller toutes lesdictes prétendues lettres de Charles dix^{eme}, que nos susdictes lettres de confirmation, par lesquelles les dictz habitans du Bourg n'auroient faict aulcune mention que ladicte création de

Maire et attribution de jurisdiction eust esté faict soubz le nom et auctorité dudict Charles dix*eme*. — A ces causes, désirans les bien et favorablement traicter, nous vous mandons et très expressement enjoignons par ces présentes que les habitans dudict Bourg et tous autres qu'il appartiendra assignez pardevant vous, ce que voullons estre faict par le premier nostre huissier ou sergent, sur ce requis qui à ce faire commettons sans qu'il soit tenu prendre ny demander aulcune lettre de permission, placet, *visa* ny *pareatis* s'il vous appert que la création dudict prétendu Maire et attribution de jurisdiction ayt esté faicte soubz le nom et auctorité du pretendu Charles dix*eme*, que ce soit contre l'advis de noz advocatz et procureurs généraulx sur le renvoy à eulx faict par nostre dict feu seigneur et frère. Et qu'ilz n'eussent obtenu de luy, suyvant nostre intention portée par les articles de la dicte réduction, aulcune création dudict prétendu Maire, ou de tant que suffire doibve. En ce cas, vous ayez à remettre et restablir l'exercice de la justice et police des dictes villes de Chaumont et du Bourg en tel estat qu'elles estoient auparavant la dicte prétendue création de Maire, faisant très expresses inhibitions et déffenses audict prétendu Maire et à tous autres qu'il appartiendra, de faire ny entreprendre doresnavant aulcune chose au préjudice de l'antienne institution et establissement de nostre justice en ladicte Rue de Chaulmont et des ditz priviléges conceddez ausdictz supplians, à peine de nullité et amande arbitraire. Nonobstant, et sans avoir par vous esgard ausdictes prétendues lettres de création dudit Maire et union faicte par le dict prétendu Charles dix*eme*, ny aux arrestz de vériffication par vous donnez. Lesquelz, ensemble nos susdictes lettres de confirmation et tout ce qui s'est ensuivy en conséquence d'icelles, nous avons, audict cas dès maintenant comme pour lors, cassé, révocqué et adnullé, cassons, revocquons et adnullons par ces dictes présentes. Enjoignant à nostre procureur géneral d'y tenir la main, sauf à pourvoir ausdictes parties se retirans pardevers nous pour le faict et establissement de ladicte mairie et attribution de ladicte justice à nous appartenant audict Bourg, ainsy que verrons estre à faire par raison. Car tel est nostre plaisir. Donné à Paris le xv*e* jour de juing, l'an de grace mil six cent ung, et de nostre regne le douzieme.

De par le Roy en son Conseil. Signé.....

Original : Archives de la ville de Châtillon, *Priviléges et franchises de la Commune*.

Entérinement de cet arrêt par le Parlement de Dijon, à la requête des habitants de Chaumont.

Extrait des registres du Parlement de Dijon.

1601 (18 décembre).

Entre les habitans de la ville et rue de Chaulmont lez Chastillon sur Seyne, demandeurs en requeste du sixieme du mois d'aoust dernier et en entérinement de lettres patentes par eulx obtenues le quinzieme de juin précedent, d'une part. Les habitans du Bourg et ville dudict Chastillon, defendeurs d'autre. Veu la dicte requeste à ce que les dictz habitans du Bourg de Chastillon fussent assignés pour véoir procéder à l'entérinement des dictes lettres, selon leur forme et teneur. Lesdictes lettres par lesquelles sa Majesté veult et ordonne que lesdictz habitans de Chaulmont soient remis et restablis au mesme estat qu'ilz estoient auparavant la création faicte d'un Maire en la ville de Chastillon, par lettres patentes, données à Paris au mois de décembre mil cinq cent quatrevingtz et neuf et confirmation faicte d'icelles par aultres lettres de sa Majesté en forme de chartres, données à Lyon au mois de septembre mil cin cent quatre vingtz et quinze. Lesquelles avec les arrestz de vérification d'icelles il auroit cassé, revoqué et anullé, saufz à pourveoir aux parties se retirans devers sa dicte Majesté sur l'establissement de la dicte mairie et aultrement ainsi qu'elle verroit estre à faire. Les dictes lettres, arrestz du quinzieme de juillet mil cinq cens quatrevingt et dix sept, donné sur la vériffication d'icelles. Appoinctement du dix huictiéme d'aoust dernier, contenant la contestation des parties sur l'entérinement des dictes lettres du quinzieme de juin. Escritures et production d'icelles. Conclusion du procureur général du Roy. La Cour ayant aucunement égard ausdictes lettres, a remis et remet les dictz habitans de la Rue de Chaulmont en tel estat qu'ilz estoient auparavant l'establissement de la dicte mairye. Ordonne qu'ilz jouyront des anciens previléges à eulx accordés et suivant iceulx procéderont à l'élection de quatre Maieurs qui auront la justice et police en la dicte Rue de Chaulmont commilz avoient du passé, sans préjudice du droict des ditz habitans du Bourg et rue des Pontz dudict Chastillon pour le regard desquelz l'establissement de la dicte mairye, faict par les dictes lettres dudict mois de septembre quatre vingtz et quinze, et arrestz dudict quinzième de juillet dernier, tiendra, tous despens entre les dictes parties compensez. Fait en la Tornelle à Dijon le dix huictieme de décembre mil six cens un.

Gontier et Mortier.

CCXIII

Traité ménagé par Henri de Bourbon, prince de Condé, gouverneur de Bourgogne, pour la réunion définitive du Bourg et de Chaumont en une seule communauté.

1637 (21 novembre).

Articles arrestés soubz le bon vouloir et plaisir de sa Majesté entre les habitans du Bourg et des Pontz et ceux de Chaulmont, de la ville de Chastillon (1) par l'advis et entremise de monseigneur le prince de Condé, premier prince du sang, premier pair de France, lieutenant et gouverneur général pour sa Majesté es provinces de Bourgogne, Bresse et Berry.

1. Les habitans du Bourg et de Chaulmont commectront un ou deux d'entre eux pour aller poursuivre l'obtention des lettres d'union desdictes communaultés au Conseil de sa Majesté.

2. Se fera la susdicte poursuite, tant pour l'expédition, obtention, vériffication qu'entière exécution des dites lettres, à fraiz communs, le fort portant le foible, par tous les dits habitans, tant du Bourg que de Chaulmont.

3. Que ceux dudit Chaulmont ne pourront par cy après prétendre de se désunir du dit Bourg, après que la dicte union susdicte aura esté faicte et executée, et où ilz y contreviendroient seront tenuz et obligés de rembourser préalablement ceux du dit Bourg et rue des Pontz de ce qu'ilz auroient supporté des fraiz et despens de la susdicte union, circonstances et dépendances d'icelle, lequel remboursement sera faict par lesdicts de Chaulmont, avant qu'ilz soient receus à se pouvoir désunir. Comme encor rembourseront les dits de Chaulmont ceux du dict Bourg et des Pontz, en cas de désunion, de debtz qu'ilz auroient accquictéz pour eux.

4. Après la dicte union faicte par l'authorité du Roy, la dicte ville de Chastillon ne sera plus, tant en ce qui est du Bourg, ruë des Pontz, que de Chaul-

---

(1) La séparation si ardemment sollicitée par ceux de Chaumont n'avait point tardé à porter ses fruits ; les débats, les querelles, les inimitiés, et jusqu'aux luttes à main armée, recommencèrent de plus belle entre les deux villes. Chaumont ayant sollicité une réduction de la cote des tailles qu'il supportait, le Bourg protesta de toutes ses forces et en obtint le maintien. Or, comme Chaumont se trouvait incapable de supporter ses charges, la majeure partie de ses habitants émigrèrent au Bourg, de telle sorte que bientôt ses magistrats en furent réduits à solliciter eux-mêmes une réunion qu'ils avaient tant et si longuement combattue. C'est alors qu'intervint le prince de Condé, gouverneur de la province, qui opéra le rapprochement et dicta les articles du traité.

mont, qu'un seul corps de communaulté, desnommé soubz le nom de ville et habitans de Chastillon tant seullement.

5. Les portes qui séparent le dict Chaulmont du reste de la ville seront dependües des gondz, sans pouvoir estre restablies, sinon quand la necessité le requerra, et qu'il sera jugé expédient par nos seigneurs les gouverneurs pour le bien du service de sa Majesté, et seureté desdits habitans.

6. La massonnerie desdictes portes, tours et murailles qui séparent lesdictes rues de Chaulmont et du Bourg demeureront en l'estat qu'elles sont, jusques à ce que par sa Majesté ait esté aultrement pourveu, ou par mes seigneurs les gouverneurs.

7. L'auditoire royal de Chaulmont sera transféré dans celuy du Bourg où la justice du Roy sera exercée en cas d'apel, et pour les cas royaulx sur tous les dicts habitans du Bourg, des Pontz, de Chaulmont, de Sainct Ligier, Estrochey et banlieüe du dict Chastillon, sans préjudicier ny attoucher aux droictz de la justice commune qu'a monsieur le Révérend evesque de Langres dans le Bourg et rüe des Pontz, tant seullement, pour le regard de la quelle en sera usé sur les justiciables du Roy et du dit Révérend Evêsque, en ce qui est dudit Bourg et des Pontz, selon qu'il est accoustumé.

8. Ny aura autres prisons que celles qui sont dans le Bourg; demeureront néantmoins le carcan et pillory qui sont audict Chaulmont pour marcque de la totalle justice du Roy audict lieu.

9. Sera choisy un lieu seur et commode deans le Bourg pour réserver tous les tiltres et papiers concernant lesdicts du Bourg et de Chaulmont, et sera faict inventaire des chartres et priviléges concernant la rüe dudit Chaulmont, et les droictz de sa Majesté en icelle, qui sera remis entre les mains du procureur du Roy au dit Chastillon, pour le conserver avec les aultres tiltres de sa Majesté, et en sera envoyé un extrait à la Chambre des Comptes de Dijon pour estre mis aux archives d'icelle (1).

10. Sera pourveu par monseigneur le Prince, gouverneur de la province, du lieu et de l'ordre qu'en tiendra pour le magasin des poudres et canons qui sont audit Chaulmont et jusques à ce le magasin subsistera.

11. Ny aura à l'advenir dans la dite ville de Chastillon qu'un seul receveur des deniers communs et patrimoniaux.

---

(1) Cette clause du dépôt aux archives de la Chambre des comptes ne fut point exécutée, et cela est fort regrettable, car nous serions aujourd'hui en possession de documents précieux, dont les archives municipales ont perdu les originaux.

12. Tous les dicts habitans du Bourg, des Pontz et dudit Chaulmont s'uniront aux exercices publicqs des jeux de l'arcquebuse, de l'arc et de l'arbaleste, en sorte qu'il n'y aura qu'un seul oiseau de planté pour le jeu de l'arcquebuze auquel tous tireront. Pour jouyr de l'exemption des tailies par celuy de Chaulmont ou du Bourg qui l'abbatra et ansy se fera des aultres jeux de l'arbaleste et de l'arc.

13. Lesdictz exercices se feront au lieu que monseigneur le Prince jugera le plus propre et commode, en attendant qu'il y ayt esté pourveu. L'oyseau sera planté aux endroictz où le tirent ceux du Bourg, et ny aura qu'un seul capitaine du jeu de l'arcquebuze et les exercices desditz jeus se feront es lieux accoustumés.

14. Les foires et marchefz se tiendront jours et lieux accoustumés sans innovation.

15. Dès l'instant de la dicte réunion, les debtz, procès et actions, tant actives que passives desdictes communaultés, pour quelque cause que ce soit, seront communs à la réserve des debtz de communaulté que messieurs les commissaires deputez par sa Majesté pour la vériffication des debtz du pays auroient desclarés ou déclareront par jugement. Debtz des particuliers dudit Bourg et de Chaulmont et à la réserve aussy du procès que ceulx de Chaulmont ont contre les propriétaires du moulin sciz sur les Pontz, qui demeurera à leur charge, aussy bien que les debtz crées au subject dudit procès, et payeront lesdictes communaultés du Bourg, des Pontz et Chaulmont chacun en droict soy les arrérages escheus jusques au jour de la dite union des rentes passives par eulx deües.

16. Les impositions de deniers royaux et autres se feront confusément, et sur tous lesdictz habitans le fort portant le faible, à la réserve de la taillie des non clercs, deüe à Monsieur le Révérend evesque de Langres, qui sera payée par ceux du Bourg et des Pontz qui la doibvent, sans que ceux dudit Chaulmont y contribuent.

17. Seront les acquisitions de la susdicte justice de Sainct Ligier, communes audict Bourg comme les rentes et censes acquises par ceux dudit Bourg. Seront aussy communes à ceulx de Chaulmont en telle sorte que le tout sera reputé bien patrimonial et commun.

18. Qu'il n'y aura qu'un seul Maire qui sera esleu, au lieu et forme accoustumée audit Bourg. Personnage de probité, capacité et affection au service du Roy et du publicq. Lequel Maire s'eslira d'entre les dits habitans du Bourg, des

Pontz et Chaulmont à la pluralité des voys de tous lesditz habitans capables de donner suffrages et qui payeront des taillies annuellement jusques à la somme de vingt solz.

19. Aura le dit Maire telle et semblable jurisdiction au faict de la justice civille, criminelle et police sur toute la dicte ville de Chastillon et banlieüe d'icelle, que village d'Estrochey, à la réserve des cas royaux et pareille puissance sur les armes et pour la garde sur tous les dictz habitans que le Maire de Dijon, selon et à la forme de l'establissement de la mairie dudit Bourg de Chastillon.

20. Qu'il y aura six eschevins, assavoir, trois du dict Chaulmont et trois du dict Bourg qui seront choisis en la présence du Maire esleu et anciens eschevins, à la forme accoustumée audict Bourg. En cas d'absence, maladye ou récusation du Maire qui pourroit estre esleu deans Chaulmont, l'ancien eschevin du Bourg fera fonction et exercera ladicte magistrature, et en cas que par trois années consécutives le susdit Maire fust nommé et choisy deans le Bourg et Ponts, l'antien eschevin du susdit Bourg et Pontz fera la dicte fonction de Maire. En cas d'absence, les deux premières années et la troisiesme année, l'antien eschevin dudict Chaulmont exercera ladicte magistrature. Ce qui s'observera ainsy successivement de trois ans en trois ans, en cas que pendant lesdictes trois années, le Maire dudit Chastillon fust choisy dans le Bourg et Rue des Pontz.

21. Il ny aura qu'un scindicq après la dite union, qui sera esleu selon les formes establies par les lettres de la mairie dudict Bourg.

22. Le lieutenant du Maire, le substitut du procureur scindicq, le garde des Evangiles et les sergens de la mairie seront nommez et esleus aux lieux, forme et heures portées par lesdictes lettres.

23. Tous bastimentz, eglises, tours et murailles de l'une et l'autre communaulté seront maintenues, entretenues, et reparées après la dicte union aux fraiz du général sans distinction.

24. Les deniers octroyés par sa Majesté pour les fortifications, réparations du pavé et autres necessités de la dicte ville seront employés de bonne foy, selon que la nécessité le requerra, à l'utilité et soulagement desdictz habitans, tant du Bourg, des Pontz que de Chaulmont, et en cas de pleincte des uns ou des autres, nos seigneurs les gouverneurs de la province y pourvoyront.

25. Ne seront faictes aulcunes ouvertures dans les murailles servant de closture par le dehors au dict Bourg et Chaulmont pour prendre des issues, sinon par la permission de nosseigneurs les gouverneurs. Demeure néantmoins le gui-

chet qui est en la muraillie du Bourg, du costé de l'abbaye, jusques à ce que par monseigneur le Prince gouverneur y ait esté pourveu.

26. Les deffaultz de la garde du jour et de la nuigt se payeront esgallement par tous les habitans.

27. Les capitaines des cartier desdictz Bourg, Pontz et Chaulmont demeureront pendant leur vie, et après leur mort sera suivy l'ordre que Monsieur le gouverneur donnera.

28. Les magistratz pourvoyeront à ce que le college publicq pour l'instruction de la jeunesse soit mis et estably en lieu commode pour les enfans du Bourg et de Chaulmont.

Tous les susdictz articles ont esté ainsy arrêtés par monseigneur le Prince, gouverneur et lieutenant général pour sa Majesté es provinces de Bourgogne, Bresse et Berry, sur le rapport fait à son Altesse des raisons et propositions respectives desdictz habitans, par le sieur Fevret (1) son Conseil, et intendant de ses affaires en Bourgogne, auquel Sa dicte Altesse a commandé de rédiger les susditz articles conformes à son intention, et iceux ayans esté leus aux sieurs commis et députés de la part desditz habitans, tant du Bourg que de Chaulmont, ilz les ont acceptés et ont promis soubz la faveur de mon dict seigneur le Prince de poursuivre incessamment au Conseil de sa Majesté la susdicte réunion et se sont soubssignés. Faict à Dijon le vingt et uniesme novembre 1637.

HENRY DE BOURBON.

F. de GISSEY, PION, LABIT.

FEVRET.

Original : Archives de la ville de Châtillon, *Priviléges et franchises de la Commune.*

CCXIV

Ratification du traité précédent par le roi Louis XIII.

1638 (janvier).

Louis, par la grâce de Dieu, roy de France et de Navarre, à tous présens et advenir, salut. Le feu Roy nostre très honoré seigneur et père que Dieu absolve,

(1) Charles Fevret, célèbre avocat au Parlement de Dijon, avait plaidé sept ans auparavant, devant le roi Louis XIII, la cause des Dijonnais révoltés. Il fut l'auteur du *Traité de l'abus.*

par ses lettres pattantes du mois de septembre M V° XCV, ayant pour les causes et considérations cy après descriptes, ordonné que la ville de Chastillon sur Seyne en nostre pays et duché de Bourgongne, tant en ce qui est du Bourg, rue des Pontz que Chaulmont, fust et demeurast à perpétuité inséparablement unie en une seule communauté et régie par un seul Maire, aux charges, clauses et conditions y portées et aux mesmes droictz, prérogatives et fonctions attribuées an Maire de notre ville de Dijon, ou à son instar; des quelles lectres les habitans de la dicte ville avoient faict enregistrer en nostre Cour de Parlement de Dijon, par arrest du XV° juing M V° XCVII et en conséquence de la teneur dudit arrest ont jouy de la dicte union et y sont demeurez jusques en l'année M VI° et une. Les habitans de la dite rue de Chaumont ayant obtenu le XXVIII° juing au dit an des lettres en cognoissance de cause adressantes à notre Cour de Parlement de Dijon pour la désunion fondée sur plusieurs moiens, et entre aultres, que la dicte ville de Chastillon estoit divisée en deux places closes et fermées de murailles, tours, fossés et portes haultes, eslevées, distinctes, separées l'une de l'aultre en toutes choses, qui l'une estoit nommée *le Bourg* et l'aultre *Chaumont*. Celle du dit Bourg commune à nostre dit feu seigneur et père et au sieur evesque de Langres en seigneurie et justice, et celle de Chaulmont luy appartenoit ligement en toute justice et autres raisons desduictes par lesdictes lettres. En consequence des quelles, par arrest dudit Parlement de Dijon du XVIII° de décembre au dit an, les habitans de Chaulmont auroient esté remis en tel estat qu'ilz estoient auparavant la dite union et ordonné qu'ilz jouiroient de leurs anciens priviléges; ce qui a esté observé en leurs différendz, pour le paiement des debtz contractéz pendant leur union, et les tailles à l'advenir, tant sur les billetz des dictz sieurs Esleus dudit païs, entretenement de collége, prédicateur, conduite d'orloge et autres affaires communes régléz par transaction du XX° novembre M VI° et trois; mais lesdictz habitans de Chaulmont ayans recogneus le préjudice que leur aportoit la dite désunion, se seroient pourveuz pardevant nostre très cher et bien amé cousin le prince de Condé, gouverneur et nostre lieutenant général en la dite province de Bourgongne, et representé par requeste leur nécessité et impuissance de pouvoir subsister au paiement des tailles, aquictement de leurs debtz, maniement et direction de leur communaulté n'estant composée que de mesnage sans conduite ny intelligence aux affaires, et par ce moien qu'il estoit à craindre que nostre service et le repos commung des habitans ne fust interessé s'ilz demeuroient plus long temps en la dite désunion, et pour ce subjet tous les dits habitans de Chaumont d'ung commun accord auroient déclarés qu'ilz souhaittoient l'union de leur communaulté à celle du Bourg et des Pontz et se submettoient à y entrer aux conditions de la première union, avec suplication à nostre dit cousin de moyenner et procurer la dicte union ausdictes conditions de la première et d'entrer en communaulté de tous debtz pour le bien publicq et particulier et la seureté de nostre service. Laquelle requeste nostre dit cousin avoit ordonné le XXIIIe aoust dernier estre montrée au Maire et eschevins du Bourg et des Pontz du dit Chastillon pour sur icelle faire assembler et donner leur advis et le tout rapporté y estre pourveus. Ensuitte de quoy, lesditz Maire, eschevins et habitans dudict Bourg et des Pontz de Chastillon ayant dressé leur responces, raisons et propositions sur ladicte union et lesdictz habitans de Chaulmont y aiant respondu, nostre dit cousin ayant le tout veu auroit faict dresser les articles des conventions utilles et nécessaires pour la dicte union, lesquelles il auroit signées le XXIe novembre dernier et faict signer aux députez des dictes deux communaultéz qui les auroient acceptées, et promis soubz la faveur de nostre dict cousin poursuivre et obtenir de nous noz lettres d'homologation, ratiffication et approbation des ditz articles et de la dite union sur ce nécessaires. Lesquelles les ditz habitans, tant du Bourg, des Pontz que de Chaulmont nous ont très humblement suplié et requis leur accorder.

Scavoir faisons, que nous ayant apparu de ce que dessus par les pièces cy attachées soubz le contre seel de nostre chancellerie, inclinant à la suplication des dits habitans et désirant les bien et favorablement traicter à la recommandation et prière qui nous a esté faicte par nostre dit cousin le prince de Condé pour le bien de nostre service, repos des affaires communes de la dite ville et utilité publique. Pour ces causes et considérations à ce nous mouvans, avons de nostre certaine science, grace spécialle, plaine puissance et authorité royalle, ordonné, concédé et octroyé et par ces présentes signées de nostre main, ordonnons, concédons et octroyons dès maintenant et pour tousjours, que la dicte ville de Chastillon tant en ce qui est du Bourg, rue des Pontz, que Chaumont demeurera doresnavant et à perpétuité inséparablement unie ensemble pour estre un seul corps et communaulté dénommée soubz le nom de ville et habitans de Chastillon tant seulement régie et gouvernée par un seul Maire à l'instart de nostre ville de Dijon et soubz les mesmes droictz et prérogatives suivant et ainsy qu'il est porté par les dictes présentes lettres pattantes d'union du mois de septembre M V^c quinze et articles arrestés par nostre dit cousin le dit jour XXIe novembre dernier, que nous avons en tant que besoin est ou seroit, emologuez, confirmez et approuvez, emologons, confirmons et approuvons, voulons et nous plaist qu'ilz soient executez, gardez et observez de poinct en poinct, selon leur forme et teneur, sans qu'il y soit contrevenu directement ny indirectement en quelque sorte et manière que ce soit sur les peines y contenues, et que le contract faict avec Maistre Estienne Coquelay pour la recepte des tailles du Bourg et des Pontz de la dicte ville sortira son effet.

Si donnons en mandement, à noz amez et féaux conseillers les gens tenans nostre Cour de Parlement, aydes et finances à Dijon, bailly de la Montagne ou son lieutenant et autres noz juges qu'il appartiendra que ces présentes noz lettres d'union et ensemble les dictz articles, ilz facent lire, publier et enregistrer où besoin sera et du contenu en icelles et aus dictes lettres pattentes du mois de septembre M V^c XCV aux choses où il n'y a esté desrogé par les ditz articles, faire jouir et user plainement et paisiblement lesdictz habitans de Chastillon sans leur faire, mettre ou donner aucun trouble ou empeschement au contraire. Car tel est nostre plaisir, nonobstant lesdictes lettres de désunion du XXVIIIe juing M VI^c ung, et arrest donné sur icellui du XVIIe décembre audit an que ne voulons avoir lieu, et lesquelles nous avons de nos mesmes grâces et pouvoir que dessus revoquée et révoquons par ces dictes présentes sans qu'ores ny à l'advenir ladicte désunion puisse estre restablie pour quelque cause et occasion que ce soit. Et afin que ce soit chose ferme et stable à tousjours, nous avons faict mettre nostre seel à ces dictes présentes.

Données à Saint Germain en Laye au mois de janvier l'an de grâce mil six cent trente huict, et de nostre règne le vingt huictiesme.

LOUIS.

Par le Roy, PHELIPEAUX.

Visa contentor, COMBES.

Scellées du grand sceau en cire verte à lacs de soie rouge et verte pendants.
Original : Archives de la ville de Châtillon, *Priviléges et franchises de la Commune.*

CCXV

Edit du roi Louis XIV, portant suppression de la Mairie de Châtillon-sur-Seine et rétablissement de l'ancienne prévôté.

1665 (septembre).

Louis, par la grâce de Dieu, roy de France et de Navarre, à tous présens et a venir, salut. Noz chers et bien amez les bourgeois et habitans de nostre ville de

Chastillon sur Seyne, nous ont faict dire et remonstrer que par edict du mois de septembre mil cinq cens quatrevingtz quinze, la prévosté de la dite ville, et les officiers qui la composoient avoient esté estinctz et suprimés, et au lieu d'icelle avoit esté créé une mairie pour estre exercée par celui qui seroit esleu par chacun an, auquel auroit esté donné et accordé telle et semblable connoissance en tous faitz de justice civile et criminelle et police sur toute la dite ville, fauxbourgs et banlieue que les autres juges, fors et reservé les cas royaux, affin que par cet établissement, les habitans fussent plus asseurés de vivre en repos et tranquilité les uns avec les autres, et leurs affaires communes mieux régies et administrées. Mais les guerres civiles et estrangères qui ont esté dans cest estat, ayant causé diverses foulles à la dite ville par les fréquens passages et logemens de gens de guerre, dont icelle particulièrement pendant vingt cinq ans en ça et les autres despenses, contributions qu'elle a esté obligée de supporter, aussy bien que les autres villes de nostre royaume, l'ont si fort surchargée qu'elle se trouve engagée aux debtes immenses, pour l'acquitement desquelles, après la liquidation qui en a esté faicte par les sieurs Commissaires par nous députés pour la vérification des debtes des villes et communautés de nostre province de Bourgogne; les ditz habitans s'estans assemblés pour adviser aux moyens de se dégager, ilz n'en avoient point trouvé de meilleur, ny de plus prompt que de nous suplier très humblement de leur accorder 'a suppression de la dite mairie et le restablissement de la dite prevosté et des officiers qui la composoient, concistant en un juge prévost royal, un procureur pour nous, un greffier et quatre sergens, et de leur accorder les deniers qui proviendroient de la vente des offices pour estre employés à l'aquitement de partye de leurs debtes, attendu que ceulx qui possédoient lesdits offices, lors dudit edit de supression, furent remboursés par le corps de la dite ville et communauté. Ce que leur voulans accorder pour leur donner moïen de s'aquitter. A ces causes, de l'advis de la Reine, nostre très honorée dame et mère et de nostre très cher frère unique le duc d'Orléans, de nostre très cher cousin le prince de Condé, et autres grands et notables personnages de nostre dit Conseil, et de nostre certaine science, plaine puissance et authorité royale, nous avons par nostre présent edit perpétuel et irrévocable, esteinct et suprimé, esteignons et suprimons la dite mairie, créée par edit du mois de septembre mil cinq cens quatrevingtz quinze en nostre dite ville de Chastillon sur Seyne, sans qu'à l'advenir elle puisse estre restablie pour quelques causes, occasions que ce soit; faisons déffences à celui qui exerce la dite charge de Maire d'en plus faire fonction quinzaine après la publication de nostre présent édit, et ausdits habitans d'en plus eslire. Mais seulement quatre eschevins, à peine de désobéissance. Et en conséquence nous avons réstably et réstablissons la dite prevosté cy devant establie en la dite ville de Chastillon, ensemble les offices de juge prévost royal, de procureur pour nous, de greffier et quatre sergens qui la composoient lors dudit edit de supression. Lesquels officiers nous avons, en tant que besoing seroit, créés, érigés, créons et érigeons par nostre dit présent édit. Voulons et nous plaist que ceulx qui en seront par nous pourveuz en fassent les fonctions et exercice, et jouissent des privilléges, droiz et facultés portés par les contractz de ventes et adjudications qui en a esté faite, soubz nostre bon plaisir par les dits sieurs Commissaires les quinze et dix sept mai dernier, cy attachés soubz le contreseel de nostre chancellerie. Lesquels nous aprouvons et confirmons sans en rien excepter ny réserver, et tout ainsi que si le tout estoit cy particulierement exprimé; sur lesquels contrats les lettres de provisions des dits offices seront expédiées et scellées soubz le nom des denommés en iceulx ou autres ayant droict d'eulx. Et pour favorablement traitter lesdits bourgeois et habitans de la dite ville de Chastillon et leur donner moyen de s'aquitter de partye de leurs debtes, nous voulons, pour cette fois seulement, que les deniers provenans du prix de la vente desdits offices soient employés à l'aquittement de partye de leurs debtes, conformément et ainsy qu'il est porté par l'arrest de nostre Conseil, rendu. Nous y estant, sur le procès verbal et advis desdits sieurs commissaires du. . . . . . sans aucun divertissement, à peine d'en respondre par les ordonnateurs en leurs propres et privés noms. Sy donnons en mandement à noz améz et féaux conseillers les gens tenans nostre Cour de Parlement à Dijon, bailly de la Montaigne ou son lieutenant, que nostre présent édit ils fassent lire, publier et registrer, chacun en droit soy, pour estre executé selon sa forme et teneur, sans permettre qu'il y soit contrevenu en aucune sorte et manière que ce soit. Nonobstant ledit édit du mois de septembre mil v^c iiii^{xx} quinze et autres édits, déclarations, arrests et lettres à ce contraires, ausquelles et aux dérogatoires des dérogatoires y contenues nous avons dérogé et dérogeons par ces présentes. Car tel est notre plaisir. Et affin que ce soit chose ferme et stable à tousjours, nous avons fait mettre nostre scel à ces dites présentes, sauf, en autres choses, nostre droit et l'autruy. Donné à Paris au mois de septembre l'an de grâce mil six six cens soixante cinq, et de nostre règne le vingt quatrième.

LOUIS.

Par le Roy, De Guénégaud.

Scellées du grand sceau en cire verte à lacs de soie rouge et verte pendants.

CCXVI

Extrait du Règlement de la fonction de ladite charge de juge-prévôt, contenant procès-verbal de la délivrance de ladite charge du 17 mai 1665, attaché sous le contre-scel dudit édit.

Commil soit que nosseigneurs les Commissaires députés par sa Majesté pour la vériffication des debtes des communaultés de ceste province de Bourgogne, par ses lettres patentes du vingt sept octobre mil six cent soixante deux, ayent, en conséquence desdites lettres et de leur ordonnance du dix sept avril de la présente année mil six cens soixante cinq, faict publier en délivrance, en la ville de Chastillon-sur-Seyne, par trois dimanches consécutifs aux prosnes des églises paroissiales, aux carrefourgs de la dite ville et aux villes circonvoisines, la charge du juge prévost royal dudit Chastillon, pour en estre la délivrance faite par les dits seigneurs commissaires au Logis du Roy à Dijon, en la salle et tenue de leur séance ordinaire, au treizieme de may suivant, au plus offrant et dernier enchérisseur en la maniere accoustumée, aux charges et conditions cy-après déclarées et contenues en la dite ordonnance.

SCAVOIR

Que ledit juge prévost royal aura tout l'exercice de la justice civille et criminelle, et police de la dite ville de Chastillon, Rue des Pontz, du Bourg et de Chaumont, et de tout le territoire de la dite ville et village d'Estrochey, sera tenu l'adjudicataire de la faire décider à ses frais, péril et fortune, et sans aucun recours ny garantie contre la ville en cas d'éviction de la dite justice, sans exception, pour en user à la mesme sorte et manière qu'en ont jouy et usé jusques à présent les Maires de la ville dudit Chastillon et Maïeur de la ville de Chaumont avec la réunion des deux communaultés et lesdits Maires depuis la dite réunion.

Aura l'establissement de tuteur et curateur aux mineurs absens et autres, confection d'inventaires, redition de comptes des dits mineurs, receveur des deniers communs de la ville et des confrairies, ausquels comptes des deniers et affaires communes et confrairies, il vaquera sans frais ainsy. Et à l'égard des personnes qu'en a usé le Maire jusques à présent.

Présidera aux assemblées du peuple et de la Chambre de ville.

Aura la réception des maistres des mestiers de la dite ville. Recevra le serment, tant des maistres esleuz que de ceulx qui se présenteront avec lettres de maistrises, pour estre reçeus ausditz mestiers. Et à l'égard des maistres par lettres royaux seront receuz par le bailly ou son lieutenant. Et cognoistra le dit prévost des contraventions à leurs règlementz et ordonnances, à la réserve de ceulx des mestiers de drapiers et tixiers dont la cognoissance apartient en justice commune au bailly de la Montaigne et de Monsieur de Langres, conseigneur par indivis avec le Roy desdites Rues du Bourg et des Pontz et territoire, suivant les arrests sur ce rendus et usages antiens ausquels l'on n'entend faire préjudice ny innovation.

Cognoistra le dict juge prévost des surtaux et oppositions aux tailles en la mesme forme et manière que faisoient les Maires de la dite ville, les Maïeurs de la Rue de Chaumont auparavant l'establissement de la mairie et réunion des deux communautés et qu'en ont jouy les dits Maires depuis la dite réunion.

Donnera les règlements et fera le taux au pain, vin, viandes et autres denrées, et quant il conviendra augmenter ou diminuer le pain, vin, viandes et autres denrées, il le fera avec la participation des eschevins.

Nommera tous les ans, à chacun commencement d'années, les visiteurs des chairs et poissons et recevra leurs sermens.

Cognoistra des marques, poids, visites et contraventions, et jouira génerallement de tous les droits attribués et dont jouissoit le Maire cy-devant et Maïeurs de Chaumont auparavant la dite réunion, sans exception d'aucuns, tels qu'ils puissent estre et qu'en ont jouy les dits Maires depuis la dite réunion, sans préjudice des droits de ressort aux baillis de la Montaigne, et de Langres, chacun à son egard, ny des actions bailliagères qui leur apartiennent en premiere instance, suivant les arrests, règlemens et ordonnances.

Aura le dit prévost le pouvoir de nommer un lieutenant, comme faisoit le Maire, pour, en son absence, maladie ou récusation, rendre la justice.

Les procès-verbaux d'entrée de gens de guerre seront dressés par ledit prévost avec les eschevins.

Et présidera ledit prévost à l'eslection des ditz eschevins et recevra leurs sermens, comme faisoit le Maire.

Arrêt d'enregistrement de cet édit et du règlement à la suite par le Parlement de Dijon, en date du 18 décembre 1665.

Archives du greffe de la Cour impériale de Dijon. Parlement de Dijon. Registre d'enregistrement des édits et lettres patentes. Vol. XXXI, folio 310, recto.

ROUVRES

Ce village, aujourd'hui commune du canton de Genlis, à quatorze kilomètres de Dijon, était avant 1789 le chef-lieu d'une châtellenie royale, jadis fisc des premiers temps de la monarchie, et d'une prévôté qui ressortissait au bailliage de Dijon.

Rouvres, qui possédait un vaste château, séjour habituel et favori des ducs de Bourgogne, dut vraisemblablement à cette circonstance l'honneur d'avoir été la première commune rurale érigée par ces princes, trente-deux ans après la charte octroyée aux habitants de la capitale du pays.

CCXVII

Lettres de Hugues IV, duc de Bourgogne, qui confirme la charte de commune octroyée par le duc Eudes III aux habitants de Rouvres, substitue le ban vin au droit de gîte, et leur accorde de nouveaux privilèges.

1215 (novembre), 1247 (mai), 1259-60 (janvier).

Nos Hugues, dux de Berguoinne, façons savoir à touz celz qui verront et orront cels présentes lettres, que comme Huedes nostre père, qui fu dux de Berguoinne, ait doné as homes de Rouvre, et outroié et quitté toute taille, et lor ait doné et outroié, quanque il avoit à Rouvre, en terres, en prez, en rantes, si comme il est contenu en ses lettres, que il baillai à ses devant diz homes de Rouvres, des quelles la tenours est tele.

Ge Huedes, dux de Berguoinne, faiz savoir à tous cels qui sont, et qui sont avenir, que ge ai quitté à mes homes de Rouvres toute taille, et lor ai doné et otroyé, quanque ge ay à Rouvre, en terres, en prez, en rantes, fors les hoirs Jehan Fortier, et Lambert Fortier, et lor hoirs, et Jehan Lou Deien, et ses frères, et lor hoirs, por mile setiers de blé (1), moitié froment, et moitié

---

(1) Cette redevance était appelée *moitresse*, *maistrosse*, puis *matroce*, noms que nos vieux auteurs prétendent tous synonymes de *maîtresse*, parce que, disent-ils, cette prestation était versée entre les mains de la duchesse de Bourgogne, et dans ses greniers à Rouvres. Ainsi que sur les marcs de Dijon, les Ducs y firent, dès l'origine, des assignations viagères ou perpétuelles, en faveur de laïques ou de communautés religieuses, parmi lesquelles on remarquait les abbayes de Clairvaux, d'Auberive, de Pontigny, de Tart, le Chapitre de Notre-Dame de Beaune, le Temple de Fauverney, les prieurés d'Epoisses, de Bonvaux, etc., etc.

La quotité de cette redevance, basée, suivant les comptes et les terriers du XVe siècle, sur l'émine de

avoine, et por un giste de dix livres, et sis setiers d'avoine, à moi ou à mon commandement, chascun an, à paier.

Saint-Louis, était-elle véritablement celle dont on fit usage dès 1215, c'est-à-dire à une époque où cette mesure n'existait point encore, c'est ce que nous allons examiner.

Si d'abord on admet l'émine de Saint-Louis comme base de l'évaluation de la *matroce*, voici les résultats auxquels on arrive :

L'émine de Saint-Louis, divisée comme celle de Dijon en 16 carteranches, lui était cependant inférieure, puisque, d'après tous les documents concernant la *matroce* aux XVe et XVIe siècles, ses 16 carteranches en blé ne valaient que 13 de celle de Dijon, et pour l'avoine 15 carteranches 1/2 de l'émine de Saint-Louis équivalaient à 9 carteranches 1/4 de celle de Dijon.

D'où il suit que les 500 setiers de blé à la mesure de Saint-Louis égalaient 6,500 carteranches ou 406 émines 4 carteranches de Dijon, et pour l'avoine les 500 setiers ou 4,625 carteranches de Saint-Louis valaient 289 émines, mesure de Dijon.

L'émine de blé, mesure de Dijon, valant, avant 1698, en mesure actuelle 4 hectolitres 27 litres 456, et celle d'avoine 5 hectolitres 22 litres 448, il résulte que la *matroce* aurait dû produire annuellement 1,736 hectolitres 54 litres de blé, et 1,509 hectolitres 86 litres d'avoine, formant un total de 3,246 hectolitres 40 litres.

Si maintenant on divise cette quantité par 1,435, nombre des hectares compris dans la superficie du territoire de Rouvres, on trouve que chaque hectare était grevé d'une redevance de 2 hectolitres 21 litres 875.

Mais, comme il faut défalquer de la surface imposée le pourpris du château et des jardins les bâtiments banaux, les prés et pâtures, les chemins, les cours d'eau, et qu'il convient d'en distraire encore les fiefs laïques et les terres appartenant au clergé, tous exempts par privilège de cette prestation ; si enfin on observe que le restant des terres imposées était encore chargé d'autres redevances, et, qu'en raison de l'assolement triennal, un tiers seulement des terres arables était cultivé, on se demandera quelle est la population qui aurait osé acheter la liberté au prix d'un fardeau aussi accablant.

Ainsi, il est évident pour nous que la mesure primitive n'était pas celle dite de Saint-Louis. Voyons donc si les actes mêmes relatifs à la prestation ne nous donneront point la solution du problème.

En 1215, le duc Eudes III énonce seulement les 1,000 setiers, condition de l'affranchissement qu'il accorde aux hommes de Rouvres. En 1231, Hugues IV, son fils, échange avec le Chapitre de Beaune, contre : « centum et quadraginta minas bladi, medietatem frumenti et medietatem avene, in censa et abona-« mento de Rouvre, ad mensuram que nunc currit apud Rovram singulis annis persolvendam. » Mais aucun d'eux ne donne l'équivalent de ce *setier* ou de cette *mine*.

Si nous examinons ensuite la transaction du 24 août 1357 (no CCXVIII), qui mit fin au débat survenu entre les habitants francs de Rouvres et les hommes taillables du duc et des seigneurs, au sujet de la *matroce*, nous voyons que sur le territoire de la commune, chaque journal de terre *habergié*, c'est-à-dire avec maison et dépendances, d'une contenance de 240 perches, était chargé de 2 émines, et celui non *habergié* d'une émine seulement, et qu'il fut décidé que les hommes taillables, ne jouissant pas des mêmes avantages que les hommes francs, ne paieraient que les trois quarts de la redevance, c'est-à-dire 3 carteranches par journal, ce qui donnait à l'émine du grenier de Rouvres une contenance de 4 carteranches, de la mesure du marché ou de Dijon, qui était la plus grande mesure du lieu.

D'un autre côté, la charte de 1215 ne parle que du setier, et ce setier, disent les comptes et les terriers, était le même que l'émine du grenier ou mesure de Saint-Louis. Or, disait à ce propos le rédacteur d'un mémoire judiciaire (1) placé sous nos yeux : « chacun sait que le mot sextier marque une sixième portion de quelque « chose, *sextarius dicitur sexta pars*. Ainsi, à Rouvres, le sextier ne peut être tout au plus que le sixième de « l'émine du marché, puisque cette mesure est la plus grande du lieu. Il est aisé de trouver ce sixième, si le « quarteranche du grenier fait les deux tiers de celle du marché, les 2 du marché en font 3 du grenier, et les « 16 du marché en font 24 du grenier. Or, 4 est le 6e de 24, et par conséquent les 4 quarteranches du grenier « font le 6e de l'émine du marché ; le 6e fait le setier ; le setier suivant les terriers de Rouvres fait l'émine, « mesure de Saint-Louis. Quatre quarteranches du grenier composent donc cette émine et le setier. »

On comprend maintenant qu'au lieu de 2,346 hectolitres 40 litres auxquels la prestation en mesure dite de Saint-Louis astreignait les terres censables de Rouvres, elle n'était dans le principe que du quart de cette somme, c'est-à-dire de 811 hectolitres 10 litres, quantité qui donnait une satisfaction raisonnable aux intérêts du prince, sans nuire au développement de l'agriculture non plus qu'au bien-être de la population que le duc venait d'émanciper. Aussi, jusqu'au premier tiers du XIVe siècle, cette période fut-elle la plus prospère de

(1) *Mémoire pour régler la mesure à laquelle on doit payer la redevance due par les héritages de Rouvres, vulgairement appelée* matroce. (Archives de la Côte-d'Or, B.)

Et est assavoir, que li Maires, et dui sergent soulement, desouz le Maiour, au regart des homes de Rouvres, seront establi en la ville devant dite.

Rouvres, et le nombre de ses feux tendit toujours à s'accroître. Vers cette époque, les châtelains, stimulés par les besoins incessants d'argent du prince et peu scrupuleux sur les moyens d'augmenter ses revenus et leurs propres bénéfices, commencèrent à abuser du mot d'émine appliqué simultanément à l'émine du grenier et à celle dite de Saint-Louis, qui avait pénétré dans nos pays, et servis par diverses circonstances, s'appliquèrent peu à peu à l'y confondre à leur avantage (1), de telle sorte que vers le milieu de ce siècle les habitants de Rouvres se trouvèrent insensiblement amenés à payer une redevance triple de celle octroyée à leurs pères. Chose singulière et qui aidait encore à l'arbitraire, cette mesure dite de Saint-Louis n'avait point de contenance bien déterminée, puisqu'en 1426, à défaut d'un étalon officiel qui n'existait pas encore (on le fabriqua deux ans après), le comptable était forcé d'invoquer pour la justification de sa recette les dires de J. Donay, grenetier de Bourgogne de 1372 à 1378, portant, comme nous l'avons exprimé plus haut, que les 16 carteranches de la mesure de Saint-Louis ne valaient que 13 de celle de Dijon; que 15 carteranches d'avoine ne valaient que 10 de celle de Dijon et plus tard 9 1/2, et encore cette vérification laissait tant à désirer, qu'en 1602 un arrêt de la Chambre des comptes décida que la mesure de Saint-Louis en blé de 16 carteranches égalaient 11 carteranches 1/3 et 1/12 de celle de Dijon, et celle en avoine 17 boisseaux, dont il fallait 32 pour l'émine de Dijon.

C'est alors que, dans l'impossibilité de faire face à leurs engagements, les hommes francs de Rouvres traitèrent avec les hommes taillables; mais la mesure fut loin de combler le déficit et il fallut encore aviser. C'est en vain que le roi Jean, qui venait de prendre possession de la Bourgogne et de confirmer leurs privilèges, leur fit don, en manière de bienvenue, de 200 émines d'arrérages (2); que son fils, le duc Philippe-le-Hardi, leur remit également au même titre un reliquat de 50 émines (3), la prestation était devenue impossible.

En 1375, les habitants étaient en arrière de 410 émines de blé et avoine (4).

En 1406, le duc Jean-sans-Peur, par lettres du 20 avril, leur fit remise entière de tous leurs arrérages et les quitta de cette prestation pendant six ans, sous la condition de percevoir une gerbe sur cinq dans tous les champs emblavés; mais en 1412, la Chambre des comptes ayant reconnu que cette prestation ne produisait que 60 émines, réduites encore à 36 par les frais de perception, par suite, écrivait-elle au chancelier, de la fraude des habitants qui, pour esquiver le droit, laissaient leurs terres en friches et cultivaient celles du voisinage, elle manda les magistrats ainsi que les principaux habitants et exigea d'eux une redevance annuelle de 200 émines (5).

Le 23 juin 1418, le Duc porta cette redevance à 300 émines durant six ans, et vingt-cinq jours après, accédant à la prière de la duchesse sa femme, il leur fit remise d'un an à cause d'une tempête qui avait dévasté le territoire (6).

Son fils Philippe-le-Bon, après avoir, par ses lettres du 24 mai 1420, exigé 400 émines pendant six ans, fut forcé deux ans après (7) de les en tenir quittes pendant cinq ans, sous la seule condition d'acquitter les redevances assignées sur la *matroce* (8). En 1428 il essaya encore de rétablir les 400 émines pendant huit ans, mais il fut forcé d'y renoncer et de rétablir les choses sur l'ancien pied. A partir de cette époque, les 1,000 setiers ne figurèrent plus qu'à titre de mémoire sur les comptes et les terriers, et la *matroce* ne fut pas pour les habitants de Rouvres qu'une sorte d'octroi d'un chiffre fixé par les assignations qu'il devait servir, dont on renouvelait la durée de plus en plus prolongée à différentes époques, jusqu'au moment où les trois cents propriétaires fonciers du territoire de Rouvres, voulant mettre fin aux procès incessants que suscitait cette *matroce*, laquelle, outre l'obstacle permanent qu'elle faisait au progrès de l'agriculture, était pour le village une cause de ruine et d'abandon, obtinrent en 1697, du roi Louis XIV, la conversion de cette redevance, partie en fonds de terre produisant un revenu équivalant aux grains qu'ils percevaient chacun an, partie en une double dîme, avec la faculté aux propriétaires de changer la nature de leurs terres en payant 15 sols par journal et un cens d'un denier. C'est alors que, pour opérer le cantonnement des terres abandonnées aux communautés religieuses, les propriétaires firent procéder à une nouvelle distribution du territoire. Admirable opération, par suite de laquelle le finage fut divisé en grandes pièces régulières, dont les parcelles aboutissaient toutes

(1) Le Mémoire cité plus haut mentionne un châtelain de Rouvres de l'année 1390, qui, ne connaissant pas encore son métier, avait prélevé 100 émines après en avoir payé 400.
(2) Lettres du 11 janvier 1362. (Compte de la châtellenie, B 5747.)
(3) Lettres du 13 décembre 1364. (Compte B 5749.)
(4) Compte B 5764.
(5) Compte B 5770.
(6) Compte B 5775.
(7) Lettres du 24 mai 1422. (Voir n° CCXX.)
(8) Compte B 5776. Elles consistaient en 204 émines 7 carteranches de froment et 124 émines 7 carteranches d'avoine.

Li homes devant dit ne se jostiseront (1), mais que por lou Maiour, ou por les dous sergenz devant diz, et li Maires, et li dui sergent, mais que por moi, ou por mon commandement ne se jostiseront (2).

Mi forfait de cele vile seront levé, à la menière et à la mesure que ge ay estably as diz homes, et seront rendu à moi, ou à mon commandement (3).

Et que ceste chose soit estable, ge ay confirmé ceste chartre de mon seal. Ce est fait à la seint Jehan, en l'an de l'Incarnation nostre Seigneur, mil cc et qninze, entrant novambre.

Nos Hugues, dux de Berguoinne, devant diz, ceste chartre nostre père loons et confirmons, si comme ele est contenue desus, sauf ce que après ge lor ay quitté lou giste devant dit, por lou banc de vin, que il ont outroié à moy et à mes hoirs à Rouvre, si comme il est contenu en la chartre que ge lor en ay baillé, dont la tenors est tele.

Nos Hugues, dux de Bergoinne, façons savoir à touz cels qui verront cels presentes lettres, que nos homes de Rouvre quittons et absolons à touz jorsmais dou giste (4) que il devoient à nos et à noz hoirs chascun an, por lou banc de vin (5), que il ont outroié à nos et à noz hoirs, à tenir et à avoir en la dite ville de Rouvre. Et que ceste chartre soit ferme et estable à touz jors, nos avons confirmé cels présentes lettres de nostre seal. Ce est fait en l'an de nostre Seignor, mil deux cent et quarante et sept, ou mois de may.

Après ce, nos lor avons outroié, por lou profist de la vile, que nuls ne en nostre venue, ne senz nostre venue, ne preigne à Rouvre geline (6), ne pucin (7), ne chapon, ne oe (8), ne porc, ne chatron (9), se cil ne les veulent vandre, cui cele

sur des chemins de six mètres de large, les cours d'eau redressés, les prés assainis, et le territoire de Rouvres modifié si avantageusement à tous les points de vue, qu'un siècle plus tard un homme d'Etat des plus distingués, François de Neufchâteau, sénateur, en prenait texte pour la publication d'un livre sur l'agriculture qui produisit à cette époque une très vive sensation (1).

(1) Se rendront justice.
(2) C'est-à-dire que le Duc se réserve de prononcer sur tout débat survenu entre le Maire et les sergents.
(3) Par forfait, le Duc entend la punition ou l'amende des cas dont il s'est réservé la connaissance ou le profit.
(4) Moyennant cette redevance, le duc exemptait les habitants du droit qu'il avait de prendre des vivres et le logement pour lui et sa suite, toutes les fois qu'il venait à Rouvres.
(5) Ban de vin, droit de vente exclusive du vin en détail durant un certain temps de l'année, ou perception permanente d'un droit sur la vente au détail. Celui de Rouvres était dans ce dernier cas, c'est-à-dire que tout cabaretier devait un setier (8 pintes ou 12 litres 920 en mesures nouvelles) par queue de vin vendue. (Terrier de 1457.)
(6) Poule.
(7) Poussin.
(8) Oie.
(9) Mouton.

(1) *Voyages agronomiques dans la sénatorerie de Dijon*, etc., par N. François de Neufchâteau. Paris, M** Huzard, 1806, un vol. in-4°, avec planches.

— 485 —

chose seront, ne coutre (1), ne cuissin (2), ne charroix, ne foin, ne estrain (3), se cil cui il seray ne lour vuet doner ou prester ou loyer.

Ensorquetout (4) se aucuns se vuet mettre en la franchise de la vile, por quelque chose que il s'y mette, il si mettrai por le Maiour (5), et por les quatre escheviz (6), ou por cels qui dals deux seront en la vile.

· Après ce, nos lor outroions que l'on ne puisse vondre de guaige, maison, ne borde (7), ne pré, ne terre, ne autre herietaige ; mais se aucuns est detté, ou ploiges (8), li Maires et li quatre Eschevi lou doivent contraindre de payer, ou de bailler gaiges, ou pranre ses choses, ou son cors, tant que il ait vandu, ou fait pooir.

Et lor avons outroié, que landemain de feste seint Jehan, que il devront faire Maiour, que il lou facent as usaiges que il l'ont accostumé. Avec ce, nos lor avons outroié les Moigneaux (9) en lor cense, au fuer des autres dou commun, en tel manière que li uns dals soit au faire Maiour, et jurez, et sergens, et au giter nostre rante de blé avec les escheviz, laquelle rante de blé, nostre home de Rouvre nos doivent jurer à randre dedans les Bordes (10), et s'il i avait defaut, nos nos tanriens au Maiour et ez jurez, et à cels qui giteroient lou blé, et à tous les autres de la vile, et à touz lor biens, et à toutes lor choses, de ce qui en défandrait.

Et lor avons outroié lou marchié de Rouvre, as usaiges et as costumes dou marchié de Nuys (11).

Après ce, nos volons et lor outroions, que qui sera pris de jors en forfait de blez ou de fruitaiges, que il soit en tele amande comme il ont usé, et se il est pris de nuit, il paiera sexante et cinc sols.

Li forfait et les amandes seront jugié par lou Maiour et por les quatre escheviz. Et se il avoit descort, nos ou nostre commandement lou ferions, et les amandes seront nos (12).

(1) Matelas.
(2) Coussin.
(3) Paille.
(4) De sorte que.
(5) Par cette clause, le Duc autorisait le droit d'attrait, mais d'une manière bien moins accentuée que dans les chartes des villes et même de celle de Talant. (Voir n° CCXXII.)
(6) C'est la première mention des échevins, qui ne figurent ni dans la charte de 1215, ni dans celle de 1247.
(7) Chaumière.
(8) Garant.
(9) Famille de Rouvres.
(10) Premier dimanche de Carême.
(11) On levait à Rouvres l'éminage sur tous grains vendus, et un droit sur la boucherie, l'estassonnerie (épicerie et chandelles), la futaille, la ferraille, la mercerie, la verrerie, la serrurerie, la boulangerie, les biens vendus par saisie et autorité de justice, les bardaux et la draperie. (Terrier de 1457.)
(12) Toutes amendes au-dessus de 21 deniers étaient adjugées au Duc; la mairie en versait le produit au

Li Maires, et li escheviz, et li sergent, se jostiseront por nos ou por nostre commandement. Et est assavoir que chascun an, quant li Maires et li quatre eschevi seront establi, il jureront que il morront (1), et feront mourre cels de Rouvre à nos molins de Faverne, ne à autres molins il ne pueent mourre, fors de Rouvre, par lor sairemenz. Et nos lor outroyons que il moillent à noz molins de Faverne, por autel moture comme il morroient as autres molins de la rivière.

Et que touttes cels choses soient estables et fermes à tousjours mais, nos avons baillié à nos homes de Rouvre cels présentes lettres, esquelles nos avons fait à mettre nostre séal, en témoignage de vérité. Ce fut fait en l'an de l'incarnation nostre Seigneur, mil cc et cinquante et neuf, ou mois de janvier.

Vidimus donné au mois de juin 1272, sous le scel de la cour du Duc. Archives de la Côte-d'Or, B. Chambre des comptes de Dijon. Affaires des communes. — Imprimé : dans Pérard, p. 316 ; — *Ordonnances des Rois de France*, IV, 380.

CCXVIII

Transaction conclue entre les Maire, échevins et commune de Rouvres, et les hommes taillables du Duc, du sr de Champdivers, des prieurés d'Epoisses et de Bonvaux, au sujet de la part contributive de ces derniers dans la redevance des *matroces* dues au Duc, et de leur admission à concourir à la nomination des officiers de la commune.

1357 (24 août).

En nom nostre Seigneur. Amen. L'an de l'incarnation d'icelluy mil trois cent cinquante sept, lou jeudi de la feste saint Bartholomier, apostre, ou mois de host (2), à Rouvre ou cemestière de ce lieu, au cor courney (3) si comme il est de costume, la commune de Rouvre pour ce essemblée, Maires, eschevis, sergens, tailliaubles ou censaubles monseigneur le duc de Bourgoigne, de Champdivers, des religious d'Espoisse de l'ordre de Grant Mont (4), des religious dou Vaul

---

châtelain, qui l'inscrivait dans son compte. Outre les amendes de 7 deniers et de 21 deniers, il y en avait quatre autres, savoir : de 4 sols, quand une partie en faisait appeler une autre en simple action et qu'une partie succombait ; — de 7 sols en cas d'injure ; — de 14 sols pour batture avec sang, — et 65 sols contre « tout meffaisant de nuit. » (Terrier de 1457.)

(1) Moudront.
(2) Août.
(3) Convocation faite au son du cor.
(4) Prieuré d'Epoisses, de l'Ordre de Grandmont, fondé en 1189 par Hugues III, duc de Bourgogne, sur le territoire de Bretenière, commune limitrophe de Rouvres, et supprimé en 1771.

— 487 —

Nostre Dame (1) près de Talent (2). C'est à savoir nous Monoz le Estoz, maires de la dicte commune, Oudenez Eshelote, Guillaume Arnoloz et Perrenoz Viennes, eschevis de la dicte commune, Huguenoz Chais et Perrins le Garde, sergens de la commune dessus dite, Nicholas Charreaulx, Jehanz le Rouex, Perrenoz le Geliez, Villelmoz Goffaul, Guillemins Belons, Villemoz le Bouex, Philippoz Courretins, Jehanz Legroz, Villemins Meugeoz, Estiennes le Bergers, Oudoz le Blans, Elioz Guitoz, Poincot Tagnien, Bolins Chaut, lou boy Jehanz Blainchonz, Guillemins Legroz, Robert de Mostex, Jehanz Monnins, Adam de Jailley, Huguenoz Martillex, Oudoz Costeins, Jehanz Roillaulx, Oudoz le Mercex, Nicholas Sambadi, Guienot li Herminoz, Jehanz Tagnien li grant, Jehanz Miote, Nicholas Bourguireau, Oudoz Bouguenoz, Jehanz li Chaissoley, Nicholas Baraul, Jehanz Tagnien li junes, Guillemins Gevreaulx, Pignes Ploncons, Perreaulx li Quaille, Lorranceoz Barapte, Perrenoz Baudriz, Jehanz Karondeaulx, Jehanz Greuselez, Estiennes Grebille, Jehans Quesours, Jehanz Pain, Perreaulx li Rouhex, Villemot Sillon, Jehanz Courdex, Perreaulx Barapte, Jehans li Moux, Jehans Boichiers, Jehannins Jahins, Marceaul li Oillere, Jehanz Barrure, Perrenoz li Courint, Jehanz Goffaul, Jehanz de la Loye, Perrenoz de Longt, Perrenoz Miote, Monoz li clers, Monoz Jayoz, Monoz Bienvenue, Jehan Boulex, Boichiers li Orfenoz, Perreaulx Mailloz, Symonoz Blondeaulx, Jehans filz Oudenot Vinchot, Guillaume Juhene, Guiot, Michies, Jehanz Courgeous, Oudoz Gintoz, Girarz Vinchoz, Jacoz Cheruex, Jehanz Theni, Estienoz Ploutons, Andrios Tagnien, Jehanz Symonoz, Jehanz Mailloz, Jehanz Oudenot, Jehanz li Mortezot, Guillaumes de Semur, Jehan Costenois, et lou remenant de la dite commune absens pour lesquelx nous nous faceons fors et prenons en main quant a ceu d'une part. Et nous Jehanz Petiz Roidoz, Euvrars Roidoz, Jehanz Pourchoz, Jehanz Janteaulx, Perreaulx li Herigans, Pernoz li Maulemars, Guienoz li Chandelex, Jehanz Perroz Maulemares, Gilloz Maulemars, Jehanz li Lourdenis, Boichiot, Maulemars, Jehanz ses frères, Jehanz Dumex, Gillot Petez, Regnaudoz Daumex, Oudoz, filz Jehan Perrot, Symone Proiche, Thomas Maulemars, Armos li Loudeurs, Guillaume Roisant et lour complices et suiganz taillaubles ou censaubles doudit monseigneur le Duc et les autres taillaubles ou censaubles doudit monseigneur lou Duc absans, desquelx nous nous quant à ceu nous faceons fors, prenons en main (1). Et nous Perrenoz li Bergex, Gauchex li Ber-

---

(1) Prieuré du Val-Notre-Dame, sous Talant, plus connu sous le nom de Bonvaux, situé dans un vallon entre Plombières et Daix. Il fut fondé au commencement du XIIIe siècle.
(2) Ces habitants de Rouvres descendaient vraisemblablement des familles exceptées des franchises commu-

gex, Perrins li Roigeoz, Jehanz Moissons, Henris Boudeaulx, Oudoz li Gabillez, Guillaume li Bergex, Merceaulx li Gobilliez, Symonoz li Bergez, Guillaume li Bergex, Nicholas li Bergex, hommes taillaubles et censaubles des seignours de Champdivers et lour complices et suiganz de Champdivers, taillaubles ou censaubles, desquelx nous nous faceons fors et prenons an main, quant à ceu. Et Jehanz Raubeloz, Nicholas Goffaul, Maignans Duranz, Guillemoz li Moignandez, hommes taillaubles ou censaubles des religious dou Vaul Nostre Dame pres Talent. Et nous Perreaulx Cortoux, Esthevenins li Rosseloz, Jehanz ses frères, Jehanz Karoisseaulx, Jehanz Quelous li Rousseloz, hommes des religious d'Espoisse de l'ordre de Grantmont, d'autre part, faceons savoir à toux ceux qui verront et orront ces présentes lettres, que comme plaiz fuest mehuz entre nous parties dessus dictes et autres refusanz à paier ceu qui leur avoit estez gestiez et imposez por nous diz Mahours et escheviz du regiest avec la taxation des trois cartheranches por journaul de terre à la perche acostumée à Rouvre (1). C'est à savoir de douze vins perches lou journaul de terre pour entériner et accomplir la some de mil émines de bley parmey froment et avoine que chascun an nous diz habitans devons audit monseigneur lou Duc à cause de nos hretaiges. Sur ce nous Maires, eschevis, sergens et commune dessus diz et havons poursuivi et demandons es devanz diz taillaubles ou censaubles et autres refusanz pardevant Monsieur Olivier de Laye à ce temps gouverneur dou duchié de Bourgoyne por lou Roy nostre sire, aiant lou bail doudit duchié. Et pardevant maistre Symon de Pontaubert et maistre Phelibert Paillart, baillis pour dyvers termes dou Digennois à cause doudit bail. Concluhans de par nous diz Mahours, escheviz et commune contre les diz taillaubles, censaubles ou autres refusans qui estoient tenuz paier ceu que lour avoit estey gestié et imposey dou regiest doudit bley ou qui lour sera gestié avec la taxation des trois cartheranches por journaul ensuit

---

nales par la charte de 1215, dont le nombre s'était accru de celles des hommes appartenant à plusieurs nobles ayant des fiefs à Rouvres, qui les avaient vendus aux ducs de Bourgogne, lesquels, par une sorte de réaction étrange contre l'esprit d'émancipation, les privèrent longtemps de l'avantage de faire partie de la commune ; de telle sorte que, contrairement à ce qui subsistait dans les autres communes ducales, il y eut longtemps à Rouvres, des hommes plus ou moins engagés dans les liens de la servitude, vivant à côté des membres de la commune.

(1) Cette *matroce*, aggravée encore d'autres prestations en argent et en nature, tant pour la garde que le Duc prétendait sur une notable partie du finage que pour d'autres causes, était devenue si lourde aux membres de la commune, qu'ils avaient cherché à l'alléger en en imposant une partie aux autres habitants sans distinction. Ceux-ci, qui ne jouissaient pas des mêmes avantages, s'y étaient refusés. De là procès, que cette transaction avait pour but de pacifier, et auquel elle parvint au moyen d'une sorte d'abonnement. Ce traité eut cet avantage qu'il admit ces hommes à participer à la vie communale et prépara ainsi leur complet affranchissement, car leurs destinées, leurs intérêts se confondirent bientôt, de telle sorte que cette distinction ne fut plus possible. (Voir sur ces acquisitions des Ducs les titres de la châtellenie de Rouvres. Archives de la Côte-d'Or. Chambre des comptes de Dijon, B 1298, 1299.)

comme dessus est dit à cause des héritaiges que il tenoient pour acomplir la some des dites mil émines chascun an audit monseigneur lou Duc dehues en la ville de Rouvre. — Les diz taillaubles ou censaubles ou aultres refusans disanz au contraire en respondant que tout temps et por si lont temps qui n'est mémoire dou contraire il hont estey et encour sont en saisine et en possession par eux et pour ceux des quelx il hont cause, que ces qui demorent es mes ou es esbargiages des taillaubles ou censaubles des conditions dessus dittes de paier tant seulement trois cartheranches por mey (1), pour chascun journaul. — A la porfin pour bien de pais et por plux grant ryote (2) escheur (3); dou consentement et volontey de nous parties dessus dites ou non que dessus l'an et lou jour dessus dit, pour la voix de noble homme Girart de Longchamp, chastellains de Rouvre et de Brasey, et de Monet Lescot, maires de la commune de Rovre suis lou dit plait et desacort, acourdé est par la menière que s'ensuit. C'est asavoir que nous diz taillaubles ou censaubles, pour nous et pour nos hoirs sus quelque mes que nous demorions taillauble ou censauble ou es mes des dites mil émines sumes et demorons quictes et paisibles à toux jours mais, de tous regiez, exartions ou servitudes de blez queques elles soient qui nous pourrient estre gestés ou imposés à cause de nos héretaiges pour l'escomplissement des dites mil émines; por paiant chascun an de nous diz taillaubles ou censaubles ou de nos hors ou de ceux qui de nous auront cause, trois quars de bley pour mey froment et avoine pour émine. C'est à savoir que cilz qui dauront une émine par mey à cause de ses héretaiges, chargiez des dictes mil émines, c'est de chascun journaul, trois cartheranches dou journaul de mes, chargié de doulx émines abergié et dou journaul de mes desabergié, chargié d'une émine, paieront comme devant est dit, trois quars por émine et en dessendant et en montant de l'émine, selon ce que chascune tanrai paiera à l'ugaul des diz trois quarz pour chascune émine. Encour est accordé parmoy cest traictié et acort que nous diz taillaubles ou censaubles sumes des libertey et franchises de la dite ville. C'est à savoir que nous serons à eslire Mahour, escheviz, sergens et messey et demeurra le huns de nous escheviz si nous plait, sans auler au contraire. Et auximant (4) serai li huns de nous à faire lou giest qui chascun an se fera pour lou Mahour, escheviz, clerc et sergens pour tel que nous paierons de la dite mission que pour les diz Mahourt, es-

---

(1) Blé et avoine par moitié.
(2) Querelle.
(3) Eviter.
(4) En outre.

cheviz, clerc et sergens serai gestié et imposé. Exceptey que ou cas que li diz Mahourt, eschiviz, clerc et sergens serai gestié et imposée. Exceptey que ou cas que li diz Mahours, eschiviz et sergens, ferient ou sustanront aucune mission ou despense pour l'ocasion ou deffaut de non paier les dictes mil émines lou terme passey des Bordes et nous diz taillaubles ou censaubles auriens paié audit terme anteremant ; nous ne serions tenuz de paié ne sustenir des diz despans ou mission faites sur ceu. — *Item* por mey c'est traictié ou acort. Nous devant diz taillaubles ou censaubles pourrons venir demorer por esbargege es mes des prodomes des mil émines por paiant par chascun journaul de mes abergié, douhes émines et dou journaul de mes desabergié une émine. Ensemble les trois quars devant diz por émine por tel que ce nous ediffions de novel es diz mes des prodomes des mil émines lou dit ediffice. Nous pouvons ostey, vandre ou alieney ou faire nostre profit sanz empêchement mestre desdiz Mahour, eschiviz et sergens. Et se nous lou trovons abergié nous ne lou pourrons desabergié ne desediffier sanz la licence, volonté et consentement des diz Mahours, escheviz et sergens. Et pour samblauble manière se nous diz Mahours, eschiviz et sergens ou aucuns de nous diz prodomes des mil émines venons demorer es mes des diz taillaubles ou censaubles et nous y facins ediffice novel, nous lou pourrions ostel sanz aucun empêchement. Et se nous lou trovons ediffié, nous ne pourrons ostel lou dit edeffice.— Ancour est acourdez que se aucuns de nous taillaubles ou censaubles donnons par mariaige nos filles es prodomes de mil émines ou à lour filz et nous donnissiens heritaige franc, non chargié des dites mil émines, il retourneront à nous diz taillaubles ou censaubles en la menière que nous l'aurions donney à nos diz filz ou filles, de nos diz filz ou filles trespassient sans hors de lours corps, se il ne vouliait que les diz héritaiges fusseint des dites mil émines. Lesquelles choses toutes et singulières dessus dites por ensint comme elles sont dessus divisées, confinées et expresses ; nous Maires, eschiviz, sergens et commune dessus diz, d'une part ; et nous diz taillaubles ou censaubles, pour nous et pour nos complices, d'autre part et chascun de nous por ensint comme y li appartient ou peut appartenir, sumes tenuz et promettons, por nous et por nos hors lesquelx nous obligeons à ceu por nos sairemens donnés corporelment sur Sains Evvangilles de Dieu et sur l'obligation de tous nos biens mobles et non mobles présens et à venir qui qu'il soient, accomplir et entereney, tenir, garder ferme et estauble à tous jours mais, en non venir ou contre, loisiblement ne en appert por nous ne por autre en jugement ne deffors. Et renonceons nous parties dessus dites et chascun de nous pour nous et por nos hors ou ce fait et por nos diz sairemens jai donnez, à toutes exceptions de fraude, de baret, de paour, de force, de lésion, de déception, de circumvencion les choses dessus dites non estre faites dehuement à tout lou remede d'apeaul, à toutes bones cavellations, allégations ; à touz drois de canon et civil ; à toutes costumes de droit et de païs ; à toutes autres exceptions et raisons de droit et de fait que l'on pourroit dire ou alléguer, obissier ou proposer contre la teneur de ces présentes lettres ; et speciaument au droit qui dit que généraul renonciation ne vaut se li especiaul n'est mise. Et à tenir et garder les choses dessus dites, nous parties dessus dites et chascune de nous por ensint comme y li appartient ou peut appartenir, voulons estre contrains auxi comme de chose adjugée por la court de Monseigneur lou duc de Bourgogne et por la cour de Monsieur l'official de Chalon, à la juridiction desquelles cours nous submettons nous et nos hors et tous nos biens. En tesmoinaige desquelles choses nous havons requis les seaulx des dites cours estre mis à ces présentes lettres et samblaubles doublées pour unes meismes paroles dou consentement de nous parties dessus dites. C'est fait en la presence de Perrenot Viennois de Rovre, coadjuteur de monsieur Crestien Lesco, prestre, notaire de Rouvre, pour lou dit monseigneur lou Duc et de Jean Perrichot, notaire de Moussieur l'official de Chalon, de Heliot Bruhant, de Perrin Pinet, de Mons. Pierre de Marnans, curié de Rovre, de Mess. Andriet Roquemier, vicaire de ce lieu, de Guienot Pichelin, de Jean Boichiot de Rovre et de Huguenin Minbros, maires de Marcennay, tesmoins à ce appellez et requis l'an, lou jour et lou mois dessus diz.

Original : Archives de la Côte-d'Or. Chambre des comptes de Dijon. Affaires des communes. Rouvres.

CCXIX

Confirmation des priviléges de Rouvres, par Jean, roi de France.

1361-62 (janvier).

Johannes, Dei gratia Francorum rex, notum facimus universis tam presentibus quam futuris, nos infra scriptas vidisse litteras, formam quæ sequitur continentes, etc.

Nous Hugues, dux de Bergonne..... (*Voir n° CCXVII, page* 481.)

Nos autem homines nostros et habitatores dicte ville nostre de Rovra, quorum supplicationem benigniter accipimus, in hac parte volentes in nostro jocundo adventu ad ducatum Burgundie, nobis nuper jure successorio deventum, prosequi favoribus gratiosis, ipsosque in suis justis usibus, privilegiis, libertatibus et franchisiis debite conservari, predictas litteras superscriptas, ac omnia et singula que in eisdem continentur, laudamus, ratificamus, approbamus, et de nostris auctoritate regia, certa scientia ac regie potestatis plenitudine, et de speciali gratia, ac in quantum homines et habitatores predicti, ac Maior, et scabini dicte ville de predictis usi hactenus fuerunt et utuntur, confirmamus tenore presentium litterarum, nostro et alieno in omnibus jure salvo. Quod ut firmum et stabile perpetuis temporibus perseveret, presentes litteras sigilli nostri impressione jussimus roborari. Datum apud Rovram, anno Domini millesimo trecentesimo sexagesimo primo, mense januarii.

Per Regem, J. MELLON.

Vidimus donné le 14 février 1416-17, par J. DE MARLE et LEBOIS, notaires. Archives de la Côte-d'Or, B. Chambre des comptes de Dijon. Affaires des communes. — Imprimé : dans Pérard, page 318 ; — *Ordonnances des Rois de France*, IV, 389.

CCXX

Mandement du duc Philippe le Bon, qui accorde aux habitants de **Rouvres** une décharge, pendant cinq ans, d'une partie de la redevance appelée *Matroce*.

1422 (24 mai).

Phelippe, duc de Bourgoingne, conte de Flandre, d'Artois et de Bourgoingne, Palatin, seigneur de Salins et de Malines. A noz amez et feaulx les gens de noz Comptes à Dijon, salut et dilection. Receu avons l'umble supplication de noz subgetz les habitans de nostre ville de Rouvre, contenant que comme ilz nous soient tenuz chascun an mil amines par moitié froment et avene, mesure de nostre grenier dudit Rouvre, à cause de la rente que l'on appelle moiteresse, laquelle ville par le temps que la dite moiteresse fut mise sus et octroiée à noz prédécesseurs, cui Dieu pardoint, qui fut environ à huit vins douze ans, comme puet apparoir par leurs chartres, estoit grandement peuplée et riche, et y avoit plus de six vins charrues de buefz sans celles de chevaulx. Et pour lors estoient toutes les terres labourées et en estat. Depuis lequel temps, tant pour les mortalitez que pour les guerres qui ont esté, et aussi pour cause de la charge de la dite moiteresse, elle est tellement appetissée et despeuplée, qu'il n'a en icelle de présent que environ iiii^{xx} feux, dont il n'y a que trente laboureurs et tout le demeurant serviteurs de nostre très redoubtée dame et mère, de nous et de noz seurs, lesquelx serviteurs ne labourent riens ou bien peu, et oultre tant peu de laboureurs qui y sont, sont tant povres qu'ilz n'ont de quoy avoir bestes de par eulx, mais les tiennent à commande des bourgois d'environ, et n'a en la dite ville que environ cincq charrues de buefz et bien peu d'aultres. Pourquoy les héritaiges sont la plus grant partie en désert. Pour lesquelles causes, feu nostre très redoubté père, cui Dieu pardoint, leur modéra la dite moiteresse par plusieurs années à deux cens amines. Et depuis la leur modéra à trois cenz. Toutes voyes sans ce qu'ilz soient creuz ou amendez de richesse, mais grandement appovris, parce que il a environ trois ans que pour tempeste et orvale de temps, ilz perdirent tous les gaaignaignes, et l'année suigant par fortune d'eaue de la rivière d'Osche qui eschappa et vint à si grant habondance en la dite ville que tous leurs gaaignaiges qu'ilz avoient amassez en leurs granges furrent pourriz et perduz, et de leurs bestes noyées et perdues. Et par ainsi se nous en eussions esté bien advertiz, nous leur deussions avoir quicté et remis presque toute la moiteresse ou à tous le moins la modérer à une bien petite somme pour les remectre sus, mais nous de ce non advertiz la leurs modérasmes seulement à iiii^c amines pour les moissons darrières passées, lesquelles nostre chastellain dudit Rouvre, qui a la charge de les recevoir, leurs fait paier. Et pour ce qu'ilz n'avoient de quoy, il leur a fait vendre la plus grant partie de leurs biens, et néantmoins en reste encoir à paier de la moitié, et que pour adviser sur les diz supplians pourroient trouver voye et manière de nous paier les dites iiii^c amines. Iceulx supplians ont fait renouveller le papier de la dite moiteresse qui longtemps a ne l'avoit esté. Ouquel papier sont escrips les héritaiges qui nous doivent les dites mil amines et doivent chascun an pour chascun journal contenant xii^{xx} perches qui ne sont que deux tiers de journal, trois quarteranches, et pour chascun mex hebergié, contenant ung journal, deux amines, et pour mex non hebergié contenant un journal, une amine. Lequel papier. qui est plus à nostre prouffit que desdiz supplians, pour cause de noz diz assignaulx, a renouvellé nostre chastellain de Brasey. Pour lequel fait a convenu fraier aus diz supplians grandement, tant pour paier les gaiges d'icellui chastellain, comme pour les tesmoings et anciennes gens qui ont esté examinez. Par lequel papier renouvellé commil appert par icellui, les parties ne montent que à six cens amines, à compter les mex et terres ou prés que dessus qui sont plus de la moitié en désert et ne scevent les parties où elles sont ; ainsi ne vauldroient les diz assignaulx que trois cens amines. Pourquoi il semble ausdiz supplians que la dite modération que faite leur avons esdites iiii^c amines est petite grace, attendu qu'il n'en y a que iii^c payables, mesmement que icelle modération n'est que pour l'an passé, et par ainsi sont les diz supplians pour les amines advenir aux mille amines devant dites, lesquelles ilz ne nous pourroient paier, et que plus est, se nous partions de nostre pays de Bourgoingne sans leur en faire aucune grâce, ilz n'auroient de quoy et ne pourroient finer argent pour envoyer apres nous ; qui leur tourneroit de plus en plus à une moult grande charge et dommaige se sur ce ne leur estoit par nous pourveu de gracieux et convenable remède, si comme ilz dient. Requérans humblement icellui. Pourquoi nous, ces choses considérées voulans sur icelles pourveoir ausdiz supplians et les aucunement relever de leurs dites charges, sur ce eu l'advis des gens de nostre Conseil et de vous et qui pour ceste cause avons fait veoir et visiter les comptes de noz rentes et revenues dudit lieu de Rouvre, pour savoir plus à plain la vérité des choses dessus dites et ce que nous devons de rentes chascun an à certaines églises sur la moiteresse ; par lesquelz comptes a esté trouvé que les rentes deues ausdites églises à la charge d'icelle moiteresse montent trois cens trente deux amines et dix quarteranches de grain, mesure de nostre dit grenier de Rouvre. Voulons et vous mandons expressement que les diz supplians vous faites tenir paisibles par nostre chastellain de Rouvre que ce regardera sur ce qu'ilz nous pevent devoir de la dite année passée et de la quantité de soixante sept amines et six quarteranches, par moitié froment et avene d'icelle mesure. Et en oultre desdites mille émines de grain à nous par eulx deues chascun an à cause de la dite rente appellée moiteresse, les faites tenir paisibles par nostre chastellain dudit lieu de Rouvre, présent et advenir dès maintenant jusques à cinq ans prouchain venant et continuant suigant, pour et parmy paiant seulement ausdites eglises les trois cens trente deux amines et dix quarteranches dessus déclairéez que nous leur devons chascun an de rente sur la dite moiteresse, comme dit est. Et par rapportant, pour la première foiz *vidimus* de ces présentes fait soubz le seel authentique, ou coppie collationnée par l'un de noz sécrétaires ou en la Chambre de noz diz Comptes, ensemble certiffication des diz supplians par laquelle appert que desdiz lxvii amines et vi quarteranches, par moitié froment et avene, mesure que dessus, icellui nostre chastellain de Rouvre, présent ou advenir qui ce regardera, les ait tenuz paisibles sur ce qu'ilz nous pevent devoir sur la dite année passée. Et pour chascun desdiz cinq ans advenir une autre certifficcation des diz supplians par laquelle appert aussi que ledit chastellain les ait tenuz paisibles des dites mille amines de grain durant ledit terme de v ans, en paiant seulement les dites charges par nous deues ausdites églises qui montent à la quantité dessus dite Nous voulons tout ce dont ainsi ilz auront esté, par nostre dit chastellain, présent ou advenir, tenuz paisibles, estre par vous alloé es comptes et rabatu des receptes d'icellui chastellain de Rouvre, présent et advenir qu'il appartiendra. Et vous mandons et expressément et enjoignons que ainsi le faites sans aucun contredit ou refus, nonobstant quelxconques ordonnauces, mandemens ou deffenses à ce contraire.

Donné en nostre ville de Dijon le xxiiii° jour de may, l'an de grace mil quatre cens vint et deux.

Par monseigneur le Duc, Q. MENART.

Original : Chambre des comptes de Dijon, B. Affaires des communes. Commune de Rouvres.

CCXXI

Confirmation des priviléges de la commune de Rouvres, par Henri II, roi de France.

1547 (janvier).

Henry, par la grâce de Dieu, roy de France, scavoir à tous présens et advenir. Nous avons receu l'humble supplication de noz chers et bien amez les Mayeur, eschevins, manans et habitans de nostre ville de Rouvre, en nostre duché de Bourgoigne, contenant que [par] noz prédécesseurs, que Dieu absoille, leur auroient esté donnez et ouctroyez plusieurs baulx, droiz, previleiges, prérogatives, franchises, libertez, statuz et usaiges, lesquelz ilz feront apparoir quant mestier sera, et d'iceulx auroient tousjours jouy jusques à présent. Touteffois, doubtans les dictz supplians que on les voulsist en la jouissance d'iceulx troubler et empescher, sy par nous ne leur estoient confermez, ilz se seroient retirez par devers nous et nous auroient très humblement supplié et requis sur ce leur impartir noz grâce et liberalité. Pour ce est il que nous, considérans la bonne loyaulté et obeyssance que les dictz supplians ont de toute antieinneté porté à noz diz prédecesseurs roys et à la coronne de France, et espérons qu'ilz y continueront de bien en mieulx envers nous. Pour ces causes et aultres bonnes considerations à ce nous mouvans. Tous et chascun lesdictz previléges, droiz, prérogatives, franchises, libertez, statuz, coustumes et usaiges, dons, grâces et ouctroyz à eulx faictz et ouctroyez par noz diz predécesseurs, avons ratiffiez, confermez et approuvez et par ces presentes, de nostre grâce espécial, plaine puissance et auctorité royal, ratiffions, confermons, approuvons et avons pour agréables. Pour par les dictz supplians en jouyr et user, tant et sy avant qu'ilz en ont par cy devant dhuement et justement joy et usé ou qu'ilz font encores de présent. Sy donnons en mandement, par ces mesmes présentes, à noz amez et feaulx conseillers, les gens tenans nostre Court de Parlement et de noz Comptes à Dijon, au bailly de Dijon ou son lieutenant, et à tous noz aultres justiciers et officiers ou à leurs lieutenans et à chacun d'eulx, sy comme à luy appartiendra, que de noz présens grâce, approbation, ratification et confirmation, ilz facent, souffrent et laissent lesdictz supplians et leurs successeurs joyr et user plainement et paisiblement, sans en ce leur faire mettre ou donner, ne souffrir estre faict, mis ou donné aulcung trouble, destourbier ou empeschement au contraire. Lesquelz si faictz, mis ou donnez leur estoient, les mettent ou facent mettre incontinant et sans delay à plaine delivrance et au premier estat et deu, car tel est nostre plaisir. Et affin que ce soyt chose ferme et stable à tousjours, nous avons faict mettre nostre seel à ces dictes présentes, saufz en autres choses nostre droit et l'aultruy en toutes. Donné à Fontainebleau ou mois de janvier l'an de grace mil cinq cens quarante sept et de nostre regne le premier.

Par le Roy, J. Perard.

Visa contentor, J. Perard.

Archives de la Côte-d'Or. Chambre des comptes de Dijon, B. Affaires des communes. Rouvres.

TALANT

Ce village, bâti au sommet d'un mamelon isolé, situé à quatre kilomètres ouest de la ville de Dijon, fut une création toute politique du duc Eudes III, qui, en 1209, acquit de l'abbaye de Saint-Bénigne ce piton alors désert, pour y élever une forteresse ayant le triple but :

D'occuper un point stratégique d'une haute importance, puisqu'il commandait à la fois la capitale du duché et deux des routes principales qui y aboutissaient ;

De concourir à la défense de cette ville ;

Et enfin d'ouvrir aux serfs opprimés des campagnes un refuge aussi assuré que celui des villes, mais plus en rapport avec leurs habitudes et leurs coutumes.

L'événement justifia les prévisions du Duc : de nombreux réfugiés vinrent peupler la nouvelle enceinte et défendre la redoutable forteresse, qui, comme nous l'avons dit ailleurs, fut longtemps la Bastille de la Bourgogne (1). Aussi, pour assurer leur séjour, le Duc leur accorda plus tard des priviléges si considérables, qu'ils valurent à la nouvelle commune l'honneur d'envoyer des députés aux Etats généraux du Duché, d'avoir des armoiries, un Maire, des échevins, un procureur, un greffier, et d'être une capitainerie unie à la charge du lieutenant-général du roi au Dijonnais.

CCXXII

Charte de commune octroyée aux habitants de Talant par Eudes III, duc de Bourgogne.

1216 (novembre).

Ego Odo, dux Burgundie, notum facio presentibus et futuris quod concessi habitatoribus castri mei de Talant talem libertatem.

In primis ut eligant quatuor homines qui jurent fidelitatem castri et habitantium in eo et habeant talem potestatem et juridictionem in castro, et in appendiciis suis, qualem habent apud Divionem Major et jurati communie Divionis, salva

---

(1) *Le château de Talant,* monographie, publiée dans le t. III des *Mémoires de la Commission des Antiquités de la Côte-d'Or.*

tamen castri libertate. Et illi quatuor jurati possunt mutari per singulos annos, in festo sancti Johannis et alii constitui.

De proclamatione duodecim denarios persolvet super quem injuria reperietur et illi duodecim denarii erunt quatuor scabinorum.

Qui de pugno vel palma percusserit, si inde clamor exierit, quinque solidos persolvet; si clamor non exierit, nichil. Qui sanguinem fecerit, si clamor exierit, decem solidos persolvet; si clamor non exierit, nichil (1).

Alia jura secundum bonam consuetudinem Divionis, conservabuntur.

De pedagiis, de ventis et de aliis bonis consuetudinibus, que tenentur in villa Divionis, eis libertatem concedo.

De vineis suis talem sibi concedo libertatem, quod si custodes meos circa Divionem posuero, quando vine parate erunt ad vindemiandum, libere poterunt vindemiare.

De omnibus vero nemoribus meis concedo eis quicquid ad omne opus suum eis in castro necesse fuerit (2).

Volo autem ut illi quos attractu castri mei de Talant retinui vel retinuero liberi sint cum omnibus rebus suis (3).

Si quis autem exterior de manentibus in castro conquestus fuerit, jus recipiat et faciat in castro coram quatuor electis (4).

Item prepositus meus de Talant nullam habebit potestatem vel jurisdictionem in hominibus ibidem manentibus vel in rebus eorum neque alii prepositi mei vel baillivi nisi per quatuor electos.

Quicumque in castro refugere voluerit vel potuerit, nisi latro vel homicida fuerit, liber et securus erit in castro cum omnibus rebus suis (5).

Et quicumque in castro edificaverit, de edificio suo voluntatem suam facere poterit salva censa mea.

De nemore de Pasques concedo eis usagium in perpetuum ad quidquid eis fuerit necessarium; ita tamen quod nemo poterit vendere, vel dare extra castrum.

Concessi etiam habitationibus castri de Talant, liberi sint ab omnibus tailliis, exactionibus, questibus et missionibus, excepto quod quisque de quaque pertica

---

(1) A Dijon, le même délit était puni de 7 sols, et, s'il y avait plainte, de 15 sols.
(2) Le Duc, ne possédant point de bois sur le finage de Talant proprement dit, leur abandonna comme bois communaux une portion de la forêt de haute serve située entre Daix, Prenois et Etaules.
(3) Le droit d'attrait, si nettement posé dans les chartes de Dijon et de Beaune, dissimulé dans celles de Châtillon, oublié à Nuits et nous dirions presque à Rouvres, est ici proclamé.
(4) Imité des articles 5 et 7 de la charte de Dijon. (Voir page 9.)
(5) Nouvelle affirmation du droit d'attrait.

mansi sui de lato (1), annuatim decem solidos persolvet; et ab omnibus exercitibus immunes erunt (2).

Donavi autem duobus hominibus custodibus portarum de Talant (3), duas perticas liberas sine censa unicuique, unum in quibus mansiones suas habeant.

Item si animalia vel pecora in forefacto deprehensa fuerint, quodlibet animal sex denarios persolvet, preter oves quarum queque duos denarios dabit, et dampnum ad considerationem quatuor electorum illi cui factum fuerit restituetur.

Incipiet autem bailliva et justicia de Talant a via que tendit a Fontanis versus molendinum Capre Mortue (4) que dicitur Via Molendinaria.

Et est sciendum quod justitia latronis, adulteri et homicide retinui michi, eorum videlicet qui in castro de Talant et bailliva ejus probati fuerint vel convicti.

Ego autem Odo, dux Burgundie, hujus modi constitutiones, libertates, immunitates firmiter et inviolabiliter observandas, sicut in presenti carta continentur, juravi. Volo autem ut quicumque successor meus in ducatu fuerit hec idem confirmet et juret. Carta ista emendata et confirmata fuit et sigillo nostro roborata ad petitionem meorum de Talant, anno gratie M° CC° sexto decimo, mense novembris.

Archives de la Côte-d'Or. Chambre des comptes de Dijon, B 10423. Grand cartulaire, folio 122, verso. — Imprimé dans les *Ordonnances des Rois de France*, IV, 399.

CCXXIII

Lettres de Philippe de Rouvres, duc de Bourgogne, qui vidime et ratifie les confirmations des priviléges de la commune de Talant accordées par les ducs Robert II et Eudes IV.

1275 (?), 1317 (mai), 1360 (22 avril).

Phelippe, duc de Bourgoigne, conte d'Artois et de Bourgoigne, palatins et sire de Salins, faisons scavoir à tous présens et advenir, nous avoir veu les lettres de

---

(1) La perche qui servait à mesurer les fonds accensés avait 15 pieds à la mesure de Saint-Louis ou 14 pieds de roi (4 mètres 647 mill.).

(2) Ce service militaire était remplacé par l'obligation imposée aux habitants de Talant de garder constamment leur forteresse. Seulement, en temps de guerre, on leur adjoignait les habitants du reste de la châtellenie, obligés de faire guet et garde et de contribuer aux réparations de la place.

(3) Il n'y avait jadis que deux portes pour entrer à Talant; celle d'Amont, s'ouvrait du côté de Dijon, l'autre, dite des Arbalétriers, faisait face à Daix et à Fontaine.

(4) Moulin de Chèvre-Morte, sur la route de Plombières.

notre très cher seigneur et ayeul, le duc Eudes de Bourgoigne, que Dieu absoille, contenant la forme qui s'ensuit :

Nos Odo, dux Burgundie, notum facimus universis presentes litteras inspecturis, quod nos quasdam litteras sigillatas sigillo clare memorie Odonis quondam ducis Burgundie, carissimi genitoris nostri, sanas et integras vidimus in hec verba :

Nos Robertus, dux Burgundie, notum facimus omnibus presentes litteras inspecturis, quod nos quasdam litteras sigillatas sigillo clare memorie Odonis, quondam ducis Burgundie, avi nostri, sanas et integras vidimus in hec verba :

Ego Odo, dux Burgundie, notum facio... (*Voir la pièce numérotée* CCXXII.)

Nos Odo, dux Burgundie, omnia et singula que in dictis litteris continentur, pro nobis et nostris heredibus renovamus et confirmamus. In cujus rei testimonium litteris istis sigillum nostrum apponi facimus. Actum in capella nostra dicti castri de Talant, anno Domini millesimo trecentesimo decimo septimo, mense maij.

Lesqueles lettres et previleges dessus dis, et toutes les choses contenues en iceux, ainsi comme dessus sont devisées, nous de certaine science, par ces présentes lettres, loons, voulons, confermons et octroyons estre valables et demeurer en leur vertu, non contestant que les dittes lettres et previleges soient apprésent ou fussent pour le temps avenir par mauvaise garde ou trop longue ancienneté corrompues, viciées ou domagées en scel ou en escripture, lesquels deffaulx, nous, de notre plaine puissance et de certaine science, supléons par ces présentes, lesquelles nous voulons et dicernons pour nous et noz successeurs ducs de Bourgoigne, avoir force et vertu de vray original des diz previléges, sans ce que les diz habitans soient jamais tenus de faire exhibition des autres lettres dessus transcriptes. Avecques ce avons juré et promis en ensuivant l'intantion et ordonnance de nos diz prédécesseurs ducs de Bourgoingne, jurons encore et promettons les diz previleges et tout le contenu en ces présentes lettres, tenir, garder ausdiz habitans et leurs successeurs, et faire tenir et garder perpétuellement, sans jamais venir encontre et les voulons estre jurés et confermés par nos diz successeurs et que ce soit ferme et stable à toujours, nous avons en témoin de ce fait mettre nostre grant scel en ces lettres, sauf nostre droict en autres choses et l'autruy en toutes. Donné en nostre chastel de Talant dessus Dijon, le vingt deuxiesme jour d'avril, l'an de grâce mil trois cens sexante.

Par monsieur le Duc en son Conseil, où estoient Messieurs de Montfort (1), de Mavoilly (2), de Voudenay (3), maistre Pierre Cuiret, maistre Philibert Paillart (4) et plusieurs autres, P. Cuiret.

<small>Archives de la Côte-d'Or. Chambre des comptes de Dijon. Affaires des communes. Cartulaire des priviléges de Talant. — Imprimé dans les *Ordonnances des Rois de France*, IV, 399.</small>

CCXXIV

<small>Confirmation de la charte du duc Philippe de Rouvres, par Jean, roi de France.</small>

1361-62 (janvier).

Johannes, Dei gratia Francorum rex, notum facimus universis tam presentibus quam futuris nos infra scriptas, carissimi filii nostri clare memorie Philipi, quondam ducis Burgundie, vidisse litteras sub his verbis :

Phelipe, duc de Bourgoigne, conte d'Artois et de Bourgoigne, etc. (*Voir n° CCXXIII.*)

Nos autem predictas litteras super transcriptas et omnia in eisdem contenta ratas habentes et gratas eas, et ea volumus, laudamus, ratificamus, approbamus, et de nostris certa scientia, authoritate regia et de gratia speciali quathenus de hiis habitatores predicti hactenus usi fuerunt et utuntur, confirmamus tenore presentium litterarum, nostro in aliis et alieno in omnibus jure salvo. Quod ut firmum et stabile perpetuis temporibus perseveret, presentes litteras sigilli nostri facimus appensione roborari. Datum apud Talentum anno Domini millesimo trecentesimo sexagesimo primo, mense januarii.

Per Regem, Mellon.

<small>Archives de la Côte-d'Or. Chambre des comptes de Dijon. Affaires des communes. Cartulaire des priviléges de Talant. — Imprimé dans les *Ordonnances des Rois de France*, IV, 399.</small>

<small>(1) Voir pièce n° CXL, en note.
(2) Geoffroy de Blaisy, seigneur de Mauvilly, était bailli de Dijon.
(3) Thomas, sire de Voudenay, chevalier, devint sous Philippe le Hardi membre du Conseil étroit, et fut l'un des ambassadeurs qui négocièrent le mariage de ce prince avec Marguerite de Flandres, veuve du duc Philippe de Rouvres.
(4) Voir pièce n° LXI, page 70, en note.</small>

CCXXV

Lettres de Charles le Guerrier, duc de Bourgogne, qui vidime et ratifie les confirmations des priviléges accordées par les ducs Philippe le Hardi, Jean sans Peur et Philippe le Bon aux habitants de Talant.

1364 (novembre), 1409 (mai), 1421 (février), 1473-74 (mars).

Charles, par la grâce de Dieu duc de Bourgoingne, de Lothier, de Brabant, de Lembourg, de Luxembourg et de Gheldres, conte de Flandres, d'Artois, de Bourgoingne, palatin de Haynneau, de Hollande, de Zellande, de Namur et de Zutphen, marquis du Saint Empire, seigneur de Frise, de Salins et de Malines, scavoir faisons à tous présens et advenir, nous avoir receu l'umble supplication de noz bien améz les eschevins, manans et habitans de nostre chastel de Talant, contenant que comme ils ayent par ci devant obtenu certains préviléges, libertés et franchises d'aucuns noz prédécesseurs ducs de Bourgoingne, contenus et declarés en la charte dont la teneur s'en suit :

Phelippe, duc de Bourgoingne, conte de Flandres, d'Artois et de Bourgoingne, palatin, seigneur de Salins et de Malines, scavoir faisons à tous présens et avenir, nous avoir vues les lettres patentes de feu nostre très cher seigneur et père dont Dieu ayt l'ame, scellée de son grant scel en laz de soye et cire vert, des quels la teneur est telle :

Jehan, duc de Bourgoingne, conte de Flandres, d'Artois et de Bourgoingne, sire de Salins et de Malines, scavoir faisons à tous présens et avenir, nous avoir veu les lettres de feu nostre très redoubté seigneur et père, que Dieu absoille, dont la teneur s'en suit :

Phelippe, fils de roy de France, duc de Bourgoingne, scavoir faisons à tous présens et avenir, nous avoir veu les lettres de nostre très cher et redoubté seigneur et père, que Dieu absoille, dont la teneur est telle :

Johannes, Dei gratia Francorum rex, facimus universis tam presentibus quam futuris. (*Voir la pièce cotée CCXXIV.*)

Lesquelles lettres cy dessus transcriptes et toutes les choses singulières qui y sont contenues, nous avons fermes et agréables, icelles en temps comme selon la teneur des dites lettres, les susdiz habitants de Talant en ont dument usé et usent ; voulons, loons, gréons, ratifions et approuvons, et de grâce especial par la teneur de ces présentes, confermons. Et que ce soit ferme chose et estable à toujours, nous avons fait mettre nostre scel à ces présentes, sauf en autre chose nostre droit et l'autruy en toutes. Ce fust fait en nostre dit chastel de Talant, l'an de grâce mil trois cent soixante et quatre au mois de novembre.

Par Monseigneur le Duc, CHAPELLE.

Lesquelles lettres cy dessus transcriptes et toutes les choses en icelles contenues, nous avons fermes et agréables, icelles en tant comme selon la teneur des dites lettres, les ditz habitans de Tallant ont deûment usé et usent; voulons, loons, gréons, ratifions et approuvons et de grâce espéciale, par la teneur de ces présentes, confermons. Et afin que ce soit ferme chose et estable à toujours, nous avons fait mettre nostre scel à ces lettres, sauf en autre chose nostre droibt et l'autruy en toutes. Donné en nostre ville de Dijon, au mois de may, l'an de grâce, mil quatre cent et neuf.

Par Monseigneur le Duc en son conseil, E. DE OSTENDE.

Lesquelles lettres cy dessus transcriptes et toutes les choses contenues en icelles, nous avons fermes et agréables icelles, si et en temps comme selon la teneur des dites lettres, les ditz habitans de Talant en ont deument usé et usent, voulons, loons, gréons, ratifions, approuvons et de nostre certaine science et grâce espéciale, par ces présentes, confermons. Et afin que ce soit ferme chose et estable à toujours, nous avons fait mettre scel à ces présentes, sauf en autre chose nostre droit et l'autruy en toutes. Donné en nostre ville de Dijon, au mois de février, l'an de grâce mil quatre cent vingt et ung.

Par Monseigneur le Duc, le sire de Roubaiz et le bailly
de Dijon et autres présens, T. BOUESSEAU.

En nous suppliant très humblement, par les ditz eschevins, manans et habitans de Talant, que à nostre joyeuse venue et entrée par nous présentement faite en nostre duché de Bourgoingne comme prince et seigneur souverain d'icelui, il nous plaise la dite charte et tous les ditz priviléges, libertéz et franchises contenus en icelles leurs confermer et ratifier et sur ce leurs octroyer noz lettres en forme deue. Pourquoy nous ces choses considérées, inclinans à la dite supplication et requeste et eû sur ce advis et délibération, après ce que avons fait voir et visiter en nostre Conseil la dite charte dessus transcripte, à iceulx eschevins, manans et habitans de nostre dit chastel de Talant, avons confermé, ratiffié et approuvé, confermons, ratiffions et approuvons de nostre certaine science et grâce espécial, par ces présentes, icelle charte cy devant insérée et sous les dits privileges, libertéz et franchises contenûs et déclarés en icelles selon leurs formes et teneur, si avant toutes fois qu'ils en ont par cy devant dehument joy et usé. Et afin que ce soit forme chose et estable à toujours, nous avons fait mettre nostre scel à ces présentes, sauf en autres choses nostre droit et l'autruy en toutes. Donné en nostre ville de Dolle, au mois de mars, l'an de grâce mil quatre cent soixante et treize.

CCXXVI

Confirmation des priviléges de Talant, par le roi Charles VIII.

1494 (juin).

Charles, par la grâce de Dieu, roy de France, scavoir faisons à tous présens et advenir, nous avoir receu l'humble supplication de noz chers et bien amez les eschevins, manans et habitans de noz ville et chastel de Talant, contenant que, pour la singulière amour et bienveillance que noz prédécesseurs Ducs de Bourgoigne, et mesmement feuz de bonne mémoire Odon, Robert, Jehan et Charles, nos encestres et derniers décédés ducs de Bourgoigne, ont eu ausdits eschevins, bourgois, manans et habitans; iceulx noz prédécesseurs ducs ont donnés et octroyés aux prédécesseurs des diz suplians, pour eux et leurs successeurs, plusieurs beaux, previleges, franchises et libertez contenues, spécifiées et déclarées en leurs lettres de chartres à ces présentes attachées, soubs le contre scel de nostre chancellerie; requérans très humblement iceulx eschevins, manans et habitans iceulx previleges, franchises et libertez qui leur ont esté continuées et entretenues par nos diz prédécesseurs ducs de Bourgoigne, et mesmement par le dit duc Charles, dernier décédé, et ils ont joy et usés par si long temps qui n'est homme vivant qui ayt mémoire du contraire. Nous leur volons pareillement entretenir et conferrer pour eulx et leurs successeurs, et sur ce leur impartir nostre grâce et libéralité. Pour ce est-il que nous, désirant entretenir, maintenir et garder les dits suppliants en toutes et chacunnes leurs dittes libertez, previleges et franchises, les traiter et soulager doresenavant en toute faveur, douceur et amitié; inclinans par ce à leur supplication et requeste, pour ces causes et autres justes considérations à ce nous mouvans, les diz previleges, franchises et libertez ainsy données par nos diz prédécesseurs ducs de Bourgoigne aus diz eschevins, manans et habitans de Talant contenus es dites lettres de chartres autant, si avant et tout ainsy qu'ils et leurs prédécesseurs en ont justement et deument joy et usés, leur avons ratifié, confermé et approuvé, et par la teneur de ces présentes, de nostre grâce spéciale, plaine puissance et authorité royal, louons, confermons, ratiffions et approuvons, pour par eulx et leurs successeurs en joyr et user selon la forme et teneur des lettres de leurs dites chartes, et comme joy en a esté par ci devant par eulx et leurs dits prédécesseurs comme dit est. Si donnons en mandement par ces mesmes présentes, à noz amez et féaulx conseillers, les gens tenans nostre court de Parlement et de noz Comptes à Dijon, et à tous noz justiciers et officiers ou leurs lieutenans, et à chacun d'eulx si comme à luy appartiendra, que de noz présentes grâce, confirmation, ratification et approbation, ensemble des dits previleges, libertez et franchises, et de tout le contenu es dittes lettres de chartre, et en ces dittes présentes, ils fassent, seuffrent, permettent et laissent les dits eschevins, manans et habitans de noz dicte ville et chastel de Talant, et leurs successeurs joyr et user plainement et paisiblement, sans leur faire mettre ou donner, ne souffrir estre fait, mis ou donné ores ne pour le temps advenir aucun destourbier ou empeschement. Lequel se fait, mis ou donné leur estoit ou avoit esté au contraire, le réparent et mettent ou fassent réparer et remettre incontinant et sans délai au premier estat et deu. Car tel est nostre plaisir. Et affin que ce soit ferme chose et estable à tousjours, nous avons fait mettre nostre scel à ces dittes présentes, sauf en autres choses nostre droict et l'autruy en toutes. Donné à Dijon, au mois de juin l'an de grâce mil quatre cent quatre vingt et quatorze, et de nostre règne le unziesme.

Par le Roy, l'évesque de Saint-Malo, les seigneurs de Gyé et de Baudricourt, maréchaux de France, M. Jean de Ganay, président en la court de Parlement, Charles Gaillard, conseiller en la dite cour, Guillaume Volant et autres présens.

Archives de la Côte-d'Or. Chambre des comptes de Dijon. Affaires des communes. Cartulaire des priviléges de Talant.

Lettres de surannation obtenues du roi Charles VIII, pour l'entérinement des lettres précédentes.

1497 (9 novembre).

Charles, par la grâce de Dieu, roy de France. A noz amez et féaulx conseillers les gens tenans et qui tiendront la court de nostre Parlement de nostre duchié de Bourgoigne, et gens de noz Comptes de nostre ville de Dijon, salut et dilection. L'humble supplication de nos bien amez les eschevins, bourgeois, manans et habitans de nostre chastel de Talant lez le dit Dijon avons reçeu, contenant que depuis trois ans en ça ou environ, nous leur avons octroyé noz lettres patentes en forme de chartre, contenant confirmation des previleges de piéça à eulx et à leurs prédécesseurs et successeurs, donnés par noz prédécesseurs ducs de Bourgoigne, et combien que nous ayons mandé et commis de les faire joyr et user de nostre dit octroy et confirmation, et que les dis supplians ayent eu en volonté de poursuivre envers vous la vériffication et entérinement de nos dittes lettres; néantmoins, à raison de ce que les eschevins du dit Talant establis on en temps de l'octroy des dittes lettres étoient gens ignaires et non ayans connoissance en icelles matières, aussi que les occupations que les diz supplians ont despuis eues, tant pour le logis des gens de guerre de noz ordonnances qui ont esté logés, comme encores sont au dit Talant pour la garde et défense d'iceluy, que autres grandes charges à eulx survenues pour la réparation des fossés, murailles et autres fortiffications d'iceluy Talant, ils ont obmis de vous présenter noz dittes lettres et de vous requérir le dit entérinement et vériffication en dedans l'an de l'octroy d'icelles, et doubtent les dits supplians que si les dittes lettres ne sont par vous entérinées et vériffiées, qu'elles ne leur soient infructueuses au temps advenir, en leur très grand préjudice et dommage, ainsy qu'ils dient, et nous ont requis sur ce provision. Pour ce est il que nous, ce que dict est considéré, désirans icelles noz lettres estre entérinées et vériffiées et pourveoir aux diz exposans selon l'exigence du cas, vous mandons, et pour les causes que dessus, commendons et enjoignons par ces présentes que s'il vous appert de nos dittes lettres, en ce cas vous procédez à la vériffication et intérinement d'icelles, tout ainsy et par la forme et manière que eussiés fait, peu ou deu faire si elles vous eussent estées présentées, pour ce faire en dedans le dict an de l'octroy d'icelles. Car ainsy nous plaist il estre faict, et aus diz supplians l'avons octroyé et octroyons de grâce especial par ces présentes, nonobstant la négligence par eulx commise sur la réquisition de la ditte vériffication et intérinement d'icelles lettres, de laquelle négligence pour les dittes causes, nous les avons relevés et les relevons par les dittes présentes, et quelconques lettres subrepticées, impétrées ou à impétrer à ce contraires. Donné à Dijon, le neuviesme jour de novembre l'an de grâce mil quatre cent quatre vingt et dix sept, et de nostre règne le quinziesme.

Par le Conseil, Félix.

CCXXVII

Confirmation des priviléges de Talant, par le roi Louis XII.

1501 (avril).

Loys, par la grâce de Dieu, roy de France, scavoir faisons à tous présens et avenir, nous avoir receu l'humble supplication de nos chers et bien amez les eschevins, manans et habitans de nostre ville et chastel de Talant, contenant que par feus de bonne mémoire les ducs de Bourgoingne, noz prédécesseurs cui Dieu pardoint, ont esté donnés et octroyés aus dits supplians plusieurs beaulx et grans previleges, franchises et libertez, lesquels leur ont esté confermés par noz prédécesseurs roys, et mesmement par feu nostre très cher seigneur et cousin le roy Charles, dernier décédé, que Dieu absoille, aynsy qu'il appert par ses lettres de chartres cy attachées, soubs le contre scel de nostre chancellerie. Au moyen de quoy iceulx supplians et leurs prédécesseurs ont bien et deument joy et usé d'iceulx previleges et encores font de présent ; mais ils doubtent que obstant ce qu'ils n'ont eu de nous, puis nostre advénement à la couronne, aucunes lettres de confirmation, ratiffication et approbation des dits previleges, franchises et libertez, nostre procureur ou autres, leur voulussent au temps advenir donner quelque trouble ou empeschement en la joïssance d'iceulx, s'ils n'avoient sur ce nos dittes lettres de confirmation, en nous humblement requérant icelles. Pour ce est il que nous, ces choses considérées, qui désirons entretenir, maintenir et garder les dits supplians en tous et chacuns leurs dits previleges, franchises et libertez, et les traiter favorablement en leurs affaires, inclinans pour ce libéralement à leur supplication et requeste, pour les causes dessus dites et autres considérations à ce nous mouvans, avons iceulx previleges, franchises et libertez ainsi que dit est octroyés ausdits supplians par noz dits prédécesseurs ducs de Bourgoigne, en les ayans pour agréables, loués, confermés, ratiffiés et approuvés, et par la teneur de ces présentes, de nostre grâce especial, plaine puissance et authorité royal, louons, confermons, ratiffions et approuvons, voulons et nous plait que d'iceulx les dits supplians et leurs successeurs joyssent et usent doresnavant plainement et paisiblement de point en point, selon leur forme et teneur, tant et si avant qu'ils et leurs prédécesseurs en ont par cy devant bien et deument joy et usé, joissent et usent de présent. Si donnons en mandement par ces mesmes présentes à noz amés et féaulx conseillers les gens tenans nostre court de Parlement et de noz comptes à Dijon, et à tous noz autres justiciers et officiers, ou à leurs lieutenants, et à chacun d'eulx si comme à luy appartiendra, que de nos présentes grâce, confirmation, ratiffication et approbation, ensemble des dits previleges, franchises, libertez et de tout l'effet contenu es dittes lettres de chartres et en ces dittes présentes, ils facent, souffrent, permettent et laissent les dits supplians, eschevins, manans et habitans de nos dittes ville et chastel de Talant, et leurs successeurs joyr et user plainement et paisiblement, sans en ce leur faire, mettre ou donner, ne souffrir estre fait, mis ou donné, ores ne pour le temp avenir, aucun arrest, destourbier ou empeschement en quelque manière que ce soit, lequel si fait, mis ou donné leur avoit esté ou estoit, le mettent ou fassent mettre incontinant et sans délais à plainne délivrance et au premier estat et dehu. Car tel est nostre plaisir. Et affin que ce soit chose ferme et estable à toujours, nous avons fait mettre nostre scel à ces dites présentes, sauf en autres choses nostre droict et l'autruy en toutes. Donné à Dijon, au mois d'avril l'an de grâce mil cinq cent ung, et de nostre règne le quatriesme.

Par le Roy, à la relation du Conseil, GARBOT.

Archives de la Côte-d'Or. Chambre des comptes de Dijon. Affaires des communes. Cartulaire des priviléges de Talant.

CCXXVIII

Confirmation des priviléges de Talant, par le roi François Ier.

1517 (novembre).

François, par la grâce de Dieu, roy de France, scavoir faisons à tous présens et avenir, que nous, inclinans à la supplication et requeste de nos chiers et bien amez les eschevins, manans et habitans de la ville et chastel de Talant lez Dijon, tous et chacun les droicts, previleges, franchises et libertez à eulx octroyés et confermés par noz prédécesseurs et dernierment par feu nostre très cher seigneur et beau-père le roy Loys, dernier trespassé, ainsy qu'il appert et est contenu es lettres de nos dits prédécesseurs cy attachées soubs le contre scel de nostre chancellerie, avons aux dits supplians loués, confermés, ratifiés et approuvés, et par la teneur de ces présentes, de nostre grâce especialle, plaine puissance et authorité royalle, louons, confermons, ratiffions et approuvons, pour en joyr et user par les dits supplians et leurs successeurs, tant et si avant qu'ils et leurs prédécesseurs en ont par cy devant deûment et justement joy et usé et qu'ils en joissent et usent de présent. Si donnons en mandement par ces mesmes présentes, à noz amez et féaulx conseillers les gens tenans nostre court de Parlement et de noz comptes à Dijon, et à tous noz aultres justiciers et officiers ou à leurs lieutenants présens et avenir, et à chacun d'eulx si comme à luy appartiendra, que de noz présentes grâce, confirmation, ratiffication et approbation, ensemble es dits previleges, franchises et libertez et de tout l'effect et contenu es dittes lettres de chartres et en ces dittes présentes, ils fassent, souffrent, permettent et laissent les dits supplians et leurs dits successeurs joyr et user plainement et paisiblement, sans en ce leur faire, mettre ou donner, ne souffrir estre fait, mis ou donné ores, ne pour le temps advenir aucun arrest, destourbier ne empeschement en quelque menière que ce soit, lequel si fait, mis ou donné leur avoit esté ou estoit, le leur mettent ou fassent mettre incontinent et sans délais à plainne délivrance et au premier estat et dehû. Car ainsy nous plaist-il estre fait. Et affin que ce soit chose ferme et estable à toûsjours, nous avons fait mettre nostre scel à ces dites présentes, sauf en autres choses nostre droict et l'autruy en toutes. Donné à Tours, au mois de novembre, l'an de grâce mil cinq cent et dix sept, et de nostre règne le troizième.

Par le Roy, à la relation du Conseil, DESLANDES.

Visa contentor. DESLANDES.

Archives de la Côte-d'Or. Chambre des comptes de Dijon. Affaires des communes. Cartulaire des priviléges de Talant.

CCXXIX

Confirmation des priviléges de Talant, par le roi Henri II.

1547 (décembre).

Henry, par la grâce de Dieu, roy de France, scavoir faisons à tous présens et avenir, que nous, inclinans à la supplication et requeste de nos chers et bien amez les eschevins, manans et habitans de la ville et chastel de Talant les Dijon, tous et chascuns les droicts, previleges, franchises et libertés à eulx octroyés et confirmés par noz prédécesseurs, et dernièrement par feu de bonne mémoire le roy François, dernier décédé, nostre très honoré seigneur et père, que Dieu absolve; ainsy qu'il appert et est contenu es lettres de nos dits prédécesseurs cy attachées, soubs le contre scel de nostre chancellerie, avons ausdits supplians, loué, confirmé et approuvé, et par ces présentes, de nostre certaine science, plaine puissance et authorité royal, louons, continuons, confirmons et approuvons pour en joyr et user par les dits supplians et leurs successeurs, tant et si avant et par la forme et manière qu'ils en ont cy devant deument et justement joy et usé, joissent et usent encore de présent. Si donnons en mandement par ces dites présentes, à noz amez et féaulx conseillers les gens de nostre court de Parlement et de noz Comptes à Dijon, et à tous noz aultres justiciers et officiers ou à leurs lieutenans présens et advenir, et à chascun d'eulx si comme à luy appartiendra, que de nos présens continuation et confirmation, ensemble des dits privileges, franchises et libertez, et de tout l'effect et contenu en ces dittes présentes, ils facent, souffrent et laissent les dits supplians et leurs dits successeurs joyr et user plainement et paisiblement, sans en ce leur faire, mettre ou donner ne souffris estre fait, mis ou donné ores, ne pour le temps advenir, aucun arrest, destourbier ou empeschement en quelque manière que ce soit, lequel si fait, mis ou donné leur avoit esté ou estoit, ostent et mettent et facent oster et mettre incontinent et sans délai à plaine délivrance et au premier estat et dehu. Car tel est nostre plaisir. Et affin que ce soit chose ferme et estable à tousjours, nous avons fait mettre nostre scel à ces dites présentes, sauf en autres choses nostre droict et l'autruy en toutes. Donné à Fontainebleaux, au mois de décembre, l'an de grâce mil cinq cent quarante sept, et de nostre règne le premier.

      Par le Roy, MAHIEU.

         Visa contentor. MAHIEU.

Archives de la Côte-d'Or. Chambre des comptes de Dijon. Affaires des communes. Cartulaire des priviléges de Talant.

CCXXX

Confirmation des priviléges de Talant par le roi François II.

1559-60 (mars).

François, par la grâce de Dieu, roy de France, scavoir faisons à tous présens et avenir, que, nous inclinans à la supplication et requeste de nos chiers et bien amez les eschevins, manans et habitans de la ville et chastel de Talant lez Dijon, tous et chascuns les droicts, privileges, franchises et libertés cy attachées, soubs le contre scel de nostre chancellerie, à eulx octroyés et confirmés par nos prédécesseurs, et dernierment par feu de bonne mémoire le roy Henry, dernier décédé, nostre très honoré seigneur et père, que Dieu absolve; avons ausdits supplians, loué, confirmé et approuvé, et par ces présentes, de nostre certaine science, plaine puissance et authorité royal, louons, continuons, confirmons et approuvons, pour en joyr et user par les dits supplians et leurs successeurs tant et si avant et par la forme et manière qu'ils en ont cy devant et justement joy et usé, joyssent et usent encores de présent. Si donnons en mandement par ces dictes présentes à nos amés et féaulx conseillers les gens tenans nostre court de Parlement et de nos Comptes à Dijon, et à tous nos aultres justiciers et officiers ou à leurs lieutenantz présens et avenir, et à chacun d'eulx si comme à luy appartiendra, que de nos présentes continuation et confirmation, ensemble des dits privileges, franchises et libertés, et de tout l'effect et contenu en les dites présentes, ils facent, souffrent et laissent les dits supplians et leurs dits successeurs joyr et user plainement et paisiblement, sans en ce leur faire, mettre ou donner, ne souffrir estre fait, mis ou donné ores ne pour le temps avenir, aucun arrest de destourbier ou empeschement en quelque manière que ce soit; lequel si fait, mis ou donné leur avoit esté ou estoit, ostent et mettent et fassent oster et mettre incontinent et sans délay à plainne délivrance et au premier estat et dehu. Car tel est nostre plaisir. Et affin que ce soit chose ferme et estable à tousjours, nous avons fait mettre nostre scel à ces dites présentes, sauf en autre chose nostre droict et l'autruy en toutes. Donné à Amboise, au mois de mars, l'an de grâce mil cinq cent cinquante neuf, et de nostre règne le premier.

Par le Roy, . Robertet.

Visa contentor. De Vabres.

Archives de la Côte-d'Or. Chambre des comptes de Dijon. Registre d'enregistrement des édits et lettres-patentes, f° 319, B 22, et Affaires des communes. Cartulaire des priviléges de Talant.

CCXXXI

Confirmation des priviléges et des droits de justice de Talant, par le roi Henri III.

1575 (mars).

Henry, par la grâce de Dieu, roy de France et de Pologne, scavoir faisons à tous présens et advenir, receue l'humble supplication de nos amés les eschevins et habitans de nos ville et chasteau de Talant près nostre ville de Dijon, contenant que par privilége exprès et particulier à eux concédé par les ducs de Bourgogne, confirmé par tous nos prédécesseurs roys, jusqu'à présent, la justice totale, tant haute, moyenne que basse, avec la police, est donnée ausdits habitans pour la faire exercer par tout le finage et banlieue de Talant par quatre eschevins, lesquels sont électifs chascun an par les dits habitans; laquelle justice a toujours jusques à présent esté administrée tant en civil que criminel par les dits eschevins esleus, sans empeschement quelconque, sinon puis quelque temps que le capitaine et chastelain du dit Talant auroit voulu prétendre la dite justice civile, en vertu de l'édit fait à Moulins, qui ne peut et ne doibt avoir lieu pour le regard des dits habitans de la dite ville qui est environ de quatre vingt à cent feus, la plus part pauvres, tous vignerons, sur lesquels la police est facille à exercer. Leur ont aussi esté donnés et confirmés plusieurs aultres beaulx privileges, exemptions et immunités, desquels ils ont toujours joy et joyssent encores de présent, selon qu'ils sont particulièrement déclarés es lettres sur ce expédiées par nos dits prédécesseurs roys et ducs de Bourgoigne; lesquels au moyen du trespas du feu Roy, nostre très cher seigneur et frère, ils doubtent estre empeschés ou qu'on les veuille molester à l'advenir s'ils n'estoient sur ce par nous confirmés. Pour ces causes et considérations, inclinans à la dite requeste, tous les dits privileges, franchises et libertés donnés par nos prédécesseurs roys, ducs et comtes de Bourgogne ausdits habitans et eschevins de Talant, contenus et déclarés es lettres de chartre et confirmations dont les vidimus sont cy attachées soubs nostre contre scel, aultant, si avant et tout ainsy qu'ils en ont cy devant justement et deuement joy et usé, joyssent et usent encores de présent; avons ratiffié, confirmé et approuvé et par la teneur des présentes de nos grâce spécialle, plainne puissance et authorité royal, louons, confirmons, ratiffions et approuvons pour par eulx et leurs successeurs en joyr et user, mesme de ladite justice civile selon la forme des dites lettres de chartres, et comme ils et leurs prédécesseurs en ont joy comme dit est, sans que au moyen du decedz de nostre dit seigneur et frère leur puisse estre mis ou donné aucun empeschement au contraire. Si donnons en mandement à nos amés et féaulx les gens tenans nostre court de Parlement et chambre de nos comptes à Dijon, bailly du dit lieu ou son lieutenant et à tous nos autres juges et officiers qu'il appartiendra que de nostre presente grâce, confirmation et approbation, ensemble des dits priviléges et franchises, et de tout le contenu es dites lettres de chartre et es présentes, ils facent, promettent, et laissent joyr et user les dits eschevins, manans et habitans de Talant et leurs successeurs, plainement et paisiblement sans leur faire mettre ou donner, ne souffrir estre fait, mis ou donné ores ny à l'avenir aucun empeschement; le quel si fait, mis ou donné leur estoit, ostent et mettent ou facent oster et mettre incontinant au premier estat. Car tel est nostre plaisir, nonobstant tous edits et ordonnances au contraire auxquelles nous avons par exprès dérogé et dérogeons. Et affin de perpétuelle mémoire, et que ce soit chose ferme et stable, nous avons fait mettre nostre scel à ces dites présentes, sauf en autres choses nostre droit et l'autruy en toutes. Donné à Paris au mois de mars, l'an de grâce mil cinq cent soixante et quinze, et de nostre reigne le premier.

Par le Roy, Dolu. — Visa. Contentor, Arviset.

Archives de la Côte-d'Or. Chambre des comptes de Dijon. Affaires des communes. Cartulaire des priviléges de Talant. — Archives du greffe de la Cour impériale de Dijon. Parlement. Enregistrement des Edits et Ordonnances, Registre IX, f° 107.

CCXXXII

Confirmation des priviléges de Talant, par le roi Henri IV.

1595 (juin).

Henry, par la grâce de Dieu, roy de France et de Navarre, à tous présens et advenir salut. Receue avons l'humble supplication de nos amez les eschevins et habitans de nos ville et chastel de Talant près nostre ville de Dijon, contenant que par privileges exprès et particuliers à eux concedés par les ducs de Bourgogne, confirmés par tous nos prédécesseurs Roys jusques à présent, la justice totalle, tant haute, moyenne que basse, avec la police est donnée aux dits habitans, pour la faire exercer par tout le finage et banlieue du dit Talant par quatre eschevins, lesquels sont electifs chacun an par les dits habitans; laquelle justice a toujours jusque à présent esté administrée tant en civille que criminel par les dits eschevins esleus sans empeschement quelconque, sinon puis quelques temps que le capitaine et chastelain du dit Talant auroit voulu prétendre la dite justice civille en vertu de l'édit fait à Moulins, qui ne peut et ne doibt avoir lieu pour le regart des dits habitans d'autant que la police au dit lieu ne les peut empescher la semaine un jour; car ils ne sont en tous habitans de la dite ville que environ quatre vingt à cent feus, la plus part pauvres, tous vignerons, sur lesquelles la police est facille à exercer. Leurs ont aussy donnés et confirmés plusieurs autres beaux privileges, exemptions et immunités, desquelles ils ont toujours jouy et jouyssent encores à présent, selon qu'ils sont particulierement declairés ès lettres sur ce expédiées par nos dits prédécesseurs roys et ducs de Bourgogne, esquelles au moyen du trespas du feu roy nostre très honoré seigneur et frère, ils doutent estre empesché ou qu'on les veulle molester à l'advenir, s'ils n'étoient sur ce par nous confirmés. Pour ces causes et considérations, inclinans à la dite requeste : tous les dits privileges, franchises et libertés donnés par nos prédécesseurs roys, ducs et contes de Bourgogne aux dits habitans et eschevins de Talant, contenus et déclarés es lettres de chartre et confirmations dont les vidimus et original sont cy attachées soubs nostre contre scel, autant si avant et tout ainsy qu'ils en ont cy devant justement et deument joy et usé, joissent et usent encores de présent, avons ratifié, confirmé et approuvé et par la teneur des présentes de nos grâce spécialle, plaine puissance et authorité royalle, louons, confirmons, ratifions et approuvons, pour par eux et leurs successeurs en joyr et user mesme de la dite justice civille, selon la forme des dites lettres de chartre, et comme ils et leurs prédécesseurs en ont joy comme dit est; sans que au moyen du deceds de nostre dit seigneur et frère, leur puisse estre mis ou donné aucun empeschement au contraire. Si donnons en mandement à nos amés et féaux, les gens tenans nostre court de Parlement et Chambre de nos Comptes à Dijon, bailly du dit lieu ou son lieutenant, à tous autres nos juges et officiers qu'il appartiendra, que nostre présente grâce, confirmation et approbation, ensemble des dits privileges, libertés et franchises et de tout le contenu es dites lettres de chartre et des présentes ils facent, promettent et laissent jouir et user les dits eschevins, manans et habitans de Talant et leurs successeurs plainement et paisiblement, sans les faire, mettre ou donner, ny souffrir estre fait, mis ou donné ores ny à l'avenir aucun empeschement ; lequel si mis ou donné leur estoit, ils ostent et mettent ou facent oster et mettre incontinant au premier estat. Car tel est nostre plaisir, nonobstant tous édits, ordonnance au contraire auxquelles nous avons par exprès dérogé et dérogeons. Et affin de perpétuel mémoire et que ce soit chose ferme et stable, nous avons fait mettre nostre scel à ces dites présentes, sauf en autres choses nostre droit et l'autruy en toutes. Donné à Dijon au mois de juin, l'an de grâce mil cinq cent quatre vingt quinze, et de nostre reigne le sixiesme.

Par le roy, ARVISET. —Visa. Contentor, BOUCHERY.

Archives de la Côte-d'Or. Chambre des comptes de Dijon. Affaires des communes. Cartulaire des priviléges de Talant.

CCXXXIII

Déclaration du roi Henri IV, qui, nonobstant la démolition des fortifications de Talant, conserve à ce lieu ses anciens priviléges et le titre de ville.

1609 (février).

Henry, par la grâce de Dieu, roy de France et de Navarre, à tous présens et advenir salut. Les guerres civiles dernières nous ayant, et à nostre peuple à nostre grand regret fait cognostre et ressentir combien il est périlleux de souffrir dans un royaume plusieurs forteresses, veu les accidents et rebeillons qui en sont provenus, nous ont par mesmes moyens en ce temps auquel il a pleû à Dieu d'establir un bon et assuré repos parmy nos subjets, obligé de remedier à tels inconvénians et obvier à ce que à l'advenir l'ambition des méchans ne puisse estre fomentée et entretenue par telles forteresses. C'est pourquoy ayans considérés qu'en nostre province de Bourgoigne, frontière de nostre royaume, il y avoit plusieurs places de cette qualité, inutilles à nostre service et à la charge de nos sujets, nous avions resolu de les faire démolir, et entre autres nostre ville de Talant près Dijon, bien qu'à la vérité nous n'ayons aucun subjet de plainte des habitans d'icelle, mais au contraire un singuliere contentement de leur conduitte et obéissance en toutes occasions et notament en l'exécution de nostre dernier volonté, pour la dite desmolition faitte par le sieur de la Fondrière, prevost general de nostre dit pays, en laquelle les dits habitans ont donné si ample preuve de leur devoir et affection à nostre service que nous en sommes entierement satisfait. Mais d'autant qu'à raison de la dite desmolition aucuns les pouroient troubler en la jouissance qu'ils ont de tous temps de beaux privileges à eux octroyés par les feus ducs de Bourgoigne, confirmés par nos prédécesseurs et nous, et que ce seroit comme un prétexte pour y parvenir, voires pour les réduire à l'instar des simples villages; ils nous ont très humblement fait suplier et requérir de déclarer sur ce nostre intention et pourvoir en ce qu'en abattant les dites forteresses, les murailles qui servent de pignons aux maisons de laditte ville ne soient desmolies que entant qu'elles pouroient estre reputées pour fortifications et leur en octroyer nos lettres nécessaires. A ces causes scavoir faisons que nous inclinans libéralement à la supplication et requeste des habitans de nostre ville de Talant et désirant non seulement les conserver et maintenir en leurs dits privileges; mais aussy les soulager autant qu'ils nous sera possible, en considération de leur fidelité et obéissance, mesme pour leur donner moyen de continuer l'affection qu'ils ont à nostre service. Avons, de l'advis de nostre conseil au quel cette affaire a esté deliberée, dit et declaré, disons et déclarons, que par la desmolition ainsy ordonnée des murailles de la ditte ville de Talant, nous n'entendons toucher ny faire aucun préjudice au tiltre et qualité de la dicte ville, ny aux privileges accordés aux habitans d'icelle par les feus ducs de Bourgoigne et nos prédécesseurs, dont les copies sont cy attachées soubs nostre contre scel, ains en tant que besoin est ou seroit, les y avons maintenus et maintenons et de nouveau continués et confirmés et par ces présentes, de nos grâce spéciale, plaine puissance et authorité royal, confirmons et continuons, voulons et nous plait qu'ils jouissent des mesmes tiltres de ville, droicts de justice, eschevinage, sceances aux Estats, usage es bois du Roy et autres à eux concedés, qu'ils faisoient auparavant icelle démolition; laquelle sera faitte en telle sorte qu'il ne soit point touché aux murailles qui servent de pignons aux maisons de la ditte ville, sinon qu'elles restassent en apparence de fortification et que nos lieutenans généraux le jugeassent ainsy, ce que nous enjoignons très expressement au dit sieur de la Fondrière et autres ayant charge de la dicte démolition d'observer et suivre et éviter, autant qu'ils pouront, le dommage des dits habitans. Si donnons en mandement à nos amés et féaulx conseillers les gens tenans nos cour de Parlement et Chambre de nos Comptés à Dijon, bailly du dit lieu ou son lieutenant et autres nos justiciers et officiers qu'il appartiendra, que ces présentes ils facent enregistrer et du contenu en icelles, et aux dits privileges, joyr et user plainement et paisiblement les dits habitans de Talant et leurs successeurs, sans en ce leur faire mettre ou donner, ne souffrir leur estre fait, mis ou donné aucun trouble ou empeschement au contraire, ores ny à l'advenir; le quel si fait, mis ou donné leur estoit, le mettent ou facent mettre incontinant et sans delais au premier estat et deu. Car tel est nostre plaisir, nonobstant quelconques choses à ce contraires, auxquelles nous avons derogé et desrogeons par ces dittes présentes. Et affin de perpétuelle memoire, et que ce soit chose ferme et stable à toujours, nous y avons fait mestre nostre scel. Donné à Paris au mois de fevrier, l'an de grâce mil six cent neuf et de nostre reigne le vingtiesme.

HENRY.

Par le Roy, POTIER. — Visa. Contentor, TROUSSCEL.

Archives de la Côte-d'Or. Chambre des comptes de Dijon. Affaires des communes. Cartulaire des priviléges de Talant.

CCXXXIV

Confirmation des lettres précédentes, par le roi Louis XIII.

1613 (décembre).

Louis, par la grâce de Dieu, roy de France et de Navarre, à tous présens et advenir salut. Le feu roy dernier decedé, nostre très honoré seigneur et père que Dieu absolve, par ses lettres patentes en forme de chartre du mois de fevrier mil six cent neuf auroit continué et confirmé à nos biens amez les eschevins et habitans de nostre ville de Talant tant le tiltre de la dicte ville que les privileges à eulx accordés et concédés par les feus ducs de Bourgoigne et nos prédécesseurs roys par tesmoignage de leur fidelité et obéissance. Nous pareillement voulant sur ce mesme subjet les gratiffier et aussi favorablement traiter, scavoir faisons, qu'inclinant libérallement à la supplication et requeste que nous ont fait les dits habitans à ceste fin, nous leur avons continué et confirmé et par ces présentes de nostre grâce spécialle continuons et confirmons tant les dits tiltres de ville, droicts de justice, eschevinage, sceance aux Etats, usage es bois du Roy que les autres privileges et libertéz à eulx octroyés et concedés par les dits feus ducs de Bourgoigne, et les roys nos prédécesseurs, pour en jouir et user ainsi qu'ils en ont bien et deument jouy et usé, jouissent et usent encores de présent. Si donnons en mandement, à tous noz amés et feaulx conseillers, les gens tenans nos cour de Parlement, Chambre de nos Comptes à Dijon, et autres nos justiciers et officiers qu'il appartiendra, que ces présentes ils facent enregistrer et du contenu en icelles et aus dits privileges jouir et user plainement et paisiblement les dits habitans de Talant et leurs successeurs, sans en ce leur faire mettre ou donner, ne souffrir estre fait, mis ou donné aucun trouble ou empeschement au contraire ores ny à l'advenir ; lequel si fait, mis ou donné leur estoit, le mettent ou facent mettre incontinant et sans delay au premier estat et deu. Car tel est nostre plaisir, nonobstant quelconques choses à ce contraires, auxquelles nous avons desrogés et desrogeons par ces dictes présentes, et affin de perpétuele mémoire et que ce soit chose ferme et stable à toujours, nous y avons fait mettre nostre scel. Donné à Paris, au mois de décembre, l'an de grâce mil six cent treize, et de nostre reigne le quatriesme.

Par le Roy, PETIT. — Visa. Contentor, ADDÉE.

Archives de la Côte-d'Or. Chambre des comptes de Dijon, Registre B 36, f° 163.—Affaires des communes. Cartulaire des priviléges de Talant.

CCXXXV

Confirmation des priviléges de Talant, par le roi Louis XIV.

1647 (juillet).

Louis, par la grâce de Dieu, roi de France et de Navarre, à tous présens et advenir salut. Le feu roy dernier decedé, nostre honoré seigneur et père que Dieu absolve, par ses lettres patentes du mois de décembre mil six cent treize, auroit continué et confirmé à nos bien amés les eschevins et habitans de nostre ville de Talant, tant le titre de la ditte ville que les privileges à eux accordés et concedés par les feus ducs de Bourgogne et nos prédécesseurs roys pour tesmoignage de leur fidélité et obéissance, nous pareillement voulant sur ce sujet les gratifier et favorablement traiter, scavoir faisons qu'inclinans libérallement à la supplication et requeste que nous ont faits les dits habitans, à cette fin, nous leur avons continué et confirmé et par ces présentes de nostre grâce spéciale, continuons et confirmons, tant les dits titres de ville, droictz de justice, eschevinage, scéance aux Etats, usages en bois de Roy que les autres privileges à eux octroyés et concedés par les dits feus ducs de Bourgogne et les roys nos prédécesseurs pour en jouir et user ainsy qu'ils en ont bien et deument jouy et usé, jouissent et usent encores de présent, pourveu que les dits privileges n'ayent esté revocqués par aucuns editz, déclarations et arrestz donnés en nostre conseil. Si donnons en mandement, à nos améz et féaulx conseillers, les gens tenans nos cour de Parlement, Chambre de nos Comptes à Dijon, et autres nos justiciers et officiers qu'il appartiendra, que ces présentes ils facent enregistrer et du contenu en icelles et des dits privileges, jouir et user plainement et paisiblement les dits habitans de Talant et leurs successeurs, sans en ce leur faire, mettre ou donner, ne souffrir leur estre fait, mis ou donné aucun trouble ou empeschement au contraire ores ny à l'advenir ; le quel si fait, mis ou donné leur estoit, le mettent ou facent mettre incontinant et sans délay au premier estat et deu. Car tel est nostre plaisir. Donné à Paris, au mois de juillet l'an de grâce mil six cent quarante sept, et de nostre reigne le cinquiesme.

Par le Roy, Denis. Visa.

Archives de la Côte-d'Or. Chambre des comptes de Dijon. Affaires des communes. Cartulaire des priviléges de Talant. — Archives du greffe de la Cour impériale de Dijon. Parlement, Enregistrement des édits et lettres patentes, Registre XXVIII, f° 159.

BÈZE

Ce bourg, qui dépend aujourd'hui du canton de Mirebeau, arrondissement de Dijon, appartenait avant la Révolution au bailliage de Langres, province de Champagne.

Vers l'année 630, Amalgaire, duc de la Basse-Bourgogne, fonda près la source de la rivière de Bèze, au centre de l'ancien canton des Attuariens, l'un des plus étendus de l'ancienne *Burgundie*, un monastère d'hommes, autour duquel vinrent se grouper de nombreuses habitations qui donnèrent naissance à ce bourg.

Lors de la constitution du régime féodal, Bèze et son territoire ayant été séparés du canton d'Attouar, furent englobés dans celui de Langres et distraits du duché de Bourgogne par la cession que le duc Hugues III fit de ce dernier comté à son oncle, l'évêque Gauthier.

C'est alors que les successeurs de ce prélat prétendirent, en vertu du droit de suzeraineté que cette donation leur conférait, exercer en même temps la justice spirituelle et la justice temporelle, aussi bien sur les religieux que sur leurs hommes; qu'ils intervinrent soit comme médiateurs, soit comme juges, dans les débats soulevés entre eux, et que, soutenus par les rois de France, et flattant tantôt l'un tantôt l'autre des deux partis, ils parvinrent à faire prédominer leur influence et à mettre durant longtemps les puissants abbés de Bèze tout à fait sous leur dépendance.

Les franchises du bourg naquirent de cet antagonisme.

CCXXXVI

Transaction entre Guillaume, évêque de Langres, et l'abbaye de Bèze, au sujet de la fortification du bourg de Bèze, ratifiée par Eudes III, duc de Bourgogne.

1209 (mars), 1213.

Ego Vuillelmus (1) divina miseratione Lingonensis episcopus omnibus ad quos presentes littere pervenerint salutem in Domino. Noverit universitas vestra quod cum inter me ex una parte et abbatem et conventum Besuensem ex altera super constructione murorum Besuensis ville, quibus eam ad munimen ambitus cin-

---

(1) Guillaume de Joinville, élu en 1209, mort en 1219.

gere conabantur, discordia verteretur (1); tandem bonorum et prudentum virorum, interveniente consilio, bonum pacis inter nos fuit taliter reformatum, quod ego in multorum presentia sum confessus, quod cum inquisitionem fecissem utrum aliquis predecessorum meorum contradixisset monachis vel Burgensibus (2) ne munirent, quod contradictum fuisset aliquando, non inveni per eam ipsis non prohibens ne perficerent munitionem inceptam, promittens etiam quod ne muniant, nunquam de cœtera contradicam super omnibus aliis utriusque ecclesie Lingonensis videlicet et Besuensis integro jure servato, quasdam etiam litteras quas habent a me monachi supradicti, scilicet istas que presentibus subjunguntur confirmans eisdem. Ego Vuillelmus divina miseratione Lingonensis episcopus, notum facio omnibus tam presentibus quam futuris, quod ego recognosco me in villa Besue nullam habere collectam (3) prisiam (4) seu extorsionem (5) aliquam nisi de voluntate abbatis et hominum. In cujus rei testimonium presentes litteras feci sigilli mei munimine roborari. Actum anno gratie millesimo ducentesimo nono, mense martio.

Quod ut ratum et stabile permaneat, presentem paginam feci sigilli mei munimine roborari. Ad majorem etiam securitatem nobilis viri Odonis ducis Burgundie qui etiam dicte pacis extitit mediator (6), feci sigillum apponi. Actum Divione, anno Domini millesimo ducentesimo tertio decimo.

Archives de la Côte-d'Or. Fonds de l'abbaye de Bèze. Cartulaire I, page 20.

---

(1) L'évêque prétendait qu'en sa qualité de seigneur suzerain du comté de Langres, d'où relevait l'abbaye, on ne pouvait élever de fortifications ni bâtir un château sans son autorisation.
(2) La qualification de *Burgensis*, appliquée dans cette circonstance aux habitants de Bèze, leur présence comme partie au débat, témoignent que déjà, avant la cession de la mainmorte, ils étaient en possession de certains priviléges qui ne permettaient plus de les confondre avec les hommes des autres domaines de l'abbaye.
(3) Prestation.
(4) Imposition.
(5) Extorsion.
(6) L'intervention du Duc Eudes III en faveur des habitants de Bèze est d'autant plus remarquable, qu'il s'agissait d'une forteresse sise hors des limites du duché. Mais ce pays de Bèze, situé en plein cœur de la Bourgogne, avait des intérêts si étroitement unis avec elle, que nos ducs n'hésitèrent jamais à intervenir toutes les fois qu'il y eut débat soit entre l'évêque et l'abbaye, soit entre l'abbaye et les bourgeois. C'était, du reste, le rôle que jouait la royauté elle-même en pareille circonstance, et que nos ducs, ses imitateurs fidèles, étaient d'autant moins tentés d'oublier, qu'ils y gagnaient en pouvoir et en influence.

CCXXXVII

Concession gratuite du banvin aux habitants de Bèze par l'abbé.

1217 (août).

Noverint universi quod ego H [ugo] abbas Besue (1) et ejusdem domus conventus concessimus in perpetuum communitati hominum Besue (2) muteam vinorum (3). Ita quod pro predicta mutea ab ipsis nichil de cetero exigemus.

Factum est hoc anno gracie M° CC° XVII° mense augusto. In cujus rei testimonium presentibus litteris sigilla nostra apposuimus.

Archives de la Côte-d'Or. Fonds de l'abbaye de Bèze. *Vidimus* du XIV° siècle, reçu G. Girard, notaire. — Archives de la commune de Bèze. Cartulaire des priviléges, rédigé en 1481 par H. Lambelot et S. Villot, notaires, pièce n° 24.

CCXXXVIII

Charte par laquelle Hugues, évêque de Langres, agissant au nom des abbé et couvent de Bèze, vend le droit de mainmorte aux habitants du lieu.

1221 (août).

Hugo divina miseracione Lingonensis episcopus (4) omnibus ad quos littere presentes pervenerint salutem in Domino. Noveritis quod cum ab abbate et conventu Besuense haberemus potestatem vendendi jus caducorum seu manus mortue burgensibus Besuensibus pro debito ecclesie solvendo secundum pactiones inter nos et ipsum abbatem et conventum habitas, nos eisdem burgensibus laude et assensu abbatis et conventus, predictum jus caducorum vendidimus pro

---

(1) Hugues succéda à Ogier. Cette charte fait remonter son rectorat de deux ans plus haut que la chronologie du *Gallia christiana*, qui le signale pour la première fois en 1219.

(2) Nouvelle preuve de la communauté de Bèze avant l'affranchissement de la mainmorte.

(3) Banvin.

(4) Hugues de Montréal occupa le siége de Langres de 1219 à 1231. En 1223, l'évêque de Porte-Ercole (*Portuensis*, Toscane), légat du Saint-Siége, confina tous les religieux de Bèze dans d'autres monastères, à cause de leurs déportements (*culpis eorum*), et confia l'administration de l'abbaye à l'évêque de Langres.

duobus millibus et quingentis libris stephanensibus (1) solvendis in festo Omnium Sanctorum usque ad tres annos. Ita quod in proximo festo Omnium Sanctorum solvent septingentas libras et eodem festo sequentes anni sexcentas libras et eodem festo tertii anni sexcentas libras et eodem festo quarti anni sexcentas libras. Ita quod a proximo festo Omnium Sanctorum in tres annos tota predicta summa pecunie soluta erit.

Debet autem hec collecta fieri prestitis juramentis ad consideracionem burgensium et mandati nostri; et si aliquid poneretur supra hominem qui maneret extra villam et nollet solvere ad tenementum (2) ipsius, nos teneremus si tamen valeret; aliquin burgenses perficerent de suo.

Ipsi autem burgenses ubicumque opus fuerit testificari tenentur talem esse consuetudinem Besue, quod extranei manentes extra villam et qui habent tenementa sua in villa in hujus modi empcionis libertatum tantumdem tenentur ponere ut si essent manentes in villa.

Nos autem omnes emendas et actiones quas habebamus ergo eos usque ad hanc diem plenarie quittamus eisdem burgensibus, illis exceptis qui contra predictam consuetudinem in solutionem predicte pecunie vellent esse rebelles; tenemur etiam predictis burgensibus de predicta venditione legitimam garantiam portare, concedentes eisdem jus caducorum tam clericorum quam presbyterorum ejusdem ville, quod ad abbatem et conventum debebat de jure devolvi.

In cujus rei testimonium presentes litteras fecimus sigillo firmitas. Actum anno Domini millesimo cc° vicesimo primo, mense augusto.

Archives de la commune de Bèze. Cartulaire rédigé en 1481 par H. Lambelot et S. Villot, notaires. Pièce n° 16.

(1) La livre *estevenant*, en usage dans le comté de Bourgogne, valait, d'après Dunod, 14 sols 9 deniers 7/9 de denier de la monnaie tournoise ; elle lui était ainsi inférieure de plus d'un quart.
(2) C'est-à-dire suivant l'importance des biens qu'il possède dans le bourg.
(3) La prétention des habitants de Bèze était sans doute contestée par les seigneurs du voisinage, qui soutenaient l'opinion contraire de ceux de leurs hommes qui possédaient des biens à Bèze ou sur son territoire, et dont cette clause aggravait la situation.

CCXXXIX

Promesse de l'évêque de Langres aux habitants de Bèze, de faire confirmer leur charte de franchise par le Pape.

1221.

Hugo Dei gratia Lingonensis episcopus omnibus presentes litteras inspecturis salutem. Noveritis nos permisisse burgensibus Besuensibus quod nos bona fide laborabimus ad hoc quod empcio illa caducorum seu manus mortue ville Besuensis quam fecerunt ergo nos sicut in nostris litteris continetur a domino Papa confirmetur (1). Actum anno Domini M° CC° vicesimo primo.

Archives de la commune de Bèze. Cartulaire des priviléges, pièce n° 22.

CCXL

Ratification par les abbé et couvent de Bèze, de la vente du droit de mainmorte faite aux habitants du lieu.

1221 (août).

Nos abbas et conventus Besuensis omnibus ad quos presentes littere pervenerint salutem in Domino. Noveritis quod venerabilis pater Hugo Dei gratia Lingonensis episcopus laude et assenssu nostro vendidit burgensibus Besuensibus jus caducorum quod vulgaliter dicitur manus mortua quod habebamus apud Besuam pro duobus millibus et quingentis libris stephanensis monete talibus terminis solvendis septingentis libris ad proximum festum Omnium Sanctorum et sexcentis libris singulis annis ad idem festum usque ad solucionem tocius pecunie nominate; ita quod ab instanti festo Omnium Sanctorum in tres annos tota dicta pecunia domino episcopo persolvetur, et si qui extra villam vel in villam manentes in solutione dicte pecunie vellent esse rebelles, ipsi burgenses tenentur

---

(1) Honorius III occupait alors le Saint-Siège, mais aucun document n'établit que la promesse de l'évêque de Langres fut remplie.

dominum episcopum super hoc juvare et testificari sine suo possendo talem esse consuetudinem Besue quod illi qui sunt manentes extra villam et qui habent tenementa sua in villa in empcionis libertatum taniumdem tenentur ponere ac si essent manentes in villa. Rogavimus eciam dominum episcopum quod clericis burgensibus super premisse venditionem legitimam garantiam portaret. Et nos ipsum si aliquis nostrorum super hoc questionem moverit, legitime conservaremus indempnem. Et nos omnes occasiones et emendas si quas aversus communitatem ville Besuensis habebamus usque ad hanc diem, plenarie quittavimus. In cujus rei testimonium ad peticionem domini episcopi et burgensium, presentes litteras fecimus sigillis nostris munitas. Actum anno Domini millesimo ducentesimo vicesimo primo, mense augusto.

Archives de la Côte-d'Or. Fonds de l'abbaye de Bèze. *Vidimus* du XIV° siècle, signé Girard, notaire. — Archives de la commune de Bèze. Cartulaire des priviléges, pièce n° 17.

CCXLI

Charte de Hugues, évêque de Langres, qui institue le seigneur de Tilchâtel, gardien de la commune de Bèze.

1223-4 (janvier).

Hugo Dei gratia Lingonensis episcopus, dilectis suis in Christo omnibus burgensibus Besue, salutem in Domino. Quia scimus pro certo dominum Tillicastri nos et villam Besuensem diligere et semper dilexisse, ideo ipsum custodem vestrum et ville vestre specialiter deputamus ut vos et res vestras custodiat loco nostri cum nos multociens in negociis et necessitatibus vestris presentes esse non possemus et nos quod semper obedientes et fideles invenimus ipsi tanquam nobis credatis et quod ex parte nostra vobis injunxerit amicabiliter faciatis (1). Datum anno Domini M° cc° xxiii°, mense januario.

Archives de la commune de Bèze. Cartulaire des priviléges, n° 21.

(1) Le seigneur de Tilchâtel étant vassal de l'évêque de Langres, c'était à la fois un gardien et un surveillant que Hugues donnait aux habitants de Bèze.

CCXLII

Renonciation de l'abbaye de Bèze aux prétentions qu'elle élevait sur la mainmorte, moyennant le paiement d'une somme de 2,500 livres estevenans.

1224-5 (janvier).

Hugo Dei gratia Lingonensis episcopus omnibus presentes litteras inspecturis salutem in Domino. Noveritis quod abbas et conventus Besuensis laude et assensu nostro, burgensibus Besuensibus querelam qualemcumque habebant in caducis Besue et quicquid juris in illis habebant si quid haberent absque ulla reclamatione ab ipsis vel ex parte ipsorum facienda in perpetuum quictaverunt pro duobus millibus et quingentis libris stephanensibus (1). Et ipsi abbas similiter et conventus gratum et ratum habuerunt quod nobis fieret solutio in solidum pro ipsis et nos de predicta summa pecunie pro eisdem nos tenemus pro pagatis.

Quod ut ratum habeatur sigilli nostri munimine presentem paginam fecimus confirmari.

Actum anno gracie M° CC° vicesimo quarto, mense januario.

Archives de la commune de Bèze. Cartulaire des priviléges, n° 20.

CCXLIII

Traité entre l'évêque d'Autun et les habitants de Bèze, au sujet du droit de bienvenue.

1226-7 (février).

Guido Dei gratia Eduensis episcopus (2), omnibus presentes litteras inspecturis salutem in Domino. Noveritis quod super octingintis libris stephanensibus quas

---

(1) En sollicitant de l'évêque de Langres la ratification par le Pape de la charte de 1221, les habitants de Bèze faisaient acte de prudence, et tout porte à croire que si ce désir eût été rempli, les moines n'eussent point osé revenir sur une décision aussi solennelle et l'évêque qui l'avait ménagée s'en rendre le complice. Quoi qu'il en soit, privés de tout appui, sans gardien indépendant de leur charte, ils durent s'exécuter et payer deux fois le droit de disposer librement de leurs biens.

(2) Guy de Vergy, frère d'Alix, duchesse de Bourgogne, était depuis deux ans évêque d'Autun. Il mourut en 1245. Le *Gallia christiana*, IV, 709, qui le mentionne en cette qualité dans la chronologie des abbés de Bèze, le fait remplacer en 1229 par Simon, venu de l'abbaye de Luxeuil. En 1225, comme il venait d'être élu évêque, Romain, cardinal, légat du Saint-Siége, considérant que le monastère de Bèze succombait sous le fardeau des dettes contractées par les abbé et religieux, lui en conféra la gestion purement temporelle, à titre viager, sous la condition d'acquitter ces dettes, d'entretenir douze religieux et de conserver les libertés des habitants du lieu. (Archives de la Côte-d'Or. Cartulaire de Bèze, I, page 27.)

requirebamus a burgensibus Besuensibus, hoc modo convenimus coram domino episcopo Lingonensi, quod dicti burgenses debent nobis solvere quadringentas libras stephanenses ad festum sancti Andrei proximo venturum et alias quadringentas libras stephanenses ad aliud festum sancti Andrei anno revoluto; et propter hoc dicti burgenses remanserunt ergo nos in bona pace de omnibus querelis et appellacionibus super hoc factis; promiserunt et dicti burgenses nobis quadraginta libras stephanenses ad dictos terminos ad unum cumque terminum vingenti libras, et nos acquitavimus et perpendimus eos de omnibus questis novorum abbatum ad vitam nostram. In cujus rei testimonium presentes litteras sigilli nostri munimine fecimus roborari et rogavimus venerabilem patrem dominum episcopum Lingonensem ut eisdem litteris sigillum suum apponerit cum nostro. Actum anno Domini millesimo ducentesimo vicesimo sexto, mense februario.

Archives de la Côte-d'Or. Fonds de l'abbaye de Bèze. *Vidimus* du XIVe siècle, reçu Girard, notaire. — Archives de la commune de Bèze. Cartulaire des priviléges, n° 15.

CCXLIV

Désistement des habitants de Bèze à leur opposition à la justice temporelle de l'évêque de Langres.

1237-8 (février).

Richardus (1) Dei gratia Lingonensis episcopus universis presentes litteras inspecturis salutem in Domino. Dissentione suborta inter nos ex una parte et abbatem et conventum et homines ville Besuensis ex altera super eo quod cum habeamus in eos juridictionem et justiciam temporalem prout in litteris inclite recordationis regis Philippi plenius continetur, idem moniti ac sepius requisiti a nobis ut dedicerent gardiam sive commendisiam per quam sine voluntate nostra domino Villelmo de Vergeyo (2) se supposuerunt, id ad mandationem ac preceptum nostrum efficere denegarent, asserentes nos jus non habere in eos per quod

---

(1) Lisez Robertus. Robert de Torote, qui gouverna l'église de Langres de 1232 à 1240.

(2) Guillaume de Vergy, frère de Guy, évêque d'Autun, et de la duchesse Alix, était seigneur de Mirebeau et sénéchal de Bourgogne. Les habitants de Bèze, qui le savaient garant de la commune de Dijon et sympathique aux nouvelles institutions, s'étaient mis sous sa sauvegarde, qu'ils espéraient beaucoup plus efficace que celle du seigneur de Tilchâtel qui leur avait été imposée par l'évêque.

impedire possemus alias debemus quominus nobis eciam prequisitis se ponerent in gardia non commendisia cujus vellent et quicumque vellent et ut forcius nobis in parte ista resisterent se invicem sicut dicitur quod alii sine aliis pacem nobiscum facerent juramento interposito colligarent. Irreverenter negantes et pertinaciter nos habere in eos juridictionem sive justiciam temporalem super quo tamen prius modo in curia domini regis pro nobis judicatum extitit contra eos. Ita quod prius ea dominus dux Burgundie hujus judicii sive judicati datus a domino Rege per patentes litteras executorias dominum Willelmum de Vergeyo, avunculum suum, per jus ab omni gardia et commendisia predictorum abbatis et conventus et hominum ville Besuensis amovit. Cum autem per hoc omnia dictus abbas a sua pertinacia nequiret avelli judicio domini Regis parere ac nobis et ecclesie nostre jus nostrum recognoscere et quicquid nos male interceperat emendare contempnens prefacti etiam conventus et homines ex ipsius abbatis reverentia vel amore seu alias pro voluntate sua et diutius adhesissent; dicti autem homines maxime ad hoc fatebantur se non audire ab abbatis voluntate recidere in hac parte quia tenebant ne sibi supra dictum juramentum obstaret. Tandem idem homines attendentes ex discordia nostra et ecclesie nostre ad ipsos maxime pro jure nostro ex contextu etiam regalis judicii sibi nullo periculo imminere, amore usi consilio redeuntes ad eorum a bonis siquidem viris nec non et a nobis plenius interllecto juramentum sibi non obsistere sepe dictum prefato regali judicio se promittentes in perpetuum parituros, recognoverunt expresse coram domino duce Burgundie et aliis magnis et multis viris quod nos et quique sit episcopus Lingonensis et gardiam et le resort habemus in villa et hominibus Besue et promiserunt quod de cetero contra hoc non se opponerent. Nos vero eos in gratiam nostram recepientes benigne pensatis universis que circa juramentum predictum nobis exponere curaverunt ad omnem scrupulum de eorum cordibus removendum de bonorum et prudentum virorum consilio duximus eis et consilimus quod parendo rei judicate a domino Rege et recognoscendo jus nostrum ut premissum est occasione predicti juramenti nullam notam perjurii incurrent. Promisimus eis nichillominus quod si abbas vel conventus super premissis inquetarent eos seu alias molestarent nos eis bona fide impediremus consilium auxilium et favorem et deffenderemus eos sicut nostros. Actum anno Domini M° CC° XXX° septimo, mense februario.

Archives de la commune de Bèze. Cartulaire des priviléges, pièce n° 19.

CCXLV

Déclaration du roi saint Louis, qui vidime et confirme une lettre de Robert, évêque de Langres (1239), renfermant celle écrite en 1213 par le roi Philippe-Auguste au pape Innocent III, en lui annonçant qu'une décision du Parlement de Paris avait reconnu et consacré les droits de justice temporelle de l'évêque de Langres sur l'abbaye et les bourgeois de Bèze.

1239 (mai).

Ludovicus Dei gratia Francorum rex universis presentes litteras inspecturis, salutem. Noveritis quod nos litteras dilecti ac fidelis nostri Roberti Lingonensis episcopi vidimus in hec verba :

Robertus Dei gratia Lingonensis episcopus, universis presentes litteras inspecturis, salutem in Domino. Noveritis quod cum in litteris bone memorie Philippi illustrissimi quondam Francorum [regis], quedam verba contineantur, que referri posset in dubium, quorum tenor talis est :

Sanctissimo Patri ac Domino Innocentio Dei gratia sancte romane et universalis Ecclesie summo pontifici, Philippus eadem gratia Francorum rex, salutem et totius honoris ac reverentie plenitudinem. Scire volumus Sanctitatem Vestram, Pater Sanctissime, quod cum inter Manassem, bone memorie quondam episcopum Lingonensem et abbatem et ecclesiam et burgenses Besue coram nobis questio verteretur super eo videlicet, quod abbas se esse dicebat abbatem nostrum regalem, et episcopus contra asserebat ipsum abbatem et ecclesiam suam et suos burgenses esse de sua juridictione temporali et quod in idem episcopus de nobis nullo mediante tenebat. Tandem super hoc ab utraque parte in curia nostra duellum fuit firmatum et propter hoc isti pugiles inducti fuerunt Imbertus de Syvriaco et Radulphus Hochede et post modum ad hoc res devenit. Et ita actum fuit in curia nostra quod idem abbas et ecclesia sua et sui burgenses dicto episcopo remanserunt et de sua justicia et juridictione temporali fuerunt et id a nobis tenuit idem episcopus. Preterea id vobis duximus intimandum, quod abbas Besue nobis de novo fuit conquestus tam pro se, quam pro ecclesia sua et suis quod Vuillelmus episcopus Lingonensis, ipsis damna plurima et in vineis suis et in rebus aliis intulerat, propter quod nos utrique parti diem assignavimus apud Villam Novam, octabas scilicet Sancti Martini ante Natale Domini nuper preteritum. Cum autem tam idem episcopus quam abbas in nostra essent presentia constituti, et abbas rationes suas contra episcopum indicerit, respondit episcopus quod pro eo quod idem abbas super hoc ad Sedem Apostolicam appellaverat, non esset ei tutum in duabus curiis litigare, et quod id facere non debebat. Unde abbas habito concilio appellationi sue penitus renunciavit et super hoc in curia nostra juri stare promisit, et quod ipsum episcopum in alia curia super hoc amplius non traheret. Tunc vero predictus episcopus contra ipsum abbatem proposuit quod quia tam ipse abbas, quam ecclesia sua et sui, de sua juridictione et suorum predecessorum erant, instanter a nobis petiit ut ipsum abbatem ad curiam ejusdem episcopi judicandum remitteremus; visum autem fuit nobis et consilio nostro, quod quandiu episcopus vellet et offeret ipsi abbati justitiam exibere, ad curiam ipsius, pro jure capiendo et faciendo remitti deberet; quod quidem abbas ipse ratum habens, diem sibi ab episcopo super hoc assignatam recepit, a curia autem nostra ipsum abbatem ad curiam episcopi taliter remisimus judicandum super hiis autem que scimus et vidimus, vobis, Pater sanctissime, testimonium perhibemus. Actum apud Sanctum Germanium in Loya anno Domini millesimo ducentesimo duodecimo, mense julio.

Nos intellectum earundem litterarum sic intelligimus et declaramus, quod nos seu quicumque fit episcopus Lingonensis, ratione litterarum illarum in abbatem, ecclesiam et villam et burgensis Besuensis, habemus tantummodo gardiam et *le ressort*, et quod ipsi non possunt nos, vel quemlibet episcopum Lingonensem super hiis que pertinent ad abbatem, vel ecclesiam, vel villam, vel homines burgenses trahere in curia seculari, quandiu parati erimus eis facere justiciam in nostra curia seculari, nec etiam conqueri poterunt in alia curia seculari quam nostra seculari curia super hiis que pertinent ad gardiam nostram. Habemus etiam jus quod fidelitas nobis fiat et successoribus nostris episcopis Lingonensibus a burgensibus Besuensibus et manentibus in villa quatuordecim annos et amplius habentibus, quod ipsi conservabunt membra, corpus et honorem episcopi Lingonensis et quod ipsi conservabunt et adjuvabunt ipsum episcopum et suos et jura ejus ad magnam vim et ad parvam in villa et in finagio Besuensi. Habemus etiam jus habendi tam nos quam successores nostri episcopi Lingonenses omnia que ad premissa tria pertinent ad fidelitatem scilicet gardiam et ressortum. Dicimus etiam et recognoscimus quod nos ratione dicte gardie aut ressorti non possumus in villa Besuensi facere prisiam vel extorsionem quamlibet, nisi abbas et conventus vel burgenses venerint contra tria premissa, gardiam scilicet, fidelitatem et ressortum, vel aliquod ex ipsis, vel nisi procederet voluntate abbatis et conventus. Et hec omnia dicimus et recognoscimus, salvo nobis et successoribus nostris episcopis Lingonensibus per omnia jure spirituali. In cujus rei memoriam et testimonium presentes litteras sigilli nostri munimine fecimus roborari. Actum anno Domini M° ducentesimo tricesimo nono, mense mayo.

Nos autem litteras supradicti regis Philippi avi nostri, in forma supra scripta vidimus et ad petitionem, tam episcopi quam abbatis et conventus predictorum in hujus rei testimonium presentibus litteris nostrum fecimus apponi sigillum. Salvo in omnibus jure nostro et alieno. [Datum] Meleduni, anno Domini millesimo ducentesimo tricesimo nono, mense mayo.

Archives de la Côte-d'Or. Fonds de l'abbaye de Bèze. Cartulaire faisant suite à la Chronique, I, f° 44, v°.

CCXLVI

Traité des abbé et couvent de Bèze avec les habitants du lieu, pour les dîmes, les tierces et les secondes noces.

1251 (octobre).

Nos frater Pontius (1) humilis abbas Besuensis totus que ejusdem monasterii conventus, universis presentes litteras inspecturis, salutem in Domino. Noveritis universi quot cum discordia verteretur inter nos ex une parte et burgenses Besuenses ex altera super hoc videlicet, quod nos petebamus ab ipsis burgensibus quamdam summam pecunie pro quadam societate que contracta fuerat inter nos et ipsos burgenses propter discordiam seu litem quam movit contra nos et ipsos bone memorie Robertus Lingonensis episcopus, quia dicebamus nos propter hoc tot et tantas fecisse expensas, quot ipse burgenses tenebantur nobis in dicta summa pecunie.

Item cum quadam turpis consuetudo esset in villa Besuensis hactenus observata, quod mulieres vidue ulterius nubere non poterant nisi prius a nobis licencia petita.

Item cum esset alia consuetudo prava in villa Besuensis de novo introducta quod illi qui colligebant blada sua ad pecuniam tenebantur nobis solvere pro decima nostra et terciis nostris de duodecim gerbis duas gerbas.

(1) Ponce, 28º abbé de Bèze, apparaît pour la première fois en 1239, et mourut en juillet 1253. (*Gall. christ.*, IV, 700.)

Inter nos et ipsos burgenses pro utilitate nostra et ecclesie nostre de consilio bonorum super hiis omnibus ita pacifficatum et ordinatum : quod nos quictamus ipsos burgenses de omni querela quam contra ipsos habemus vel habere possumus occasione expensarum factarum in lite quam contra nos et ipsos burgenses movit supra dictus Robertus bone memorie Lingonensis episcopus.

Volentes eciam libertates ampliari et servitutes minui, damus et concedimus mulieribus viduis Besuensibus licenciam et potestatem nubendi quociens cumque voluerint licencia nostra amplius non petita. Tenent eciam si contigerit eas coram nobis litigare quamdiu vidue fuerunt eisdem pietatis intuitu prestare consilium si tamen per se vel per sua illud habere non possint.

Preterea cum non sit durum si res prenominatas ad statum illum in quo lex et consuetudo ipsa primo statuit, volumus et concedimus ut quique infra fines Besue frumentum suum vel quod cumque aliud bladum ad pecunias collegerit vel collegi fecerit de tresdecim gerbis pro decima et terciis duas gerbas cum modo nobis solvere teneatur. Hoc autem verum est si campus talis sit qui tercias et decimas debeat, quia si solum modo tenetur tunc solvere secundum consuetudinem hactenus observatam. Quod si ad bladum quis blada sua collegi fecerit tunc secundum quod consuetum est nobis decime et tercie debent solvi.

Pro hiis autem omnibus, burgenses Besuenses nobis dederunt quingentas libras stephanensis monete in pecunia numerata. De quibus plenum et perfectum a dictis burgensibus recepimus pagamentum, dicentes et confitentes dictam pecuniam in utilitatem ecclesie nostre versam esse. Renunciantes ex certa sciencia excepcioni non munerate pecunie. Promittentes bona fide omnia supra dicta firmiter in perpetuum et fideliter observare. Et ut istud ratum in perpetuum et firmum permaneat, presentibus litteris sigilla nostra duximus apponenda. Actum anno Domini millesimo ducentesimo quinquagesimo primo, mense octobris.

Archives de la commune de Bèze. Cartulaire des priviléges, n° 5.

CCXLVII

Transaction entre les abbé et monastère de Bèze et les habitants du lieu, au sujet de la bienvenue du nouvel abbé et les portiers de la ville.

1253 (juin).

Guido miseratione divina Lingonensis episcopus (1), universis presentes litteras inspecturis salutem in Domino. Noverint universi, quod cum discordia verteretur inter venerabiles et religiosos viros G. (2), Dei gratia abbatem et conventum Besuensem ex una parte et burgenses ejusdem ville ex altera, super eo quod dicti abbas et conventus dicebant dictos burgenses debere bennevenutam abbati qui de novo instituebatur in ecclesia Besuensi. Quam bennevenutam petebant pro abbate qui modo preest instituto de novo, dictis Burgensibus in contrarium asserentibus, quod nunquam bennevenutam solverant, nec solvere consueverant nec audierant eorum antecessores solvisse aliquo tempore retroacto. Tandem bonis viris mediantibus super hoc inter partes predictas pax amicabilis intervenit in hunc modum :

Videlicet quod anno elapso, postquam in ecclesia Besuensi abbas de novo fuerit institutus, burgenses qui pro tempore fuerint, reddent abbati Besuensi ratione bennevenute ipsius, centum libras stephanenses, nec aliud occasione bennevenute abbas Besuensis ab ipsis burgensibus petere potest nec debet. Et si infra annum quo de novo abbas institutus fuerit, idem abbas decederet vel renoveretur a regimine abbatie Besuensis, dictas centum libras pro bennevenuta reddere non tenerentur.

Statutum est nihillominus et divisum et a dictis abbate et conventu et burgensibus Besuensibus concorditer et amicabiliter pro utilitate ecclesie et ville Besuensis acceptum, quod de communi abbatis et burgensium Besuensium consensu et electione concordi eorumdem abbatis et burgensium in una quaque porta exitus ville predicte ponetur et instituetur janitor qui de villa sit superdicta et qui fidelitatem ecclesie et ville Besuensi antequam pro janitore recipiatur jurabit et jurare tenebitur. Et quotienscumque janitorem sic positorum mori

---

(1) Guy de Rochefort succéda en 1250 à Hugues de Rochecorbon, et mourut le 18 juin 1266.
(2) Geoffredus, Joffroi, dit le *Religieux baron*, venait de succéder à l'abbé Ponce, et gouverna l'abbaye jusqu'en 1255.

vel aliquid foris facere contigerit vel aliter abbati et burgensibus placuerit alios janitores vel alium janitorem instituere communi et concordi voluntate et electione abbatis et burgensium predictorum poterunt ipsi abbas et burgenses. Janitores autem sic instituti quiti erunt penitus in villa Besuensi ab omni placito generali. Et hec omnia facta fuerunt salvis libertatibus et bonis usibus et consuetudinibus ecclesie et ville Besuensis. In quorum omnium authoritatem et testimonium ad preces et requisitionem abbatis et conventus et burgensium Besuensium sigillum nostrum presentibus litteris duximus apponendum. Actum anno Domini M° CC° quinquagesimo tertio, mense junio.

Archives de la commune de Bèze. Cartulaire des priviléges, pièce n° 10.

CCXLVIII

Charte par laquelle Gui et sa sœur Dorneta, ayant acheté une maison à Bèze, se reconnaissent habitants et bourgeois du lieu.

1258 (sepembre).

Universis presentes litteras inspecturis, magister P. canonicus et officialis Lingonensis, salutem in Domino. Noveritis quod Guido et Dorneta soror, ipsius Guidonis alumpni Domini Humberti de Bera presbyteri, propter hoc in nostra presentia constituti, recognoverunt coram nobis, quod ipsi quondam domum sitam apud Besuam, scilicet inter domum Symonis dicti Colotte ex una parte et domum Ogeri dicti Bougeret ex altera acquisierunt et emerunt a Joanne filio quondam Ogeri majoris quondam de Besua secundum usus et consuetudines Besuenses existentes burgenses ville Besuensis habitantes et morantes in dicta villa Besuensi. Confitentes etiam coram nobis se esse burgenses Besuenses eodem tempore et die quo dictam domum acquisierunt et emerunt. In cujus rei testimonium nos ad requisitionem dictorum Guidonis et Dornete presentibus litteris sigillum curie Lingonensis duximus apponendum. Actum anno Domini M° CC° quinquagesimo octavo, mense septembri.

Archives de la Côte-d'Or. Fonds de l'abbaye de Bèze. Cartulaire faisant suite à la Chronique, I, p. 144.

CCXLIX

Achat par les habitants de Bèze de la franchise du péage de Beire.

1259 (décembre).

Nos Guido, divina miseracione Lingonensis episcopus, notum fieri volumus universis presentibus pariter et futuris, quod cum quislibet de hominibus Besuensibus volens ire de villa Besuense versus Divionem, bis in anno vel per octo dies precedentes festivitatem beati Johanni Baptisti et per octo sequentes similiter, per octo precedentes festum Omnium Sanctorum, et per octo subsequentes teneretur solvere domino vel dominis de Bera (1), pro pedagio vel eciam pro conductu (2), pro persona eunte pedes denarium unum, pro persona equitante duos eundo et redeundo, pro quadriga linea duo, pro ferrata ad quatuor similiter eundo et redeundo, sicut domini de Bera asserebant. Tandem dominus Robertus miles dominus de Bera, in presentia nostra personaliter propter hoc constitutus, recognovit se dictum pedagium et conductum vel quocumque alio nomine nuncupetur et quotquod juris in eo ipse vel alii domini de Bera habere poterant vel habebant, dictis hominibus Besuensibus vendidisse et in perpetuum quittavisse pro sexaginta et quinque libris stephanensibus, quas confessus est coram nobis recepisse a dictis hominibus in pecunia numerata. Volens et concedens quod dicti homines possint de cetero ire et reverti quolibet tempore per terram suam libere et sine exactione vel solutione alicujus pedagii vel conductus. Promisit etiam dictus Robertus, quod contra vendicionem istam nec non conditiones in isto instrumento contentas, vel aliquod per se vel per alium de cetero non veniret nec alium venire faciet aut permittet. Et quod dictis hominibus super hiis legitimam feret garantiam contra omnes, ita quod si contingerit in futurum aliquum vel aliquos dictum pedagium, vel conductum, vel partem quantumcumque in eo reclamare et propter hoc dictos homines, vel aliquem eorum, vel etiam bona sua detinere, vel impedire seu etiam inquietare, vel vexare, dictus Robertus et ejus successores dictos homines vel eorum bona, propriis sumptibus et laboribus

---

(1) Beire-le-Châtel, canton de Mirebeau.
(2) En exigeant le péage et le droit appelé « conductus » de tous ceux qui traversaient son domaine, le seigneur de Beire devait, dans ce trajet, les garantir de toute insulte et leur procurer ce qu'on appelle encore, dans la langue officielle, aide et assistance.

tenerentur requirere et liberare et omnia dampna et constamenta reddere quod propter hoc dicti homines sustinerent. Voluit eciam et rogavit nos dictus Robertus quod si ipse vel successores ejus convenciones supra dictas vel aliquam eorum, quod absit, non observarent, quod nos et alii episcopi qui pro tempore erunt, vel officiarii nostri dictum Robertum, vel ejus successores ad requisitionem dictorum hominum Besuensium, vel eorum mandatum excommunicaremns et eorum terram subponeremus interdicto. Pro hiis autem omnibus firmiter observandis se per juramentum corporaliter pro eo prestitum et successores suos et omnia bona sua presentia pariter et futura dictus Robertus specialiter obligavit. Hanc autem venditionem et conventiones supra dictas domina Margareta, uxor dicti Roberti, voluit et laudavit. Promittens per juramentum suum quod contra eas per se vel per alium de cetero non veniet, vel alium facere venire aut permittet. Renunciaverunt preterea dictus Robertus et ejus uxor in hoc facto exceptioni non numerate vel non solute pecunie doti et in factum et beneficio rei nunquam dimidia justi precii vendite et omni beneficio juris civilis vel canonici seu consuetudinarii sibi competenti, vel quod posset competere in futurum. Et dicta domina specialiter renunciavit dotis privilegio et juri pignoris vel ypotece tacito vel expresso. Ut autem hec omnia rata de cetero sint et firma, nos ad preces dicti Roberti et ejus uxoris, presentibus litteris sigillum nostrum duximus apponendum.

Nos vero Henricus (1) dominus Mirabelli et senescallus Burgundie, de cujus feodo domus domini de Bera cum medietate ejusdem ville movent, et Henricus de Tar, dominus de Maigne (2), de cujus feodo quarta pars dicte ville movet, omnia supra dicta volumus, laudamus et approbamus. In cujus rei testimonium et robur nos dominus Mirabelli signum nostrum una cum sigillo reverendi patris Guidonis Dei gratia Lingonensis episcopi presentibus fecimus appendi. Et nos Henricus de Tar dominus de Maigne, quia sigillum proprium ad presens non habemus, sigillo viri religiosi et honesti Amedei abbas Sancti Stephani Divionensis, in hiis usi sumus. Acta sunt hec anno Domini M° CC° quinquagesimo nono, mense decembris.

Archives de la commune de Bèze. Cartulaire des priviléges, pièce n° 6.

(1) Henri de Vergy, fils de Guillaume de Vergy, mentionné plus haut.
(2) Henri de Tart, seigneur de Magny-sur-Tille.

CCL

Vente faite par l'abbaye de Bèze, aux bourgeois dudit lieu, des droits de péage qu'ils percevaient sur eux à Dijon.

1274 (décembre).

In nomine Domini, amen. Anno Incarnationis ejusdem millesimo cc° septuagesimo quarto, mense decembris. Nos frater Girardus permissione divina humilis abbas (1) totus que conventus monasterii Sancti Petri Besuensis, notum facimus omnibus presentes litteras inspecturis, quod cum haberemus, teneremus, pacifice possideremus et perciperemus medietatem tocius pedagii qualiscumque et qualiumcumque bonorum et rerum quod burgenses et homines nostri Besuenses solverint, solvere consueverint, tenerentur et debent vel eis potest imponi apud Divionem, hanc totam medietatem tocius predicti pedagii et omnium jurium, occasionum et emendarum que ratione dicti pedagii possent a dictis burgensibus nostris Besuensibus exigi, vendimus et nomine jure legitime et irrevocabilis venditionis concessimus diligenti tractatu prehabito in capitulo nostro unanimiter et concorditer, utilitate evidenti monasterii nostri considerata, de assensu et voluntate viri religiosi Amedei sacriste dicti monasterii nostri communitati seu universitati burgensium et hominum nostrum Besuensium, precio quadraginta librarum divionensium forcium de quibus a dictis burgensibus nostris Besuensibus recepimus et habuimus solutionem integram in pecunia legitime numerata. Quare de dicte medietate tocius que predicti pedagii et omnium jurum, occasionum et emendarum quod ratione pedagii ejusdem possemus a dictis hominibus et burgensibus nostris exigi, nos omnino devertimus et communitatem seu universitatem burgensium hominum nostrorum burgensium per manum Petri dicti Vermant tunc Majoris Besuensis, corporaliter investimus et in plenum dominium et possessionem corporalem et perpetuam induximus, et de tota medietate tocius que predicti pedagii et omnium jurium, actionum et emendarum quod ratione ejusdem pedagii possemus a dictis Burgensibus et hominibus nostris exigi, eosdem absolvimus in perpetuum et quittamus. Tenemur que et promittimus per

---

(1) Girard, 30° abbé de Bèze. Les chartes témoignent qu'il administra le monastère de l'année 1255 à l'année 1275.

stipulationem legitimam et solemniter acceptam et in verbo veritatis et sub voto religionis nostre super medietate tocius pedagii predicti et omnium jurium, occasionum et emendarum ejusdem garantire portare dicte communitati seu universitati Burgensium et hominum nostrorum Besuensium perpetuo contra omnes, et nos pro eis semper ubique locorum et in omni curia contra personas omnes opponere, propter hoc respondere, propriis sumptibus et honus litis in nos pro eis suscipere, quam cito et quocienscumque super hoc requisiti fuerimus sine diebus et induciis exigendis, et eos inde conservare modis omnibus indempnes universos et singulos. Si qui contra venire volentes apparerent, quod absit, et in ullo contra ire de cetero per nos vel per alios verbo vel facto seu consensu aut jure seu consuetudine vel modo alio qualicumque, et ad dictam garantiam super hiis in premisso portanda et ad omnia et singula que premissa sunt tenenda perpetuo obligata que predicte universitati et communitati burgensium et hominum nostrorum Besuensium, nos et monasterium nostrum et nostros successores et omnia bona nostra et dicti monasterii nostri mobilia et immobilia presentia et futura quicumque sint, uticumque poterint inveniri. Renuntiantes in hoc facto exceptioni dicte pecunie non recepte et in tempore non habite ; exceptioni minoris precii vel deceptioni ultra dimidiam justi precii dati in factum et circumventionis ; in antiquo juri dicenti pecunias in utilitatem monasterii non fuisse conversas, cum auxilio juris canonici et civilis et consuetudinis et facti ; omnibus privilegiis, graciis et indulgenciis sub quacumque forma et verborum obventis impetratis et impetrandis, concessis et concedendis et omnibus exceptionibus, deffensionibus, juribus, rationibus et aliis quibuscumque qui contra presens instrumentum vel factum possent dici seu dici et juri dicenti generalem renunciationem non valere. In cujus rei testimonium et munimen perpetuum litteris sigilla nostra apposuimus. Actum, datum et sigillatum anno et mense predictis.

Archives de la commune de Bèze. Cartulaire des priviléges, n° 18.

CCLI

Consentement donné par Guy, seigneur de Tilchâtel, à ce que le duc Robert II ait, durant six ans, la garde des bourgeois de Bèze, qui se retireront dans ses terres de Lux et de Spoy.

1278 (octobre).

Je Guioz, escuier, sires de Trichatel, faiz asavoir à toz ces qui verront ces présantes lettres, que je vuel et outroy au noble baron et saige monseignor Robert, duc de Bergoigne, Monseignor, que il reteynne et puesse retenir à lui et à Cepoy que sont de son fié à homes et à borjois, touz les borjois de Bese, quiconques vorront venir et demorer es diz luex come si home jusque à seze anz continuex an siganz(1). Et que por les diz sexe anz es diz luex les puiesse garantir et maintenir et deffendre et lor biens et lor fammes et lor maignies, ainsi commes es ses propres borjois qui demorent à Dijon ou à Talant freinchement por tel cense come lidis borjois vodront paier au dit Duc ou à son commandement por les diz sex anz. Et cieste chose outroy je aussi es diz borjois de Bese. Et ce hay-je voulu et outroié au dit Duc Monseignor et es diz borjois por lor proières et por lor requeste et quant lidit sex an seront passé et acompli, lidiz Dux Messires ne pourrai tenir lesdiz borjois es diz luex, ne li diz borjois ne porront demorer se net par ma volunte et par mon outroy et se autres lettres ne sont de ce renovelées et faites. En tesmoignaige de laquelle chose je hay mis mon seal au ces presentes lettres, lesquex furent faites et données le lundi apres la feste de la saint Remy l'an de nostre Seignor mil IIe LXXVIIIe ou mois d'octouvre.

Archives de la Côte-d'Or. Chambre des comptes de Dijon. B 10423. Grand Cartulaire de Bourgogne, folio 50.

(1) Les exactions des moines de Bèze à l'endroit des bourgeois avaient causé une assez vive exaspération, pour qu'un grand nombre d'eux préférassent abandonner le lieu plutôt que de subir de nouvelles exigences. Ces bourgeois s'étaient retirés dans le voisinage de Bèze et avaient imploré le secours du duc de Bourgogne. Robert II, qui, pour n'être pas des plus favorables aux franchises communales, ne laissait jamais échapper l'occasion d'accroître son influence, accueillit leur demande et les prit sous sa sauvegarde.

CCLII

Accord entre les abbé et couvent de Bèze et les bourgeois du lieu, pour le réglement de leurs différends au sujet des coutumes, des redevances et des franchises.

1278 (mars).

Nos maitres Lamberz de Dijon, arcediacres de Lecoys (1) en l'église de Loingres. Et nos maitres Pierres, chanoynes et officiaux de Loingres. Et Viarz de Sein Baroyng (2), bailliz de Loingres, façons savoir à touz ces qui verront et orront ces présentes letres, que con li borjois de Bese haussient apelé à mon seingnor l'avesque de Loingres contre l'abbé et lou covant de Bese de plusors gries (3) qu'il disoient que li diz abbé et li covanz lor aveent faiz. Et nos havest commandé mes sires l'avesques oiir et delivrer la cause dou dit apel (4). Et d'autre part se pleynnessient (5) li diz abbés et li covanz des diz borjois meintes choses. Nos les descorz et les plaiz (6) qui esteait entre les dites parties par davant nos, avons apaisiez de la volunté et de l'essantement (7) des dites parties et por lou consoil de bones genz en teil meniere. Ce est à savoir que les noveles censies que le dit borjois doivent audit abbé et au covant de Bese, l'abbés de Seint Benigne de Dijon et l'abbés de Seint Estienne doient regardeir et savoir à queil menoie (8) elles fuerent estaublies ou premisses (9) à payer et à teil menoie le dit borjois les paieront dos ci en avant (10) ou à la vaulue (11) di celi. Après des censies enciennes le dit abbé de Seint Benigne et de Seint Estienne de Dijon doivent enquérir des costumes et des usaiges de l'aveschiés de Loingres et dou duchesme de Bergoysme ou des autres costumes voisines dou reaulme, comment on ha acostumé à

---

(1) Lassois, archidiaconné du diocèse de Langres, dépendant de l'ancien *pagus latiscensis*, qui embrassait une partie du Châtillonnais et du Barrois.
(2) Saint-Broing.
(3) Griefs.
(4) C'étaient ces griefs qui avaient motivé le départ de plusieurs bourgeois et déterminé l'évêque, qui n'ignorait pas l'appui qu'ils avaient trouvé dans le duc de Bourgogne, à pacifier le débat, afin d'éviter de sa part une intervention plus directe.
(5) Plaignaient.
(6) Procès.
(7) Assentiment.
(8) Monnaie.
(9) Promises.
(10) Dorénavant.
(11) Value, valeur.

payer tex censes. Et ansinc (1) comme il lou trouveront selonc les usaiges et selonc les costumes, le dit borjois seront tenu dou payer les dites censes. Et se il ne trovoient certains usaiges ou certeinnes costumes, ledit abbé de Dijon lou fereent et regardereent à bone foy comment on les devroit payer, et aussi comme il sera regardé et fait et ordené por les diz abbez de Dijon, lidit borjois seront tenu de payer les dites censes il et lor hoir à touz jorz mais. Après il est acordé por nos entre les dites parties que li diz abbés de Bese et le dit covanz doient tenir et gardeir es diz borjois lor bons usaiges, droiz, costumes et freinchises à touz jorz, mais ausi comme il et lor devancier lor ont tenues et gardées jusque au jor que le plaiz en commença. Et se il estoit doute d'aucunes freinchises, droiz, usaiges ou costumes devant dites de ce que li diz borjois mostrereent et fereent savoir audit abbé ou à son commandement, li diz abbés de Bese et li covanz lor torreent (2) et gardereent et fereent tenir et gardeir à bone foy. Et se aucunes des freinchises, usaiges, droiz et costumes desdiz borjois en aveent brisies ou enfreyntes, lidiz abbés et li covanz il les rapelereent et gardereent et sereent tenu dou rapeleir et dou gardeir. Et li dit borjois sont tenu de gardeir et de tenir audit abbé et au covant lor bons usaiges et lor bon droit ausi comme il aveent acostumé eyncos (3) que le descorz est commancest. Saul le court de la menoie que doit corre ausi comme le Rois et mes sires l'Avesques l'ont commandé. Et est à savoir que l'abbés ha fait protestation que por cieste pais ne por ciest acort, il n'entant à renoncier ne ne renonce au droit et à la raison qu'il ha contre ces qui s'an sont aulé en autre seignerie se il ne voloient revenir, einz (4) ha retenu tout lou droit et tote la raison contre lor. Après il est acordé que le dit borjois serviront l'abbé et li donnent por ces choses trois cens livres de tornois et un marc d'argent desquex li dit borjois ont mises pleges et randaours de gaiges (5) portanz ou menanz par davant nos en la main dou dit abbé. Et cieste pais desux dite ausi comme elle est devisée ha promis le diz abbés de Bese pordavant nos en bone foy comme abbés et en parole de verité gardeir et tenir à touz jorz mais et li covanz l'a aussi promis por davant nos en bone foi tenir et gardeir. Et Perrenins Perrière et Perrenins Denise, borjois de Bese, procuraour es diz borjois, l'ont promis por lor foi ausi por lor et por lesdiz borjois comme procuraour qui avoient pooir de ce faire ausi comme il est contenu en lor procuration, de quoi il ont faite foi pordavant

---

(1) Ainsi.
(2) Tiendraient.
(3) Avant.
(4) Ains, mais.
(5) Cautions.

nos à faire à tenir et à gardier à touz jorz mais es diz borgois. En tesmoingnaige de ces choses, nos avons mis nos seaux en ces présentes lettres, lesquex furent donées et faites l'an de nostre Seignor mil dous cens sexante et xviii, ou mois de marz.

Original : Archives de la commune de Bèze.

CCLIII

Transaction entre les abbé et monastère de Bèze et les habitants du lieu, au sujet des bourgeois qui avaient quitté la seigneurie des religieux.

1280 (22 mars).

Universis presentes litteras inspecturis Guido, Dei gratia Lingonensis episcopus, salutem in Domino. Noveritis quod cum discordia verteretur inter religiosos viros abbatem et conventum Besuensem ex una parte et homines ac habitantes in villa Besuensis ex altera, super eo quod quidam de dictis hominibus seu habitantibus in dicta villa de relicto dominio dictorum abbatis et conventus ad alia loca causa morandi se transtulantur sub dominio alieno, dictus que abbas ad bona ipsorum assignaverat, asserens eadem incidisse in commissum et quod dicta bona habere seu tenere non poterant nec debebant extra ipsorum dominium commorando. Dictis hominibus et habitantibus asserentibus in contrarium quod hoc facere poterant et debebant et super hoc inter dictas partes fuisset diutius accercatum et dampna ac gravamina hinc inde dicerentem illata seu etiam sussecuta. Tandem nobis existentibus apud Besuam, anno Domini M° CC° octuagesimo sabbata ante dominicam qua cantatur *Lœtare Jherusalem* dicto abbate ac procuratoribus dictorum hominum et habitantium videlicet Jacquino Bertot, Petro Donisii, Bartholomeo Verniot, Guillermo Caorsino, Giraudo Guidonis, Philippo Chamberet et Guillermo Corsenel presentibus coram nobis dictis procuratoribus habentibus mandatum et potestatem componendi et transigendi et cetera mediantibus bonis viris, talis compositio et concordia intercessit inter partes superius nominatas (1).

---

(1) Cette transaction fut la conséquence de la précédente; seulement, là comme toujours, les moines se firent payer le plus cher possible l'abandon de ce qu'ils avaient déjà implicitement vendu, et exigèrent des sommes énormes pour frais des procès que leurs exactions avaient suscitées.

Videlicet quod homines seu habitantes Besue qui a dicta villa et a dominio dictorum religiosorum recesserant, renuntiantes expresse dominio alterius cujuscumque preter quam dominio dictorum abbatis et conventus ad eorumdem religiosorum dominium apud Besuam, redirent quod Bartholomeus Vernioz, Guillermus Caorcinus, Bricius Carnifex, Petrus Estorne, Vannerius Douzelez, Robertus Jayez, Oygerius Peyus, Arbelinus de Verones, Hugo Chodiez, Lambertus Magnus, Odo Deserrée et Stephanus Boegez fecerunt in nostra presentia constituti.

Hoc acto specialiter et expresse inter partes quod per ea que facta sunt hinc et inde preposita sive dicta nec prejudicium generetur nec jus aliquod parti alternutri in posterum acquiratur, sed omnia quantum ad libertates, consuetudines, bonos usus, jura ac etiam servitutes hinc et inde sint, in statu in quo erant per mensem antequam de dictorum religiosorum dominio recessissent. Quas libertates, consuetudines, bonos usus, dictus abbas promisit in verbo sacerdotis dictis hominibus et habitatoribus custodire et in posterum inviolabiliter observare, dicti que procuratores nomine suo et hominum seu habitantium predictorum vice versa se servaturos dicto abbati, bonos usus, consuetudines prelibatas ac omnia supradicta juramento corporali prestito firmaverunt.

Actum fuit etiam inter ipsas partes ac etiam concordatum quod pro dampnis et gravaminibus que facta et illata dicebantur abbati et conventui memoratis, occasione predicta, dicti homines et habitantes apud Besuam solvent et reddent dicto abbati pro bono pacis, non ratione emende, ducentas libras turonenses, infra festum Omnium Sanctorum proximo venturum. Licet dicti homines seu habitantes non confiterentur se dicta dampna seu gravamina intulisse. Ita tamen quod pro hoc ipsis quantum ad suas libertates, franchisias, consuetudines et bonos usus, nullum prejudicium in posterum generetur.

Actum fuit etiam et concordatum inter ipsos quod super discordia monete stabitur ordinationi seu compositioni facte per venerabiles viros magistrum Lambertum, archidiaconum Laticensem, magistrum P. officialem et Viardum, baillivum Lingonensem, prout in litteris sigillis eorumdem sigillitatis plenius continetur.

Actum fuit etiam inter ipsos quod mille et sexaginta libre turonenses nobis debite pro quadam emenda et trecente libre turonenses quas dicti homines abbati predicto dederunt cum ducentis libris predictis, et omnes alie expense facte per dictos procuratores pro dicto negotio usque ad diem qua fuit tractatus pacis, habitus hospitali de Accellis, super dicta emenda inter gentes nostras et dictos procuratores, leventur communiter ab hominibus et habitantibus dicte ville si aliquid super est. Ad levandum expense vero facte post dictum pacis tractatum factum in hospitali predicto per dictos procuratores pro negotio dicte ville leventur communiter nisi aliquis legitimus apparuerit contradictor, qui causam extendat rationabilem quare levari non debent de communi et tunc abbas de hoc faciat de plano quod justitia sua debet.

Dictam autem compositionem, concordiam et omnia supra dicta laudaverunt, voluerunt, approbaverunt et eisdem consenserunt expresse frater Johannes Prior et conventus Besuensis coram nobis dicta die in capitulo dicti loci.

In cujus rei testimonium ad requisitionem dictorum abbatis et conventus et procuratorum predictorum ac eorum qui a dominio dictorum abbatis et conventus recesserant superius expressorum sigillum nostrum presentibus litteris duximus apponendum. Datum anno et die predictis.

Archives de la Côte-d'Or. Fonds de l'abbaye de Bèze. *Vidimus* du XIVe siècle, reçu Girard, notaire. — Archives de la commune de Bèze. Cartulaire des priviléges, n° 12.

CCLIV

Transaction entre l'abbé et le monastère de Bèze et les bourgeois dudit lieu, au sujet du banvin et des moulins banaux.

1301 (août).

Universis presentes inspecturis, nos frater Hugo divina permissione abbas humilis monasterii Sancti Petri Besuensis (1), ordinis Sancti Benedicti Lingonensis diocesis totiusque ejusdem loci conventus, salutem in Domino. Sempiternam, et memoriam rei geste non debet reprehensibili judicari, si secundum varietatem temporum statuta variantur humana, maxime cum sopiri potest fomes discordie, et communis utilitas procurari. Hinc est quod nos abbas et conventus monasterii predicti ex una parte, ac homines et burgenses ville Besuensis ex altera, attendentes et considerentes quod a temporibus retroactis actum et consuetum per longa tempora et a tempore a quo non est memoria inter nos et pre-

(1) Hugues, 34° abbé de Bèze, élu en 1293, inconnu jusqu'en 1303.

decessores nostros de una parte et dictos homines et burgenses Besuenses ex altera extitit observatum et per longam prescriptionem potius approbatum, quod aliquis de villa Besuensi nec aliunde in dicta villa Besuensi non possint vendere vinum quod crevisset extra finagium Besuense ab eo tempore quo in vendemiis in dicta villa de vino novo finagii Besuensis possent inveniri tres taberne sufficientes, ne exinde a dicto tempore quod tres taberne sufficientes ut dictum est de vino novo finagii Besuensis possent inveniri, non potest vinum aliunde in dicta villa Besuensi vendi usque ad festum sanctorum Petri et Pauli apostolorum proximo subsequens vendemias antedictas.

Item cum in molendinis nostris Besuensibus non esset nec fuisset a temporibus retroactis usque ad diem confectionis presentium litterarum certa mensura pro motura capienda de bladis que ibi molebantur, nec essent nec fuissent nostra molendina bannalia usque ad ista tempora, sed licebat unicuique dictorum hominum et burgensium Besuensium ubicumque alibi vellent molere blada sua.

Tandem considerata nobis evidenti et probabili utilitate predicti nostri monasterii et nostra et successorum nostrorum omnium in futurum diligenti et solempni super hiis a nobis tractatu habito cum peritis in jure, confitemur spontanei, non coacti, non vi, non dolo seducti nec in aliquo circonventi vel decepti, quod inter nos abbatem et conventum ex una parte, et dictos homines ac burgenses ex altera, actum est et concordatum super predictis et ea tangentibus in modum qui sequitur in hec verba :

Actum est enim pactum, conventum et concordatum inter nos abbatem et conventum ex una parte, et ipsos homines burgenses Besuenses ex altera, pro communi et evidenti utilitate utrorumque quod statutum seu consuetudo diutius observata super vinis Besuensibus vendendis per totum annum et vinis aliunde non vendendis in dicta villa Besuensi, usque ad festum beatorum Petri et Pauli apostolorum, de communi assensu prorogetur usque ad festum beati Petri ad Vincula, videlicet quod vina alia a vinis finagii Besuensis, usque ad dictum festum beati Petri ad Vincula, vendi de cetero non possunt ibidem per quemcumque, cujuscumque conditionis vel status existat. Quod si quis contra fecerit de cetero, teneatur ad emendam sexagenta quinque solidorum turonensium parvorum, seu monete currentis in dicta villa Besuensi, nobis abbati et conventui et successoribus nostris reddendorum et solvendorum et vinum nichilominus quantumcumque dolium teneat effundatur. Super quorum probatione de cetero stabitur affirmanti cum duorum fide dignorum testimonio vel plurium hoc juranti quod de vinis aliis ibidem vendendis ita observatur, nisi, quod absit, tantus deffectus vini seu penuria in dicta villa Besuensi existeret, quod de vinis proprii finagii Besuensis non possent commode sustentari. Quia tunc licebit tempore dicti deffectus remedium adhiberi et de vinis aliunde vendendis ibidem dictis burgensibus provideri, quod tamen per dominum abbatem debebit fieri, et ipsi tenebitur concedere requisitus, nec poterit, nec debebit recusare. Dominus autem abbas tempore bannorum vina sua, vel alia poterit vendere, vel vendi facere, prout ab antiquo extitit observatum; quotienscumque vero tempore vendemiarum invenientur tres taberne sufficientes in villa Besuensi de vino novo finagii Besuensis, ex tunc vinum vetus, seu novum aliunde non debebit, nec poterit ibi vendi et qui contra fecerit emenda et pena supradictis plectetur nobis abbati et conventui persolvendis.

Actum est etiam et concordatum inter nos et dictos homines ac burgenses quod molindina Besuenses de cetero sint et erunt bannalia sicut furni, eo tamen moderamine adhibito, quod molendinarius quicumque fuerit sive sit admodiator molendinorum sive proprius serviens domini abbatis Besuensis, non tenebitur accipere a quolibet habitatore ville et finagii Besuensis pro motura de qualibet mina ad mensuram Besuensem, nisi unum boissellum ad eandem mensuram, et secundum dictam mensuram certe mensure inferiores sculpabuntur. Que penes dominum abbatem Besuensem, tanquam penes judicem ac dominum, remanebunt, et quolibet anno, si expedierit, inspicientur mensure, ne casu aliquo minorentur, vel etiam amplientur; ita tamen quod quicumque molendinarius in dictis molendinis Besuensibus extiterit constitutus, sive sit admodiator molendinorum sive proprius serviens domini abbatis Besuensis, quod idem molendinarius quicumque fuerit et quotiescumque constituetur molendinarius, jurare tenebitur in manu domini abbatis, quod in dictis mensuris fraudem aliquam non faciet diminuendo easdem, vel etiam ampliando. Et si molendinarius super summa bladi sibi delata a quocumque fidem non adhibuerit, dictum bladum erit sibi licitum mensurare, seu facere mensurari. Et sciendum quod in molendo ordo iste observabitur, quod qui primo bladum suum ad molendinum detulerit, primo debeat expediri. Panifices vero, seu beloingerii pro eodem pretio ad secundum eumdem modum qui hactenus fuerunt observati super motura bladorum suorum in molendo debent perpetuo expediri. Circa moturam avenarum, que solent gruer, gallice, observabitur quod quelibet amina avene moli et gruer debet pro sexdecim denariis parvorum turonensium monete predicte et sic deinceps secundum majus et minus secundum majorem et minorem summam.

Et quanquam predicta nobis, nostro monasterio et successoribus suis et censeri debeant utilia in presenti et etiam in futura, nichilominus dicti homines et burgenses Besuenses ex mera gratia et liberalitate sua, propter veram inter nos et ipsos concordiam confirmandam, dederunt et concesserunt nobis centum libras parvorum turonensium, quas confitemur nos recepisse et habuisse ab eisdem hominibus et burgensibus Besuensibus in bona pecunia numerata et easdem totaliter esse conversas in utilitatem et commodum nostrum et nostri monasterii, pro nostris debitis persolvendis.

Quas quidem pactiones et conventiones, confitemur modis omnibus quibus melius possumus et de jure esse utiles et necessarias nobis, nostro monasterio et successoribus nostris et per has novum jus contra ipsos homines et burgenses Besuenses nobis esse et nostro monasterio ac successoribus nostris taliter acquisitum. Promittentes bona fide, et sub voto religionis nostre qua tenemur adstricti pro nobis et nostris successoribus, legitime stipulantes, pactiones et conversiones, concordiam et ordinationem predictas, ratas habere perpetuo, atque firmas, et eas de cetero imperpetuum, prout superius exprimitur, firmiter tenere, adimplere et inviolabiliter observare et contra eas vel aliquam earumdem de cetero non venire, nec alicui contra venienti seu venire volenti, in aliquo consentire, tacite vel expresse. Renuntiantes in hoc facto ex certa scientia sub dicto voto, exceptioni doli mali, vis, motus, circonventionis, deceptionis, restitutionis in integram, exceptioni dicte pecunie non numerate non solute et non tradite, spei solutionis et numerationis future rei non ita geste et omnibus privilegiis, gratiis et indulgentiis a Domino Papa, imperatore, rege vel principe quocumque, seu ab aliis prelatis quibuscumque nomine censeatur indultis seu etiam indulgendis; jurique dicenti generalem renunciationem non valere. In quorum omnium premissorum testimonium et munimen sigilla nostra litteris presentibus duximus apponenda. Actum et datum die lune post Dominicam qua cantatur *Quasimodo*, anno Domini millesimo trecentesimo primo.

Original : Archives de la Côte-d'Or. Série H. Fonds de l'abbaye de Bèze.

CCLV

Ratification de la transaction précédente par les habitants de Bèze.

1301 (décembre).

Universis presentes litteras inspecturis, Officialis Lingonensis salutem in Domino sempiternam. Noveritis quod in presentia domini Euvrardi de Besua rectoris ecclesie de Archeyo et Luquinni dicti Marron de Besua clerici juratum nostrorum ad hoc a nobis specialiter destinatorum ac etiam deputatorum quibus quantum ad infra scripta et ad majora loco nostri audienda recipienda, et nobis referenda commisimus, vices nostras. Personaliter constituti et ad pulsationem campane in parrochiali ecclesie Besuensi propter hoc specialiter in simul congregati Jacquinus dictus Bertoz, Philippus dictus Chamberez, Wiellmus, filius quondam domni Berardi, Girardus dictus Dannys, Varneues dictus Douzeloz, Vuillermus major, Dominicus de Pasquis, Girardus Perrere, Luquetus dictus Bonshoirs, Girardus de Occeyo, Humbertus dictus Marchoz, Perrinus dictus Marchoz, Ougerius dictus Charbonez, dictus Poyns Myodos, Robertus dictus Botefeu, Jacobus Boigerius, Micheletus dictus Esparme, Roigerius tannator, Hugo dictus Tabores, Guido Cambellanus, Martinus dictus Moutons, Johannes dictus Liebaus, Regnardus dictus Regnez, Johannes dictus Donzeaux, Symon dictus Bungnons, Jacquimus dictus Jetons, Luquetus dictus Marrons, Garnerus dictus Perrere, Symon dictus Moutons, Vienetus borelerius, Bonnetus carpentarius, Hugo dictus Flamoinchey, Johannes dictus Andrioz, Andenetus olearius, Perinus dictus Janiz, Varnerus dictus Jetons, ac alii homines et burgenses ville Besuensis recognoverunt et publice confessi sunt coram dictis juratis nostris, quod ipsi homines et burgenses ex una parte, ac religiosi viri abbas et conventus monasterii Besuensis eorum domini ex altera inhierunt inter se, fecerunt et habuerunt pactiones et conventiones que secuntur. Videlicet quod cum a temporibus retroactis et a tempore a quo non est memoria, actum et consuetum extiterit et diutius observatum inter ipsos religiosos ex una parte et dictos homines et Burgenses ex altera, quod aliquis de villa Besuensi, nec aliunde in dicta villa Besuensi posset vendere vinum quod crevisset extra finagium Besuense (*Les dispositions qui suivent sont identiques à celles de la charte qui précède*).

Quas quidem pactiones et conventiones dicti homines et burgenses Besuenses confitentes coram predictis juratis nostris esse necessarias sibi et suis successoribus, promiserunt singulariter singuli per juramenta sua propter hoc ad sancta Dei prestita et per stipulationem solemnem tenere et in perpetuum inviolabiliter observare ac etiam ratas habere et firmas, et contra de cetero non venire, nec alicui contra venire volenti in aliquo consentire tacite vel expresse.

In cujus rei testimonium, ad requisitionem predictorum religiosorum et hominum ac burgensium Besuensium predictis juratis nobis, vice et nomine nostris factam nec non et ad relationem predictorum juratorum nostrorum, qui nobis sub fidelitate sui predicti juramenti retulerunt omnia supra dicta vera esse, et in ipsorum presentia ita facta, recognita, pacta et conventa fuisse, quibus super premissis et majoribus fidem plenariam adhibemus sigillum, curie Lingonensis presentibus litteris diximus apponendum. Actum et datum Besue coram predictis juratis nostris, anno Domini millesimo trecentesimo primo, mense decembri.

Luquinus de Besua, ita est. — Ego Evrardus de Besua, ita est.

Original : Archives de la Côte-d'Or. Série H. Fonds de l'abbaye de Bèze. Affaires de la commune.

CCLVI

Arrêt du Parlement de Paris qui homologue la transaction conclue entre l'abbaye et les bourgeois de Bèze au sujet de la bienvenue, de l'usage des bois épars et des amendes sur les chemins.

1379-80 (15 mars).

Concordia inter abbatem conventum et burgenses Besuenses circa Benevenientiam et alia jura.

Carolus Dei gratia Francorum Rex, universis presentes litteras inspecturis salutem. Notum facimus quod de et super certis litibus et controversiis motis et pendentibus in nostra Parlamenti curia, inter dilectos nostros religiosos abbatem et conventum Sancti Petri de Bezua ex una parte, et habitatores dicte ville de Bezua ex altera, de licencia et auctoritate dicte nostre curie tractatum, concordatum et pacificatum extitit prout in quodam instrumento per procuratores dictarum partium inferius nominatos dicte nostre curie unanimiter et concorditer tradito continetur. Cujus quidem instrumenti tenor sequitur sub hiis verbis :

In nomine Domini, amen. Noverint universi hoc presens publicum instrumentum inspecturi, quod anno dominice incarnationis millesimo trecentesimo septuagesimo nono, die videlicet vicesima prima mensis octobris circa horam primam ipsius diei, indictione tercia pontificatus sanctissimi in Christo patris ac domini nostri Clementis divina providentia Pape septimi anno primo, in presentia mei notarii publici infra scripti ac testium subscriptorum religiosis viris Domino Johanne de Rocheta (1) humili abbate monasterii Bezuensis Ordinis Sancti Benedicti Lingonensis diocesis, fratribus Girardo de Bellomonte priore, Johanne de Molins eleemosinario, Symone de Precigneyo infirmario, Petro de Chanlipto cantore, Johanne de Fontisvenna preposito, Johanne de Luz, Petro de Palatio, Johanne de Fontisvenna, Guidone de Vartis, monachis professis, Henrico de Lingonis et Leobaldo des Rappis, novitiis monasterii supra dicti, cum auctoritate dicti abbatis omnibus in eorum capitulo ad sonum campane capitulum faciendo congregatis ex una parte : Et Symonino Bourdet, Perreneto Boussard, Guidone Gastelier, Andrea de la Charbonnere, Theobaldo Phelippon, Lucreta relicta defuncti Martini Philepponn, Hugone Marcheandise, Henrico Courrier, Jacquemino de Rivo, Bartholomeo Gastelet, Perreneta filia defuncti Naudini, Meleneta relicta defuncti Fourgon, Moneto de Cuseyo, Johanne Guiotot, Stephano Chanpi, Vieneto Penrset, Hugone Geliotet, Symoneto filio deffuncti le Pointurey, Johanne de Precigneyo, Henrico Contrepointier, Richardo Regnardet, Symoneto filio au Geliotet, Hugone de Larreyo, Stephano Vion, Symonino Pontherii, Monnino de Mercenayo, Nicolao Querellardet, Hugone genere, Monnini de Mercenayo, Perreneto Oisselet, Johanne dicto Lou Puissin, Symone de Vacuala, Luqueto le Curot, Nicolas de Branvilla, Johanne de Fontisvenna, Jehanneta Gauvenée, Ysabeleta relicta Li Trochat, Martino Moutenot, Girardot Gaudot, Guidone de Taulemerio, Johaneto Li Bavoux, Johanne Regardet, Symonino Fabri, Johanne Rolandi de Fontanis, Johanneto filio defuncti Besancon, Guillermo Arconnieres, Johanne Regnardet, Roberto de Loya, Symoneto filio defuncti Giraul, Perrino dicta Melot, Perretot de Veteribus Vineis, Symoneta filia defuncti Marchandise, Johanneta relicta defuncti Michaelis Gignoulet, Perreneto le Macon, Guidone de Castellione, Stephano Rotarii, dicta Foulsoul, dicta Faucille, Hugueta filia defuncti dicti Espontiens, Mo-

---

(1) Jean de la Rochette, 40e abbé de Bèze, n'est connu que par ce seul document.

nino de Eleemosina, Johanne Parvi, Johanneto Gramiot, Micheleto dicto Gremeau, Johanneto Bornot, Symoneto Chanpi, Johanne Fannetis, Humberto Gaule, Hugone Retonsoris, Perrino tonnelico, Bertrando de Sancto Desiderio, Johanne de Furno, Odeto de Blangneyo, Jacobo Bourdot, Perrino de Maireyo carpentario, Perello Mantrouchet, Guidone Olearii, Jacquino Vioichet, Stephano Mayzehan, Johanne dicto Gaule, Theobaldo Champaignes, Petro Sarredin, Hugone de Cromarreyo, Johanne filio Johanneti Gramiot, Humberto de Arceone, Johanno Mile, Gaufrido Boichet, Theobaldo barbitonsoris, Perrino Vion, Perreto Tortevye, Guidone de Vavrotes, Theobaldo Pingrée, Hugone li Comayret, Perreto li Chantrel, Johanne Lesnaire de la Vote, Johannino de Rivo, Margarita sorore au Querellardet, Johanneta Fenerote, Jacobo Vion, Richardo Olearii, Johanneta Parcellée, Odeto Rotami, Clemente li Chambellan, dicta Bietrix, dicta Minote, Maria relicta defuncti Girardi Lameret, Vuillermo bourrelerii, Johanne dicto li Truysset, Theobaldo Regnaudot, Johanne de Bellojoco, Guidone Belini, Vuillermo Obloier et Perrino Vaucheret habitatoribus ville de Bezua dictorum religiosorum immediate subjectis majorem et saniorem partem et habitatorum ejusdem ville ut dicebant et pro minori parte eorumdem se forte facientibus in dicto capitulo etiam congregatis ex altera dicte partes mihi notario infra scripto stipulanti ad opus omnium quorum interest seu interesse poterit in futurum quandam cedulam exibuerunt ac unanimiter tradiderunt cujus tenor sequitur sub hiis verbis :

Du débat et descort meu et pendant en Parlement entre Messires les religieux abbé et convent de Saint Pierre de Beze, demandeurs d'une part, contre les habitans de la ville de Beze, défendeurs d'autre part, pour cause de cent livres d'estevenens que les diz religieux demandent pour la bien venue d'un chascun abbé institué en icelle eglise, par mort, permutation, translacion ou autrement et de cinq cens livres d'estevenens d'arrérages. Accordé est se il plaist a la court en la maniere qui s'ensuit :

Premièrement que les diz habitans paieront doresnavant perpétuelement à chascun nouvel abbé institué par la mort de son prédécesseur, soixante livres d'estevenens pour sa bien venue en l'an revolu.

Item paieront lesdiz habitans à Monseigneur qui est à présent quatre cens frans d'or pour une fois. C'est assavoir soixante livres d'estevenens qui valent soixante quinze frans du coing du Roy nostre Sire pour sa bien venue et soixante frans pour convertir en la réparation de la forteresse de l'abbaye de Beze et les deux cens soixante quinze frans de demourant, pour les missions et despens faiz pour le fait de la plaidoierie.

Item seront tenuz et paieront audit Monseigneur qui est à présent et à ses successeurs tous les diz habitans présens et à venir, c'est assavoir un chascun feu et mesnage de la ville et finage de Beze une journée au mois de mars chascun an perpétuelment ou un gros viez tournois d'argent au choix de Monseigneur et de ses successeurs en l'eglise vacant au choix du convent de la ditte abbaye. Nuls des diz habitans exceptez, de quelque condition qu'ils soient.

Item pour considération du proufit commun, Monseigneur et son dit convent donnent congié perpétuelment aux diz habitans de coupper toutes aiges et touz boissons et autres bois quelconques ou finage et territoire de Beze, hors des propres héritages et bois et forestz desdiz religieux et hors des grans chemins jusques aux bornes qui seront mises au regart de bonnes gens. Exceptez pommiers, poiriers quelconques et les gros chesnes qu'ils ne pourront coupper ne avoir. Toutevoie se les diz chesnes ne sont plus gros par le pié d'un bout de charrue, iceux habitans les pourront coupper hors, comme dit est, des héritages des diz religieux et des grans chemins roiaulx, duquel bout de charrue sera fait un patron pour la paix des dittes parties et ne pourront les diz habitans vendre ne donner le dit bois, duquel leur est donné licence de coupper à autres personnes que aux habitans de la ville de Beze.

Item donnent congié les diz religieux aux diz habitans de amender touz les chemins et passages de la ville et finage de Beze, senz préjudice d'autruy et de prendre terre pour amender leurs héritages chascun en droit soy, senz préjudice du seigneur et d'autruy.

Item seront anullées les lettres de Messires Dalmars, jadix abbé dudit monastère tout entièrement, faites l'an mil trois cens soixante seize, le premier jour de juillet, et toutes autres lettres faites ou temps passé. C'est assavoir les clauses d'icelles faisant mencion de la bien venue dessus dite; mais toutes autres clauses que la bien venue en quelxconques lettres qu'elles soient, demeureront en leur force et vertu au prouffit de l'eglise et des diz habitans.

Et quant à toutes les choses dessus dites et chascune d'icelle, tenir, garder et accomplir à touzjours perpétuelment en la forme et manière que dessus sont exprimées les dittes parties et chascune d'icelles, pour elles et leurs successeurs, veulent estre condempnez par arrest de la dicte court de Parlement.

Pro quibus omnibus et singulis suprascriptis tenendis, complendis et inviolabiliter observandis, dicte partes prout earum quamlibet tangere potest pro se et suis successoribus voluerunt, coram me notario infra scripto stipulanti prout supra licentia dicti Parlamenti curie prius obtenta per ipsius curie arrestum condemnari petentes sibi super hiis per me fieri publicum instrumentum. Acta fuerunt hec Besue anno, mense, indictione et pontificatu predictis. Presentibus discretis viris Johanne Caillot de Veteribus Vineis, Odeto d'Espinant et Johanne Cormiaul de Vallebruenti Lingonensis diocesis, testibus ad premissa vocatis specialiter et rogatis. Et ego Stephanus de Arcçone presbyter Lingonensis diocesis auctoritate imperiali notarius publicus omnibus et singulis premissis dum sic agerentur una cum prenominatis testibus presens fui presensque instrumentum inde confectum per alium scribi feci aliis negociis occupatus me que hic propria manu scripti et signum meum consuetum apposui in testimonium premissorum requisitus et rogatus.

Ad quod quidem accordum ac omnia et singula in supra scripto instrumento contenta, tenenda, complenda et exsolvenda ac firmiter et inviolabiliter observando dicta curia nostra partes predictas et earum quamlibet quatenus unam quamque ipsarum tangit seu tangere potest ad requestam et de consensu magistrorum Petri de Tornodoro dictorum religiosorum abbatis et conventus ex una parte, et Guidonis de Villaribus dictorum habitatorum ex altera procuratorum per arrestum condemnavit et condemnat et ea ut arrestum ejusdem curie teneri, compleri et observari ac executioni demendari voluit et precepit. In cujus rei testimonium nostrum presentibus litteris duximus apponi sigillum. Datum Parisiis in Parlamento nostro, die decima quinta Martii, anno Domini millesimo ccc septuagesimo nono et regni nostri sexto decimo.

Concordatum in curia, JOUVENCE.

Original : Archives de la Côte-d'Or. Série H. Fonds de l'abbaye de Bèze. Pièces concernant la commune de Bèze.

CCLVII

Transaction sur procès entre l'abbaye de Bèze et les habitants du lieu, au sujet des bois du Chastenoy et Saint-Pierre, de la pêche dans la rivière, et de la justice du bailli.

1404-05 (16 mars).

A tous ceulx qui ces présentes lettres verront, Masselin du Bos, seigneur de Ronchenol, chevalier et chambellan du roi notre Sire, et bailli de Sens et d'Auxerre, salut. Savoir faisons, comme procès en cas d'opposition de saisine et de nouvelleté fust meuz pardevant nous, à notre siége de Sens, pour raison d'aucunes des choses cy après escriptes et aussi fussent débat, question et plait esperés à mouvoir pour cause d'autres choses dont cy après est faicte mention entre les manans et habitans de Bèze la Fosse, audit bailliage de Sens, d'une part; et les religieux, abbé (1) et couvent de l'église et monastère de Saint-Pierre du dit lieu de Bèze, seigneurs de la dite ville de Bèze, d'autre part. Que le jour de la date de ces présentes à ester par devant nous en jugement, traité et acordé de et sur les choses dessus dittes, par Pierre Ogier, ou nom et comme procureur des diz manans et habitans, et frère Pierre Fremier, moine du dit monastère, prieur de Saint Gengoul de Langres, membre de la dite abbaye, et Guillaume Tavelle, procureur des diz abbé et convent de Bèze; yceulx procureurs fondés de procuration suffisante à ce comme apparuz nous a en la forme et manière que contenu estoit et est en une cédule en pappier par les diz procureurs des dites parties de commun assentiment à nous baillée en la présence et par le conseil et consentement de leurs avocats et conseillers, de laquelle la teneur est telle:

Sur les débats meus et exposés à mouvoir entre les manans et habitans de Bèze la Fosse, demandeurs en cas de nouvelleté, d'une part; et les religieux, abbé et convent dudit lieu, opposans au dit cas d'autre, pour raison et à cause des choses cy après escriptes est traictié et accordé en la manière qu'il s'ensuit:

Premièrement, que se les diz habitans sont trouvés prenant ou coupant des bois de Chastenois, ou charroyant du dit bois dedans les mettes et terreaulx du dit bois ou ... pertuis d'icelles mettes, se la queue du dit bois qui sera chargé ou dit char ou charrettes est encore dedans les dictes mettes, pour leurs maisonnemens et édifices soutenir et maintenir, sans en vendre ou faire de nouvel, ou cas qu'ils n'auront licence du dit abbé ou de ses officiers ayans à ce puissance, ils payeront cinq sols tournois d'amende pour chacune fois que ils seront repris par les sergens et fourestiers du dit abbé, et ne emmeneront pas le dit bois ainsy pris et coupé, mais demeurera et sera au dit abbé. Et pour pitié et amour est ordonné et accordé que les femmes de la dite ville et les enfans agés de quatorze ans et au dessoubs pourront aller es dits bois pour prendre du bois mort, sec et cheu, et qui sera saic sur son piez, lequel ils pourront abatre à la main et pourront apporter ledit bois sans amende, mais ils ne pourront couper aucun bois

---

(1) Ce prélat était alors Guillaume, 43ᵉ abbé de Bèze, connu seulement par une association de prières avec le monastère d'Ainay, à Lyon.

vert, si ce n'estoit mansenne, charme ou saul pour faire roortes (1) à lier leur faix du dit bois sec seulement, et qui fera le contraire il l'amendra ausditz religieux de cinq sols tournois, et si ne porteront les dites femmes et enfans au dit bois coignée, sée (2) ou autre instrument à couper bois, fors seulement une serpe ou un goys (3), sur peine de la dite amende, et tout ce que dit est sanz faire aucune fraude, et qui y commettra aucune fraude, sera tenu en l'amende de cinq sols tournois envers les diz religieux.

Item, et pour ce que il a esté trouvé que plusieurs en ont venduz et mené hors le finaige et hors de la dite ville de Bèze et prins au dit bois sans amener en la dite ville de Bèze pour édifier, qui est ou dommaige de l'église; est accordé et ordonné que aucun n'en pourra mener, vendre ou dispenser en quelque manière que ce soit hors de la dite ville de Bèze ne des diz bois pour mener ailleurs que en la dicte ville, et si il avient qu'il soit trouvé le contraire, ils seront amendables pour chacune fois d'amende de soixante cinq sols tournois, se cellui qui menera le bois, soit ouvrier ne autrement, ne prouve bien et suffisamment qui ait prins le bois qu'il menera dehors et ailleurs que au dit bois de Chastenoy ou ez autres bois des diz religieux, et se il ne prouve ce que dit est, ou qu'il ait acheté du dit abbé, il payera la dite amende de soixante et cinq sols tournois, sans ce que les diz religieux en soient à chargié de faire aucune preuve, et si sera et demeurera aus diz religieux le dit bois ainsy vendu ou mené, ou que l'on voudroit mener dehors comme dit est.

Item, et quant au bois de Saint Père, quiconque y sera trouvé coupant ou amenant du dit bois, il l'amendera aux diz religieux, d'amende de soixante cinq sols tournois, et si n'aura pas le bois qu'il y aura ainsy coupé ou pris, ains le rétabliroit si mené l'en avoit par force ou autrement, et demeurera et sera aux diz religieux, et en payera la dite amende de soixante cinq sols tournois.

Item, en tant que touche l'amende des mains des diz religieux enfraintes ou brisées, dont question estoit au dit procès, est accordé que les diz habitans enfraignans icelle main qui mise sera, à la requeste d'aucune partie jointe de par les diz religieux ou les officiers à ce ayans puissance, payeront dix solz tournois d'amende et réintégreront et restabliront la dite main suffisamment; mais se la dite main estoit mise en aucuns biens ou héritages à la requeste des diz religieux ou de leurs gens et officiers, à cause de leurs droiz, debtes ou franchises de leur

---

(1) Liens pour les fagots et les gerbes.
(2) Scie.
(3) Pioche.

monastère, et elle est enfraint ou brisée par aucuns des diz habitans, en ce cas aura d'amende soixante cinq sols tournois et rétablissement que fera cellui qui enfrainte l'aura; et si la dite main en aucun desdiz cas est enfrainte par aucun foirain, icelui foirain n'aura aucun privilége, mais en payera soixante cinq sols tournois d'amende, et se restablira et réintégrera la dite main.

Item, et en tant que il touche le fait de la pescherie en la rivière du dit Bèze dont débat estoit, est accordé que les manans et habitans en la dite ville de Bèze seulement pourront pescher en la dite rivière en la manière qui s'en suit, non autrement : c'est à savoir que se yceulx habitans vullent peschier en icelle rivière au panier ou au benaston, c'est à savoir tel panier comme ceulx où l'on met ou lave les choux, ou tel benaston comme l'on porte aux vendanges es vignes, seront tenuz toutes les fois que pescher ils voudront d'aller à la dite abbaye de Bèze en demander licence au dit abbé ou au prévost-moine du dit lieu, ou au clercelier qui porte ou portera les clefs de la dépense du dit abbé ou à l'ung d'eulx, et la dite licence par eulx et chacun d'eulx qui pescher y voudra ainsy demandée, posé ores que ils ne obtiennent icelle licence, ils pourront aller pescher en la dite rivière au panier ou benaston devant le finage du dit Bèze, sans amende, et encore au dit cas ne pourront-ils prendre en icelle rivière aucun poisson qui soit de plus de demy pied de loing, et ou cas que ils en prendroient aucun plus grand ou long de demy pied à main, ils seront tenus de le porter à l'abbaye, au dit abbé ou son dit clercelier sur peine de l'amende de cinq sols tournois, st se autrement peschent au dit benaston ou panier sans demander la dite licence ils paieront l'amende de cinq sols et restituront au dit abbé le poisson que prins ou pesché auront. Item, quiconque peschera ou sera trouvé peschant autrement que en la manière dessus dite, il l'amendera et sera amendable aux dits religieux d'amende de soixante cinq sols tournois et leur restituera le poisson. Item, se il avenoit que en peschant au dit panier ou benaston ou autrement, aucun fut trouvé garni d'aucun autre engin à pescher, quelconque engin que ce soit, posé ores que il n'en pescha pas, et encore se il avoit baston de foyne (1) ou à qui l'on put bouter foyne, posé ores que la soyne ne fut pas trouvée sur lui, néantmoins, pour éviter et obvier aux fraudes qui de ce et en ceste matière pourroient estre commises, ou se il est trouvé que ils commettent quelconques autres fraudes qui longues seroient à réciter, les délinquans paieront soixante cinq sols tournois d'amende aus dits religieux et leur feront restitution du poisson, et si seront à eulx acquis les harnois ou engins.

(1) Trident pour la pêche.

Item, et si aucun est prins ou trouvé de nuit es dits bois ou rivière peschant ou coppant par quelque manière ou pour quelque cause que ce soit, il paiera l'amende que dessus de soixante cinq sols tournois, et les harnois acquis, et restablira le poisson ou bois dessus dit que prins aura. Et est à savoir que l'amende dessus dite, de cinq sols tournois ou fait des bois de Chastenoy, dont dessus est faite mention, n'auroit pas lieu ou cas que les diz habitans prendroient ou ameneroient au dit Bèze des diz bois de Chastenoy, qui seront vendus, esquarrés ou abbattus pour le dit abbé ou pour autre cas, en ce cas il y auroit et en payeront soixante cinq sols tournois d'amende et restabliront le dit bois.

Item, est accordé et ordonné entre les dites parties que toutes fois que le bailly tiendra son siége, les parties qui y auront jour seront tenus d'eulx présenter cellui jour, devant heure de midy, par devant le clerc du bailliage au régistre de la cour, de ou pour laquelle présentation l'on ne sera tenu de rien paier, et la dite heure passée la partie aura exploit contre leur partie, se il montre suffisamment comme il a jour par mémorial, relation ou acte de la cour ou autrement deuement. Item, que de chacun mémorial commun que on requerra à avoir, l'on paiera dix deniers tournois, et des mémoriaux narratifs quinze deniers tournois, et seront tenues les parties demanderesses ou cas que les deffendeurs leur demanderont de monstrer comme ils ont jour par mémorial de la cour ou par relation du sergent, de bouche ou par escript, si le cas y eschet, et ou cas que l'on ne montrera deuement, comme dit est, à partie adverse, requérant avoir comme elle a jour, emportera exploit de cour tel comme raison devra si elle montre relation à ce ou mémorial par lequel il appare qu'elle a jour et par la manière que l'on fait au siége de monsieur le bailly de Bèze. Item, que le bailli de Bèze, le plus qu'il pourra sommairement et de plain, expédiera les parties le plus qu'il pourra sans faire escripture, et par espécial es cas qui ne passeront vingt sols tournois, et jusques à la dite somme de vingt sols tournois, le dit bailly n'appointera pas les parties à bailler par escript, sinon en cas d'appel. Item, et payeront pour une sentence deffinitive cinq solz tournois et pour une interlocutoire trois sols tournois, pour aucuns des dis habitans, requérant icelle sous le scel aux causes dudit bailliage de Bèze cinq solz tournois. Item, les parties plaidoiant en la dite court des diz religieux à Bèze pourront accorder entre elle sans licence, sauf le droit de la cour en rapportant à la première assise après en suigvant leur accord, des cas toutes fois qui ne toucheront le procureur, desquels se il estoit adjoint ou en faisant poursuite, ils ne pourront accorder sans licence.

Laquelle cédule par nous et par les diz procureurs et conseillers veue judiciellement, nous avons à la requeste des diz procureurs déclaré et déclarons que les choses dessus dites par eulx passées et accordées et contenues en icelle cédule, seront selon la teneur d'icelle tenues et gardées doresnavant perpétuellement au dit lieu de Bèze entre les dites parties et leurs successeurs, et icelles parties à les tenir et garder chacune en droit soy, l'une envers l'autre, en la forme que dessus sont escriptes, sans contrevenir en aucune manière. Et nous, du consentement de leurs diz procureurs, condamné et condamnons, en levant la main du Roy notre Sire, qui pour occasion du dit procès en cas de nouvelleté estoit mise en la chose contentieuse en icellui au prouffit des dites parties, selon ce que à chacune peut appartenir par la teneur des diz accords. En tesmoing de ce avons scellées ces lettres du grand scel du dit bailliage. Donné le xix° jour de mars, en l'assise de Sens par nous tenue, qui commença le lundi après Reminiscere, xvi° jour du dit mois, l'an mil quatre cent et quatre.

Ainsi signé : L. Debous.

Archives de la commune de Bèze. Cartulaire des priviléges, n° 3.

CCLVIII

Transaction entre l'abbaye et les habitants de Bèze au sujet de la dîme, du banvin et des amendes.

1444-45 (12 avril).

Au nom de nostre Seigneur, amen. L'an de l'incarnation courant mil quatre cens quarante cinq, le douziesme jour d'avril avant Pasques, heure de unze heures avant midy dudit jour ou environ. Nous, Frère Claude de Rye, humble abbé du monastère de Bèze (1) de l'ordre de Saint-Benoist au diocese de Lengres, Jean Le Maire, prieur cloistrier, Guillaume de Ranel, enffermier, Guillaume de Mère, secrestain, Guillaume de Savigney, prieur, Henry Porelot, chantre, Pierre de Betoncourt, Pierre Monniot, Jean Meline, religieux cloistriers, Jean de Tou, Thibault Vautheriot, Jean de Talmay, Jean Lemaire le jesne, moines cloistriers, Jacques de Lacey, prieur de Saint Martin sur Vingenne et Jacques Dorran, prieur des Comblans, tous religieux et le convent dudit monastère, en noz noms

(1) Elu en 1444, connu jusqu'en 1452.

et nous faisant fors quant aux choses cy-apres escriptes, pour tous les autres religieux et prieur dudit convent et subgetz d'icelluy, absens. Nous assembléz ensemble, au son de la cloiche en tel cas accoustumée en nostre dit monastère, faisans et tenans en icelluy nostre chappitre journal de nostre dit monastère, d'une part. Et nous, Jean Petitot, Jean de Roissy, Guillaume d'Argent, Jean Mairey, Huguenin de Marceney, Huguenin Savatant, Guiot Paternostre, Jehan Bouchier, Jehan de Gaules, Jehan Germain, Huguenin Lambelot, Guillaume Lambelot, Perrenot Lambelot, Estienne Sarazin, Hannus Coinches, Jean Michelot, Pierre Cullardet, Huguennin Giraul, Jean Turrel, Jean Guillemin, Vienot de Saint Marcel, Huguenin La Gaule, Jean Boigenot, Henry de Lorme, Perrenot Sarazin, Pierre Monier, Monniot Broichet, Jehan Besson, Robert Besancenot, Jean Grindet, Barthelemy Clément, Estienne Rignaudot, alias Boitteau, Huguenin Besancenet, Monniot Ythier, Odinot Perart, Guillaume Le Borne, Guillaume Pontey, De Moingin Besancenot, Huguenin Tonnelier, Jean Chauffet, Jeoffroy Chapuis, Monin Bourdot, Jehan Robelot, Jean Trillardet, Guillaume Girart, Hugues Vautherin, prestre, et Jean Villoz aussy prestre, habitans pour noms d'habitans, faisans la plus grande et sainne partie des habitans et nous faisans fors pour les autres habitans absens de la ville dudit lieu de Beze, assemblés par la licence et en présence de Révérend Père en Dieu monseigneur frère Claude de Rye, abbé devant nommé, nostre seigneur temporel, audit monastère, pour le faict dont cy-après est faict mention, d'autre part. Savoir faisons à tous présens et advenir que nous les parties devant nommées par grans et mehure délibération et pour le bien, honneur, prouffit, avancement et accroistement dudit monastère et ville de Beze des revenus, curtilaiges et labouraiges dudit monastère et ville. Et affin que pluseurs terres et labourages du finage dudit lieu de Beze, par accroissement des charges d'icelles terres et labouraiges, et par la dépopulation dudit lieu de Béze, advenue tant par la guerre, comme par les mortalitez, sont pour les temps passés venues en ruyne, se puissent remettre sus, extirper et tourner en revenuz et labeur pour le bien de nous lesdites parties et de noz successeurs et aussy dudit monastiere.

Nous, les dites parties es noms et qualité que dessus, par les conseil, avis et deliberation de plusieurs gens notables et saiges ausquels ceste chose par nous les dites parties et chascune de nous en son endroit este communiquée et declarée; et mesmement par le conseil, advis et délibération de venérables discretes personnes et saiges Maistre Esme Bonféal, vicaire genéral de Révérend Père en Dieu monseigneur l'Evesque et duc de Lengres, et Pierre Baudot, licencié en loix et en decret, viconte et Majeur de Dijon et bailli du lieu de Beze pour nous lesdis abbé et convent, lesquels pour ce faire nous avons en nostre conseil priés et appelés. Avons convenu, traictié, transigé et accordé, convenons, transigeons, traittons et accordons en la manière qui s'ensuit.

C'est assavoir qu'au regart des dixmes et tierces de grains, tant froment, aveines, orges, seigles et tremisaiges, comme autres quelxconques dudit finaige de Beze, qui en temps passé sont accoustumez de prendre et percevoir par nous les dits religieux et nos prédécesseurs abbés et couvent dudit monastiere de Beze aux prix de treize gerbes les deux, que l'on alloit quérir par les champs, aux frais, missions et despens de nous et de nos prédécesseurs abbé et couvent que dessus, au proffit dudit monastère, ilz feront livrer doresnavant au prix de dix gerbes l'une, a quoy nous lesdits religieux, abbé et convent devant nommez, de grâce speciale les avons moderé et modérons par ces présentes, en la forme et manière et parmi les traitéz, conditions et accords qui s'ensuivent.

C'est assavoir que nous les dits habitans, es noms et qualité que dessus et nos hoirs et successeurs habitans dudit lieu de Beze, sommes et serons tenus et promettons icellui disme de dix gerbes l'une charrier à noz frais, missions et despens et nos dits hoirs et successeurs aux leurs chascun en sa grange audit lieu de Beze, selon que à chascun de nous et d'eux appartiendra avec nos autres grains dudit finage, sans ce que nosdits hoirs ou successeurs soyons si osez de rien en descharger ny mettre hors de sur les chars et charrettes ou autres arnois en quoy ils sont chargez et emmenés esdites granges, jusques à ce que, nous, nosdits hoirs et successeurs et lesdits autres habitans dudit lieu de Beze, leurs hoirs et successeurs, ayons ou ayent trois fois bien et deuement appelé le dismeur, ou les dismeurs desdits religieux ou de leurs dits successeurs. Pour chascune fois que nous et nos dits successeurs, ou lesdits habitans dudit Beze voudront descharger lesdits grains, pour, de par lesdits religieux, prendre et recevoir es dites granges ledit disme de dix gerbes l'une et le percevoir au prouffit des dits religieux et de leurs dits successeurs, sur peine de soixante et cinq sols d'amende à appliquer à iceulx religieux et lever sur cellui ou ceulx qui auront fait le contraire, pour chascune fois que faute y aura de faire ce que dit est.

Mais le dit dismeur ou les dits dismeurs appellés trois fois, comme dit est, nous et lesdits autres habitans, nosdits hoirs et successeurs et ceux desdits autres habitans pourront et sans danger de ladite amende, ne d'autres quelconques, deschargier lesdits grains et gerbes esdites granges parmi paiant ledit disme de dix gerbes l'une, selon le nombre que nous, nosdits hoirs et successeurs les diz autres habitans et les leurs aurons et auront deschargiez desdites gerbes en l'absence dudit dismeur ou desdits dismeurs.

Duquel nombre ainsi deschargié en la manière que dit est et en l'absence desdits dismeurs ou dismeur, icellui ou iceulx doivent appeller trois fois, comme dit est ; nous lesdits abbé et convent voulons et consentons pour nous et nos successeurs, icelluy ou ceulx desdits habitans qui ainsi les auront ou aura deschargié estre creuz par leurs simples sermens, sens autre preuve parmy ce qu'ilz prouveront par deux tesmoings dignes de foy, telz qu'ilz les pourront finer, avoir ainsi appelé trois fois le dit dismeur ou les dits dismeurs.

Et pour plus ample récompensation faire par nous les dits habitans ausdits religieux de la modération desdites dismes et tierces, oultre et par dessus le charroy et les autres charges dessus déclarées ; nous, iceulx habitans es noms et qualitez que dessus, donnons, cédons, quictons, transportons et délivrons perpétuellement, pour nous et les autres habitans, nos hoirs et successeurs et ceulx desdits autres habitans, en héritaige perpétuel, aulx religieux devant nommez, présens et acceptans perpétuellement pour eulx et leurs successeurs abbés et convent dudit monastere de Saint Pierre de Beze, la moitié des amendes des bois de communaulx dudit lieu et finaige de Beze, qui à nous et ausdits habitans competoit et appartenoit, par certain traictié, transaction et accord pieça faiz, entre feu de bonne mémoire monseigneur Simon de Tourcenay, jadis abbé dudit lieu de Beze, d'une part, et lesdits autres habitans d'icelluy lieu, d'autre part. Et nous desvetons perpétuelment, nous lesdits habitans pour nous et lesdits autres habitants, leurs hoirs et successeurs et les nostres d'icelle moitié d'amendes et les dits religieux en investons perpétuellement pour eulx et leurs dits successeurs et leur en baillons la vraye, vuide possession et saisine et aussi par la confection de ces présentes lettres et par toutes autres voyes et manières que mieulx faire le povons et devons.

Et avecques ce voulons et consentons, nous lesdits habitants, es dits noms que les bans à vendre vin audit lieu de Beze, appartenant ausdiz religieux, qui souloient estre et durer chascun an six jours seulement, soient et puissent estre et durer chascun an perpétuellement au prouffit d'iceulx religieux et de leur monastière, dez la feste Saint Pierre et Saint Pol, apostres, jusques au dixiesme jour du mois d'aoust suigant inclus.

Et la dite modération de disme et tierce dessus dite, nous les dits abbé et convent avons faite et faisons, par ces présentes, tant pour et parmy les choses dessus touchées, comme pour et parmy le pris et somme de deux cens et vint livres tournois, monnoye présentement courant, à nous les dits abbé et couvent pour ce paiez, bailliez et délivrez par les dits habitans pour soubvenir aux affaires de nous et de nostre dit monastiere. C'est assavoir, deux cens livres tournois à nous ledit abbé et vint livres tournois à nous ledit convent. De laquelle somme de deux cens et vint livres tournois, nous ledit abbé et convent sommes et nous tenons pour bien contens et les dits habitans en avons quicté et absoulx, quictons et absoillons perpétuellement pour eulx et leurs hoirs et successeurs. En leur faisant part et convenances expresses de non jamais, à cause de ladite somme de deux cens et vint livres tournois, aucune chose leur requérir, quereler ou demander.

Promectons nous les parties dessus dites et chascune de nous en droit soy et pour tant comme il lui touche, es noms et qualitez que dessus, pour nous, noz hoirs et successeurs. C'est assavoir nous ledit religieux soubz le voult de notre religion et nous lesdits habitans par noz sermens, donnez corporelement aux sains esvangilies de Dieu. Et nous chascune desdites parties esdits noms soubz l'expresse ypotheque et obligation de tous et singuliers noz biens temporelz et dudit monastère, tant meubles comme héritaiges, présens et advenir quelxconques et aussi de ceulx de nosdits hoirs et successeurs, lez convennances, traictiez, transaction et accort dessus diz. Avoir, tenir, garder et observer fermes, estables et aggréables, les entretenir, faire et accomplir de point en point perpétuelment sans jamais contrevenir, faire, dire ou consentir contrevenir taisiement ou en appert. Mais les garantir et conduire par l'une de nous lesdites parties à l'autre, en jugement et dehors la chose evicte ou non evicte et faire et prester tout ce que en cas de éviction et de garantie peut et doit estre fait et presté. Et aussi restituer l'une de nous lesdites parties à l'autre tous coustz, frais, missions et despens que l'une de nous icelles parties pourroit soustenir et encourre par la faulte de l'aultre et pour deffault de l'accomplissement des choses dessus dites et d'une chascune d'icelles. Renonçeant en ce fait, nous lesdites parties, esdits noms et chascune de nous par soy en tant qu'il luy touche, par et soubz les voult, sermens et obligation que dessus, à tout ayde de droit escript et non escript, canon et civil ; à toutes exceptions de déception, de dol, mal, fraude, barat, de lésion et de circonvention, previlaiges, exemptions et autres choses quelxconques, tant de droit que de fait et de coustume, en stile, usance et observance, qui contre la teneur de ces présentes lettres pourroient estre dites ou alleguées et en espécial au droit, disant général renonciation non valoir si l'espécial ne precede. Et quant à l'observance des choses dessus dites et d'une chascune d'icelles, nous lesdites parties et chascune de nous en droit soy et pour tant que il luy touche es noms que dessus, voulons nous, noz hoirs et successeurs estre contrains et exécutez ainsi comme de chose adjugée, par les cours du Roy nostre Sire, et de ses juges royaulx, par celles de Monseigneur le duc de Bourgoingne et de Monsieur l'official de Lengres et par toutes autres cours et juridictions, tant d'eglise comme séculières, ordinaires ou extrordinaires quelx qu'elles soient, l'une d'icelles par l'autre non cessant et sentence d'excommuniment nonobstant ; aux juridictions et contraintes desquelles cours et d'une chascune d'elles quant à ce nous les dites parties, es noms et qualitez que dessus et chascune de nous en droit soy et pourtant comme il luy touche, soubsmectons et obligeons nous, noz hoirs, noz successeurs, tous nos dits biens et dudit monasteire temporelz et ceulx de nos diz hoirs et successeurs.

En tesmoing de ce nous lesdits abbé et convent avons fait sceller de noz seaulx ces présentes lettres et les semblables d'icelles. Et nous lesdites parties avons prié, requis et obtenu les seaulx desdites cours de mondit Seigneur et de Lengres estre mis et appenduz à ces présentes et ausdites semblables, lesquelles nous voulons et consentons estre faites, refaites, corrigées et amendées une fois ou pluseurs et tant de fois que de par aucun de nous les dites parties sera requis en la meilleure forme de paroles que faire se pourra, la substance du prothocolle d'icelles gardée et non muée.

Ce fait est passé audit monastiere par devant Simon Naissant d'Ourtes, demeurant à Dijon, notaire juré desdites cours de monseigneur le Duc et de Lengres et tabellion d'icelle court de Lengres et pour monseigneur le Duc, coadjuteur de son tabellion dudit Dijon. Présens honorables, discretes personnes et saiges Maistre Pierre Baudot, dessus nommé, Messires Odot d'Orges, prêtre, curé de Sevoïeu, Girard Bardoillet, aussi prêtre, Jacques de Marceuil, frere Jehan Caignet, religieux de Clugny et pluseurs autres tesmoings à ce appelez et requis.

Et nous Official de Lengres, à la relation de Simon Naissant, devant nommé notaire juré, auquel quant à ce et plus grans choses, nous adjoustons foy plaine comme ce en nostre présence fait avoit esté et lequel notaire juré nous a relaté les choses dessus dites estre vrayes et par davant lui avoir esté faites et passées, avons en tesmoing de ce que dit est, fait mectre le seel de la court de Lengres à ces dites présentes, faites et données les an, jour, lieu et heure dessus diz.

Naissant.

Original : Archives de la Côte-d'Or. Série H. Fonds de l'abbaye de Bèze. Affaires de la commune.

CCLIX

Arrêt du Parlement de Paris, qui sanctionne la transaction sur procès conclue entre Claude de Louvain, évêque de Sisteron, abbé de Bèze, et le couvent, d'une part: et les habitants de Bèze, au sujet des clapiers, des fumiers, de l'auditoire de justice et du foulon de Rome (1).

1519-20 (23 janvier).

Franciscus, Dei gratia Francorum rex, universis presentes litteras inspecturis, salutem. Notum facimus quod de licencia et auctoritate nostre Parlamenti curie procuratore nostro generali consentiente, inter dilectum et fidelem consiliarium nostrum magistrum Claudium de Louvain Episcopum Cisteronensem, abbatie Sancti Petri de Besze diocesis Lingonensis abbatem commendatarium, a baillivo Senonensi aut ejus locuntenente appellantem et anticipantem ex una parte. Et Viennotum Guilleminot, Aubricium Labrune, Guidonem Mosle et manentes et habitantes dicti loci de Besze a jamdicto baillivo aut ejus locuntenente, appellantes, anticipantos et intimatos parte ex altera mediantibus certis accorde litteris per jamdictas partes a nobis aut nostra cancellaria obtentis. Concordatum, pactum et tractatum extitit prout et quamadmodum in certis transactionis litte-

---

(1) Claude de Louvain, grand aumônier de France, évêque de Sisteron, 50e abbé commendataire de Bèze, avait acquis de divers habitants des terrains vagues situés en dehors de l'enceinte de la ville, entre les portes du Mont et Saint-Prudent. En 1507, il les fit clore et convertir en garenne, en y élevant des clapiers en maçonnerie de dix à douze pieds de haut. Les habitants, qui voyaient avec terreur la construction, au pied de leurs murailles, de réduits dont les ennemis pouvaient se servir utilement pour attaquer la place, eurent beau en faire des représentations à l'abbé et lui remontrer que, suivant la coutume de Chaumont, il ne lui était pas loisible d'élever une garenne sans la permission du roi et le consentement des parties intéressées, l'abbé n'en tint compte et continua ses travaux. La commune n'avait qu'une ressource, l'appel au bailliage; mais, comme ils savaient qu'avec un adversaire aussi influent et les formes lentes de la justice, un danger imminent n'en subsistait pas moins pour eux, ils préférèrent courir les risques de tout ce qui pouvait arriver en supprimant eux-mêmes, au nom du salut public, ce qui pouvait nuire à la sûreté de la ville, sauf, bien entendu, à transiger ensuite. La chose ainsi délibérée, l'exécution en fut commise à cent ou cent vingt habitants, qui, le mardi 5 octobre, dès les trois heures du matin, tous armés comme pour repousser une incursion ennemie, se firent ouvrir les portes de la ville et se ruèrent sur les clapiers, dont pas un ne resta debout. Les choses en étaient là, quand survinrent le grand-prieur et deux moines qu'on venait d'avertir, et qui accouraient au plus vite, s'imaginant arrêter le tumulte par leur seule présence. Mais ils furent bien trompés : « Allez, maistre moyne, « dit-on au prieur, allez, nous n'en ferons rien pour vous; allez dire vos heures en vostre maison, et si « vous n'y allez, nous vous y ferons bien aler. » Et à un autre moine, qui voulait protester : « Vas-t'en, ne « nous estourdis plus ici la teste, car si tu ne te hastes de t'en aler, nous te raserons la couronne. » L'argument était sans réplique, et les gens paraissaient si décidés que les religieux prirent le parti de la retraite, en protestant contre l'attentat dont ils étaient victimes. Ils firent bien, car au bruit de cette opposition, le reste de la commune, « granz, petiz, femmes, enffans, varletz, chamberières, » assemblés au son du très-saint (tocsin) sonné à la paroisse, armés de tout ce qui leur était tombé sous la main, accoururent « donner courage aux premiers assaillans de faire pis que devant, avec menaces de hacher menu comme char à pastez ceux qui s'y opposeroient. » Plusieurs habitants s'étant permis de blâmer ces excès, les autres les contrai-

ris nec non cedula per jamdictas partes pretacte nostre curie unanimiter et concorditer traditis continentur, quarum tenores sequuntur.

François, par la grâce de Dieu, roy de France : à noz amez et féaulx conseillers les gens tenans nostre court de Parlement à Paris, salut et dilection. Reçue avons l'umble suplication de nostre aimé Claude de Louvain, evesque de Cisteron et abbé commandataire de l'abbaye de Sainct Pierre de Besze ou dyocese de Lengres, contenant que de certaine sentence déffinitive donnée par nostre bailly de Sens ou son lieutenant sur le procès pendant pardevant luy entre le dit suppliant, demandeur, d'une part, et les manans et habitans de Besze, defendeurs d'autre. Chacune des parties s'en seroient portéz pour appellant en nostre dicte court. En laquelle le procès par escript a esté conclud et receu pour juger. Néantmoins pour éviter plait et procès et pour nourrir pais et amour entre elles, ilz accorderoient voulentiers ensemble s'il nous plaisoit sur ce leur donner et octroyer noz congié et licence, humblement requérant icelle. Pourquoy, nous, ces choses considérées, voulans nourrir pais et amour entre nos subgectz, aus dictes parties, ou cas dessusdit avons donné et octroyé, donnons et octroyons, de grâce espécial par ces présentes, congié et licence d'accorder et pacifier ensemble de et sur le dit procès et des deppendances et d'elles départir de nostre dicte court et dudit procès sans amende en vous raportant leur acord, qui sur ce en sera fait pour y avoir tel ésgard que de raison. Si vous mandons et expresse-

gnirent à les suivre, sous peine de bannissement ou d'être jetés dans la rivière avec leurs femmes et leurs enfants. Enfin l'évêque lui-même s'étant présenté pour interposer son autorité, il n'en fut pas plus écouté de la multitude, et dut se retirer après une vaine protestation, à laquelle on répondit par la démolition de la forteresse qu'il avait fait édifier sur l'emplacement d'une ancienne carrière.

L'évêque, on le comprend, ne voulut pas laisser impunis de tels outrages. Il adressa sur le champ une plainte au roi, par laquelle, interprétant les faits à son avantage, il demandait justice sévère de la violation de la sauvegarde royale commise en sa personne. Des lettres royaux, rendues le 29 janvier suivant, prescrivirent au bailli de Sens de contraindre sur le champ les habitants à rétablir les choses dans leur premier état, sans préjudice des autres peines qu'ils avaient encourues, et le prévôt des maréchaux, arrivé à Bèze, en enleva comme prisonniers plusieurs habitants. Ce qui n'empêcha point le reste de la commune de protester contre les unes et les autres et d'en appeler au bailli lui-même. Commencée en 1509, la cause traîna pendant neuf ans, au bout desquels, par sentence rendue le 28 juillet 1518, la cour du bailliage, pour réparation de la façon dont les clapiers avaient été démolis, condamna les échevins La Brune et Mosle à 10 livres parisis de dommages et intérêts, la commune à 120; et pour les excès, injures et assemblées illicites, la commune à 48 livres d'amende envers le roi, les deux mêmes échevins à 6 livres, et à tenir prison jusqu'à l'entier paiement de la somme.

C'est de cette sentence que l'abbé parce qu'il la trouvait trop douce, et la commune parce qu'elle avait la conscience d'avoir agi dans l'intérêt général, appelèrent tous les deux au Parlement. Et, comme il arrive toujours en pareille circonstance, ils introduisirent de nouveaux éléments dans le débat déjà assez irritant qui les divisait. La commune prétendit qu'en créant le foulon de Rome-sous-Bèze, l'abbaye nuisait à l'exercice de son droit de passage et de pêche dans la rivière ; en second lieu, qu'en établissant son auditoire dans l'enceinte même du couvent, elle entravait le cours de la justice et empêchait la liberté des débats. L'abbaye, de son côté, prétendait obliger les habitants à enlever les fumiers qui encombraient leurs rues. Bref, de chaque côté, l'excitation était telle, que de graves embarras pouvaient s'en suivre. C'est alors qu'intervinrent plusieurs hauts personnages, et que par leur concours fut ménagé l'accord qui suit.

ment enjoignons que de nostre présente grâce, congié et licence, vous faictes et laissez lesdictes parties joyr et user plainement et paisiblement sans en ce mectre ou donner, ne souffrir estre fait, mis ou donné aucune contradiction ou empeschement au contraire. Car ainsi nous plaist il estre fait. Nonobstant quelxconques lettres surrectices à ce contraires. Pourveu que ledit procès ne soit veu, jugé ne consulté. Donné à Paris le seiziesme jour de janvier l'an de grâce mil cinq cens et dix neuf et de nostre règne le sixiesme. *Sic signatum*. Par le conseil, Dasnières.

Item. Entre maistre Claude de Louvain, evesque de Cisteron et abbé commandataire de l'abbaye Sainct Pierre de Besze ou diocese de Langres, appellant du bailly de Sens ou de son lieutenant et autrement, d'une part, et Viennot Guillemot, Aubry Labrune, Guyon Mosle et les manans et habitans dudit Besze, aussi appelans dudit bailly de Sens ou de son lieutenant aussy intimez d'autre ; appoincté est que les appellacions mises au néant sans amende, les parties s'il plaist à la court sont d'accord suivant la transaction et accord cy-attaché. *Sic signatum*, J. Gastelier et G. de Besze.

Item. A tous ceulx qui ces présentes lettres verront et orront, nous, Official de la court de Langres, et Claude Le Marlet, licenciez es lois, bailly des terres et seigneuries de Besze, salut. Savoir faisons que en la présence de nos amez et féaulx Odot Fourrot et Jehan Mercenay demourant audit Besze, notaires et tabellions jurez de nous et de nostre dicte court dudit Langres et bailliage dudit Besze et de honorable homme Jaques de Lengres demeurant à Bere, aussi notaire de la court dudit Langres, ausquelz, quant aux choses qui s'ensuivent et a plus grans en lieu de nous oyr et recevoir voulons plenière foy estre adjoustée, comme si faictes et passées estoient pardevant nous et en nostre présence. Furent présens pour ce faire comme ils disoient Révérend père en Dieu et Seigneur, Monseigneur maistre Claude de Louvans, par la permission divine, evesque de Cisteron, abbé et baron dudit Besze, d'une part, et honorable homme Guillemin Guilleminot, Jehan Mermot, Estienne Guilleminot, Jacos Bonnard, Guyon Mosle, Petit Jehan, tonnelier, Estienne de Meix, Denis Patenostre, Viennot Guillemynot, Jehan Ginault, Gautier Girault et Guyon, tonnelier, tous demourans audit Besze et eulx faisans et portans fors comme procureurs de tous les manans et habitans dudit lieu, d'autre part. Lesquelles parties de leurs certaines sciences, plains grez, force ou contraincte aucune, mais pour leurs evidans et singuliers prouffitz, ont recongnuz et publicquement confessez, que, comme il soit ainsi, que entre elles procès, descors et débatz feussent meues et pendans, tant en court souveraine de Parlement de Paris que ou bailliage de Sens. A scavoir une cause entre le dit seigneur Révérend et les vénérables prieur et couvent du monastère dudit Besze, adjoinctz comme demandeurs en matière de réintégration et excès à l'encontre des dictz habitans et aucuns particuliers dudit lieu, défendeurs, qu'estoit au fait de ce que lesditz demandeurs prétendoient estre réintégrez de certains clapiers à connilz par eulx faitz, comme ilz disoient ou lieu dit en rue du Beuf, tirans depuis la porte Sainct Prodent par dehors à la porte du Mont plus à plain déclairé ou demené dudit procès. Lesquelz sont esté desmoluz par les dits habitans, comme disans lesdits clapiers avoir esté érigez et construictz oudit lieu et autres de leur communaulté. Desquelz lieux estoient, comme sont encores de présent, de tout temps en bonne possession et saisine dont n'est mémoire du contraire, ne du commencement. Duquel procès, sentence en a esté rendue audit lieu de Sens, dont chascune desdictes parties s'est rendue pour appelant, comme d'icelle sentence grevée.

Item. Une autre cause estant pardevant Monseigneur le bailly dudit Sens entre les dictes parties, qu'est au fait d'un commandement qui avoit esté fait ausditz habitans de la part dudit seigneur Révérend, à peine de soixante solz tournois par certain son asseré sergent pour première foiz de oster les fumiers et fiens estans en rues publiques dudit Besze, ne de en y remectre à peine que dessus. Au moins de quoy lesdits habitans se seroient opposez, lequel sergent ne les voulsist oyr ne recevoir à leur dite opposition, dont les ditz opposans se seroient renduz pour appelans comme d'abbuz, tant de ce que icelluy sergent ne les voulsist recevoir en opposition, ne leur donner jour pour icelle débatre. Que semblablement du refuz de son mandement.

Item. Ung autre procès entre les dictes parties, estant pendant pardevant ledit bailly de Sens, au moyen de ce que le dit seigneur Révérend et vénérables, faisoient tenir leurs jurisdictions en l'abbaye et closture ou dit Besze, que iceulx habitans ne reputoient estre lieu de sœur accès, descent ne juridicque. Les ditz vénérables disans du contraire, soustenans que audit lieu avoient accoustumé de tout temps passé tenir leur dicte justice et que en telle possession les prédécesseurs dudit seigneur en avoient joy et luy, par l'espace de quinze ou seize ans.

Item. Ung autre procès entre lesditz habitans complaignans et demandeurs en matière de saisine et nouvelleté contre Jehannot Dordorz, principal défendeur et ledit seigneur et vénérables, garends et adjoinctz avec luy, au fait que lesditz habitans vouloient, par cas de novelleté, faire desmolir une chaussée et foullon à draps que ledit Jehannot a fait construire et édiffier sur la rivière dudit Besze, près certaine place appelée Rome; laquelle chaussée et foulon iceux habitans dient estre préjudiciable à leurs droitures, mesmement à certain passaige estant au dessus dudit foulon et chaussée par où l'on tire es bois communaulx desditz habitans au lieu de Noiron et autres lieux. Et semblablement au droit qu'ilz ont quant à la pesche en ladite rivière. Lesditz défendeurs et vénérables adjoinctz disans du contraire et qu'il leur loist de faire ou faire faire telz édiffices sur la dite rivière que bon leur semble.

Ainsi est que lesdites parties pour bien de pais et pour honneur de plusieurs gens de bien qui s'en sont meslez. Assavoir Révérends Seigneurs Messeigneurs les abbez frère Bernard de Chastillon, abbé de Longvay, Hugues d'Autrey, abbé de Theulley, et Jehan de Gourgen, abbé de Vaulx, frère Jehan Robelot, bachelier en théologie, prieur de Carmes de Dijon, et noble et puissant seigneur Messire Jaques de Sallezart, chevalier, seigneur de Marcilly sur Seine et de plusieurs autres gens de bien. A esté traicté et accordé quant ausdictz procès ce qui s'ensuit.

Et premièrement, quant au procès meu au fait desditz clapiers a été appoincté entre les dictes parties que ledit lieu et place appelé de Ruz de beufz situé et assiz entre les dictes deux portes qu'est le lieu où les habitans dudit Besze ont fait une perriere, ainsi qu'elle se comporte; ledit seigneur consent néantmoins qu'il l'aist acheptée, qu'elle demeure en tel droit et usaige ausdictz habitans qu'ilz avoient et qu'ilz ont autour leurs autres communaulx.

Item. Demeure audit seigneur Révérend l'acquisition par luy faicte des hoirs Huguennin Mairet en tel droit et usaige que lui compete et appartient et que pouvoit competer et appartenir ausditz heritiers à l'heure et temps du vendaige par eulx fait audit Révérend. Auquel lieu pourra eriger clapiers et faire ce que bon luy semblera, sans ce qu'ils puissent prétendre droit de chemin.

Item. Demeure semblablement audit Révérend le verger par luy acquis par echange du Chappelain de Sainct Mamès, pour faire ce que bon luy semblera, parmy et moyennant aussi que soit soubz les bons plaisirs et vouloirs de la court de Parlement de Paris.

Item. Quant au procès que touche les fiens, a esté appoincté que lesditz habitans nectieront les fiens estans es principalles rues publicques dudict Besze. Assavoir dès la dicte abbaye tirant à la porte Saint Prudent, dès la porte du Basset à la porte du Mont, depuis l'eglise Saint Remy, tirant à la porte Nostre Dame des Groisses, et es autres lieux publicques. Et ce a peine de dix solz tournois pour une fois dedans certain temps compectent et juridique. Et en cas que lesditz habitans soient refusans ou aucuns d'eulx audit commandement, pourra ledict seigneur Révérend ou ses officiers exiger et lever ladite peine de dix solz tournois et de rechief faire commandement ausdictz ainsi désobéissans et refusans à peine de soixante solz tournois, laquelle il levera en cas de refus et désobéissance. Et pourra le dit seigneur faire les commandemens toutes et quante fois que bon luy semblera.

Item. Et quant à la justice, pourra le dit seigneur tenir ou faire tenir sa jurisdiction en lieu convenable ou bon luy semblera, tant au dedans de l'abbaye que dehors en la ville ou bon luy semblera. Et le cas advenant que l'on tint la jurisdiction en la dite abbaye et que la porte fut fermée, que aucuns n'y peust entrer en faisant apparoir de son devoir, sera desculpé de son défault. Et ne payeront lesditz habitans pour géolaige, tant pour entrer que pour yssue, que quinze deniers tournois. Et ce en cas de prison ferme tant seulement. Et pour simples arrestz ne seront tenuz riens payer.

Item. Et quant à la foulle (1), traictié est que lesditz habitans sont contans et d'accords que icelle demeure selon le contenu du bail dudit seigneur, qu'il a fait audit Jehannot Dordoz, moyennant et parmi ce que ledit seigneur Révérend sera tenu bailler court à l'eaue raisonnablement, en sorte que les ditz habitans pourront passer, repasser par leur dit passaige avec leurs harnois, ainsi qu'ils ont accoustumé de toute ancienneté. Et pourront pescher selon le droit qu'ils ont en la dicte rivière.

Item. Et tant pour les démolissemens desditz clapiers que pour tous autres despens et amendes que le dit seigneur pourra prétendre de tous lesditz procès les choses dessus dictes, ainsi que dit est, passées et accordées. Et pour acquérir pais avec les ditz vénérables et mesmement avec le dit seigneur Revérend, iceulx habitans luy octroyent et promectent payer et délivrer la somme de cinq cens livres, dont luy a esté payé réalment et de fait la somme de cent escus d'or au soleil. De laquelle le dit seigneur Révérend s'est tenu et tient pour bien contant, et en a quicté et quicte perpétuellement lesditz habitans. Et quant à la reste, sera payé ausditz vénérables, prieur et convent dudit Besze du consentement dudit Révérend la somme de deux cens livres, de laquelle lesditz habitans feront et conviendront avec eulx. Et la reste qu'est de cent livres sera payé audit Révérend ou son certain commandement dedans le jour et feste Penthecouste pro-

(1) Foulou de Rome.

chain venant, dont ce fait les dictes parties se sont tenues et tiennent pour bien contentes. Promectans quant à ce par leurs sermens pour ce donnez corporellement aux sainctz Evvangilles de Dieu, es mains de nosdits jurés, mesmement ledit seigneur Révérend par parolle de prélat mectant la main au pitz (1), ces présens traictié, convenances et transactions avec tout le contenu en ces présentes lettres, avoir et tenir perpétuellement fermes, estables et aggréables, sans jamais aller, faire ou souffrir venir à l'encontre, par elles ne par autres, tacitement, occultement, expressément ou en appart en quelque maniere que ce soit. Mais iceulx garder, entretenir et accomplir, chacune desdictes parties à l'autre, en tant que chacune d'icelles touche, compète et appartient, soubz l'obligation de tous et singuliers leurs biens, des biens de leurs successeurs et hoirs, meubles et immeubles présens et avenir quelxconques. Lesquelz pour ce, elles se sont submis et obligez, submectent et obligent aux jurisdictions et contrainctes de nos dictes cours dudit Langres et bailliage dudit Besze et de toutes autres cours, tant d'églises comme séculières. Par lesquelles et chacune d'icelles, l'une non cessans pour l'autre, elles ont voulu et veullent estre contrainctes et executées comme de choses congneues et adjugées en droit. Renonçans, quant à ce par leurs ditz sermens, à toutes choses que l'on pourroit dire, proposer ou alléguer contre la teneur et effect de ces présentes lettres. Mesmement au droit, disant générale renonciation non valoir si l'espécial ne précède. Lesquelles choses ainsi oyes, passées, promises et accordées par lesdictes parties, lesditz noz jurez, en lieu de nous, Official, et de nostre auctorité, ont condemné et admonesté de vive voix icelles présentes requérantes et consentantes à tenir, entretenir, garder et accomplir toutes les choses dessus dictes en la forme et manière que promises les ont. Autrement s'il nous appert du contraire, contre la partie remise et désobéissante procéderons par sentence d'excommunement et comme appartiendra par raison. En tesmoing desquelles choses, nous, Official et bailly dessus ditz, à la féal relacion de nosditz jurez, que les choses dessus dictes nous ont relaté estre vrayes, les scelz de nostre court dudit Langres et bailliage dudit Besze, avons fait mectre à ces dites présentes lettres, et au double d'icelles doublées en mesme substance pour chascune desdictes parties et pour cause ; que furent faictes et données audit Besze le dixiesme jour du mois de may l'an mil cinq cens et dix neuf. Présens discrettes personnes maistres Jehan Petit, curé de Saint Ceigne sur Vingenne, Messires Didier Fousart, vicaire dudit Besze, et An-

---

(1) Poitrine.

thoine Moustier, curé de Bergy en Soissonnois, tesmoings à ce appelez et requis. *Sic signatum,* J. de Langres, O. Fourrot et J. Mercenay.

Et sigillum supra duplicatam caudam cera viridi ostendatur procuratori Regis. Actum in Parlamento decima sexta die januarii millesimo quingentesimo decimo nono. Visis litteris regiis et presenti accordo non impedio pro Rege in quantum tangit interesse partium proviso. Quod Viennot Guillemot, Aubry de la Brune, Guyot Mosle et manentes et habitantes loci de Besze acquiescant sententie contra eos late et solvant emendas in quas extiterant condemnati ad commodum Regis per baillivum Senonensem et quod processus non fuerit visus nec judicatus et quod rex non habebat aliud interesse quam pro emenda appellationis. *Sic signatum,* J. Galope, substitutus procuratoris generalis Regis.

Fiat solvendo per dictos Guilleminot, La Brune, Mosle et manentes et habitantes de Besze summas in quibus per sententiam erga Regem condemnati extiterunt. Actum in Parlamento vicesima tercia de januarii M° quingent° decimo nono.

Faict et passé le vingtroisiesme jour de janvier l'an mil cinq cent dix neuf, par maistre Guillaume de Besze, ou nom et comme procureur des diz Guilleminot, La Brune, Mosle et des manans et habitans du dit lieu de Besze, d'une part, et par maistre Jehan Gastelier, procureur du dit évesque de Cisteron et abbé de S. Pierre de Besze, d'autre, fondez de lectres de procurations expresses quant à ce.

Ad quod quidem accordum ac omnia et singula in eo contenta, specificata et declarata faciendum, tenendum, complendum firmiterque et inviolabiliter observandum prefata curia nostra jamdictas appellationes absque emenda et expensis adnullando partes predictas et earum quamlibet prout unamquamque ipsarum tanget per arrestum condennavit ac ea ut arrestum ejusdem nostre curie tenere, compleri et observari juxta et secundum prejusertarum accordi et transactionis litterarum tenorem et continentiam, voluit et precepit, vultque et precipit. Et nichilominus eadem nostra curia quod dicti Viennotus Guilleminot, Aubrietus Labrune, Guido Mosle et alii manentes et habitantes predicti loci de Besze summas in quibus ratione excessuum viarum facti delationes armorum et congregationum illicitarum per eos commissorum per sentenciam contra eos per baillivum nostrum Senonensem aut ejus locumtenentem, vicesima octava die mensis julii, anni millesimi quingentesimi decimi octavi datum, erga nos condemnati extiterunt et ad carcerem usque ad predictarum summarum solucionem tenendum s iveat, ordinavit atque ordinat. In cujus rei testimonium nostrum his presentibus fecimus apponi sigillum. Datum Parisiis in nostro Parlamento vicesima tercia die januarii, anno Domini M° quingentesimo decimo nono, de regni nostri sexto.

SALIVES

Salives était jadis un bourg fermé de murs, défendu par un donjon, et le chef-lieu d'une prévôté royale qui ressortissait au bailliage de Châtillon ou de la Montagne. C'est aujourd'hui une simple commune du canton de Grancey et de l'arrondissement de Dijon.

En 1221, date de sa charte de franchise, la seigneurie était divisée entre le duc de Bourgogne et Henri de Salives. Trente-cinq ans plus tard (1256, 1258), les successeurs de ce dernier ayant vendu ce qui leur appartenait au duc Hugues IV, celui-ci créa la prévôté et une châtellenie qui, dans la suite, fut englobée dans celle de Saulx-le-Duc.

Cette châtellenie ayant été engagée, en 1586, à Léonor, comte de Chabot-Charny, grand écuyer de France, ses héritiers l'aliénèrent à leur tour en 1670. Trente ans plus tard, elle formait quatre seigneuries distinctes.

CCLX

Franchises de Salives accordées par Alix, duchesse de Bourgogne, et Henri, seigneur du lieu.

1221 (juin).

Ego G. (1) Sancti Benigni, et P. (2) Sancti Stephani Divionensis, abbates, omnibus presentes litteras inspecturis, salutem, Universitati vestre scire volumus, quod nobilis mulier Alaydis, ducissa Burgundie, ad preces domini Henrici de Saliva, talem libertatem, qualem dictus Henricus constituit hominibus qui morantur in parte sua de Saliva, et mansuri sunt, tenetur facere erga dominum Henricum et heredes ejus.

Et talis est libertas, quod homo persolvet annuatim quinque solidos et duos quartulos bladi, medietatem frumenti, et medietatem avene et de qualibet bestia trahenti ad aratrum duos quartulos bladi, medietatem frumenti, et medietatem avene ; et de manso suo debet quelibet familia unum quartulum avene, et duodecim denarios, et unam gallinam, et corveias aratorum semel in una quacumque

---

(1) Gilbert, 61e abbé de Saint-Bénigne, gouverna ce monastère de 1216 à 1224.
(2) Pierre Barbotte, 19e abbé de Saint-Étienne, administra l'abbaye de 1204 à 1240.

saison, et de una quaque domo unum hominem in messibus, et alium in fenationibus, et, si opus fuerit, chevauchiam, et decimas magnas reddent illis quibus debentur, sicut consueverunt, et tertias debent adducere ad illam villam, et computare ante hostia, commutas decimas leguminum reddent in agris per muncellos, dicto Henrico et heredibus suis; cujus Henrici et heredum suorum homines ad opus fortitudinis ville faciende tenentur communiter sicut alii.

Et prefatus Henricus dominus de Saliva, vel heredes sui, de tali libertate vellent hominibus in aliquo injuriari, predicta ducissa predictis hominibus dampna sua restaurare tenetur, et de dampnis istis restauratis ducissa se teneret ad dictum Henricum et heredes suos, et ad eorum, sicut dictus Henricus eis precepit : et pro tali libertati firmiter observanda debet quelibet familia ducisse annuatim unum quartulum avene. Sed mandatum ducisse debet significare ad festum Omnium Sanctorum, famulo domini Henrici, ut usque ad octo dies bladum illud sit paratum ad persolvendum. Et in villa de Saliva debet nuncius ducisse recipere illud bladum.

Et sciendum est, quod Aymo, maior de Saliva, et heredes sui, et tenementum suum, a tali libertate excipiuntur. Salvis premissis constitutionibus retinuit sibi, et heredibus suis, dictus Henricus, justiciam suam in hominibus suis de Saliva, et de forefactis eorum, ita quod si aliquis forefecerit, persolvet emendam forefacti sui, dicto Henrico et heredibus suis secundum quod rectum judicium apportabit. Preterea, dictus Henricus voluit et precepit, quod predicti homines sui tenerentur in perpetuum servire predicto modo ducibus Burgundie successive, qui dictos homines voluerunt tenere. In cujus rei testimonium, presentes litteras ad petitionem utriusque partis sigillis nostris sigillavimus. Actum anno Domini millesimo ducentesimo vigesimo primo, in junio.

Scellé du sceau en cire blanche de l'abbé de Saint-Etienne de Dijon. Il ne reste que les lacs en parchemin de celui de l'abbé de Saint-Bénigne.
Original : Archives de la Côte-d'Or. Chambre des comptes de Dijon. Affaires des communes. Salives. — Imprimé dans Pérard, p. 325.

CCLXI

Réduction par Philippe le Bon, duc de Bourgogne, de la moitié de la prestation en nature imposée aux habitants de Salives.

1437 (31 mars).

Phelippe, par la grâce de Dieu, duc de Bourgoingne, de Lothier, de Brabant et de Lembourg, conte de Flandres, d'Artois, de Bourgoingne, palatin de Haynau, de Hollande, de Zélande et de Namur, marquis du Saint Empire, seigneur de Frise, de Salins et de Malines, à nostre chastellain de Sauls, présent et advenir, salut. Oye l'umble supplicacion de nos poures hommes et subgiez sans moyen les habitans de nostre ville de Salive, estans en nostre chastelleine de Sauls, contenant que comme, à l'occasion des guerres et divisions qui ont longuement regné et regnent en ce royaulme et par aultres orvales et fortunes, la ville dudit Salive, qui anciennement soloit estre bien peuplée et fornie de habitans riches et bien aisiés en chevance, a esté et est toute déserte et désolée. Et tant que présentement n'y a pas de dix mesnaiges ung, au regart de ce qu'il en y souloit avoir, et encoires ce qui en y est, sont gens de petites facultez, et n'ont à peine de quoy vivre. Jà soit ce que de leur pouhoir, ilz se travaillent de labourer, mais ilz ne pevent tenir chevaulx que pris ne leur soient par les gens suyans (1) lesdites guerres. Et, pour ceste cause, leurs terres et héritaiges sont et demeurent en toppe et désert. Desquelz héritaiges, chacun journal nous doit disme et tierce. C'est assavoir de dix et de quinze gerbes l'une. Lesquelz dismes et tierces pour la ruynosité dessus dite, nous sont de très peu de valeur. Et il soit ainsi que pour nous remettre sus eulx et leurs diz héritaiges, les diz supplians trouveroient voulentiers manière pour obvier aux prinses que leur font lesdiz gens d'armes de leurs chevaulx d'avoir et tenir en lieu d'iceulx chevaulx des beufz trayans. Toutes voies, obstant que chacun beuf trayant audit lieu nous doit chacun an ung quartal par moitié froment et avenne, mesure dudit Salive, qui est grande et grosse charge, sens la moison (2) des beufz qu'ilz tiendroient

---

(1) Suivant.
(2) Produit du cheptel.

d'autruy. Lesquelles charges et moisons monteroient à plus que chacun beuf trayant ne pourroit gaingnier par an. Lesdiz supplians n'osent avoir ne tenir aucuns beufz pour faire leurs labouraiges et si perdent leurs chevaulx tantost qu'ilz en ont aucuns, par les prinses que en font lesdiz gens d'armes et aussi se decherra et ny aura comme point de labouraige audit lieu, en grant diminution de nosdites dismes et tierces que parce que nous seront comme de nulle valeur; se, de nostre grâce, ne mettons du tout au néant la dite charge de grains que avons accoustumé de prendre sur chacun beuf traiant audit lieu, ou que la modérons, à une bien petite quantité de blé. Dont, attendu ce que dit est, et que s'il nous pleist mettre jus la dite charge et servitude qui est sur les diz beufz, nostre dite ville se pourra par ce moyen repeupler et le labouraige augmenter, tellement que nosdiz dismes et tierces qui de présent sont de petite valeur, nous reviendront de plus grant quantité de grains de beaulcoup chacun an que ne monteroit la revenue des diz beufz. Ainsi que dient les diz supplians. Ilz nous ont très humblement supplié et requis, nous, les choses dessus dictes considerées et que désirons le bien et augmentation de nostre dite ville et qu'elle se puist repeupler et le labouraige de par de là augmenter au bien de nous et accroissement de noz revenues de grains et autres que nous y prenons. Ausdiz supplians sur ce eu l'advis de nos amez et feaulx les gens de noz Comptes à Dijon, qui se sont informés par vous chastellain, qui estes à présent de ceste matière et de la vérité d'icelle. A iceulx supplians, avons modéré et modérons, de grâce espécial, à la moitié, c'est assavoir à demy quartal chacun an ladite charge de ung quartal de blé tel que dessus que a acoustumé de estre levé sur chacun beuf trayant en nostre dite ville de Salive. Et ce tant qu'il nous plaira et jusques à nostre rappel. Se voulons et expressément vous mandons et commandons que doresnavant jusque à nostre dit rappel, en vous paiant par lesdiz supplians pour chacun beuf trayant qu'ilz auront demi quartal de blé, mesure dudit Salive, par moitié froment et avene, vous les tenés paisibles du surplus qu'ils en avoient accoustumé de paier. Et de nostre présente grâce et modération les faictes, souffrés et laissés, durant nostre plaisir, paisiblement joyr et user. Et par rapportant pour une et la première fois seulement *vidimus* de ces présentes fait soubz scel autentique ou copie collationnée par l'un de noz secretaires en la Chambre de noz Comptes avec lettres chacun an des diz habitans supplians qu'ils aient joy de nostre présente grâce et modération. Nous voulons que soiés et demeurez deschargié, tant qu'il nous plaira de faire recepte et despense en voz comptes à plus hault pris que de demy quartal, par moitié froment et avoine pour chacun beuf traiant qui sera en nostre dite ville de Salive tant pardevant les gens de noz comptes que par tout ailleurs ou il appartiendra, sens aucune difficulté. Car ainsi nous plaist il estre fait, nonobstant quelzconques mandemens ou deffenses à ce contraires. Donné en nostre ville de Dijon le darnier jour du mois de mars l'an de grâce mil quatre cens trente et sept avant Pasques. Ainsi signé par monseigneur le Duc a la relacion du Conseil, T. BOUESSEAU.

Entériné par la Chambre des Comptes, à la date du 19 février 1443-44.
Vidimus donné ledit jour, sous les « seings manuels » de Monnot et de Gros, clercs des Comptes. — Archives de la Côte-d'Or. Chambre des Comptes de Dijon, B. Affaires des communes Salives.

MONT-SAINT-JEAN

Cette obscure commune du canton de Pouilly et de l'arrondissement de Beaune était, dès les premiers temps de la féodalité, le centre d'une des premières baronnies du duché de Bourgogne, dont les maîtres, alliés aux familles les plus puissantes, ne craignirent pas d'entrer plusieurs fois en lutte ouverte avec leur suzerain. Après la mort de Hugues III, dernier mâle des sires de Mont-Saint-Jean, la baronnie passa dans la famille de Thil, puis par alliance en celles de Vergy, de Bauffremont, de Chalon-Orange, et de Chabot-Charny, dont les héritiers la vendirent en 1779 à la maison royale de Saint-Cyr.

CCLXII

Charte d'affranchissement du bourg de Mont-Saint-Jean, par Guillaume, seigneur du lieu.

1301 (août).

In nomine sancte et individue Trinitatis, amen. Ego Wilelmus Montis Sancti Johannis dominus (1) notum facio universis tam presentibus quam futuris quod

---

(1) Guillaume de Mont-Saint-Jean, fils de Hugues, sire de Mont-Saint-Jean, chevalier, seigneur de Mont-Saint-Jean, de Charny, Salmaise, etc., et de Elisabeth de Vergy, dame en partie de Vergy et de Chastel-Censoir, succéda en 1198 à tous les droits d'Etienne, son frère aîné, mort sans lignée. Il mourut vers 1256. (Duchesne, *Histoire de la maison de Vergy*, p. 124.)

cum ego ad rehedificationem et commodum ville Sancti Johannis et burgensium toto corde et mentis affectu intendenterem, burgensibus meis de Monte Sancti Johannis dedi et concessi et juramento firmavi omnes consuetudines et libertates quas Virziliacenses (1) inter se tenent, tam consuetudines et libertates que in carta Virziliacensi continentur, quam eas que nundum sunt in scriptis redacte. Tenor compositionis istius secundum cartam Virziliacensem talis est :

Ego Wilelmus Montis Sancti Johannis dominus laudantibus et concedentibus et juramento firmantibus, Maria uxore mea (2) et pluribus amicis consanguineis fidelibus meis quorum nomina sunt subnarrata, quittavi et dimisi omnibus hominibus meis qui de libertate erunt commorantibus infra Cruces (3) eam consuetudinem que vocatur manus mortua vel caducum et pro hac consuetudine dimissa, sicut, poteram talliare dictos burgenses Montis Sancti Johannis ad voluntatem meam, talliabo eos usque ad quindecim solidos et habui inde a burgensibus nongentas (4) libras divionenses.

De torcularibus dictum est et concordatum quod burgenses pro singulis saccis (5) dabunt octo nummos et unum seytarium vini et ego debeo adaptare torcularia ad bonum et ad mensuram ita ut burgenses non perdant inde suum affacere.

De pratis dictum est quod quindecim diebus ante festum Sancti Johannis et quindecim post, bene possum capere trossam (6) unam in pratis cujusque burgensis habentis prata ad opus equorum meorum sive sim presens in villa, sive sim absens, et si burgensis habeat plura prata non habeo nisi unam, et in prato falcato non capiam eam (7).

De captis hominibus conventum est et concordatum fuit quod ego non debeo

---

(1) L'original de cette charte primitive, pâle reflet des libertés que les habitants de Vézelay avaient conquises un moment, a disparu depuis longtemps. On ignore même sa date précise, qui ne peut être postérieure à l'année 1214, date de la charte de commune accordée par le duc Eudes III aux habitants d'Avallon, sur son modèle, et qui également n'existe plus. Les dispositions de la charte de Mont-Saint-Jean ayant dû être empruntées en grande partie à celle de Vézelay, mon ami et confrère Quantin n'a pas hésité à l'insérer sous la rubrique de Vézelay, page 507 du t. I de son Cartulaire de l'Yonne.

(2) Après la mort de Bure, dame d'Ancy-le-Franc, sa première femme, dont il avait eu Guillaume, son fils aîné, Guillaume, sire de Mont-Saint-Jean, s'allia avec Marie, fille et héritière du célèbre Guillaume des Barres, qui lui donna deux fils et une fille. (Duchesne, *Hist. de la maison de Vergy*, p. 125.)

(3) Les croix qui marquaient les limites du territoire de Mont-Saint-Jean.

(4) On lit *nonaginta* dans le Cartulaire de l'Yonne.

(5) On appelle encors sac la quantité de marc déposée sur les planches du pressoir pour être pressée, et qui varie selon les dimensions de la machine.

(6) Grosse botte de foin.

(7) Vers 1404, Pierre de Thil, chevalier, seigneur de Saint-Beury, qui avait épousé Jeanne, fille unique et héritière de Hugues, dernier mâle de la maison de Mont-Saint-Jean, déchargea les habitants de ces diverses redevances, moyennant une cense de 3 sols 4 deniers payables par chaque propriétaire de maisons. L'acte de cette concession, citée par Courtépée, n'existe plus aux Archives de la commune.

capere eos neque res eorum dum habeant rem hereditatis in villa, ut possim meum forefactum levare, exceptis hominibus qui in maouria (1) vel in adulterio, vel in homicidio vel in latrocinio deprehensi fuerunt si capiantur, quosque dent fidejussores tenende justicie.

De servis et de liberis dictum et concordatum fuit, quod in eis nullam habeo insecutionem (2), sed quodcumque voluerint de rebus suis possunt vendere et libere discedere.

Concordatum est autem quod ego non debeo devestire hominem ab aliquo quo sit vestitus in jure et judicio.

De eis qui nummulariorum tabulas conducunt (3) nulla est controversia; de his autem qui non conducunt, concordatum est quod cambient ut debent et ut cambierunt in tempore Alberici (4) et Pontii (5), abbatum Virziliacensium.

De istis autem consuetudinibus et conventionibus quas subter jurejurando servare teneor constitui plegios et responsores in manu burgensium unumquemque juramento interposito dilectum avunculum meum Pontium de Monte Sancti Johannis (6) Charnei dominum et consanguineum meum Guidonem de Tylecastro (7) et dominum Wilelmum de Melloto (8), dominum Wilelmum de Mariniaco (9), dominum Arverium de Saffrà (10), et dominum Guidonem de Vautoel (11), dominum Guidonem de Saffra (12), dominum Reynerium de Dorna (13), dominum Guidonem fratrem suum, dominum Henricum de Montiniaco (14),

---

(1) Méfait, forfait, mal, *factum, forfactum*.
(2) Droit de poursuite.
(3) Le mot *conducere* signifie ici que tout changeur ne pouvait établir une banque à Mont-Saint-Jean qu'après avoir payé au seigneur la prestation (*conductus*), sans laquelle il ne pouvait exercer son commerce avec sécurité.
(4) Albéric, 16e abbé de Vézelay, sous-prieur de Cluny, fut nommé en 1131, contre le vœu des religieux, qui lui avaient préféré Baudoin; il gouverna l'abbaye jusqu'en 1138, que le pape Pascal II lui donna le siège d'Ostie et le nomma son légat en France. Il mourut à Verdun en 1151. (*Etude sur Vézelay*, par M. Cherest, Bulletin de la Société des Sciences de l'Yonne, 16e volume.)
(5) Ponce de Montboissier, qui lui succéda, s'est rendu célèbre par la lutte qu'il soutint avec les bourgeois de Vézelay, amis du comte de Nevers.
(6) Ponce de Mont-Saint-Jean, troisième fils de Hugues de Mont-Saint-Jean et d'Elisabeth de Vergy, eut pour sa part la seigneurie de Charny et de Chastel-Censoir. Il fut marié à Sybille de Noyers.
(7) Guy de Til-Châtel, et non de Til-en-Auxois, comme l'écrit Duchesne (*Hist. de la maison de Vergy*, p. 127). Guy avait épousé Elisabeth, fille de Pons de Mont-Saint-Jean, qui se remaria après sa mort avec Gaucher de Saint-Florentin, seigneur de Pacy.
(8) Guillaume de Mello, seigneur de Saint-Bris, avait épousé Elisabeth, fille de Guillaume, sire de Mont-Saint-Jean, et de sa première femme, Bure, dame d'Ancy-le-Franc.
(9) Guillaume, seigneur de Marigny-sur-Ouche, bienfaiteur des abbayes de Saint-Seine et de La Bussière.
(10) Hervé, sire de Saffres, bienfaiteur de l'abbaye de Saint-Seine.
(11) Guy de Vautheau.
(12) Guy de Saffres.
(13) Reynier de Dornée, probablement le descendant de *Reynier de Durnai*, témoin en 1152 d'une donation aite à l'abbaye de Saint-Seine par la dame de Mont-Saint-Jean.
(14) Henri, seigneur de Montigny-Saint-Barthélemy.

dominum Wilelmum de Maujoure, dominum Henricum de Chaleyo (1), dominum Guidonem de Jusseio (2), dominum Humbertum fratrem suum, dominum Guidonem de Castellione (3), dominum O. de Soceyo (4) et plures alios milites fideles meos. Si vero, quod absit, de conventionibus istis resilierem, omnes isti predicti nobiles tenentur erga burgenses juramento suo ad conventiones et consuetudines et libertates prelibatas me facere pro posse suo et bona fide remittere infra quadraginta dies et ea que ab eis injuste extorsero resarcire, et sciendum est quod dominus G. de Tycastro tali ut juramento suo obligatus est erga burgenses quod infra quadraginta dies burgensium tenetur reddere gagia de centum marcis vel reddere unum vel duo de militibus suis tales, qui recipi debeant qui teneant ostagia in uno de castris ducatus Burgundie, donec burgensibus fuerit satisfactum.

Et notandum quod si contra libertates et conventiones venire presumpsero ad instantiam et petitionem meam et preces venerabiles patres nostri dominus Lugdunensis archiepiscopus et dominus Eduensis episcopus tenentur me et uxorem meam et totam terram meam preter Montem Sancti Johannis et illos qui sunt de libertate per censuram ecclesiasticam compellere, donec per me burgensibus satisfactum fuerit competenter et dominus abbas Cistercii tenetur super hiis que in presenti carta continentur veritati testimonium perhibere et presentem cartam sigillo suo cum aliis sigillis roborare ; et si aliquando ego conquerar de burgensibus vel burgenses de me in juramento duorum vel trium burgensium erit de querelis, et ad respectum domini Pontii de Monte Sancti Johannis avunculi mei, debet concordari et ad usum et recordationem abbatis et burgensium Virziliaci si discordia interveniat recurratur.

Hec si quidem carta stabilis erit et firma a me et heredibus meis in perpetum observata salvo jure aliarum querelarum ville ad me et mei ad villam quod ut ratum et inconcussum permaneat scripto commendavi et sigilli mei auctoritate et predictorum nobilium sigillorum illorum qui sigilla habebant confirmari precepi addito caractere nominis mei. Actum est hoc apud Montem Sancti Johannis et publice confirmatum, actum anno Verbi incarnati millesimo ducentesimo vigesimo secundo, mense Augusto, quinto Kalendas septembris.

(1) Henri, seigneur de Chailly.
(2) Guy, seigneur de Jussey.
(3) Guy de Châtillon.
(4) Eudes de Soussey, près Pouilly-en-Auxois.

Transcrit et collationné sur l'unique copie qui en existe, conservé dans un manuscrit du XVIIe siècle communiqué par M. Beaune, ancien conseiller de préfecture à Dijon. — Imprimé par extrait dans le Cartulaire de l'Yonne, II, 507.

MIREBEAU

Ce bourg, aujourd'hui chef-lieu d'un des cantons de l'arrondissement de Dijon, était, avant la Révolution, l'une des douze villes dites de la *Petite-Roue*, qui députaient aux Etats de la Province. C'était aussi le chef-lieu d'un marquisat qui avait succédé à l'ancienne baronnie cédée par le duc Eudes III à Hugues de Vergy, en échange de la châtellenie de Vergy. Les descendants de Guillaume, fils de Hugues, le possédèrent jusqu'au commencement du XVe siècle, que Jeanne de Vergy le porta en dot à Henry de Bauffremont, de la famille duquel il passa en celle des Chabot-Charny, pour revenir en celle des Bauffremont, qui le possédaient encore en 1789.

CCLXIII

Charte d'affranchissement octroyée aux habitants de Mirebeau, par Guillaume de Vergy, sénéchal de Bourgogne, et confirmée par sa sœur Alix, duchesse de Bourgogne (1).

1223.

Je Guillaume de Vergy, seneschal de Bourgongne (2), à tous ceux qui ces présentes lettres verront, sçavoir fais que j'ay perpétuellement donné et bénignement conceddé à mes hommes demeurans à Mirebel telle liberté.

Assavoir que librement et absolument, ils pourront posséder demeurances et maisons, et toutes acquisitions faites, et celles qu'ils pourront faire, payans la cense accoustumée, de laquelle un chacun tenant famille me doibt ou à mon mandement quinze sols par an, non à une fois, mais à deulx termes.

(1) Cette charte, dont l'original a été perdu, ainsi que les autres papiers de la commune de Mirebeau, lors du sac de la ville par les Impériaux en 1636, était en latin. La copie que nous publions ici est une traduction qui a été insérée dans un terrier de la seigneurie et qui a aussi disparu.
(2) Guillaume de Vergy, fils aîné de Hugues, dernier sire de Vergy, et frère d'Alix, femme du duc Eudes III, hérita de son père des baronnies de Mirebeau, d'Autrey, et, par son mariage avec Clémence de Fouvent, seigneur de ce lieu et de Champlitte. Il succéda en 1219 à Gaucher de Châtillon comme sénéchal de Bourgogne, charge qui devint dès lors héréditaire dans sa famille. Il devint en cette qualité l'un des gardiens de la commune de Dijon. Il mourut en 1240. (Duchesne, *Hist. de la maison de Vergy*, p. 131.)

Et ne pourront faire vendition de leurs maisons et demeurances aux soldats, gens d'armes et seigneurs, ou semblables.

Que si d'adventure quelques uns de mes hommes pour quelque cas fortuit s'en alloit de Mirebel, et qu'ils voullust demeurer autre part, il pourroit librement et sans aucune cense posséder dès le lieu où il demeureroit tous les biens et acquisitions qu'il auroit à Mirebel, les pourroit vendre ou donner à qui il luy plairoit, pourveu que ce soit à mes hommes, et non à d'autres, comme dit est devant.

Que si mesdits hommes veullent faire aumosne de leurs maisons, demeurances et revenus, il leur sera bien permis, mais en ceste sorte : sçavoir que ceulx à qui on aura fait ausmonne des susdites maisons et demeurances, les pourront posséder l'espace d'ung an et jour, lequel temps expiré ils les vendront à mesdits hommes, si aucuns les veuillent acheter.

Que si quelques uns de mes hommes soit pour mon debt captif et détenu prisonnier, je suis tenu de le racheter de mon propre bien, et payer sa rançon semblable à celle que luy mesme payeroit s'il se debvoit racheter. Et semblablement suis tenu de luy restituer ce que on luy aura osté, lui rendant de ma cense. Et à ce je ne contredis (1).

Et seront rachetez par mesdits hommes et charrettes et chariots, aux personnes et biens desquels je ne feray ou permettray faire aucune violence, et ne les feray saisir sans jugement.

Que si quelqu'un a couppé, prins, et emporté bois de nos bois bannaulx, il ne pourra estre prins au champ ny ou prey, si ce n'est au mesme lieu où le dit bois aura esté couppé.

La vendition des vins bannaux commencera le jour de feste saint Jean Baptiste, et finira six sepmaines après.

Que si d'adventure (ce qui n'advienne), moy ou quelques uns de ma famille, fait injures à mesdits hommes, nous serons tenus dans le temps de quarante jours amander icelles injures.

Sy moy ou mes héritiers se veullent (ce qui n'advienne) retracter ou desdire de ceste paxion et liberté, Hugues, vénérable évesque de Langres, à mes prières a octroyé à mesdits hommes ses lettres patentes, contenans qu'iceulx me pourront ou mes héritiers contraindre par censure ecclésiastiques à l'observation de la présente liberté (2).

---

(1) Imité du § 43 de la charte de commune de Dijon. (V. p. 13.)
(2) Imité du § 38 de la charte de Dijon. (V. p. 12.)

Laquelle, affin qu'elle soit fermement entretenue, je Guillaume et Clémence ma femme (1), et Hugues mon fils (2), et tous les habitans de Mirebel, avons juré de l'entretenir perpétuellement. Et affin qu'il soit assuré et estable, j'ay apposé au présent escript mon scel. Fait l'an de grace mil deux cens vingt-trois.

Confirmation de cette charte par Alix de Vergy.

Je Alix, duchesse de Bourgongne, scavoir fais à tous, que Monseigneur mon frère Guillaume a perpétuellement donné, et bénignement concedé à ses hommes demeurans à Mirebel telle liberté, scavoir que librement et absolument ils pourront posseder demeurances et maisons, etc. (*La suite comme dans la charte qui précède.*) Laquelle, afin qu'elle soit fermement entretenue, je Alix, duchesse de Bourgongne, suis tenue à induire mondit frère à l'observation de ceste liberté, et l'y maintenir. Et afin qu'il soit ferme et asseuré, j'ay fait mettre mon scel au présent escript.

Fait l'an de grâce mil deux cents vingt trois.

Extrait tiré du terrier de Mirebeau. — Imprimé dans Duchesne, *Histoire de la maison de Vergy*, Preuves, p. 181.

CCLXIV

Concession des aiges de bois existants sur le territoire de Mirebeau, hors des bois seigneuriaux, faite aux habitants du lieu par Guillaume II de Vergy.

1372-13 (27 mars).

Je Guillaume de Vergy, seigneur de Mirebel (3), faits sçavoir à tous qui verront et orront ces présentes lettres, que comme par ma grant necessité et à ma requeste, my bourgeois et hommes de Mirebel m'ayent donné béninement la somme de soixante et douze francs d'or du coing du Roy, lesquelles j'ay heu et

---

(1) Clémence, fille de Henri, seigneur de Fouvent.
(2) Hugues, fils aîné de Guillaume, mort jeune.
(3) Guillaume de Vergy, seigneur de Mirebeau, de Fontaine-Française, fils de Jean de Vergy et d'Isabeau de Joinville, épousa Agnès de Jonvelle. Il mourut en 1374. (Duchesne, *Hist. de la maison de Vergy*, p. 373.)

reçeux, m'en tiens pour bien contant et payé; en recompensation de ce que dessus, je donne et octroye pour moy et mes hoirs par pure et loyale donnation et irrévocable esdits habitans et à leurs hoirs les choses qui s'ensuivent : premierement, que le dit my bourgeois et ly ayant cause d'eux puissent user et faire user par leurs certains commandemens en tout aige (1) appartenant à moy ou finaige de Mirebel, fors de mes bois, pour faire leurs aisances et necessitez, exceptez pommiers et poiriers : sauf et reservé à moy et à mes hoirs les aiges estans sur les grands chemins. Item que je donne au dict my borgeois et habitant qu'ils pourront et debvront et leurs hoirs aussi exarter et faire exarter toutes aiges de bois estant en leurs champs, vignes et héritaiges quelconques, et que d'icy en avant y pourront naistre, sans que moy ou mes hoirs leurs puissent ou doivent mettre aulcuns empeschemens, sans amande et sans reprehentions aulcunes au temps advenir. Et pour ce que toutes ces choses et une chascune d'icelle soient vaillables au temps advenir, je, pour moy et pour mes hoirs, promets en bonne foy et sur l'obligation de tous mes biens et des biens de mes hoirs, tenir, guarder et accomplir esdits bourgeois et habitans, et à leurs hoirs, sans jamais venir à l'encontre au temps advenir. En tesmoing de la quelle chose, et en signe de vérité, je Guillaume de Vergy dessus dit ay mis mon seel à ces lettres.

Faicte et donnée à Mirebel, le jeudy apprès le dimanche que l'on chante és saintes églises : *Lœtare Jherusalem*. Ce faict de certaine science, et par la déliberation de mon conseil y appelé : et promets par mon serment, et sur l'obligation avant dite de non venir contre, l'an de grâce courant, mil trois cens soixante et douze.

Extrait du terrier de Mirebeau. — Imprimé dans Duchesne, p. 390.

(1) Bouquet de bois.

CCLXV

Arrêt du Conseil, qui, pour récompenser les habitants de Mirebeau de leur belle conduite lors de la prise de leur ville par l'armée impériale, les décharge de toutes tailles pendant vingt ans, et leur accorde divers octrois.

1637 (6 juin).

Sur la requeste presentée au Roy en son conseil, par François Vyard, de Mirebeau (1), tendante affin qu'en considération des grandes ruines et pertes qu'ilz ont souffert pour le service du Roy en la prise de la dite ville qui a esté assiégée, battue et prise de force par les ennemis de Sa Majesté, après avoir pendant trois mois repoussé à plusieurs et diverses fois les trouppes ennemies et soustenu le siége mis devant la dite ville par plus de quarante mil hommes commandez par le conte de Gallas, le duc Charles, le marquis de Saint Martin et autres chefz des armées ennemies. Auquel siége la plus grande partie des habitans de la dite ville auroient esté tuez, et depuis la prise d'icelle et pendant le séjour des ennemis, la plus grant partie des maisons bruslées, ruisnées ou desmolies, tous les biens meubles des dits habitans, leurs bestiaux, grains et vins pillez et enlevez et ce qui restoit des habitans emmenez prisonniers ou deceddez depuis la prise de la dite ville, de malladies contagieuses causées par l'infection de l'air, ce qui auroit esté veu et recongneu par ceux qui ont esté commis et depputez par la cour de Parlement de Dijon pour dresser procès-verbal desdites ruines, pertes et désolation, pendant lesquelles résistances, siége et prise de la dite ville de Mirebeau, les habitans de Saint Jean de Laune auroient eu le temps et le loisir de se fortifier pour résister aux mesmes ennemis qui auroient tellement esté incommodez par les pluies qui seroient survenues et inondé les prairies et marestz qui sont autour de la dite ville, qu'ilz auroient esté contrainctz de lever le siége honteusement de devant la dite ville de Saint Jean de Laune. Il plaise à sa Majesté, en considération de ce que dessus, de la fidelité des ditz habitans, de leur grand misère et calamitez et des debtes deus par la dite communauté à plusieurs particuliers, montants à vingt six mil quatre cens cinquante cinq livres, qu'ilz ont empruntées à constitution de rente pour le service de sa Majesté et les affaires

(1) François Viard, qui commandait au château durant le siége, s'était fait distinguer par le courage et l'intrépidité avec lesquels il avait soutenu la lutte inégale d'une poignée d'hommes contre toute une division ennemie.

de la dite ville et suivant l'advis des Trésoriers de France de Dijon, exempter à perpétuité la dite ville et habitans de Mirebeau de touttes tailles, taillon et autres impositions, tant ordinaires qu'extraordinaires : les descharger de la somme de xiii cents tant de livres qu'ils doibvent de reste des tailles de l'année dernière et pour acquitter les debtes de la dite communauté et réparer les ruines publiques, leur accorder pour trente années les octrois d'un sol sur chacun boisseau de bled, mesure de Mirebeau, qui sera débité en pain au dit lieu par les boullangers et autres dix sols sur chacun muid de vin passant ou entrant audit lieu, fors celuy de leur creu ; trente sols sur chacun muid de vin qui sera débité par les cabaretiers et taverniers au dit lieu ; quinze sols sur chacun bœuf ou vache, cinq sols sur chacun veau ou mouton et huit sols sur chaque porc, qui seront vendus et débités en la boucherie dudit lieu, ou cinq solz sur chacun porc qui sera tué aux maisons pour l'usage des dits habitans : à la charge que les deniers provenans desditz octrois ne pourront estre employez ailleurs que au payement des debtes de la dite communauté et réparation desdites ruines publiques, et que celuy qui en fera le maniement ne sera tenu d'en compter que pardevant les officiers de la justice de Mirebeau, sans fraics et pour le soullagement de la dicte communauté. Et attendu les grandes pertes desditz habitans qu'ils ne pourront estre poursuivis ny contraincts durant cinq années au payement des debtes, tant de la dicte communauté que de leurs debtes particulières. Veu la dite requeste, l'arrest de la dite cour de Parlement de Dijon du xxviii° novembre mil six cent trente six, par le quel elle auroit ordonné aux juges des lieux de la dite province de Bourgongne de dresser des procès-verbaux, chacun en droit soit, des bruslemens, meurtres, prises de prisonniers, ravages, saccagements, enlevements de meubles, bestiaux et autres actes d'hostilité faictes en la dicte province par l'armée ennemie estant entrés séjourner en icelle. Requeste du substitud du procureur d'office audit Mirebeau du trente décembre mil six cent trente six sur laquelle M° Simon Royer, notaire, tabellion royal à Esteveaux, auroit esté commis pour procedder aux procès-verbaux enoncez en la dicte requeste. Procès-verbal dudit Royer, nottaire, contenant les plainctes des dits habitans, les ruines et désolations de la dite ville du septieme janvier seize cent trente sept et autres jours en suivant, estat des debtes crées par les habitans de la communauté d'icelle ville de constitutions des rentes, tant du temps des anciens troubles de la Ligue et dernierres guerres civiles que pour l'entretenement des garnisons et gens de guerres depuis les trois dernières années arresté par les présidens et trésoriers généraux de France en Bourgongne et Bresse, le dixseptiesme fevrier dernier, reconnaissant les dites debtes en principal et interestz à la somme de vingt six mil quatre cent cinquante cinq livres quatre sols ; procès-verbal desditz Presidens et Trésoriers de France du xviii° du dit mois et an, contenant leur advis à Sa dite Majesté de remettre aux habitans de la dite ville de Mirebeau, touttes les tailles, taillon et autres impositions tant ordinaires qu'extraordinaires, à quoy ils pourroient estre cottisez pendant vingt années commençant en la présente année seize cent trente sept, et pour acquitter partie des rentes qu'ilz doivent aux créanciers desnommés au dit estat, leur accorder pour neuf années les octrois mentionnéz en leurs advis; à la charge que les deniers proceddans des ditz octrois ne pourront estre employez ailleurs que au payement desdites rentes et réparation des ruines estans en laditte ville et que celuy qui en fera le maniement dresseroit estat au vray pardevant lesditz presidens et tresoriers de France, affin de veoir et veriffier sy lesditz deniers auront estéz employes aux effets susditz. Le Roy en son conseil, ayant esgard à la dite requeste et voullant recongnoistre la fidellité que lesditz habitans de Mirebeau ont tesmoigné en cette dernière occasion pour le service de Sa Majesté, le bien et conservation de sa province de Bourgongne, pour laquelle ilz ont courageusement employé leur vie et leurs biens et souffert touttes les extremitez, ruines et désolations de la guerre et des armées ennemies de cet Estat. A ordonné et ordonne que les habitans de la dite ville et faubourgs de Mirebeau seront et demeureront deschargés pendant vingt années qui commanceront au premier jour de janvier de la présente année mil six cent trente sept, de touttes tailles, taillon et autres impositions, tant ordinaires qu'extraordinaires, faictes ou qui pourroient estre faictes sur la dite province de Bourgongne pendant lesdites vingt années. Faict Sa dicte Majesté inhibition et deffense aux Présidens, Trésoriers de France, Esleuz commis et depputez des Estatz de la dite province de les comprendre cy après pendant le dit temps de vingt ans en aucunes impositions, et pour leur donner moyen d'acquitter leurs debtes et réparer leurs ruines estans en leur ville, Sa Majesté leur a accordé pendant neuf années qui commenceront au premier jour de juillet prochain, les octroys d'un sol sur chacun boisseau de bled qui se débitera par les boulangers de la dite ville et fauxbourgs de Mirebeau. Trente sols sur chacun muid de vin qui se débitera par les taverniers et cabaretiers de la dite ville et fauxbourgs, quinze sols sur chacun bœuf ou vache, cinq sols sur chacun veau ou mouton, et huict sols sur chacun pourceau qui se débiteront en la boucherie du dit Mirebeau, cinq sols sur chacun pourceau qui se tuera aux maisons des particuliers habitans de la dite ville et fauxbourgs, six deniers sur chacun pourceau passant au dit Mirebeau, et dix sols sur chacun millier de fer qui entrera et passera audit Mirebeau; à la charge que les deniers qui proviendront desditz octrois ne pourront estre employés ailleurs qu'au paiement des rentes et debtes employées dans le dit estat arresté par lesdits Présidens et Trésoriers de France le dixseptiesme febvrier dernier et aux réparations des ruines estans dans la dite ville de Mirebeau, sans qu'ilz puissent estre divertis ailleurs pour quelque cause et occasion que ce soit. A peine d'en respondre par celuy qui en fera le maniement et par les ordonnateurs en leurs propres et privez noms, et que celuy qui en fera le maniement et recepte en comptera tous les ans pardevant les officiers de la justice de Mirebeau, et sans frais et par estat pardevant les Présidens et Trésoriers de France de trois ans en trois ans, et en la Chambre des Comptes de Dijon. Après que les dites neuf années de jouissance seront expirées, pour esviter aux frais, seront les baux desdits octroys faictz pardevant les officiers de la justice de Mirebeau pour une année ou pour trois années au plus et renouvellez de temps en temps à la poursuitte et dilligence du procureur d'office au dit Mirebeau ou de son substitut, commaussy les baux aux rabais des réparations des ruines de la dite ville et sans frais, et ne pourront lesdits habitants de Mirebeau, leurs cautions et coobligez estre contrainctz pour le paiement des debtes contractées par la dite communauté qu'au fur et à mesure que les deniers desdits octrois se leveront en payant préalablement sur iceux les arrérages des rentes et interestz de debtes subjettes à intérêt, et pour le regard des debtes deues par les particuliers contractées pour leurs affaires particulières, lesdits particuliers se retireront pardevant la court de Parlement de Dijon pour leur estre pourvus de délais compétans et telz que de raison, eu esgard aux pertes et ruines que les dits particuliers habitans ont souffert en leurs biens. Faict au Conseil d'Estat du Roy, tenu à Paris le sixiesme jour de juin mil six cens trente sept.

Signé : DEBORDEAUX.

Arrêts du Parlement (31 juillet) et du Bureau des Finances (11 août), qui ordonnent l'enregistrement et l'exécution de cet arrêt.
Original : Archives de la commune de Mirebeau.

FIN DU PREMIER VOLUME.

www.ingramcontent.com/pod-product-compliance
Lightning Source LLC
Chambersburg PA
CBHW070408230426
43665CB00012B/1298